高等院校应用技术型财会类精品教材

审计学

（第二版）

陆迎霞 主编

上海财经大学出版社

图书在版编目(CIP)数据

审计学/陆迎霞主编．—2版．—上海：上海财经大学出版社，2017.8
(高等院校应用技术型财会类精品教材)
ISBN 978-7-5642-2736-4/F・2736

Ⅰ.①审…　Ⅱ.①陆…　Ⅲ.①审计学-高等学校-教材
Ⅳ.①F239.0

中国版本图书馆CIP数据核字(2017)第115502号

□ 责任编辑　刘光本
□ 责编电邮　lgb55@126.com
□ 责编电话　021—65904890
□ 封面设计　韩庆熙

SHEN JI XUE
审 计 学
(第二版)
陆迎霞　主编

上海财经大学出版社出版发行
(上海市中山北一路369号　邮编200083)
网　　址：http://www.sufep.com
电子邮箱：webmaster @ sufep.com
全国新华书店经销
上海华业装璜印刷厂印刷装订
2017年8月第2版　2017年8月第1次印刷

787mm×1092mm　1/16　19.75印张　506千字
习题与实训　11.5印张　294千字
印数：8 001—12 000　定价：59.00元

内容简介

本教材以注册会计师基本业务(即财务报表审计)为主线,系统地阐述了审计的基本原理、基本方法。全书分三个部分共十五章:第一部分为审计的基本原理和方法,第二部分为业务循环审计的基本内容,第三部分为终结审计与审计报告。

本教材内容新颖,贯彻了案例教学方法的理念,通过对章前导读案例的阅读,结合具体问题的思考,使学生定向思维,能够明确本章的学习内容、学习目的和要求;通过对课后案例材料的阅读分析,结合对提出问题的思考,使学生在掌握基本知识要点的基础上发散思维,将所学的知识进行具体运用。全书共援引30个案例,其中章前案例15个、课后案例15个,每个案例均由基本案情、讨论与思考题组成,思路清晰,与相关知识点密切结合,力求理论与实践统一,是一本真正适合应用型本科院校教学的教材。

本教材可供会计学、审计学、财务管理专业以及其他工商管理类专业的在校本科生用作教材,也适合从事审计、会计相关工作的业内人士阅读、参考。

内容简介

前言

世界经济的历史发展证明：市场经济越发展，审计就越重要。在建立社会主义市场经济体制过程中，充分发挥注册会计师审计的社会经济监督作用，是市场正常发育、有序运行的必要保证，是培育市场的重要内容。没有审计对企业会计信息的鉴证，会计信息的真实性和公允性将很难保证，资本市场将不可能健康有序发展，投资人、债权人等相关利益方的合法权益将得不到有效维护。为此，建立以注册会计师审计为主体的审计学，是我国审计理论、实践和教学的客观要求。

审计学是会计学、审计学、财务管理及经济类其他相关专业的核心课程。目前很多优秀教材的学习对象都集中在传统高校和高职高专，真正适合应用型本科院校教学需要的好的教材非常缺乏。为了适应教学实践的变化，编写一本内容新颖、结构合理、体系科学、切合实际的审计学教材，是当前市场经济发展的必然要求，也是应用型本科院校培养会计审计人才、进行教学改革的需要。

本教材以注册会计师基本业务(即财务报表审计)为主线，系统地阐述了审计的基本原理、基本方法。全书分三个部分共十五章：第一部分为审计的基本原理和方法，第二部分为业务循环审计的基本内容，第三部分为终结审计与审计报告。第一部分有七章，具体内容包括：总论、审计种类、审计组织、职业规范与法律责任、审计目标、审计方法、计划审计工作、审计重要性、审计风险、审计证据、审计工作底稿、内部控制及其评审；第二部分有七章，具体内容包括：销售与收款循环审计、采购与付款循环审计、固定资产循环审计、生产与存货循环审计、人力资源循环审计、筹资与投资循环审计、货币资金审计；第三部分有一章，包括完成审计工作和审计报告。全书从理论到实务，从审计业务的承接、审计工作的实施到审计工作的完成和报告，环环相扣、层层展开，体现了较强的逻辑关系。

与其他版本的教材相比，本教材的特色在于运用案例教学方法，体现出较强的生动性、应用性，具体表现为：

1. 章前导读案例。在每一章前提供一个导读案例，通过对导读案例的阅读，结合具体问题的思考，启迪学生的思维，明确本章的学习内容、学习目的和要求，同时与之前学过的知识建立起积极的联系，以利于学生自主构建课程体系框架。

2. 课后案例分析。在每一章后提供一个材料阅读案例，通过对案例材料的阅读分析，结合对提出问题的思考，使学生在掌握本章基本知识要点的基础上，拓展思维，进行更深入的思考，做到对所学知识的具体运用，以利于培养和提升学生的专业分析判断能力。

本教材第一版由山西大学商务学院陆迎霞副教授任主编，负责全书写作大纲的拟定和编写的组织工作，并对全书进行最后的总纂，由王卿丽、张彤杉、武东萍、安宁参编。具体分工如下：第一、第六、第八、第十五章由陆迎霞撰写；第二、第九、第十三章由王卿丽副教授撰写；第三、第七、第十章由张彤杉副教授撰写；第四、第十一、第十二章由武东萍讲师撰写；第五、第十四章由安宁讲师撰写。

自《审计学》(第一版)出版以来，我国市场经济体制改革不断深化，审计行业所处的社会环境发生了变化。2013 年 10 月，国务院部署推进公司注册资本登记制度改革，要求"将注册资本实缴登记制改为认缴登记制，并放宽工商登记其他条件"，公司实收资本不再作为工商登记事项。因此，作为注册会计师鉴证业务的验资就没有存在的法律基础，我们在第二版中删除了"验资"的内容。2010～2014 年，财政部修订和颁布了多项新企业会计准则，中国注册会计师协会修订和发布了多项注册会计师执业准则。我们根据这些新变化，对第一版教材中的相关内容进行了补充和修订。

第二版分工如下：陆迎霞负责第一、第六、第八、第十五章的修订，王卿丽负责第二、第七、第九、第十三章的修订，安宁负责第三、第五、第十、第十四章的修订，武东萍负责第四、第十一、第十二章的修订。陆迎霞负责拟定全书的修订大纲，并对全书进行总纂、定稿。

本书在修订过程中，参考了国内外有关审计学方面的教材；在出版过程中，得到了上海财经大学出版社的大力支持，在此表示衷心的感谢。

书中不足之处，敬请各位读者指正。

编　者

2017 年 8 月

目　录

第一章

总论

导读案例

小张有50万元闲散资金，听说最近股票的投资回报高于银行存款利息，于是决定购买股票。他打开《中国证券报》，发现上市公司有2 500多家，到底购买哪家公司的股票？他有些茫然。

朋友小王告诉他，你查一下上市公司的利润表，选择一家盈利好的公司进行股票投资，绝对错不了。于是他决定购买A公司股票，因为A公司的每股收益是比较高的。

这时另一位朋友小李提醒他，你最好查一下A公司公布的年度审计报告，看看注册会计师是怎么说的。

小张查到A公司该年度的审计报告，审计报告显示注册会计师对A公司的财务报表持保留意见。小张不懂是什么意思，就去问小李。小李告诉他这家公司的财务报表有问题，现在最好不要购买该公司股票。果然没过多久，A公司股票价格开始下跌。

思考题：

1. 什么是审计？
2. 为什么需要审计？

第一节　审计的产生和发展

审计作为一种经济监督活动，是社会生产力发展到一定阶段的产物。随着社会经济的不断发展，审计的作用越来越重要。通过研究审计的产生和发展过程，可以揭示审计的本质。

一、审计产生与发展的客观基础

现代社会存在三元主体：政府、企业和社会公众。在三元主体之间，彼此存在着委托代理关系。由于委托代理关系的存在，导致代理人承担的受托责任日益普遍，并且受托责任的内容是随着委托代理关系的发展而逐渐深化和丰富的。为了对代理人承担的受托责任进行客观公正的审查和评价，审计便产生了。

(一)委托代理关系

1. 公众与企业及企业内部上下层级之间的委托代理关系

在古代，由于生产规模较小，业主单个人的投资就可以满足生产所需要的资金，业主集所有者与经营者于一身，这时尚不存在委托代理关系。随着企业生产规模的扩大，单个业主的投资满足不了生产需要，合伙企业便产生了。虽然合伙人都是出资人，但有的合伙人参与企业的经营管理，有的不参与企业的经营管理。同时，企业开始向外借债，企业获得了资金的使用权。在上述的筹资活动中形成了委托代理关系的雏形。

现代公司特别是股份公司的出现，使委托代理关系在横纵两个方向上得以扩展和深入。

首先，股份公司投资主体多元化、分散化，使委托代理关系在横向上得到扩展。众多而分散的股东不可能人人都参与企业的经营管理，股份公司作为一种制度发明以投票制度和有限责任制度解决了权利分配和财产责任承担，实现了财产所有权与经营管理权的分离，从而出现了股份公司中第一层委托代理关系，即全体股东与公司董事会之间的委托代理关系。

其次，随着企业规模的进一步扩张，公司在组织结构的安排上出现了多层次的管理分权，使委托代理关系在纵向上得到深入：

(1)董事会与总经理之间的委托代理关系。公司董事会一般不直接行使企业的经营管理职能，而是委托给更具经营才能的专家代为执行，这样就形成了公司内部的第一层委托代理关系。

(2)企业内部管理者上下层级之间多层次的委托代理关系。公司内部所有的管理职能全部由一个管理阶层来实施是不可能的，出现了多层次的管理权限。这样，在上下层级的管理者之间便出现了多层次的委托代理关系。

2. 公众与政府以及政府上下级之间的委托代理关系

公众与政府之间的委托代理关系因国家政体的不同在具体表现形式上会有差别。在我国，公众作为委托人选举出自己的代表，由这些代表组成各级人民代表大会，代表人民行使治理国家的各项权力，维护公众利益。各级人民代表大会作为权力机关，并不直接行使管理国家的职能，而是按照法定程序选举产生本级政府，负责行使管理国家的安全、经济、就业等职能。同时，在政府上下级之间也存在委托代理关系，即中央政府和地方各级政府之间的多层次委托代理关系。

3. 企业与政府之间的委托代理关系

当国家向企业投资时，政府便是委托人，而企业则是代理人。企业也同自然人一样，通过选举出的代表，对政府有着诸多的利益要求，如合理的产业、货币、财政、税收政策等。从这个意义上讲，企业是委托人，政府是代理人。

总之，在现代社会中，公众与企业、公众与政府以及企业与政府之间都存在委托代理关系。它的原始形式和典型形式是由财产权的委托代理形成的。当财产的所有权与经营管理权分离时，在所有者与经营管理者之间便形成了委托代理关系。

(二)受托责任普遍存在

受托责任，是指在委托代理制度下代理人应对委托人承担的一系列责任。委托代理是受托责任产生的制度基础，它随着委托代理制度的产生而产生，并随着委托代理制度的发展而发展。

在自给自足的自然经济社会，委托人授予代理人的主要是财产的管理权，即代理人是以“管家”的角色出现，受托责任主要是保护财产的安全、完整。进入商品经济社会，“赚钱”成为财产所有者追求的目标，代理人除了获得财产的管理权外，还获得了财产的经营权。受托责任不仅要使财产保值，更重要的是要使财产增值。

产业革命以后特别是股份公司这一组织形式的出现，委托代理关系日趋复杂，从而使受托责任进一步得到拓展和深入。

从横向上看，由于委托代理多元化，使受托责任呈现多元化。委托人不仅包括投资人，还包括债权人。而这些投资人、债权人可能是一般的社会公众，还可能是金融机构、投资基金甚至是国家。同时，随着组织规模的扩大、多层次分权制度的出现，经营管理者内部也出现了多层次的委托代理关系。

从纵向上看，受托责任的内容也在不断地深化，从传统的财务责任发展到管理责任、经营责任甚至是社会责任。随着社会的进步和文明的发展，人们对环境、公平等问题愈加重视。因此，科学、合理利用自然资源，有效保护环境，保障生产安全，提供优质产品和服务，为员工提供公平的雇用和教育培训政策等，成为企业组织不可推卸的社会责任。对政府来说，除了要对国有资产使用的经济性、效率性、效果性负责外，还要对国民经济和社会发展中的环境、安全、公众福利、社会公平和秩序等负责。

综上所述，受托责任最初是由财产的委托受托而产生的。随着委托代理关系的日益复杂，受托责任的内涵也从财务责任向管理责任、经营责任乃至更广泛的社会责任方向延伸，形成了现代意义上完整的受托责任概念。我国著名会计学家杨时展先生对受托责任的解释是："受托责任是由于委托关系的建立而发生的。委托关系可以由于通常的托付行为而建立，可以由于聘请而建立，可以由于任命而建立，可以由于民主选举而建立。委托关系建立之后，作为受托人就要以最大的善意、最严格地按照委托人的意志来完成所托付的任务。这种责任叫受托责任。受托人在完成受托任务后，向委托人提出报告，经过委托人同意后，责任才能解除。"

(三)受托责任是审计产生的客观基础

在委托代理制度下，委托人和代理人以契约的形式来确定各自的权利和义务。一方面，委托人授予代理人以某些权利；另一方面，代理人必须承担相应的责任，按委托人的利益要求而工作。然而在现实中，代理人往往不能完全按契约的规定为委托人的利益行事。其原因有：

1. 双方利益目标的非完全一致性

代理人与委托人的利益目标并不完全相同，因为影响双方利益目标函数的变量存在差异。委托人的目标主要是自身收益最大化，而代理人作为"社会人"，有着扩大自身效用的追求，如社会地位的提高、权力的扩大、舒适的工作环境等体现其成就感的非货币化的目标追求。因此，导致代理人往往利用委托人的授权，为增加自身利益而侵占或损坏委托人的利益。

2. 信息的非对称性

信息的非对称性是指一方掌握着"私有信息"而占据信息优势。现实中，因为代理人直接处于代理活动的前沿，一般具有较充分的信息，而委托人掌握的相关信息则是有限的。这样就可能出现代理人为了自己的私利，在契约达成前千方百计利用信息优势诱使委托人签订有利于自己的契约，或在契约达成后利用信息优势不履行或"磨洋工"，产生所谓的"逆向选择"和"道德风险"等损害委托人利益的机会主义行为。

由于上述原因的存在，便产生了对代理人受托责任进行监督的问题。

毋庸置疑，代理人必须向委托人报告履责业绩。但仅凭代理人呈报的履责报告这一面之词，委托人会对其真实性产生怀疑。因此，对代理人受托责任进行监督的问题就转化为对代理人履责报告的审查和评价。

在早期委托受托代理关系比较简单的情况下，审查工作主要由委托人自己或其授权的可靠的人来完成。随着代理业务和受托责任内容的日趋复杂，用以表明代理人代理业绩的履责报告特别是财务会计报表也越来越复杂，体现出强烈的专业性和技术性，而委托人往往不具备相应的专业知识和技术。委托人想要事必躬亲地对代理人进行监督已不可能。因此，要求具有专门知识和技能并与委托人、代理人都没有直接利益关系的独立的第三人，对代理人的履责报告进行客观公正的审查、评价就成为必然。这样，审计便应运而生了。

审计是基于查错防弊的目的而产生的。监督代理人合法地履行其受托责任是审计的基本职能。早期审计是这样，即使在现代审计中，查错防弊仍是审计的重要目的之一。随着委托代理制度的日益发展，受托责任在社会中普遍存在，特别是股份公司这一现代企业组织形式的出现和兴起，使审计职能不再仅仅限于经济监督，鉴证成为审计的重要职能。审计的服务对象也扩大到包括企业、银行、社会公众、基金组织、政府等投资人、潜在投资人、债权人等广泛的利益群体。

二、我国审计的产生与发展

我国审计经历了一个漫长的发展历程，其最初形态是政府审计。

我国政府审计最早产生于西周。西周时期，国家财计机构分为两个系统：一是地官大司徒系统，掌管财政收入；二是天官冢宰系统，掌管财政支出。天官所属中大夫司会，为主官之长，主天下之大计，分掌王朝财政经济的审核和监督。《周礼》记载："凡上之用，必考于司会。"即帝王所用的开支都要受司会的检查，可见司会的权力很大。对宰夫的具体职权，《周礼》称："宰夫岁终，则令群吏正岁会。月终，则令正月要。旬终，则令正日成。而考其治，治以不时举者，以告而诛之。"即年终、月终、旬终的财计报告先由宰夫命令督促各部门官吏整理上报，宰夫就地稽核，发现违法乱纪者，可越级向天官冢宰或周王报告，加以处罚。可见，宰夫是独立于财计部门之外的官职，履行政府审计的职责，标志着我国政府审计的产生。

秦汉时期是我国政府审计的确立阶段，主要表现在以下三个方面：

一是初步形成了统一的审计模式。秦汉时期是我国封建社会的建立和成长时期，封建社会经济的发展促进了审计机构与监察机构相结合、经济法制与审计监督制度相统一的审计模式的形成。秦朝，中央设"三公"、"九卿"辅佐政务。御史大夫为"三公"之一，执掌弹劾、纠察之权，专司监察全国的民政、财政以及财务审计事项，并协助丞相处理政务。汉承秦制，西汉初中央仍设"三公"、"九卿"，仍由御史大夫领掌监督审计大权。

二是"上计"制度日趋完善。所谓"上计"，就是皇帝亲自参加听取和审核各级地方官吏的财政会计报告，以决定赏罚的制度。这种制度始于周朝，至秦汉时期日趋完善。

三是审计地位提高，职权扩大。秦汉时期的御史大夫不仅行使政治、军事的监察之权，还行使经济的监督之权，控制和监督财政收支活动，勾稽总考财政收入情况。秦汉时期审计制度虽已确立，但仍属初步发展时期。

隋唐时期是我国封建社会的鼎盛时期，也是我国审计发展的主要时期。隋朝开创了一代新制，设置"比部"（"比"就是考核审查的意思），隶属于都官或刑部，掌管国家财计监督，行使审计职权。唐朝改设三省六部。在六部之中，刑部掌天下律令、刑法、徒隶等政令，比部仍隶属于刑部，凡国家财计，不论军政内外，无不加以勾稽，无不加以查核审理。唐朝将比部归属于刑部，不受财务行政机构控制，直接与刑法结合，开展审计的权力覆盖国家财政的各个领域，而且一直延伸至州、县。由此可见，唐朝比部审查的范围极广、项目众多，而且具有很强的独立性和较高的权威性。

进入宋朝，审计一度并无发展。宋初至元丰改制，取消比部，审计隶属于财政系统，实行财审合一。元丰改制后，财计官制复唐之旧，审计之权重归刑部之下的比部执掌，审计机构重获生机。此外，还专门设置"审计司"，隶属于太府寺，北宋时曾将这个机构称为"审计院"。宋审计司（院）的建立，是我国审计的正式命名，"审计"一词从此成为财政监督的专业名词，对后世中外审计建制具有深远的影响。

元明清时期，君主专制日益强化，审计处于停滞衰落状态。元朝取消比部，户部兼管会计报告的审核，独立的审计机构即告消亡。明初设比部，不久即取消，洪武十五年设置督察院，以左右都御史为长官，审查中央财计。清承明制，设置督察院，执掌对君主进行规谏，对政务进行评价，对大小官吏进行纠弹，成为最高的监察、监督、弹劾和建议机关。虽然明清时期的都察院制度有所加强，但其行使审计职能具有一揽子性质。由于取消了比部这样的独立审计组织，其政府审计职能严重削弱，与隋唐时期相比，审计制度明显衰落。

辛亥革命结束了清王朝的封建统治，成立了中华民国。1912 年在国务院下设审计处，1914 年北洋政府改为审计院，同年颁布了《审计法》。国民政府根据孙中山先生五权分立的理论，设立司法、立法、行政、考试、监察五院。在监察院下设审计部，各省（市）设审计处，对不能按行政区域划分的企事业单位，如国库、铁路局、税务机关等，则根据需要与可能设审计办事处，分别对中央和地方各级行政机关以及企事业单位的财政和财务收支实行审计监督。国民政府于 1928 年颁布《审计法》和实施细则，次年颁布了《审计组织法》。与此同时，我国资本主义工商业有所发展，民间审计随之应运而生。1918 年 9 月，北洋政府颁布了《会计师暂行章程》，并于同年批准著名会计学家谢霖先生为中国的第一位注册会计师。谢霖创办的中国第一家会计师事务所——正则会计师事务所也获准成立，此后又逐步批准了潘序伦的立信会计师事务所、奚玉书的公信会计师事务所、徐永祚的徐永祚会计师事务所。之后，北洋政府先后颁布了《会计师注册章程》《会计师复验章程》和《会计师章程》等法律规范，对民间审计的执业范围、内容和规则做了一些规范。1925 年在上海成立了会计师公会，1933 年成立了全国会计师协会。国民政府 1929 年公司法的公布以及后来有关税法和破产法的施行，确立了会计师的法律地位，也对职业会计师事业的发展起到了推动作用。这一时期，由于政治不稳定，经济发展缓慢，审计工作没有长足的发展。

中华人民共和国成立时，国家没有设置独立的审计机构。对企业的财税监督和货币管理，是通过不定期的会计检查进行的。党的十一届三中全会以来，党和政府把工作重点转移到经济建设上来，并采取了一系列的方针政策。为适应这种需要，1980 年财政部颁布了《关于成立会计顾问处的暂行规定》，标志着我国注册会计师制度开始复苏。同年，财政部颁布了《中外合资经营企业所得税法实施细则》，规定外资企业会计报表由注册会计师进行审计。1986 年 7 月，国务院颁布《注册会计师条例》，标志着我国民间审计进入一个新的阶段。1988 年注册会计师协会成立，1991 年恢复全国注册会计师考试，1994 年 1 月 1 日正式实施《注册会计师法》。在国家法律、法规的规范下，使注册会计师行业得到了迅速发展，为改革开放和社会主义市场经济体制的建立、有序运行发挥了积极的作用。1996 年中国注册会计师协会加入亚太会计师联合会，1997 年加入国际会计师联合会，并成为国际会计准则委员会的正式成员。与此同时，1982 年修改的《宪法》规定我国建立审计机构，实行审计监督制度，并于 1983 年 9 月成立了我国政府审计的最高机关——审计署，在县以上各级人民政府设置各级审计机关。1985 年 8 月国务院颁布《关于审计工作的暂行规定》；1988 年 11 月颁布《审计条例》。1995 年 1 月 1 日《审计法》的实施，从法律上进一步确立了政府审计的地位，为其进一步发展奠定了良好的基础。为了全面开展审计工作，完善审计监督体系，加强部门、单位内部经济监督，我国于 1984 年在部门、单位内部成立了审计机构，实行内部审计监督。1985 年 10 月颁布《审计署关于内部审计工作的若干规定》，在各级政府审计机关、各级主管部门的积极推动下，内部审计蓬勃发展。2003 年，审计署颁布《内部审计条例》。至此，我国形成了政府审计、注册会计师审计和内部审计三位一体的审计监督体系，审计事业进入全面振兴的时期。

三、西方审计的产生与发展

在西方国家，审计也经历了一个漫长的发展过程，政府审计也是早于民间审计和内部审计的产生。

据考证，早在奴隶制下的古埃及、古希腊和古罗马时代，已建立官厅审计机构。那时，这些古国的审计官员以"听证"(Audit)的方式，对掌管国家财务和赋税的官吏进行审查和考核——具有审计性质的经济监督工作。到中世纪，西方国家的封建王朝大多设置审计机构和审计官员，对国家财政收支进行审计监督。但当时的政府审计在组织上、体制上、方法上还处于很不完善的阶段。

在资本主义时期，随着经济的发展和资产阶级国家政权组织形式的完善，政府审计也随之有了进一步的发展。在现代资本主义国家，政治制度大多实行议会制(即立法、行政、司法三权分立)，议会为国家的最高权力机关，并对政府行使包括财政监督在内的监督权。西方国家大多在议会下设专门的审计机构，由议会或国会授权，对政府及国有企事业单位的财政及财务收支进行独立的审计监督。

英国政府审计是在贵族与国王斗争的过程中，封建领主为限制国王的权力，强化对英国皇室财产收支业务的监督而产生和发展起来的。1215 年英国《大宪章》颁布，规定国王在没有征得贵族同意时不可随意收取贡赋，说明了皇权受到制约。1314 年英国皇帝任命了历史上第一位国库主计长。从此以后，英国的审计机构一直得以延续和发展。英国国家审计职责和权力是随着现代经济和政治制度的发展而不断得到完善的。1866 年颁布的《国库和审计部法案》标志着英国国家审计体制的确立；1921 年颁布的《国库和审计部法修正案》标志着英国国家审计体制的不断发展；1983 年颁布的《政府审计法》标志着英国政府审计体制的进一步完善，取消国库审计部，成立了政府审计署，最高审计长官为主审计长。这三部法律奠定了英国审计署开展审计事务的法律依据，是确保审计在国家权力机制中的独立性的法理依据。这三部法律明确了审计署的管理体制及职责和权限：主计长必须由议会下院的议员担任，代表议会依法独立行使职权和履行职责；主计长对议会负责并提交审计报告；为保证审计人员工作的独立性，避免将政党的观点和立场对审计工作产生干扰，英国审计署明确要求其工作人员保持政治中立，禁止加入政党组织和参与政党的政治活动；为提高审计结果透明度，英国规定审计机构有自行发布审计报告的权利。同时对国家审计机关的权限做出明确的界定：英国的审计机构只有调查权和报告权，而不拥有处理权。

美国的审计体制是随着美国行政权力和立法权力围绕对美国财政的主导权的争夺而逐步建立起来的。美国立国之初并没有独立的财政监督机构，只在财政部设审计官进行财政监督，由于预算不透明，使议会和社会公众的监督难以实现，从而产生了对美国政府存在腐败的怀疑。20 世纪初，在社会的压力下，美国开始进行财政预算改革。1921 年美国国会通过了《预算与会计法》，确立国会掌管"钱袋子"，控制了对国家预算的权力。这部法律还同时宣告了美国现代政府审计制度的诞生。根据该法，建立了美国最高审计机关——总审计局。其审计长由国会提名，经参议院同意，由总统任命。总会计局和审计长在总统管辖之外，独立行使审计监督权。

此外，加拿大的审计公署、西班牙的审计法院等，也都隶属于国家立法部门，审计结果要向议会报告，享有独立的审计监督权限。这是世界上比较普遍的属于立法系统的政府审计机关。应该看到，各国政府审计机关的设置都是建立在自己国情的基础上，除立法系统的政府审计机关外，还有一些国家的政府审计机关隶属于政府领导，称为行政系统政府审计机关，如罗马尼亚；一些国家的审计机关由政府的财政部门领导，称为次行政系统政府审计机关，如瑞典；还存在一种既不属于立法系统也不属于行政系统的政府审计机关，如日本的会计检察院，直接对天皇负责。总之，不管哪种类型，都应保证政府审计机关拥有独立性和权威性，能客观、公正地行使审计监督权。

随着资本主义商品经济的兴起，西方注册会计师审计得到了迅速发展。16 世纪末期，地中海沿岸国家的商品贸易得到了发展，出现了为筹集大量资金进行贸易活动的合伙企业。有些合伙人并不直接参与经营贸易。这样，财产的所有权与经营权就分离了，对经营管理者进行监督成为必然。这样便出现了一批具有良好会计知识、专门从事查账和公正工作的专业人员，他们所从事的查账与公正工作可以说是注册会计师审计的起源。

注册会计师审计虽然起源于意大利，但真正形成是在英国。18 世纪，产业革命的完成推动了资本主义商品经济的迅猛发展，在西方出现了以发行股票筹集资金的股份公司。股份公司这一组织形式的出现，使财产的所有权与经营权完全分离。投资人非常关心公司的经营成果，以便做出是否继续投资或购买公司股票的决定。同时，由于金融资本逐步向产业资本渗透，增加了债权人的风险，他们也非常重视企业的生产经营情况，以便做出是否继续贷款或是否索偿债务的决定，客观上产生了对经营管理状况和成果进行审查的需求。1720 年英国发生了南海公司破产案，英国议会聘请会计师查尔斯·斯内尔对南海公司的会计账目进行审查，斯内尔最后以“会计师”名义提出了一份认为该公司存在虚假会计记录和舞弊行为的“查账报告书”，从此宣告了注册会计师的诞生。1844 年英国政府为了保护广大股票持有者的利益，颁布了《公司法》，规定股份公司必须设监察人，负责审查公司账目。因当时的监察人一般由股东担任，大多不熟悉会计业务和专门方法，难以有效监督。1845 年英国对《公司法》进行了修订，规定股份公司的账目必须经董事以外的人员审计，这无疑对注册会计师审计起了推动作用。1853 年在苏格兰的爱丁堡成立了“爱丁堡会计师协会”，这是世界上第一个职业会计师的专业团体。随后，英国有数家会计师协会成立，注册会计师队伍迅速扩大。此时的英国注册会计师审计还没有形成系统的理论和方法体系，根据查错防弊的目的，对账簿记录进行逐笔的审查，即详细审计。由于详细审计产生于英国，也称为英式审计。

20 世纪初期美国南北战争结束后，全球经济重心逐步由欧洲转向美国，英国的巨额资本流入美国。为了保护广大投资者和债权人的利益，英国的注册会计师远涉重洋到美国开展审计业务，同时美国也很快形成了自己的注册会计师队伍。1887 年美国公共会计师协会成立，1916 年改组为美国会计师协会，后来成为世界上最大的注册会计师职业团体。由于金融资本对产业资本更为广泛的渗透，银行为了维护自身利益，要求对申请贷款企业的资产负债表进行审查，判断企业的偿债能力，以决定是否予以贷款，于是以证明企业偿债能力为主要目的的资产负债表审计在美国产生。由于资产负债表审计是美国首先实施的，故又称美式审计。

20 世纪 20 年代以后，证券市场得到了较大发展，为了顺应证券市场发展和社会各方面的要求，美国率先进入会计报表审计时代。1933 年美国颁布《证券法》，规定在证券交易所上市的企业的会计报表必须接受注册会计师审计，并向社会公众公布注册会计师出具的审计报告。

由于美国以立法的形式推行企业会计公开制度，要求所公开的会计报表必须按一定的标准编制，客观上要求与之相适应的审计鉴证工作也必须步入规范化、标准化的轨道。为此，西方会计学家、审计学家加快了对会计准则、审计准则的研究。许多国家的会计职业团体制定和实施了会计准则和审计准则，以制度为基础的审计方法得到应用和推广，注册会计师资格考试制度开始推行。

第二次世界大战以后，经济发达国家通过各种渠道推动本国的企业向海外拓展，跨国公司得到空前发展。这一方面是由于各国经济发展不平衡而造成的，另一方面也说明了国际经济交流的日益密切。国际资本的流动带动了注册会计师审计的跨国界发展，形成了一大批国际会计师事务所，即"八大"国际会计师事务所。20 世纪 80 年代合并为"六大"国际会计师事务所（分别为毕马威会计师事务所、安永会计师事务所、安达信会计师事务所、德勤会计师事务所、永道会计师事务所和普华会计师事务所），1998 年普华会计师事务所和永道会计师事务所合并成立了普华永道会计师事务所，国际会计师行业进入了"五大"时代。2001 年美国出现了安然公司会计造假丑闻，作为对安然公司会计报表出具审计报告的安达信会计师事务所涉嫌舞弊和销毁证据，受到美国司法部门的调查，之后宣布关闭。时至今日，尚有"四大"国际会计师事务所，即普华永道（Price Water House Coopers）、安永（Ernst & Young）、毕马威（KPMG）、德勤（Deloitte Touche Tohmatsu）。与此同时，审计技术也在不断完善，抽样方法得到普遍应用，审计准则逐步完善，风险导向审计方法得到推广，计算机辅助审计技术得到广泛采用。注册会计师业务范围扩大到代理纳税、会计服务、管理咨询等领域。

在西方，内部审计的起源可以追溯到古代，但直至进入资本主义时期内部审计制度才正式得以确立。19 世纪末 20 世纪初，资本主义经济迅速发展，公司规模不断扩大，公司内部管理层次增多，出现了分权制。总公司为了能够更好地控制下属公司，以前聘用注册会计师一年一次性的审计已不能满足要求。于是管理层提出，从员工中选拔具有经营管理知识和能力的特殊人才，对公司下属进行经常性监督，这些人称为"内部审计人员"，他们组成的机构被称为"内部审计机构"。1844 年英国颁布《公司法》，规定公司必须设监察人，负责审查公司账目，行使内部审计之权，从而确立了近代内部审计制度。

20 世纪 40 年代，内部审计进入现代发展时期。1941 年美国创建了"内部审计师协会"，从此内部审计师有了自己的职业组织。1947 年该协会制定了《内部审计师职责条例》，对内部审计人员的职责和工作范围做了规定。第二次世界大战以后，资本主义经济空前发展，竞争更为激烈。企业为了增强竞争实力，十分重视加强内部监督。在控制理论的指导下，现代内部审计蓬勃发展。内部审计除开展传统的财务审计外，还从健全管理、提高工作效率、防止经济损失等方面，开拓了许多新的审计领域，如对管理制度、经济合同、经济效率的审计等。当今，在西方内部审计制度已成为企业单位内部经济运行的一种重要制约机制，内部审计机构和人员日益成为企业最高决策者的得力助手，内部审计师正成为西方社会令人向往的职业之一。

第二节 审计的性质

一、审计的定义

审计与社会上一般所说的查账不同。查账是通用的一种经济监督手段。审计也要利用查账这一手段，但审计不限于查账，它比查账的含义更广，因此不能将审计与查账混为一谈。

关于审计，目前还没有统一的定义，比较权威的解释有：

1973 年，美国会计学会在《基本审计概念说明》中将审计定义为："审计是一个系统化过程，即通过客观地获取和评价有关经济活动与经济事项认定的证据，以证实这些认定与既定标准的符合程度，并将结果传达给有关使用者。"

1989 年，我国审计学会贵州安顺会议讨论确定的审计定义为："审计是由专职机构和人员，依法对被审计单位的财政、财务收支及其有关经济活动的真实性、合法性、效益性进行审查，评价经济责任，用于维护财经法纪，改善经营管理，提高经济效益，促进宏观调控的独立性经济监督活动。"

我国管锦康教授在《现代审计学原理》中将审计定义为："审计是资源财产的拥有者或主管者，授权或委托专门机构或人员，对于资源财产经营管理人承担和履行的经济责任及由此而引起的经济活动的真实性、合法性、效益性进行审查，并向授权人或委托人提出报告，以维护授权人或委托人权益的具有独立性的经济监督。"

综上所述，审计的定义虽有多种不同的解释，但一般以审计的性质为基点，围绕审计的关系、依据、对象、目的等所做出的表述。本教材采用管锦康教授在《现代审计学原理》(1994 年版)中关于审计的定义。

二、审计关系

在审计工作中，不论哪种形式的审计，一般由三方关系人组成：一是审计授权人或委托人，一般是资源财产的拥有者或主管者；二是审计人，即执行审计工作的审计机构和审计人员；三是被审计人，一般是资源财产的经营管理人。我们把审计授权人或委托人、审计人、被审计人三者之间构成的关系称为审计关系。具体内容有：

(1)整个审计工作由审计授权人或委托人、审计人、被审计人三方组成。

(2)审计授权人或委托人与被审计人之间存在由资源财产的委托与受托关系而产生的经济责任。

(3)审计人应根据审计授权人或委托人的授权或委托，对被审计人进行审查，同时向审计授权人或委托人提出审查报告。

三、审计的特征

(一)独立性

审计是具有独立性的经济监督活动。独立性是审计监督的本质特征。审计的独立性是指审计人员公正不依地进行审查并表达意见的状态。正因为审计具有独立性，才受到社会的信任，才能保证审计人员依法客观公正地进行经济监督活动，提出证实财务状况和经营成果的审计信息才有价值，才能确定对被审计单位确定或解除受托经济责任，真正发挥审计的监督作用。因此，在审计机构的设置和审计工作过程中必须遵循独立性原则，具体包括：

1. 机构独立

为确保审计机构独立地行使审计监督权，对审查的事项做出客观公正的评价和鉴证，审计机构应当独立于被审计单位之外，这样才能有效地进行审计监督。

2. 经济独立

审计机构或组织从事审计业务活动，必须有一定的经济收入或经费来源，以保证其生存和发展的需要。经济独立是指审计机构或组织的经济来源有一定的法律、法规做保证，不受被审计单位的制约。

3. 人员独立

审计人员执行审计业务，根据审计目的，独立地确定审计范围、审计内容、审计方法，坚持客观公正、实事求是的精神，做出公允、合理的评价和结论，不受任何部门、单位和个人的干涉。

美国学者莫茨和夏拉夫认为，审计的独立性应从四个方面得到反映：

一是“财务利益”方面，认为审计人员的活动经费应有专门的经济来源，不得受他人的影响，同时审计人员不得参与被审计单位的经营管理活动；

二是“精神状态”方面，审计人员应保持精神上的独立，即审计人员在进行专业判断时必须公正无私，不带任何偏见；

三是“组织地位”方面，组织上的独立性是指审计机构必须是独立的专职机构，与被审计单位不存在组织上的隶属关系；

四是“自由调查”方面，审计人员的计划、检查、发表意见等各项工作均应是自由的，不受他人的控制与干扰。

最高审计机关国际组织在《利马宣言——审计规则指南》中就政府审计的独立性从三个方面进行了阐述：

第一，最高审计机关必须独立于被审计单位之外，才能客观有效地完成其工作任务；

第二，最高审计机关人员的独立性应由宪法予以保证；

第三，最高审计机关在财政上应当独立，为完成任务所需经费应得到保障。

(二)权威性

审计的权威性是与审计的独立性相关的，它是保证有效行使审计监督权的必要条件。审计的权威性主要表现在以下两个方面：

1. 审计组织的地位和权力由法律明确规定

为了有效地保证审计组织独立地行使审计监督权，世界各国法律对实行审计监督制度、建立审计机关以及审计机构的地位和权力问题都做出了明确规定，使审计组织的权威性在法律上得到体现。我国对实行审计监督制度在《宪法》中有明文规定，在《审计法》中又得到进一步明确：国家实行审计监督制度；国务院和县级及以上地方人民政府设立审计机关；审计机关依照法律规定的职权和程序进行监督；依照《注册会计师法》，我国的会计师事务所是经过财政部门批准、登记注册的法人组织，独立承办审计、验资、咨询服务等业务，其审计报告具有法律效力。

2. 审计人员依法执行审计业务，并受法律保护

审计人员依法执行审计业务时，任何组织和个人不得拒绝、阻碍审计人员依法执行审计业务，不得打击报复审计人员；审计机关负责人在没有违法失职或其他不符合任职条件的情况下，不得随意撤换。

(三)公正性

审计的公正性特征反映了审计工作的基本要求。审计人员站在独立的第三者的立场上，进行实事求是的监督检查，做出符合客观事实、不带任何偏见的判断，并做出公正的评价，以确定或解除被审计人的受托责任。公正性来自于独立性，是权威性的基础。因此，审计人员在工作中只有同时保持独立性和公正性，才能取信于委托人、授权人和社会公众，才能真正树立权威性的形象。

四、审计的对象

审计的对象是指审计监督的范围和内容。通常把审计对象概括为被审计单位的经济活动。具体来说，审计对象包括两方面的内容：

1. 被审计单位财政、财务收支及其有关的经营管理活动

不论是传统审计还是现代审计，也不论是政府审计还是注册会计师审计、内部审计，都要求以被审计单位客观存在的财务收支及其有关的经营管理活动为审计对象，对其是否公允、合法、合理进行审查和评价，以便对其所负受托责任是否得到认真履行进行监督和证明。

2. 被审计单位的各种能提供财务收支及其有关经营管理活动信息载体的会计资料和其他相关资料

审计对象主要包括：记载和反映被审计单位财务收支，提供财务会计信息载体的会计凭证、账簿、报表等会计资料，以及有关计划、预算、经济合同、内部控制制度、经济活动分析资料等相关的其他资料。上述这些资料可以是纸质的形式，也可以是电子等其他介质形式。

五、审计的职能

审计职能是审计本身所固有的内在功能。它不是由人们的主观意愿决定的，而是由社会经济发展的客观需要来决定的。审计职能也不是一成不变的，它是随着经济的发展而发展变化的。审计具有经济监督、经济鉴证和经济评价的职能。

(一)经济监督

监督是指监察和督促。经济监督是指监察和督促被审计单位的全部经济活动或某一特定方面在规定的范围内、沿着正常的轨道运行。经济监督是审计的基本职能。通过审计监督，以查明受托责任的履行情况，借以揭露舞弊、纠正错误，指出管理缺陷，制止损失浪费，促使被审计单位的经济活动能够在规定的范围内、沿着正常的轨道运行。在审计实务中，政府审计从依法检查到依法评价，从依法做出审计处理处罚决定到督促决定的执行，都体现了审计的监督职能。

(二)经济鉴证

鉴证是指鉴定和证明。经济鉴证是指通过对被审计单位的财务报表及有关经济资料所反映的财务收支和经济活动公允性、合法性的审查，确定其可信赖的程度，并做出书面证明，以取得审计委托人和其他有关方面的信任。例如，注册会计师通过接受委托，对财务报表实施审计程序后，根据其形成的审计结论而出具的审计报告就体现了审计的鉴证职能。

(三)经济评价

经济评价就是通过审核检查，评定被审计单位的计划、预算、决策、方案是否先进可行，经济活动是否按照既定的决策和目标进行，经济效益是否达到设定的目标，内部控制制度是否健全、有效等，从而有针对性地提出意见和建议，以促使其改善经营管理，提高经济效益。

审核检查被审计单位的经济资料及其经济活动，是进行经济评价的前提。只有查明了被审计单位客观事物的真相，才能按照一定的标准进行对比分析，才能形成各种经济评价意见。这样，经济评价才能建立在真实情况的基础之上，评价的结论才能客观、公正，才能被社会各界所接受。经济评价的过程同时也是肯定成绩、发现问题的过程。所以，审计建议就是审计人员从经济评价出发，提出改进经营管理、提高经济效益的办法和途径。

六、审计与会计的关系

审计与会计之间存在着密切的联系，又有着明显的区别。认识这个问题必须全面，既要看到两者的联系，也要看到它们之间的区别。

审计与会计的联系主要表现为：审计的对象是会计资料及其反映的经济活动，会计资料是审计的前提和基础，会计活动本身是审计监督的主要对象。按照受托责任学说，会计是对受托责任履行过程和结果进行认定、计量和报告；审计则是在会计提供的受托责任报告的基础上，对受托责任的履行过程进行重新认定、计量和报告。

尽管审计与会计存在着密切的联系，但它们在性质上是不同的。莫茨和夏拉夫在《审计理论结构》一书中写道："两者只是事务上的同事关系，但不存在血缘关系。"审计不是来源于其审查的会计，而是源于赖以支持其观念和方法的客观需要。审计与会计犹如编辑与作者、质检员与工人。审计与会计的区别主要表现为：

1. 审计与会计产生的基础不同

受托责任是审计产生的客观基础，而会计是因经济管理的需要产生的。

2. 审计与会计的性质不同

审计是一种独立的监督、鉴证、评价活动，审计人员独立于被审计单位的经济业务活动，因此审计是外在于被审计单位的经济管理活动；而会计是一种重要的经济管理活动，会计人员直接参与被审计单位的经济业务活动，所以会计内在于被审计单位的经济管理活动。

3. 审计与会计的对象不同

审计的对象是被审计单位的会计资料及其反映的经济活动，会计活动本身是审计监督的主要对象；而会计的对象是会计主体的资金运动过程，是由各项含有财务性质的交易与事项组成的。

4. 审计与会计的方法体系不同

审计的方法体系包括审计战略方法和审计技术方法。制定审计战略是审计人员根据被审计单位的基本情况，按照审计准则选择适当审计程序的过程。审计技术方法是指审计实施过程中为收集审计证据以形成审计意见和审计结论所选用的具体方法。在审计技术方法中注重验证性、分析性，并广泛应用抽样方法；而会计的方法体系包括会计核算方法、会计分析方法和会计检查方法。

5. 审计与会计的职能不同

审计的职能是监督、鉴证、评价；会计的职能是核算与监督。会计的监督职能与审计的监督职能是不同的：会计的监督是会计的一种自我监督，而审计的监督是一种独立的、专门的监督。

6. 审计与会计的执业准则不同

审计人员在实施审计工作时必须遵守审计准则，审计准则是审计人员行动的指南与规范；而会计人员在开展会计工作时必须遵守会计准则，会计准则是整个会计工作的规范，是会计人员合理地处理会计信息系统中各种经济业务的准绳。

7. 审计与会计的目的不同

审计的目的是对被审计单位的财政、财务收支及其有关经济活动的真实性、合法性、效益性进行审查和评价，以维护授权人或委托人的权益；而会计的目的是对会计主体内部和外部利益相关者提供有用的会计信息。

第三节 审计的分类

审计的分类是对审计按照不同的标准所进行的划分。对审计进行分类，其意义在于从各个不同的角度认识审计，以便有效地组织和运用各种类型的审计，充分发挥审计的职能作用，提高审计工作的质量和效率。

一、审计的基本分类

说明审计本质的分类称为基本分类。审计按其主体分类和按其内容、目的分类，属基本分类。

(一)按审计主体分类

审计主体是指执行审计的一方。按主体不同，可将审计划分为政府审计、注册会计师审计和内部审计。

1. 政府审计

政府审计在我国也称国家审计，是指由政府审计机关执行的审计。政府审计机关包括按我国宪法规定由国务院设置的审计署、由县级及以上地方各级人民政府设置的审计厅(局)和国家审计署在地方和中央各部委的派出机构。政府审计机关主要依法对国务院各部门和地方各级人民政府、国有金融机构、国有企事业单位以及其他拥有国有资产的单位的财政、财务收支及其经济效益进行审计监督。

政府审计的主要特点是强制性和无偿性。政府审计的强制性表现在：凡是依法应当接受政府审计监督的单位和个人，政府审计机关都可主动对其进行审计监督，被审计单位及有关单位和个人不得拒绝、阻挠；政府审计做出的审计决定，被审计单位必须执行，但可以申诉。政府审计的无偿性表现在：政府审计机关的审计经费是由国家财政予以保障的，所以，政府审计机关进行审计监督时，不得从被审计单位获得任何经济利益，不得给被审计单位增加任何经济负担，也不得将自己法定范围内的业务委托给社会中介组织进行对被审计单位的有偿服务。

2. 注册会计师审计

注册会计师审计在我国也称社会审计、民间审计、独立审计，是指由经有关部门批准的会计师事务所接受委托人的委托所进行的审计。

注册会计师审计的主要特点是受托性和有偿性。注册会计师进行审计业务，必须是接受委托人的委托，其具体的审计目的、审计内容要取决于委托人的要求。会计师事务所是依法独立承办审计等业务的社会中介组织，实行自收自支、独立核算。因此，会计师事务所提供的是有偿服务。

3. 内部审计

内部审计是指由本部门或本单位内部专职的审计机构或人员实施的审计。内部审计在本部门或本单位负责人的领导下，对本部门、本单位的财政、财务收支及各项经济活动的真实性、合法性和效益性进行审查和评价，目的是纠错防弊，促使改善经营管理，提高企业经济效益。

内部审计具有审计服务的内向性、广泛性、经常性和及时性等特点，但相对于外部审计来说，其独立性较差，这也在一定程度上削弱了内部审计的权威性。

(二)按审计内容和目的分类

我国审计按其内容和目的不同，可分为财政财务审计、财经法纪审计和经济效益审计。

1. 财政财务审计

财政财务审计也称传统审计或常规审计，是指审计机构对被审计单位的财务报表及其有关资料的公允性及其所反映的财政、财务收支的真实性、合法性、合规性所进行的审计。就其内容来看，财政财务审计是对国务院各部门和地方各级政府、国有金融机构、企事业单位的财政财务收支进行的审计监督，其目的是明确被审计单位的受托经济责任。其主要特点是对被审计单位的财务报表及其有关资料进行审查和验证，以发现财政财务收支活动中所存在的问题。

2. 财经法纪审计

财经法纪审计是指审计机构对被审计单位和个人严重侵占国家资财、严重损失浪费以及其他严重损害国家经济利益等违反财经纪律行为所进行的专案审计。它是我国审计监督的一种重要形式。其目的是维护财经法纪，加强廉政建设，保护国家和人民财产的安全完整。其主要特点是根据群众揭发和会计资料所反映出来的问题，对有关单位和当事人在经济活动中的不法行为立案审查，以查清事实并确定问题的性质。其主要内容包括审查严重侵占国家资财、严重损失浪费、在经济交易中行贿受贿、贪污以及其他严重损害国家和企业利益的重大经济案件等。

3. 经济效益审计

经济效益审计是指由审计机构对被审计单位的财政、财务收支及经营管理活动的经济性、效益性所实施的审计。其内容通常包括对各级政府的财政收支及其管理活动、企业单位的财务收支及其经营管理活动、行政事业单位的财务收支及其管理活动、固定资产投资及其管理活动的经济效益情况及其影响因素、途径所进行的审计。其目的是促使被审计单位改善经营管理，提高经济效益和工作效率。“绩效审计”“经营审计”“管理审计”“三 E 审计”“五 E 审计”等均属于经济效益审计的范畴。

二、审计的其他分类

除了审计的基本分类外，还可以对审计进行其他的分类。

(一)按审计范围分类

1. 全面审计

全面审计又称全部审计，是指对被审计单位一定时期内的财政、财务收支及经济活动的各方面及其资料进行全面的审计。其优点是审计详细、彻底，审计效果好；缺点是工作量大、费时费力。全面审计一般适用于规模较小、会计资料较少的被审计单位，或内部控制不健全、存在问题较多的单位或重大案件。

2. 局部审计

局部审计又称部分审计，是指对被审计单位一定期间的财务收支或经营管理活动的某些方面及其资料进行部分的、有目的的、重点的审计，如对企业进行的现金审计、银行存款审计、收入审计、成本费用审计、税费审计等。另外，为了查清贪污盗窃案件，对部分经济业务进行的审查也属于局部审计的范围。这种审计时间较短，耗费较少，能及时发现和纠正问题，达到预定的审计目的和要求。但容易遗漏问题，所以具有一定的局限性。

3. 专项审计

专项审计又称专题审计，是指对某一特定项目所进行的审计。这种审计的业务范围比局部审计要小，具有较强的针对性，如支农扶贫专项资金审计、世界银行贷款审计、抗震救灾资金物资审计等。专项审计有利于围绕当前的中心工作及时开展审计,有针对性地提出意见和建议,为宏观经济控制和决策提供真实、可靠的信息。

(二)按实施审计的时间分类

1. 事前审计

事前审计是指在被审计单位经济业务发生之前所进行的审计。一般针对预算或计划的编制和对经济事项的预测及决策进行的审计,均属于事前审计。其主要目的是加强预算、计划、预测和决策的准确性、合理性和可行性,因此也称预防性审计。这种审计对预防错弊的发生,确保经济活动的合理性、有效性,严格财经纪律,都有着积极的作用。

2. 事中审计

事中审计是指在被审计单位经济业务执行过程中所进行的审计。通过对被审计单位的费用预算、费用开支标准、材料消耗定额等执行过程中有关经济业务进行审计,可以及时发现存在的问题,并及时进行纠正,以保证经济活动的合法性、合理性和有效性。

3. 事后审计

事后审计是指在被审计单位经济业务完成以后所进行的审计。财务报表审计和全部审计均属于事后审计。事后审计的适应范围十分广泛,主要是进行合法性、合规性、公允性、真实性审计。其主要目的是监督和评价被审计单位的财务收支及其有关经济活动、会计资料和内部控制制度是否符合国家财经法规与财务会计制度、会计准则的规定,从而确定或解除被审计单位的受托经济责任。

(三)按审计执行地点分类

1. 报送审计

报送审计又称送达审计,是指审计机构按照审计法规的规定,对被审计单位按期报送来的计划、预算和财务报表及有关账证等资料进行的审计。这种审计的优点是节省人力、物力,缺点是不能实地考察、了解被审计单位的实际情况,难以发现被审计单位存在的实际问题。一般适用于对行政事业单位的经费收支审计。

2. 就地审计

就地审计是指审计机构委派审计人员到被审计单位所在地进行的审计。就地审计可以深入实际,调查研究,易于全面了解和掌握被审计单位的实际情况,是我国审计监督中使用最广泛的一种方式。

(四)按审计动机分类

1. 强制审计

强制审计又称法定审计,是指审计机构根据法律、法规对被审计单位行使审计监督权而进行的审计。这种审计是按照审计机关的审计计划进行的,不管被审计单位是否愿意接受审查,都应依法进行。我国政府审计机关根据法律赋予的权力,对国务院各部门和地方各级政府的财政收支、国有金融机构和企事业单位的财务收支实行强制审计。

2. 任意审计

任意审计是根据被审计单位自身的需要,要求审计组织对其进行的审计。一般来说,注册会计师的审计是接受委托人的委托,按照委托人的要求对其进行财务审计或经济效益审计,即属于任意审计。任意审计是相对于强制审计而言的。实际上,任意审计大多是按照《公司法》、《证券法》及其他经济法规要求进行的,也带有一定的强制性。

(五)按审计是否事先通知被审计单位分类

1. 预告审计

预告审计是指在审计之前,把审计的目的、主要内容和日期预先通知被审计单位的审计方式。采用这种审计方式,可以使被审计单位有充分时间做好准备工作,以利于审计工作的顺利进行。进行财务审计和经济效益审计时,一般采用这种方式,事前向被审计单位下达审计通知书或签订审计业务约定书。

2. 突击审计

突击审计是指在对被审计单位实施审计之前,不预先把审计的目的、内容和日期通知被审计单位而进行的审计。其目的在于使被审计单位或被审计者在事先不知情的情况下接受审查,没有时间去弄虚作假、掩饰事实真相,以利于取得较好的审计效果。这种审计方式主要用于对贪污盗窃和违法乱纪行为进行的财经法纪审计。

(六)按审计取证模式分类

1. 账表基础审计法

账表基础审计法,是围绕会计账簿、会计资料的编制过程来进行的,通过对账表上的数字进行详细审查,以判断是否存在错误或舞弊。该种方法适用于评价简单的受托经济责任,是审计取证模式发展的第一阶段,在审计方法史上占据十分重要的地位。其工作的一般步骤是:获取和了解被审计单位的凭证、账目等会计资料,据以编制审计计划;详细审查会计凭证和账簿等资料,努力发现尽可能多而详细的错误和舞弊;出具审计报告,发表审计意见。

2. 制度基础审计法

制度基础审计法,是以内部控制制度为重心,强调对内部控制制度的评价,对内部控制评价的结果直接影响实质性程序工作量的大小,当评价结果证明内部控制可以信赖时,在实施实质性程序时只需抽取少量样本就可以得出审计结论;而当评价结果认为内部控制不可靠时,在实施实质性程序时要根据具体情况扩大审查范围。制度基础审计法是审计方法发展过程中的一个重要阶段,但仍需运用账表基础审计的一些技术方法。其工作的一般步骤是:了解被审计单位的内部控制等基本情况,据以编制审计计划;必要时进行符合性测试(即对制定的内部控制制度是否得到一贯有效的执行所进行的抽样检查);对账目等会计资料进行实质性的审查;出具审计报告,发表审计意见。

3. 风险基础审计法

风险基础审计法,是指审计人员在对被审计单位所面临的风险全面分析基础上,运用审计风险模型,制定与企业状况相适应的多样化审计计划,统筹使用各种审计程序特别是分析程序,以达到审计工作的效率性和效果性。其工作的一般步骤是:①了解被审计单位及其环境,评估被审计单位重大错报风险水平;②根据被审计单位面临的风险水平和降低审计风险的要求,计划审计工作;③必要时进行控制测试;④对账目等资料进行实质性的审查;⑤出具审计报告,发表审计意见。

(七)按审计机构与被审计单位的关系分类

1. 外部审计

外部审计是指由被审计单位以外的专职审计机构和人员对被审计单位的财政、财务收支及其经济活动所实施的审计,包括政府审计和注册会计师审计。

2. 内部审计

内部审计是指由部门和单位内部专职的审计机构和人员对本部门、本单位财政、财务收支及其经济活动所实施的审计。

第四节 我国审计的组织形式

根据《中华人民共和国宪法》《中华人民共和国审计法》《中华人民共和国注册会计师法》的规定，我国审计的组织形式主要有政府审计机关、会计师事务所、部门和单位内部审计机构。

一、政府审计机关

（一）我国政府审计机关的设置

政府审计机关是代表政府依法行使审计监督权的行政机关，具有宪法赋予的权威性和独立性。我国《宪法》规定："国务院设立审计机关，对国务院各部门和地方各级政府的财政收支，对国家的财政金融机构和企业事业组织的财务收支，进行审计监督。审计机关在国务院总理领导下，依照法律规定独立行使审计监督权，不受其他行政机关、社会团体和个人的干涉。"

政府审计机关实行统一领导、分级负责。国务院设立审计署，在国务院总理的领导下，负责组织领导全国的审计工作，对国务院负责并报告工作。审计署设审计长一人，副审计长若干人。审计长由国务院总理提名，全国人民代表大会决定，国家主席任命。副审计长由国务院任命。县级及以上各级地方人民政府设立审计机关。地方各级审计机关分别在省长、自治区主席、市长、州长、县长、区长和上一级审计机关的领导下，负责领导本行政区域内的审计工作，对上级审计机关和本级人民政府负责并报告工作，审计业务以上级审计机关领导为主。

审计机关根据工作需要，经本级人民政府批准，可以在其管辖范围内设立派出机构。派出机构根据审计机关的授权，依法进行审计工作。审计署向重点地区、城市和计划单列市派出的审计机构为审计特派员办事处，代表审计署依法执行审计业务，解决某些地方审计局难以解决的审计项目。

（二）政府审计机关的职责和权限

1. 政府审计机关的职责

根据《审计法》的规定，我国政府审计机关对各单位的下列事项进行审计监督：

（1）审计机关对本级各部门（含直属单位）和下级政府预算的执行情况和决算以及其他财政收支情况，进行审计监督。

（2）审计署在国务院总理领导下，对中央预算执行情况和其他财政收支情况进行审计监督，向国务院总理提出审计结果报告。

地方各级审计机关分别在省长、自治区主席、市长、州长、县长、区长和上一级审计机关的领导下，对本级预算执行情况和其他财政收支情况进行审计监督，向本级人民政府和上一级审计机关提出审计结果报告。

（3）审计署对中央银行的财务收支，进行审计监督。

审计机关对国有金融机构的资产、负债、损益，进行审计监督。

（4）审计机关对国家的事业组织和使用财政资金的其他事业组织的财务收支，进行审计监督。

（5）审计机关对国有企业的资产、负债、损益，进行审计监督。

（6）对国有资本占控股地位或者主导地位的企业、金融机构的审计监督，由国务院规定。

（7）审计机关对政府投资和以政府投资为主的建设项目的预算执行情况和决算，进行审计监督。

(8)审计机关对政府部门管理的和其他单位受政府委托管理的社会保障基金、社会捐赠资金以及其他有关基金、资金的财务收支，进行审计监督。

(9)审计机关对国际组织和外国政府援助、贷款项目的财务收支，进行审计监督。

(10)审计机关按照国家有关规定，对国家机关和依法属于审计机关审计监督对象的其他单位的主要负责人，在任职期间对本地区、本部门或者本单位的财政收支、财务收支以及有关经济活动应负经济责任的履行情况，进行审计监督。

此外，除《审计法》规定的审计事项外，审计机关对其他法律、行政法规规定应当由审计机关进行审计的事项，依照《审计法》和有关法律、行政法规的规定进行审计监督。

审计机关有权对与国家财政收支有关的特定事项，向有关地方、部门、单位进行专项审计调查，并向本级人民政府和上一级审计机关报告审计调查结果。

审计机关根据被审计单位的财政、财务隶属关系或者国有资产监督管理关系，确定审计管辖范围。审计机关之间对审计管辖范围有争议的，由其共同的上级审计机关确定。

2. 政府审计机关的权限

政府审计机关在执行审计业务过程中行使以下权限：

(1)审计机关有权要求被审计单位按照审计机关的规定提供预算或者财务收支计划、预算执行情况、决算、财务会计报告，运用电子计算机储存、处理的财政收支、财务收支电子数据和必要的电子计算机技术文档，在金融机构开立账户的情况，社会审计机构出具的审计报告，以及其他与财政收支或者财务收支有关的资料，被审计单位不得拒绝、拖延、谎报。被审计单位负责人对本单位提供的财务会计资料的真实性和完整性负责。

(2)审计机关进行审计时，有权检查被审计单位的会计凭证、会计账簿、财务会计报告和运用电子计算机管理财政收支、财务收支电子数据的系统，以及其他与财政收支、财务收支有关的资料和资产，被审计单位不得拒绝。

(3)审计机关进行审计时，有权就审计事项的有关问题向有关单位和个人进行调查，并取得有关证明材料。有关单位和个人应当支持、协助审计机关工作，如实向审计机关反映情况，提供有关证明材料。

审计机关经县级以上人民政府审计机关负责人批准，有权查询被审计单位在金融机构的账户。

审计机关有证据证明被审计单位以个人名义存储公款的，经县级以上人民政府审计机关主要负责人批准，有权查询被审计单位以个人名义在金融机构的存款。

(4)审计机关进行审计时，被审计单位不得转移、隐匿、篡改、毁弃会计凭证、会计账簿、财务会计报告以及其他与财政收支或者财务收支有关的资料，不得转移、隐匿所持有的违反国家规定取得的资产。

审计机关对被审计单位违反前款规定的行为，有权予以制止；必要时，经县级以上人民政府审计机关负责人批准，有权封存有关资料和违反国家规定取得的资产；对其中在金融机构的有关存款需要予以冻结的，应当向人民法院提出申请。

审计机关对被审计单位正在进行的违反国家规定的财政收支、财务收支行为，有权予以制止；制止无效的，经县级以上人民政府审计机关负责人批准，通知财政部门和有关主管部门暂停拨付与违反国家规定的财政收支、财务收支行为直接有关的款项，已经拨付的，暂停使用。

审计机关采取该两项措施不得影响被审计单位合法的业务活动和生产经营活动。

(5)审计机关认为被审计单位所执行的上级主管部门有关财政收支、财务收支的规定与法律、行政法规相抵触的，应当建议有关主管部门纠正；有关主管部门不予纠正的，审计机关应当提请有权处理的机关依法处理。

(6)审计机关可以向政府有关部门通报或者向社会公布审计结果。

审计机关通报或者公布审计结果，应当依法保守国家秘密和被审计单位的商业秘密，遵守国务院的有关规定。

(7)审计机关履行审计监督职责，可以提请公安、监察、财政、税务、海关、价格、工商行政管理等机关予以协助。

(三)最高审计机关国际组织

最高审计机关国际组织(International Organization of Supreme Audit Institutions, INTOSAI)，是由世界各国最高一级国家审计机关所组成的国际性组织，是一个自主、独立、非政治性的团体，是为了推动世界各国最高审计机构之间交换政府审计方面的观念和经验而成立的永久性组织。它创立于 1953 年，1968 年在东京召开的第六次会议上通过了该组织的章程，正式宣布成立最高审计机关国际组织，受联合国经社理事会领导。目前该组织有成员 186 个。

该组织的宗旨是：互相交流情况、交流经验，推动和促进各国审计机关更好地完成本国的审计工作。该组织每 3 年召开一次全体成员国会议，就审计的原则、方向、理论、方法和技术等方面的问题进行交流，以有助于各成员国研究、改进和加强政府审计工作。经国务院批准，我国于 1982 年派代表参加了该组织在马尼拉召开的第十一届代表大会，并于 1983 年正式加入该组织。加入这一国际组织，有利于同外国审计机关交流经验、共享信息，加快我国审计事业的发展。

最高审计机关国际组织设有代表大会、理事会、秘书处等机构。总部设在维也纳，由奥地利审计法院负责日常工作，该组织的会费由各成员国按联合国缴纳会费的比例分摊。

最高审计机关国际组织目前主要有 5 个专设委员会和 3 个工作小组。5 个专设委员会为：审计准则委员会、会计准则委员会、内部控制准则委员会、数据处理委员会、公共债务委员会。3 个工作小组为：环境审计工作小组、项目评估工作小组、民营化工作小组。

最高审计机关国际组织目前有以下 7 个区域组织：最高审计机关拉丁美洲组织、最高审计机关非洲组织、最高审计机关阿拉伯组织、最高审计机关亚洲组织、最高审计机关南太平洋组织、最高审计机关加勒比海组织、最高审计机关欧洲组织。

二、注册会计师审计组织

(一)注册会计师审计组织的含义

注册会计师审计组织是根据国家法律规定，经政府有关部门批准注册登记的会计师事务所。会计师事务所是指经国家批准、注册登记，依法独立承担注册会计师业务的机构，由注册会计师组成。注册会计师是依法取得注册会计师证书并接受委托从事审计和会计咨询、会计服务业务的执业人员。注册会计师执行业务，应当加入会计师事务所。会计师事务所自收自支，独立核算，依法纳税，具有法人资格。如果是合伙设立的会计师事务所，则不具有法人资格。按规定，成立会计师事务所应报经财政部或省级财政厅(局)审查批准，并向当地工商管理机关办理登记，领取营业执照后方可开业。注册会计师和会计师事务所的管理机关，在国家为财政部，在各地区为省、自治区、直辖市财政厅(局)。财政厅(局)批准成立的会计师事务所应将其名称、章程、负责人等资料报送财政部备案。

目前,我国会计师事务所的组织形式主要有有限责任会计师事务所、合伙会计师事务所和特殊普通合伙会计师事务所。

(二)中国注册会计师协会

中国注册会计师协会是在财政部党组和理事会领导下开展行业管理和服务的法定组织,依据《注册会计师法》和《社会团体登记条例》的有关规定设立,承担《注册会计师法》赋予的职能、财政部党组委托和财政部领导交办的职能以及协会章程规定的职能。它成立于1988年11月。一方面,它对注册会计师和会计师事务所进行自我教育和自我管理;另一方面,它又是政府机关与注册会计师之间的桥梁和纽带。中国注册会计师协会作为一个独立的社会团体,对外开展与国际会计职业组织之间的交往,为我国注册会计师步入国际舞台发挥作用;对内拟定会计师事务所管理制度和注册会计师执业标准,组织注册会计师业务培训和考试等方面的工作。

中国注册会计师协会的宗旨是:服务、监督、管理、协调。它以诚信建设为主线,服务本会会员,监督会员执业质量、职业道德,依法实施注册会计师行业管理,协调行业内、外部关系,维护社会公众利益和会员合法权益,促进行业健康发展。

(三)注册会计师

根据《注册会计师法》的规定,我国实行注册会计师统一考试制度。财政部成立注册会计师考试委员会,组织领导注册会计师全国统一考试工作。财政部考委会设立注册会计师考试委员会办公室,组织实施注册会计师全国统一考试工作。财政部考办设在中国注册会计师协会。

符合下列条件的人员,可以报名参加注册会计师考试:(1)具有完全行为能力;(2)具有高等专科以上学校毕业学历,或者具有会计或者相关专业(指审计、统计、经济)中级以上技术职称。考试划分为专业阶段考试和综合阶段考试。考生在通过专业阶段考试的全部科目后,才能参加综合阶段考试。专业阶段考试设会计、审计、财务成本管理、公司战略与风险管理、经济法、税法6个科目;综合阶段考试设职业能力综合测试1个科目。专业阶段考试的单科考试合格成绩5年内有效。对在连续5个年度考试中取得专业阶段考试全部科目考试合格成绩的考生,财政部考委会颁发注册会计师全国统一考试专业阶段考试合格证书。综合阶段考试科目应在取得注册会计师全国统一考试专业阶段考试合格证书后5个年度考试中完成。对取得综合阶段考试科目考试合格成绩的考生,财政部考委会颁发注册会计师全国统一考试全科考试合格证书。

参加注册会计师全国统一考试成绩合格并从事审计工作两年以上的,可以向省、自治区、直辖市注册会计师协会申请注册。省级注册会计师协会负责注册会计师的审批,受理的注册会计师协会应当批准符合法律规定条件的申请人的注册,并报财政部备案。

(四)注册会计师的业务范围

根据《注册会计师法》的规定,注册会计师依法承办审计业务和会计咨询、会计服务业务。此外,注册会计师还可根据委托人的委托,从事审阅业务、其他鉴证业务和相关服务业务。

1. 审计业务

(1)审查企业财务报表,出具审计报告

随着社会主义市场经济体制的确立和发展,政府不再直接管理企业,逐渐将一些管理职权移交给社会中介机构。而且,随着财务报表使用者日益增多,他们需要通过分析企业财务会计报告据以做出经济决策，因此最为关心财务会计报告的合法性、公允性。为了有效制止和防范利用财务报表弄虚作假，提高财务报表质量，国家依法实行企业年度财务报表审计制度。

《公司法》要求各类公司依法接受注册会计师的审计。第63条规定："一人有限责任公司应当在每一会计年度终了时编制财务会计报告，并经会计师事务所审计。"第165条规定："公司应当在每一会计年度终了时编制财务会计报表，并依法经会计师事务所审计。"

(2)办理企业合并、分立、清算事宜中的审计业务，出具有关报告

企业在合并、分立、清算时，应当分别编制合并、分立财务报表以及清算财务报表。为了帮助财务报表使用人增强对这些财务报表的信任程度，企业需要委托注册会计师对其编制的财务报表进行审计。办理企业合并、分立、清算事宜中的审计业务后出具的相应的审计报告同样具有法定证明效力，注册会计师及其所在会计师事务所对此报告承担相应的法律责任。

(3)办理法律、行政法规规定的其他审计业务，出具相应的审计报告

实际工作中，注册会计师还可根据法律、行政法规的规定接受委托，对以下特殊目的业务进行审计：①按照特殊目的编制基础编制的财务报表；②单一财务报表或财务报表特定要素；③简要财务报表。对于执行特殊目的审计业务出具的审计报告也具有法定证明效力，注册会计师及其所在会计师事务所对此也应承担相应的法律责任。

2. 审阅业务

由于注册会计师具有良好的职业形象和较强的专业能力，使其日益成为政府部门和社会公众信赖的专业人士。在许多国家和地区，注册会计师除了承办传统审计业务，还承办其他鉴证业务；同时，面对竞争激烈的会计市场，注册会计师实现审计业务的持续增长已非易事，必须开拓新业务。目前来看，注册会计师承办的业务范围十分广泛，其中就有审阅业务。

审阅业务的目标，是注册会计师在实施审阅程序的基础上，说明是否注意到某些事项，使其相信财务报表没有按照适用的会计准则和相关的会计制度编制，未能在所有重大方面公允反映被审阅单位的财务状况、经营成果和现金流量。相对于审计而言，审阅程序简单，成本较低，保证程度也有限。

3. 其他鉴证业务

除了审计和审阅业务外，注册会计师还承办其他鉴证业务，如预测性财务信息审核、系统鉴证等，这些鉴证业务可以增强使用者的信任程度。

为了适应不断变化的注册会计师执业环境，中国注册会计师协会在借鉴国际审计准则的基础上，起草并发布了《中国注册会计师其他鉴证业务准则第3101号——历史财务信息审计或审阅以外的鉴证业务》。

4. 相关服务

相关服务包括注册会计师对财务信息执行商定程序、代编财务信息、税务服务、管理咨询以及会计服务等。

(1)对财务信息执行商定程序

这是注册会计师对特定财务数据、单一财务报表或整套财务报表等财务信息执行与特定主体商定的具有审计性质的程序，并就执行的商定程序及其结果出具报告。

(2)代编财务信息

这是注册会计师运用会计而非审计的专业知识和技能，代客户编制一套完整或非完整的财务报表，或代为收集、分类和汇总其他信息。

(3)税务服务

税务服务包括税务代理和税务筹划。税务代理是注册会计师接受企业或个人委托，为其填制纳税申报表，办理纳税事项。税务筹划是由于纳税义务发生的范围和时间不同，注册会计师从客户利益出发，代替纳税义务人设计可替代的或不同结果的纳税方案。

(4)管理咨询

管理咨询服务范围很广，主要包括对公司的治理结构、信息系统、预算管理、人力资源管理、财务会计、经营效率、效果和效益等提供诊断及专业意见与建议。管理咨询服务是注册会计师与非注册会计师激烈竞争的一个领域。

(5)会计服务

注册会计师提供的会计咨询和会计服务业务，除了代编财务信息外，还包括对会计政策的选择和运用提供建议、担任常年会计顾问等。

(五)注册会计师的组织形式

综观各国注册会计师行业的发展，会计师事务所的组织形式主要有独资、普通合伙制、有限公司制、有限责任合伙制等组织形式。

1. 独资会计师事务所

独资会计师事务所是由具有注册会计师执业资格的个人独立开设，承担无限责任。其优点是：对执业人员的数量需求不多，容易设立，执业灵活，能够在代理记账、代理纳税等方面很好地满足小型企业对注册会计师服务的需求，虽承担无限责任，但实际发生风险的程度相对较低。其缺点是：无力承担大型企业的业务，缺乏发展后劲。

2. 普通合伙制会计师事务所

普通合伙制会计师事务所，是由两位或两位以上注册会计师组成的合伙组织。合伙人以各自的财产对会计师事务所的债务承担无限连带责任。其优点是，在风险的牵制和共同利益的驱动下，促使会计师事务所强化专业发展，扩大规模，提高规避风险的能力。其缺点是，建立一个跨地区、跨国界的大型会计师事务所要经历一个漫长的过程。同时，任何一个执业人的错误与舞弊行为，都可能给整个会计师事务所带来灭顶之灾。

3. 有限责任公司制会计师事务所

有限责任公司制会计师事务所，是由注册会计师认购会计师事务所股份，并以其所认购股份对会计师事务所承担有限责任。会计师事务所以其全部资产对其债务承担有限责任。其优点是：可以通过公司制形式迅速聚集一批注册会计师，组成大型会计师事务所，承办大型业务。其缺点是：降低了风险责任对执业行为的高度制约，弱化了注册会计师的个人责任。

4. 有限责任合伙制会计师事务所

有限责任合伙制会计师事务所，是指事务所以其全部资产对其债务承担有限责任，各合伙人对个人执业行为承担无限责任。无过失的合伙人对于其他合伙人的过失或不当执业行为以自己在事务所的财产为限承担责任，不承担无限责任，除非该合伙人参与了过失或不当执业行为。其最大特点在于既融入了普通合伙和有限责任会计师事务所的优点，同时又摒弃了它们的不足。这种形式是为顺应经济发展对注册会计师行业的要求，于20世纪90年代兴起的，到1995年底，原“六大”国际会计师事务所在美国的执业机构已完成了向有限责任合伙的转型。有限责任合伙制会计师事务所已成为当今注册会计师职业组织形式发展的一大趋势。

有限责任合伙制会计师事务所，在我国又称为特殊普通合伙会计师事务所。2010年7月，财政部、国家工商行政管理总局联合发布了《关于推动大中型会计师事务所采用特殊普通合伙组织形式的暂行规定》，指出：采用特殊普通合伙组织形式的会计师事务所，一个合伙人或数个合伙人在执业活动中因故意或重大过失造成合伙企业债务的，应当承担无限责任或无限连带责任，其他合伙人以其在合伙企业中的财产份额为限承担责任。合伙人在执业活动中非因故意或非重大过失造成的合伙企业债务以及合伙企业的其他债务，由全体合伙人承担无限连带责任。

(六)国际会计师联合会

国际会计师联合会（International Federation of Accountants，IFAC）于 1977 年 10 月 14 日在德国慕尼黑成立，其前身是于 1972 年在澳大利亚悉尼召开的第 10 届国际会计师大会上成立的国际会计职业协调委员会。其最高领导机构是代表大会和理事会。其代表大会由其成员(各国会计师职业团体)各出一人组成，代表大会与 5 年一次的会计师大会同时召开。理事会由来自 15 个不同国家的职业会计师团体的代表组成。理事会下设 7 个常设委员会：教育委员会、职业道德委员会、国际审计实务委员会、国际大会委员会、管理会计委员会、计划委员会和地区组织委员会。每个委员会都规定了其工作范围和期限。在这 7 个常设委员会中，权限最大的是国际审计实务委员会，可代表国际会计师联合会理事会制定和公开发布有关审计的标准，并在发布国际审计标准时无须国际会计师联合会理事会的事前批准。它是国际会计师联合会中一个有一定独立性的组织。

联合会的宗旨是以统一的标准发展和提高世界范围的会计专业，促进国际范围内的会计协调。其任务是决定国际会计师大会的主办国；保持与参加国际会计师大会的各国的联系；促进国际的地区机构的发展和信息的交流；参考和吸收各国提出的意见，扩大国际会计职业协调委员会的业务，并为改进业务提供咨询。

1997 年 5 月 8 日，中国注册会计师协会正式成为国际会计师联合会成员。

三、内部审计机构

(一)内部审计机构的含义及分类

内部审计是独立监督和评价本单位及所属单位财政收支、财务收支、经济活动的真实、合法和效益的行为，以促进加强经济管理和实现经济目标。我国的内部审计机构是根据审计法规和其他财经法规的规定设置的，主要包括部门内部审计机构和单位内部审计机构。

1. 部门内部审计机构

国务院和县级及以上地方各级人民政府各部门，应当建立内部审计监督制度，根据审计业务需要，设立审计机构并配备审计人员，在本部门主要负责人的领导下，负责组织所属单位和本行业的财务收支及其经济效益的审计。

2. 单位内部审计机构

大中型企事业单位应当建立内部审计监督制度，设立审计机构，在本单位董事会下设的审计委员会或主要负责人的领导下，负责组织本单位的财务收支及其经济效益的审计。内部审计业务少的单位和小型企事业单位，可设专职的审计人员，而不设独立的内部审计机构。

不管是部门内部审计机构还是单位内部审计机构，都有其专职的业务，必须单独设立，并受董事会下设的审计委员会或本单位主要负责人的领导。内部审计机构不应设在财会部门内部，受财会负责人的领导，这样会使内部审计工作难以有效开展。

(二)内部审计机构的职责和权限

为便于内部审计机构行使审计监督权，《审计署关于内部审计工作的规定》对内部审计机构的职责和权限做了明确规定。

1. 内部审计机构的职责

内部审计机构按照本单位主要负责人或者权力机构的要求，履行下列职责：

(1)对本单位及所属单位(含占控股地位或者主导地位的单位，下同)的财政收支、财务收支及其有关的经济活动进行审计；

(2)对本单位及所属单位预算内、预算外资金的管理和使用情况进行审计；

(3)对本单位内设机构及所属单位领导人员的任期经济责任进行审计；

(4)对本单位及所属单位固定资产投资项目进行审计；

(5)对本单位及所属单位内部控制制度的健全性和有效性以及风险管理进行评审；

(6)对本单位及所属单位经济管理和效益情况进行审计；

(7)法律、法规规定和本单位主要负责人或者权力机构要求办理的其他审计事项。

内部审计机构应当每年向本单位主要负责人或者权力机构提出内部审计工作报告。

2. 内部审计机构的权限

单位主要负责人或者权力机构应当制定相应规定，确保内部审计机构具有履行职责所必需的权限，主要是：

(1)要求被审计单位按时报送生产、经营、财务收支计划、预算执行情况、决算、会计报表和其他有关文件、资料；

(2)参加本单位有关会议，召开与审计事项有关的会议；

(3)参与研究制定有关的规章制度，提出内部审计规章制度，由单位审定公布后施行；

(4)检查有关生产、经营和财务活动的资料、文件，并现场勘察实物；

(5)检查有关的计算机系统及其电子数据和资料；

(6)对与审计事项有关的问题向有关单位和个人进行调查，并取得证明材料；

(7)对正在进行的严重违法违规、严重损失浪费行为，做出临时制止决定；

(8)对可能转移、隐匿、篡改、毁弃会计凭证、会计账簿、会计报表以及与经济活动有关的资料，经本单位主要负责人或者权力机构批准，有权予以暂时封存；

(9)提出纠正、处理违法违规行为的意见以及改进经济管理、提高经济效益的建议；

(10)对违法违规和造成损失浪费的单位和人员，给予通报批评或者提出追究责任的建议。

(三)国际内部审计机构

国际内部审计机构即国际内部审计师协会(Institute of Internal Auditors，IIA)，是由内部审计人员组成的国际性审计职业团体。

国际内部审计师协会成立于1941年，其前身为美国内部审计师协会。内部审计师协会自成立以来，发展非常迅速。1944年内部审计师协会在加拿大多伦多设立分会，开始跨越国境开展活动。随后，1948年又在伦敦设立分会，逐步发展成为国际性组织。1947年，内部审计师协会制定了《内部审计师职责条例》，规定了内部审计人员的职责和工作范围。这表明内部审计已经从实践上升为理论，为今后的发展奠定了基础。

20世纪60年代，内部审计师协会的成员已发展到4 600多人，代表着2 000多个企业。1972年开始实行注册内部审计师制度，取得注册内部审计师资格需经过考试。自1974年起，在全球指定地点举行注册内部审计师资格考试，对考试合格者颁发注册内部审计师证书，授予"国际注册内部审计师"(Certified Internal Auditor，CIA)称号。1978年6月，内部审计师协会又拟定了《内部审计专业实务准则》，对内部审计的含义、职责、独立性、机构和人员以及工作范围和程序都做了原则性的规定。1981年对1947年制定的《内部审计师职责条例》进行了第四次修订。这些都说明内部审计具备了更加完备的行为规范和工作标准。

1987 年，内部审计师协会在美国纽约举行了理事会，批准中国内部审计师协会以国家分会形式加入该组织。这标志着中国内部审计步入国际化的轨道。至 2010 年底，内部审计师协会已发展为拥有 200 多个分会和 17 万多会员的国际性学术团体，分布在 100 多个国家和地区，每年定期召开一次国际会议，讨论内部审计的学术问题。

国家内部审计师协会在联合国经济和社会开发署享有顾问地位，是最高审计机关国际组织的常任观察员，是国际政府财政管理委员会、国际会计师联合会的团体会员。

国际内部审计师协会的机构主要有理事会、执行委员会、国际委员部和总部，总部设在美国佛罗里达州。

本章小结

审计是社会经济发展到一定阶段的产物，在整个经济监督体系中处于非常重要的地位。

在现代社会中，当财产的所有权与经营管理权分离时，在所有者与经营管理者之间便形成了委托代理关系。受托责任是在委托代理制度的基础上产生的。它随着委托代理制度的产生而产生，并随着委托代理制度的发展而发展。在委托代理制度下，一方面，委托人授予代理人以某些权利；另一方面，代理人必须承担相应的责任，按委托人的利益要求而工作。然而在现实中，由于存在着双方利益目标的非完全一致性和信息的非对称性，代理人往往不能完全按契约的规定为委托人的利益行事。这样就需要具有专门知识和技能，并与委托人、代理人都没有直接利益关系的独立的第三人，对代理人的履责报告进行客观公正的审查、评价，因此审计便产生了。

世界各国审计的最初形态都是政府审计。我国政府审计的历史源远流长。西周时期宰夫职责的确立标志着我国政府审计的产生；秦汉时期是我国政府审计的确立阶段，主要标志是“上计”制度的建立；隋唐设置“比部”，使政府审计进入一个相对鼎盛的发展时期；宋朝审计司(院)的建立，是“审计”在我国的正式命名；元明清时期，君主专制日益强化，审计处于停滞衰落状态；民国时期，审计法规达到了空前的完备，但由于政治不稳定、经济发展缓慢，审计工作没有长足的发展。中华人民共和国成立时，国家没有设置独立的审计机构。对企业的财税监督和货币管理，是通过不定期的会计检查进行的。1982 年《宪法》规定我国建立审计机构，实行审计监督制度。

注册会计师审计起源于意大利，真正的形成是在英国。其代表事件是南海公司破产案，会计师查尔斯·斯内尔对南海公司的会计账目进行审查后，以“会计师”名义提出了一份认为该公司存在虚假会计记录和舞弊行为的《查账报告书》，从此宣告了注册会计师的诞生。20 世纪初期，全球经济重心逐步由欧洲转向美国，注册会计师审计在美国取得了长足的发展，形成了一大批国际会计师事务所，同时审计技术、方法得到创新和完善，业务范围得以拓展。

审计是资源财产的拥有者或主管者,授权或委托专门机构或人员,对于资源财产经营管理人承担和履行的经济责任及由此而引起的经济活动的真实性、合法性、效益性进行审查,并向授权人或委托人提出报告,以维护授权人或委托人权益的具有独立性的经济监督。

审计的特征是独立性和权威性。独立性是审计的本质特征。

审计职能是审计本身所固有的内在功能。审计具有经济监督、经济鉴证和经济评价的职能。

审计的分类是对审计按照不同的标准所进行的划分,包括审计的基本分类和其他分类。审计的基本分类包括按其主体分类和按其内容、目的分类等;其他分类包括按审计范围分类、按实施审计的时间分类、按审计执行地点分类、按审计动机分类、按审计是否事先通知被审计单位分类、按审计取证模式分类、按审计机构与被审计单位的关系分类等。

我国审计的组织形式主要有政府审计机关、注册会计师事务所、部门和单位内部审计机构。

政府审计机关是代表政府依法行使审计监督权的行政机关,具有宪法赋予的权威性和独立性。最高审计机关为国家审计署,县级及以上各级地方人民政府设立审计机关。政府审计机关按照审计法的规定行使其职责和权力。

注册会计师审计组织是根据国家法律规定,经政府有关部门批准注册登记的会计师事务所。我国会计师事务所的组织形式主要有有限责任会计师事务所、合伙会计师事务所和特殊普通合伙会计师事务所。注册会计师依法承办审计业务、审阅业务、其他鉴证业务和相关服务业务。

内部审计是独立监督和评价本单位及所属单位财政收支、财务收支、经济活动的真实、合法和效益的行为,以促进加强经济管理和实现经济目标。我国的内部审计机构包括部门内部审计机构和单位内部审计机构。内部审计机构按照《审计署关于内部审计工作的规定》行使审计监督权。

思考题

1. 如何理解受托责任关系是审计产生和发展的客观基础?
2. 我国政府审计经历了哪几个发展阶段?
3. 简述注册会计师审计的起源与发展过程。
4. 简述审计的定义。从哪几个方面把握审计的定义?
5. 为什么说独立性是审计的最根本特征?
6. 简述审计与会计的关系。
7. 简述审计的职能。
8. 审计的分类有哪些?
9. 政府审计机关的设置有哪几种模式?
10. 简述注册会计师审计的业务范围。

11. 会计师事务所的组织形式有哪些？

案例分析

英国南海股份有限公司审计案

一、南海公司案例概述

200多年前，英国成立了南海股份有限公司。由于经营无方，公司效益一直不理想。董事会为了使公司股票达到预期价格，不惜采取散布谣言等手法，使股票价格直线上升。事情败露后，英国议会聘请了一位懂会计的人，审计了该公司的账簿，然后据此查处了该公司的主要负责人。后来，审核该公司账簿的人开创了世界注册会计师行业的先河，民间审计从此在英国拉开了序幕。

(一)大肆造假

1710年，英国政府用发行中奖债券所募集到的资金创立了南海股份公司。经过近10年的经营，该公司业绩依然平平。1719年，英国政府允许中奖债券总额的70%(即约1 000万英镑)，可与南海公司股票进行转换。到了年底，公司的董事们开始对外散布各种所谓的好消息，说南海公司在年底将有大量利润可实现，并煞有介事地预计1720年圣诞节公司可能按面值的60%支付股利。

这一消息的宣布，加上公众对股价上扬的预期，促进了债券转换，进而带动了股价上升。1719年南海公司股价为114英镑；1720年3月股价劲升至300英镑；1720年7月股票价格已高达1 050英镑。此时，南海公司老板布伦特又想出了新主意：以数倍于面额的价格，发行可分期付款的新股。同时，南海公司将获取的现金转贷给购买股票的公众。这样，随着南海股价的扶摇直上，一场投机浪潮席卷全国。170多家新成立的股份公司股票以及原有的公司股票都成了投机对象。

1720年6月，英国国会通过了《泡沫公司取缔法》，该法对股份公司的成立进行了严格的限制：只有取得国王的御批，才能得到公司的经营执照。事实上，股份公司的形式基本上名存实亡。自此，许多公司被解散，公众开始清醒过来，对一些公司的怀疑逐渐扩展到南海公司身上。从7月份开始，外国投资者首先抛出南海公司股票，撤回资金。随着投机热潮的冷却，南海公司股价一落千丈，到1720年12月份仅为124英镑。当年底，政府对南海公司资产进行清理，发现其实际资本已所剩无几。

(二)一朝梦醒

南海公司倒闭的消息传来，犹如晴天霹雳，惊呆了正陶醉在黄金美梦中的债权人和投资者。迫于舆论的压力，1720年9月，英国议会组织了一个由13人参加的特别委员会，对“南海泡沫”事件进行秘密查证。

在调查过程中，特别委员会发现该公司的会计记录严重失实，明显存在蓄意篡改数据的舞弊行为，于是特邀了一位名叫查尔斯·斯内尔的资深会计师，对南海公司的分公司索布里奇商社的会计账目进行检查。查尔斯·斯内尔的商业审计经验丰富，理论基础扎实，在伦敦地区享有盛誉。查尔斯·斯内尔通过对南海公司账目的查询、审核，于1721年提交了一份对索布里奇商社的会计账簿进行检查的报告。在该份报告中，查尔斯指出了公司存在舞弊行为、会计记录严重不实等问题，但没有对公司为何编制这种虚假的会计记录表明自己的看法。

议会根据这份查账报告，将南海公司董事之一的雅各希·布伦特以及他的合伙人的不动产全部予以没收。其中一位叫乔治·卡斯韦尔的爵士,被关进了著名的伦敦塔监狱。

直到1828年,英国政府在充分认识到股份有限公司利弊的基础上,通过设立民间审计的方式,将股份公司中因所有权与经营权分离所产生的不足予以制约,才完善了这一现代化的企业制度。据此,英国政府撤销了《泡沫公司取缔法》,重新恢复了股份公司这一现代企业制度的形式。

二、该案例对注册会计师行业的影响与启示

首先,英国南海公司的舞弊案例,对世界民间审计史具有里程碑式的影响。尽管在1720年之前,就有人认为已有了民间审计这一行业,但世界上绝大多数的审计理论工作者认为,查尔斯·斯内尔是世界上第一位民间审计人员,他所撰写的查账报告是世界上第一份民间审计报告。而英国南海公司的舞弊案例,也被列为世界上第一起比较正式的民间审计案例。由此可见,该案例对注册会计师行业来说具有举足轻重的影响。

其次,英国南海公司审计案进一步说明,对建立在所有权与经营权相分离基础上的股份有限公司,必须有一个了解、熟悉会计语言的第三者,站在公正、客观的立场,对表达所有者与经营者利益的财务报表进行独立的检查,通过提高会计信息的可靠性,来协调、平衡所有者与经营者之间的经济责任关系。

再次,尽管经过200多年的发展,注册会计师的主要审计目标已由查找舞弊转向对账务报表公允性的评估,然而这并不等于注册会计师没有义务揭露客户的舞弊行为。从美国最近的社会调查来看,仍有约70%的人认为,注册会计师应该而且可以查找客户的舞弊行为。可见,从南海公司案例来看,注册会计师行业是因客户舞弊问题而产生的,但这一责任始终没有终结。我国注册会计师绝不要认为,只要审核财务报表是否公允就可以了。当发现客户的舞弊现象时,应遵照《中国注册会计师独立审计具体准则第8号——错误与舞弊》的要求,恪尽职守,执行必要的审计程序,并做适当披露。

(资料来源:www.shenji.org,2008年3月)

讨论与思考题:

1. 以英国南海公司审计案件为例,讨论注册会计师审计对规范资本市场和促进经济发展的作用。

2. 如何理解注册会计师的社会责任?

第二章

注册会计师的职业规范与法律责任

导读案例

银广夏系于1993年8月30日经宁夏回族自治区体改委宁体改发(1993)79号文和1993年11月15日经中华人民共和国对外贸易经济合作部(1993)外经贸资二函字第736号批准,采用社会筹集方式设立的股份有限公司。1994年6月17日,公司的股票在深交所上市。

深圳中天勤会计师事务所为银广夏2000年报出具了标准无保留意见的审计报告。在实施审计过程中,注册会计师将所有询证函交由公司发出,而未按要求让公司债务人直接将回函寄往注册会计师处;对于无法执行函证程序的应收账款,审计人员在运用替代程序时,未取得海关报关单、运单、提单等外部证据,仅根据公司内部证据便确认公司应收账款。另外,注册会计师对银广夏公司2000年度主营业务收入大幅度增长的同时生产用电反而降低的情况未执行有效的分析性复核程序。对银广夏2000年度生产卵磷脂的投入产出较1999年大幅下降的异常情况,注册会计师既未实地观察,又没有咨询专家意见,却听信了银广夏公司管理当局的"生产进入成熟期"的口头解释。

财政部、证监会、中注协的调查表明,银广夏公司1998年虚增利润1 776万元,1999年虚增利润17 782万元,2000年虚增利润56 074万元,共计76 262万元。而负责审计的中天勤会计事务所在这几年都出具了标准无保留意见的审计报告。该事务所在对银广夏2000年报的审计过程中,未能按照独立审计准则的要求,收集充分适当的审计证据,以致错误地发表审计意见,造成了审计失败。

(参考资料:http://iweb. swufe. edu. cn/cpa/article. asp? id=224)

思考题:

1. 注册会计师在审计过程中应遵循的执业标准是什么?
2. 在银广夏事件中审计人员有哪些过失?你认为审计人员应承担什么法律责任?

第一节 注册会计师职业道德守则

道德是社会为了调整个人之间以及个人与社会之间的关系所提倡的行为规范的总称,它通过各种形式的教育和社会舆论的力量,使人们具有善和恶、荣誉和耻辱、正义和非正义等概念，并逐步形成一定的习惯和传统。道德行为规范并非会计和审计职业所特有，所有的职业都必须颁布职业行为规范，并采取各种手段来保证其实施。职业道德就是从事一定职业的人们在履行本职工作过程中所应遵守的道德规范，以及与之相适应的道德观念、情操和品质。这些规范明确了公众有权期待该职业人士做出何种行为，从而增强公众对专业服务质量的信心。审计职业道德是指审计人员在从事审计工作时所遵循的行为规范，包括职业品德、职业纪律、专业胜任能力及职业责任等方面所应达到的行为标准。

中国注册会计师协会自 1988 年组建以来，非常重视注册会计师的道德标准建设和道德教育。1992 年，中国注册会计师协会颁布《中国注册会计师协会职业道德守则(试行)》。1996 年 12 月 26 日，经财政部批准，中国注册会计师协会印发了《中国注册会计师职业道德基本准则》，并于 1997 年 1 月 1 日起施行，代替了《中国注册会计师协会职业道德守则(试行)》。2002 年 6 月 25 日颁布《中国注册会计师职业道德规范指导意见》；2008 年 12 月颁布《中国注册会计师协会会员职业道德守则(征求意见稿)》；2009 年 10 月 14 日中国注册会计师协会职业道德准则委员会审议通过并印发《中国注册会计师职业道德守则》和《中国注册会计师协会非执业会员职业道德守则》，于 2010 年 7 月 1 日起施行。其中，《中国注册会计师职业道德守则》具体包括《中国注册会计师职业道德守则第 1 号——职业道德基本原则》《中国注册会计师职业道德守则第 2 号——职业道德概念框架》《中国注册会计师职业道德守则第 3 号——提供专业服务的具体要求》《中国注册会计师职业道德守则第 4 号——审计和审阅业务对独立性的要求》和《中国注册会计师职业道德守则第 5 号——其他鉴证业务对独立性的要求》。中国注册会计师协会会员包括注册会计师和非执业会员。

一、注册会计师职业道德基本原则

为了规范注册会计师职业道德行为，提高注册会计师职业道德水准，维护注册会计师职业形象，根据《注册会计师法》和《中国注册会计师协会章程》，制定中国注册会计师职业道德守则。

《中国注册会计师职业道德守则第 1 号——职业道德基本原则》共 8 章 31 条，包括总则、诚信、独立性、客观和公正、专业胜任能力和应有的关注、保密、良好的职业行为和附则。

(一)诚信

诚信，是指诚实、守信。也就是说，一个人言行与内心思想一致，不虚假；能够履行与别人的约定而取得对方的信任。诚信原则要求会员应当在所有的职业关系和商业关系中保持正直和诚实，秉公处事，实事求是。

会员如果认为业务报告、申报资料或其他信息存在下列问题，则不得与这些有问题信息发生牵连：

(1)含有严重虚假或误导性的陈述；

(2)含有缺乏充分根据的陈述或信息；

(3)存在遗漏或含糊其辞的信息。

注册会计师如果注意到已与有问题的信息发生牵连，应当采取措施消除牵连。在鉴证业务中，如果注册会计师依据执业准则出具了恰当的非标准业务报告，不被视为违反上述要求。

(二)独立性

独立，是指不受外来力量控制、支配，按照一定的规则行事。独立原则通常是对注册会计师提出的要求。在执行鉴证业务时，注册会计师必须保持独立。在市场经济条件下，投资者主要依赖财务报表判断投资风险，在投资机会中做出选择。如果注册会计师不能与客户保持独立而存在经济利益、关联关系，或屈从于外界压力，就很难取信于社会公众。因此，独立性成为注册会计师的灵魂，注册会计师只有具备独立性，才可能做到客观、公正。独立原则成为客观、公正原则的基础。

1. 独立性的内涵

独立性包括实质上的独立性和形式上的独立性。实质上的独立性是一种内心状态，使注册会计师在提出结论时不受损害职业判断的因素影响，诚信行事，遵循客观和公正原则，保持职业怀疑态度。形式上的独立性是一种外在表现，使一个理性且掌握充分信息的第三方在权衡所有相关事实和情况后，认为会计师事务所或审计项目组成员没有损害诚信原则、客观和公正原则或职业怀疑态度。

《中国注册会计师职业道德基本原则》对独立性的具体要求包括：注册会计师在执行审计业务、审阅业务以及其他鉴证业务时，应当从实质上和形式上保持独立性，不得因任何利益关系影响其独立性。会计师事务所在承接审计和审阅业务以及其他鉴证业务时，应当从整体层面和具体业务层面采取措施，以保持会计师事务所和项目组的独立性。

2. 独立性概念框架

独立性概念框架是指解决独立性问题的思路和方法，用以指导注册会计师识别对独立性的不利影响；评价不利影响的严重程度；必要时采取防范措施消除不利影响或将其降低至可接受的水平。在运用独立性概念框架时，注册会计师应当运用职业判断。

如果无法采取适当的防范措施消除不利影响或将其降低至可接受的水平，注册会计师应当消除产生不利影响的情形，或者拒绝接受审计业务或终止审计业务。在确定是否接受或保持某项业务时，或某一特定人员能否作为审计项目组成员时，会计师事务所应当识别和评价各种对独立性的不利影响。如果不利影响超出可接受的水平，在确定是否接受某项业务或某一特定人员能否作为审计项目组成员时，会计师事务所应当确定能否采取防范措施以消除不利影响或将其降低至可接受的水平。

(三)客观和公正

客观，是指按照事物的本来面目去考察，不添加个人的偏见。公正，是指公平、正直，不偏袒。客观和公正原则要求会员应当公正处事、实事求是，不得由于偏见、利益冲突或他人的不当影响而损害自己的职业判断。如果存在导致职业判断出现偏差或职业判断产生不当影响的情形，会员不得提供相关专业服务。

(四)专业胜任能力和应有的关注

专业胜任能力和应有的关注原则要求会员通过教育、培训和执业实践获得和保持专业胜任能力。会员应当持续了解并掌握当前法律、技术和实务的发展变化，将专业知识和技能始终保持在应有的水平，确保为客户提供具有专业水准的服务。专业胜任能力要求注册会计师在应用专业知识和技能时，应当合理运用职业判断。应有的关注要求会员勤勉尽责，保持应有的关注，遵守执业准则和职业道德规范的要求，勤勉尽责，认真、全面、及时地完成工作任务。会员作为专业人士，在许多方面都要履行相应的责任。保持和提高专业胜任能力是注册会计师职业道德的一项重要内容。

1. 不得从事不能胜任的业务

专业胜任能力是指会员具有专业知识、专业技能和经验，能够经济、有效地完成客户委托的业务。如果会员在缺乏足够的知识、技能和经验的情况下提供了专业服务，就构成欺诈。一个合格的会员不仅要充分认识自己的能力，对自己充满信心，更重要的是，必须清醒地认识到自己在专业胜任能力方面存在的不足。如果会员不能认识到这一点，承接了难以胜任的业务，就可能给客户乃至社会公众带来危害。

2. 注册会计师对助理人员和其他人员的责任

注册会计师所从事的大部分业务都需要助理人员参加，某些特殊业务往往还需要其他专业人员的帮助才能完成，但审计报告要由注册会计师签章。注册会计师应对审计报告负责，也就要求注册会计师对助理人员和其他专业人员的工作结果负责。因此，职业道德基本原则要求，在审计过程中，会员应当保持职业怀疑态度，运用专业知识、技能和经验，获取和评价审计证据。同时，会员应当采取措施以确保在其授权下工作的人员得到适当的培训和督导。在适当情况下，会员应当使客户、工作单位和专业服务的其他使用者了解专业服务的固有局限性。

3. 接受后续教育

专业胜任能力可分为两个独立阶段：专业胜任能力的获取；专业胜任能力的保持。会员应当持续了解和掌握相关的专业技术和业务的发展，以保持专业胜任能力。持续职业发展能够使会员发展和保持专业胜任能力，使其能够胜任特定业务环境中的工作。

职业道德基本原则要求注册会计师必须适应时代的要求，按照协会的规定，不断地接受后续教育，更新和提高专业知识，保持和发展专业技能，熟悉并掌握现行的各种规定和实务标准，不断提高业务能力。

(五)保密

会员能否与客户维持正常的关系，有赖于双方能否自愿而又充分地进行沟通和交流，不掩盖任何重要的事实和情况。只有这样，会员才能有效地完成工作。会员与客户的沟通，必须建立在为客户信息保密的基础上。这里所说的客户信息，通常是指涉密信息。一旦涉密信息被泄露或被利用，往往给客户造成损失。因此，许多国家规定，在公众领域执业的注册会计师，在没有取得客户同意的情况下，不能泄露任何客户的涉密信息。

保密原则要求会员应当对因职业关系和商业关系而获知的信息予以保密，不得有下列行为：

(1)未经客户授权或法律法规允许，向会计师事务所以外的第三方披露其所获知的涉密信息；

(2)利用所获知的涉密信息为自己或第三方谋取利益。

(六)良好的职业行为

职业行为原则要求会员应当遵守相关的法律法规，避免发生任何损害职业声誉的行为。

在推介自身和工作时，会员应当客观、真实、得体，不得损害职业形象。会员应当诚实、实事求是，不得有下列行为：

(1)夸大宣传提供的服务、拥有的资质或获得的经验；

(2)贬低或无根据地比较其他注册会计师的工作。

二、注册会计师职业道德概念框架

《中国注册会计师职业道德守则第 2 号——职业道德概念框架》共 5 章 27 条，包括总则、对遵循职业道德基本原则产生不利影响的因素、应对不利影响的防范措施、道德冲突问题的解决、附则。

(一)职业道德概念框架的内涵

中国注册会计师协会会员职业道德守则提出职业道德概念框架,以帮助会员遵循职业道德基本原则,履行维护公众利益的职责。那么,什么是职业道德概念框架呢?职业道德概念框架是指解决职业道德问题的思路和方法,用以指导注册会计师识别对职业道德基本原则的不利影响;评价不利影响的严重程度;必要时采取防范措施消除不利影响或将其降低至可接受的水平。职业道德概念框架适用于会员处理对职业道德基本原则产生不利影响的各种情形,其目的在于防止会员认为只有守则未明确禁止的情形就是允许的。

在确定采取的防范措施时,注册会计师应当运用职业判断。在运用判断时,注册会计师应当考虑:一个理性且掌握充分信息的第三方,在权衡会员当时可获得的所有具体事实和情况后,是否可能认为这些防范措施能够消除不利影响或将其降低至可接受的水平,以使职业道德基本原则不受损害。

如果发现存在可能违反职业道德基本原则的情形,会员应当评价其对职业道德基本原则的不利影响。在评价不利影响的严重程度时,会员应当从性质和数量两个方面考虑。如果认为对职业道德基本原则的不利影响超出可接受的水平,会员应当确定是否能够采取防范措施消除不利影响或将其降低至可接受的水平。

在运用职业道德概念框架时,如果某些不利影响是重大的,或者合理的防范措施不可行或无法实施,会员可能面临不能消除不利影响或将其降至可接受水平的情形。如果无法采取适当的措施,注册会计师应当拒绝或终止所从事的特定专业服务,必要时与客户解除合约关系,或向其工作单位辞职。

(二)对遵循职业道德基本原则产生不利影响的因素

可能对职业道德基本原则产生不利影响的因素包括自身利益、自我评价、过度推介、密切关系和外界压力。

1. 自身利益导致的不利影响

如果经济利益或其他利益对会员的职业判断或行为产生不当的影响,将产生自身利益导致的不利影响。自身利益导致的不利影响的情形主要包括:

(1)鉴证业务项目组成员在鉴证客户中存在专业服务收费以外的直接经济利益或重大的间接经济利益;

(2)会计师事务所的收入主要来源于某一鉴证客户;

(3)鉴证业务项目组成员与鉴证客户存在重要且密切的商业关系;

(4)会计师事务所过分担心失去某项业务;

(5)鉴证业务项目组成员正在与鉴证客户协商受雇于该客户;

(6)会计师事务所与客户就鉴证业务项目组成员达成或有收费的协议。

2. 自我评价导致的不利影响

如果会员对其以前的判断或服务结果做出不恰当的评价,并且将据此形成的判断作为当前服务的组成部分,将产生自我评价导致的不利影响。自我评价导致的不利影响的情形主要包括:

(1)会计师事务所在对客户提供财务系统的设计或操作服务后,又对系统运行有效性出具鉴证报告;

(2)会计师事务所为鉴证客户编制属于鉴证业务对象的数据或其他记录;

(3)鉴证业务项目组成员担任或最近曾经担任鉴证客户的董事、经理或其他关键管理人员;

(4)鉴证业务项目组成员担任或最近曾受雇于客户,并且所处职位能够对鉴证对象施加重大影响;

(5)为鉴证客户提供直接影响鉴证业务对象的其他服务。

3. 过度推介导致的不利影响

如果会员过度推介客户或工作单位的某种立场或意见,使其客观性受到损害,将产生过度推介导致的不利影响。过度推介导致的不利影响的情形包括:

(1)会计师事务所推介审计客户的股份;

(2)在审计客户与第三方发生诉讼或纠纷时,注册会计师担任该客户的辩护人。

4. 密切关系导致的不利影响

如果会员与客户或工作单位存在长期或亲密关系而过于倾向他们的利益,或认可他们的工作,将产生密切关系导致的不利影响。密切关系导致的不利影响的情形主要包括:

(1)项目组成员的近亲属担任客户的董事或高级管理人员;

(2)项目组成员的近亲属是客户的员工,其职位能够对鉴证业务施加重大影响;

(3)鉴证客户的董事、高级管理人员或所处职位能够对业务对象施加重大影响的员工,最近曾担任会计师事务所的项目合伙人;

(4)注册会计师接受贵重礼品或超出社会礼仪的款待;

(5)会计师事务所的合伙人或高级员工与鉴证客户存在长期业务关系。

5. 外界压力导致的不利影响

如果会员受到实际的压力或感到压力而无法客观行事,将产生外界压力导致的不利影响。外界压力导致的不利影响的情形主要包括:

(1)会计师事务所受到客户解除业务关系的不利影响;

(2)客户表示,如果会计师事务所不同意对某项交易的会计处理,则不再委托其承办拟议中的非鉴证业务;

(3)客户威胁将起诉会计师事务所;

(4)会计师事务所受到鉴证客户降低收费的压力而不恰当地缩小工作范围;

(5)由于客户员工对所讨论的事项更具有专长,注册会计师面临服从其判断的压力;

(6)会计师事务所的合伙人告知注册会计师,除非同意审计客户的会计处理意见,否则将影响晋升。

(三)应对不利影响的防范措施

防范措施是指可以消除不利影响或将其降低至可接受水平的行为或其他措施。应对不利影响的防范措施包括法律法规和职业规范规定的防范措施以及在具体工作中采取的防范措施。

三、国外审计职业道德规范的主要内容

中国注册会计师职业道德规范建设过程中,参考了国外多个注册会计师职业道德规范体系,了解这些体系对理解中国注册会计师职业道德规范体系是十分有益的。下面主要介绍两个规范。

(一)国际会计师联合会的职业道德规范体系

国际会计师联合会制定的《职业会计师道德守则》包括三个部分:

第一部分适用于所有的职业会计师,除非有特殊说明;适用于注册会计师的所有业务,包

括以下部分：公正性和客观性（为了适用于注册会计师的所有业务，所以该条不包括独立性）、道德冲突的解决、专业胜任能力、保密、税务服务、跨国活动（从严适用各国的规定）、宣传。

第二部分仅适用于执行公共业务的会计师，适用于注册会计师的一般目的的审计（财务报表审计），包括以下部分：

(1)鉴证业务的独立性；

(2)专业胜任能力；

(3)收费和佣金；

(4)与公共会计师业务不相容的活动；

(5)客户的资金；

(6)与其他执行公共业务的职业会计师的关系；

(7)广告与招揽。

第三部分适用于受雇职业会计师，即受雇于制造业、商业、政府或教育部门的职业会计师，适当时候也可适用于执行公共业务的职业会计师。

(二)美国注册会计师协会的职业道德规范体系

在美国，注册公共会计师审计行为的规范化程度较高。美国注册公共会计师协会专门设立了职业道德部，负责职业道德规范的制定和发布。

美国注册会计师协会的道德行为规范由四个层次组成：职业道德基本原则、行为准则、行为准则释义、道德裁决。

1. 第一层次是职业道德基本原则

它对道德和职业行为的基本理念进行了阐述，是制定具体道德规范的基础，因此是非强制性的。这些原则的前五条除个别条款外，对所有会员都适用，无论该会员是在会计师事务所任职、在企业或政府部门担任会计师职务，还是在其他商业领域工作，或是在教育部门工作。第六条原则（服务的范围和性质）只适用于从事公共业务的会员。道德基本原则引述如下：

(1)责任。在履行作为职业人员的责任时，会员在所有活动中都应保持敏感的职业和道德判断。

(2)公众利益。会员有义务按以下方式行事：为公众利益服务，获取公众信任，履行对职业界的承诺。

(3)正直性。为了保持并提高公众的信任，会员应以最正直的态度去履行其所有的职业责任。

(4)客观性和独立性。会员在履行职业责任时，应保持客观性，避免利益冲突。执行公共业务的会员在提供审计和其他鉴证服务时，应当保持实质和形式上的独立性。

(5)应有的谨慎。会员应遵守职业技术准则和道德标准，力求不断提高业务能力和服务质量，尽自己的最大所能来履行其职业责任。

(6)服务的性质和范围。从事公共业务的会员在确定所提供服务的范围和性质时，应遵守《职业道德规范》的原则。

2. 第二层次是行为准则

该部分是每个从事公共会计师业务的注册会计师都必须遵守的细则。由于行为准则是职业道德规范中唯一具有强制性的部分，因而它的措辞比原则部分更为准确。它是职业道德规范的核心内容，它确定了可以接受的职业道德行为的最低标准。许多职业人员把这些规则称为美国注册会计师协会的职业道德规范。

3. 第三层次是行为准则释义

它是对行为准则的解释，是道德规范的组成部分。这部分内容就行为准则的适用范围及其应用提供指导。由于经常有执业人员就某一具体规则提出问题，因而有必要对行为准则做出公开解释。美国注册公共会计师协会职业道德部成立了一个主要由从事公共会计业务人员组成的委员会，并根据他们的一致意见做出各项解释。在解释最终定稿之前，要向职业界的权威人士征求意见。解释虽然不具有强制性，但执业人员要在纪律检查听证会上证明背离解释的正当理由。

4. 第四层次是道德裁决

它是美国注册会计师协会职业道德部执行委员会根据一些具体的实际情况所做的解释，也是行为准则及其解释在具体情况和事件中的运用。这部分汇总说明了在各种实际环境下应如何应用各种守则和守则说明。该部分内容不是强制性的道德标准，但要求注册会计师必须说明任何背离该"道德裁决"的合理理由。

第二节　注册会计师执业准则

一、执业准则的定义和作用

执业准则是指注册会计师在执行业务的过程中所遵循的职业规范，包括业务准则和质量控制准则。注册会计师执业准则是规范注册会计师执业的行为标准，是衡量注册会计师鉴证质量的权威性标准，是注册会计师发表鉴证意见的依据，是确定或解脱注册会计师鉴证责任的依据。注册会计师执业准则的制定和实施，使注册会计师在执行业务时有了规范和指南，推动了注册会计师行业的健康发展。

注册会计师执业准则的作用主要体现在以下几个方面：

(1)注册会计师执业准则有利于实现审计工作的规范化。执业准则规范了在审计业务中如何签订审计业务约定书、如何编制审计计划、如何实施审计程序、如何记录审计工作底稿、如何与管理层沟通、如何利用其他机构参与工作、如何出具审计报告以及如何控制审计质量等。执业准则也对财务报表审阅、其他鉴证业务和相关服务进行了规范。这就使注册会计师在执行业务的每个环节都有了相应的依据和标准，从而规范了注册会计师的行为。

(2)注册会计师执业准则有助于提高审计工作质量。注册会计师执业准则对注册会计师执行业务应遵循的规范做了全面的规定，既涵盖了鉴证业务和相关服务等业务领域，又为质量控制提供了标准。只要注册会计师遵照执业准则的规定执行业务，执业质量就有了保证。

(3)注册会计师执业准则有助于增进社会公众对审计工作结果的信任和理解。注册会计师行业肩负着对会计信息质量进行鉴证的重要职能，客观上起着维护社会公众利益的作用。中国注册会计师执业准则的实施，必将提升注册会计师的执业质量，加强会计师事务所的质量控制和风险防范，为提高信息质量、降低投资者的决策风险、维护社会公众利益、推动经济发展发挥重要作用。

(4)注册会计师执业准则有助于明确审计责任，维护审计组织和注册会计师的正当权益。执业准则是注册会计师执业的行为标准，只要按照准则要求执业就可以最大限度地降低审计风险。当注册会计师受到不公正的指责和控告时，可以充分利用执业准则保护其正当的权益。

(5)注册会计师执业准则有助于促进审计理论和实务的交流，推动审计理论研究，促进审计的国际化发展。执业准则是注册会计师实践经验的总结与升华，它的实施有助于审计理论和实务水平的提高。

二、我国注册会计师执业准则的框架、约束力和适用范围

(一)我国注册会计师执业准则体系框架

中国注册会计师执业准则体系受注册会计师职业道德守则统驭，包括注册会计师业务准则和会计师事务所质量控制准则。中国注册会计师业务准则包括鉴证业务准则、相关服务准则，如图 2－1 所示。

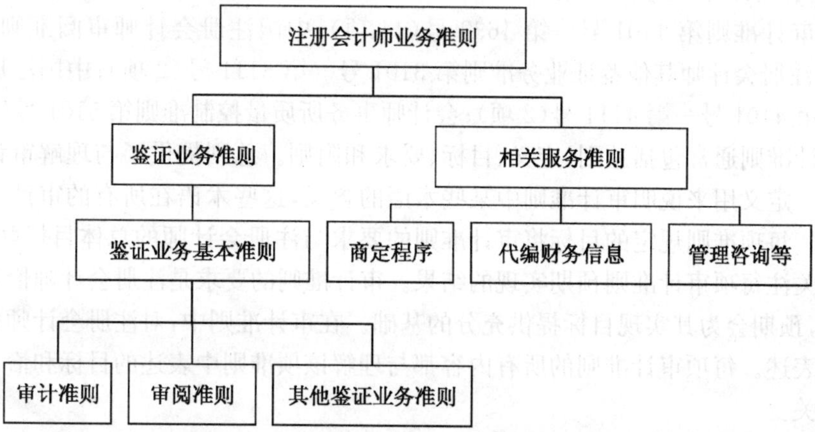

图 2－1　中国注册会计师业务准则体系

鉴证业务准则由鉴证业务基本准则统领，按照鉴证业务提供的保证程度和鉴证对象的不同，分为中国注册会计师审计准则、中国注册会计师审阅准则和中国注册会计师其他鉴证业务准则(分别简称审计准则、审阅准则和其他鉴证业务准则)。其中，审计准则是整个执业准则体系的核心。

审计准则用以规范注册会计师执行历史财务信息的审计业务。在提供审计服务时，注册会计师对所审计信息是否不存在重大错报提供合理保证，并以积极方式提出结论。

审阅准则用以规范注册会计师执行历史财务信息的审阅业务。在提供审阅服务时，注册会计师对所审阅信息是否不存在重大错报提供有限保证，并以消极方式提出结论。

其他鉴证业务准则用以规范注册会计师执行历史财务信息审计或审阅以外的其他鉴证业务，根据鉴证业务的性质和业务约定的要求，提供有限保证或合理保证。

相关服务准则用以规范注册会计师代编财务信息，执行商定程序，提供管理咨询等其他服务。在提供相关服务时，注册会计师不提供任何程度的保证。

会计师事务所质量控制准则用以规范会计师事务所在执行各类业务时应当遵守的质量控制政策和程序，是对会计师事务所质量控制提出的制度要求。

(二)我国注册会计师执业准则的约束力和适用范围

我国注册会计师执业准则适用于注册会计师执行鉴证业务、相关服务业务的全过程。鉴证业务准则是注册会计师执行独立审计业务、出具审计报告的法定要求，各会计师事务所和注册会计师在执行《注册会计师法》规定的审计业务时，应当遵照执行。注册会计师在提供鉴证

业务时，不论该单位是否以盈利为目的，也不论其规模大小和法定组织形式如何，只要以发表审计意见为目的，都应遵循鉴证业务准则。

三、我国注册会计师执业准则的主要内容

2006 年 2 月 15 日，包括 48 项审计准则在内的新审计准则体系正式发布，审计准则体系实现了国际趋同的历史突破。2009 年根据国际审计准则明晰项目的要求，启动了对 38 项审计准则的修订，2010 年 11 月正式发布，2012 年 1 月 1 日起实施。

（一）审计准则的项目

《中国注册会计师执业准则》有 51 项，即：中国注册会计师鉴证业务基本准则（1 项）；中国注册会计师审计准则第 1101 号—第 1633 号（44 项）；中国注册会计师审阅准则第 2101 号（1 项）；中国注册会计师其他鉴证业务准则第 3101 号—第 3111 号（2 项）；中国注册会计师相关服务准则第 4101 号—第 4111 号（2 项）；会计师事务所质量控制准则第 5101 号（1 项）。

每项审计准则通常包括总则、定义、目标、要求和附则。总则提供了与理解审计准则相关的背景资料。定义用来说明审计准则中某些术语的含义，这些术语在所有的审计准则中具有相同的含义。每项准则规定的目标将审计准则的要求与注册会计师的总体目标联系起来，使注册会计师关注每项审计准则预期实现的结果。审计准则的要求是注册会计师恰当执行审计准则的要求，预期会为其实现目标提供充分的基础。在审计准则中，对注册会计师提出的要求以“应当”来表述。每项审计准则的所有内容都与理解该项准则中表述的目标和恰当应用该准则的要求相关。

（二）审计准则的编号

在注册会计师执业准则体系中，准则编号由 4 位数组成，其中：千位数代表不同类别的准则：“1”代表审计准则；“2”代表审阅准则；“3”代表其他鉴证业务准则；“4”代表相关服务准则；“5”代表质量控制准则。百位数代表某一类别准则中的大类。十位数代表大类中的小类。个位数代表小类中的顺序号。如审计准则编号区域为：

（1）一般原则与责任（审计准则第 1101 号—第 1153 号）

（2）风险评估与应对（审计准则第 1201 号—第 1251 号）

（3）审计证据（审计准则第 1301 号—1341 号）

（4）利用其他主体的工作（审计准则 1401 号—1421 号）

（5）审计结论与报告（审计准则第 1501 号—第 1521 号）

（6）特殊领域审计（审计准则第 1601 号—第 1633 号）

第三节　注册会计师继续教育制度

一、注册会计师继续教育制度的定义和作用

注册会计师继续教育制度，是指为保持和提升注册会计师的专业素质、执业能力和职业道德水平，加强注册会计师行业人才培养，根据《注册会计师法》和《中国注册会计师协会关于加强行业人才培养工作的指导意见》的有关规定，由中国注册会计师协会规定的注册会计师继续教育的权利与义务、组织与培训的管理制度。

注册会计师接受继续教育有利于树立终身学习的专业态度，有利于保持和提高注册会计

师执业胜任能力和执业水平，有利于注册会计师行业造就一支业务过硬、素质合格的队伍。同时，由于注册会计师执业环境的不断变化，社会对注册会计师的专业胜任能力和执业水平的要求也越来越高，注册会计师只有不断接受职业继续教育，进行全面的、立体的、多层次的在职教育，掌握和运用相关的新知识、新技能和新法规，才能满足执业的需要，保证执业质量。

二、我国注册会计师继续教育制度框架

1996 年，中国注册会计师协会(以下简称中注协)发布实施了《注册会计师后续教育培训制度(试行)》(以下简称《培训制度》)。随着我国社会主义市场经济体制改革的不断深化以及注册会计师行业的飞速发展，对行业人才队伍建设提出了新的更高的要求。中注协 2006 年会协[2006]63 号文发布《中国注册会计师继续教育制度》(以下简称《继续教育制度》)，并于 2007 年 1 月1 日起实施，1996 年 1 月 16 日发布的《注册会计师后续教育培训制度(试行)》同时废止。为了进一步贯彻落实行业人才培养“三十条”，提高注册会计师继续教育水平，根据行业培训工作实际，2008 年 5 月 14 日中注协又印发了《中国注册会计师继续教育制度补充规定(征求意见稿)》。

《中国注册会计师继续教育制度》共 5 章 19 条。第一章总则，共 2 条，包括:《继续教育制度》制定的目的和依据;注册会计师接受继续教育的权利。第二章继续教育的形式与学时要求，共 8 条，包括:继续教育的具体形式;继续教育的学时要求及具体折算标准;继续教育豁免条款。第三章继续教育的组织，共 4 条，包括:继续教育的组织主体;专业培训机构的服务内容和所应达到的基本标准;事务所内部培训的资格条件。第四章继续教育学时的确认与考核，共 4 条，包括:地方协会对继续教育工作的考核与管理责任;注册会计师未完成规定学时的惩戒措施;注册会计师转会时的学时确认。第五章附则，共 1 条。下面主要介绍我国注册会计师继续教育的目的和依据、培训形式和培训制度。

(一)继续教育的目的和依据

为全面贯彻落实《中国注册会计师协会关于加强行业人才培养工作的指导意见》(简称行业人才培养“三十条”)，我国注册会计师继续教育是为保持和提升注册会计师的专业素质、执业能力和职业道德水平，加强注册会计师行业人才培养，建立一支在质量和数量上都能够满足我国经济和资本市场发展战略以及现代企业制度需要的执业队伍，中注协根据《注册会计师法》、《中国注册会计师协会关于加强行业人才培养工作的指导意见》的有关规定，制定了继续教育制度。继续教育贯穿注册会计师的整个执业生涯，注册会计师应当按照继续教育制度的要求接受继续教育。

(二)继续教育的形式

注册会计师继续教育形式包括两种:一种是有组织形式，一种是其他形式。有组织形式，按主办机构划分为:中注协和地方协会自行培训，委托专业培训机构培训和事务所内部培训。其他形式主要包括撰写、发表专业论文和出版书籍，参加行业业务质量检查，担当注册会计师继续教育培训的授课人、研讨会的主持人或演讲人等八项规定。

1. 有组织形式的继续教育

(1)由中注协或各省、自治区、直辖市注册会计师协会(以下简称地方协会)举办，或者委托专业培训机构举办各种类型的培训班、专业论坛、研讨会、学术报告会等;

(2)经所在地地方协会认可的会计师事务所(以下简称事务所)内部培训;

(3)中注协或地方协会通过远程教育直播系统提供的注册会计师培训;

(4)中注协或地方协会认可的其他方式。

2. 其他形式的继续教育

(1)完成专业著作或专业论文，并公开出版或发表；

(2)担当中注协、地方协会举办或委托举办的注册会计师继续教育培训的授课人、研讨会的主持人或演讲人；

(3)参加行业执业质量检查；

(4)承担学术团体、行业、政府部门组织的专业课题研究，并取得研究成果；

(5)在境外事务所实习期间接受当地组织的继续教育培训；

(6)参加会计相关专业的在职学位教育；

(7)参加经中注协或地方协会认可的专业论坛、研讨会；

(8)中注协或地方协会认可的其他方式。

(三)继续教育的组织

(1)中注协和地方协会可以自行举办继续教育培训班。

(2)中注协和地方协会可以委托专业培训机构举办继续教育培训班。受托举办培训班的培训机构，应当按照中注协或地方协会的规划和要求及继续教育制度的规定，合理设计培训内容，选择科学适用的培训方式，聘请具有胜任能力的师资，并向协会报告注册会计师培训班实施情况。

(3)具有内部培训资格的事务所开展的内部培训，经地方协会认可，承认其有组织形式的继续教育学时。

(四)继续教育学时的确认与考核

1. 继续教育考核周期和培训学时

注册会计师继续教育以 2 年为一个考核周期，每个考核周期接受继续教育学时不得少于 80 学时，每年不得少于 30 学时。

2. 学时确认标准

(1)有组织形式的继续教育学时按照实际培训学时数确认；

(2)参加由中注协或地方协会组织的业务质量检查，每日可折算为 1 个学时，每年最多可确认 15 个学时；

(3)担当注册会计师继续教育培训班的授课人、研讨会的主持人或演讲人可按其实际授课或演讲时间的 3 倍折算培训学时，每年最多可确认 20 个学时；

(4)公开出版专业著作、承担课题研究，每项可确定 15 个学时，每年最多可确认 15 个学时；

(5)公开发表专业论文，每篇可确认 5 个学时，每年最多可确认 15 个学时；

(6)在境外事务所实习期间接受培训，按照实际培训时间确认学时数，每年最多可确认 40 个学时；

(7)参加在职学位教育，当年可确认 30 个学时；

(8)参加中注协或地方协会认可的专业论坛、研讨会，每半天可确认 4 个学时，每年最多可确认 20 个学时。

3. 继续教育学时的考核

(1)培训班实行结业考试、考核制度，考试、考核不合格者不计算培训学时，不发给结业证明，同时要将培训结果通报所在事务所。

(2)注册会计师应将继续教育的证明文件及相关资料至少保留 3 年，并在地方协会检查或抽查时予以提供。

第四节 注册会计师的法律责任

一、会计责任与审计责任

财务报表是由被审计单位的管理层编制的，它对财务报表的合法性和公允性负责，由此构成了被审计单位管理层首先的和基本的会计责任。因此，在被审计单位治理层的监督下，按照适用的会计准则和相关会计制度编制财务报表是被审计单位管理层的责任。被审计单位管理层的会计责任不仅仅如此，根据《审计准则》，被审计单位管理层的会计责任还包括：建立和健全内部控制制度；保护资产安全和完整；保证提交审计的会计资料真实、合法和完整。在整个审计过程中都要让被审计单位的管理层认识到自己的会计责任，为此，这种会计责任要写入审计业务约定书，在审计报告中还要重述，以使报表使用者也清楚这一点。

审计责任是指注册会计师对委托人应尽的义务。按照中国注册会计师审计准则的规定对财务报表发表审计意见，保证审计报告的真实性、合法性是注册会计师的审计责任。财务报表审计不能减轻被审计单位管理层和治理层的责任，亦即注册会计师的审计责任不能替代、减轻或免除被审计单位的会计责任。同样，这种审计责任要写入审计业务约定书中，在审计报告中注册会计师要清楚地表达对财务报表整体的意见，说明对出具的审计报告负责，并把这种信息传达给使用者。

注册会计师的审计责任是不断发展的。在审计发展史上，注册会计师的审计责任经历了以查错揭弊为主、以验证企业的财务状况和偿债能力为主、以验证企业财务报表公允性为主等几个阶段。20世纪70年代以来，逐步将审计责任界定为既要验证财务报表的公允性，又要揭露重大错报和舞弊。进入21世纪，又将审计责任明确为验证财务报表的公允性，以查找财务报表存在重大错报为导向。

会计责任与审计责任是一对联系紧密的概念，两者归属于不同的责任主体，彼此不可替代、减轻或免除。如果财务报表存在重大错报，而注册会计师通过审计没能发现，也不能因为财务报表已经注册会计师审计这一事实而减轻管理层和治理层对财务报表的责任。在实务中，会计责任常常影响审计责任。比如，被审计单位的管理层未能提交真实、合法的会计资料，导致注册会计师出具的审计报告不真实。这里既有被审计单位管理层提供虚假信息的会计责任，也有注册会计师未能查出而导致出具错误审计报告的审计责任。

二、法律责任的含义和种类

（一）法律责任的含义

法律责任是指审计人员（主要是指注册会计师）在履行职责过程中，因违约、过失或欺诈而导致委托单位或利益相关者造成损失而承担的后果。审计人员与其他专业人员一样，如果在履行审计职责期间未尽其专业责任，也需要受到法律的、职业组织的或其他的制裁。所不同的是，多数其他专业人员仅对直接关系人负责，而审计人员不仅要对直接关系人负责，还需对依靠不准确的审计信息而蒙受巨大损失的其他非直接关系人承担责任。同时，由于审计人员在实施具体审计工作之前往往很难确知这些非直接关系人的身份和他们将依赖审计结果做出何种经济决策，所以审计人员面临的法律责任一般大于其他专业人员，而由此带来的潜在损失也是在实施审计时很难预见的。

(二)注册会计师法律责任的种类

法律责任按照承担的内容可分为行政责任、民事责任和刑事责任。注册会计师因违约、过失、欺诈给被审计单位或其他利害关系人造成损失的,按照有关法律法规的规定,可能导致承担三种法律责任,即行政责任、民事责任和刑事责任。这三种责任可以单处,也可以并处。行政责任是指注册会计师和会计师事务所违反审计行业的管理规范时应当受到相关政府主管部门给予的处罚。对注册会计师来说,包括警告、暂停执业、吊销注册会计师证书;对会计师事务所而言,包括警告、没收违法所得、罚款、暂停执业、撤销等。民事责任是指注册会计师和会计师事务所在侵犯其他主体经济利益后应当进行赔偿的责任,主要是指赔偿受害人的损失。刑事责任,是指触犯刑法所必须承担的法律后果。

三、法律责任的认定

(一)相关法律规定

涉及会计师事务所、注册会计师法律责任的法律法规有《注册会计师法》《公司法》《证券法》《刑法》等。此外,为了正确审理涉及会计师事务所在审计业务活动中的民事侵权赔偿责任,维护社会公共利益和相关当事人的合法权益,根据《民法通则》《注册会计师法》《公司法》《证券法》等法律,结合审判实践,最高人民法院相继出台了一系列相关司法解释。

1.《注册会计师法》的规定

《注册会计师法》是涉及注册会计师法律责任的重要法律,该法第六章为"法律责任",第39条规定了会计师事务所和注册会计师应承担的行政责任和刑事责任,第42条规定了会计师事务所应承担的民事责任。

《注册会计师法》第39条规定:"会计师事务所违反本法第20条、第21条规定的,由省级以上人民政府财政部门给予警告,没收违法所得,可以并处违法所得一倍以上五倍以下的罚款;情节严重的,并可以由省级以上人民政府财政部门暂停其经营业务或者予以撤销。注册会计师违反本法第20条、第21条规定的,由省级以上人民政府财政部门给予警告;情节严重的,并可以由省级以上人民政府财政部门暂停其执行业务或者吊销注册会计师证书。

会计师事务所、注册会计师违反本法第20条、第21条规定的,故意出具虚假的审计报告、验资报告,构成犯罪的,依法追究刑事责任。"

《注册会计师法》第42条规定:"会计师事务所违反本法规定,给委托人、其他利害关系人造成损失的,应当依法承担赔偿责任。"

2.《公司法》的规定

《公司法》第208条规定:"承担资产评估、验资或验证的机构出具的评估结果、验资或验证证明不实,给公司债权人造成损失的,除能够证明自己没有过错外,在其评估或者证明不实的金额范围内承担赔偿责任。""承担资产评估、验资或验证的机构提供虚假材料的,由公司登记机关没收违法所得,处以违法所得一倍以上或五倍以下的罚款,并可以由有关主管部门依法责令该机构停业、吊销直接责任人的资格证书,吊销营业执照。"

3.《证券法》的规定

2005年12月29日新修订的《证券法》第173条规定 :"证券服务机构为证券的发行、上市、交易等证券业务活动制作、出具审计报告、资产评估报告、财务顾问报告、资信评级报告或者法律意见书等文件,应当勤勉尽责,对所制作、出具的文件内容的真实性、准确性、完整性进行核查和验证。其制作、出具的文件有虚假记载、误导性陈述或者重大遗漏，给他人造成损失的，应当与发行人、上市公司承担连带赔偿责任，但是能够证明自己没有过错的除外。”第201条规定：“为股票的发行、上市、交易出具审计报告、资产评估报告或者法律意见等文件的证券服务机构和人员，违反本法第45条的规定买卖股票的，责令依法处理非法持有的股票，没收违法所得，并处以买卖股票等值以下的罚款。”

4.《刑法》的规定

《刑法》第229条规定：“承担资产评估、验资、验证、会计、审计、法律服务等职责的中介组织的人员故意提供虚假证明文件，情况严重的，处五年以下有期徒刑或者拘役，并处罚金。”

5. 相关司法解释

(1)《司法解释》的内容

2007年6月11日最高人民法院颁布《关于审理涉及会计师事务所在审计活动中民事侵权赔偿案件的若干规定》(以下简称《司法解释》)。《司法解释》根据法律规定的精神，立足于既要保护投资者的合法权益，又要为注册会计师行业提供健康的发展空间，在以下方面做出较新的规定：

①明确侵权责任产生的根本原因；

②明确利害关系人的范围；

③承认执业准则的法律地位；

④统一适用过错推定原则和举证责任倒置分配原则；

⑤明确此类诉讼的条件和诉讼当事人资格等程序规定；

⑥明确区分会计师事务所承担补充责任和连带责任的具体情形；

⑦强调过失比例责任和责任的顺位；

⑧认定会计师事务所过错责任的具体指引；

⑨完善不承担责任和减轻责任的事由；

⑩强调审判程序的重要性。

(2)关于利害关系人、执业准则和不实报告的规定

《司法解释》第2条规定：“因合理信赖或使用会计师事务所出具的不实报告，与被审计单位进行交易或者从事与被审计单位的股票、债券等有关的交易活动而遭受损失的自然人、法人或者其他组织，应认定为注册会计师法规定的利害关系人。

会计师事务所违反法律法规、中国注册会计师协会依法拟定并经国务院财政部门批准后施行的执业准则和规则以及诚信公允的原则，出具的具有虚假记载、误导性陈述或重大遗漏的审计报告，应认定为不实报告。”

(3)关于诉讼当事人的资格的规定

《司法解释》第3条规定：利害关系人未对被审计单位提起诉讼而直接对会计师事务所提起诉讼的，人民法院应当告知其对会计师事务所和被审计单位一并提出诉讼；利害关系人拒不起诉被审计单位的，人民法院应当通知被审计单位作为共同被告参加诉讼。

利害关系人对会计师事务所的分支机构提起诉讼的，人民法院可以将该会计师事务所列为共同被告参加诉讼。利害关系人提出被审计单位的出资人虚假出资或出资不实、抽逃出资，且事后未补足的，人民法院可以将该出资人列为第三人参加。

(4)关于归责原则和举证分配的规定

《司法解释》第4条规定：会计师事务所因在审计业务活动中对外出具不实报告给利害关

系人造成损失的，应当承担侵权赔偿责任，但其能够证明自己没有过错的除外。

会计师事务所在证明自己没有过错时，可以向人民法院提交与该案件相关的执业准则、规则以及审计工作底稿等。

会计师事务所侵权民事责任的归责和举证责任的分配问题，是《司法解释》中的两个关键问题。归责原则主要解决会计师事务所的过错认定问题，举证责任分配原则主要解决会计师事务所的过错和不实报告与损失之间的因果关系是否存在的证明问题。

(5)关于会计师事务所与被审计单位的连带责任的规定

《司法解释》第5条规定："注册会计师在审计业务活动中存在下列情形之一，出具不实报告给利害关系人造成损失的，应当认定会计师事务所与被审计单位承担连带责任：

(一)与被审计单位恶意串通；

(二)明知被审计单位对重要事项的财务处理与国家有关规定抵触，而不予指明；

(三)明知被审计单位的财务处理会直接损害利害关系人的利益，而予以隐瞒或做不实报告；

(四)明知被审计单位的财务处理会导致利害关系人产生重大误导，而不予指明；

(五)明知被审计单位的财务报表的重大事项有不实内容，而不予指明；

(六)被审计单位示意作不实报告，而不予拒绝。

对被审计单位有前款第(二)至(五)项所列行为，注册会计师按照职业准则、规则应当知道的，人民法院应认定其明知。"

(6)关于过失责任的规定

《司法解释》第6条规定："会计师事务所在审计业务活动中因过失出具不实报告，并给利害关系人造成损失的，人民法院应当根据其过失大小确定其赔偿责任。"

(7)关于抗辩事由的规定

《司法解释》第7条规定："会计师事务所能够证明存在下列情形之一的不承担民事责任：

(一)已经遵守执业准则、规则确定的工作程序并保持必要的职业谨慎，但仍未能发现被审计的会计资料错误；

(二)审计业务所必须依赖的金融机构等单位提供虚假或者不实的证明文件，会计师事务所在保持必要的职业谨慎下仍未能发现其虚假或者不实；

(三)已对被审计单位的舞弊迹象提出警告并在审计报告中予以指明；

(四)已经遵照验资程序进行审核并出具报告，但被验资单位在注册登记后抽逃资金；

(五)为登记时未出资或者未足额出资的出资人出具不实报告，但出资人在登记后已补足出资。"

(8)关于减责事由的规定

《司法解释》第8条规定："利害关系人明知会计师事务所出具的报告为不实报告而仍然使用的，人民法院应当酌情减轻会计师事务所的赔偿责任。"

(9)关于无效的免责条款的规定

《司法解释》第9条规定：会计师事务所在报告中注明"本报告仅供工商登记使用"等类似内容的，不能作为免责的事由。

(10)关于赔偿顺位和最高限额的规定

《司法解释》第10条规定："人民法院根据本司法解释第6条确定会计师事务所承担与其过失程度相应的赔偿责任时，应按下列情形处理：

(一)应先由被审计单位赔偿利害关系人的损失,被审计单位的虚假出资、不实出资或抽逃出资,事后未弥补且依法强制执行被审计单位财产后仍不足以赔偿损失的,出资人应在虚假出资、不实出资或抽逃出资数额范围内向利害关系人承担补偿责任。

(二)对被审计单位、出资人的财产依法强制执行后仍不足赔偿损失的,由会计师事务所在其不实审计金额范围内承担相应的赔偿责任。

(三)会计师事务所对一个或多个利害关系人承担的赔偿责任应以不实审计金额为限。"

(二)注册会计师应承担法律责任的原因

对会计师事务所和注册会计师法律责任的认定主要是因违约、过失和欺诈引起的。

1. 违约

违约,是指合同的一方或多方未能达到合同条款的要求。当违约给他人造成损失时,注册会计师应负违约责任。比如,会计师事务所在商定的期间内未能提交审计报告,或违反了与被审计单位订立的保密协议等,都属于违约行为。

2. 过失

过失,是指在一定条件下,没有保持应有的职业谨慎。评价注册会计师的过失,是以其他合格注册会计师在相同条件下可做到的谨慎为标准的。当过失给他人造成损失时,注册会计师应负过失责任。通常将过失按程度不同分为普通过失和重大过失。

普通过失也称一般过失,通常是指没有严格保持职业上应有的、合理的谨慎,对注册会计师而言是指没有完全遵守专业标准的要求。比如,未按特定审计项目要求获取充分、适当的审计证据就出具审计报告的情况,可视为一般过失。比如在实施存货监盘的审计程序中,为保持应有的合理谨慎,盘点过的存货在所有权、数量、质量等方面存在的问题未能查出,通常情况下其他合格的注册会计师是不会出现这种失误的,这可视为普通过失。

重大过失是指连起码的职业谨慎都没有保持。对注册会计师而言,则是指根本没有遵守专业准则或没有按专业准则的基本要求执行审计。比如,不实施存货监盘、未进行应收账款函证,这些行为可视为重大过失。

3. 欺诈

欺诈又称舞弊,是以欺骗或坑害他人为目的的一种故意的错误行为。作案具有不良动机是欺诈的重要特征,也是欺诈与普通过失和重大过失的主要区别之一。对于注册会计师而言,欺诈就是为了达到欺骗他人的目的,明知委托单位的财务报表有重大错报,却加以虚假的陈述,出具无保留意见的审计报告。

四、法律责任的防范

注册会计师的职业性质决定了它是一个容易遭受法律诉讼的行业,那些蒙受损失的受害人总想通过起诉注册会计师尽可能使损失得以补偿。近几年来,我国注册会计师行业发生了一系列震惊整个行业乃至全社会的案件。有的会计师事务所因出具虚假报告造成严重后果而被撤销、没收财产或取消特许业务资格,有的注册会计师被吊销资格,有的被追究刑事责任。除一些大案件之外,涉及注册会计师的中小型诉讼案更有日益上升的趋势。如何避免法律诉讼,已成为我国注册会计师非常关注的问题。

(一)注册会计师防止过失和欺诈的措施

注册会计师要避免法律诉讼,就必须在执行审计业务时尽量减少过失行为,防止欺诈行为。而要尽可能不发生过失或防止欺诈,注册会计师应当达到以下基本要求:

1. 增强执业独立性

独立性是注册会计师审计的生命。在实际工作中，绝大多数注册会计师能始终如一地遵循独立原则；但也有少数注册会计师忽视独立性，甚至接受可能是错误的陈述，并帮助被审计单位掩饰舞弊。

2. 保持应有的职业谨慎

在绝大多数注册会计师的审计失败中，最主要的是由于缺乏应有的职业谨慎而引起的。在执行审计业务过程中未严格遵守审计准则，不执行适当的审计程序，对有关被审计单位的问题未保持应有的职业谨慎，或为节省时间而缩小审计范围或简化审计程序，都会导致财务报表的重大错报不被发现。

3. 强化执业质量控制

许多审计中的差错是由于注册会计师失察或未能对助理人员或其他人员进行切实的监督而发生的。对于业务复杂且重大的委托单位来说，其审计是由多个注册会计师及助理人员共同配合来完成的。如果他们的分工存在重叠或间隙，又缺乏严密的质量控制，就会发生过失。

(二)注册会计师避免法律诉讼的具体措施

注册会计师避免法律诉讼的具体措施可以概括为以下几点：

1. 严格遵循职业道德和执业准则的要求

注册会计师是否应承担法律责任，关键在于注册会计师是否有过失或欺诈行为。而判断注册会计师是否具有过失的关键在于注册会计师是否按照执业准则的要求执业。因此，保持良好的职业道德行为，严格遵循执业准则的要求执行工作，一般不会发生过失，至少不会发生重大过失。注册会计师一定要理解和掌握职业道德和执业准则的要求，并在执业中严格遵守。

2. 建立、健全会计师事务所的质量控制制度

会计师事务所不同于一般的企业，质量控制是会计师事务所各项管理工作的核心和关键。如果一个会计师事务所质量控制不严，很有可能因某一个人或一个部门的原因导致整个会计师事务所遭受灭顶之灾。因此，会计师事务所必须建立、健全一套严密、科学的质量控制制度，并把这套制度落实到整个审计过程和各个审计环节，促使注册会计师按照注册会计师执业准则的要求执业，保持审计业务质量。

3. 谨慎选择被审计单位

注册会计师如欲避免法律诉讼，必须慎重选择客户：

一是要选择正直的客户。会计师事务所在接受业务之前，一定要对客户的情况有所了解，评价管理层和关键股东的诚信和品质，弄清委托的真正目的，尤其在执行特殊目的的审计业务时更应如此。

二是对陷入财务和法律困境的客户尤为注意。周转不灵或面临破产的公司，其股东或债权人总想为他们的损失寻找替罪羊，因此对那些已经陷入财务困境的被审计单位要特别注意。

4. 与委托人签订审计业务约定书

《注册会计师法》规定：注册会计师承办业务，会计师事务所应与委托人签订委托合同(即业务约定书)。业务约定书具有法律效力，它是确定会计师事务所委托责任的重要文件。会计师事务所不论承办何种业务，都要按照业务约定书准则的要求与委托人签订约定书，这样才能在发生法律诉讼时将一切口舌争辩减少到最低限度。

5. 深入了解被审计单位的情况和业务

在很多案件中，注册会计师之所以未能发现错误，一个重要的原因就是他们不了解被审计

单位所在行业的情况及被审计单位的业务。会计是经济活动的综合反映，不熟悉被审计单位的经济业务和生产经营实务，仅局限于有关的会计资料，就可能发现不了某些错误。

6. 提取风险基金或购买责任保险

在西方国家，投保充分的责任保险是会计师事务所一项极为重要的保护措施。尽管保险不能免除可能受到的法律诉讼，但能防止或减少诉讼失败时会计师事务所发生的财务损失。我国《注册会计师法》规定，会计师事务所应当按规定建立职业风险金，办理职业保险。

7. 聘请熟悉注册会计师法律责任的律师

会计师事务所可聘请熟悉相关法律法规及注册会计师法律责任的律师。在执业过程中如遇重大法律问题，注册会计师应同律师详细讨论所有潜在的风险，并仔细考虑律师的建议。一旦发生法律诉讼，应请有经验的律师参与诉讼。

本章小结

本章主要介绍了注册会计师职业规范的基本构成及其主要内容，主要包括：注册会计师职业道德基本原则及职业道德概念框架；注册会计师执业准则体系基本构成；注册会计师继续教育制度；注册会计师的法律责任。

2009 年 10 月中国注册会计师协会颁布《中国注册会计师职业道德守则》，全面规范了注册会计师的职业行为，实现了我国注册会计师执业道德守则与国际会计师执业道德守则的全面趋同。注册会计师遵守的职业道德基本原则包括：诚信、独立、客观与公正、专业胜任能力与应有关注、保密、良好的职业行为。职业道德框架是指解决职业道德问题的思路和方法，用以指导注册会计师：

(1)识别对职业道德基本原则的不利影响；

(2)评价不利影响的严重程度；

(3)必要时采取防范措施消除不利影响或将其降低至可接受的水平。

注册会计师执业准则作为规范注册会计师执行业务的权威标准，对规范注册会计师的执业行为，提高注册会计师执业质量，维护社会公众利益，促进社会主义市场经济的健康发展具有重要的作用。中国注册会计师执业准则体系包括鉴证业务准则、相关服务准则和会计师事务所质量控制准则共 51 项。

注册会计师继续教育制度是指为保持和提升注册会计师的专业素质、执业能力和职业道德水平，加强注册会计师行业人才培养，根据《中华人民共和国注册会计师法》和《中国注册会计师协会关于加强行业人才培养工作的指导意见》的有关规定，由中国注册会计师协会规定的注册会计师继续教育的权利与义务、组织与培训的管理制度。

注册会计师的法律责任主要有三类：民事责任、行政责任、刑事责任。导致注册会计师承担法律责任的原因包括违约、过失、欺诈。

思考题

1. 注册会计师职业道德基本原则有哪些？职业道德概念框架的含义是什么？举例说明

对注册会计师职业道德产生不利影响的主要情形。

2. 独立原则的基本含义是什么？举例说明影响注册会计师和会计师事务所独立性的具体情形。

3. 在哪些情况下注册会计师可以披露客户的有关信息而不属于泄密？

4. 简述执业准则的性质及其在职业规范体系中的作用。

5. 中国注册会计师执业准则体系包括哪些部分？

6. 什么是会计责任和审计责任？

7. 造成注册会计师承担法律责任的主要原因有哪些？

8. 过失、普通过失、重大过失、欺诈这几个概念的区别和联系是什么？

9. 如何理解注册会计师的法律责任？有哪些种类？相互之间的区别是什么？

10. 注册会计师如何避免法律诉讼？

案例分析

厄特马斯公司案例

一、涉案方

弗雷德斯特公司(Fmd Stem)经营橡胶进口和销售，因经常缺乏营运资金而不得不向多家金融机构贷款，于1925年1月宣告破产。厄特马斯公司是弗雷德斯特公司的贷款商，以弗雷德斯特公司1923年的资产负债表及其审计报告为基础，1924年向弗雷德斯特公司提供了10万美元的贷款，随后又向其发放了两笔总计6.5万美元的贷款。道奇(Touche)会计师事务所自1920年起一直为弗雷德斯特公司查账，为弗雷德斯特公司1923年12月31日的资产负债表签发了无保留意见。

二、事实真相

1923年底，弗雷德斯特公司处于资不抵债的无望状态，却虚构了70.6万美元的销售收入和应收账款，对外报告拥有100万美元的净资产。

三、审计问题

对12月份临时虚构的70万美元的销售收入不加询问与函证，而所附的17张销售发票既缺少货运号码，也没有客户订货单号及其他有关的资料，只要认真检查就能看出是假的，所反映的销售业务没有一笔是真正发生过的。

四、旷日持久的法律争端

最初纽约地方法院陪审团判厄特马斯公司合谋欺骗指控成立，随后纽约地方法院负责此案的法官推翻了陪审团的判决，后来纽约最高法院以3∶2维持了陪审团的裁决，最后更高一级法院裁决“推翻陪审团判决”是正确的，但暗示重大过失指控可能获得成功。道奇会计师事务所眼看败局已定，只得在庭外与厄特马斯公司达成和解，同意赔偿。

(1)纽约地方法院陪审团认为，“当老熟人和良好的声望在一开始就有不容置疑的疑点时，那么对这些疑点的分析就将导致怀疑和不信任”。

(2)纽约地方法院负责此案的法官则强调，“除非疏忽大意造成了被告相对于原告具有责任的破坏，否则它不能成为提出控诉的理由。如果不把被告的责任限制在弗雷德斯特公司之内，而是将其延伸到可能阅读弗雷德斯特公司资产负债表的所有人，那么就等于强迫被告对全世界都承担一种潜在的责任”。

(3)纽约最高法院的法官麦克阿维认为,“事务所不能在出具了无保留意见后又声称对此不负任何责任。正因为被告的专业知识,银行和商业机构才要求独立的会计师出具审验合格的资产负债表,并据此发放贷款。他们有权要求事务所在表示审计意见时,应合理地保持谨慎小心的专业精神”。

(4)纽约最高法院的法官芬奇相信,“如果原告曾经告诉过道奇会计师事务所的审计人员,他们将依据审计意见来发放贷款的话,那么审计人员就有机会来估计他们所负的责任和风险,从而在确认出具此项审计意见的责任后,就能决定出对账户审查应达到何种程度”。

(5)更高一级法院的主审法官杰明·卡道住基本上同意芬奇法官的意见,但他指出,“如果弗雷德斯特公司在签约时指定厄特马斯公司作为合约的受益人的话,那么他的判决将不会是这样的”。还暗示说,如果厄特马斯公司以重大过失行为对道奇会计师事务所进行诉讼的话,他们可能获得成功。

五、意义和影响

开创了对非审计当事人承担责任的先例(即厄特马斯主义),并促进了审计报告由“证明式”向“意见式”的转变。1931 年 7 月,Richardson 在讨论厄特马斯公司案例对审计师和审计报告的影响时,提出了以下建议:每一位会计师的报告只提供给客户,这似乎是相当清楚的。会计师应当将其报告分为两部分:一部分是解决事实(即审查范围),另一部分是解决意见。会计师应当抛弃证明书并仅仅只做出报告。证明书一词已经使用了多年,是相当不恰当的,在任何情况下都应当被抛弃,尤其是在提及意见时,证明一项意见的说法是极其荒谬的。也许,厄特马斯事件将是引起报告改革、删除证明和证明书的措辞的机遇。Richardson 的建议在 1934 年初步确立的美国标准审计报告中变为现实。

讨论与思考题:

厄特马斯事件对进一步完善审计报告、明确审计法律责任发挥了什么作用?

第三章

审计目标与审计过程

导读案例

注册会计师李玲对高新公司"应收账款"项目进行审计。审计时,发现应收W公司货款5 000万元,账龄已超过2年。由于W公司是高新公司的投资方(W公司投资金额为4 500万元,占高新公司注册资本的60%),李玲认为需要加倍关注。于是,李玲对该应收账款实施了以下审计工作:

1. 向W公司发询证函。

2. 查阅高新公司和W公司签订的购货合同、经高新公司正式批准的发货凭证以及W公司的采购货物的验收单、入库单等。

3. 评价W公司偿付货款的能力。

(参考资料:李晓慧:《审计实验室——审计实务个案分析》,经济科学出版社2000年版)

思考题:

1. 注册会计师实施审计工作的目的是什么?

2. 注册会计师李玲实施上述审计工作,所获得的相关资料、信息可能说明高新公司"应收账款"项目的哪些问题?

第一节　审计目标

在审计实务中只有确定了审计目标,才能确定适当的审计方法和审计程序,因此确定审计目标通常被作为审计活动的起点。由于不同的审计主体在审计实践中的侧重点有所不同,因而就形成不同的审计目标。下面以我国财务报表审计为例,说明审计目标。

一、审计目标概述

(一)审计目标的含义

审计目标是在一定历史环境下,人们通过审计实践活动所期望达到的境地或最终结果。它包括财务报表审计目标以及各类交易、账户余额和披露相关的审计目标两个层次,即总目标和具体目标。

审计总目标和具体目标是审计目标的两个层次，两者相互依存，并随着社会的发展而变化。

（二）审计总目标

1. 审计总目标的历史演变

审计的目的是为了提高财务报表预期使用者对财务报表的信赖程度。这一目的可以通过注册会计师对财务报表是否在所有重大方面按照适用的财务报表编制基础编制发表审计意见得以实现。

审计总目标的演变可以划分为三个阶段：

第一阶段为详细审计阶段，其总体目标为查错防弊。

第二阶段为资产负债表审计阶段，其总体目标是审查资产负债表各项目余额的可靠性和真实性，判断其财务状况和偿债能力。审计的功能从防护性发展到公正性。

第三阶段为会计报表审计阶段，其总体目标是对被审计单位会计报表是否公允反映其财务状况和经营成果发表意见。

2. 审计总目标

2006年2月，我国财政部发布了《中国注册会计师执业准则》，并于2010年11月进行了修订。其中，《中国注册会计师审计准则第1101号——注册会计师的总体目标和审计工作的基本要求》，对现阶段财务报表审计的总体目标做了如下规定：一是注册会计师对财务报表整体是否不存在由于舞弊或错误导致的重大错报获取合理保证，使得其能够对财务报表是否在所有重大方面按照适用的财务报告编制基础编制发表审计意见；二是按照审计准则的规定，对财务报表根据审计结果出具审计报告，并与管理层和治理层沟通。在任何情况下，如果不能获取合理保证，并且在审计报告中发表保留意见也不足以实现向预期使用者报告的目的，注册会计师应当按照审计准则的规定出具无法表示意见的审计报告，或者在法律法规允许的情况下终止审计业务或解除业务约定。

（1）在评价财务报表是否按照适用的财务报告编制基础编制时，注册会计师应当考虑下列内容：

①选择和运用的会计政策是否符合适用的财务报告编制基础，并适合于被审计单位的实际情况；

②管理层做出的会计估计是否合理；

③财务报表反映的信息是否具有相关性、可靠性、可比性和可理解性；

④财务报表是否做出充分披露，使财务报表使用者能够理解重大交易和事项对被审计单位财务状况、经营成果和现金流量的影响。

这里所谓适用的财务报告编制基础，是指法律法规要求采用的财务报告编制基础。它分为通用目的编制基础和特殊目的编制基础。通用目的的编制基础，是指旨在满足广大财务报表使用者共同的财务信息需求的财务报告编制基础，主要是指会计准则和会计制度。特殊目的的编制基础，是指在满足财务报表特定使用者对财务信息需求的财务报告编制基础，包括计税核算基础、监管机构的报告要求和合同的约定等。适用的财务报表编制基础有时也指管理层和治理层在编制财务报表时，就被审计单位性质和财务报表目标而言，采用的可接受的财务报告编制基础。

（2）在评价财务报表是否做出公允反映时，注册会计师应当考虑下列内容：

①经管理层调整后的财务报表是否与注册会计师对被审计单位及其环境的了解一致；

②财务报表的列报、结构和内容是否合理；

③财务报表是否真实地反映了交易和事项的经济实质。

(三)财务报表审计的作用和局限性

注册会计师应当按照审计准则的规定，对财务报表整体不存在由于舞弊或错误导致的重大错报获取合理保证，以作为发表审计意见的基础。注册会计师作为独立的第三方，运用专业知识、技能和经验对财务报表进行审计并发表审计意见，旨在提高财务报表的可信赖程度。由于审计存在着固有的局限性，注册会计师据以得出结论和形成审计意见的大多数审计证据是具有说服性而非结论性的，因此，审计只能提供合理保证，不能提供绝对保证，审计意见本身并不是对被审计单位未来生存能力或管理层经营效率、经营效果提供的保证。

审计的局限性源于财务报告的性质、审计程序的性质和在合理的时间内以合理的成本完成审计工作的需要。

(四)目标的导向作用

财务报表审计的目标对注册会计师的审计工作发挥导向作用，它界定了注册会计师的责任范围，直接影响注册会计师的计划和实施审计程序的性质、时间和范围，决定了注册会计师如何发表审计意见。例如，既然财务报表审计目标是对财务报表整体发表审计意见，注册会计师就可以只关注与财务报表编制和审计有关的内部控制，而不对内部控制本身发表鉴证意见。同样，注册会计师关注被审计单位的违反法规行为，是因为这些行为影响到财务报表，而不是对被审计单位是否存在违反法规行为提供鉴证。

二、被审计单位管理当局对财务报表的认定

管理层对财务报表的认定是指被审计单位管理层对其财务报表各组成要素的确认、计量、列报做出的明确或隐含的表达。认定与审计目标密切相关，审计工作其实就是确定被审计单位管理层对财务报表的认定是否恰当。注册会计师了解了认定，就很容易确定每个项目的具体审计目标。

保证财务报表公允反映被审计单位的财务状况和经营情况等是管理层的责任。当管理层声明其财务报表已按照适用的财务报告编制基础进行编制，在所有重大方面做出公允反映时，就意味着管理层对财务报表各组成要素的确认、计量、列报以及相关的披露做出了认定。管理层在财务报表上的认定有些是明确表达的，有些则是隐含表达的。例如，资产负债表中列报存货及其金额，就意味着管理层做出下列明确认定：(1)记录的存货是存在的；(2)存货以恰当的金额包括在财务报表中，与之相关的计价与分摊调整已恰当记录。同时，管理层也做出下列隐含的认定：(1)所有应当记录的存货均已记录；(2)记录的存货都由被审计单位拥有。

根据我国注册会计师审计准则，被审计单位管理层对财务报表的认定包括以下三个方面：

1. 与所审计期间各类交易和事项相关的认定

注册会计师对所审计期间的各类交易和事项运用的认定通常分为下列类别：

(1)发生：记录的交易和事项已发生，且与被审计单位有关。

(2)完整性：所有应当记录的交易和事项均已记录。

(3)准确性：与交易和事项有关的金额及其他数据已恰当记录。

(4)截止：交易和事项已记录于正确的会计期间。

(5)分类：交易和事项已记录于恰当的账户。

例如，A公司主营业务收入账户记录本月收入100万元，即意味着A公司管理层认定：本

月实现主营业务收入 100 万元；本月实现的主营业务收入都已记入主营业务收入账户；记录的金额 100 万元是正确的；记录的时间是恰当的；记录的账户也是恰当的。

2. 与期末账户余额相关的认定

注册会计师对期末账户余额运用的认定通常分为下列类别：

(1)存在：记录的资产、负债和所有者权益是存在的。

(2)权利和义务：记录的资产由被审计单位拥有或控制，记录的负债是被审计单位应当履行的偿还义务。

(3)完整性：所有应当记录的资产、负债和所有者权益均已记录。

(4)计价和分摊：资产、负债和所有者权益以恰当的金额包括在财务报表中，与之相关的计价或分摊调整已恰当记录。

例如，A 公司的交易性金融资产账户余额为 100 万元，表明 A 公司管理层对交易性金融资产账户余额作了如下认定：交易性金融资产是存在的；入账的交易性金融资产都归 A 公司所有；A 公司所有的交易性金融资产都已入账；入账的金额 100 万元是恰当的，并已包括在资产负债表中。

3. 与列报和披露相关的认定

各类交易和账户余额的认定正确只是为列报正确打下了必要的基础，财务报表还可能因为被审计单位误解有关列报的规定或舞弊等而产生错报。另外，还可能因被审计单位没有遵守一些专门的披露要求而导致财务报表错报。因此，即使注册会计师审计了各类交易和账户余额的认定，实现了各类交易和账户余额的具体审计目标，也不意味着获取了足以对财务报表发表审计意见的充分、适当的审计证据。因此，注册会计师还应当对各类交易、账户余额及相关事项在财务报表中列报的正确性实施审计。

注册会计师对列报运用的认定通常分为下列类别：

(1)发生以及权利和义务：披露的交易、事项和其他情况已发生，且与被审计单位有关。

(2)完整性：所有应当包括在财务报表中的披露均已包括。

(3)分类和可理解性：财务信息已被恰当地列报和描述，且披露内容表述清楚。

(4)准确性和计价：财务信息和其他信息已公允披露，且金额恰当。

例如，A 公司资产负债表中列示有存货 2 500 万元，且没有在附注中做任何说明，则意味着 A 公司认定：A 公司确实有存货且属于 A 公司所有；A 公司所有的存货都已列入资产负债表存货项目中；所有属于存货的账户余额都已恰当地列入存货项目，且没有需要说明的特殊情况；2 500 万元的存货金额是正确的。

三、具体审计目标

由于审计总体目标概括性较强，无法指导具体的审计工作，有必要将审计总体目标分解为具体目标。审计具体目标是对审计总体目标的进一步具体化，是对具体报表项目或业务类别进行审计时所要查明的各项具体问题。审计具体目标的确定有助于注册会计师按照审计准则的要求收集充分、适当的审计证据，并根据对审计证据的要求设计并实施必要的审计程序。

在明确了审计总体目标和管理层对财务报表的认定之后，注册会计师就可以据此确定每个项目的具体审计目标，并以此作为评估重大错报风险以及设计和实施进一步审计程序的基础。

1. 与所审计期间各类交易和事项相关的审计目标

(1)发生:由发生认定推导的审计目标是确认已记录的交易是真实的。例如,没有发生销售交易,但在销售明细账中记录了一笔销售,则违反了该目标。

发生认定所要解决的问题是管理层是否把那些不曾发生的交易或事项列入财务报表,它主要与财务报表组成要素的高估有关。

(2)完整性:由完整性认定推导的审计目标是确认已发生的交易确实已经记录。例如,如果发生了销售交易,但没有在销售明细账和总账中记录,则违反了该目标。

发生和完整性强调的是相反的关注点。发生目标针对潜在的高估,而完整性目标则针对漏记交易(低估)。

(3)准确性:由准确性认定推导出的审计目标是确认已记录的交易是按正确金额反映的。例如,如果在销售交易中,发出商品的数量与账单上的数量不符,或是开账单时使用了错误的销售价格,或是账单中的乘积或加总有误,或是在销售明细账中记录了错误的金额,则违反了该目标。

准确性与发生、完整性存在区别。准确性关注的是交易金额的计算和记录是否正确,而发生或完整性关注的是交易内容的虚列或隐瞒。例如,若已记录的销售交易是不应当记录的(如发出的商品是寄销商品),则即使发票金额是正确的,仍违反了发生目标。再如,若已入账的销售交易是对正确发出商品的记录,但金额计算错误,则违反了准确性目标,但没有违反发生目标。在完整性与准确性之间也存在同样的关系。

(4)截止:由截止认定推导的审计目标是确认接近于资产负债表日的交易记录于恰当的会计期间。截止目标直接指向被审计单位人为调节交易确认期间的错报。例如,如果本期交易推到下期,或下期交易提到本期,均违反了截止目标。

(5)分类:由分类认定推导出的审计目标是确认被审计单位记录的交易经过适当的分类。分类目标直接指向被审计单位在交易处理中分类上的错报。例如,如果将现销记录为赊销,将出售经营性固定资产所得的收入记录为营业收入,则导致交易分类的错误,违反了分类的目标。

2. 与期末账户余额相关的审计目标

(1)存在:由存在认定推导出的审计目标是确认记录的金额确实存在。存在目标直接指向被审计单位管理层将并不存在的资产、负债和所有者权益列入资产负债表的错报。

(2)权利和义务:由权利和义务认定推导出的审计目标是确认资产归属于被审计单位,负债属于被审计单位的义务。权利和义务目标直接指向被审计单位管理层将并不属于被审计单位的资产或非被审计单位的义务的负债列入资产负债表的错报。

(3)完整性:由完整性认定推导出的审计目标是确认已存在的金额均已记录。完整性目标直接指向被审计单位管理层漏记实际存在的资产、负债和所有者权益的错报。

(4)计价和分摊:资产、负债和所有者权益以恰当的金额包括在财务报表中,与之相关的计价或分摊调整已恰当记录。

3. 与列报和披露相关的审计目标

(1)发生以及权利和义务:由发生以及权利和义务认定推导出的审计目标是确认披露的交易、事项和其他情况已经发生且与被审计单位有关。将没有发生的交易、事项或与被审计单位无关的交易和事项包括在财务报表中,则违反了该目标。

(2)完整性:由完整性认定推导出的审计目标是确认所有应当包括在财务报表中的披露均已包括。如果应当披露的事项没有包括在财务报表中,则违反了该目标。

(3)分类和可理解性：由分类和可理解性认定推导出的审计目标是确认财务信息已被恰当地列报和描述，且披露内容表述清楚。

(4)准确性和计价：由准确性和计价认定推导出的审计目标是确认财务信息和其他信息已公允披露，且金额恰当。

由上述介绍可知，被审计单位管理层认定是确定具体审计目标的基础。在审计过程中，注册会计师通常将被审计单位管理层认定转化为能够通过审计程序予以实现的审计目标，并针对财务报表每一项目所表现出的各项认定，相应地确定一项或多项审计目标，然后紧紧围绕审计目标通过执行一系列审计程序，获取充分、适当的审计证据以对整个财务报表的合法性、公允性发表意见，从而最终实现审计总体目标。

第二节 审计过程

审计方法从早期的账项基础审计，演变到今天的风险导向审计(审计方法的内容将在第六章介绍)。风险导向审计模式要求注册会计师在审计过程中，以重大错报风险的识别、评估和应对作为工作主线。相应地，审计过程大致可分为以下几个阶段：

1. 接受业务委托

会计师事务所应当按照执业准则的规定，谨慎决策是否接受或保持某客户关系和具体审计业务。在接受新客户的业务前，或决定是否保持现有业务或考虑接受现有客户的新业务时，会计师事务所应当执行有关客户接受与保持的程序，以获取如下信息：

(1)考虑客户的诚信，没有信息表明客户缺乏诚信；

(2)具有执行业务必要的素质、专业胜任能力、时间和资源；

(3)能够遵守相关职业道德要求。

会计师事务所执行客户接受与保持程序的目的，旨在识别和评估会计师事务所面临的风险。例如，如果注册会计师发现潜在客户正面临财务困难，或者发现现有客户在之前的业务中做出虚假陈述，那么可以认为接受或保持该客户的风险非常高甚至是不可接受的。会计师事务所除考虑客户的风险外，还需要考虑自身执行业务的能力，如：当工作需要时能否获得合适的具有相应资格的员工；能否获得专业化协助；是否存在任何利益冲突；能否对客户保持独立性等。

注册会计师需要做出的最重要的决策之一就是接受和保持客户。一项低质量的决策会导致不能准确确定计酬的时间或未被支付的费用，增加项目合伙人和员工的额外压力，使会计师事务所的声誉遭受损失，或者涉及潜在的诉讼。

一旦决定接受业务委托，注册会计师应当与客户就审计约定条款达成一致意见。对于连续审计，注册会计师应当根据具体情况确定是否需要修改业务约定条款，以及是否需要提醒客户注意现有的业务约定书。

审计业务约定书的详细内容将在第四章介绍。

2. 计划审计工作

计划审计工作十分重要。如果没有恰当的审计计划，不仅无法获取充分、恰当的审计证据，影响审计目标的实现，而且还会浪费有限的审计资源，影响审计工作的效率。因此，对于任何一项审计业务，注册会计师在执行具体审计程序之前，都必须根据具体情况制定科学、合理的计划，使审计业务以有效的方式得到执行。一般来说，计划审计工作主要包括：在本期审计业务开始时开展的初步业务活动;制定总体审计策略;制定具体审计计划等。需要指出的是,计划审计工作不是审计业务的一个孤立阶段,而是一个持续的、不断修正的过程,贯穿于审计过程的始终。

计划审计工作的详细内容将在第四章介绍。

3. 实施风险评估程序

审计准则规定,注册会计师必须实施风险评估程序,以此作为评估财务报表层次和认定层次重大错报风险的基础。风险评估程序是指注册会计师为了解被审计单位及其环境,以识别和评估财务报表层次和认定层次的重大错报风险(无论该错报由于舞弊或错误导致)而实施的审计程序。风险评估程序是必要程序,了解被审计单位及其环境为注册会计师在许多关键环节做出职业判断提供了重要基础。了解被审计单位及其环境实际上是一个连续和动态的收集、更新与分析信息的过程,贯穿于审计过程的始终。一般来说,实施风险评估程序的主要工作包括:了解被审计单位及其环境;识别和评估财务报表层次以及各类交易、账户余额和披露认定层次的重大错报风险,包括确定需要特别考虑的重大错报风险(即特别风险)以及仅通过实施实质性程序无法应对的重大错报风险等。

风险评估程序的详细内容将在第四章介绍。

4. 实施控制测试和实质性程序

注册会计师实施风险评估程序本身并不足以为发表审计意见提供充分、适当的审计证据,还应当实施进一步审计程序,包括实施控制测试(必要时或决定测试时)和实质性程序。因此,注册会计师在评估财务报表重大风险后,应当运用职业判断,针对评估的财务报表层次重大错报风险确定总体应对措施,并针对评估的认定层次重大错报风险设计和实施进一步审计程序,以将审计风险降至可接受的低水平。

有关控制测试和实质性程序的内容将在第七章介绍。同时,第八章至第十四章介绍对各业务循环的控制测试和实质性程序。第六章对控制测试和实质性程序实施的范围进行介绍。

5. 完成审计工作和编制审计报告

注册会计师在完成进一步审计程序后,还应当按照有关审计准则的规定做好审计完成阶段的工作,并根据所获取的审计证据,合理运用职业判断,形成适当的审计意见。本阶段主要工作有:获取管理层声明;汇总审计差异,提请被审计单位调整或披露;复核审计工作底稿和财务报表;与管理层和治理层沟通;评价所有审计证据,形成审计意见;编制审计报告等。

第十五章将对完成审计工作和编制审计报告进行介绍。

本章小结

审计目标是指在一定的历史环境下,人们通过审计实践活动所期望达到的境地或最终结果。审计目标通常由审计总体目标和审计具体目标构成。审计的总体目标决定着审计的整个过程,审计的具体目标则是对总体目标的分解。审计的具体目标应根据被审计单位管理层对财务报表的认定和审计总目标来确定。

管理层对财务报表的认定是指被审计单位管理层对其财务报表各组成要素的确认、计量、列报做出的明确或隐含的表达。

在审计工作中，注册会计师应根据不同报表项目的特点，紧紧围绕具体审计目标来收集证据，这样才能对管理层的认定加以证实，最终对财务报表的合法性、公允性发表意见。

审计过程是指审计工作从开始到结束的整个过程。审计过程大致可以分为：接受业务委托、计划审计工作、实施风险评估程序、实施控制测试和实质性程序、完成审计工作和编制审计报告。审计过程与审计目标有着密切的关系。审计目标是在审计过程中实现的，而科学合理的审计过程可以保证审计目标的顺利实现。

思考题

1. 简述财务报表审计的总体目标。
2. 如何理解财务报表审计的局限性？
3. 简述被审计单位管理层对各类交易、账户余额和列报层次相关的认定。
4. 如何理解具体审计目标与被审计单位管理层认定之间的关系？
5. 财务报表审计的过程一般包括哪几个阶段？各阶段有哪些工作？

案例分析

G外高桥审计案例

2006年5月11日，上海外高桥保税区开发股份有限公司（以下简称G外高桥）发布公告称，普华永道中天会计师事务所（以下简称普华永道中天）在2003年度和2004年度对G外高桥的年报审计中，未保持应有的职业谨慎，未实施有效的审计程序，即出具无保留意见审计报告，使该公司蒙受巨额经济损失。G外高桥已于5月9日向中国国际经济贸易仲裁委员会上海分会提起仲裁，要求普华永道中天退还全部审计服务费共计170万元，赔偿申请人的全部经济损失共2亿元，并且承担全部仲裁费和律师费。

一、主要案情

G外高桥于1992年经上海市人民政府批准成立，是国内唯一以保税区开发建设为主营业务的上市公司，是上海浦东新区概念股的重要组成部分。

G外高桥原计划财务部经理为黎明红，掌管公司证券投资类项目。2002年2月，因正常业务关系结识了国海证券上海圆明园路营业部（以下简称国海营业部）总经理金一敏。经金一敏介绍，黎明红又结识了上海国发石油化工有限公司（以下简称国发石油）总经理仇新康。仇新康喜欢坐庄炒股，于是提出向黎明红所掌管的G外高桥账户借贷4 000万元。2002年4月，黎明红将第一笔4 000万元的款项借给仇新康。款项是从国海营业部G外高桥证券保证金账户划转到仇新康的账户上。黎明红为避免责任，没有与仇新康签署合同。他表示，假如整个操做出了问题，就算金一敏擅自挪用客户资金。

2002年6月，4 000万元顺利归还给G外高桥。2002年12月，金一敏再次找到黎明红要求资金支持，因为仇新康在外炒股亏损巨大，急需资金周转，并强调："如果最后仇新康彻底亏损，以前的事情也会曝光。”黎明红担心此前挪用保证金的事情败露而影响他的前途，就答应了。其后几个月中，黎明红累计从公司账户划出 6 950 万元到仇新康账户，这笔钱一去无回。

到 2003 年底，黎明红逐渐意识到，他此前偷偷划给仇新康炒股的钱可能收不回来了。为了填补这个不断扩大的财务漏洞，他采用伪造公章的方式，让有些文件不需要请示领导。

事后查明，2003 年和 2004 年，普华永道中天在对该账户函证时，均未直接向证券公司发出询证函，而是交给 G 外高桥的黎明红处理，并由黎明红将回函交给普华永道中天。这样，就给黎明红与国海营业部的金一敏弄虚作假、掩盖挪用资金行为创造了机会。普华永道中天分别于 2004 年 4 月 8 日和 2005 年 4 月 1 日对 G 外高桥财务报表出具无保留意见审计报告。

2005 年 6 月 20 日，G 外高桥副总经理高原发现公司存放在国海营业部证券保证金账户余额与经审计的公司 2003 年度、2004 年度报表明细账上的金额严重不符。

经审计的 2003 年、2004 年财务报表显示，G 外高桥 2003 年底在国海营业部存有保证金 9 000万元，但实际上只有 3 384 元；2004 年底存有保证金 2 亿元，但实际上只有 20 770 元。

二、案件结果

证监会最终给 G 外高桥裁定的违规行为共有三项：第一，该公司 2003 年、2004 年年报“银行存款——其他货币资金”科目虚假记载，包括部分保证金被挪作他用；第二，该公司对委托理财收回情况存在虚假记载；第三，该公司以个人名义开立账户买卖证券。同时向 G 外高桥开出了总金额为 59 万元的罚单，对相应的责任人进行了行政、刑事处罚，黎明红最终获刑 7 年。

G 外高桥 2007 年年报显示：其已经向中国国际经济贸易仲裁委员会提出撤销对普华永道中天会计师事务所仲裁案件的申请，已获中国国际经济贸易仲裁委员会的批准。

（参考资料：颜晓燕等：《注册会计师审计经典案例教程》，清华大学出版社 2010 年版）

讨论与思考题：

1. 注册会计师对财务报表审计的目标是什么？结合案例，分析普华永道中天在对 G 外高桥财务报表审计中存在的缺陷。

2. 结合案例，分析管理层对财务报表的责任与注册会计师对财务报表责任的区别。

第四章

计划审计工作

导读案例

新兴会计师事务所接受委托，对成德股份有限公司2016年度财务报表进行审计。新兴会计师事务所指派注册会计师张军为该项目负责人。张军在具体开展审计工作之前，先进行了以下的调查工作：

1. 了解成德股份有限公司的基本情况，获取相关资料，包括：企业的性质、组织结构、人员、业务活动类型和业务活动的流程以及外围环境，如相关的宏观政策、市场行情等。

2. 调查2016年12月31日资产负债表各主要项目，了解各项目的主要构成情况。重点关注对外提供担保、资产抵押情况，关联方交易情况，资产减值准备的计提比例以及对当期损益的影响情况等。

3. 调查2016年度利润表主要项目包括的内容。重点关注收入、费用的确认政策，资产减值损失，营业外收入和营业外支出等情况。

4. 了解内部管理制度的建设、遵循情况，获取相关资料。

通过前期的调查，能够基本保证在审计工作结果之外，不存在重大需要调整事项和不确定事项。

思考题：

1. 注册会计师张军在审计工作开展之前进行了上述调查工作，其目的是什么？对整个审计工作起什么积极作用？

2. 注册会计师张军是否需要把被审计单位财务报表中存在的全部错报都要检查出来？应关注哪些错报？

凡事预则立，不预则废。高质量的计划审计工作有助于注册会计师恰当地组织和管理审计资源，提高审计效率和效果，顺利完成审计工作并与客户保持良好的工作关系。计划审计工作是一项持续的过程，注册会计师通常在前一期审计工作结束后即开始本期的审计计划工作，直到本期审计工作结束为止。在计划审计工作时，注册会计师需要进行初步业务活动、制定总体审计策略和具体审计计划。在此过程中，需要做出很多关键决策，包括确定可接受的审计风险水平和重要性、配置项目人员等。

第一节 审计计划

审计计划是注册会计师为了完成各项审计业务、达到预期的审计目标在具体执行审计程序之前编制的工作计划。审计计划通常由审计项目负责人编制。编制完成后，由有关业务负责人审核批准。在审核中发现的问题，应及时修改、补充、完善，并在工作底稿中记录。

审计计划仅是对审计工作的一种预先规划，并不是一成不变的。在审计过程中，随着审计工作的深入，常常发现预先制定的审计计划与实际不一致，这时就需要根据审计业务的实际情况对审计计划做出适当的修正、更新和变动，以便更好地指导审计工作。也就是说，对审计计划的补充、修订贯穿于整个审计过程，注册会计师在整个审计过程中应当按照审计计划执行审计业务。

注册会计师在计划审计工作前，需要在本期审计业务开始时根据《质量控制准则第 5101 号——会计师事务所对执行财务报表审计和审阅、其他鉴证和相关服务业务实施的质量控制》和《中国注册会计师审计准则第 1121 号——对财务报表审计实施的质量控制》的要求，针对保持客户关系和具体审计业务实施相应的质量控制程序，特别是评价客户诚信度，并根据中国注册会计师职业道德守则的要求，评价是否具备独立性和专业胜任能力。

在做出接受或保持客户关系及具体审计业务的决策后，注册会计师应当按照《中国注册会计师审计准则第 1111 号——就审计业务约定条款达成一致意见》的规定，在审计业务开始前，与被审计单位就审计业务约定条款达成一致意见，签订或修改审计业务约定书，以避免双方对审计业务的理解产生分歧。

一、签订审计业务约定书

(一)审计业务约定书的定义和作用

审计业务约定书是指会计师事务所与被审计单位签订的，用以记录和确认审计业务的委托与受托关系、审计目标和范围、双方的责任以及报告的格式等事项的书面协议。

审计业务约定书具有经济合同的性质，一经约定，并经各方签字或盖章认可，即成为法律上生效的契约，对各方均具有法定约束力。

签订审计业务约定书的目的是为了明确约定各方的权利和责任义务，促使各方遵守约定事项并加强合作，保护签约各方的正当利益。审计业务约定书主要有以下作用：

第一，可增进会计师事务所与被审计单位之间的相互了解，尤其使被审计单位了解注册会计师的审计责任及需要提供的协助和合作；

第二，可作为被审计单位评价审计业务完成情况及会计师事务所检查被审计单位约定义务履行情况的依据；

第三，出现法律诉讼时，是确定签约各方应负责任的重要证据。

会计师事务所承接任何审计业务，都应与被审计单位签订审计业务约定书。如果被审计单位不是委托人，在签订审计业务约定书之前，注册会计师应当与委托人、被审计单位就审计业务约定相关条款进行充分沟通，并达成一致意见。

(二)签订审计业务约定书之前应做的工作

会计师事务所在签订审计业务约定书之前，应指派注册会计师对被审计单位的基本情况进行了解，并就审计业务约定相关条款特别是委托目的、审计范围、审计收费、被审计单位应提供的资料和信息以及必要工作条件与协助等进行充分沟通，并达成一致意见。

1. 明确审计业务的性质和范围

会计师事务所在和委托人签约前，首要的工作是使双方对审计业务的性质和范围取得一致的看法。审计业务一般有年度财务报表审计、专项审计和中期审计等。如果注册会计师的审计范围受到限制，注册会计师就无法获取充分、适当的审计证据，也就无法对被审计单位财务报表的合法性和公允性发表意见。

2. 初步了解被审计单位的基本情况

注册会计师了解被审计单位基本情况，不仅有助于确定是否接受业务委托，还有利于计划和执行审计业务。注册会计师应了解的被审计单位的基本情况包括：

(1)业务性质、经营规模和组织结构；

(2)经营情况和经营风险；

(3)以前年度接受审计的情况；

(4)财务会计机构和工作组织；

(5)其他与签订审计业务约定书相关的事项。

3. 会计师事务所评价专业胜任能力

会计师事务所评价的内容主要包括：一是执行审计的能力(确定审计小组的关键人员、考虑在审计过程中向外界专家寻求协助的需要、具有必要的时间)；二是能否保持独立性；三是保持应有关注的能力。如果会计师事务所不具备专业胜任能力，应当拒绝接受委托。

4. 商定审计收费

审计收费可采用计件收费和计时收费两种基本方式。在计时收费方式下确定收费时，会计师事务所应当考虑以下主要因素，以客观反映为客户提供专业服务的价值：

(1)专业服务的难度和风险以及所需的知识和技能；

(2)所需专业人员的数量、水平和经验；

(3)每一专业人员提供服务所需的时间；

(4)提供专业服务所需承担的责任。

在专业服务得到良好的计划、监督及管理的前提下，通常以合理估计每一专业人员审计工时和适当的小时费用率为基础计算收费。

5. 明确被审计单位应协助的工作

在注册会计师实施审计之前，被审计单位应将所有相关的会计资料和其他文件准备齐全。在审计过程中，被审计单位的财会人员及相关人员应对注册会计师的询问给予解释，并在适当情况下为注册会计师提供必要的工作条件和协助。

(三)审计业务约定书的内容

审计业务约定书的具体内容和格式可能因被审计单位的不同而不同，但应当包括以下主要内容：

(1)财务报表审计的目标；

(2)管理层对财务报表的责任；

(3)管理层编制财务报表采用的会计准则和相关会计制度；

(4)审计范围，包括指明在执行财务报表审计业务时遵守的中国注册会计师审计准则；

(5)执行审计工作的安排，包括出具审计报告的时间要求；

(6)审计报告格式和对审计结果的其他沟通形式；

(7)由于测试的性质、审计的其他固有限制以及内部控制的固有局限性,不可避免地存在某些重大错报可能仍然未被发现的风险;

(8)管理层为注册会计师提供必要的工作条件和协助;

(9)注册会计师不受限制地接触任何与审计有关的记录、文件和所需要的其他信息;

(10)管理层对其做出的与审计有关的声明予以书面确认;

(11)注册会计师对执业过程中获知的信息保密;

(12)审计收费,包括收费的计算基础和收费安排;

(13)违约责任;

(14)解决争议的方法;

(15)签约双方法定代表人或其授权代表的签字盖章,以及签约双方加盖的公章。

审计业务约定书可参考以下格式:

审计业务约定书

甲方:ABC股份有限公司

乙方:××会计师事务所

兹由甲方委托乙方对2016年度财务报表进行审计,经双方协商,达成以下约定:

一、业务范围与审计目标

1. 乙方接受甲方委托,对甲方按照企业会计准则编制的2016年12月31日的资产负债表,2016年度的利润表、股东权益变动表和现金流量表以及财务报表附注(以下统称财务报表)进行审计。

2. 乙方通过执行审计工作,对财务报表的下列方面发表审计意见:(1)财务报表是否按照企业会计准则的规定编制;(2)财务报表是否在所有重大方面公允反映甲方的财务状况、经营成果和现金流量。

二、甲方的责任与义务

(一)甲方的责任

1. 根据《中华人民共和国会计法》及《企业财务会计报告条例》,甲方及甲方负责人有责任保证会计资料的真实性和完整性。因此,甲方管理层有责任妥善保存和提供会计记录(包括但不限于会计凭证、会计账簿及其他会计资料),这些记录必须真实、完整地反映甲方的财务状况、经营成果和现金流量。

2. 按照企业会计准则的规定编制财务报表是甲方管理层的责任。这种责任包括:(1)按照企业会计准则的规定编制财务报表,并使其实现公允反映;(2)设计、实施和维护与财务报表编制相关的内部控制,以使财务报表不存在由于舞弊或错误而导致的重大错报。

(二)甲方的义务

1. 及时为乙方的审计工作提供其所要求的全部会计资料和其他有关资料(在2017年××月××日之前提供审计所需的全部资料),并保证所提供资料的真实性和完整性。

2. 确保乙方不受限制地接触任何与审计有关的记录、文件和所需的其他信息。

3. 甲方管理层对其做出的与审计有关的声明予以书面确认。

4. 为乙方派出的有关工作人员提供必要的工作条件和协助,主要事项将由乙方于外勤工作开始前提供清单。

5. 按本约定书的约定及时、足额支付审计费用以及乙方人员在审计期间的交通、食宿和其他相关费用。

三、乙方的责任和义务

(一)乙方的责任

1. 乙方的责任是在实施审计工作的基础上对甲方财务报表发表审计意见。乙方按照中国注册会计师审计准则(以下简称审计准则)的规定进行审计。审计准则要求注册会计师遵守职业道德规范,计划和实施审计工作,以对财务报表是否不存在重大错报获取合理保证。

2. 审计工作涉及实施审计程序,以获取有关财务报表金额和披露的审计证据。选择的审计程序取决于乙方的判断,包括对由于舞弊或错误导致的财务报表重大错报风险的评估。在进行风险评估时,乙方考虑与财务报表编制相关的内部控制,以设计恰当的审计程序,但目的并非对内部控制的有效性发表意见。审计工作还包括评价管理层选用会计政策的恰当性和做出会计估计的合理性,以及评价财务报表的总体列报。

3. 乙方需要合理计划和实施审计工作,以使乙方能够获取充分、适当的审计证据,为甲方财务报表是否不存在重大错报获取合理保证。

4. 乙方有责任在审计报告中指明所发现的甲方在重大方面没有遵循企业会计准则编制财务报表且未按乙方的建议进行调整的事项。

5. 由于测试的性质和审计的其他固有限制以及内部控制的固有局限性,不可避免地存在某些重大错报在审计后可能仍然未被乙方发现的风险。

6. 在审计过程中,乙方若发现甲方内部控制存在乙方认为的重要缺陷,应向甲方提交管理建议书。但乙方在管理建议书中提出的各种事项,并不代表已全面说明所有可能存在的缺陷或已提出所有可行的改善建议。甲方在实施乙方提出的改善建议前应全面评估其影响。未经乙方书面许可,甲方不得向任何第三方提供乙方出具的管理建议书。

7. 乙方的审计不能减轻甲方及甲方管理层的责任。

(二)乙方的义务

1. 按照约定时间完成审计工作,出具审计报告。乙方应于2017年××月××日前出具审计报告。

2. 除下列情况外,乙方应当对执行业务过程中知悉的甲方信息予以保密:

(1)取得甲方的授权;

(2)根据法律法规的规定,为法律诉讼准备文件或提供证据,以及向监管机构报告发现的违反法规行为;

(3)接受行业协会和监管机构依法进行的质量检查;

(4)监管机构对乙方进行行政处罚(包括监管机构处罚前的调查、听证)以及乙方对此提起行政复议。

四、审计收费

1. 本次审计服务的收费是以乙方各级别工作人员在本次工作中所耗费的时间为基础计算的。乙方预计本次审计服务的费用总额为人民币×× 万元。

2. 甲方应于本约定书签署之日起×日内支付×%的审计费用,剩余款项于审计报告草稿完成日结清。

3. 如果由于无法预见的原因,致使乙方从事本约定书所涉及的审计服务实际时间较本约定书签订时预计的时间有明显的增加或减少,甲乙双方应通过协商,相应调整本约定书第四条第1项下所述的审计费用。

4. 如果由于无法预见的原因,致使乙方人员抵达甲方的工作现场后,本约定书所涉及的审计服务不再进行,甲方不得要求退还预付的审计费用。如上述情况发生于乙方人员完成现场审计工作并离开甲方的工作现场之后,甲方应另行向乙方支付人民币××元的补偿费,该补偿费应于甲方收到乙方的收款通知之日起××日内支付。

5. 与本次审计有关的其他费用(包括交通费、食宿费等)由甲方承担。

五、审计报告和审计报告的使用

1. 乙方按照《中国注册会计师审计准则第1501号——审计报告》和《中国注册会计师审计准则第1502号——非标准审计报告》规定的格式和类型出具审计报告。

2. 乙方向甲方致送审计报告一式×份。

3. 甲方在提交或对外公布审计报告时，不得修改乙方出具的审计报告及其后附的已审计财务报表。当甲方认为有必要修改会计数据、报表附注和所做的说明时，应当事先通知乙方，乙方将考虑有关的修改对审计报告的影响，必要时将重新出具审计报告。

六、本约定书的有效期间

本约定书自签署之日起生效，并在双方履行完毕本约定书约定的所有义务后终止。但其中第三(二)2、四、五、八、九、十项并不因本约定书终止而失效。

七、约定事项的变更

如果出现不可预见的情形，影响审计工作如期完成，或需要提前出具审计报告时，甲、乙双方均可要求变更约定事项，但应及时通知对方，并由双方协商解决。

八、终止条款

1. 如果根据乙方的职业道德及其他有关专业职责、适用的法律法规或其他任何法定的要求，乙方认为已不适宜继续为甲方提供本约定书约定的审计服务时，乙方可以采取向甲方提出合理通知的方式终止履行本约定书。

2. 在终止业务约定的情况下，乙方有权就其于本约定书终止之日前对约定的审计服务项目所做的工作收取合理的审计费用。

九、违约责任

甲、乙双方按照《中华人民共和国合同法》的规定承担违约责任。

十、适用法律和争议解决

本约定书的所有方面均应适用中华人民共和国法律进行解释并受其约束。本约定书履行地为乙方出具审计报告所在地，因本约定书所引起的或与本约定书有关的任何纠纷或争议(包括关于本约定书条款的存在、效力或终止，或无效之后果)，双方选择第　种解决方式：

(1)向有管辖权的人民法院提起诉讼；

(2)提交××仲裁委员会仲裁。

十一、双方对其他有关事项的约定

本约定书一式两份，甲、乙双方各执一份，具有同等法律效力。

甲方：ABC股份有限公司(盖章)	乙方：××会计师事务所(盖章)
授权代表：(签名并签章)	授权代表：(签名并签章)
二〇一七年××月××日	二〇一七年××月××日

会计师事务所的法定代表人或其授权的代表应当与委托人就审计目的、审计范围、出具审计报告的时间、审计收费、被审计单位需要协助的工作内容等事项进行商议，在达成一致的基础上，签订审计业务约定书。约定书一般由事务所草拟，一式两份，经双方协商同意后，由双方的法定代表人或其授权的代表签字，并加盖双方公章。

签约后，双方都可以根据情况的变化提出对约定书进行修改、补充的要求，在征得对方同意后，可进行修改、补充。如果委托方不同意事务所的修改、补充要求，使事务所无法按审计准则的要求或约定的时间继续完成其约定事项时，事务所可在征求其律师的意见后，考虑中止审计，并函告或公告有关方面，如政府证券监管部门、客户的股东、社会公众等。

二、总体审计策略和具体审计计划

审计计划分为总体审计策略和具体审计计划两个层次。注册会计师应当针对总体审计策略中所提出的不同事项，制定具体审计计划，并考虑通过有效利用审计资源以实现审计目标。值得注意的是，虽然制定总体审计策略的过程一般在具体审计计划之前，但是这两项计划具有内在紧密联系，对其中一项的决定可能影响甚至改变对另外一项的决定。

(一)总体审计策略

注册会计师应当为审计工作制定总体审计策略。总体审计策略用以确定审计范围、时间和方向，并指导制定具体审计计划。在制定总体审计策略时，注册会计师应当考虑以下主要事项：

1. 审计范围

注册会计师应当确定审计业务的特征，包括采用的会计准则和相关会计制度、特定行业的报告要求以及被审计单位组成部分的分布等，以确定审计范围。

具体来说，在确定审计范围时，注册会计师需要考虑下列事项：

(1)编制拟审计的财务信息所依据的财务报告编制基础；

(2)特定行业的报告要求，如某些行业的监管部门要求提交的报告；

(3)预期的审计工作涵盖的范围，包括应涵盖的组成部分的数量及所在地点；

(4)其他注册会计师参与组成部分审计的范围；

(5)外币业务的核算方法及外币财务报表折算和合并方法；

(6)内部审计工作的可利用性及对内部审计工作的拟依赖程度；

(7)拟利用在以前期间审计工作中获取的审计证据的程度，如获取的与风险评估程序和控制测试相关的审计证据；

(8)信息技术对审计程序的影响，包括数据的可获得性和预期使用计算机辅助审计技术的情况；

(9)被审计单位的人员和相关数据可利用性。

2. 报告目标、时间安排及所需沟通

总体审计策略的制定应当包括明确审计业务的报告目标，以计划审计的时间安排和所需沟通的性质，包括提交审计报告的时间要求、预期与管理层和治理层沟通的重要日期等。

为了计划报告目标、时间安排和所需的沟通，注册会计师需要考虑下列事项：

(1)被审计单位的财务报告时间表；

(2)与管理层和治理层就审计工作的性质、范围和时间所举行会议的组织工作；

(3)与管理层和治理层讨论预期签发报告和其他沟通文件的类型及提交时间，如审计报告、管理建议书和与治理层沟通函等；

(4)项目组成员之间预期沟通的性质和时间安排，包括项目组会议的性质和时间安排及复核工作的时间安排；

(5)与管理层讨论预期在整个审计过程中通报审计工作进展及审计结果的方式。

3. 审计方向

总体审计策略的制定应当包括考虑影响审计业务的重要因素，以确定项目组工作方向，包括确定适当的重要性水平，初步识别可能存在较高的重大错报风险的领域，初步识别重要的组成部分和账户余额，评价是否需要针对内部控制的有效性获取审计证据，识别被审计单位、所处行业、财务报告要求及其他相关方面最近发生的重大变化等。

在确定审计方向时，注册会计师需要考虑下列事项：

(1)在制定审计计划时确定的重要性水平；

(2)识别重要的组成部分和账户余额；

(3)重大错报风险较高的审计领域；

(4)项目组成员的选择(在必要时包括项目质量控制复核人员)和工作分工，包括向重大错报风险较高的审计领域分派具备适当经验的人员；

(5)项目预算，包括考虑为重大错报风险可能较高的审计领域分配适当的工作时间；

(6)以往审计中对内部控制运行有效性评价的结果，包括所识别的控制缺陷的性质及应对措施；

(7)业务交易量规模，以基于审计效率的考虑确定是否信赖内部控制；

(8)影响被审计单位经营的重大发展变化，包括信息技术和业务流程的变化，关键管理人员变化，以及收购、兼并和分立；

(9)会计准则及会计制度的变化；

(10)其他重大变化，如影响被审计单位的法律环境的变化。

4. 审计资源

注册会计师应当在总体审计策略中清楚地说明审计资源的规划和调配，包括确定执行审计业务所必需的审计资源的性质、时间和范围。

(1)向具体审计领域调配的资源，包括向高风险领域分派有适当经验的项目组成员，就复杂的问题利用专家工作等；

(2)向具体审计领域分配资源的数量，包括安排到重要存货存放地观察存货盘点的项目组成员的数量，对其他注册会计师工作的复核范围，对高风险领域安排的审计时间、预算等；

(3)何时调配这些资源，包括是在期中审计阶段还是在关键的截止日期调配资源等；

(4)如何管理、指导、监督这些资源的利用，包括预期何时召开项目组预备会和总结会，预期项目负责人和经理如何进行复核，是否需要实施项目质量控制复核等。

(二)具体审计计划

注册会计师应当为审计工作制定具体审计计划。具体审计计划比总体审计策略更加详细，其内容包括为获取充分、适当的审计证据以将审计风险降至可接受的低水平，项目组成员拟实施的审计程序的性质、时间和范围。可以说，为获取充分、适当的审计证据，确定审计程序的性质、时间和范围的决策是具体审计计划的核心。具体审计计划应当包括风险评估程序、计划实施的进一步审计程序和其他审计程序。

1. 风险评估程序

具体审计计划应当包括按照《中国注册会计师审计准则第1211号——了解被审计单位及其环境并评估重大错报风险》的规定，为了足够识别和评估财务报表重大错报风险，注册会计师计划实施的风险评估程序的性质、时间和范围。

2. 计划实施的进一步审计程序

具体审计计划应当包括按照《中国注册会计师审计准则第1231号——针对评估的重大错

报风险实施的程序》的规定，针对评估的认定层次的重大错报风险，注册会计师计划实施的进一步审计程序的性质、时间和范围。

通常，注册会计师计划的进一步审计程序可以分为进一步审计程序的总体方案和拟实施的具体审计程序（包括进一步审计程序的具体性质、时间和范围）两个层次。进一步审计程序的总体方案主要是指注册会计师针对各类交易、账户余额和列报决定采用的总体方案（包括实质性方案或综合性方案）。具体审计程序则是对进一步审计程序的总体方案的延伸和细化，通常包括控制测试和实质性程序的性质、时间和范围。在实务中，注册会计师通常单独编制一套包括这些具体程序的进一步审计程序表，待具体实施审计程序时，注册会计师将基于所计划的具体审计程序，进一步记录所实施的审计程序及结果，并最终形成有关进一步审计程序的审计工作底稿。

3. 计划实施的其他审计程序

具体审计计划应当包括根据中国注册会计师审计准则的规定，注册会计师针对审计业务需要实施的其他审计程序。计划的其他审计程序可以包括上述进一步程序的计划中没有涵盖的、根据其他审计准则的要求注册会计师应当执行的既定程序。

（三）审计过程中对计划的更改

计划审计工作并非审计业务的一个孤立阶段，而是一个持续的、不断修正的过程，贯穿整个审计业务的始终。由于未预期事项、条件的变化或在实施审计程序中获取的审计证据等原因，注册会计师应当在审计过程中对总体审计策略和具体审计计划做出必要的更新和修改。

审计过程可以分为不同阶段，通常前一阶段的工作结果会对后一阶段的工作计划产生影响，而后一阶段的工作又可能需要对已制定的相关计划进行相应的更新和修改。通常来讲，这些更新和修改涉及比较重要的事项，例如对重要性水平的修改，对某类交易、账户余额和列报的重大错报风险的评估和进一步审计程序（包括总体方案和拟实施的具体审计程序）的更新和修改等。一旦计划被更新和修改，审计工作就应当进行相应修正。

例如，在制定审计计划时，如果注册会计师基于对材料采购交易的相关控制的设计和执行获取的审计证据，认为相关控制设计合理并得以执行，因此未将其评价为高风险领域并且计划实施控制测试。但是在实施控制测试时获取的审计证据与审计计划阶段获取的审计证据相矛盾，注册会计师认为该类交易的控制没有得到有效执行时，注册会计师可能需要修正对该类交易的风险评估，并基于修正的风险评估结果修改计划的审计方案，如采用实质性方案。

（四）对计划审计工作的记录

注册会计师应当记录总体审计策略和具体审计计划，包括在审计工作过程中做出的任何重大更改。

1. 对总体审计策略的记录

注册会计师对总体审计策略的记录，应当包括为恰当计划审计工作和向项目组传达重大事项而做出的关键决策。例如，注册会计师可以以备忘录的形式记录总体审计策略，包括对审计的范围、时间及执行所做出的关键决策。

2. 对具体审计计划的记录

注册会计师对具体审计计划的记录，应当能够反映下列内容：

（1）计划实施的风险评估程序的性质、时间和范围；

（2）针对评估的重大错报风险计划实施的进一步审计程序的性质、时间和范围。

注册会计师对具体审计计划的记录可以使用标准的审计程序表或审计工作完成核对表，但应当根据具体审计业务的情况做出适当修改。

3. 对计划的重大修改的记录

注册会计师应当记录对总体审计策略和具体审计计划做出的重大更改及其理由，以及对导致此类更改的事项、条件或审计程序结果采取的应对措施。如果只是针对某一或某几方面更改审计计划，注册会计师可以保留原有的总体审计策略、具体审计计划，以及已经执行的审计程序的记录，并根据本准则的要求，将对审计计划的重大修改情况记录在进一步审计程序表和重大事项概要中。如果对计划的修改涉及整个计划的各个方面以及多个类别的交易、账户余额和列报，为使整套审计工作底稿内容、脉络更清楚，此时注册会计师可以考虑重新编制总体审计策略和具体审计计划，并保留原有的总体审计策略和具体审计计划。

第二节　审计重要性

审计重要性是审计学的一个基本概念。审计重要性概念的运用贯穿整个审计过程。在计划审计工作时，注册会计师应当考虑导致财务报表发生重大错报的原因，并应当在了解被审计单位及其环境的基础上，确定一个可接受的重要性水平，即首先为财务报表层次确定重要性水平，以发现在金额上重大的错报。同时，注册会计师还应当评估各类交易、账户余额以及列报认定层次的重要性，以便确定进一步审计程序的性质、时间和范围，将审计风险降至可接受的低水平。在确定审计意见类型时，注册会计师也需要考虑重要性水平。

一、审计重要性的含义

审计重要性取决于在具体环境下对错报金额和性质的判断。如果一项错报单独或连同其他错报可能影响财务报表使用者依据财务报表做出的经济决策，则该项错报是重大的。

为了更清楚地理解重要性的概念，需要注意以下几点：

1. 重要性概念中的错报包含漏报

财务报表错报包括财务报表金额的错报和财务报表披露的错报。

2. 重要性包括对数量和性质两个方面的考虑

数量方面是指错报的金额大小，性质方面则是指错报的性质。一般而言，金额大的错报比金额小的错报更重要。在有些情况下，某些金额的错报从数量上看并不重要，但从性质上考虑则可能是重要的。对于某些财务报表披露的错报，难以从数量上判断是否重要，应从性质上考虑其是否重要。

3. 重要性概念是针对财务报表使用者决策的信息需求而言的

判断一项错报重要与否，应视其对财务报表使用者依据财务报表做出经济决策的影响程度而定。如果财务报表中的某项错报足以改变或影响财务报表使用者的相关决策，则该项错报就是重要的，否则就不重要。

值得说明的是，在财务报表的审计中，注册会计师对重要性的判断是基于将财务报表使用者作为具有一定的理解能力并能理性地做出相关决策的一个集体来考虑的。注册会计师难以考虑错报对具体的单个使用者可能产生的影响，因为他们的需求千差万别。例如，就一个以盈利为目的的企业而言，由于投资者是该企业风险资本的提供者，能满足这些投资者信息需求的财务报表将能满足该财务报表的其他使用者的信息需求。因此，在审计这类企业的财务报表时，投资者群体可被视为所有信息使用者的代表，投资者的信息需求是确定重要性的合适的参考依据。

4. 重要性的确定离不开具体环境

由于不同的被审计单位面临不同的环境，不同的报表使用者有着不同的信息需求，因此注册会计师确定的重要性也不相同。某一金额的错报对某被审计单位的财务报表来说是重要的，而对另一个被审计单位的财务报表来说可能不重要。例如，错报10万元对小公司来说可能是重要的，而对大公司来说则可能不太重要。

5. 对重要性的评估需要运用职业判断

影响重要性的因素很多，注册会计师应当根据被审计单位面临的环境，并综合考虑其他因素，合理确定重要性水平。不同的注册会计师在确定同一被审计单位财务报表层次和认定层次的重要性水平时，得出的结果可能不同。主要是因为对影响重要性的各因素的判断存在差异。因此，注册会计师需要运用职业判断来合理评估重要性。

需要注意的是，如果仅从数量角度考虑，重要性水平只是一个门槛或临界点。在该门槛或临界点之上的错报就是重要的；反之，该错报则不重要。

二、计划审计工作时重要性水平的确定

在计划审计工作时，注册会计师应当确定一个可接受的重要性水平，以发现在金额上重大的错报。注册会计师在确定计划的重要性水平时，需要考虑对被审计单位及其环境的了解、审计的目标、财务报表各项目的性质及其相互关系、财务报表项目的金额及其波动幅度。同时，还应当从性质和数量两个方面合理确定重要性水平。

（一）从性质方面考虑重要性

在某些情况下，金额相对较少的错报可能对财务报表产生重大影响。例如，一项不重大的违法支付或者没有遵循某项法律规定，但该支付或违法行为可能导致一项重大的或有负债、重大的资产损失或者收入损失，就认为上述事项是重大的。以下描述了可能构成重要性的因素：

（1）对财务报表使用者需求的感知，即财务报表使用者对财务报表的哪一方面最感兴趣；

（2）获利能力趋势；

（3）因没有遵守贷款契约、合同约定、法规条款和法定的报告要求而产生错报的影响；

（4）计算管理层报酬（奖金等）的依据；

（5）由于错误或舞弊而使一些账户项目对损失的敏感性；

（6）重大或有负债；

（7）通过一个账户处理大量的、复杂的和相同性质的个别交易；

（8）关联方交易；

（9）可能的违法行为、违约和利益冲突；

（10）财务报表项目的重要性、性质、复杂性和组成；

（11）可能包含了高度主观性的估计、分配或不确定性；

（12）管理层的偏见，即管理层是否有动机将收益最大化或者最小化；

（13）与账户相关联的核算与报告的复杂性。

（二）从数量方面考虑重要性

注册会计师应当考虑财务报表层次和各类交易、账户余额、列报认定层次的重要性。前已

提及，注册会计师应当从数量和性质两个方面考虑重要性。重要性水平是针对错报的金额大小而言。重要性水平是一个经验值，注册会计师只能通过职业判断确定重要性水平。在审计过程中，注册会计师应当考虑财务报表层次和各类交易、账户余额、列报认定层次的重要性水平。

1. 财务报表层次的重要性水平

由于财务报表审计的目标是注册会计师通过执行审计工作对财务报表发表审计意见，因此，注册会计师应当考虑财务报表层次的重要性。只有这样，才能得出财务报表是否公允反映的结论。注册会计师在制定总体审计策略时，应当确定财务报表层次的重要性水平。

确定多大错报会影响到财务报表使用者所作决策，是注册会计师运用职业判断的结果。很多注册会计师根据所在会计师事务所的惯例及自己的经验，考虑重要性水平。注册会计师通常先选择一个恰当的基准，再选用适当的百分比乘以该基准，从而得出财务报表层次的重要性水平。

在实务中，有许多汇总性财务数据可以用作确定财务报表层次重要性水平的基准，如总资产、净资产、销售收入、费用总额、毛利、净利润等。在选择适当的基准时，注册会计师应当考虑的因素包括：

(1)财务报表的要素(如资产、负债、所有者权益、收入和费用等)、适用的会计准则和相关会计制度所定义的财务报表指标(如财务状况、经营成果和现金流量)，以及适用的会计准则和相关会计制度提出的其他具体要求；

(2)对某被审计单位而言，是否存在财务报表使用者特别关注的财务报表项目(如特别关注与评价经营成果相关的信息)；

(3)被审计单位的性质及所在行业；

(4)被审计单位的规模、所有权性质以及融资方式。

注册会计师对基准的选择有赖于被审计单位的性质和环境。例如，对以盈利为目的的被审计单位，来自经常性业务的税前利润或税后净利润可能是一个适当的基准；而对收益不稳定的被审计单位或非营利组织，选择税前利润或税后净利润作为判断重要性水平的基准就不合适。对资产管理公司，净资产可能是一个适当的基准。注册会计师通常选择一个相对稳定、可预测且能够反映被审计单位正常规模的基准。由于销售收入和总资产具有相对稳定性，注册会计师经常将其用作确定重要性水平的基准。

在确定恰当的基准后，注册会计师通常运用职业判断合理选择百分比，据以确定重要性水平。以下是一些参考数值的举例：

(1)对以盈利为目的的企业，来自经常性业务的税前利润或税后净利润的5%或总收入的0.5%。在适当情况下，也可采用总资产或净资产的一定比例等。

(2)对非营利组织，费用总额或总收入的0.5%。

(3)对共同基金公司，净资产的0.5%。

注册会计师执行具体审计业务时，可能认为采用比上述百分比更高或更低的比例是适当的。

例如，A和B注册会计师对XYZ股份有限公司2016年度财务报表进行审计，其未经审计的有关报表项目金额如下：

财务报表项目名称	金额(万元)	重要性百分比(%)
资产总计	180 000	0.5
股东权益合计	88 000	0.5
营业收入	240 000	0.5
净利润	24 120	5

XYZ 股份有限公司 2016 年度报表层次的重要性水平：

按资产计算：180 000×0.5%＝900(万元)

按股东权益计算：88 000×0.5%＝440(万元)

按营业收入计算：240 000×0.5%＝1 200(万元)

按净利润计算：24 120×5%＝1 206(万元)

应选择金额最小的 440 万元作为报表层次重要性水平。

此外，注册会计师在确定重要性时，通常考虑以前期间的经营成果和财务状况、本期的经营成果和财务状况、本期的预算和预测结果、被审计单位情况的重大变化(如重大的企业购并)以及宏观经济环境和所处行业环境发生的相关变化。例如，注册会计师在将净利润作为确定某被审计单位重要性水平的基准时，因情况变化使该被审计单位本年度净利润出现意外的增加或减少，注册会计师可能认为选择近几年的平均净利润作为确定重要性水平的基准更加合适。

注册会计师在确定重要性水平时，不需考虑与具体项目计量相关的固有不确定性。例如，财务报表含有高度不确定性的大额估计，注册会计师并不会因此而确定一个比不含有该估计的财务报表的重要性更高或更低的重要性水平。

2. 各类交易、账户余额、列报认定层次的重要性水平

由于财务报表提供的信息由各类交易、账户余额、列报认定层次的信息汇集加工而成，注册会计师只有通过对各类交易、账户余额、列报认定层次实施审计，才能得出财务报表是否公允反映的结论。因此，注册会计师还应当考虑各类交易、账户余额、列报认定层次的重要性。

各类交易、账户余额、列报认定层次的重要性水平称为可容忍错报。可容忍错报的确定以注册会计师对财务报表层次重要性水平的初步评估为基础，它是在不导致财务报表存在重大错报的情况下，注册会计师对各类交易、账户余额、列报确定的可接受的最大错报。

在确定各类交易、账户余额、列报认定层次的重要性水平时，注册会计师应当考虑以下主要因素：

第一，各类交易、账户余额、列报的性质及错报的可能性；

第二，各类交易、账户余额、列报的重要性水平与财务报表层次重要性水平的关系。

由于为各类交易、账户余额、列报确定的重要性水平(即可容忍错报)对审计证据数量有直接的影响，因此注册会计师应当合理确定可容忍错报。

需要强调的是，在制定总体审计策略时，注册会计师应当对那些金额本身就低于所确定的财务报表层次重要性水平的特定项目作额外的考虑。注册会计师应当根据被审计单位的具体情况，运用职业判断，考虑是否能够合理地预计这些项目的错报将影响使用者依据财务报表做出的经济决策。

(三)对计划阶段确定的重要性水平的调整

在审计执行阶段,随着审计过程的推进,注册会计师应当及时评价计划阶段确定的重要性水平是否仍然合理,并根据具体环境的变化或在审计执行过程中进一步获取的信息,修正计划的重要性水平,进而修改进一步审计程序的性质、时间和范围。例如,随着审计证据的累积,注册会计师可能认为初始选用的重要性基准并不恰当,需要选用其他的基准来计算重要性水平。在确定审计程序后,如果注册会计师决定接受更低的重要性水平,审计风险将增加。注册会计师应当选用下列方法将审计风险降至可接受的低水平:

(1)如有可能,通过扩大控制测试范围或实施追加的控制测试,可降低评估的重大错报风险,并支持降低后的重大错报风险水平;

(2)通过修改计划实施的实质性程序的性质、时间和范围,降低检查风险。

三、评价审计结果时重要性的运用

在完成审计工作时,为确定财务报表是否合法、公允,注册会计师应当汇总尚未更正的错报或漏报,包括已发现的尚未更正的错报或漏报和推断的错报或漏报,将其与财务报表层次的重要性水平相比较。

(一)尚未更正错报的汇总数

尚未更正错报的汇总数包括已经识别的具体错报和推断误差,分别说明如下:

1. 已经识别的具体错报

已经识别的具体错报是指注册会计师在审计过程中发现的能够准确计量的错报,包括下列两类:

(1)对事实的错报

这类错报产生于被审计单位收集和处理数据的错误,对事实的忽略或误解,或故意舞弊行为。例如,注册会计师在实施细节测试时发现最近购入存货的实际价值为 15 000 元,但账面记录的金额却为 10 000 元。因此,存货和应付账款分别被低估了 5 000 元,这里被低估的 5 000元就是已识别的对事实的具体错报。

(2)涉及主观决策的错报

这类错报产生于以下两种情况:

一是管理层和注册会计师对会计估计值的判断差异。例如,由于包含在财务报表中的管理层做出的估计超出了注册会计师确定的一个合理范围,导致出现判断差异。

二是管理层和注册会计师对选择和运用会计政策的判断差异。注册会计师认为管理层选用会计政策造成错报,管理层却认为选用会计政策适当,导致出现判断差异。

2. 推断误差

推断误差也称可能误差,是注册会计师对不能明确、具体地识别的其他错报的最佳估计数。推断误差通常包括:

(1)通过测试样本估计出的总体的错报减去在测试中发现的已经识别的具体错报。例如,应收账款年末余额为 2 000 万元,注册会计师抽查样本发现金额有 100 万元的高估,高估部分为账面金额的 20%,注册会计师据此推断总体的错报金额为 400 万元(即 2 000×20%),那么上述 100 万元就是已识别的具体错报,其余 300 万元即推断误差。

(2)通过实质性分析程序推断出的估计错报。例如,注册会计师根据客户的预算资料及行业趋势等要素,对客户年度销售费用独立地做出估计,并与客户账面金额比较,发现两者间有

50%的差异；考虑到估计的精确性有限，注册会计师根据经验认为10%的差异通常是可接受的，而剩余40%的差异需要有合理解释并取得佐证性证据；假定注册会计师对其中20%的差异无法得到合理解释或不能取得佐证，则该部分差异金额即为推断误差。

（二）评价尚未更正错报的汇总数的影响

注册会计师应当评估在审计过程中已识别但尚未更正错报的汇总数是否重大。

注册会计师需要在出具审计报告前，评估尚未更正错报单独或累积的影响是否重大。在评估时，注册会计师应当从特定的某类交易、账户余额及列报认定层次和财务报表层次考虑这些错报的金额和性质，以及这些错报发生的特定环境。

注册会计师在评估尚未更正错报是否重大时，不仅需要考虑每项错报对财务报表的单独影响，而且需要考虑所有错报对财务报表的累积影响及其形成原因，尤其是一些金额较小的错报虽然单个看起来并不重大，但是其累计数可能对财务报表产生重大影响。例如，某个月末发生的错报可能并不重要，但是如果每个月末都发生相同的错报，其累计数就可能对财务报表产生重大影响。为全面评价错报的影响，注册会计师应将审计过程中已识别的具体错报和推断误差进行汇总。

与财务报表层次重要性水平相比，尚未更正错报可能出现以下两种情况：

1. 尚未更正错报的汇总数低于重要性水平

如果尚未更正错报汇总数低于重要性水平，对财务报表的影响不重大，注册会计师可以发表无保留意见的审计报告。

2. 尚未更正错报的汇总数超过或接近重要性水平

如果尚未更正错报汇总数超过了重要性水平，对财务报表的影响可能是重大的，注册会计师应当考虑通过扩大审计程序的范围或要求管理层调整财务报表降低审计风险。在任何情况下，注册会计师都应当要求管理层就已识别的错报调整财务报表。

如果管理层拒绝调整财务报表，并且扩大审计程序范围的结果不能使注册会计师认为尚未更正错报的汇总数不重大，注册会计师应当考虑出具非无保留意见的审计报告。

如果已识别但尚未更正错报的汇总数接近重要性水平，注册会计师应当考虑该汇总数连同尚未发现的错报是否可能超过重要性水平，并考虑通过实施追加的审计程序或要求管理层调整财务报表来降低审计风险。

在评价审计程序结果时，注册会计师确定的重要性和审计风险可能与计划审计工作时评估的重要性和审计风险存在差异，注册会计师应当考虑实施的审计程序是否充分。

第三节　审计风险

一、审计风险的含义

审计风险是指财务报表存在重大错报而注册会计师发表不恰当审计意见的可能性。任何承担一定社会责任的工作都是有一定风险的。注册会计师在执行审计业务时，应当按照审计准则的要求审慎执业，保证执业质量，控制审计风险；否则，一旦出现审计失败，就有可能承担相应的责任。

与偶发的、现实的审计损失相比，审计风险具有客观性、潜在性、利弊双重性、可控性等基本特征：

1. 审计风险具有客观性

现代审计的一个重要特征是广泛采用抽样审计方法。采用抽样审计方法，就不可能查清被审计对象总体中的所有重大错弊，就必然存在一定程度的审计风险。即使采用详细审计，也会由于经济活动中存在不确定因素，被审计单位内部控制制度具有局限性，被审计单位的管理人员不一定都诚实胜任，以及审计人员经验、能力的有限性和工作中可能出现的疏忽，使审计意见发生偏差，致使审计风险难以消除。另外，受成本效益关系的制约，人们要进行有效的审计，也无法将审计风险控制在零水平上。审计风险的客观性告诉我们：审计人员要有效地进行审计，就必须接受一定水平的审计风险。

2. 审计风险具有潜在性

审计风险的潜在性是指审计风险只是一种可能的意见错误，是一种可能的损失。审计人员在审计过程中的无意或有意的错误行为，在没有被揭露和追究之前都只是一种潜在的、可能的损失。审计人员的错误越大，这种潜在的损失变成现实损失的可能性就越大。为了防止现实损失的发生，就必须加强审计风险的控制；要加强审计风险的控制，就必须杜绝有意的错误行为，更加谨慎地进行审计，尽量减少无意的错误行为。

3. 审计风险具有利弊双重性

审计风险的利表现在：审计风险总是与审计效率相联系的。为了高效率地进行审计，审计人员必须接受一定水平的风险。审计人员要想获得较高的审计效益，就必须冒较高的审计风险。但是，人们冒较高的审计风险，不一定得到较高的审计效益。因为审计风险同时也是有害的，它是一种潜在的损失。当审计人员所承担的风险超过一定限度时，就可能成为现实的审计损失。因此，审计人员既要谨慎地防范审计风险，防止发生审计损失，又要积极主动地利用审计风险，充分提高审计效率。

4. 审计风险具有可控制性

审计风险虽然是客观的、不能消除的，但其水平高低是可以控制的。审计人员可以通过采用适当的审计程序、扩大抽样规模、提高职业谨慎水平等来控制审计风险。审计风险的可控性为审计人员主动控制审计风险、保证审计质量、提高审计效率提供了依据。

二、审计风险的组成要素及相互关系

审计风险的组成要素是指审计风险按其形成的原因不同所进行的分类，一般认为审计风险取决于重大错报风险和检查风险。对于审计人员来说，重大错报风险是由被审计单位造成的，审计人员只能评估它们的水平而不能控制它们的水平。审计人员能够控制的审计风险因素是由其自身原因形成的检查风险。审计人员要想控制审计风险的水平，只能通过控制检查风险的水平来进行。

重大错报风险是指财务报表在审计前存在重大错报的可能性。在设计审计程序以确定财务报表整体是否存在重大错报时，注册会计师应当从财务报表层次和各类交易、账户余额、列报认定层次考虑重大错报风险。《中国注册会计师审计准则第 1211 号——了解被审计单位及其环境并评估重大错报风险》对注册会计师如何评估财务报表层次和各类交易、账户余额、列报认定层次重大错报风险提出了详细的要求。

1. 两个层次的重大错报风险

财务报表层次重大错报风险与财务报表整体存在广泛联系，它可能影响多项认定。此类风险通常与控制环境有关，如管理层缺乏诚信、治理层形同虚设而不能对管理层进行有效监督等;但也可能与其他因素有关,如经济萧条、企业所处行业处于衰退期。此类风险难以被界定于某类交易、账户余额、列报的具体认定;相反,此类风险增大了一个或多个不同认定发生重大错报的可能性。此类风险往往与由舞弊引起的风险特别相关。

注册会计师评估财务报表层次重大错报风险的措施包括:考虑审计项目组承担重要责任的人员的学识、技术和能力,是否需要专家介入;考虑给予业务助理人员适当程度的监督指导;考虑是否存在怀疑被审计单位持续经营假设合理性的事项或情况。

注册会计师同时考虑各类交易、账户余额、列报认定层次的重大错报风险,考虑的结果直接有利于注册会计师确定认定层次上实施的进一步审计程序的性质、时间和范围。注册会计师在各类交易、账户余额、列报认定层次获取审计证据,以便在审计工作完成时以可接受的低审计风险水平对财务报表整体发表意见。《中国注册会计师审计准则第 1231 号——针对评估的重大错报风险实施的程序》对注册会计师针对评估的认定层次重大错报风险如何设计和实施进一步的审计程序,提出了详细的要求。

认定层次的重大错报风险又可进一步细分为固有风险和控制风险。

固有风险是指假设不存在相关的内部控制,某一认定发生重大错报风险的可能性,无论该错报单独考虑,还是连同其他错报构成重大错报。

某些类别的交易、账户余额、列报及其认定,固有风险很高。例如,复杂的计算比简单的计算更可能出错;受重大计量不确定性影响的会计估计发生错报的可能性较大。产生经营风险的外部因素也可能影响固有风险,比如技术进步可能导致某项产品陈旧,进而导致存货易于发生高估错报(计价认定)。被审计单位及其环境中的某些因素还可能与多个甚至所有类别的交易、账户余额、列报有关,进而影响多个认定的固有风险。这些因素包括维持经营的流动资金匮乏、被审计单位处于夕阳行业等。

控制风险是指某项认定发生了重大错报,无论该错报单独考虑,还是连同其他错报构成重大错报,而该错报没有被单位的内部控制及时防止和纠正的可能性。控制风险取决于与财务报表编制有关的设计和运行的有效性。由于控制的固有局限性,某种程度的控制风险始终存在。

需要特别说明的是,由于固有风险和控制风险不可分割地交织在一起,有时无法单独进行评估,审计准则通常不再单独提固有风险和控制风险,而是将两者合并称为"重大错报风险"。但这并不意味着注册会计师不可以单独对固有风险和控制风险进行评估;相反,注册会计师既可以单独对两者进行评估,也可以对两者进行合并评估。具体采用的评估方法取决于会计师事务所偏好的审计技术和方法及实务上的考虑。

2. 检查风险

检查风险是指某一认定存在错报,该错报单独或连同其他错报是重大的,但注册会计师未能发现这种错报的可能性。检查风险取决于审计程序设计的合理性和执行的有效性。由于注册会计师通常并不对所有的交易、账户余额和列报进行检查及其他原因,检查风险不可能降低为零。其他原因包括注册会计师可能选择了不恰当的审计程序、审计程序执行不当,或者错误理解了审计结论。这些其他因素可以通过适当计划、在项目组成员之间进行恰当的职责分配、保持职业怀疑态度以及监督、指导和复核助理人员所执行的审计工作得以解决。

3. 检查风险与重大错报风险的反向关系

在既定的审计风险水平下,可接受的检查风险水平与认定层次重大错报风险的评估结果成反向关系。评估的重大错报风险越高,可接受的检查风险越低;评估的重大错报风险越低,可接受的检查风险越高。检查风险与重大错报风险的反向关系可用数学模型表示如下:

审计风险=重大错报风险×检查风险

这个模型就是审计风险模型。假设针对某一认定，注册会计师将可接受的审计风险水平设定为5%，注册会计师实施风险评估程序后将重大错报风险评估为25%，则根据这一模型，可接受的检查风险为20%。当然，在实务中，注册会计师不一定用绝对数量表达这些风险水平，而选用“高”“中”“低”等文字描述。

注册会计师应当合理设计审计程序的性质、时间和范围，并有效执行审计程序，以控制检查风险。上例中，注册会计师根据确定的可接受的检查风险（20%），设计审计程序的性质、时间和范围。审计计划在很大程度上围绕确定设计审计程序的性质、时间和范围而展开。

三、确定期望的审计风险

期望审计风险是注册会计师在计划阶段运用职业经验判断确定的能够保证审计质量，并能最大限度地提高审计效率的终极审计风险水平。它是注册会计师进行风险控制的目标，是制定审计计划的重要依据。确定期望审计风险，需要在了解客户情况的基础上，根据注册会计师确定的报表层次重要性水平、报表使用者对财务报表的信赖程度和客户遭受财务困难的可能性，以及客户管理层的正直性等来确定。下面具体说明这些影响因素：

1. 报表层次重要性水平的高低

报表层次的重要性水平与期望审计风险成正向关系，与实际审计风险成反向关系。这里，重要性水平的高低指的是金额的大小。一般来说，20 000元的重要性水平比10 000元的重要性水平高。重要性水平是注册会计师从财务报表使用者的角度进行判断的结果。在被审计财务报表中的错报或漏报数额一定的情况下，注册会计师确定的重要性水平越低，实际存在的错报或漏报数额达到重要性标准的可能性就越大，实际审计风险就越高，需要注册会计师实施的审计程序的规模就越大，期望审计风险就越低。注册会计师在确定期望审计风险、评估审计风险时，应当考虑重要性水平与审计风险之间的这种关系。但在考虑这种关系时，应当保持职业谨慎。因为重要性的确定和审计风险的评估都需要很多职业判断，且职业判断的难度较大；这两者的判断失误都将造成审计结论出错或审计资源浪费，影响审计质量或效率。需要说明的是，在财务报表审计中，重要性水平是一个总体概念，是判断被审计总体中错报或漏报总额是否重要的概念，而不是判断被审计总体中某项错报或漏报是否重要的概念。

2. 外部使用者对财务报表的信赖程度

如果外部使用者较大程度地信赖财务报表，降低审计风险可接受水平就是适当的。因为在使用者较大程度地信赖财务报表情况下，财务报表中的重大错报若不被发现，就会造成很大的社会损失。影响外部使用者对财务报表信赖程度的因素有：

(1)客户的规模。客户的经营规模越大，其财务报表的用途越广，按资产总额或收入总额计算的客户规模将影响审计风险的可接受水平。

(2)所有权。公开上市公司的报表，其使用者往往要多于不公开上市的公司，对上市公司来说，其使用者包括证监会、财务分析专家、投资者等。

(3)负债的性质和数额。财务报表所列负债的数额较大时，使用财务报表的现有或潜在债权人就可能比债务少时要多。

3. 审计报告日以后客户陷入财务困境的可能性

在注册会计师认为财务失利或损失的可能性较大时，就应降低审计风险的可接受水平。这样，如果事后因财务失利而受到损失的人们控告审计人员，审计人员也能为审计结果成功地辩护。虽然很难事先预料财务失利，但是审计人员可将以下因素看作这种可能性增加的标志：

(1)流动性状况。如客户总缺乏现金或营运资本，表明它可能无法支付有关款项，则审计人员必须评估流动性状况变化的可能性和重要性。

(2)以前年度的盈利(或亏损)。如果客户的利润连年急剧下降或亏损连年上升，审计人员就应当意识到客户将面临的偿债问题。

(3)筹资的办法。客户越是依靠举债作为集资手段，则经营不利时出现财务困难的可能性就越大，查明长期资产是否由长期或短期负债集资而购置的也是一个重要的方面，而短时期内需要付出大量现金可能迫使一个公司破产。

(4)客户经营的性质。有些企业的风险本身就高于别的企业，如在其他条件相同时，高新技术公司破产的可能性比公用事业公司大得多。

(5)管理层的能力。有能力的管理层能随时警惕潜在的财务困境并及时调整经营方针，并减轻短期经营困难的影响，评价破产的可能性时必须评价管理层的能力。

4. 注册会计师对管理层正直性的评价

如果客户的正直性值得怀疑，那么注册会计师可评估审计风险可接受水平为低。正直性较差的公司往往在处理一些经营事项上与公司股东、规章制定者、客户产生矛盾。这些矛盾会令报表使用者怀疑审计质量，并导致法律诉讼及其他分歧。

此外，在确定可接受的审计风险时，还应考虑法律环境和注册会计师的风险观念。如果国家有关的法律、法规对审计工作要求较高、较严，表明注册会计师承担的审计责任较重，则可接受审计风险应定得低些。如审计人员对审计风险的态度是谨慎保守的，则可接受审计风险应定得低些；反之，审计人员富于冒险精神，则可接受审计风险可定得适当高些。一般来说，初次接受委托，对被审计单位不熟悉，往往将风险定得低些，针对老客户可以适当考虑定得稍高些。

目前，审计职业界未能对可接受审计风险水平提供具体的指南和依据。英国实务界一般采用4%～6%的风险可接受水平。大多数会计师事务所将可接受的审计风险定为5%。

四、识别和评估重大错报风险

《中国注册会计师审计准则第1101号——注册会计师的总体目标和审计工作的基本要求》要求注册会计师在审计过程中贯彻风险导向审计的理念，围绕重大错报风险的识别、评估和应对，计划和实施审计工作。其中，如何识别和评估重大错报风险，构成了注册会计师应对重大错报风险的前提。

(一)识别和评估重大错报风险的审计程序

在识别和评估重大错报风险时，注册会计师应当实施下列审计程序：

(1)在了解被审计单位及其环境的整个过程中识别风险，并考虑各类交易、账户余额、列报

注册会计师应当运用各项风险评估程序，在了解被审计单位及其环境的整个过程中识别风险，并将识别的风险与各类交易、账户余额和列报相联系。例如，被审计单位因相关环境法规的实施需要更新设备，可能面临原有设备闲置或贬值的风险；宏观经济的低迷可能预示应收账款的回收存在问题；竞争者开发的新产品上市，可能导致被审计单位的主要产品在短期内过时，预示将出现存货跌价和长期资产(如固定资产等)的减值。

(2)将识别的风险与认定层次可能发生错报的领域相联系

注册会计师应当将识别的风险与认定层次可能发生错报的领域相联系。例如，销售困难

使产品的市场价格下降,可能导致年末存货成本高于其可变现净值而需要计提存货跌价准备,这显示存货的计价认定可能发生错报。

(3)考虑识别的风险是否重大

风险是否重大是指风险造成后果的严重程度。上例中,除考虑产品市场价格下降因素外,注册会计师还应当考虑产品市场价格下降的幅度、该产品在被审计单位产品中的比重等,以确定识别的风险对财务报表的影响是否重大。假如产品市场价格大幅下降,导致产品销售收入不能补偿成本,毛利率为负,那么年末存货跌价问题严重,存货计价认定发生错报的风险重大;假如价格下降的产品在被审计单位销售收入中所占比例很小,被审计单位其他产品销售毛利率很高,尽管该产品的毛利率为负,但可能不会使年末存货发生重大跌价问题。

(4)考虑识别的风险导致财务报表发生重大错报的可能性

注册会计师还需要考虑上述识别的风险是否会导致财务报表发生重大错报。例如,考虑存货的账面余额是否重大,是否已适当计提存货跌价准备等。在某些情况下,尽管识别的风险重大,但仍不至于导致财务报表发生重大错报。例如,期末财务报表中存货的余额较低,尽管识别的风险重大,但不至于导致存货的计价认定发生重大错报风险。又如,被审计单位对于存货跌价准备的计提实施了比较有效的内部控制,管理层已根据存货的可变现净值,计提了相应的跌价准备。在这种情况下,财务报表发生重大错报的可能性将相应降低。

注册会计师应当利用实施风险评估程序获取的信息,包括在评价控制设计和确定其是否得到执行时获取的审计证据,作为支持风险评估结果的审计证据。注册会计师应当根据风险评估结果,确定实施进一步审计程序的性质、时间和范围。

(二)可能表明被审计单位存在重大错报风险的事项和情况

注册会计师应当关注可能表明被审计单位存在重大错报风险的下列事项和情况:

(1)在经济不稳定的国家或地区开展业务;

(2)持续经营和资产流动性出现问题,包括重要客户流失;

(3)行业环境发生变化;

(4)开发新产品或提供新服务,或进入新的业务领域;

(5)发生重大收购、重组或其他非经常性事项;

(6)重大的关联方交易;

(7)缺乏具备胜任能力的会计人员;

(8)关键人员变动;

(9)内部控制薄弱;

(10)安装新的与财务报告有关的重大信息技术系统;

(11)以往存在重大错报或本期期末出现重大会计调整;

(12)按照管理层特定意图记录的交易;

(13)应用新颁布的会计准则或相关会计制度;

(14)事项或交易在计量时存在重大不确定性;

(15)存在未决诉讼和或有负债。

注册会计师应当充分关注可能表明被审计单位存在重大错报风险的上述事项和情况,并考虑由于上述事项和情况导致的风险是否重大,以及该风险导致财务报表发生重大错报的可能性。

(三)需要特别考虑的重大错报风险

1. 特别风险的含义

作为风险评估的一部分，注册会计师应当运用职业判断，确定识别的风险哪些是需要特别考虑的重大错报风险(以下简称特别风险)。

2. 确定特别风险时应考虑的事项

在确定哪些风险是特别风险时，注册会计师应当在考虑识别出的控制对相关风险的抵消效果前，根据风险的性质、潜在错报的重要程度(包括该风险是否可能导致多项错报)和发生的可能性，判断风险是否属于特别风险。

在确定风险的性质时，注册会计师应当考虑下列事项：

(1)风险是否属于舞弊风险；

(2)风险是否与近期经济环境、会计处理方法和其他方面的重大变化有关；

(3)交易的复杂程度；

(4)风险是否涉及重大的关联方交易；

(5)财务信息计量的主观程度，特别是对不确定事项的计量存在较大区间；

(6)风险是否涉及异常或超出正常经营过程的重大交易。

3. 非常规交易和判断事项导致的特别风险

日常的、不复杂的、经正规处理的交易不太可能产生特别风险。特别风险通常与重大的非常规交易和判断事项有关。

非常规交易是指由于金额或性质异常而不经常发生的交易，如企业购并、债务重组、重大或有事项等。由于非常规交易具有下列特征，与重大非常规交易相关的特别风险可能导致更高的重大错报风险：

(1)管理层更多地介入会计处理；

(2)数据收集和处理涉及更多的人工成分；

(3)复杂的计算或会计处理方法；

(4)非常规交易的性质可能使被审计单位难以对由此产生的特别风险实施有效控制。

判断事项通常包括做出的会计估计，如资产减值准备金额的估计、需要运用复杂估值技术确定的公允价值计量等。由于下列原因，与重大判断事项相关的特别风险可能导致更高的重大错报风险：

(1)对涉及会计估计、收入确认等方面的会计原则存在不同的理解；

(2)所要求的判断可能是主观和复杂的，或需要对未来事项做出假设。

(四)仅通过实质性程序无法应对的重大错报风险

作为风险评估的一部分，如果认为仅通过实质性程序获取的审计证据无法将认定层次的重大错报风险降至可接受的低水平，注册会计师应当评价被审计单位针对这些风险设计的控制，并确定其执行情况。

在被审计单位对日常交易采用高度自动化处理的情况下，审计证据可能仅以电子形式存在，其充分性和适当性通常取决于自动化信息系统相关控制的有效性，注册会计师应当考虑仅通过实施实质性程序不能获取充分、适当审计证据的可能性。

例如，某企业通过高度自动化的系统确定采购品种和数量，生成采购订单，并通过系统中设定的收货确认和付款条件进行付款。除了系统中的相关信息外，该企业没有其他有关订单和收货的记录。在这种情况下，如果认为仅通过实施实质性程序不能获取充分、适当的审计证据，注册会计师应当考虑依赖的相关控制的有效性，并对其进行了解、评估和测试。

(五)对风险评估的修正

注册会计师对认定层次重大错报风险的评估应以获取的审计证据为基础,并随着不断获取的审计证据而做出相应的变化。

例如,注册会计师对重大错报风险的评估可能基于预期控制运行有效这一判断,即相关控制可以防止或发现并纠正认定层次的重大错报。但在测试控制运行的有效性时,注册会计师获取的证据可能表明相关控制在被审计期间并未有效运行。同样,在实施实质性程序后,注册会计师可能发现错报的金额和频率比在风险评估时预计的金额和频率要高。因此,如果通过实施进一步审计程序获取的审计证据与初始评估获取的审计证据相矛盾,注册会计师应当修正风险评估结果,并相应修改原计划实施的进一步审计程序。

因此,评估重大错报风险与了解被审计单位及其环境一样,也是一个连续和动态的收集、更新与分析信息的过程,贯穿于审计过程的始终。

五、控制检查风险

如前所述,审计风险由重大错报风险和检查风险决定。对于前者,注册会计师只能进行识别和评估。只有检查风险是注册会计师可以控制的风险。重大错报风险和检查风险两个要素之间存在密切关系。注册会计师对重大错报风险的识别和评估决定着注册会计师可接受的检查风险。在既定的审计风险水平下,可接受的检查风险水平与认定层次重大错报风险的评估结果成反向关系。评估的重大错报风险越高,可接受的检查风险越低;评估的重大错报风险越低,可接受的检查风险越高。

注册会计师应当合理设计审计程序的性质、时间和范围,并有效执行审计程序,以控制检查风险。鉴于重大错报风险的评估对检查风险有直接影响,重大错报风险的水平越高,可接受的检查风险越低,注册会计师就应实施越详细的实质性程序,以降低检查风险。可接受的检查风险水平和实质性程序的性质、时间和范围的关系详见表4—1。

表4—1　检查风险与实质性程序的性质、时间和范围的关系

实质性程序 可接受的检查风险	性　质	时　间	范　围
高	实质性分析程序和细节测试结合运用	期中审计为主	较小样本、较少证据
中	细节测试为主,实质性分析程序结合运用	期中审计和期末审计结合运用	适中样本、适量证据
低	细节测试为主	期末审计为主	较大样本、较多证据

本章小结

会计师事务所承接任何审计业务,都应与被审计单位签订审计业务约定书。业务约定书实质上是书面合约,主要是明确双方的责任与义务。其内容包括财务报表审计的目标、审计范围、管理层的责任、管理层的义务、审计责任、审计人员的义务、执行审计工作的时间安排、收费、违约责任、解决争议的方法、双方认为应当约定的其他事项。注册会计师应当为审计工作制定总体审计策略和具体审计计划。

审计重要性取决于在具体环境下对错报金额和性质的判断。如果一项错报单独或连同其他错报可能影响财务报表使用者依据财务报表做出的经济决策，则该项错报是重大的。审计重要性有数量和性质两个方面的特征。审计中运用重要性水平对于保证审计质量和提高审计效率具有重要意义。

审计风险是指财务报表存在重大错报，而审计人员审计后发表不恰当审计意见的可能性。审计风险的构成要素是指审计风险按其形成的原因不同所进行的分类。一般认为，审计风险取决于重大错报风险和检查风险。审计风险组成要素之间的相互关系可以表述为：审计风险＝重大错报风险×检查风险。在审计风险一定的条件下，重大错报风险与检查风险之间存在反向关系。在运用审计风险模型编制审计计划时，一般包括以下四个步骤：确定可接受的期望审计风险；评估重大错报风险；运用风险模型确定计划检查风险；设计实质性程序。

思考题

1. 签订审计业务约定书之前应明确的问题包括哪些？审计业务约定书应包括哪些内容？
2. 审计计划分为哪几个层次？其内容分别是什么？
3. 审计重要性的含义是什么？
4. 审计风险的含义是什么？审计风险的组成要素与审计风险是什么关系？
5. 简述检查风险的可接受水平与实质性程序的性质、时间、范围的关系。

案例分析

联区金融集团租赁审计案例

一、案例介绍

美国联区金融集团是一家从事金融服务的企业，公司有可公开交易的债券上市，美国证券交易委员会要求它定期提供财务报表。经过7年的发展，联区金融集团租赁公司的雇员超过4万名，在美国各地设有10个分支机构，未收回的应收租赁款接近4亿美元，占合并总资产的35%。

1981年底，联区金融集团租赁公司进攻型市场策略的弊端开始显现出来，债务拖欠率日渐升高，该公司不得不采用多种非法手段来掩饰其财务状况已经恶化的事实。美国证券交易委员会指控联区金融集团租赁公司在其定期报送的财务报表中，始终没有对应收租赁款计提充足的坏账准备金。1981年以前坏账准备金率为1.5%，1981年调增至2%，1982年调增至3%。尽管美国证券交易委员会认可这种估计坏账损失的会计方法，但美国证券交易委员会一再重申，联区金融集团租赁公司的管理当局应该早就知晓其所选用的百分比实在太小了。事实上，截至1982年9月，该公司应收账款中拖欠期超过90天的金额已高达20%以上。对坏账准备金缺乏应有的控制所引起的一个直接后果是，财务报表中该账户的金额被严重低估。

美国证券交易委员会对塔奇·罗丝会计师事务所在联区金融集团租赁公司1981年度审计中的表现极为不满。美国证券交易委员会指责该年度的审计“没有进行充分的计划和监督”。美国证券交易委员会宣称，该事务所在编制联区金融集团租赁公司1981年度的审计计划及设计审计程序时，没有充分考虑该公司的大量审计风险因素。美国证券交易委员会发现，

1981年度的审计计划“大部分是以前年度审计计划的延续”。该审计计划的缺陷如下：

(1)塔奇·罗丝会计师事务所没有对超期应收租赁款账户的内部会计控制加以测试。由于审计计划没有测试公司的会计制度是否能准确地确定应收租赁款的超期时间，审计人员无法判断从客户那里获取的账龄汇总表是否准确。

(2)塔奇·罗丝会计师事务所的审计计划只要求测试一小部分(8%)未收回的应收租赁款。由于把大部分注意力集中在金额超过5万美元、拖欠期达120天的超期应收租赁款上，塔奇·罗丝会计师事务所忽略了相当部分无法收回的应收租赁款。

(3)尽管审计计划要求对客户坏账核销政策进行复核，但并没有要求外勤审计人员去确定该政策是否被实际执行。事实上，该公司并没有遵循其坏账核销政策。联区金融集团租赁公司实际采用的是一种核销坏账的预算方法，可以随时将大量无法收回的租赁款冲销坏账准备，而事先却根本没有对这些应收租赁款计提坏账准备金。美国证券交易委员会称，某些无法收回的应收租赁款挂账多达几年。

(4)塔奇·罗丝会计师事务所无视联区金融集团租赁公司审计的复杂性以及非同寻常的高风险性，在执行1981年度审计聘约的审计人员中，大多数人对客户以及租赁行业的情况非常陌生。事实上，该公司的会计主管后来作证说，塔奇·罗丝会计师事务所分派了一些对租赁行业少有涉及或缺乏经验甚至一无所知的审计人员来执行审计。

最后，美国证券交易委员会决定对该事务所进行惩罚，并批评了塔奇·罗丝会计师事务所负责监督指导联区金融集团租赁公司1980～1982年度审计工作的合伙人。

二、启示

审计计划是审计人员为了高效地完成某项审计业务而制定的预期性的、整体性的工作安排，包括总体审计策略和具体审计计划。审计计划的制定，是为了审计过程有序及有效地开展。但最根本的目的是为了通过有组织的审计活动，达到应有的审计目标。如果在执行审计计划过程中发现实际情况与原先设想的情况大相径庭，就应及时改变审计计划，以确保审计目标的实现。但是，在联区金融集团租赁公司审计案例中，塔奇·罗丝会计师事务所的注册会计师为了能按计划完成应收账款备抵坏账的测试，情愿放弃对可能发现情况予以关注的机械态度，使得本应发现的问题因为要贯彻审计计划而被忽视了。这种舍本求末的做法彻底违背了制定审计计划的初衷。

(资料来源：www. hnssch. cn，2010)

讨论与思考题：

1. 本案例中，注册会计师在审计计划工作方面存在哪些问题和不足？你认为应如何改进？

2. 结合本案例，谈谈你对审计计划和审计目标两者之间关系的认识。

3. 在审计计划中，应如何合理分派审计人员的工作任务？需要考虑哪些因素？

第五章

审计证据与审计工作底稿

导读案例

沧海会计师事务所负责对广生公司的财务报表进行审计，项目组负责人为注册会计师王玲。助理人员张弛经注册会计师王玲的安排，前去验证存货的账面余额。在对存货盘点前，小张在过道上听几个工人在议论，得知存货中可能存在不少无法出售的变质产品。对此，小张对存货进行实地抽点，并比较库存量与最近销量。抽点结果表明，存货数量合理，收发也较为有序。由于该产品技术含量较高，小张无法鉴别出存货中是否有变质产品，于是他不得不询问该公司的存货部高级主管。高级主管的答复是，该产品无质量问题。

小张在盘点工作结束后，开始编制工作底稿。在备注中，小张将听说有变质产品的事项填入其中，并建议在下阶段的存货审计程序中，应特别注意是否存在变质产品。王玲在复核工作底稿时，再一次向小张详细了解存货盘点情况，特别是有关变质产品的情况，还特别叫上当时议论此事的工人前来进行询问。但这些工人均矢口否认此事。王玲与存货部高级主管商讨后得出结论，认为"存货价值公允且均可出售"。底稿复核后，王玲在备注栏中填写了"变质产品问题经核实尚无证据，但下次审计时应加以考虑"。由于广生公司总经理抱怨王玲前几次出具了有保留意见的审计报告，使公司在贷款时遇到了不少麻烦，审计结束后注册会计师王玲对该年的财务报表出具了无保留意见的审计报告。

两个月后，广生公司资金周转不灵，主要是存货中存在大量的变质产品无法出售，致使到期的银行贷款无法偿还。银行拟向会计师事务所索赔，认为注册会计师在审核存货时具有重大过失。债权人在法庭上出示了王玲的工作底稿，认为注册会计师明知存货高估，但迫于总经理的压力，没有揭示财务报表中存在问题，因此应该承担银行的贷款损失。

思考题：

1. 针对诸如案例中"工人在过道上关于变质产品的议论"，注册会计师在审计时应持什么样的态度？

2. 注册会计师王玲对广生公司存货得出的"存货价值公允且均可出售"的结论，你认为理由充分吗？为什么？

3. 注册会计师王玲为什么要将其实施的审计工作记录于工作底稿中？工作底稿有哪些作用呢？

审计是凭证据“说话”的。收集和评价审计证据是注册会计师得出审计结论、支撑审计意见的基础。注册会计师应当获取充分、适当的审计证据，以得出合理的审计结论。审计工作底稿是审计人员在审计过程中形成的审计工作记录和获取的资料。审计工作底稿形成于审计过程并反映整个审计过程，可作为审计过程和结果的书面证明，是最终形成审计结论的依据。

第一节　审计证据

一、审计证据的含义和作用

审计证据是指注册会计师为了得出审计结论、形成审计意见而使用的所有信息，包括构成财务报表基础的会计记录所含有的信息和其他信息。

1. 会计记录所含有的信息

会计记录主要包括原始凭证、记账凭证、总分类账和明细分类账、未在记账凭证中反映的对财务报表的其他调整，以及支持成本分配、计算、调节和披露的手工计算表与电子数据表。上述会计记录是编制财务报表的基础，是构成注册会计师执行财务报表审计业务所需获取的审计证据的重要部分。这些会计记录通常是电子数据，因而要求注册会计师对内部控制予以充分关注，以验证这些记录的真实性、准确性和完整性。

会计记录取决于相关交易的性质，它既包括被审计单位内部生成的手工或电子形式的凭证，也包括从与被审计单位进行交易的其他企业收到的凭证。除此之外，会计记录还包括：

(1)销售发运单和发票、客户对账单及客户的汇款通知单；

(2)附有验货单的订购单、购货发票和对账单；

(3)考勤卡和其他工时记录、工薪单、个别支付记录和人事档案；

(4)支票存根、电子转移支付记录、银行存款单和银行对账单；

(5)合同记录，如租赁合同；

(6)记账凭证；

(7)分类账账户调节表。

将这些会计记录作为审计证据时，其来源和被审计单位内部控制的相关强度都会影响注册会计师对这些原始凭证的信赖程度。

2. 其他信息

会计记录中含有的信息本身并不足以提供充分的审计证据作为发表审计意见的基础，注册会计师还应当获取用作审计证据的其他信息。可用做审计证据的其他信息包括：

(1)注册会计师从被审计单位内部或外部获取的会计记录以外的信息，如被审计单位的会议记录、内部控制手册、咨询函的回函、分析师的报告、与竞争者的比较数据等；

(2)通过询问、观察和检查等审计程序获取的信息，如通过检查存货可获取存货存在性的证据等；

(3)自身编制或获取的可以通过合理性推断得出结论的信息，如注册会计师编制的各种计算表、分析表等。

按照《〈中国注册会计师审计准则第 1301 号——审计证据〉指南》，财务报表依据的会计记录中含有的信息和其他信息共同构成了审计证据，两者缺一不可。如果没有前者，审计工作将无法进行；如果没有后者，可能无法识别重大错报风险。只有两者同时存在，才能将审计风险降到可接受的水平，为注册会计师发表审计意见奠定基础。审计是凭证据“说话”。收集和评价审计证据是注册会计师得出审计结论、支撑审计意见的基础。注册会计师应当获取充分、适当的审计证据，以得出合理的审计结论，作为形成审计意见的基础。

二、审计证据的种类

研究审计证据的种类，目的是有利于对审计证据进行归类和汇总，有助于加深对审计证据的理解，提高审计人员收集审计证据的效率。审计证据可按不同标准进行分类。

(一)审计证据按其外形特征可分为实物证据、书面证据、口头证据和环境证据四大类

1. 实物证据

实物证据是指通过实地观察或清查所取得的，用以确定某些实物资产是否确实存在的证据。实物资产一般包括固定资产、原材料、在产品、产成品、有价证券、库存现金等。例如，库存现金的数额可以通过实地观察或清查加以验证，存货、固定资产也可以通过实地观察或清查的方式加以验证，以确定其是否确实存在。

实物证据通常是证明实物资产是否存在的非常有说服力的证据，但并不能完全证实被审计单位对其拥有所有权。例如，注册会计师通过实地观察固定资产，虽能确定其存在，但不能保证固定资产归被审计单位所有，固定资产有可能是租来的。实物证据虽然可以确定实物的数量，但其价值高低难以通过实物清点来加以判断。因此，对于取得实物证据的实物资产，还应就其所有权归属及其价值情况另行审计。

2. 书面证据

书面证据是指各种以书面形式存在的并以其记载的内容证明审计事项的证据，例如被审计单位的凭证、账簿等其他核算资料，注册会计师进行函证时的往来信件和有关人员出具的书面证明，等等。书面证据是审计证据的重要组成部分。收集书面证据时，注册会计师应首先考虑其可靠性：一是看书面证据是否容易被涂改或伪造。若容易涂改、伪造，则可靠性较差。二是看书面证据的出处。相对而言，来自外部的审计证据可靠性较强，来自内部的审计证据可靠性较差。外部审计证据是由被审计单位以外的机构或人士所编制的书面证据，内部审计证据是由被审计单位内部机构或职员编制和提供的书面证据。书面证据一般包括以下几类：

(1)由被审计单位以外的组织机构或人士编制且直接送交注册会计师的审计证据。这一类书面证据的证明力最强。例如，被审计单位客户直接寄给注册会计师应收账款询证函的回函。

(2)由被审计单位以外的组织机构或人士编制但为被审计单位所持有的审计证据，例如银行对账单、购货发票、有关的契约、合同等。注册会计师在评价此类审计证据时，应特别关注其是否容易被涂改、伪造。当获取的书面证据有涂改痕迹时，应引起注册会计师的高度警觉。尽管此类审计证据有被涂改、伪造的可能，但在一般情况下，相对于内部审计证据仍有较强的证明力。

(3)被审计单位自行编制并持有的书面证据，例如企业内部的出入库凭据、验收报告单、支票、记账凭证、账簿等。这类书面证据的可靠性比来自外部的书面证据要差一些。评价企业内部自制、自用的凭据的可靠性，应考虑其内部控制的完善程度。如果被审计单位的内部控制健全有效，自制、自用的凭据经过内部不同部门的审核、签章，经适当的连续编号且按顺序依次处理，则这些书面证据的可靠性就较强；相反，如果被审计单位的内部控制不太健全或没有得到有效的执行，注册会计师就不能过分信赖内部自制的书面证据。

3. 口头证据

口头证据是指被审计单位职员或其他有关人员对注册会计师的提问进行口头答复所形成的一类证据，例如被审计事项知情人的陈述、被调查人的口头答复等。由于口头陈述或答复夹杂个人的观点和意见，有时会影响被调查事项的真实性，因而证明力较差，注册会计师不能单凭口头证据就做出审计结论。口头证据本身并不足以证明事情的真相，但注册会计师可以通过口头证据发掘一些重要线索，从而有利于对某些需审核的情况做进一步的调查，以收集到更为可靠的证据。例如，注册会计师对应收账款进行账龄分析后，可询问应收账款负责人对收回逾期应收账款可能性的意见，如果其意见与注册会计师自行估计的坏账损失基本一致，则该口头证据就成为形成审计结论的重要证据；如果相差较大，则需要进一步对应收账款进行分析检查。

注册会计师需要对口头证据及时进行记录，并注明何人、何时、何地、在何种情况下提供的，必要时还应取得陈述人的签名确认。不同人员对同一问题所做的口头陈述相同时，该口头证据的可靠性较强。一般情况下，口头证据成为直接证据往往需要得到其他相应证据的支持。

4. 环境证据

环境证据也称状况证据，是指对被审计单位产生影响的各种环境事实，例如被审计单位所处的地理位置、影响管理工作效率的内部控制状况、被审计单位管理人员的素质状况以及各种管理条件和管理水平的情况。外部经济环境也是重要的环境证据，例如被审计单位所处行业的发展状况、竞争情况，国家的宏观财政、货币政策等。环境证据不属于基本证据，其证明力较弱，不能对某一具体的审计事项提供证据支持，但可以提供进一步寻找审计证据的线索，有助于注册会计师对被审计单位总体性的评价和判断。

（二）审计证据按其支持审计结论的程度，可分为基本证据和辅助证据两类

1. 基本证据

基本证据是指对注册会计师形成审计意见、做出审计结论具有直接影响的重要审计证据。如证明账簿记录的真实准确性，其据以登记账簿的记账凭证就是基本证据。离开了基本证据，审计人员就无法提出审计意见和做出审计结论。一般来讲，书面证据属于基本证据。

2. 辅助证据

辅助证据，是指注册会计师对整体财务报表发表审计意见和结论时起辅助支持作用的审计证据。辅助证据是对基本证据的一种必要的补充说明，是通过对基本证据加以确认来辅助支持审计结论和意见的形成。比如，要证明账簿记录的真实性，各种记账凭证是基本证据，而附在记账凭证后面的各种原始凭证是编制记账凭证的依据，它们补充说明记账凭证以证明账簿的真实性，因而它们是辅助证据。一般来讲，实物证据、口头证据、环境证据等属于辅助证据。

（三）审计证据按其来源不同可分为亲历证据、外部证据和内部证据三类

1. 亲历证据

亲历证据是指注册会计师目击或亲自动手编制取得的审计证据，如注册会计师重新计算产品成本取得的审计证据，注册会计师观察被审计单位经济业务执行情况取得的审计证据等。亲历证据源于注册会计师自身，独立性强，因而可靠性也较强，有着较强的证明力。

2. 外部证据

外部证据是指从被审计单位以外的其他单位取得的证据。外部证据又包括由被审计单位以外的机构或人士编制并由其直接递交注册会计师的外部证据，以及由被审计单位以外的机构或人士编制但为被审计单位持有并提交注册会计师的书面证据两种。前者如应收账款函证回函，被审计单位律师与其他独立的专家关于被审计单位资产所有权和或有负债等的证明函件，保险公司、寄售企业、证券经纪人的证明等，此类证据不仅由完全独立于被审计单位的外界机构或人员提供，而且未经被审计单位有关职员之手流转，从而排除了伪造、变造凭证或业务记录的可能性，因而其证明力最强；后者如银行对账单、购货发票、应收票据、客户订购单、有关的契约、合同等，由于此类证据已经过被审计单位职员之手，在评价其可靠性时，注册会计师应考虑被涂改或伪造的难易程度及其已被涂改的可能性。当获取的书面证据有被涂改或伪造的痕迹时，注册会计师应予以高度警觉。尽管如此，在一般情况下，外部证据可靠程度仍然较高，具有较强的证明力。

3. 内部证据

内部证据是由被审计单位内部机构编制和提供的证据。它包括被审计单位的会计记录、被审计单位管理当局声明书、计划、合同等。

一般而言，内部证据不如外部证据可靠。内部证据的可靠性程度取决于是否经过了外部流转以及被审计单位内部控制有效性的强弱。如果内部证据在外部流转，并获得其他单位或个人的承认(如销货发票、付款支票等)，则具有较强的可靠性。若内部证据(如收料单与发料单)经过了被审计单位不同部门的审核、签章，且所有凭据预先都有连续编号并按序号依次处理，则这些内部证据也具有较强的可靠性。相反，若被审计单位的内部控制不健全或没有被有效的执行，注册会计师就不能过分地信赖其内部证据。

审计证据除了以上这些分类方法外，还有其他的分类标准，如：按审计证据的形成过程分类，可分为自然证据和加工证据；按审计证据与审计目标的相关程度分类，可分为直接证据和间接证据等。无论采用哪种分类方法，都是为了使注册会计师在审计过程中，能根据审计目标的要求，收集到充分、适当的审计证据，得出恰当的审计结论。

三、审计证据的特性

一般而言，审计证据应具备以下特性：

(一)审计证据的充分性

审计证据的充分性又称为足够性，是指注册会计师收集的审计证据在数量上足以支持其发表的审计意见，是对审计证据数量的要求。只有取得充分的审计证据，注册会计师才能形成正确的审计结论，否则容易导致片面性甚至产生错误。注册会计师应根据审计目标的要求，并结合具体的审计对象，在遵循审计准则的规定下，凭借个人经验对审计证据的充分性做出综合判断。影响审计证据充分性的因素有：

(1)审计风险。固有风险、控制风险水平估计越高，所需要的审计证据越多。一般来讲，审计项目性质、内部控制状况、业务经营性质、管理当局可信赖程度、被审计单位财务状况、被审计单位变更会计师事务所情况等因素均影响审计风险水平的高低。

(2)具体审计项目的重要性程度。越是重要的审计项目，所需的审计证据就越多。

(3)审计人员的经验。如果审计人员的审计经验比较丰富，在审计过程中可适当减少审计证据的获取数量。

(4)错误或舞弊情况。审计中发现的错误或舞弊越多，需要的审计证据就越多。

(5)审计证据类型与获取途径。审计中，外部证据数量多，可适当减少审计证据的数量；内部证据数量多，可适当增加审计证据的数量。

(6)经济因素。审计中,注册会计师如果增加时间和成本没有带来相应的效益,那么可以考虑采用更有效的审计程序收集高质量、足够的审计证据。

(7)总体规模与特征。如果审计项目总体规模越大,总体中不同性质的项目越多,那么所需要的审计证据就越多。

(二)审计证据的适当性

审计证据的适当性是对审计证据的质量的衡量,即审计证据在支持各类交易、账户余额、列报的相关认定或发现其中存在错报方面具有相关性和可靠性。相关性和可靠性是审计证据的核心内容,只有相关且可靠的审计证据才是质量高的证据。

1. 审计证据的相关性

相关性,是指用作审计证据的信息与审计程序的目的和所考虑的相关认定之间的逻辑关系。也就是说,审计证据要有证明力,必须与审计目标相关。根据《〈中国注册会计师审计准则第 1301 号——审计证据〉指南》,在确定审计证据的相关性时,注册会计师应当考虑:

(1)特定的审计程序可能只为某些认定提供相关的审计证据,而与其他认定无关。例如,检查期后应收账款收回的记录和文件,可以提供有关存在和计价的审计证据,但是不一定与期末截止是否适当相关。

(2)针对同一项认定可以从不同来源获取审计证据或获取不同性质的审计证据。例如,注册会计师可以分析应收账款的账龄和应收账款的期后收款情况,以获取与坏账准备计价有关的审计证据。

(3)只与特定认定相关的审计证据并不能替代与其他认定相关的审计证据。例如,有关存货实物存在的审计证据并不能替代与存货计价相关的审计证据。

此外,用作审计证据的信息的相关性还可能受测试方向的影响。例如,如果某审计程序的目的是测试应付账款的计价高估,则测试已记录的应付账款可能是相关的审计程序。如果某审计程序的目的是测试应付账款的计价低估,则测试已记录的应付账款不是相关的审计程序,相关的审计程序可能是测试期后支出、未支付发票、供应商结算单以及发票未到的收货报告单等。

2. 审计证据的可靠性

审计证据的可靠性,是指审计证据的可信程度。例如,注册会计师亲自检查存货所获得的证据比被审计单位管理层提供给注册会计师的存货数据更可靠。

根据《中国注册会计师审计准则第 1301 号——审计证据》,审计证据的可靠性受其来源和性质的影响,并取决于获取审计证据的具体环境。注册会计师在判断审计证据的可靠性时通常考虑下列原则:

(1)从外部独立来源获取的审计证据比从其他来源获取的审计证据更可靠

从外部独立来源获取的审计证据未经被审计单位有关职员之手,从而减少了伪造、更改凭证或业务记录的可能性,因而其证明力最强,如银行存款询证函回函、应收账款询证函回函、保险公司出具的证明等。相反,从其他来源获取的审计证据,由于证据提供者与被审计单位存在经济或行政关系等原因,其可靠性应受到质疑,如被审计单位内部会计记录等。

(2)内部控制有效时生成的审计证据比内部控制薄弱时生成的审计证据更可靠

如果被审计单位有着健全的内部控制且在日常管理中得到一贯执行,会计记录的可信赖程度将会增加。如果被审计单位的内部控制薄弱,甚至不存在任何内部控制,被审计单位内部凭证记录的可靠性就大为降低。比如,与销售相关的内部控制有效,注册会计师就能从销售发票和发货单中取得比内部控制不健全时更加可靠的审计证据。

(3)直接获取的审计证据比间接获取或推论得出的审计证据更可靠

注册会计师观察某项内部控制的运行得到的证据比询问被审计单位某项内部控制的运行得到的证据更可靠。间接获取的证据有被涂改及伪造的可能,降低了可信赖程度,比如被审计单位提供的存货盘点表等。推论得出的审计证据,其主观性较强,人为因素较多,可信赖程度也受到影响。

(4)以文件、记录形式(无论是纸质、电子或其他介质)存在的审计证据比口头表述更可靠

会议的同步书面记录比对讨论事项时的口头表述更可靠。口头证据本身并不足以证明事实的真相,仅仅提供了一些重要线索,为进一步调查确认所用。如注册会计师在对应收账款进行账龄分析后,可以向应收账款负责人询问逾期应收账款收回的可能性。如果该负责人的意见与注册会计师自行估计的坏账损失基本一致,则这一口头证据就可成为证实注册会计师对有关坏账损失判断的重要证据。但在一般情况下,口头证据往往需要得到其他相应证据的支持。

(5)从原件获取的审计证据比从传真件或复印件获取的审计证据更可靠

注册会计师在按照上述原则评价审计证据的可靠性时,还应当注意可能出现的重要例外情况。例如,审计证据虽然是从独立的外部来源获得,但如果该证据是由不知情者或不具备资格者提供,审计证据也可能是不可靠的。同样,如果注册会计师不具备评价证据的专业能力,那么即使直接获取的证据,也可能不可靠。

(三)充分性和适当性的关系

充分性和适当性是审计证据的两个重要特征,两者缺一不可。只有充分且适当的审计证据才是有证明力的。

审计证据的数量也受审计证据质量的影响。审计证据质量越高,需要的审计证据数量可能越少。也就是说,审计证据的适当性会影响审计证据的充分性。例如,被审计单位内部控制健全时生成的审计证据更可靠,注册会计师只需要获取适量的审计证据,就可以为发表审计意见提供合理的基础。

尽管审计证据的充分性和适当性相关,但如果审计证据的质量存在缺陷,那么注册会计师仅靠获取更多的审计证据可能无法弥补其质量上的缺陷。例如,注册会计师应当获取与销售收入完整性相关的证据,实际获取的却是有关销售收入真实性的证据,审计证据与完整性目标不相关,即使获取的证据再多,也证明不了收入的完整性。同样,如果注册会计师获取的证据不可靠,那么证据数量再多也难以起到证明作用。

(四)评价充分性和适当性时的特殊考虑

1. 对文件记录可靠性的考虑

审计工作通常不涉及鉴定文件记录的真伪,注册会计师也不是鉴定文件记录真伪的专家,但应当考虑用作审计证据的信息的可靠性,并考虑与这些信息生成和维护相关的控制的有效性。

如果在审计过程中识别出的情况使其认为文件记录可能是伪造的,或文件记录中的一些条款已发生变动,注册会计师应当做进一步调查,包括直接向第三方询证,或考虑利用专家的工作以评价文件记录的真伪。例如,发现某银行询证函回函有伪造或篡改的迹象,注册会计师应当做进一步调查,并考虑是否存在舞弊的可能性。必要时,应当通过适当方式聘请专家予以鉴定。

2. 使用被审计单位生成信息时的考虑

如果在实施审计程序时使用被审计单位生成的信息，注册会计师应当就这些信息的准确性和完整性获取审计证据。例如，在审计收入项目时，注册会计师应当考虑价格信息的准确性以及销售数据的完整性和准确性。在某些情况下，注册会计师可能需要确定实施额外的审计程序，如利用计算机辅助审计技术(CAATS)来重新计算这些信息，测试与信息生成有关的控制等。

3. 证据相互矛盾时的考虑

如果针对某项认定从不同来源获取的审计证据或获取的不同性质的审计证据能够相互印证，与该项认定相关的审计证据则具有更强的说服力。例如，注册会计师通过检查委托加工协议发现被审计单位有委托加工材料，且委托加工材料占存货比重较大，经发函询证后证实委托加工材料确实存在。委托加工协议和询证函回函这两个不同来源的审计证据互相印证，证明委托加工材料真实存在。如果从不同来源获取的审计证据或获取的不同性质的审计证据不一致，则表明某项审计证据可能不可靠，注册会计师应当追加必要的审计程序。

4. 获取审计证据时对成本的考虑

注册会计师可以考虑获取审计证据的成本与所获取信息的有用性之间的关系，但不应以获取审计证据的困难和成本为由减少不可替代的审计程序。在保证获取充分、适当的审计证据的前提下，控制审计成本也是会计师事务所增强竞争能力和获利能力所必需的。但为了保证得出的审计结论、形成的审计意见是恰当的，注册会计师不应将获取审计证据的成本高低和难易程度作为减少不可替代的审计程序的理由。例如，在某些情况下，存货监盘是证实存货存在性认定的不可替代的审计程序，注册会计师在审计中不得以检查成本高和难以实施为由而不执行该程序。

四、审计证据的整理、鉴证与综合

1. 审计证据整理、鉴证与综合的意义

首先，通过各种审计方法所获取的大部分审计证据，在注册会计师对其进行分析评价之前，还是一种原始状态的证据。这些证据往往是初始的、凌乱的、无序的和彼此孤立的，且证据的形式也复杂多样。因此，注册会计师只有按照一定的程序、目的和方法进行科学的加工整理，才能使其变成有序的、系统化的、彼此联系的审计证据。

其次，初始状态的审计证据必须与审计目的相联系，并就其性质和重要程度以及同其他证据之间的关系进行分析、计算和比较，以对被审计单位的各个方面做出评价，并形成比较完整的认识，否则就难以正确地评价和运用审计证据并形成正确的审计结论和意见。在整理过程中对发现证据不足的地方，还可进行补充收集，以便获取新的证据材料，把审计工作引向深入。

最后，在审计过程中，通过注册会计师的分析、研究，还可能产生一些有价值的新的证据，从而对被审计单位做出较为恰当的结论。

2. 审计证据整理、鉴证与综合的方法

审计证据的整理、鉴证与综合没有一个固定的模式，审计的目的不同，审计证据的种类不同，其整理、鉴证与综合的方法也不同。一般而言，审计证据整理、鉴证与综合的方法有：

(1)分类

分类是指按照事物的种类、等级或性质分别归类，把无规律的事物分为有规律的。审计证据的分类是指将各种审计证据按其证明力的强弱，或按与审计目标的关系是否直接等分门别类、排列成序。

(2)计算

计算是指按照各种算法进行计算。审计证据的计算是指按照一定的方法对数据方面的审计证据进行计算，并从计算中得出所需要的新的证据。

(3)比较

比较是指辨别事物的同或异的属性。审计证据的比较包括两方面的内容：一方面要将各种审计证据进行比较，从中分析出被审计单位经济业务的变动趋势及其特征；另一方面还要与审计目标进行比较，判断其是否符合要求（如不符合要求，则需补充收集有关的审计证据）。

(4)归纳

归纳是指从许多个别的事物中概括出一般性概念、原则或结论的思维方式。审计证据的归纳是在对审计证据分类、计算和比较的基础上，注册会计师对审计证据进行归纳、总结，得出具有说服力的局部的审计结论。

3. 审计证据的鉴证

审计人员采取一定的方法取得审计证据后，接下来的工作是如何根据审计目标选择适当的审计证据，也就是对审计证据做出鉴证。其主要内容包括以下几个方面：

(1)审计证据的合法性鉴证

审计证据的合法性是指审计人员必须依照审计准则和有关法律法规规定的审计程序收集审计证据。有些经济事项和资料，虽然能够证明其客观性，并与审计事项具有相关性，但未依照规定的审计程序收集和验证，均不能作为审计证据。在审计工作中规定必要的审计程序，是取得合法性审计证据的保证。

(2)审计证据的可靠性鉴证

审计证据的可靠性是指证据的可信程度。审计证据因其来源不同，其可靠性也不一样。证据的可靠性与提供证据的来源有关。审计证据的可靠性包括两个方面的内容：一是审计证据的来源必须可靠；二是审计证据本身是确实可靠的。例如，注册会计师亲自检查存货获得的证据，就比被审计单位管理层提供给注册会计师的存货数据更可靠。

(3)审计证据的相关性鉴证

审计证据的相关性鉴证有两方面含义：一是判断审计证据与被审计事项是否相关，是否有内在联系，能否在一定程度上直接或间接地证明被审计事项；二是判断证据与证据之间是否相关，能否互相印证。例如，注册会计师实地观察固定资产，只能证实固定资产的完整性，对确定固定资产的所有权则帮助不大。

(4)审计证据的充分性鉴证

审计证据的充分性是指审计结论具有说服力而使人们完全相信（不留任何怀疑）所需审计证据的数量。究竟需要多少审计证据才足够成为做出审计结论的依据？这在很大程度上取决于审计人员的主观判断和准备承担的风险。在审计人员决定需要多少证据才是足够的、充分的这个问题上，审计人员必须掌握的界限是：必须获得充分的审计证据去满足一位明智的人所可能提出的一切合理的疑问。也就是说，审计证据的数量要达到能“胜过合理的怀疑”这样一种程度，这时可认为审计证据是足够的、充分的。

(5)审计证据的重要性鉴证

审计证据的重要性鉴证就是判断审计证据的内容是否重要，对证明审计证据事项是否有用，是否有重要意义。一般来说，金额大的证据比金额小的证据重要；揭露涉及舞弊行为的证据比由于会计技术上的失误而导致的审计证据重要。例如,错报 10 万元对一个小公司来说是重要的,而对另一个大公司来说则可能不太重要;再比如,如果审计人员发现资产总额为 4 000 万元的被审计单位出现财务人员冒领员工工资 2 000 元的状况,虽然金额不大,但性质较为严重,也应督促被审计单位予以改正。

4. 审计证据的综合

经过鉴证的审计证据具有现实证明力,但仍然是分散的、个别的证据。要使其形成具有充分证明力的证据,还需要对证据进行综合评价。鉴证是对个别证据的评价,而综合是从相关证据总体上对证据加以整理、归纳、分析,使其条理化、系统化。综合的过程就是选出最适宜的、充分的、有说服力的证据,逐步形成审计意见和审计结论的过程。综合既是从证据整体上进行分析、研究和整理的过程,也是注册会计师完成对被审计事项从个别到全面、从表面到本质的一个认识上的飞跃。

第二节　审计工作底稿

一、审计工作底稿的含义和作用

审计工作底稿是指注册会计师对制定的审计计划、实施的审计程序、获取的相关审计证据以及得出的审计结论做出的记录。也就是说,审计工作底稿是审计人员在审计过程中形成的审计工作记录和获取的资料。审计工作底稿形成于审计过程并反映整个审计过程,可作为审计过程和结果的书面证明,是最终形成审计结论的依据。

注册会计师从接受审计任务、确定审计对象到提出审计报告要经历一个较长的过程。这一过程实际上就是收集审计证据、编制审计工作底稿进而做出审计结论的过程。注册会计师在审计过程中,需要依照注册会计师审计准则和相关法规规定的程序收集审计证据。审计证据的收集过程同时又是审计工作底稿的编制和整理过程。通过审计工作底稿的编制,把业已收集到的数量众多的各种审计证据,经过注册会计师的判断、推理和验证,完整无缺地、系统地和有重点地加以归类整理,从而使审计结论建立在充分、适当的审计证据基础之上。因此,开展审计工作时应该认真正确地编制审计工作底稿,这是高效率、高质量完成审计任务的重要条件,也是注册会计师业务素质和知识水平的具体体现。

编制审计工作底稿,对审计人员执行审计任务、明确审计人员的责任、保证审计报告的质量都具有十分重要的作用。

1. 审计工作底稿是连接整个审计工作的纽带,有利于组织协调审计工作

审计工作一般由多人完成,而多人之间又要进行合理的分工,不同的被审事项、不同的审计程序往往由不同的人员执行。因此,如何在分工的基础上协调统一,把不同人员的审计工作有机地连接起来,提高审计工作的效率,圆满完成审计任务,关键在于编制好审计工作底稿。审计人员将审计过程中发现的问题记录于工作底稿,可以提醒其他审计人员的注意;审计工作负责人通过查看审计工作底稿,可以及时了解审计工作的进展情况,对发现的问题进行沟通、协调,以便使审计工作顺利进行。

2. 审计工作底稿是形成审计结论、发表审计意见的直接依据,有利于编制、佐证和解释审计报告

审计工作底稿是注册会计师最终提供的审计报告中记载事项的直接来源依据。审计工作

底稿既是将审计人员的工作过程和审计报告联系起来的纽带，也是被审计单位的会计记录和审计报告之间的桥梁。审计报告记载着注册会计师对被审计单位的财务报表及其反映的财务状况所做的审计结论和审计意见。不论是审计结论还是审计意见，都必须以充分、适当的审计证据为依据，而这些审计证据均须由审计工作底稿来提供。因此，审计工作底稿是标准审计报告的基础。同时，由于审计报告具有高度的综合性、概括性，使得对审计过程中发现的问题在审计报告中不可能非常详细具体地加以陈述，审计工作底稿就起到了非常好的补充说明作用。审计报告中所需的资料全部来自审计工作底稿。没有审计工作底稿，就很难编制出审计报告。

3. 审计工作底稿是评价注册会计师胜任能力的依据，有利于考核其工作业绩

审计工作底稿是审计工作情况的真实写照。通过对审计工作底稿的复核和检查，可以对注册会计师胜任能力做出比较客观的评价，并实现对其工作业绩的考核。例如，通过查阅审计工作底稿，可以了解审计人员所使用的审计方法和采取的步骤、所发现的问题以及对问题的看法、建议等方面的内容，从而对其工作能力、结果进行评价。如果没有审计工作底稿，仅凭日常观察，难免以偏概全，以致影响工作的积极性。

4. 审计工作底稿是会计师事务所进行质量控制的基础，有利于监管机构和注册会计师协会实施执业质量检查

会计师事务所应当根据业务质量控制准则的有关规定，对其审计工作实施质量控制。同时，财政部、证券监督管理委员会等监管机构以及注册会计师协会担负着对会计师事务所的执业质量检查的职责，而它们又不能直接参与到审计工作当中，那么，审计工作底稿就成为质量控制和监督检查的依据。

5. 审计工作底稿具有备查参考价值，有利于制定以后各期的审计计划

在审计工作底稿中，既记录了审计人员所采用的具体方法和步骤，也收集了被审计单位永久性的记录，诸如股权结构、职工编制、内部控制状况等重要资料。这些信息不仅对同一性质的审计事项具有参考价值，而且为该审计事项进行再次审计时提供指南，避免走弯路，便于掌握审计重点，提高审计工作效率。审计业务的委托具有一定的连续性，因此，对某一被审计单位某一年度财务报表的审计所形成的审计工作底稿，能够为以后各期审计提供丰富的、具有重要参考价值的资料，作为制定以后各期审计计划的依据。

二、审计工作底稿的种类

对审计工作底稿进行适当的分类是规范审计工作底稿的编制、复核、使用及管理工作的前提和基础。审计工作底稿可按不同标准进行分类，常用的分类方式有以下两种：

1. 根据审计工作底稿的性质和作用，审计工作底稿可分为综合类工作底稿、业务类工作底稿及备查类工作底稿

(1)综合类工作底稿

综合类审计工作底稿是指审计人员在计划审计工作和完成审计工作阶段，为规划、控制和总结整个审计工作，并发表审计意见所形成的工作底稿，主要包括审计业务约定书、审计计划、审计报告未定稿、审计总结及审计调整分录汇总表等综合性的审计工作记录。这类工作底稿反映了整个审计工作过程，属于总体性的工作底稿，可以体现审计意见和结论。

(2)业务类工作底稿

业务类审计工作底稿是指审计人员在实施审计工作阶段，执行具体审计程序时编制和取得的工作底稿。它主要包括审计人员在执行预备调查、控制测试和实质性程序等审计程序时

所形成的工作底稿,可以反映审计人员执行审计计划的具体情况和实施过程。一般来说,这类工作底稿是在外勤工作现场编制的。

(3)备查类工作底稿

备查类审计工作底稿是指审计人员在审计过程中形成的,对审计工作仅具有备查作用的工作底稿,主要包括与审计约定事项有关的重要法律性文件、重要会议记录与纪要、重要经济合同与协议、企业营业执照、公司章程等原始资料的副本或复印件等。这类工作底稿通常具有备查性质。之所以被单独作为备查类,不是因为它不重要,而是因为若将之放在上述两类工作底稿中,其数量太多且有些资料的相关性也较差。

2. 根据审计工作底稿的使用期限,审计工作底稿可分为永久性工作底稿和当期性工作底稿

(1)永久性工作底稿

永久性工作底稿是指记录内容相对稳定,具有长期使用价值,并对以后审计工作具有重要影响和直接作用的审计工作底稿,如被审计单位的组织结构、批准证书、营业执照、章程、重要资产的所有权或使用权证明文件的复印件等。若永久性工作底稿中某些内容已发生变化,注册会计师应当及时予以更新。为保持资料的完整性以满足日后查阅历史资料的需要,永久性工作底稿中被替换下的资料一般也需保留。如企业因增加注册资本而变更了营业执照等法律文件,旧营业执照复印件等文件可以汇总在一起,与其他有效的资料分开,作为单独部分归整在永久性工作底稿中。

(2)当期性工作底稿

当期性工作底稿是指记录内容经常变化,主要供当期和下期审计使用的审计工作底稿,如总体审计策略和具体审计计划以及实质性测试工作底稿等。

三、审计工作底稿的编制

(一)审计工作底稿的基本要素

审计工作底稿可以纸质、电子或其他介质形式存在。通常,审计工作底稿的内容应包括下列基本要素:

1. 审计工作底稿的标题

每张审计工作底稿应当包括被审计单位的名称、审计项目的名称以及资产负债表日或工作底稿覆盖的会计期间(若与交易相关)。

(1)被审计单位名称,即审计对象的占有方。当然,有时某些个别项目(如司法鉴定项目)的委托方和审计客体不一致。若被审计单位为下属公司,则应同时写明下属公司的名称。

(2)审计项目名称,即审计的具体事项,如"应收账款账龄分析表""固定资产盘点表"等。项目名称的填写,应尽量简练、清晰。

(3)审计项目时点或期间,即明确审计范围在时间上的截止点或时间跨度。对此,应结合审计的具体项目区别对待,如资产负债类项目应填截止时点,损益类项目应填时间跨度。

2. 审计过程记录

审计过程记录是审计工作底稿的核心内容。审计过程记录应包括以下内容:

(1)测试的具体项目或事项的识别特征

在记录实施审计程序的性质、时间和范围时,审计人员应当记录测试的具体项目或事项的识别特征。记录具体项目或事项的识别特征可以实现多种目的。例如,这能反映项目组履行职责的情况,也便于对例外事项或不符事项进行调查,以及对测试的项目或事项进行复核。

识别特征是指被测试的项目或事项表现出的征象或标志，它因审计程序的性质和所测试的项目或事项不同而不同。对某一个具体项目或事项而言，其识别特征通常具有唯一性，这种特性可以使其他人员根据识别特征在总体中识别该项目或事项并重新执行该测试。以下列举部分审计程序中所测试的样本的识别特征：对于需要选取或复核既定总体内一定金额以下的所有项目的审计程序，注册会计师可能以实施审计程序的范围作为识别特征。对于需要系统化抽样的审计程序，注册会计师可能通过记录样本的来源、抽样的起点及抽样间隔来识别已选取的样本。例如，若被审计单位对发运单顺序编号，测试的发运单的识别特征可以是，对 4 月 1 日至 9 月 30 日的发运记录，从第 12345 号发运单开始每隔 125 号系统地抽取发运单。对于需要询问被审计单位中特定人员的审计程序，审计人员可能以询问的时间、被询问人的姓名及职位作为识别特征；对于观察程序，审计人员可能以观察的对象或观察过程、观察的地点和时间作为识别特征。

(2)重大事项及相关重大职业判断

注册会计师应当根据具体情况判断某一事项是否属于重大事项。重大事项通常包括：引起特别风险的事项；实施审计程序的结果，该结果表明财务信息可能存在重大错报，或需要修正以前对重大错报风险的评估和针对这些风险拟采取的应对措施；导致注册会计师难以实施必要审计程序的情形；导致出具非标准审计报告的事项。

注册会计师应当记录与管理层、治理层和其他人员对重大事项的讨论，包括所讨论的重大事项的性质以及讨论的时间、地点和参加的人员。

有关重大事项的记录可能分散在时间工作底稿的不同部分。将这些分散在时间工作底稿中的有关重大事项的记录汇总在重大事项概要中，不仅可以帮助注册会计师集中考虑重大事项对审计工作的影响，还便于审计工作的复核人员全面、快速地了解重大事项，从而提高复核工作的效率。因此，注册会计师应当编制重大事项概要，将其作为审计工作底稿的组成部分，以有效地复核和检查审计工作底稿，并评价重大事项的影响。

重大事项概要包括审计过程中识别的重大事项及其如何得到解决，或与其他支持性审计工作底稿交叉索引。

注册会计师在执行审计工作和评价审计结果时运用职业判断的程度，是决定记录重大事项的审计工作底稿的格式、内容和范围的一项重要因素。在工作底稿中对重大职业判断进行记录，能够解释注册会计师得出的结论并提高职业判断质量。

(3)针对重大事项如何处理不一致的情况

如果识别出的信息与针对某重大事项得出的最终结论不一致，注册会计师应当记录形成最终结论时如何处理不一致的情况。这些情况包括但不限于审计人员针对该信息执行的审计程序、项目组成员对某事项的职业判断不同而向专业技术部门的咨询情况，以及项目组成员和被咨询人员不同意见的解决情况。

记录如何处理识别出的信息与针对重大事项得出的结论不一致的情况是非常必要的。它有助于注册会计师关注这些不一致，并对此执行必要的审计程序以恰当地解决这些不一致。但是，对如何解决这些不一致的记录要求并不意味着注册会计师需要保留不正确的或被取代的资料。此外，对于职业判断的差异，如果初步的判断意见是基于不完整的资料或数据，则注册会计师也无须保留这些初步的判断意见。

3. 审计结论

审计工作的每一部分都应包含与已实施审计程序的结果及其是否实现既定审计目标相关

的结论，还应包括审计程序识别出的例外情况和重大事项如何得到解决的结论。注册会计师恰当地记录审计结论非常重要。注册会计师需要根据所实施的审计程序及获取的审计证据得出结论，并以此作为对财务报表形成审计意见的基础。在记录审计结论时，应当注意审计工作底稿中记录的审计程序和审计证据是否足以支持所得出的审计结论。审计结论是注册会计师经过必要的审计程序后做出的专业判断，它直接支持最终的审计意见。因此，审计结论的表述应当清晰、简明，不能含糊其辞。

4. 审计标识及其说明

审计标识及其说明是审计人员用以表达各种审计含义的书面符号。审计标识用于已实施审计程序的工作底稿。适当运用审计标识可以缩短工作时间，提高工作效率。审计工作底稿中可使用各种审计标识，但应说明其含义，并保持前后一致。在实务中，注册会计师可以单独或合并使用常用符号、英文缩写、简称等表达各种审计含义，并将这些标识及其含义详细记录于审计标识一览表内，以供检查、复核者正常阅读。常用的审计标识如表5—1所示。

表5—1　　常用审计标识

序号	审计标识	含　义	序号	审计标识	含　义
1	∧	纵加核对相符	6	S	与明细分类账核对一致
2	<	横加核对相符	7	T/B	与试算平衡表核对一致
3	B	与上年结转数核对一致	8	C	已发询证函
4	T	与原始凭证核对一致	9	C\	已收回询证函
5	G	与总分类账核对一致	10	?	疑问待查

5. 索引号及编号

审计工作底稿通常需要注明索引号及顺序编号。相关审计工作底稿之间需要保持清晰的勾稽关系。为了汇总及便于交叉索引和复核，每个会计师事务所都会规定审计工作底稿归档流程。因此，每张表或记录都应有一个索引号，以说明其在审计工作底稿中的具体位置。工作底稿中每张表所包含的信息都应当与另一张表中的相关信息进行交叉索引，如现金盘点表应当与列示所有现金余额表进行交叉索引。利用计算机编制工作底稿时，可以采用电子索引和链接。

在具体实务中，注册会计师可以按照所记录的审计工作的内容层次进行编号。例如，固定资产汇总表的编号为C1，按类别列示的固定资产明细表的编号为C1—1，房屋建筑物的编号为C1—1—1，机器设备的编号为C1—1—2，运输工具的编号为C1—1—3，其他设备的编号为C1—1—4。在各编号相互引用时，需要在审计工作底稿中交叉注明索引号。以下是固定资产汇总表工作底稿（见表5—2）及固定资产明细表工作底稿（见表5—3）的节选部分，以做相互索引的示范。

表5—2　　固定资产汇总表

工作索引号	固定资产	2016年12月31日	2015年12月31日
C1—1	固定资产原值	＊＊＊G	＊＊＊
C1—1	累计折旧	＊＊＊G	＊＊＊
	固定资产净值	＊＊＊T/B∧	＊＊＊B∧

表 5—3 固定资产明细表

工作底稿索引号	固定资产	期初余额	本期增加	本期减少	期末余额
	原值				
C1—1—1	1. 房屋建筑物	* * *	* * *	* * *	* * *S
C1—1—2	2. 机器设备	* * *	* * *	* * *	* * *S
C1—1—3	3. 运输工具	* * *	* * *	* * *	* * *S
C1—1—4	4. 其他设备	* * *	* * *	* * *	* * *S
	小计	* * * B∧	* * * ∧	* * * ∧	* * * <C1∧
	累计折旧				
C1—1—1	1. 房屋建筑物	* * *	* * *	* * *	* * *S
C1—1—2	2. 机器设备	* * *	* * *	* * *	* * *S
C1—1—3	3. 运输工具	* * *	* * *	* * *	* * *S
C1—1—4	4. 其他设备	* * *	* * *	* * *	* * *S
	小计	* * * B∧	* * * ∧	* * * ∧	* * * <C1∧
	净值	* * * B∧			* * * <C1∧

6. 编制人员和复核人员及执行日期

为了明确责任，在各自完成与特定工作底稿相关的任务后，编制者和复核者都应在工作底稿上签名并注明编制日期和复核日期。在记录已经实施审计程序的性质、时间安排和范围时，注册会计师应当记录测试的具体项目或事项的识别特征、审计工作的执行人员以及完成审计工作的日期、审计工作的复核人员及复核的日期和范围。

通常需要在每一张审计工作底稿上注明执行审计工作的人员和复核人员、完成该项审计工作的日期以及完成复核的日期。编制者和复核者在签名和注明日期时，两者姓名均可采用简签格式，并记录于审计标识一览表内。值得注意的是，对于复核者来说，在履行必要的复核程序后，除了签名外，还应将相应的复核意见、复核中发现的问题及处理意见书面记录下来，以利于编制者修正或明确审计责任及其划分。

在实务中，如果若干页的审计工作底稿记录同一性质的具体审计程序或事项，并且编制在同一索引号中，此时可以仅在审计工作底稿的第一页上记录审计工作的执行人员和复核人员并注明日期。例如，应收账款函证核对表的索引号为 L3—1—1/21，相对应的询证函回函共有 20 份，每一份应收账款询证函回函索引号以 L3—1—2/21、L3—1—3/21、…、L3—1—21/21 表示，对于这种情况，就可以仅在应收账款函证核对表上记录审计工作的执行人员和复核人员并注明日期。

7. 其他应说明事项

其他应说明事项是指注册会计师根据其专业判断，认为在审计工作底稿中应该予以记录的其他相关事项。

(二)审计工作底稿的格式

审计工作底稿的格式通常由审计工作基本要素的全部或者部分组合而成。审计工作底稿应有规范的格式，但不同的被审计单位、不同性质的审计项目和审计事项对工作底稿的格式又有不同的要求。在审计实务中，工作底稿格式主要有通用格式和专用格式两类。

1. 通用格式

通用格式的审计工作底稿是指有固定格式但没有具体用途的工作底稿。实际上，通用工作底稿就是印有审计工作底稿的标题、审计过程记录、审计结论、审计标识及其说明、索引号及编号等要素的空白工作底稿。审计人员可以根据具体审计事项的特点、被审计单位的实际情况直接记录于空白表上。审计工作底稿的通用格式如表 5－4 所示。

表 5－4　　审计工作底稿

<table>
<tr><td>被审计单位名称：</td><td></td><td>编制人：</td><td></td><td>日期：</td><td></td></tr>
<tr><td>审计项目名称：</td><td></td><td>复核人：</td><td></td><td>日期：</td><td></td></tr>
<tr><td>审计期间或截止日：</td><td></td><td colspan="4">共　　页，第　　页</td></tr>
<tr><td colspan="6">审计过程记录：</td></tr>
<tr><td colspan="6">审计结论或审计查出的问题及其依据：</td></tr>
<tr><td colspan="6">复核意见：</td></tr>
</table>

2. 专用格式

专用格式工作底稿是指根据具体审计事项的特点而专门设计的工作底稿。在实际工作中，可以根据审计工作的实际情况采用多种格式。常见的专用格式工作底稿有工作事项表、各种资产盘点表、试算平衡表、内部控制测试表等。例如，材料盘点表如表5－5所示。

表5—5　　材料盘点表

<table>
<tr><td colspan="4">被审计单位名称：</td><td colspan="3">编制人：</td><td colspan="2">复核人：</td><td colspan="3">索引号：</td></tr>
<tr><td colspan="4">日期：</td><td colspan="3">编制日期：</td><td colspan="2">复核日期：</td><td colspan="3"></td></tr>
<tr><td rowspan="2">编号</td><td rowspan="2">规格</td><td rowspan="2">单位</td><td rowspan="2">单价</td><td colspan="2">账存</td><td colspan="2">实存</td><td colspan="2">盘盈</td><td colspan="2">盘亏</td></tr>
<tr><td>数量</td><td>金额</td><td>数量</td><td>金额</td><td>数量</td><td>金额</td><td>数量</td><td>金额</td></tr>
<tr><td></td><td></td><td></td><td></td><td></td><td></td><td></td><td></td><td></td><td></td><td></td><td></td></tr>
<tr><td colspan="12">原因分析：
盘盈：　　盘亏：
账外物资：　　其他：</td></tr>
</table>

审计负责人：　　审计员：　　会计主管：　　保管：

(三)审计工作底稿的编制要求

注册会计师编制的审计工作底稿，应当使未曾接触该项审计工作的有经验的专业人士清楚地了解：

(1)按照审计准则的规定实施的审计程序的性质、时间和范围；

(2)实施审计程序的结果和获取的审计证据；

(3)就重大事项得出的结论。

由于审计工作底稿不仅是形成审计结论的依据，而且是评价注册会计师业绩以及控制和监督审计质量的基础。因此，对于审计工作底稿的编制，不能认为只是工作底稿，就可以马马虎虎、草率从事，而必须认真对待，在内容上做到资料翔实、重点突出、繁简得当、结论明确，在形式上做到要素齐全、格式规范、标识一致、记录清晰。

四、审计工作底稿的复核

审计工作底稿复核制度是会计师事务所项目质量控制制度的重要组成部分。通过复核审计工作底稿，可以减少或消除人为的审计误差，及时发现和解决问题，保证审计计划的顺利执行，并协调审计进度，提高审计效率，保证审计质量。

1. 项目组成员实施的复核

《中国注册会计师审计准则第1121号——对财务报表审计实施的质量控制》规定，由项目组内经验较多的人员(包括项目合伙人)复核经验较少人员的工作时，复核人员应当考虑：

(1)审计工作是否已按照法律法规、相关职业道德要求和审计准则的规定执行；

(2)重大事项是否已提请进一步考虑；

(3)相关事项是否已进行适当咨询，由此形成的结论是否得到记录和执行；

(4)是否需要修改已执行审计工作的性质、时间安排和范围；

(5)已执行的审计工作是否支持形成的结论，并已得到适当记录；

(6)获取的审计证据是否充分、适当，足以支持审计结论；

(7)审计程序的目标是否已经实现。

为了监督审计业务的进程并考虑助理人员是否具备足够的专业技能和胜任能力,以执行分派的审计工作,了解审计指令及按照总体审计策略和具体审计计划执行工作,有必要对执行审计业务的助理人员进行适当的督导和复核。

复核人员应当知悉并解决重大的会计和审计问题,考虑其重要程度并适当修改总体审计策略和具体审计计划。此外,项目组成员与客户的专业判断分歧应当得到解决,必要时应考虑寻求恰当的咨询。

复核工作应当由至少具备同等专业胜任能力的人员承担,复核时应考虑是否已按照具体审计计划执行审计工作,审计工作和结论是否予以充分记录,所有重大事项是否已得到解决或在审计结论中予以反映,审计程序的目标是否已实现,审计结论是否与审计工作的结果一致并支持审计意见。

复核范围因审计规模、复杂程度以及工作安排的不同而存在显著差异。有时由高级助理人员复核低层次助理人员执行的工作,有时由项目经理完成,并最终由项目合伙人复核。对工作底稿实施的复核必须留下证据,一般由复核者在相关审计工作底稿上签名并署上日期。

2. 项目质量控制复核

《中国注册会计师审计准则第 1121 号——对财务报表审计实施的质量控制》规定,注册会计师在出具审计报告前,会计师事务所应当指定专门的机构或人员对审计项目组执行的审计实施项目进行质量控制复核。

项目合伙人有责任采取以下措施:

(1)确定会计师事务所已委派项目质量控制复核人员;

(2)与项目质量控制复核人员讨论在审计过程中遇到的重大影响,包括项目质量控制复核中识别的重大事项;

(3)在项目质量控制复核完成后,才能出具审计报告。

项目质量控制复核应当包括客观评价下列事项:

(1)项目组做出的重大判断;

(2)在准备审计报告时得出的结论。

会计师事务所采用制衡制度,以确保委派独立的、有经验的审计人员作为其所熟悉行业的项目质量控制复核人员。复核范围取决于审计项目的复杂程度以及未能根据具体情况出具审计报告的风险。许多会计师事务所不仅对上市公司审计进行项目质量控制复核,也会联系审计客户的组合,对那些高风险或涉及公众利益的审计项目实施项目质量控制复核。

五、审计工作底稿的归档

1. 审计工作底稿归档工作的性质

在出具审计报告前,审计人员应完成所有必要的审计程序,取得充分、适当的审计证据,并得出合理的审计结论。其实,在审计报告日后将审计工作底稿归整为最终审计档案是一项事务性的工作,此项工作不涉及实施新的审计程序或得出新的结论。

2. 审计档案的结构

对每项具体审计业务,审计人员应当将审计工作底稿归整为审计档案。根据审计实务中对审计档案使用的时间,将审计档案分为永久性档案和当期档案。这一分类主要是基于实务中对审计档案的使用时间而划分的。

永久性档案是指那些记录内容相对稳定、具有长期使用价值并对以后审计工作具有重要影响和直接作用的审计档案，例如被审计单位的组织结构、批准证书、营业执照、章程等。

当期档案是指那些记录内容经常变化，主要供当期和下期审计使用的审计档案，例如总体审计策略和具体审计计划。

目前，一些大型国际会计师事务所不再区分永久性档案和当期档案，主要以电子形式保留审计工作底稿，尽管大部分事务所既保留电子版又保留纸质的审计档案。

以下是典型的审计档案结构：

(1)沟通和报告相关工作底稿，包括审计报告和经审计的财务报表、与主审注册会计师的沟通和报告、与治理层的沟通和报告、与管理层的沟通和报告、管理建议书。

(2)审计完成阶段工作底稿，包括审计工作完成情况核对表、管理层声明书原件、重大事项概要、错报汇总表、被审计单位财务报表和试算平衡表、有关列报的工作底稿(如现金流量表、关联方和关联交易的披露等)、财务报表所述期间的董事会议纪要、总结会会议纪要。

(3)审计计划阶段工作底稿，包括总体审计策略和具体审计计划、对内部审计职能的评价、对外部专家的评价、对服务机构的评价、被审计单位提交资料清单、主审注册会计师的指示、前期审计报告和经审计的财务报表、预备会会议纪要。

(4)特定项目审计程序表，包括舞弊、持续经营、对法律法规的考虑、关联方。

(5)进一步审计程序工作底稿，包括有关控制测试工作底稿、有关实质性程序工作底稿(包括实质性分析程序和细节测试)。

3. 审计工作底稿归档后的变动及记录要求

在完成最终审计档案的归整工作后，注册会计师不应在规定的保存期限届满前删除或废弃任何性质的审计工作底稿。注册会计师发现有必要修改现有审计工作底稿或增加新的审计工作底稿的情形主要有以下两种特殊情况：

(1)注册会计师已实施了必要的审计程序，取得了充分、适当的审计证据并得出了恰当的审计结论，但审计工作底稿的记录不够充分。

(2)审计报告日后，发现例外情况要求注册会计师实施新的或追加审计程序，或导致注册会计师得出新的结论。例外情况主要是指审计报告日后发现与已审计财务信息相关且在审计报告日已经存在的事实，该事实如果被注册会计师在审计报告日前获知，可能影响审计报告。例如，注册会计师在审计报告日后才获知法院在审计报告日前已对被审计单位的诉讼、赔偿事项做出最终判决结果。例外情况可能在审计报告日后发现，也可能在财务报表报出日后发现，注册会计师应当按照《中国注册会计师审计准则第 1332 号——期后事项》有关“财务报表报出后发现的事实”的相关规定，对例外事项实施新的或追加的审计程序。

在完成最终审计档案的归整工作后，如果发现有必要修改现有审计工作底稿或增加新的审计工作底稿，无论修改或增加的性质如何，注册会计师均应当记录下列事项：

(1)修改或增加审计工作底稿的理由；

(2)修改或增加审计工作底稿的时间和人员，以及复核的时间和人员。

注意：修改现有审计工作底稿主要是指在保持原审计工作底稿中所记录的信息，即对原记录信息不予删除(包括涂改、覆盖等方式)的前提下，采用增加新信息的方式予以修改。

六、审计工作底稿归档的期限及保存期限

注册会计师应当按照会计师事务所质量控制政策和程序的规定，及时将审计工作底稿归

整为最终审计档案。审计工作底稿的归档期限为审计报告日后 60 日内。如果审计人员未能完成审计业务，审计工作底稿的归档期限为审计业务中止后的60日内。

会计师事务所应当自审计报告日起，对审计工作底稿至少保存 10 年。如果注册会计师未能完成审计业务，会计师事务所应当自审计业务中止日起至少保存审计工作底稿 10 年。值得指出的是，对于连续审计业务，当期归整的永久性档案虽然包括了以前年度获取的资料（甚至可能是 10 年以前的资料），但由于其作为本期档案的一部分，并作为支持审计结论的基础，注册会计师对于这些对当期有效的档案应视为当期取得并保存 10 年。如果这些资料在某个审计期间被替换，被替换资料可以从被替换的年度起至少保存 10 年。在完成最终审计档案的归整工作后，注册会计师不得在规定的保存期限届满前删除或废弃审计工作底稿。

【例 5—1】 A 会计师事务所承接了乙公司 2016 年度财务报表审计工作，委派甲注册会计师担任项目合伙人，甲注册会计师要求项目组内人员互相复核工作底稿。审计报告日是 2017 年 3 月 15 日，2017 年 3 月 16 日安排甲注册会计师执行项目质量控制复核，并于 2017 年 3 月 18 日提交审计报告。同时，A 会计师事务所与乙公司续签了 2017 年度财务报表审计业务约定书。A 会计师事务所于 2017 年 5 月 17 日完成审计工作底稿归档工作。根据上述材料，请简要回答下列问题：

(1)简要回答 A 会计师事务所本次审计工作的复核工作是否正确，并说明理由。

(2)简要回答 A 会计师事务所本次审计的审计工作底稿的归档期限是否正确，并说明理由。

(3)审计工作底稿归档后，出现何种情形可以修改现有审计工作底稿或增加新的审计工作底稿？

(4)审计工作底稿归档后，如有必要修改现有审计工作底稿或增加新的审计工作底稿，注册会计师应当记录的事项有哪些？

(5)简要回答本次审计工作底稿的保存期限。

【解析】 (1)不正确。确定复核人员的原则是由项目组内经验较多的人员复核经验较少的人员执行的工作，而不是由成员直接相互复核底稿。项目质量控制复核应由独立的（不参与该业务）、有经验的人员，在出具报告前，对项目组做出的重大判断和在准备出具报告时形成的结论做出客观评价，而不能由项目组内成员在审计报告出具后进行复核。

(2)归档期限不正确。审计工作底稿的归档期限是审计报告日后 60 日内，即在 2017 年 3 月 15 日后的 60 日内完成，也就是在 2017 年 5 月 14 日前应归档。

(3)审计工作底稿归档后，可以修改现有审计工作底稿或增加新的审计工作底稿的情形有以下两种：

①注册会计师已实施了必要的审计程序，获取了充分、适当的审计证据，并得出了恰当的审计结论，但审计工作底稿的记录不够充分；

②审计报告日后，发现例外情况要求注册会计师实施新的或追加审计程序，或导致注册会计师得出新的结论。

(4)注册会计师应当记录的事项有：

①修改或增加审计工作底稿的时间和人员，以及复核的时间和人员；

②修改或增加审计工作底稿的具体理由。

(5)会计师事务所应当自 2017 年 3 月 15 日起至少保存 10 年。

本章小结

审计证据是指注册会计师为了得出审计结论、形成审计意见而使用的所有信息，包括构成财务报表基础的会计记录所含有的信息和其他信息。

审计证据可按不同划分标准进行分类。审计证据按其外形特征可分为实物证据、书面证据、口头证据和环境证据；按其支持审计结论的程度可分为基本证据和辅助证据；按其来源不同可分为亲历证据、外部证据和内部证据。

注册会计师应当保持职业怀疑态度，运用职业判断，评价审计证据的充分性和适当性。审计证据的充分性是对审计证据数量的衡量，主要与注册会计师确定的样本量有关。审计证据的适当性是对审计证据质量的衡量，即审计证据在支持审计意见所依据的结论方面具有的相关性和可靠性。相关性和可靠性是审计证据适当性的核心内容，只有相关且可靠的审计证据才是高质量的。

审计工作底稿，是指注册会计师对制定的审计计划、实施的审计程序、获取的相关资料以及得出的审计结论做出记录。审计工作底稿是审计证据的载体，是注册会计师在审计过程中形成审计工作记录和获取的资料。它形成于审计工作过程，也反映整个审计过程。

审计工作底稿可以纸质、电子或其他介质形式存在。

审计工作底稿的要素包括审计工作底稿的标题、审计过程记录、审计结论、审计标识及其说明、索引号及编号、编制人员和复核人员及执行日期、其他应说明事项。

审计工作底稿的复核分为两个层次的复核：一是项目组成员实施的复核，二是项目质量控制复核。

审计档案分为永久性档案和当期档案。审计工作底稿的归档期限为审计报告日后60日内。如果注册会计师未能完成审计业务，审计工作底稿的归档期限为审计业务终止后60日。会计师事务所应当自审计报告日起，对审计工作底稿至少保存10年。如果注册会计师未能完成审计业务，会计师事务所应当自审计业务中止日起对审计工作底稿至少保存10年。

思考题

1. 审计证据的种类有哪些？审计证据的作用是什么？
2. 简述审计证据的充分性和适当性。
3. 审计证据鉴证的内容有哪些？
4. 审计工作底稿包括哪些基本要素？其具体功能是什么？
5. 审计人员在归档和复核审计工作底稿时应注意哪些事项？

案例分析

安达信审计失败分析(节选)

GAAS明确指出，注册会计师应当获取充分、适当的审计证据，作为其对财务报表发表审计意见的依据。管理当局的声明不能作为注册会计师实施必要实质性测试程序以获取充分适当审计证据的替代。记账凭证及其原始凭证、总账和明细账记录、成本费用归集分配表、银行存款调节表以及其他相关会计资料均构成支持财务报表的证据。如果没有获取支持财务报表的基础会计资料并对这些资料的恰当性和准确性进行测试,注册会计师就不应当对财务报表发表意见。显而易见,安达信对世界通信的审计并没有遵循GAAS的上述规定。

首先,安达信没有获取世界通信通过转回准备金以冲销线路成本的直接证据,而是过分依赖管理当局的声明,以致未能发现世界通信在2000年第三和第四季度以及2001年第三季度至少将过去计提的16.35亿美元的准备金用于冲销线路成本的舞弊行为。现已查明,这些转回分录均属于"空白记账凭证",无一例外地缺少相关的原始凭证或其他证明材料。具体来说,安达信没有充分考虑来自财务报告信息系统之外的会计分录(即这些分录并非来自世界通信的收入、费用、现金收入、现金支出和薪资支出等会计和报告信息系统)的有效性。尽管世界通信为了掩饰其舞弊行为,采用化整为零的方式,将12亿美元的转回冲销分录拆成几百笔分录,以逃避安达信的审计,但如果安达信检查了总账记录或者要求审阅结账后的调整分录,完全可以发现这些没有原始凭证作支撑的会计分录的可疑之处。此外,稍有审计常识的注册会计师都知道,通过转回已计提的准备金是上市公司调节利润的惯用伎俩,对准备金的借方发生额必须进行重点审计。而安达信竟然对这16.35亿美元的准备金转回无动于衷,确实令人费解。从重要性水平的角度看,2000年第三和第四季度世界通信转回准备金虚增了12.35亿美元的利润,占当年对外报告净利润的29.7%;2001年通过转回无线通信部门已提取的坏账准备虚增了4亿美元的利润,占当年对外报告净利润的26.6%,均远远超出约定俗成的重要性水平(通常为净利润的5%～10%)。对于如此重大的事项,安达信本应进行重点审计。令人匪夷所思的是,无线通信部门负责人斯图帕克和内部审计部负责人辛西亚都曾就世界通信总部要求无线电部门在2001年第三季度冲销已计提的4亿美元坏账准备一事向安达信的合伙人抱怨过,而安达信竟然视而不见,连起码的职业敏感性都没有。

其次,安达信没有获取世界通信将38.52亿美元的线路成本由经营费用转入"厂房、设备和财产"(Plant,Property and Equipment)的直接证据,以致未能发现世界通信的财务舞弊。与准备金的转回一样,这38.52亿美元所涉及的重分类调整分录(将经营费用重新划分为资本支出)无一例外地缺乏相关的原始凭证、签字授权等证明材料。其中有一笔分录(内部审计部摩斯先生最早发现的那笔怪异分录)的金额为5亿美元,缺乏原始凭证和签字授权,是一起典型的利用空白记账凭证伪造利润的案例。仅这笔分录所虚构的利润就占世界通信2001年利润的33.3%。安达信以倡导风险导向审计模式著称,难道风险导向审计模式就不需要测试凭证以获取支持其审计意见的直接证据?真不明白安达信是如何确定审计重要性的?又是如何进行审计抽样以确定凭证测试样本的?此外,这38.52亿美元的所谓资本支出,均没有纳入世界通信的资本预算之内。安达信如果将这些由线路成本转入的资本支出与世界通信内部的资本预算进行对比分析,世界通信高管人员会计造假的破绽将暴露无遗。事实上,世界通信内部审计部负责人辛西亚就是因为发现这些资本支出没有纳入资本预算,也没有经过董事会或股东大会的批准授权,从而对世界通信会计处理的真实性产生怀疑,并以此作为突破口,揭开了世界通信的造假。

(资料来源:百度文库)

讨论与思考题:

结合案例,思考审计取证时应注意哪些问题。

第六章

审计方法

导读案例

一、公司情况

龙兴公司为一工业企业，泰达公司是其固定的、主要的原材料供应商。龙兴公司每年从泰达公司购买原材料近 2 100 万吨，占其原材料年采购量的 40%左右。截至 2016 年底，龙兴公司应付泰达公司货款为 221 388 124.57 元。

二、注册会计师审计情况

注册会计师张雷按项目组的安排审计龙兴公司应付账款。由于泰达公司属于长期客户，且应付账款金额巨大，因此张雷向该公司进行了函证。

经函证，泰达公司确认龙兴公司欠货款金额为 292 287 133.57 元，差异为 70 899 009 元。

张雷在检查产生差异的原因时，发现龙兴公司 2016 年度通过“材料成本差异”账户冲回 2014～2016 年度已分摊的材料成本差异共计 7 000 万元。理由是龙兴公司认为对方售价太高，并且自 2014 年起龙兴公司就没有向对方付过款，双方一直就结算价格争执不下。

张雷认为龙兴公司存在低估负债的可能，因而影响该公司利润的真实性，决定进一步实施其他审计程序，以确定其应付账款的金额。

思考题：

1. 注册会计师张雷对龙兴公司应付账款项目审计时，采用了什么审计方法？获得的是何种类型的审计证据？实现了哪些审计目标？

2. 注册会计师张雷是否需要对龙兴公司所有的应付账款客户实施上述审计方法？为什么？

审计工作就是依据审计证据对被审计对象的合法性、真实性、公允性、效益性形成审计结论。审计证据是通过一定的审计方法取得的。如果审计方法选择、运用不当，将直接影响审计证据的充分性、适当性，并进一步影响审计结论的恰当性。审计方法分为审计战略方法和审计技术方法。

第一节 审计方法概述

一、审计方法的含义

审计方法是审计人员为取得充分适当的审计证据,以形成审计意见和审计结论而采取的一切手段的总称。

审计方法是从长期审计实践中总结和积累起来的,是为实现审计目标和完成审计任务服务的,并随着审计实践的发展而发展。审计的类型不同、对象不同,就有其不同的审计目标和要求,所选用的审计方法也有所不同。审计方法的选用是否得当,对于形成的审计结论的正确与否有着密切的联系和极其重要的影响。

二、审计方法体系

现代审计的方法体系分为两大类:一类为审计战略方法,另一类为审计技术方法。

重视审计风险、制定审计战略是现代审计区别于传统审计的一个重要特征。制定审计战略是审计人员根据被审计单位的基本情况,按照审计准则选择适当审计程序的过程。其主要方法包括:对被审计单位基本情况的了解,对内部控制的了解和评价,审计计划的制定,审计风险的评估,重要性水平的确定和分配,审计证据的整理与评价,审计工作底稿的编制,审计报告的撰写,审计人员的选派,对其他人员工作的利用(以上方法分别在有关章节中阐述,本章对此不再专门讨论),审计样本的设计、选取和评价等。

审计技术方法是指审计实施过程中为收集审计证据以形成审计意见和审计结论所选用的具体方法。包括两个层次:第一个层次是审计取证的基本方法,第二个层次是审计取证的技术方法。审计取证的基本方法主要包括:审计取证的顺序方法,即顺查法和逆查法;审计取证的数量方法,即详查法和抽查法;审计取证的模式,即账表基础审计、制度基础审计和风险基础审计。审计取证的技术方法主要包括直接取得审计证据的方法,即检查记录或文件、检查有形资产、观察、询问、函证、重新计算、重新执行、分析程序。

第二节 审计取证的基本方法

审计取证的基本方法不是直接取得审计证据的方法,而是一种程序性的方法。

一、依审计取证顺序划分的方法

审计取证顺序方法是指审计证据的取得按照什么样的顺序依次进行的方法,是相对被审计业务资料的形成顺序而言的。例如,反映经济业务的会计资料的形成顺序可概括为:经济业务→原始凭证→记账凭证→日记账→分类账→财务报表。根据审计证据的取得顺序与其资料形成顺序的方向关系,可以将审计取证顺序方法分为顺查法和逆查法。

1. 顺查法

顺查法也称正查法,是指审计证据的取得顺序与反映经济业务的会计资料形成顺序一致的方法,即按照会计账务处理的程序,依次对凭证、账簿、报表进行逐一检查和核对,取得对审查事项的审计证据。这种方法是归纳法在审计领域的运用,即按形成的最终结果、从起点到终点的顺序来取得证据。

顺查法的具体操作步骤是：首先，审查原始凭证，分析经济业务发生的原因和事实经过，以确定原始凭证的真实正确、合理合法。其次，核对原始凭证与记账凭证是否一致，检查记账凭证中科目运用、数量金额、借贷方向等是否正确。再次，将记账凭证与账簿核对，确定账证是否一致，总分类账余额同所属明细分类账余额的合计是否一致。最后，核对账簿与财务报表，检查财务报表是否按照账簿记录列报，确定财务报表的真实性、公允性，并对报表各项目之间的勾稽关系进行核对。

顺查法是按照会计账务处理的先后顺序，从审查原始凭证入手，通过证证核对、证账核对、账账核对、账表核对，以查明经济业务处理的每一个环节是否存在问题，其优点是全面、系统，账务处理上的所有错误和舞弊大多能揭露出来，审计结果准确，审计风险较小。但顺查法的缺点也是显而易见的。由于对经济业务处理的每一个环节都要检查，如果经济业务量多，凭证繁多，就会造成工作量过大，人力、物力、财力耗费过多，降低审计效率；而且使审计重点不突出，平均使用审计力量，容易造成就事论事，忽视了对错误和舞弊的追根溯源，不利于揭露重大的错误和舞弊，从而在一定程度上也会增加审计风险。

基于顺查法的优缺点，顺查法主要适用于业务规模较小、内部控制不完善、账目记录混乱、存在问题较多的被审计单位。对涉及贪污舞弊的专案审计一般使用顺查法。

2. 逆查法

逆查法也称倒查法，是指审计证据的取得顺序与反映经济业务的会计资料形成顺序相反的方法，即按照会计账务处理程序的相反方向，依次对报表、账簿、凭证进行逐一检查和核对，取得对审查事项的审计证据。这种方法是演绎法在审计领域的运用，即按形成的最终结果、从终点逐步推到起点的顺序来取得证据。

逆查法的具体操作步骤是：

第一，运用分析程序等方法审查财务报表，确定财务报表中可能存在重大错报的项目，作为下一步审计的方向和重点领域。

第二，根据所确定的重点报表项目，追溯检查有关的总分类账、明细账、日记账，确定财务报表是否根据账簿记录编制。

第三，将与确定的重点报表项目有关的总分类账、明细账、日记账进行相互核对，确定账簿记录的正确性。

第四，进一步追溯检查与账簿记录对应的记账凭证，确定账簿记录的真实性、完整性。

第五，追溯检查相关的原始凭证，通过分析经济业务发生的原因和事实经过，确定原始凭证的真实正确、合理合法，用以解释财务报表中发现的重大错报。

逆查法是按照会计账务处理程序的相反方向，从审查财务报表入手，针对财务报表中发现的重大错报，追溯审查会计账簿、记账凭证和原始凭证，以找出重大错报的根源。这种方法的优点是审计重点突出，避免了面面俱到，使审计资源得到合理安排，有利于审计效率的提高。在逆查法下，审计效果取决于审计人员对重大错报判断的准确程度。因此，其缺点也就显而易见：如果审计人员对重大错报判断失误，就会造成轻重倒置，使真正的重大错报没有被查出来，同时由于没有对所有的账簿、凭证进行检查，使问题容易被遗漏。

逆查法主要适用于业务规模较大、内部控制完善有效的被审计单位，而且要求审计人员具有比较丰富的实践经验和较高的专业判断能力。

二、依审计取证数量(范围)划分的方法

按照审查经济业务资料的规模和收集审计证据范围的大小不同,审计方法可分为详查法和抽查法。审计证据的数量与其充分性有着直接的关系。为了兼顾审计的效率与效果,审计人员应合理运用审计取证数量方法。

1. 详查法

详查法又称详细审计方法,是对被审计单位审计期内被审事项的所有凭证、账簿、报表等资料进行详细审查的一种审计方法。详查法的特点是检查精细,通常要逐笔核对,故也称精查法。

详查法要求对被审计单位审计期内被审事项的所有凭证、账簿、报表等资料进行逐笔核对。此方法的优点是对情况掌握全面、详细、准确,一般不会发生遗漏,审计质量能够得到较高程度的保证。但其缺点也是显而易见的:审计工作量大,人力、财力、物力耗费多,审计的成本较高,影响审计效率。

详查法的缺点使得其在审计实务中的应用受到很大限制,一般适用于经济业务比较简单的被审计单位。对问题特别严重的被审计单位进行审计时,如存在重大贪污盗窃或严重违反财经法纪以及内部控制极为混乱等,应采用详查法。

2. 抽查法

抽查法又称抽样审计法,是对被审计单位审计期内被审事项的部分凭证、账簿及有关记录进行检查,然后根据检查结果推断总体状况的方法。

与详查法相对应,抽查法最大的优点就是大大减少了审计工作量,节省了人力、财力、物力,提高了审计效率。在抽查法下,审计效果取决于审计人员抽样的结果能在多大程度上代表总体特征。如果审计人员抽取的样本不能代表总体特征,就可能导致错误的审计结论。这也是抽查法最大的局限性。

抽查法一般适用于规模较大、经济业务多、内部控制健全有效、会计基础好的被审计单位。

三、依审计取证模式划分的方法

在审计发展的历史过程中,虽然审计的根本目标没有发生重大变化,但审计环境却发生了很大的变化。随着审计环境的不断变化,为了实现审计目标,就要对审计方法进行不断调整,这就促进了审计取证模式的改进和发展,目的是在保证审计质量的前提下不断提高审计效率,使审计取证模式发展历程表现为从低级到高级、从不完备到较完备的一个过程。归纳起来,审计取证模式的发展大致经历了三个阶段:账表基础审计法阶段(古代至20世纪40年代末期)、制度基础审计法阶段(20世纪50年代初期至80年代末期)和风险基础审计法阶段(20世纪80年代末期至今)。

1. 账表基础审计法

前资本主义时期的受托经济责任,都是主人—管家型的受托经济责任,实际上也就是经营责任。审计学家伯顿说:“19世纪的股东们对管理当局的希望,只是忠实的管家。”管家式的受托经济责任基本上集中在不舞弊、不中饱私囊方面。账表基础审计法正是适应了评价简单受托经济责任的需要,是审计取证模式发展的第一阶段,在审计方法发展史上占据着十分重要的地位。

账表基础审计法是围绕会计账簿、会计报表的编制过程进行的。以交易为基础,通过对报

表、账簿和凭证的详细检查来判断是否存在舞弊行为或技术性错误。

在账表基础审计法下，审计人员需要对交易进行逐笔检查，通过对凭证、账簿、报表的核对、计算，以判断是否存在舞弊或错误。因此，审计证据的质量较高，证明力也较强。但是也存在着明显的局限性：

第一，耗费大量的人力和时间。每一笔交易从原始凭证的记录到与交易有关的各类会计文件的形成及其在会计系统内的周转过程，对此进行详细检查是一项繁重复杂的工作。根据有关文献记载，在审计过程中，检查合计和过账的工作量一般可达到整个审计工作量的3/4。而这一艰巨的重复性劳动的目标是为了寻找一个可能根本就不存在的技术性记账错误。

第二，在被审计单位业务规模较大的情况下，虽然采用了抽查技术，由于抽查技术的运用是建立在审计人员根据经验的主观判断基础上，缺乏对内部控制系统的了解和评价，因此有可能遗漏重要项目事件，抽样风险较大。

第三，由于以交易为基础的审计工作主要是围绕交易来进行的，因此不容易发现会计工作中的程序性错误，对于系统性的缺陷和不合理现象也很难发现，这样即使查出了技术性错误或舞弊，也不能做到追根溯源、堵塞漏洞、避免重犯。

2. 制度基础审计法

进入 20 世纪，随着企业经营规模的扩大，企业的筹资方式发生了重大变化，不再仅仅依赖于从股东那里取得的资金，转而寻求短期商业贷款，甚至向社会公开发行债券、股票，这就导致了受托经济责任的重大变化。在这种受托经济责任关系下，经济责任的受托人由股东扩大到给企业提供资金的金融机构和作为未来投资者的一般大众，受托人不仅关注经营者的错误与舞弊行为，更关注经营者如实说明经营状况和财务成果。

受托经济责任内容的变化，使审计目标在关注舞弊和错误的同时，还要说明会计报表的真实性和公允性，进而呼唤审计方法的变革。要验证会计报表的真实性、公允性，则要借助于对企业管理制度特别是内部控制制度的评审，这就导致了制度基础审计方法的产生。

经济发展的外部因素也使审计工作越来越依赖于组织的内部控制制度：第一，随着经济的不断发展，出现了很多经营规模较大的大型企业，交易过程越来越复杂，对其合理性的判断也越来越困难，因此审计工作不得不依赖企业内部控制制度的自身控制作用。第二，由于企业规模的不断扩大，交易量急剧增加，客观上不能继续应用传统的审计方法，即对交易进行逐笔的详细检查，这就使抽样技术得到了广泛的应用，企业内部控制制度是否健全有效成为能否成功运用抽样技术的先决条件。

制度基础审计法是以内部控制制度审查为基础的一种审计方法。在对企业内部控制制度了解的基础上，通过对系统中各个控制环节的审查，发现控制制度中的薄弱环节，以此确定实质性程序的性质、时间、范围，根据检查结果形成审计结论和意见。

与账表基础审计法相比，制度基础审计法改变了传统的对于经济活动结果进行详细检查的做法，而是以内部控制制度为重心，强调对内部控制制度的评价，对内部控制评价的结果直接影响实质性程序工作量的大小，当评价结果证明内部控制可以信赖时，在实施实质性程序时只需抽取少量样本就可以得出审计结论了；而当评价结果认为内部控制不可靠时，在实施实质性程序时要根据具体情况扩大审查范围，从而使抽查技术的应用建立在对内部控制评审的基础上，减少了抽查的盲目性，降低了审计风险，也提高了审计质量和审计效率。制度基础审计法是审计方法发展过程中的一个重要阶段，并在很长的时间内发挥了相当大的作用。

由于内部控制制度本身所具有的局限性，以制度为基础的审计方法也不是万能的。如对于无规律的业务，内部控制就无法发挥作用。如果不相容岗位的人员之间相互串通舞弊，或行使相应职务的人员素质不适应岗位要求，就会影响内部控制功能的有效发挥。制度基础审计方法还存在一项更大的其本身无法解决的致命弱点：基于内部控制为基础的审计取证模式没有与审计风险联系起来，没有为有效降低审计风险提供指南和帮助。

3. 风险基础审计法

自20世纪60年代以来，世界各国控告审计人员的诉讼案件急剧增加，审计人员面临"诉讼爆炸"时代。在美国，1960～1972年发生了181起针对审计人员的诉讼，1973～1985年发生了291起，1985年以后针对审计人员的诉讼越来越多，标的越来越大。2002年10月美国《会计》杂志报道，审计人员正处于诉讼爆炸的时代，每年诉讼赔偿金额加私下合解的赔偿达800亿美元，相当于美国审计职业界国内收入的10%。导致上述现象出现的原因主要有：

第一，随着世界范围内科学技术的发展和政治经济的变化，企业之间的竞争更加激烈，加剧了企业的不稳定性，社会对审计人员提出了更高的要求，审计人员的社会责任加大。

第二，制度基础审计法存在的缺陷，使审计人员无法应对审计风险。

因此，为了适应高风险的现代经济社会，更好地履行审计人员的责任，提高审计质量，降低审计风险，在运用制度基础审计法的基础上，逐步融入并强调对风险因素的分析与评价，运用风险决策模式进行取证。

风险基础审计法，是指审计人员在对审计风险全面分析的基础上，统筹使用各种审计程序，包括控制测试和实质性程序、风险评估等程序，综合各种审计证据，以形成审计结论和意见。

在风险基础审计法下，审计人员通过大量运用分析方法，确定审计风险产生的各个环节，使审计过程成为一个不断克服和降低审计风险的过程。一旦审计人员认为审计风险已经控制在可接受的水平范围内，就可以发表审计意见，兼顾了审计质量与审计效率两方面的要求，提高了审计工作科学化、规范化水平。

第三节 审计取证的技术方法

审计取证的技术方法是具体用于收集和评价审计证据的方法，应用于审计过程的计划阶段、实施阶段和报告阶段。不同的审计目标需要不同的审计证据来支持，不同的审计证据需要采用不同的审计技术方法来获得，审计技术方法与审计目标、审计证据之间存在着密切的联系。当审计目标确定时，审计人员必须选用相应的审计技术方法，获取充分、适当的审计证据，以形成恰当的审计结论。审计取证的技术方法一般包括检查记录或文件、检查有形资产、观察、询问、函证、重新计算、重新执行、分析程序等。

一、检查记录或文件

检查记录或文件是指审计人员对被审计单位内部或外部生成的，以纸质、电子或其他介质形式存在的记录或文件进行审查。其目的是对财务报表所包含或应包含的信息进行验证，一般可通过审阅、核对的方法来完成。

1. 审阅

审计人员在审阅相关记录和文件时，应注意其是否真实、合法。审阅是审计工作常用的一种最基本的取证方法。相关记录和文件主要包括会计记录和其他书面资料。

(1)审阅原始凭证

原始凭证是在经济业务发生或完成时取得或编制的载明经济业务的具体内容、明确经济责任、具有法律效力的书面证明。审阅原始凭证时，应从其内容与形式两方面进行审查。审查其内容时，应关注原始凭证记载的经济业务是否合理合法，是否与企业有联系，是否符合企业的利益要求等。审查其形式时，应注意原始凭证有无涂改和伪造的痕迹，来源渠道是否合法合规，单位名称是否正确，印章是否齐全，是否有相关责任人的签字，金额计算是否正确，大小写是否一致等。

例如，审阅采购业务的原始凭证时，首先要查看有无购货发票，发票是否符合要求，供货单位为增值税一般纳税人的应取得增值税专用发票，发票有无涂改或伪造的痕迹，发票的抬头是否为被审计单位，发票上的印章是否齐全。其次检查发票上所载明的货物是否是被审计单位生产所需要的，是否有请购审批手续，是否与购货合同内容一致，货物如已收到时有无验收、入库手续。再次检查发票上所记载的项目内容是否完整，单价与购货合同是否一致，数量与验收、入库的数量是否一致，金额计算是否正确、大小写是否一致，货款如已支付时支票存根金额与购货发票金额是否一致等。

(2)审阅记账凭证

记账凭证是会计部门根据原始凭证填制的，记载经济业务简要内容，确定会计分录，作为记账依据的会计凭证。审阅记账凭证时，应注意记账凭证是否有对应的原始凭证支持，记载的内容是否与其对应的原始凭证记载的内容一致，会计科目的使用是否恰当，账户的对应关系是否清晰，金额计算是否正确，编制、复核、记账、会计主管的签章是否齐全等。如涉及货币资金收支业务的，还应关注其金额有无异常现象。成本核算是否符合国家有关财务会计制度的规定。

例如，审计人员在审查反映采购业务的记账凭证时，首先要检查该记账凭证是否附有购货发票，记载的内容是否与所附购货发票的内容一致，包括货物名称、种类、数量、金额等；其次要检查会计分录的编制是否恰当，包括会计科目的使用和账户的对应关系；最后检查签章是否齐全，是否履行了必要的内部控制程序。

(3)审阅账簿

账簿是以会计凭证为依据，对全部经济业务进行全面、系统、连续、分类的记录和核算的簿籍，是由专门格式并以一定形式连接在一起的账页所组成的，包括日记账、明细分类账、总分类账等。审阅账簿时，应注意账簿的设置是否符合相关规定，记录的方法(包括错账更正的方法)是否符合相关规定，记录的内容是否与对应的会计凭证一致，账户运用是否正确，有无涂改现象等。

(4)审阅财务报表

财务报表是对企业财务状况、经营成果和现金流量的结构性表述。审阅财务报表时，应注意财务报表的编制是否符合相关《会计准则》和会计制度的规定，报表项目填列是否齐全，填列方法是否正确，表内以及表与表之间的对应、平衡关系是否正确，报表附注是否对应揭示的重大会计政策、会计估计等问题进行了充分披露，相关报表编制人、责任人的签章是否齐全。如果涉及前期数字，是否与前期会计报表上的有关数字相等。

(5)审阅其他书面资料

其他书面资料包括预算、计划、合同、方案、规章制度等。审阅其他资料时，应注意资料来源是否可靠，数字计算是否正确。例如，审阅预算、计划、方案时，应注意其是否切合实际、有无具体的实施措施；审阅合同时，应注意合同主要条款是否完备合法、公平合理，措辞是否明了准确；审阅规章制度时，应注意其内容是否健全、合理、科学，有无可操作性。

2. 核对

审计人员在审阅会计记录及其他书面资料时，还应注意核对各种书面文件相关项目之间的记录是否一致。通过核对，可以进一步验证被审计单位提供资料的真实、正确、合法。

(1)凭证之间的核对

凭证之间的核对是指原始凭证之间、原始凭证与记账凭证之间、记账凭证与汇总记账凭证之间的核对，核对的要点是日期、内容、数量、金额等是否相符。

例如，审查材料采购业务时，可将购货发票与请购单、验收单、入库单进行核对，检查其日期、品名、规格、数量是否相符，以查明所购货物是否收到。

(2)凭证与账簿之间的核对

凭证与账簿之间的核对是指原始凭证、记账凭证与所对应账簿之间的核对，核对的要点是日期、摘要、金额是否一致，是否按记账凭证上的会计科目过入有关账户。

(3)账簿之间的核对

账簿之间的核对是指日记账、明细分类账与总分类账之间的核对。核对的要点是日记账记录的金额与有关明细账、总账是否相符，总分类账账户本期发生额与所属明细分类账账户本期发生额合计数是否相等，总分类账账户余额与所属明细分类账账户余额合计数是否相等，总分类账各账户借方余额合计与贷方余额合计是否相等。

(4)账簿与报表之间的核对

将账簿与报表核对时，应注意账簿的记录时间、账户等与报表是否相符，各项目所列金额是否与相应总分类账户或明细分类账户的余额或发生额相等，是否严格按照账簿记录编制会计报表，有无虚构数字、推后或提前列报等情况。

(5)报表之间的核对

在对各报表进行相互核对时，应按照报表之间的勾稽关系进行核对，主要是对不同报表上相同项目的金额进行核对。例如，将资产负债表中所有者权益各项目金额与所有者权益变动表相核对。

(6)会计记录与其他书面资料之间的核对

为了进一步验证会计记录的真实、正确，还需要将会计记录与其他书面资料进行核对。例如，将银行对账单与银行日记账进行核对，将职工花名册、考勤记录与工资发放表进行核对。

审计人员在核对过程中，应认真细致、有条不紊，才不致遗漏或重复。为了便于核对工作的进行，可以使用一些符号标记，将其标在被审查资料的右边。这些符号可以自己设定，没有固定的标准。

通过检查记录或文件所获得的审计证据属于重要的书面证据，证明力较强。同时，其可靠程度与记录或文件的来源和性质有关。一般情况下，来源于被审计单位外部的记录或文件要比来源于被审计单位内部的可靠。

二、检查有形资产

检查有形资产是指审计人员对资产实物进行审查。该方法一般适用于对现金、有价证券、存货、固定资产、投资性房地产等的审查。通过检查有形资产，可以确定被审计单位上述资产是否真实存在，与账面记录是否相符，有无溢余或短缺，同时还可以了解资产的使用状况、磨损程度。检查有形资产获得的审计证据属于实物证据，是一种重要的审计证据。但其局限性是，只能对有形资产是否真实存在提供有力的审计证据，却不能确定被审计单位对该资产拥有所有权，也不能对该资产的计价和完整性提供审计证据。因此，审计人员在检查有形资产之外，应对有形资产的计价、完整性和所有权另行审计。

例如，审计人员对固定资产进行检查，应按照被审计单位固定资产的安放情况，确定检查的范围和顺序，依次到固定资产的具体存放地点进行检查，查明其名称、型号、数量，并与账面记录核对，确定账面记录的资产是否真实存在；同时，还要对其使用状况、新旧程度进行检查，为固定资产的计价审计提供辅助证据。

三、观察

观察是指审计人员查看相关人员正在从事的活动或执行的程序。审计人员可以对被审计单位经营场所的位置和规模、生产经营活动、员工的行为和精神状态、资产的存放状况等进行察看，从而取得一种环境证据，是对通过检查方法获得审计证据的有力补充。

例如，审计人员对友谊宾馆进行审计，通过对被审计单位所处地理位置的观察，可以基本确定其客房的入住率，为进一步确定其客房收入提供帮助；通过对员工开票、收款等业务处理流程的观察，可以取得被审计单位内部控制制度的执行情况，为相关内部控制是否得到有效执行提供审计证据。

但是，观察提供的审计证据仅限于观察发生的时点，并且在相关人员已知被观察时，相关人员从事活动或执行程序可能与日常的做法不同，从而影响审计人员对真实情况的了解。因此，审计人员在使用观察技术方法时，应避免让被观察者知晓，这样才能使被观察者能以与平时一样的态度、方式、程序处理事务，提高证据的可靠性。

四、询问

询问是指审计人员以书面或口头方式，向被审计单位内部或外部的知情人员获取财务信息和非财务信息，并对答复进行评价的过程。询问必须形成书面记录，并由被询问者签字盖章。询问通常在运用检查、观察等方法发现疑点和问题时加以运用。但询问本身获得的证据也是一种辅助证据，不足以发现认定层次的重大错报，也不足以证明内部控制运行的有效性。知情人对询问的答复可能为审计人员提供尚未获悉的信息或佐证证据，也可能提供与已获悉信息存在重大差异的信息，审计人员应根据询问的结果考虑修改审计程序或追加实施新的审计程序。

五、函证

函证是指注册会计师直接从第三方（被询证者）获取书面答复以作为审计证据的过程。书面答复可以采用纸质、电子或其他介质等形式。函证包括积极式询证函和消极式询证函。积极式询证函是指要求被询证者直接向审计人员回复，表明是否同意询证函所列示的信息，或填列所要求的信息。消极式询证函是指要求被询证者只有在不同意询证函所列示的信息时才直接向审计人员回复。实施函证程序取得的审计证据，由于是从被审计单位外部独立来源获得的，可靠性高，可用来应对由舞弊或错误导致的特别风险。在未回函的情况下，审计人员应当实施替代程序以获取可靠的相关审计证据。如果认为有必要取得积极式询证函回函，以获取充分、适当的审计证据，则替代程序不能提供所需要的审计证据。在这种情况下，如果未获取回函，应当合理确定其对审计结论的影响。

审计人员应当对银行存款、借款、与金融机构往来的其他重要信息以及应收账款进行函证，还可以对以下账户余额或信息实施函证：短期投资，应收票据，其他应收款，预付账款，由其他单位代为保管、加工或销售的存货，长期投资，应付账款，预收账款，保证，抵押或质押，或有事项，重大或异常的交易等。

函证程序的具体讲解见第八章销售与收款循环审计。

六、重新计算

重新计算是指审计人员以人工方式或使用计算机辅助审计技术，对记录或文件中数据计算的准确性进行核对。可用于对原始凭证、记账凭证、账簿、报表和其他有关资料中数据计算准确性的核对。重新计算获得的审计证据是审计人员亲自取得的，属于直接证据，可靠性较高。

七、重新执行

重新执行是指审计人员以人工方式或使用计算机辅助审计技术，重新独立执行被审计单位内部控制组成部分的程序或控制。重新执行获得的审计证据是审计人员亲自取得的，属于直接证据，可靠性较高，是用来证明内部控制有效性的直接证据。

八、分析程序

分析程序是指注册会计师通过分析不同财务数据之间以及财务数据与非财务数据之间的内在关系，对财务信息做出评价。分析程序还包括在必要时对识别出的、与其他相关信息不一致或与预期值差异重大的波动或关系进行调查。例如，审计人员对被审计单位会计报表和其他会计资料中的重要比率及其变动趋势进行分析，以发现其异常变动项目，作为下一步审计的重点，通过询问、检查等其他技术方法获取审计证据，以查明异常项目变动的原因。

一般情况下，在整个审计过程中，审计人员都将会应用分析程序。分析程序常用的方法有比较分析法、比率分析法和趋势分析法三种。

1. 比较分析法

比较分析法是通过某一会计报表项目与其既定标准的比较，以获取审计证据的一种技术方法。它包括本期实际数与计划数的比较，预算数与审计人员计算数之间的比较，本期实际数与同业标准之间的比较。

2. 比率分析法

比率分析法是通过对会计报表中的某一项目同与其相关的另一项目相比所得的值进行分析，以获取审计证据的一种技术方法。例如，分析企业的短期偿债能力，就需要计算流动比率和速动比率，计算出比值后，通过将其与以前同期数、同业标准数的比较，得出企业短期偿债能力强或弱的分析计算证据。

3. 趋势分析法

趋势分析法是通过对连续若干期某一会计报表项目的变动金额及其百分比的计算，分析该项目的增减变动方向和幅度，以获取审计证据的一种技术方法。

第四节 审计抽样

审计方法是随着审计实践的发展而逐渐发展和完善的。在审计产生的初期，由于企业的规模较小，基于"查错防弊"的审计目标，审计方法采用的是详查法。随着企业规模的扩大，经济活动日益纷繁复杂，传统的详细审计已不再可能。随着企业受托责任内容的变化，审计目标也发生了变化，由单纯的"查错防弊"转化为以"对会计报表的公允性发表审计意见"为主、"查错防弊"转为次要目标，主观上使审计抽样发展成为必然。随着现代企业内部经营管理制度的建立和完善以及数理统计理论的发展，客观上为审计人员使用抽样审计方法提供了依据和科学指导。

现代审计的重要特征之一就是审计抽样的广泛运用，它大大降低了审计成本，提高了审计工作的效率，是审计理论与实践的重大突破。

一、审计抽样的定义

审计抽样是指审计人员在运用审计技术方法获取审计证据时，从某一特定的审计对象总体中，按一定方式选取一定数量的样本进行审查，并根据样本的审查结果，推断审计对象总体特征的一种方法。

抽样审计不同于详细审计。详细审计是指对审计对象总体中的全部项目进行审计，并根据审计结果形成审计意见。那种从审计对象总体中选取部分项目进行审计，并对所选项目本身发表审计意见的方法不属于审计抽样。审计抽样也不同于抽查。抽查作为一种技术，可以用来了解情况，确定审计重点，取得审计证据，其在使用中并无严格要求。审计抽样作为一种方法，需要运用抽查技术，但其更重要的工作内容是根据审计目的及环境要求做出科学的抽样决策。审计抽样要严格按照规定的程序和抽样方法的内在要求去完成。

审计抽样对控制测试和实质性程序都适用，但并不是对于这些测试中的所有程序都适用的。比如，风险评估程序通常不涉及审计抽样。审计抽样可用于对控制测试中留下交易轨迹的控制程序的审查，不适用于没有留下交易轨迹的控制程序的审查。在实质性程序中，审计抽样可广泛应用于检查、函证、计算等，但通常不用于询问、观察、分析程序等。

二、审计抽样与审计风险

审计人员在运用抽样技术进行审计时，存在两方面的不确定因素，其中一方面的因素直接与抽样相关，而另一方面的因素却与抽样无关。我们将直接与抽样相关的因素造成的不确定性称为抽样风险，将与抽样无关的因素造成的不确定性称为非抽样风险。

(一)抽样风险

抽样风险是指审计人员根据抽样结果得出的结论和对审计对象总体全部项目实施与样本同样的审计方法得出的结论存在差异的可能性。抽样风险是由于没有对所有项目进行审查形成的。所以，抽样风险与样本量成反向关系：样本量越大，抽样风险越低。

1. 审计人员在进行控制测试时，应关注以下抽样风险：

(1)信赖不足风险。这是指抽样结果使审计人员没有充分信赖实际上应予信赖的内部控制的可能性。

(2)信赖过度风险。这是指抽样结果使审计人员对内部控制的信赖超过了其实际上可予信赖程度的可能性。

2. 审计人员在进行实质性程序时,应关注以下抽样风险:

(1)误受风险。这是指抽样结果表明账户余额不存在重大错误而实际上存在重大错误的可能性。

(2)误拒风险。这是指抽样结果表明账户余额存在重大错误而实际上不存在重大错误的可能性。

上述这些风险都将严重影响审计的效率与效果。信赖不足风险和误拒风险,一般会导致审计人员的工作量增加,降低审计效率。信赖过度风险和误受风险,则很可能导致审计人员形成不正确的审计结论。

可见,信赖过度风险和误受风险对审计人员来说是最危险的风险,使审计无法达到预期的效果,影响审计质量。而信赖不足风险和误拒风险则属于保守型风险,虽然降低了审计效率,但不会影响审计效果,审计质量一般能得到保证。

(二)非抽样风险

非抽样风险是指由于某些与样本规模无关的因素而导致注册会计师得出错误结论的可能性。比如,审计人员采用了不恰当的审计方法,或误解审计证据而没有发现误差等,均可能导致非抽样风险。

产生非抽样风险的原因主要是:

(1)审计人员选择的总体不适合于审查的目标。比如,确认应收账款的漏记却把应收账款明细账作为总体。

(2)未能适当地定义控制偏差或错报,导致未能发现样本中的偏差或错报。

(3)选择了不适用于实现特定目标的审计方法,导致未能发现误差。例如,审计人员依赖函证来发现未入账的应收账款。

(4)审计人员未能适当地评价审计发现的情况。例如,审计人员错误地解读审计证据导致未能发现误差。对所发现误差的重要性判断有误,从而忽略了性质十分重要的误差。

非抽样风险无法量化,但审计人员应当通过对审计工作适当的计划、指导和监督,坚持质量控制标准,力争有效地降低非抽样风险。非抽样风险对审计工作的效率和效果都有一定的影响。

三、审计抽样的种类

审计抽样的种类很多,其常用的分类方法有:按照抽样决策的依据不同,将审计抽样划分为统计抽样和非统计抽样;按审计抽样所了解的总体特征不同,将审计抽样划分为属性抽样和变量抽样。

(一)统计抽样和非统计抽样

1. 统计抽样

统计抽样是指审计人员运用概率论原理,遵循随机原则,从审计对象总体中抽取一部分有效样本进行审查,然后以样本的审查结果来推断总体的抽样方法。运用统计抽样,可以使总体中每一单位都有被抽查的机会,使样本的特征尽可能接近总体的特征。

统计抽样的意义在于:

(1)统计抽样能够科学地确定样本规模,根据总体预计差错率、可接受的审计风险等,运用统计学原理就可以准确地计算出所需要的样本量;

(2)采用统计抽样,总体中各项目被抽中的机会是均等的,可以防止主观臆断,提高样本对总体的代表性,使样本的特征尽可能接近总体的特征;

(3)统计抽样能够客观地计量抽样风险,并通过调整样本规模来控制风险;

(4)统计抽样可以促使审计工作规范化。

2. 非统计抽样

非统计抽样是指由审计人员凭借自己的职业经验和判断能力,有目的地从特定审计对象总体中抽取样本进行审查,并以样本的审查结果来推断总体的抽样方法。

在非统计抽样中,审计人员全凭主观标准和个人经验来确定样本规模和评价样本结果,简单灵活,易于操作。但也正是由于这一原因,导致审计风险不可预知,并且不可控制,审计结果可靠性较差。

尽管统计抽样有着非统计抽样不可比拟的优点,解决了非统计抽样难以解决的问题,但是统计抽样的产生并不意味着非统计抽样的消亡。审计人员在运用审计技术方法获取审计证据时,既可以运用统计抽样技术,也可以运用非统计抽样技术,还可以结合使用两种抽样技术。不论采用哪种抽样技术,都要求审计人员在设计、执行抽样计划和评价抽样结果中合理运用专业判断。这两种技术只要运用得当,都可以提供审计所要求的充分、适当的审计证据,并且都存在某种程度的抽样风险和非抽样风险。它们之间的根本区别在于是否利用概率法则来量化控制抽样风险。

在审计时,审计人员究竟选用哪一种抽样技术,取决于审计人员对成本效果方面的考虑。非统计抽样可能比统计抽样花费的成本要小,但统计抽样的效果可能比非统计抽样要好得多。

统计抽样和非统计抽样的关系如图 6—1 所示。

(二)属性抽样和变量抽样

属性抽样是指在精确度界限和可靠程度一定的条件下,为了测定总体特征的发生频率而采用的一种方法。所谓属性,是指审计对象总体的质量特征。根据控制测试的目的和特点,在控制测试中采用的审计抽样就是属性抽样,即审查被审计单位内部控制是否遵循了既定的标准及其存在的误差水平。

变量抽样是指用来估计总体金额而采用的一种方法。根据实质性程序的目的和特点,在实质性程序中采用的审计抽样就是变量抽样。

在审计实务中,经常存在同时进行控制测试和实质性程序的情况,在此情况下采用的审计抽样称为双重目的抽样。

属性抽样与变量抽样的区别见表 6—1。

表 6—1　　属性抽样与变量抽样的区别

抽样技术	测试种类	目　标
属性抽样	控制测试	估计总体既定控制的偏差率(次数)
变量抽样	实质性程序	估计总体金额或总体中的错误金额

审计人员在进行控制测试时,通常采用固定样本量抽样、停—走抽样、发现抽样等属性抽样方法;在进行实质性程序时,通常采用均值估计抽样、差异估计抽样、比率估计抽样等变量抽样方法。

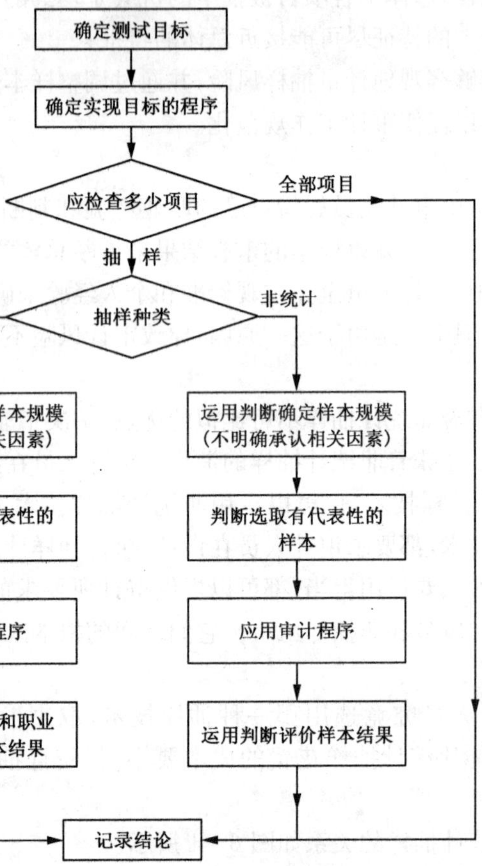

图 6—1 统计抽样与非统计抽样的关系

四、审计抽样的基本步骤

审计人员在运用审计抽样方法时需要经过以下几个基本步骤:

(一)样本的设计

围绕样本的性质、样本量、抽样组织方式、抽样工作质量要求所进行的计划工作,称为样本设计。审计人员在设计样本时,应考虑以下基本因素:

1. 确定具体的审计目标

审计人员在设计样本时,应首先考虑将要实现的具体审计目标,并考虑将要获得的审计证据的性质、可能存在误差的条件以及该项审计证据的其他条件,以正确地界定误差和审计对象总体,并确定采用何种审计技术方法。例如,在对企业购货过程进行控制测试时,审计人员应当把发票是否经过有关人员的核对、是否经过授权人员的批准等作为审计目标。

2. 界定审计对象总体与抽样单位

审计对象总体是审计人员为形成审计结论,拟采用抽样方法审计的经济业务及其有关会计或其他资料的全部项目。审计人员在确定审计对象总体时,应当确保总体的适当性和完整性。适当性是指总体必须符合审计目标。例如,如果审计目标在于审查应收账款余额是否多计,审计对象总体应为应收账款明细账;如果审计目标是审查应付账款余额是否少计,则审计对象总体不仅包括应付账款明细账，还应包括期后付款、未付发票及足以提供应付账款少计证据的其他项目。完整性是指总体必须包括被审计的经济业务或资料的全部项目。

抽样单位是构成审计对象总体的个别项目。审计人员应当根据审计目标和被审计单位的实际情况，确定抽样单位。

审计人员按照不同的要求和方法，从审计对象总体中选取若干抽样单位，便构成了不同的审计样本。

3. 定义误差的构成条件

审计人员应该运用专业判断、事先准确定义构成误差的条件，否则执行审计程序时就没有识别误差的标准。在定义误差构成条件时，应考虑具体的审计目标。

在控制测试中，误差是指审计人员认为使控制程序失去效能的所有控制无效事件。审计人员应根据对被审计单位内部控制的了解，确定哪些特征能够显示被测试控制的运行情况，然后据此定义误差构成条件。在评价控制运行的有效性时，应当考虑其认为必要的所有环节。例如，测试被审计单位销售控制时，未经批准开出销售发票、销货退回手续不全、销售收入会计记录错误等就属于误差。

在实质性程序中，误差是指审计人员检查出的账户错报金额。审计人员应正确确定什么构成错报。例如，通过函证确定应收账款的存在性时，客户在函证日之前支付、被审计单位在函证日之后不久收到的款项不构成误差。

4. 确定样本规模

样本是指从总体中抽取的对总体具有代表性的项目的集合。抽取样本的数量称为样本的规模。在审计抽样中，如果样本规模过小，不能反映出总体的特征，通过对样本的审查，审计人员不能获取充分、适当的审计证据，影响审计结论的可靠性；相反，如果样本规模过大，则会增加审计工作量，降低审计的效率，使审计抽样失去意义。因此，样本规模的确定十分重要，审计人员在确定样本规模时应考虑以下五个因素：

(1)可接受的抽样风险

抽样风险是审计人员根据抽样结果得出的结论与对审计对象总体全部项目实施与样本同样的审计方法得出的结论存在差异的可能性。可接受的抽样风险与样本量成反向关系：可接受的抽样风险水平越低，需选取的样本规模就越大。

(2)可信赖程度

可信赖程度通常用预计抽样结果能够代表审计对象总体特征的百分比来表示。例如，抽样结果有95%的可信赖程度，是指抽样结果代表总体特征的可能性有95%，没有代表总体特征的可能性有5%。在审计中，审计人员对样本的可信赖程度要求越高，需选取的样本规模就越大。

(3)可容忍误差

可容忍误差是审计人员认为抽样结果可以达到审计目标而愿意接受的审计对象总体的最大误差。审计人员应当在审计计划阶段，根据审计重要性原则，合理确定可容忍误差。可容忍误差越小，需选取的样本规模就越大。

在进行控制测试时，可容忍误差是审计人员在不改变对内部控制的可信赖程度的条件下所愿意接受的最大误差。在进行实质性程序时，可容忍误差是审计人员在能够对某一账户余额或某类经济业务总体特征做出合理评价的条件下所愿意接受的最大金额误差。

(4)预期总体误差

审计人员应根据前期审计所发现的误差、被审计单位经营业务和经营环境的变化、风险评估程序的执行结果，对审计对象总体可能存在的误差进行合理的预计。如果存在预期误差，则应当选取较大的样本规模。

(5)分层

分层是将某一审计对象总体划分为若干个具有相似特征的次级总体的过程。总体的某一特征在各项目之间的差异程度越大，分层就越有必要。审计人员可以利用分层来重点审查可能有较大错误的项目，并减少样本量。

分层不仅可以提高抽样的效率，还可以使审计人员能按项目的重要性、变化频率或其他特征选取不同的样本数，并且可针对不同的层次使用不同的取证方法。通常对包含最重要项目的层次实施全部审查。

例如，通过函证获取应收账款的审计证据时，可将应收账款账户按其金额的重要性分为三层：账户金额在10 000元以上的，账户金额在5 000～10 000元的，账户金额在5 000元以下的。对应收账款账户金额在10 000元以上的账户应进行全部函证。

对总体可以按经济业务的重要性来分层，也可以按经济业务的类型来分层。分层时必须注意以下几点：

①总体中的每一抽样单位必须属于一个层次，并且只属于这一层次；

②必须有事先能够确定的、有形的、具体的差别来区分不同的层次；

③必须能够事先确定每一层次中抽样单位的准确数字。

(二)选取样本

1. 样本选取的基本要求

审计人员在选取样本时，应使审计对象总体内所有项目均有被选取的机会，以使样本能够代表总体。只有这样，才能保证由抽样结果推断出的总体特征具有合理性、可靠性。如果审计人员有意识地选择总体中某些具有特殊特征的项目而对其他项目不予考虑，就无法保证所选样本的代表性。

2. 样本选取的方法

样本选取的方法有多种，审计人员应根据审计的目的和要求、被审计单位实际情况、审计资源条件的限制等因素具体加以选择，以达到预期的审计质量和效率。常用的样本选取方法有随机选样、系统选样、随意选样等。

(1)随机选样

随机选样是指对审计对象总体或次级总体的所有项目，按随机规则选取样本。例如，用随机数表来选取样本。

使用随机数表选取样本时，首先应建立随机数表中数字与总体中项目的一一对应关系。如果总体中的项目为连续编号，这种一一对应关系很容易做到，但有时也需要重新编号才能做到一一对应。例如，若总体中经济业务事项编号为A－001、B－001等时，审计人员可指定用1代表A、2代表B等，使总体中每个项目都有一个不同的编号实现与随机数表中数字的一一对应。其次，选择一个起点和选号路线。起点和选号路线可任意选择，但一经选定，则应从起点开始，按照选号路线依次选样，不可变更选样起点或路线。

随机选样可以使总体中每个抽样单元均有机会被选中，而且机会均等。这种方法在统计抽样和非统计抽样中均可使用。

现举例说明如何使用随机数表。随机数表实例见表6－2。

表 6—2 随机数表(部分列示)

行＼列	1	2	3	4	5	6	7	8	9	10
1	32 044	69 037	29 655	92 114	81 034	40 582	01 584	77 184	85 762	46 505
2	23 821	96 070	82 592	81 642	08 971	07 411	09 037	81 530	56 195	98 425
3	82 383	94 987	66 441	28 677	95 961	78346	37 916	09 416	42 438	48 432
4	68 310	21 792	71 635	86 089	38 157	95620	96 718	79 554	50 209	17 705
5	94 856	76 940	22 165	01 414	01 413	37231	05 509	37 489	56 459	52 983
6	95 000	61 958	83 430	98 250	70 030	05436	74 814	45 978	09 277	13 827
7	20 764	64 638	11 359	32 556	89 822	02713	81 293	52 970	25 080	33 555
8	71 401	17 964	50 940	95 753	34 905	93566	36 318	79 530	51 105	26 952
9	38 464	75 707	16 750	61 371	01 523	69205	32 122	03 436	14 489	02 086
10	59 442	59 247	74 955	82 835	98 378	83513	47 870	20 795	01 352	89 906

假定审计人员对某公司连续编号为 1～300 的购货发票进行随机选择，选取样本量为 10 的一组样本。首先，审计人员确定只用随机数表所列数字的前三位数与购货发票号码一一对应。其次，确定选样的起点为第 3 列第 1 行，选号路线为从左往右，即第一行第 3 列、第 4 列、第 5 列、…、第 10 列，第二行第 1 列、第 2 列、…，依次进行。最后，按照规定的一一对应关系和确定的选号起点、路线，选取 10 个数码，凡前 3 位数在 300 以上的，因与发票号码没有一一对应关系，均不入选。如果选取的号码出现重复，在不放回抽样的情况下，重新补选。按以上方法选中的样本为编号 296、015、238、089、074、090、286、094、217、177 的 10 个记录。选出 10 个数码后，按此数码选取与其对应的 10 张发票作为选定的样本进行审查。

(2)系统选样

系统选样也称等距选样，是指首先计算选样间隔，确定选样起点，然后再根据间隔顺序选取样本的一种选择方法。抽样间距按以下公式计算：

抽样间距＝总体规模÷抽样规模

例如，从前述 300 张购货发票中选取 20 张发票作为样本进行审查，按照系统选样方法来选样。首先，计算抽样间距为 15。其次，确定随机选样起点，假定审计人员确定随机起点为 198。最后，按照确定的随机起点和抽样间距选样，即每隔 15 张发票选取一张，共选取 20 张发票作为样本即可，如：198 为第 1 张，则往下的顺序为 183、168、…，往上的顺序为 214、229、…。

系统选样方法简便，并可用于无限总体。但在使用系统选样方法时，要求总体必须是随机排列，否则容易发生较大的偏差，选取的样本则不能够充分代表总体特征。

(3)随意选样

随意选样是不考虑金额大小、资料取得的难易程度及个人偏好，以随意的方式选取样本。随意选样的缺点在于很难完全无偏见地选取样本项目。

(三)抽样结果的评价

审计人员在对样本实施必要的审计后，需要对抽样结果进行评价，以形成审计结论。具体内容包括：

1. 分析样本误差

在分析样本误差时，一般应考虑以下一些因素：

(1)审计人员应根据预先确定的构成误差的条件，确定某一有问题的项目是否为一项误差。例如，在检查应收账款的余额时，发现被审计单位将甲客户的应收账款错记在乙客户应收账款明细账中，但这种错误并不影响应收账款的余额。因此，在评价抽样结果时，不能认为这是一项误差。

(2)审计人员按照既定的审计程序无法对样本取得审计证据时，应当实施替代审计程序，以获取相应的审计证据。如果无法或没有执行替代审计程序或替代审计程序结果不可靠，则应将该项目视为一项误差。例如，审计人员对应收账款的积极式函证没有收到回函，则必须审查其期后收款的情况，以证实应收账款的余额。

(3)如果某些样本误差项目具有共同的特征，则应将这些具有共同特征的项目作为一个整体进行审计，并根据审计结果进行单独的评价。

(4)在分析抽样结果所发现的误差时还应考虑误差的质的方面，包括误差的性质、原因及其对其他审计工作的影响。

在控制测试中，对样本误差可作如下定性分析：

①误差是否超过审计范围，是关键的还是非关键的。

②分析每一个关键误差的性质和原因，看其是故意的还是非故意的，是系统的还是偶然的，是频繁的还是不频繁的，是否影响到货币金额等。控制误差虽然增加了金额错报的风险，但两者之间不是一一对应的关系。如果某项控制误差更容易导致金额错报，该项控制误差就更为重要。

③确定这些误差对其他控制测试以及实质性程序的影响。

在实质性程序细节测试中，对样本误差可作如下定性分析：

①误差对某一账户或项目的影响程度，是重要的误差还是非重要的误差。

②分析产生该误差的性质和原因，看其是故意的还是非故意的，是系统的还是偶然的，是频繁的还是不频繁的。

③确定这些误差对所依赖的内部控制以及其他实质性程序的影响。

2. 推断总体误差

在对样本误差进行分析后，审计人员应采用适当的方法，根据样本误差来推断出总体误差。由于存在多种抽样方法，审计人员根据样本误差推断总体误差的方法应与所选用的抽样方法一致。

在控制测试中，样本偏差率就是注册会计师对总体偏差率的最佳估计，无须另外推断总体偏差率。但注册会计师还必须考虑抽样风险。

在实质性程序细节测试中，如果选用的是非统计抽样，根据样本中发现的错报金额推断总体的错报金额的方法主要有比率法、差异法。比率法是指用样本的错报金额除以该样本中包含的账面金额占总体账面金额的比例。差异法是指计算样本中所有项目审定金额与账面金额的平均差异，并推断至总体的全部项目。如果选用的是统计抽样，传统的估计总体错报的方法包括均值估计抽样、差额估计抽样和比率估计抽样。

(1)均值估计抽样，是指通过抽样审查确定样本的平均值，再根据样本平均值推断总体平均值和总值的一种方法。使用这种方法时，注册会计师先计算样本中所有项目审定金额的平均值，然后用这个样本平均值乘以总体规模，得出总体金额的估计值。总体估计金额和总体账面金额之间的差额就是推断的总体错报。例如，注册会计师从总体规模为 1 000 个、账面金额为 1 000 000 元的存货项目中选择了 200 个项目作为样本。在确定了正确的采购价格并重新计算了价格与数量的乘积之后，将 200 个项目的审定金额加总后除以 200，确定样本项目的平均审定金额为 980 元。然后计算估计的存货余额为 980 000(即 980×1 000)元。推断的总体错报是 20 000(即 1 000 000－980 000)元。

(2)差额估计抽样,是以样本实际金额与账面金额的平均差额来估计总体实际金额与账面金额的平均差额,然后再以这个平均差额乘以总体规模,从而求出总体的实际金额与账面金额的差额的一种方法。差额估计抽样的计算公式如下:

平均错报＝样本实际金额与账面金额的差额÷样本规模

推断的总体错报＝平均错报×总体规模

例如,注册会计师从总体规模为 1 000 个的存货项目中选取了 200 个项目进行检查。总体的账面金额总额为 1 040 000 元。200 个样本项目的账面金额为 208 000 元,经检查注册会计师对 200 个样本项目的审定金额为 196 000 元,差额为 12 000 元。经计算平均错报金额为 60(即 12 000÷200)元,推断的总体错报为 60 000(即 60×1 000)元。

(3)比率估计抽样,是指以样本的实际金额与账面金额之间的比率关系来估计总体实际金额与账面金额之间的比率关系,然后再以这个比率去乘总体的账面金额,从而求出估计的总体实际金额的一种抽样方法。比率估计抽样法的计算公式如下:

比率＝样本审定金额÷样本账面金额

估计的总体实际金额＝总体账面金额×比率

推断的总体错报＝估计的总体实际金额－总体账面金额

如果上例中注册会计师使用比率估计抽样,样本审定金额与账面金额的比率为 0.94(即 196 000÷208 000)。估计的总体实际金额为 977 600(即 1 040 000×0.94)元,推断的总体错报金额为 62 400(即 1 040 000－977 600)元。

当总体划分为几个层次时,应先对每一层次做个别的推断,然后将推断结果加以汇总。如果未对总体进行分层,注册会计师通常不使用均值估计抽样,因为采用此方法可能使样本规模过大,对一般审计而言不符合成本效益原则。比率估计抽样和差额估计抽样都要求样本项目存在错报,如果样本项目的审定金额和账面金额之间没有差异,则这两种方法使用的公式所隐含的机理就会导致错误的结论。因此,如果决定使用统计抽样,且预计可能发现少量差异,就不应使用比率估计抽样和差额估计抽样,而应考虑选择均值估计抽样。

3. 重估抽样风险

(1)在进行控制测试时,注册会计师应将根据样本偏差率估计出的总体偏差率与可容忍偏差率进行比较,以判断总体是否可以接受。

如果估计的总体偏差率低于可容忍偏差率,则总体可以接受。说明样本结果支持计划评估的控制有效性,从而支持计划的重大错报风险评估水平。

如果估计的总体偏差率大于或等于可容忍偏差率,则总体不能接受。说明样本结果不支持计划评估的控制有效性,从而不支持计划的重大错报风险评估水平。此时应对计划的重大错报风险水平进行修正,并增加实质性程序的数量;或对影响重大错报风险评估水平的其他控制进行测试,以支持计划的重大错报风险评估水平。

如果估计的总体偏差率低于但接近可容忍偏差率,注册会计师应当结合其他审计程序的结果,考虑是否接受总体,并考虑是否需要扩大测试范围,以进一步证实计划评估的控制有效性和重大错报风险水平。

(2)在实质性程序的细节测试中,注册会计师根据样本中发现的错报推断出总体错报后,应首先要求被审计单位就样本中已发现的实际错报对账面金额进行调整,将被审计单位已更正的错报从推断的总体错报金额中减掉，然后将调整后的推断总体错报与该类交易或账户余额的可容忍错报相比较，以判断总体是否可以接受。

如果调整后的总体错报低于可容忍错报，则总体可以接受，说明所测试的交易或账户余额不存在重大错报。

如果调整后的总体错报大于或等于可容忍错报，则总体不能接受。说明所测试的交易或账户余额存在重大错报。在评价财务报表整体是否存在重大错报时，注册会计师应将该类交易或账户余额的错报与其他审计证据一起考虑。注册会计师通常建议被审计单位对错报进行调查，必要时调整账面记录。

如果调整后的总体错报小于但接近可容忍错报，注册会计师应考虑实际错报超过可容忍错报的风险是否能够接受，并考虑是否需要扩大细节测试的范围，以获取进一步的证据。

(四)形成审计结论

审计人员在对抽样结果评价的基础上，应根据所取得的证据，确定审计证据是否足以证实某一审计对象总体的特征，从而得出审计结论。

本章小结

审计方法是审计人员为取得充分适当的审计证据，以形成审计意见和审计结论而采取的一切手段的总称。

现代审计的方法体系分为两大类：一类是审计战略方法，另一类是审计技术方法。本章就审计技术方法进行论述。

审计技术方法是指审计实施过程中为收集审计证据以形成审计意见和审计结论所选用的具体方法。包括两个层次：第一个层次是审计取证的基本方法，第二个层次是审计取证的技术方法。审计取证的基本方法主要包括：审计取证的顺序方法，即顺查法和逆查法；审计取证的数量方法，即详查法和抽查法；审计取证的模式，即账表基础审计、制度基础审计和风险基础审计。审计取证的技术方法主要包括直接取得审计证据的方法，即检查记录或文件、检查有形资产、观察、询问、函证、重新计算、重新执行、分析程序。

现代审计的重要特征之一就是审计抽样的广泛运用。审计抽样是审计人员在运用审计技术方法获取审计证据时，从某一特定的审计对象总体中，按一定方式选取一定数量的样本进行审查，并根据样本的审查结果，推断审计对象总体特征的一种方法。

审计人员在运用抽样技术进行审计时，存在着两方面的不确定因素，即抽样风险和非抽样风险。抽样风险是审计人员根据抽样结果得出的结论和对审计对象总体全部项目实施与样本同样的审计方法得出的结论存在差异的可能性。非抽样风险是指由于某些与样本规模无关的因素而导致注册会计师得出错误结论的可能性。

审计抽样按照抽样决策的依据不同，将审计抽样划分为统计抽样和非统计抽样；按审计抽样所了解的总体特征不同，将审计抽样划分为属性抽样和变量抽样。

审计抽样的基本步骤包括样本的设计、样本的选取、抽样结果的评价以及形成审计结论四步。样本的设计包括确定具体的审计目标、界定审计对象总体与抽样单位、定义误差的构成条件、确定样本规模。样本选取方法一般有随机选样、系统选样、随意选样等。

思考题

1. 简述审计方法体系。
2. 简述顺查法和逆查法的含义。
3. 简述详查法和抽查法的含义。
4. 什么是账表基础审计、制度基础审计和风险基础审计？
5. 什么是函证程序？审计人员一般可以对哪些账户余额或信息实施函证？
6. 什么是重新执行程序？试举例说明。
7. 简述抽样风险和非抽样风险。
8. 审计抽样的分类有哪些？
9. 影响样本规模的因素有哪些？
10. 选取样本的方法有哪些？各自有什么样的特点？

案例分析

科龙事件的会计审计问题剖析

2006 年 7 月 16 日，中国证监会对广东科龙电器股份有限公司及其责任人的证券违法违规行为做出行政处罚与市场永久性禁入决定。这是新的《证券市场禁入规定》自 2006 年 7 月 10 日施行以来证监会做出的第一个市场禁入处罚。

一、科龙财务舞弊手法分析

(一)利用会计政策，调节减值准备，实现“扭亏”

科龙舞弊手法之一：虚构主营业务收入，少计坏账准备，少计诉讼赔偿金，编造虚假财务报告。经查，在 2002～2004 年的 3 年间，科龙共在其年报中虚增利润 3.87 亿元。

科龙 2001 年净亏 15.56 亿元，亏损的主要原因之一是计提减值准备 6.35 亿元。到了 2002 年，科龙转回各项减值准备，对当年利润的影响是 3.5 亿元。可见，科龙电器 2002 年和 2003 年根本没有盈利，扭亏只是一种会计数字游戏的结果。

(二)虚增收入和收益

科龙舞弊手法之二：使用不正当的收入确认方法，虚构收入，虚增利润，粉饰财务报表。经查，2002 年科龙年报中共虚增收入 4.033 亿元，虚增利润近 1.2 亿元。其具体手法主要是通过对未出库销售的存货开具发票或开具出库单并确认为收入。此后的 2003 年和 2004 年，同样是在顾雏军和格林柯尔的操纵下，科龙年报分别虚增收入 3.048 亿元和 5.127 亿元，虚增利润 0.893 5 亿元和 1.2 亿元。

(三)利用关联交易转移资金

科龙舞弊手法之三：利用关联交易转移资金。经查，科龙电器 2002～2004 年未披露与格林柯尔公司共同投资、关联采购等关联交易事项，2000～2001 年未按规定披露重大关联交易，2003 年、2004 年科龙公司年报也未披露使用关联方巨额资产的事项。

科龙与格林柯尔公司之间发生的资金频繁转换、共同投资和关联交易也相当多。科龙公司在银行设有 500 多个账户被用来转移资金。在不到 4 年的时间里，格林柯尔系有关公司涉嫌侵占和挪用科龙电器财产的累计发生额为 34.85 亿元。

二、科龙审计报告透视

科龙财务造假该打谁的板子？为其提供审计服务的会计师事务所自然难脱干系。2002

年之前科龙的审计机构是安达信。2001 年 ST 科龙全年净亏 15 亿元多，当时的安达信“由于无法执行满意的审计程序以获得合理的保证来确定所有重大交易均已被正确记录并充分披露”而给出了拒绝表示意见的审计报告。2002 年安达信因安然事件，其在我国内地和香港的业务并入普华永道，普华永道对格林柯尔和科龙这两个“烫手山芋”采取了请辞之举。之后，德勤走马上任，为科龙审计了 2002～2004 年的年报。在对 ST 科龙 2002 年年报进行审计时，德勤认为“未能从公司管理层获得合理的声明及可信赖的证据作为其审计的基础，报表的上年数与本年数也不具有可比性”，所以出具了”保留意见”审计报告。德勤对科龙 2003 年的年报出具了无保留意见审计报告。2004 年德勤对科龙出具了保留意见审计报告。据媒体透露，证监会基本完成了对德勤的调查，德勤对科龙审计过程中存在的主要问题包括：审计程序不充分、不适当，未发现科龙现金流量表存在重大差错等。

第一，在执行审计程序等方面，德勤的确出现了严重纰漏，对科龙电器的审计并没有尽职。例如，证监会委托毕马威所做的调查显示：2001 年 10 月 1 日至 2005 年 7 月 31 日，科龙电器及其 29 家主要附属公司与格林柯尔系公司或疑似格林柯尔系公司之间进行的不正常重大现金流出总额约为 40.71 亿元，不正常的重大现金流入总额约为 34.79 亿元，共计 75.5 亿元，而这些在德勤 3 年的审计报告中均未反映。《中华人民共和国注册会计师法》规定，注册会计师执行审计业务，必须按照执业准则、规则确定的工作程序出具报告。注册会计师出具无保留意见审计报告的条件之一，即须认为会计报表公允地反映了企业的现金流量。根据《独立审计具体准则第 7 号——审计报告》第 18 条的规定，意味着德勤认为科龙 2002、2003、2004 年度的现金流量表是公允的。

第二，德勤对科龙电器各期存货及主营业务成本进行审计时，直接按照科龙电器期末存货盘点数量和各期平均单位成本确定存货期末余额，并推算出科龙电器各期主营业务成本。在未对产成品进行有效测试和充分抽样盘点的情况下，德勤通过上述审计程序对存货和主营业务成本进行审计并予以确认，其审计方法和审计程序均不合理。

第三，德勤在存货抽样盘点过程中缺乏必要的职业谨慎，确定的抽样盘点范围不适当，审计程序不充分。德勤在年报审计过程中实施抽样盘点程序时，未能确定充分有效的抽样盘点范围，导致其未能发现科龙电器通过压库方式确认虚假销售收入的问题。存货监盘也是一项重要的审计程序，如果进行账实相符核查，科龙虚增的主营业务利润其实并不难发现。

第四，关于科龙销售收入确认问题，体现出德勤未能恰当地解释和应用会计准则，同时也说明德勤未能收集充分适当的审计证据。收入的确认应该以货物的风险和报酬是否转移为标准，一般来说仅以“出库开票”确认收入明显不符合会计准则。如果一项销售行为不符合收入确认原则，就不应确认为收入。未曾实现的销售确认为当期收入必然导致利润虚增。对较敏感的“销售退回”这一块，德勤也没有实施必要的审计程序，致使科龙通过关联交易利用销售退回大做文章，转移资产，虚增利润。这也是德勤所不能回避的错误。

第五，德勤审计科龙电器分公司时，没有对各年未进行现场审计的分公司执行其他必要审计程序，无法有效确认其主营业务收入实现的真实性及应收账款等资产的真实性。科龙有很多分公司、子公司，组织结构相当复杂。按照审计准则，会计师事务所应根据审计风险（即审计重要性水平）来确认每年对哪些分公司进行现场审计。

（参考资料：www.shenji.org，2008.3）

讨论与思考题：

1. 在科龙审计案例中，你认为注册会计师在审计方法上存在哪些缺陷？
2. 你如果作为一名注册会计师，应如何应对科龙公司的造假问题？

第七章

内部控制测试与评价

导读案例

2012 年 7 月 31 日晚，在伦敦温布利球场举行的第三十届夏季奥运会羽毛球女双小组赛中，中国组合于洋、王晓理与韩国组合郑景银、金荷娜比赛，双方运动员缺乏斗志和求胜欲，表现失常，而且失误频频，击球不是下网，就是出界，最后中国组合以 0∶2 败下阵来，引来全场一片嘘声。赛后，于洋、王晓理遭观众和媒体的强烈质疑，被认为是为了避免在半决赛中提前与队友田卿、赵芸蕾相遇，所以故意输球。于洋、王晓理是中国羽毛球女双的头号组合。于洋与杜婧搭档曾获得北京奥运会羽毛球女双的冠军。

而在当天最后一场小组赛中，印度尼西亚组合和韩国组合在比赛中也是失误频频，法国裁判曾叫停比赛，提醒运动员不要消极比赛，但双方并无改观。仅在上半场比赛中，技术官员就曾三次进场，召集双方教练进行磋商，使比赛长时间中断。根据此前小组赛的比赛结果，这场小组赛的胜者在 1/4 比赛中将对阵中国于洋、王晓理，输球的也不会被淘汰，而是进入淘汰赛另一个半区。最终这场比赛的胜利者是韩国组合，但是赛后队员的脸上并无太多的笑意。

四队选手在场上的消极比赛引发了一片争议之声。

国际羽联在一份声明中表示，这几对组合被指控违反了两条世界羽联球员行为守则，即没有尽全力去赢得比赛，在场上的行为严重有害于羽毛球运动。国际羽联最终对消极比赛的 8 名选手做出裁决：取消其比赛资格。

舆论在批评运动员违背奥运精神的同时，也对这次羽毛球的比赛规则提出质疑：如果一项规则能使输球的一方得利，那它还是一项好规则吗？国际羽联的官员声明赛后将对比赛规则进行重新评价。

思考题：

1. 什么是规则？制定规则的目的是什么？
2. 规则与道德的区别是什么？

第一节　内部控制概述

内部控制是企业管理现代化的必然产物，从其实质上讲是企业风险管理的一部分。内部控制的产生和发展，促使审计工作从详细审计发展为以测试内部控制为基础的抽样审计，继而发展为制度基础审计、风险导向审计。无论是制度基础审计还是风险导向审计，都是以内部控制理论为基础的。可见，现代审计与内部控制之间存在非常密切的关系。研究与评价被审计单位的内部控制，是审计工作的重要组成部分，是进行实质性程序的前提和基础，也是现代审计的重要特征。

一、内部控制的含义和分类

(一)内部控制的含义

关于内部控制的定义，在内部控制发展历程中的不同阶段赋予了不同的内涵，目前较权威的解释有：

1992年9月，COSO发布了《内部控制——整合框架》，并于1994年进行修订。它对内部控制的定义是："内部控制是由主体的董事会、管理层和其他员工实施的，旨在为经营的效率和有效性、财务报告的可靠性、遵循使用的法律法规等目标的实现提供合理保证的过程。"

2008年5月，财政部会同证监会、审计署、银监会、保监会出台《企业内部控制基本规范》，认为"内部控制是由董事会、监事会、经理层和全体员工实施的，旨在实现控制目标的过程"。对这一定义，可以从以下几方面理解内部控制：

1. 内部控制的目标是合理保证：

(1)财务报告的可靠性，这一目标与治理层和管理层履行财务报告编制责任密切相关；

(2)经营的效率和效果，即经济有效地使用企业资源，以最优方式实现企业的目标；

(3)在经营活动中不违反法律法规的要求，即在法律法规的框架下经营。

这里所说的合理保证，是高水平的保证，但不是绝对保证。

2. 设计和实施内部控制的责任主体是治理层、管理层和其他人员，组织中的每一个人都对内部控制负有责任。

3. 实现内部控制目标的手段是设计和执行控制政策和程序。

4. 内部控制是一个过程，是全员控制、全面控制、全程控制的一个完整的内部控制体系。

内部控制贯穿企业经营活动的各个方面，只要存在企业经济活动和经营管理，就需要相应的内部控制。一个良好的内部控制系统对保证企业经营目标的实现、保证财务报告的可靠性、有效防范企业经营风险、提高企业经营效率等都具有重要意义。注册会计师对内部控制还应该有以下几个方面的认识：

(1)建立、健全内部控制并监督其有效执行是被审计单位治理层和管理层的责任。注册会计师的责任是评估被审计单位的内部控制风险。

(2)企业管理层是在综合考虑控制成本和效益的基础上建立内部控制的，一些理想的内部控制可能因为成本太高而未被采用。同时，企业在设计控制政策和程序时，也不能牺牲经营效率(如建立复杂的业务处理程序)和影响获利能力(如实行过严的赊销审批制度)。

(3)内部控制存在着固有的局限性。

审计人员应当了解与审计相关的内部控制，以识别和评估重大错报风险，为设计和实施进一步审计程序的性质、时间和范围奠定基础。

(二)内部控制的分类

内部控制可以按不同的标准进行分类。

1. 按控制功能的不同进行分类

(1)预防性控制

预防性控制是为了防止错误和舞弊的发生所实施的控制。该控制是由不同的人员或职能部门在履行各自职责过程中实施的。预防性控制措施包括:授权审批控制、双重控制、职责分工控制等。其优点是能在事前防止损失的发生,降低风险。

(2)察觉性控制

察觉性控制是为了及时查明已发生的错误和舞弊所实施的控制。在缺乏完善可行的预防性控制措施的情况下,察觉性控制是一种有效的监督措施。

(3)纠正性控制

纠正性控制是对那些由察觉性控制查出来的问题的控制。通过实际执行的结果与设计标准的比较,对发现的差异予以适当的纠正。

(4)指导性控制

指导性控制是为了实现有利结果而采取的控制,是由管理层进行的。指导性控制与预防性控制之间存在密切的关系,在实现有利结果的同时也避免了不利结果的发生。

(5)补偿性控制

补偿性控制是针对某些环节的不足或缺陷而采取的控制措施。实施补偿性措施的目的是把风险暴露限制在一定的范围内。

以上五种类型的控制可以形成一个有效的控制机制。当企业发生错误和舞弊行为时,内部控制能够及时发现并予以纠正;当某些控制缺乏时,可以由其他的补偿控制来弥补。

2. 按控制的目的进行分类

(1)财产物资控制

财产物资控制是为了确保财产物资的安全所实施的控制,如材料的验收和领用制度、固定资产的定期盘点制度等。

(2)会计信息控制

会计信息控制是为了确保会计信息的真实、正确和可靠所实施的控制,如会计记录的定期核对制度、会计凭证的复核制度等。

(3)经营决策控制

经营决策控制是为了确保经营决策的贯彻执行所实施的控制,如预算控制、计划控制、质量控制等。

3. 按控制时间进行分类

(1)事前控制

事前控制是在业务发生之前所实施的控制,如对销售计划、预算方案的制定等。预防性控制、指导性控制属于事前控制。

(2)事中控制

事中控制是在业务发生过程中所实施的控制,如对成品生产过程的检查、固定资产建造过程中的监控措施等。察觉性控制、纠正性控制属于事中控制。

(3)事后控制

事后控制是经济业务发生后所实施的控制。如工程项目的决算控制等。补偿性控制属于事后控制。

二、内部控制的作用

内部控制的作用是指内部控制固有的功能在生产实践中对企业生产经营活动及外部社会经济活动所产生的影响和效果。具体来说，内部控制的作用主要表现在以下几个方面：

1. 保护财产物资的安全、完整和有效使用

企业的财产物资是生产经营活动正常进行的物质基础。保护财产物资的安全、完整和有效使用，是企业的所有者和经营者的共同要求，涉及国家、企业以及企业所有者和职工的切身利益。内部控制通过设置合理的组织结构和权责岗位，以确保组织内部各个职能部门既各司其职又相互协调和制约；通过设置科学的程序和措施，对企业财产物资的采购、计量、验收、记录、保管等环节进行有效的监督和制约，使财产得到严密控制，从而保证财产的有效使用，防止贪污、盗窃、毁损、浪费等舞弊行为的发生。

2. 保证国家的各项方针政策与经济法规的贯彻落实

贯彻落实国家的各项方针政策与经济法规是企业进行合法经营的先决条件。健全完善的内部控制，可以对企业内部的任何部门、任何流转环节进行有效的监督和控制，对所发生的各类问题能够及时反映、及时纠正，从而有利于保证企业对各项方针政策和法律法规的贯彻落实。

3. 保证会计资料及其他财务信息的质量

会计记录和其他财务信息反映了企业的财务状况和经营成果，其质量的优劣对企业利益关系人都至关重要。健全有效的内部控制，有利于会计资料如实地反映企业生产活动情况，从而保证会计资料及其他财务信息的质量。

4. 有助于企业经营目标的实现

健全的内部控制可以确保企业各项经营活动始终遵循既定的经营方针，及时纠正经营活动中偏离经营方针和经营目标的行为，从而有助于企业经营目标的实现。

5. 有效地防范企业经营风险

在企业的生产经营活动中，企业要实现生存发展的目标，就必须对各类风险进行有效的预防和控制。内部控制作为企业管理的中枢环节，是防范企业风险行之有效的一种手段。它通过对企业风险的有效评估，不断加强对企业经营风险薄弱环节的控制，把企业的各种风险消灭在萌芽之中，是企业风险防范的一种最佳方法。

6. 为现代审计方法提供必要的基础

现代审计的特征是在评价被审计单位内部控制的基础上进行的抽样审计，审计方法从详细审计发展到抽样审计，其根本的支持就是对企业的内部控制进行评价、测试，以内部控制的测评结果作为审计抽样的决策依据。健全的内部控制可以使审计人员确定合理的审计程序，采取科学的审计方法，从而为现代审计方法的运用提供了必要的依据。

综上所述，在当前我国企业普遍转换经营机制、建立现代企业制度的新形势下，加强和完善企业内部控制，充分发挥企业内部控制的作用，增强企业对市场经济的适应能力以及生存能力都非常重要。

三、内部控制的目标

内部控制对企业生产经营具有十分重要的意义，任何企业都应该根据各自的实际情况建立、健全相应的内部控制。建立、健全内部控制是被审计单位管理层的责任。被审计单位管理

层建立内部控制主要是为了实现以下目标：

(1)保证业务活动按照适当的授权进行。为了确保交易在管理层授权范围内有序、有效地进行，内部控制较健全的被审计单位一般对业务活动的批准、执行、复核、评价等环节做出统一规定，并分别赋予不同层次的人员相应的职责和权利，使每一位员工都在各自的授权范围内开展工作。

(2)保证所有的交易和事项以正确的金额在恰当的会计期间及时记录于适当的账户，使财务报表的编制符合会计准则的相关要求。

(3)保证对资产和记录的接触、处理均经过适当的授权。只有经过适当的授权，才能接触、处理资产，目的是为了确保资产的安全和完整，防止资产被挪用和盗窃。同样，对记录(包括业务记录和会计记录)的接触也必须经过适当授权，否则就会弱化控制，易于篡改、删除，从而导致舞弊。

(4)保证账面资产与实物资产定期核对相符。建立账面资产与实物资产定期核对制度，既有利于验证账面记录的真实、准确，又有利于加强对实物资产的管理，保证实物资产的完整性。同时，还可以在两者不一致时促使管理当局及时采取措施，确保账实相符。

四、与审计相关的内部控制

注册会计师审计的目标是对财务报表是否存在重大错报发表审计意见。在审计过程中，注册会计师需要了解和评价的内部控制只是与财务报表相关的内部控制，并非被审计单位所有的内部控制。与审计相关的内部控制包括以下几个方面：

1. 为实现财务报表可靠性目标设计和实施的内部控制

为实现财务报表可靠性目标设计和实施的内部控制属于与审计相关的控制，注册会计师应当运用专业知识，对这些控制是否与重大错报有关做出判断，并决定进一步审计程序的性质、时间和范围。

2. 其他与审计相关的控制

(1)如果在设计和实施进一步审计程序时拟利用被审计单位内部生成的信息，注册会计师应当考虑用以保证信息完整性的控制可能与审计相关。

(2)如果用以保证经营效率、效果的内部控制以及对法律、法规遵守的控制与实施审计程序时评价或使用的数据有关，注册会计师应考虑这些控制可能与审计相关。

(3)用以保护资产的内部控制可能包括与实现财务报表可靠性和经营效率、效果目标相关的控制。注册会计师在了解这些内部控制时，仅需要考虑与财务报表可靠性相关的内部控制。

五、内部控制的局限性

内部控制作为企业自我调节和自行制约的内在机制，具有十分重要的作用，可以说没有健全完善的内部控制，就谈不上现代化的企业生产和经营管理。但这并不意味着内部控制越健全越好，控制环节越细越好。这是因为内部控制存在一些固有的、不可避免的局限性，无论如何设计和执行，只能对财务报表的可靠性提供合理保证。因此，注册会计师在确定内部控制的可信赖程度时，应保持应有的职业谨慎，充分关注内部控制的固有局限性。

1. 人为错误

在决策时人为判断可能出现错误或由于人为失误而导致内部控制失效。如被审计单位信息技术人员没有完全理解系统如何处理销售交易，为使系统能够处理新型产品的销售，可能错误地对系统进行更改；或者对系统的更改是正确的，但程序员没能把更改转化为正确的程序代码。

2. 串通舞弊或管理层凌驾于内部控制之上而被规避

内部控制可能由于两个或更多的人员进行串通而失败；或由于管理人员避开，或指示其下属避开某些预定程序；或被审计单位管理当局担任控制职能的权力过大，导致管理层凌驾于内部控制之上等，致使内部控制失败。如出纳和会计相互勾结作弊；再如管理层可能与客户签订背后协议，对标准的销售合同做出变动，从而导致确认收入发生错误等。管理当局的干预一直是导致许多重大舞弊发生和财务报表失真的一个重要原因。

3. 成本限制

内部控制的设计和运行受制于成本与效益原则。一般来说，控制程序的成本不能超过风险或错误可能造成的损失和浪费，否则再好的控制措施和方法也将丧失其应有的作用。

4. 对小型被审计单位的考虑

小型被审计单位拥有的员工通常较少，限制了其职责分离的程度。但是在业主管理的小型被审计单位，业主兼经理可以实施比大型被审计单位更有效的监督。这种监督可以弥补职责分离有限的局限性。另外，由于内部控制系统较为简单，业主兼经理更有可能凌驾于控制之上。注册会计师在识别由于舞弊导致的重大错报风险时需要考虑这一问题。

由于被审计单位管理当局建立的内部控制只为其财务报表的公允性提供合理的保证，并存在上述局限性，因此，财务报表审计总存在一定的控制风险，即审计风险模型中的控制风险始终应大于零。这就要求审计人员必须做到，不管被审计单位的内部控制设计和运行得多么有效，都应对财务报表的重要账户或交易类别进行实质性程序。

六、内部控制理论的演变过程

系统的内部控制理论是随着现代工商企业的兴起而形成和确立的。20 世纪初，企业所有权和经营权普遍实现了分离。为了对整个经营过程实行监督，减少舞弊和错误的发生，一些企业建立了简单的内控制度，促进了内部控制理论的形成与发展。内部控制理论的演变大致可以划分为内部牵制阶段、内部控制制度阶段、内部控制结构阶段、内部控制整体框架阶段、内部控制整合框架—风险管理阶段。

1. 内部牵制阶段

内部控制最初称为内部牵制。内部牵制是以账目间的相互核对为主要内容并实施岗位分离，这在早期被认为是确保所有账目正确无误的一种理想控制方法。

内部牵制的主要特点是：以任何个人或部门不能单独控制任何一项或一部分业务权力的方式进行组织的职责分工。一般来说，内部牵制可分为以下四类：

一是实物牵制（也叫实物负责制），是指将财产物资的保管责任落实到特定的部门和人员，以达到保护财产物资安全、完整的目的。例如，把保险柜的钥匙交给两个以上的工作人员持有，如果不同时使用这两把以上的钥匙，保险柜就打不开。

二是机械牵制（也叫技术牵制），是指借助专门的技术手段来进行牵制。例如，对于库存现金，借助保险柜密码这一技术来防止失窃。

三是体制牵制（也叫职责分离），是指通过分工双人制衡，由不同的部门和人员来完成不同的业务环节，以达到牵制的目的，采用双重控制预防错误和舞弊的发生。例如，会计部门和仓储部门的存货记录要定期进行核对。

四是簿记牵制(也叫会计系统牵制),是指通过簿记内在的控制职能实现的牵制。复式簿记体系对于所有业务和事项,都以原始凭证为基础,进行序时和分类记录,这样在账证、账账、账表、账实之间形成了严密的勾稽核对体系,因而可以用它来实施对业务事项、财产物资的有效控制。例如,定期将总账与明细账核对。

在现代内部控制理论中,内部牵制仍占有重要地位,成为有关组织机构控制和职务分离控制的基础。

2. 内部控制制度阶段

1949 年,美国注册会计师协会(AICPA)的审计程序委员会在《内部控制:一种协调制度要素及其对管理当局和独立注册会计师的重要性》的报告中,对内部控制首次做出权威性定义:“内部控制包括组织机构的设计和企业内部采取的所有相互协调的方法与措施,以保护企业财产、检查会计信息的准确性、提高经营的效率和推动企业坚持执行既定的管理政策和规章制度。”这在当时被普遍认为是对理解内部控制这一概念的重大贡献,内部控制得到了前所未有的重视。

1958 年 10 月该委员会发布了《审计程序公告第 29 号》,对内部控制的定义进行了重新表述,将内部控制划分为会计控制和管理控制。会计控制包括组织规划的所有方法和程序,这些方法和程序与财产安全以及财务记录可靠性有直接的关系。主要内容有:授权与批准制度、从事财务记录和审核与从事经营或财产保管职务分离的控制、财产的实物控制和内部审计。管理控制包括组织规划的所有方法和程序,这些方法与程序主要与经营效率和贯彻管理方针有关,通常只与财务记录有间接关系。主要内容有:统计分析、时效研究(即工作节奏研究)、业绩报告、员工培训计划和质量控制。

3. 内部控制结构阶段

20 世纪 80 年代以后,西方学者对内部控制的研究进一步深入。1988 年美国注册会计师协会发布《审计准则公告第 55 号》,从 1990 年 1 月起取代 1972 年发布的《审计准则公告第 1 号》,首次以内部控制结构取代内部控制。该公告指出:“企业的内部控制结构包括为提供取得企业特定目标的合理保证而建立的各种政策和程序。”内部控制结构是为了对实现特定公司目标提供合理保证而建立的一系列政策和程序构成的有机整体,包括控制环境、会计制度和控制程序三个部分。

4. 内部控制整体框架阶段

进入 20 世纪 90 年代,人们对内部控制的研究进入了一个全新的阶段。1992 年,美国反对虚假财务报告委员会(National Commission on Fraudulent Reporting)下属的内部控制专门研究委员会(Committee of Sponsoring Organizations of the Treadway Commission,简称 COSO)发布了《内部控制——整体框架》的研究报告。这是内部控制发展史上的又一里程碑。1994 年,COSO 对此报告作了修改和补充,扩大了内部控制的涵盖范围,增加了与保障资产安全有关的控制。1996 年美国注册会计师协会发布《审计准则公告第 78 号》,并自 1997 年 1 月起取代 1988 年发布的《审计准则公告第 55 号》。将内部控制定义为:由企业的董事会、管理层和其他人员实现的过程,旨在为下列目标提供合理保证:(1)财务报告的可靠性;(2)经营的效率和效果;(3)符合适用的法律和法规。审计准则将内部控制划分为五个要素:控制环境、风险评估过程、信息系统与沟通、控制活动、对控制的监督。这五个要素使内部控制成为一个整体。

5. 内部控制整合框架—风险管理阶段

2004 年 4 月,美国 COSO 在广泛吸收各国理论界和实务界研究成果的基础上,颁布了《企业风险管理框架》。该框架是在1992年COSO的内部控制整体框架报告的基础上建立企业风险管理框架,将企业管理的重心由内部控制转向风险管理。相对于内部控制整体框架而言,新的COSO报告增加了一个观念即"风险组合观",一个目标即"战略目标",两个概念即"风险偏好"和"风险容忍度",三个要素即"目标制定""事项识别"和"风险应对"。

企业风险管理包括八个相互关联的要素,分别是:内部环境、目标制定、事项识别、风险评估、风险应对、控制活动、信息和沟通、监控。

我国内部控制制度的建设在改革开放的30余年中经历了不同的阶段。2010年4月财政部会同证监会、审计署、银监会、保监会发布《企业内部控制应用指引第1号——组织框架》等18项应用指引以及《企业内部控制评价指引》《企业内部控制审计指引》(以下简称《配套指引》)。内部控制基本规范和配套指引的发布,标志着我国内部控制规范体系的形成,是内部控制制度发展的里程碑。

七、内部控制与现代审计的关系

内部控制既是被审计单位对其经济活动进行组织、制约、考核和调节的重要工具,也是审计人员用以确定审计程序的重要依据。在现代审计的发展过程中,对内部控制的重视与信赖加快了现代审计方法的变革,节约了审计时间和审计费用,同时也扩大了审计范围,完善了审计职能,提高了审计效率。在确定内部控制与审计的关系时应明确以下几点:

(1)审计人员在执行会计报表审计业务时,不论被审计单位规模大小,都应当对相关的内部控制进行充分的了解。

(2)审计人员应根据其对被审计单位内部控制的了解,确定是否进行内部控制测试以及将要执行的控制测试的性质、时间和范围。

(3)对被审计单位内部控制的了解和控制测试,并非财务报表审计工作的全部内容。内部控制良好的单位,审计人员可能评估其控制风险较低而减少实质性程序,但不能完全取消实质性程序。

第二节　内部控制要素

2008年中国财政部、证监会、审计署、银监会、保监会联合发布了《企业内部控制基本规范》,提出内部控制要素有五大类:控制环境、风险评估过程、信息系统与沟通、控制活动、对控制的监督。这些要素相互联结、相互作用,形成了被审计单位的内部控制系统。注册会计师有必要从整体层面了解和评估被审计单位内部控制情况。

一、控制环境

控制环境包括治理职能和管理职能,以及治理层和管理层对内部控制及其重要性的态度、认识和措施。控制环境设定了被审计单位的内部控制基调,影响职工对内部控制的认识和态度,塑造了企业文化。良好的控制环境是实施有效内部控制的基础。在评价控制环境的设计和实施情况时,注册会计师应考虑下列要素:

1. 对诚信和道德价值观念的沟通与落实

诚信和道德价值观念是控制环境的重要组成部分,影响重要业务流程的设计和运行。内部控制的有效性直接依赖于负责创建、管理和监控内部控制的人员的诚信和道德价值观念。

被审计单位是否存在道德行为规范，以及这些规范如何在被审计单位内部得到沟通和落实，决定了能否产生诚信和道德的行为。对诚信和道德价值观念的沟通和落实，既包括管理层如何处理不诚实、非法或不道德的行为，也包括在被审计单位内部通过行为规范以及高层管理人员的身体力行，对诚信和道德价值观念的营造和保持。

注册会计师在了解和评估被审计单位诚信和道德价值观念的沟通与落实时，考虑的主要因素可能包括：

(1)被审计单位是否有书面的行为规范并向所有员工传达；

(2)被审计单位的企业文化是否强调诚信和道德价值观念的重要性；

(3)管理层是否身体力行，高级管理人员是否起表率作用；

(4)对违反有关政策和行为规范的情况，管理层是否采取适当的惩罚措施。

2. 对胜任能力的重视

胜任能力是指具备完成某一职位的工作所应有的知识和能力。管理层对胜任能力的重视包括对于特定工作所需的胜任能力水平的设定，以及对达到该水平所必需的知识和能力的要求。注册会计师应考虑主要管理人员和其他相关人员是否能够胜任承担的工作和职责，例如财务人员是否对编报财务报表所适用的会计准则和相关会计制度有足够的了解并能正确运用。

注册会计师在就被审计单位对胜任能力的重视情况进行了解和评估时，考虑的主要因素可能包括：

(1)财务人员以及信息管理人员是否具备与被审计单位业务性质和复杂程度相称的足够的胜任能力和培训，在发生信息错误时是否通过调整人员或系统来加以处理；

(2)管理层是否配备足够的财务人员以适应业务发展和有关方面的需要；

(3)财务人员是否具备理解和运用会计准则所需的技能。

3. 治理层的参与程度

被审计单位的控制环境在很大程度上受治理层的影响。治理层的职责应在被审计单位的章程和政策中予以规定。治理层(董事会)通常通过其自身的活动，并在审计委员会或类似机构的支持下，监督被审计单位的财务报告政策和程序。因此，董事会、审计委员会或类似机构应关注被审计单位的财务报告，并监督被审计单位的会计政策以及内部、外部的审计工作和结果。治理层的职责还包括监督用于复核内部控制有效性的政策和程序设计是否合理、执行是否有效。

治理层对控制环境影响的要素有：治理层相对于管理层的独立性，成员的经验和品德，治理层参与被审计单位经营的程度和收到的信息及其对经营活动的详细检查，治理层采取措施的适当性，包括提出问题的难度和对问题的跟进程度，以及治理层与内部审计人员和注册会计师的互动等。

注册会计师在对被审计单位治理层的参与程度进行了解和评估时，考虑的主要因素可能包括：董事会是否建立了审计委员会或类似机构；董事会、审计委员会或类似机构是否与内部审计人员以及注册会计师有联系和沟通，联系和沟通的性质以及频率是否与被审计单位规模和业务的复杂程度相匹配；董事会、审计委员会或类似机构的成员是否具备适当的经验和资历；董事会、审计委员会或类似机构是否独立于管理层；审计委员会或类似机构会议的数量和时间是否与被审计单位规模和业务的复杂程度相匹配；董事会、审计委员会或类似机构是否充分地参与了监督编制财务报告的过程；董事会、审计委员会或类似机构是否对经营风险的监控有足够的关注，进而影响被审计单位和管理层的风险评估过程；董事会成员是否保持相对的稳定性。

4. 管理层的理念和经营风格

管理层负责企业的运作以及经营策略和程序的制定、执行与监督。在有效的控制环境中，管理层的理念和经营风格可以创造一个积极的氛围，促进业务流程和内部控制的有效运行，同时创造一个减少错报发生可能性的环境。在管理层以一个或少数几个人为主时，管理层的理念和经营风格对内部控制的影响尤为突出。

管理层的理念包括管理层对内部控制的理念(即管理层对内部控制以及对具体控制实施环境)的重视程度。管理层对内部控制的重视有助于控制的有效执行，并减少特定控制被忽视或规避的可能性。同时，只有建立适当的管理层控制机制，控制理念才能产生预期的效果。衡量管理层对内部控制重视程度的重要标准，是管理层收到有关内部控制缺陷及违规事件报告时是否做出适当反应。管理层及时下达纠弊措施，表明其对内部控制的重视，也有利于加强企业内部的控制意识。

此外，管理层的经营风格可以表明管理层所能接受的业务风险的性质。例如，管理层是否经常投资于风险特别高的领域，或者在接受风险方面极为保守、不敢越雷池一步。了解管理层的经营风格有助于注册会计师判断哪些因素影响管理层对待内部控制的态度，哪些因素影响在编制财务报表时所做的判断，特别是在做出会计估计以及选用会计政策时。注册会计师对管理层的能力和诚信越有信心，就越有理由信赖管理层提供的信息和做出的解释及声明。相反，如果对管理层经营风格的了解加重了注册会计师的怀疑，注册会计师就会加大职业怀疑的程度，从而对管理层的各种声明产生疑问。

注册会计师在了解和评估被审计单位管理层的理念和经营风格时，考虑的主要因素可能包括：管理层是否对内部控制(包括信息技术的控制)给予了适当的关注；管理层是否由一个或几个人控制，董事会、审计委员会或类似机构对其是否实施了有效监督；管理层在承担和监控经营风险方面是风险偏好者还是风险规避者；管理层在选择会计政策和做出会计估计时是倾向于激进还是保守；管理层对于信息管理人员以及财会人员是否给予了适当关注；对于重大的内部控制和会计事项，管理层是否征询注册会计师的意见，或者经常在这些方面与注册会计师存在不同意见。

5. 组织结构及职权与责任的分配

被审计单位的组织结构为计划、运作、控制及监督经营活动提供了一个整体框架。通过集权或分权决策，可以在不同部门间进行适当的职责划分，建立适当层次的报告体系。组织结构将影响权利、责任和工作任务在组织成员中的分配。被审计单位的组织结构在一定程度上取决于被审计单位的规模和经营活动的性质。

注册会计师应当考虑被审计单位组织结构中是否采用向个人或小组分配控制职责的方法，是否建立了执行特定职能(包括交易授权)的授权机制，是否确保每个人清楚地了解报告关系和责任。注册会计师还需审查对分散经营活动的监督是否充分。有效的权责分配制度有助于形成整体的控制意识。

注册会计师在对被审计单位组织结构和职权与责任的分配进行了解和评估时，考虑的主要因素可能包括：在被审计单位内部是否有明确的职责划分，是否将业务授权、业务记录、资产保管和维护以及业务执行的责任尽可能地分离；数据的所有权划分是否合理；是否已针对授权交易建立适当的政策和程序。

6. 人力资源政策与实务

政策与程序(包括内部控制)的有效性通常取决于执行人。被审计单位员工的能力与诚信是控制环境中不可缺少的因素。人力资源政策与实务涉及招聘、培训、考核、咨询、晋升和薪酬等方面。被审计单位是否有能力雇用并保留一定数量既有能力又有责任心的员工在很大程度上取决于其人事政策与实务。例如,如果招聘录用标准要求录用最合适的员工,包括强调员工的学历、经验、诚信和道德,这表明被审计单位希望录用有能力并值得信赖的人员。被审计单位有关培训方面的政策应显示员工应达到的工作表现和业绩水准,通过定期考核的晋升政策表明被审计单位希望具备相应资格的人员承担更多的职责。

注册会计师在对被审计单位人力资源政策与实务进行了解和评估时,考虑的主要因素可能包括:被审计单位在招聘、培训、考核、咨询、晋升、薪酬、补救措施等方面是否有适当的政策和实务(特别是在会计、财务和信息系统方面);是否有书面的员工岗位职责手册,或者在没有书面文件的情况下对工作职责和期望是否做了适当的沟通和交流;人力资源政策与实务是否清晰,并且定期发布和更新;是否设定适当的程序,对分散在各地区和海外的经营人员建立和沟通人力资源政策与程序。

控制环境对重大错报风险的评估具有广泛影响,但其本身并不能防止或发现并纠正各类交易、账户余额、列报认定层次的重大错报,注册会计师在评估重大错报风险时应当将控制环境连同其他内部控制要素产生的影响一并考虑。

在小型被审计单位,可能无法获取以文件形式存在的有关控制环境要素的审计证据,特别是在管理层与其他人员的沟通不够正式却有效的情况下。例如,小型被审计单位可能没有书面的行为守则,却通过口头沟通和管理层的示范作用形成了强调诚信和道德行为重要性的文化。因此,管理层或业主兼经理的态度、认识和措施对注册会计师了解小型被审计单位的控制环境非常重要。

二、风险评估过程

任何经济组织在经营活动中都面临各种各样的风险,风险对其生存和竞争能力产生影响。很多风险并不为经济组织所控制,但管理层应当确定可以承受的风险水平,识别这些风险并采取一定的应对措施。

可能产生风险的事项和情形包括:监管及经营环境的变化,新员工的加入,新信息系统的使用或对原系统进行升级,业务快速发展,新技术的运用,新产生的业务活动,企业重组,发展海外经营,新会计准则的使用。

风险评估过程的作用是识别、评估和管理影响被审计单位实现经营目标能力的各种风险。风险评估是对于经营相关的风险进行预见、识别的过程。该过程包括识别与财务报告相关的经营风险,以及针对这些风险所采取的措施。

在评价被审计单位风险评估过程的设计和执行时,注册会计师应当确定管理层如何识别与财务报告相关的经营风险,如何估计该风险的重要性,如何评估风险发生的可能性,如何采取措施管理这些风险。

注册会计师在对被审计单位整体层面的风险评估过程进行了解和评估时,考虑的主要因素包括:是否已建立并沟通其整体目标,并辅以具体策略和业务流程层面的计划;是否已建立风险评估过程,包括识别风险、估计风险的重大性、评估风险发生的可能性以及确定所需采取的应对措施;是否已建立某种机制,识别和应对可能对被审计单位产生重大且普遍影响的变化；会计部门是否建立了某种流程，以识别会计准则的重大变化；当业务操作发生变化并影响交易记录的流程时，是否存在沟通渠道以通知会计部门；风险管理部门是否建立了某种流程，以识别经营环境包括监管环境发生重大变化。

注册会计师可以通过了解被审计单位及其环境以及审计过程中获得的信息，了解和评价被审计单位风险评估过程的有效性。如果识别出管理层未能识别的重大错报风险，注册会计师应当考虑被审计单位的风险评估过程为何没有识别出这些风险，以及评估过程是否适合具体环境。

小型被审计单位可能没有正式的风险评估过程。在这种情况下，管理层很可能通过亲自参与经营来识别风险。无论情况如何，注册会计师询问识别出的风险以及管理层如何应对这些风险，仍是必要的。

三、信息系统与沟通

信息系统与沟通是收集与交换被审计单位执行、管理和控制业务活动所需信息的过程，包括收集和提供信息（特别是为履行内部控制岗位职责所需的信息）给适当人员，使之能够履行职责。信息系统与沟通的质量直接影响管理层对经济活动做出正确决策和编制可靠的财务报告的能力。

与财务报告相关的信息系统，包括用以生成、记录、处理和报告交易、事项和情况，对相关资产、负债和所有者权益履行经营管理责任的程序和记录。与财务报告相关的信息系统应当与业务流程相适应。与财务报告相关的信息系统所生成信息的质量，对管理层能否做出恰当的经营管理决策以及编制可靠的财务报告具有重大影响。在了解与财务报告相关的信息系统时，注册会计师应当特别关注由于管理当局凌驾于账户记录控制之上或规避控制行为而产生的重大错报风险，并考虑被审计单位如何纠正不正确的交易处理。

与财务报告相关的沟通包括使员工了解各自在与财务报告有关的内部控制方面的角色和职责，员工之间的工作关系，以及向适当级别的管理层报告例外事项的方式。注册会计师应当了解被审计单位内部如何对财务报告的岗位职责，以及与财务报告相关的重大事项进行沟通。注册会计师还应当了解管理层与治理层之间的沟通，以及被审计单位与外部的沟通。

四、控制活动

控制活动是指有助于确保管理层的指令得以执行的政策和程序，包括授权、业绩评价、信息处理、实物控制和职责分离等相关活动。注册会计师应当了解控制活动，以足够评估认定层次的重大错报风险和针对评估的风险设计进一步审计程序。控制活动在企业内的各个阶层和职能之间都会出现。注册会计师应当了解的控制活动主要包括：

1. 授权

它包括一般授权和特别授权。授权的目的在于保证交易在管理层授权范围内进行。一般授权是指管理层制定的要求组织内部遵守的普遍适用于某类交易或活动的政策。特别授权是指管理层针对特定类别的交易或者活动逐一设置的授权，如重大资本支出和股票发行等。特别授权也可能用于超过一般授权限制的常规交易。例如，因某些特别原因，同意对某个不符合一般信用条件的客户赊销商品。

2. 业绩评价

它主要包括被审计单位分析评价实际业绩与预算(或预测、前期业绩)的差异,综合分析财务数据与经营数据的内在关系,将内部数据与外部信息来源相比较,评价职能部门、分支机构或项目活动的业绩,以及对发现的异常差异或关系采取必要的调查与纠正措施。

3. 信息处理

它主要包括信息技术一般控制和应用控制。信息技术一般控制是指与多个应用系统有关的政策和程序,有助于保证信息系统持续恰当的运行(包括信息的完整性和数据的安全性),支持应用控制作用的有效发挥,通常包括数据中心和网络运行控制,系统软件的购置、修改及维护控制,接触或访问权限控制,应用系统的购置、开发及维护控制。信息技术应用控制是指主要在业务流程层次运行的人工或自动化程序,与用于生成、记录、处理、报告交易或其他财务数据的程序相关,通常包括检查数据计算准确性,审核账户和试算平衡表,设置对输入数据和数字序号的自动检查,以及对例外报告进行人工干预。

4. 实物控制

它主要包括了解对资产和记录采取适当的安全保护措施,对访问计算机程序和数据文件设置授权,以及定期盘点并将盘点记录与会计记录相核对,如现金、有价证券和存货的定期盘点控制。实物控制的效果影响资产的安全,从而对财务报表的可靠性和审计产生影响。

5. 职责分离

它主要包括了解被审计单位如何将交易授权、交易记录以及资产保管等职责分配给不同员工,以防范同一员工在履行多项职责时可能发生的舞弊或错误。

注册会计师在了解和评估一般控制活动时考虑的主要因素可能包括:被审计单位的主要经营活动是否都有必要的控制政策和程序;管理层在预算、利润和其他财务及经营业绩方面是否都有清晰的目标,在企业内部是否对这些目标都加以清晰的记录和沟通,并且积极地对其进行监控;是否存在计划和报告系统,以识别与目标业绩的差异,并向适当层次的管理层报告该差异;是否由适当层次的管理层对差异进行调查,并及时采取适当的纠正措施;不同人员的职责应在何种程度上相分离,以降低舞弊和不当行为发生的风险;会计系统中的数据是否与实物资产定期核对;是否建立了适当的保护措施,以防止未经授权接触文件、记录和资产;是否有信息安全职能部门负责监控信息安全政策和程序。

在小型被审计单位中,由于某些控制活动由管理层执行,特定类型的控制活动可能变得并不相关。而且在小型被审计单位通常难以实施适当的职责分离,注册会计师应当考虑其控制活动(特别是职责分离)能否有效实现控制目标。

五、对控制的监督

监督是由适当的人员,在适当、及时的基础上,评估控制的设计和运行情况的过程。对控制的监督是指被审计单位评价内部控制在一段时间内运行有效性的过程。对控制的监督涉及及时评估控制的有效性并采取必要的补救措施。

被审计单位可能使用内部审计人员或具有类似职能的人员对内部控制的设计和执行进行专门的评价,以找出内部控制的优点和不足,并提出改进建议。被审计单位也可能利用与外部有关各方沟通或交流所获取的信息监督相关的控制活动。在某些情况下,外部信息可能显示内部控制存在的问题和需要改进之处。例如,客户通过付款来表示其同意发票金额,或者认为发票金额有误而不付款。监督机构(如银行监督机构)可能对影响内部控制运行的问题与被审计单位沟通。管理层可能考虑与注册会计师就内部控制进行沟通，通过与外部信息的沟通，可以发现内部控制存在的问题，以便采取纠正措施。

注册会计师在对被审计单位整体层面的监督进行了解和评估时，考虑的主要因素可能包括：被审计单位是否定期评价内部控制；相关人员在履行正常职责时，能够在多大程度上获得内部控制是否有效运行的证据；与外部的沟通能够在多大程度上证实内部产生的信息或者指出存在的问题；管理层是否采纳内部审计人员和注册会计师有关内部控制的建议；管理层是否及时纠正控制运行中的偏差；管理层根据监督机构的报告及建议是否及时采取纠正措施；是否存在协助管理层监督内部控制的职能部门（如内部审计部门），若存在则对内部审计职能做出评价。

小型被审计单位通常没有正式的持续监督活动，且持续的监督活动与日常管理工作难以明确区分，业主往往通过其对经营活动的密切参与来识别财务数据中的重大差异和错报，并对控制活动采取纠正措施。注册会计师应当考虑业主对经营活动的密切参与能否有效实现其对控制的监督目标。

以上五个要素实际内容广泛，相互关联。控制环境是其他控制要素的基础，控制环境不理想，企业的内部控制就不可能有效；在规划控制活动时必须对企业可能面临的风险有全面的了解；控制活动、控制政策和程序必须在组织内部有效地沟通；内部控制的设计和执行必须受到有效的监控。审计人员在审计财务报告时，应该对内部控制的所有有关要素给予充分的考虑。

第三节　了解与记录内部控制

一、了解内部控制

了解和掌握被审计单位的内部控制是审计人员评价内部控制的首要步骤。对被审计单位内部控制的了解和评估，通常由项目组中对被审计单位情况比较了解且有经验的成员负责，同时需要项目组其他成员的参与和配合。注册会计师可以考虑使用下列程序了解被审计单位的内部控制，以获取有关控制设计和执行的审计证据：

1. 询问被审计单位的有关人员，并检查相关内部控制文件

注册会计师需要通过询问被审计单位的管理当局、会计人员和处理业务的职员来了解被审计单位内部控制的基本情况，也可以通过查阅内部控制文件了解被审计单位的组织结构、规章制度、业务处理流程等方面的信息。

2. 检查内部控制生成的凭证和记录

在实施内部控制的过程中，会产生很多凭证和记录。例如，在销售单上，通常应该有负责核准赊销的业务人员的签字，表明客户的信用情况已经过审核，并且同意向客户赊销货物。注册会计师通过审查销售单有无负责核准赊销的业务人员签字，了解该项控制程序的执行情况。

3. 观察被审计单位的业务活动和内部控制的运行状况

在审计过程中，注册会计师可以观察被审计单位正在进行的各项业务活动，以了解业务的执行是否遵循了相关的内部控制。例如，观察会计部门的账务处理过程，以了解是否存在充分的职务分离；观察仓库的发货过程，以了解货物的发出是否均与销售单核对，并开具出库单。

4. 选择若干具有代表性的交易和事项进行穿行测试

穿行测试是指测试一项业务的整个处理流程。例如，对销售业务的穿行测试就是抽取几笔销售业务，审查这几笔销售业务从客户订单直至登记在库存商品明细账、应收账款明细账等账簿的整个业务流程是否符合被审计单位内部控制的规定。通过穿行测试，注册会计师可以了解被审计单位各项业务的处理流程，并有可能发现其中存在的某些缺陷。

在了解内部控制的各组成要素时，注册会计师应当对被审计单位整体层面的内部控制的设计进行评价，并确定其是否得到执行，这一评价过程需要大量的职业判断，没有固定的公式或指标。

二、记录对内部控制了解的情况

为了评价被审单位的内部控制，审计人员必须在深入调查了解的基础上，对现行的内部控制采用适当的方法进行描述，形成工作底稿，作为编制和修改审计计划及制定审计程序的依据，也可以作为审计历史资料存档供日后考察之用。常用的内部控制的记录和描述方法通常有文字叙述、调查问卷和流程图三种。

1. 文字叙述

文字叙述是指审计人员将被审计单位内部控制的实际情况以书面形式记录下来的方法。采用文字叙述法，一般是按经济业务的处理程序，用文字详细记录业务的整个处理过程，要说明每项工作的责任人、经办人以及相应由他们编写和记录的文件、凭证等。文字叙述法可以对调查对象做出比较深入和具体的描述，内容比较灵活，任何单位、任何业务都可以使用。缺点是采用文字叙述法进行描述时，有时很难用简明易懂的语言来描述内部控制系统的细节，文字叙述较为冗长；对业务处理流程及其控制的反映不够直观，不利于审计人员对内部控制进行分析评价。因此，文字叙述法适用于内部控制程序比较简单、比较容易描述的中小型企业（见表7—1）。

表7—1 销售内部控制

被审计单位名称： 索引号______页次______

被审计期间： 编制人______日期______

复核人______日期______

1. 销售部门收到客户订单后，由经理王军对货物的品种、规格、数量、单价、付款条件、结算方式等审核、签章后，交仓库办理发货手续。 2. 仓库办理任何商品出库，均须由管理员张三根据批准的订单，填制一式四联的销货单。签章后，第一联为包装发运单，由工作人员依单配货、包装，随货交客户；第二联送交会计部门；第三联送应收账款管理员；第四联由保管员张三归档保管，作为盘存的依据。 3. 会计部门收到销货单后，开具一式三联销售发票，第一联送交客户，第二联交应收账款管理员，作为记账和收款的凭证。 4. 应收账款管理员收到销售发票后，将其与销售单核对，如无误，登记销售明细账。
评价： 1. 没有根据批准的订单编制销售通知单。 2. 销售单不应由仓库部门编制，也不能代替装运凭证。 3. 会计部门开具销售发票时没有核对装运凭证、销售单和销售价目表；负责销售记账与收款的不相容职责由一人办理；没有对销售业务的独立稽核。

2. 调查问卷

调查问卷也称调查表，是指审计人员通过预先设计好的标准化格式的调查表向被审计单位的管理人员或当事人调查了解其内部控制设计和执行情况并加以记录的方法。调查表一般采用问答式，应由审计人员根据需要，调查内部控制和被审计单位各个经营环节的关键控制点是否按一定的标准设计而成。调查表所列的问题是针对内部控制是否严密、有效并综合考虑各个方面的因素后提出的，所列问题具有针对性，便于回答。调查表分为封闭式和开放式两种。封闭式调查表所提问题的答案只有“是”“否”“不适用”等，被询问人只能选择其中一个答案，不允许自由选择。开放式调查表允许被提问人对所提问题自由回答。调查问卷法的优点是调查范围明确、问题突出、简便易行、省时省力、直观性强；缺点是对被审计单位的内部控制只能按所提问题分别考察，无法反映内部控制实际情况和存在问题的轻重，往往难以提供一个完整、系统、全面的分析评价；对于不同行业的企业或是小企业，标准问题的调查表常常不太适用(见表 7－2)。

表 7－2　　销售内部控制调查表

被审计单位名称：　　　　索引号______页次______

被审计期间：　　　　编制人______日期______

复核人______日期______

问　题	回　答			取得方式	评　注
	是	否	不适用		
一、登记入账的销售确系已发运给正确的客户					
登记入账的销售是否有经审批的发运单和客户订单为依据	√				李某检查所附的凭证
二、销售业务经过适当批准					
1. 赊销是否经负责人批准	√				由总经理批准
2. 商品出厂是否有事先连续编号的发运单	√				
三、发生的销售业务均已记账					
1. 发运单是否经适当控制，保证所有发货都已开票收款	√				已预先编号
2. 销售发票是否均预先连续编号并登记入账	√				
四、登记入账的销售确系订购的数量，且已正确开票收款					
1. 销售发票与发运单所列数量是否核对相符		√			需进一步核对
2. 销售发票是否经单价检查和金额复核	√				
3. 是否定期向客户发出对账单		√			
五、销售业务是否及时登记入账					
记账日期与发运单日期是否经核对		√			需函证
六、销售业务在明细账中的记录与总账相符					
明细账是否加总复核，是否与总账核对相符	√				存在的缺陷，需进一步检查

3. 流程图

流程图是指用特定的符号和图形，将被审计单位内部控制中各种业务处理手续以及各种文件或凭证的传递流程，用图解的形式辅助以简要的文字或数字，直观地表现内部控制的一种方法。在绘制流程图时，审计人员必须熟悉被审计单位主要经营环节，按照经济业务的处理程序用流程线把代表各种业务和控制的符号连接起来，形成内部控制流程图。流程图的优点是能够清楚地反映各项业务活动的职责分工、授权批准、复核验证等控制措施和功能，形象直观，并把文字叙述减少到最低限度，可以使审计人员全面了解内部控制的运行状况，有助于发现内部控制的不足。缺点是编制流程图需要一定的技术和花费较多的时间，而且内部控制某些弱点有时很难在流程图中明确地表达出来。

为了使流程图清晰、易懂，绘制流程图应注意以下几点：

(1)使用规定的符号；

(2)采用平面制图法，图中标明业务处理流程经过的部门及负责人；

(3)各种凭证所经各部门的名称应安排在流程图的顶部；

(4)业务处理的开始点，要尽可能安排在部门名称的左上角，凭证的流向要尽可能从左到右、从上到下，避免流程线来回反复交叉。

流程图的基本格式见图 7－1。

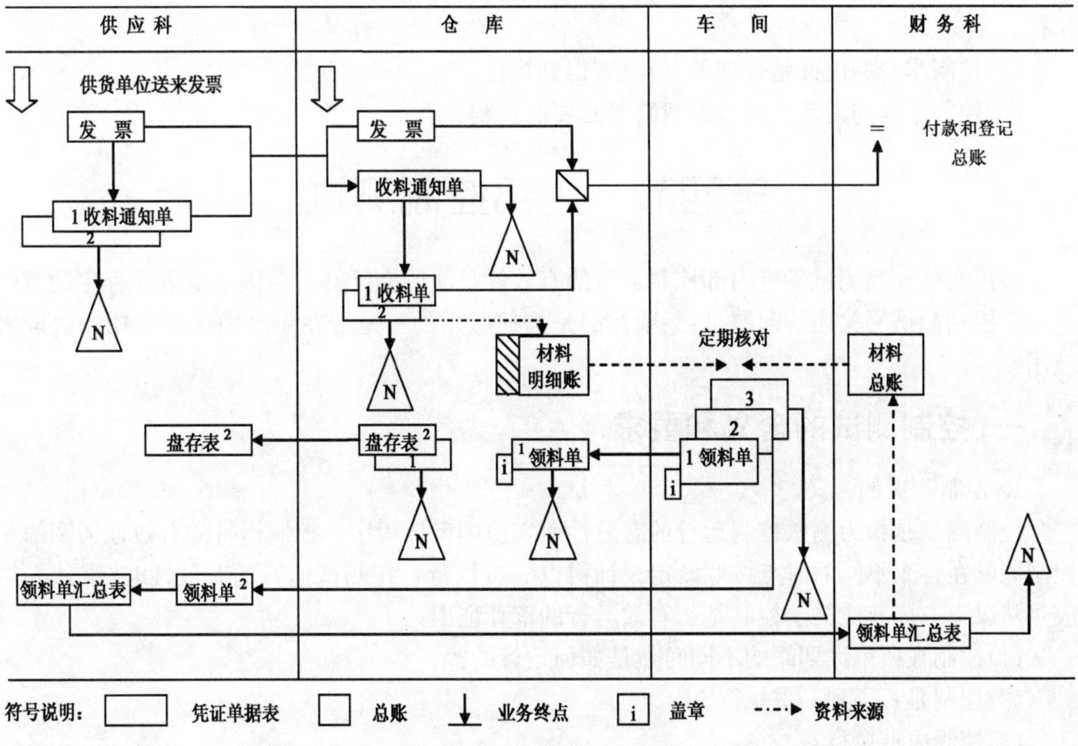

图 7－1 流程图的基本格式

需要注意的是，记录内部控制的三种方法在实践中并不互相排斥，而是互相依赖和互相依存。对不同的企业采用不同的描述方法，若能同时结合使用其中的两种或三种方法，则能起到更好的效果。

三、对内部控制进行初步评价

注册会计师在对内部控制进行了解和描述之后，应当评价内部控制的设计，并确定其是否得到执行。

评价控制的设计是指考虑一项控制单独或连同其他控制是否能够有效防止或发现并纠正重大错报。设计不当的控制可能表明内部控制存在重大缺陷，在评价内部控制的设计时，注册会计师应检查被审计单位是否在各主要业务程序和高风险领域都建立相应的控制，以及所建立的控制是否符合被审计单位的实际情况和成本效益原则，同时要注意内部控制的薄弱环节。对于内部控制的薄弱环节，注册会计师应进行具体分析：一是考虑企业对于这些控制弱点是否已采取了补救措施；二是考虑这些控制弱点是否会产生严重的后果。注册会计师更关心的是会产生严重后果的控制弱点。内部控制的设计应建全、合理，但并不是说内部控制越多、越细越好，内部控制的设计应当符合被审计单位的实际情况，并考虑成本效益原则。

内部控制得到执行是指某项控制存在且被审计单位正在使用。注册会计师在确定是否考虑控制得到执行时，应当首先考虑控制的设计是否得当，若设计不当，无须再考虑控制是否得到执行。

注册会计师对控制的评价结论可能是：

(1)所设计的内部控制单独或连同其他控制能够防止或发现并纠正重大错报，并得到执行。

(2)控制本身的设计是合理的，但没有得到执行。

(3)控制本身的设计是无效的或缺乏必要的控制。

第四节　内部控制测试

通过实施控制测试确定内部控制运行的有效性是注册会计师实施进一步审计程序的目的之一。控制测试所关注的问题是：某项控制是如何应用的？是否在年度中一贯应用？由谁来应用？

一、控制测试的含义和要求

1. 控制测试的含义

控制测试是指为测试控制运行的有效性而实施的审计程序。控制运行的有效性强调的是控制能够在各个不同的时点按照既定设计得以一贯执行。在测试运行的有效性时，审计人员应当从以下方面获取关于控制是否有效运行的审计证据：

(1)控制在所审计期间的不同时点是如何运行的？

(2)控制是否得到一贯执行？

(3)控制由谁执行？

(4)控制以何种方式运行？

测试控制运行的有效性与确定控制是否得到执行所需获取的审计证据是不同的。控制运行的有效性强调的是控制能够在各个不同的时点按照既定设计得以一贯执行，所以在测试控制运行是否有效时，注册会计师应当获取足够数量的交易进行检查或对多个不同时点进行观察。而在获取控制是否得到执行的审计证据时，注册会计师应当确定某项控制是否存在，被审计单位是否正在使用，注册会计师只需要抽取少量的交易进行观察或对某几个时点进行观察。

测试控制运行的有效性与确定控制是否得到执行所需获取的审计证据虽然存在一定的差异，但两者也有联系。为评价控制设计和确定控制是否得到执行而实施的审计程序，有可能提供有关控制运行有效性的审计证据。所以，在审计实践中，注册会计师可以考虑在评价控制设计和获取其得到执行的审计证据的同时测试控制运行的有效性，以提高审计效率，并同时考虑这些审计证据是否足以实现控制测试的目的。

2. 控制测试的要求

控制测试并非在任何情况下都需要实施。当存在下列情况之一时，注册会计师应当实施控制测试：

(1)在评估认定层次重大错报风险时，预期控制的运行是有效的

如果在评估认定层次重大错报风险时预期控制的运行是有效的，注册会计师应当实施控制测试，就控制在相关期间或时点的运行有效性获取充分、适当的审计证据。注册会计师通过实施风险评估程序，可能发现某项控制设计存在而且合理，同时在工作中得到了执行。在这种情况下，注册会计师可能预期与该项控制有关的财务报表认定发生重大错报的可能性相对较小，出于对成本效益的考虑，注册会计师可能认为值得对相关控制在不同时点是否得到一贯执行进行测试，即实施控制测试，以减少实质性程序的工作量。这种测试的前提是注册会计师通过了解内部控制以后认为某项控制存在被信赖和利用的可能。因此，只有认为控制设计合理、能够防止或发现并纠正认定层次的重大错报，注册会计师才有必要对控制运行的有效性实施测试。

(2)仅实施实质性程序不足以提供认定层次充分、适当的审计证据

如果认为仅实施实质性程序获取的审计证据无法将认定层次的重大错报风险降至可接受的水平，注册会计师应当实施相关的控制测试，以获取控制运行有效的审计证据。

有时对某些重大错报风险，注册会计师仅通过实质性程序无法予以应对。例如，在被审计单位对日常交易或与财务报表相关的其他数据采用高度自动化处理的情况下，审计证据可能以电子形式存在，此时审计证据是否充分和适当取决于自动化信息系统相关控制的有效性。如果信息的生成、记录、处理和报告均通过电子格式进行而未适当有效地控制，则生成不正确信息或信息被不恰当修改可能性就会大大增加。在认为仅通过实质性程序不能获取充分、适当审计证据的情况下，注册会计师必须实施控制测试，且这种测试已经不单是出于成本效益的考虑，而是必须获取的一类审计证据。

需要说明的是，被审计单位在所审计期间可能由于技术更新或组织管理变更而更换了信息系统，从而导致在不同时期使用了不同的控制。如果被审计单位在所审计期间内的不同时期使用了不同的控制，注册会计师应当考虑不同时期控制运行的有效性。

二、控制测试的方法

1. 注册会计师在对被审计单位的内部控制进行测试时运用的方法

(1)询问

注册会计师可以向被审计单位适当员工询问，获取与内部控制运行情况相关的信息，如询问可能影响财务报告的交易和事项、目前发生的重大会计处理问题等。仅通过询问不能为控制运行的有效性提供充分的审计证据，注册会计师需要印证被询问者的答复。因此，询问虽然是一种有用的手段，但必须与其他测试手段结合使用才能发挥作用。在询问过程中，注册会计师应当保持职业怀疑态度。

(2)观察

观察是测试不留下书面记录的控制(如职责分离)的运行情况的有效方法。例如，注册会计师观察存货盘点控制的执行情况等。通常情况下，注册会计师通过观察直接获取的审计证据比间接获取的证据更可靠。但是，注册会计师还应考虑其所观察到的控制在注册会计师不在场时可能未被执行的情况。

(3)检查

检查适用于对运行情况留有书面证据的控制。例如,检查被审计单位销售发票是否有复核人员签字,检查销售发票是否附有客户订购单和出库单等。

(4)重新执行

为了合理保证计价认定的准确性,被审计单位的一项控制是由复核人员复核销售发票上的价格与统一价格单上的价格是否一致。但是,要检查复核人员有没有认真执行核对,仅仅检查复核人员是否在相关文件上签字是不够的,注册会计师还需要自己选取一部分销售发票重新进行核对,这就是重新执行程序。通常只有当询问、观察和检查程序结合在一起仍无法获得充分的审计证据时,注册会计师才会考虑通过重新执行来证实控制是否有效进行。如果需要进行大量的重新执行,注册会计师应该考虑通过实施控制测试以缩小实质性程序的范围是否有效率。

询问本身并不足以测试控制运行的有效性,注册会计师应当将询问与其他审计程序结合使用,以获取控制运行有效性的审计证据。观察提供的审计证据仅限于观察发生的时点,本身也不足以测试控制运行的有效性;将询问与检查或重新执行结合使用,通常比仅实施询问和观察获得更高的保证。

2. 确定控制测试方法时的要求

(1) 考虑特定控制的性质

某些控制可能存在反映控制运行有效性的文件记录,注册会计师应当考虑检查这些文件记录,以获取控制运行有效性的审计证据;某些控制可能没有文件记录(如一项自动化的控制活动),或文件记录与证实控制运行有效性不相关,注册会计师应当考虑实施检查以外的其他审计程序(如询问和观察),以获取有关控制运行有效性的审计证据。

(2)考虑测试与认定直接相关和间接相关的控制

在设计控制测试时,注册会计师不仅应当考虑与认定直接相关的控制,还应当考虑这些控制所依赖的与认定间接相关的控制,以获取支持控制运行有效性的审计证据。例如,被审计单位可能针对超出信用额度的例外赊销交易设置报告和审核制度(与认定相关的控制);在测试该项制度运行有效性时,注册会计师不仅应当考虑审核的有效性,还应当考虑与例外赊销报告中信息准确性有关的控制(与认定间接相关的控制)是否有效运行。

(3)考虑如何对一项自动化的应用控制实施控制测试

对一项自动化的应用控制,由于信息技术处理过程的内在一贯性,注册会计师可以利用该项控制得以执行的审计证据和信息技术一般控制(特别是对系统变动的控制)运行有效性的审计证据,作为支持该项控制在相关期间运行有效性的重要审计证据。

3. 考虑实施控制测试时实现的双重目的

控制测试的目的是评价控制是否有效运行;细节测试的目的是发现认定层次的重大错报。两者目的不同,注册会计师可以考虑针对同一交易同时实施控制测试和细节测试,以实现双重目的。例如,注册会计师通过检查某笔交易的发票可以确定其是否经过适当的授权,也可以获取关于该交易的金额、发生时间等细节证据。如果拟实施双重目的的测试,注册会计师应当仔细设计和评价测试程序。

4. 考虑实施实质性程序的结果对控制测试结果的影响

如果实施实质性程序发现被审计单位没有识别出的重大错报,通常表明被审计单位的内部控制存在重大缺陷,注册会计师应当就这些缺陷与管理层和治理层进行沟通。

三、控制测试的时间

(一)控制测试的时间的含义

控制测试的时间包含两层含义：一是何时实施控制测试；二是测试所针对的控制适用的时点或期间。其基本原理是：如果测试特定时点的控制，审计人员仅得到该时点运行有效性的审计证据；如果测试某一期间的控制，审计人员可获取控制在该期间有效运行的审计证据。审计人员应当根据控制测试的目的确定控制测试的时间，并确定拟信赖的相关控制的时点或期间。

(二)对中期审计证据的考虑

如果注册会计师在中期实施了控制测试，取得了有关控制在中期运行有效性的审计证据，并拟利用该证据，注册会计师仍然需要考虑如何将控制在期中运行有效性的审计证据合理延伸至期末，即针对期中至期末这段剩余时间获取充分、适当的审计证据。注册会计师应当实施下列审计程序：

1. 获取这些控制在剩余期间变化情况的审计证据

如果这些控制在剩余期间没有发生变化，注册会计师可能决定信赖期中获取的审计证据；如果这些控制在剩余期间发生了变化，注册会计师需要了解并测试控制的变化对期中审计证据的影响。

2. 确定针对剩余期间还需要获取的补充审计证据

注册会计师在确定针对剩余期间还需获取的补充审计证据时，应考虑以下因素：

(1)评估的认定层次重大错报风险的重大程度。评估的重大错报风险对财务报表的影响越大，注册会计师需要获取的剩余期间的补充证据越多。

(2)在期中测试的特定控制。例如，对自动化运行的控制，注册会计师更可能测试信息系统一般控制的运行有效性，以获取控制在剩余期间运行有效性的审计证据。

(3)在期中对有关控制运行有效性获取的审计证据的程度。如果注册会计师在期中对有关控制运行有效性获取的审计证据比较充分，可以考虑适当减少需要获取的剩余期间的补充证据。

(4)剩余期间的长度。剩余期间越长，需要获取的剩余期间的补充证据越多。

(5)在信赖控制的基础上拟减少进一步实质性程序的范围。注册会计师对相关控制的信赖程度越高，拟减少进一步实质性程序的范围就越大。此时，需要获取的剩余期间的补充证据越多。

(6)控制环境。在注册会计师总体上拟信赖控制的前提下，控制环境越薄弱，注册会计师需要获取的剩余期间的补充证据越多。

(三)对以前审计获取的审计证据的考虑

注册会计师需考虑以前审计获取的有关控制运行有效性的审计证据，原因在于：一方面内部控制中的诸多要素对于被审计单位往往是相对稳定的，因此注册会计师在本期审计时还是可以适当考虑利用以前审计获取的有关控制运行有效性的审计证据；另一方面，内部控制在不同期间可能发生重大变化，注册会计师在利用以前审计获取的有关控制运行有效性的审计证据时需要格外慎重，充分考虑各种因素。

(1)基本思路：考虑拟信赖以前审计中测试的控制在本期是否发生变化。如果拟信赖以前审计获取的有关控制运行有效性的审计证据，注册会计师应当通过实施询问并结合观察或检查程序,获取这些控制是否已经发生变化的审计证据。

(2)当控制在本期发生变化时。如果控制在本期发生了变化,注册会计师应当考虑以前审计获取的有关控制运行有效性的审计证据是否与本期审计相关,并在本期审计中测试这些控制运行的有效性。

(3)控制在本期未发生变化时。如果拟信赖的控制自上次测试后未发生变化,且不属于旨在减轻特别风险的控制,注册会计师应当运用职业判断确定是否在本期审计中测试其运行有效性以及本次测试与上次测试的时间间隔,但两次测试的时间间隔不得超过 2 年。

(4)不得依赖以前审计所获取证据的情形。鉴于特别风险的特殊性,对于旨在减轻特别风险的控制,不论该控制在本期是否发生变化,注册会计师都不应该依赖以前审计获取的证据。也就是说,如果注册会计师拟信赖针对特别风险的控制,则所有关于该控制运行有效性的审计证据必须来自当年的控制测试。相应地,注册会计师应当在每次审计中都测试这类控制。

四、控制测试的范围

控制测试的范围主要是指某项控制活动的测试次数。从理论上讲,控制测试的范围越大,所能提供的有关控制政策和程序执行有效性的证据就越充分。在审计实务中,审计人员执行控制测试的范围并不是越大越好,而是要求审计人员从最经济有效地实现审计目标的总体要求出发,合理地确定控制测试的范围。注册会计师在确定某项控制测试的范围时通常考虑以下因素:

(1)在整个拟信赖的期间被审计单位执行控制的频率。控制执行的频率越高,控制测试的范围越大。

(2)在所审计期间审计人员拟信赖控制运行有效性的时间长度。拟信赖期间越长,控制测试的范围越大。

(3)为证实控制能够防止或发现并纠正认定层次重大错报所需获取审计证据的相关性和可靠性。对审计证据的相关性和可靠性要求越高,控制测试的范围越大。

(4)通过测试与认定相关的其他控制获取的审计证据的范围。当针对其他控制获取的审计证据的充分性和适当性较高时,测试该控制的范围可适当缩小。

(5)在风险评估时拟信赖控制运行有效性的程度。审计人员在风险评估时对控制运行有效性的拟信赖程度越高,需要实施控制测试的范围越大。

(6)控制的预期偏差。控制的预期偏差可以用控制未得到执行的预期次数占控制应当得到执行次数的比率来衡量(也可称为预期偏差率)。控制的预期偏差率越高,需要实施控制的范围越大。如果控制的预期偏差率过高,注册会计师应当考虑控制可能不足以将认定层次的重大错报风险降至可接受的低水平,从而针对某一认定实施的控制测试可能是无效的。

第五节　控制风险评价

注册会计师在完成控制测试后,应根据其测试的结果对被审计单位内部控制的风险水平做出评估,以确定将要执行的实质性程序的性质、时间和范围。

一、控制风险评价的概念

控制风险评价是指评价企业内部控制在防止或者发现和更正会计报表中的重大错报有效

程度的过程，即对内部控制的可信赖度做出评价。注册会计师是为了会计报表认定而评估控制风险的，不是为了个别内部控制要素或个别政策和程序而进行的。通常将评估控制风险所得到的结果称为“控制风险评估水平”。

注册会计师评价控制风险时，应合理运用专业判断来谨慎分析审计证据。由于这些审计证据必然与有关认定的控制政策和程序有关，因此可以说，控制风险的评价实际上就是注册会计师对每一内部控制要素的相关控制政策和程序的有效性，同某项认定中存在重大错报的风险之间的相互作用情况进行判断的过程。

二、控制风险的评价

注册会计师评估的控制风险可能是高水平，也可能是低水平。若将控制风险评估为高水平，意味着内部控制不能及时防止或者发现和纠正某项认定中的重大错报的可能性很大。如果很多认定或者所有认定的控制风险都被评价为高水平，那么注册会计师就要研究是否应进一步对被审计单位的会计报表进行审计。

注册会计师在确认以下事项的情况下可能将控制风险评价为高水平：

(1)控制政策和程序与认定不相关；

(2)控制政策和程序无效；

(3)取得证据来评价控制政策和程序显得不经济。

注册会计师只有在确认以下事项的情况下才能将控制风险评价为低水平：

(1)控制政策和程序与认定相关；

(2)通过控制测试已获得证据证明控制有效。

控制风险的评估水平既可以用高、中、低的概念来加以表示，也可以量化为百分比表示。通常将内部控制未能及时防止或发现和纠正某项认定中的重大错报的可能性高于40%、在10%～40%之间、低于10%，分别代表控制风险的高、中、低水平。

注册会计师应当将对控制风险评估的过程和结果在工作底稿中加以记录。在工作底稿中记录对控制风险评估的基本要求是：

(1)当控制风险评估为最高水平时，只需记录这一评估结论；

(2)当控制风险评估低于最高水平时，还必须记录评估的依据。

三、控制风险评价结果对实质性程序的影响

注册会计师对企业内部控制了解和测试的结果，实质上是对企业控制风险做出评估，然后再利用对控制风险评估的结果，来规划对各项账户余额和交易种类进行实质性程序的性质、时间和范围。因此，控制风险水平评估适当与否直接影响实质性程序的适当性。

如果注册会计师评价企业内部控制的可信赖程度高，说明控制风险低，注册会计师就可以执行有限的实质性程序。如果可信赖程度低，说明控制风险高，注册会计师只有执行更多的实质性程序，才能将审计风险控制在可以接受的低水平，以保证审计的质量。

如果注册会计师将控制风险评估太低，会使注册会计师可能没有执行足够的实质性程序，进而导致审计无效；相反，如果控制风险评估太高，又会执行比需要还要多的实质性程序，致使审计工作不经济、无效率。

本章小结

内部控制是指被审计单位为了合理保证财务报告的可靠性、经营的效率和效果以及对法律法规的遵循，由治理层、管理层和其他人员设计和执行的政策和程序。内部控制是现代企业管理的重要手段，良好的内部控制系统有利于合理保证财务报告的可靠性、经营的效率和效果以及对法律法规的遵守，有利于对经济活动进行评价，保证企业经营目标的实现。大量的审计实践表明：凡内部控制健全完善的领域，错弊发生的情况就少；反之则多。

内部控制作为企业自我调节和自行制约的内在机制，具有十分重要的作用，但内部控制也存在着固有的局限性。注册会计师应充分关注内部控制的固有局限性，如人为错误、串通舞弊或管理层凌驾于内部控制之上、成本限制等都会使内部控制无效。

系统的内部控制理论，是随着现代工商企业的兴起而形成和确立的。内部控制理论的演变大致可以划分为内部牵制阶段、内部控制制度阶段、内部控制结构阶段、内部控制整体框架阶段、内部控制整合框架—风险管理阶段。

内部控制整体框架主要由控制环境、风险评估过程、信息系统与沟通、控制活动、监督五项要素构成。

注册会计师在审计过程中对内部控制进行的测试和评价一般可分为五个步骤：第一，了解内部控制；第二，记录对内部控制了解的情况；第三，对内部控制进行初步评价；第四，测试内部控制；第五，评价控制风险水平。

现代审计与内部控制之间存在着非常密切的关系。研究与评价被审计单位的内部控制，是审计进行实质性程序的前提和基础，是现代审计的重要特征。

思考题

1. 内部控制的含义是什么？
2. 简述内部控制整体框架的内容。
3. 如何理解内部控制与现代审计的关系？
4. 内部控制存在哪些局限性？
5. 什么是控制测试？其主要内容有哪些？如何确定控制测试的范围？
6. 简述控制风险评价的结果对实质性程序的影响。

案例分析

巴林银行案

1995 年 2 月，英国历史上最悠久的巴林银行宣布破产。这一破产事件是由该行在新加坡的期货交易发生的巨额亏损引发的。1992 年新加坡巴林银行期货公司开始进行金融期货交易，尼克·里森身兼前台交易和后台结算的主管，两个至关重要的岗位都由其一人把持。翻开尼克·里森的档案可以发现，在他被派遣到新加坡并成为新加坡国际货币交易所的交易员之前，由于两项总额达 3 000 英镑的于他不利的县法院裁决被曝光，巴林银行曾取消了他成为伦敦交易员的申请，却又对此事件保持缄默并支持他成为新加坡的交易员的申请。在尼克·里森成为新加坡巴林的衍生产品交易的主管之前，他对衍生产品的经验很少，参与交易的时间相对较短。尼克·里森以其前台首席交易员和后台结算主管的双重身份，开立了误差账户“88888”。开户表格上注明该账户只能用于冲销错账，他却用这个账户进行交易。通过假账调整，使实际亏损隐藏在该误差账户中，反映在总行的其他交易账户则始终显示盈利。1994 年 8 月，一份内部审计报告曾指出，新加坡期货公司没有对交易和结算这两个重要岗位进行职务分离。但巴林银行集团高级管理人员漠然视之。更为令人费解的是，在长达几年的时间里，内部审计部门始终未能及时发现尼克·里森利用误差账户进行越权违规和发生严重亏损的问题。

该风险案例留给我们的教训是：

(1)放松了职员的品质控制。巴林银行派遣尼克·里森担任新加坡期货公司的首席交易员和结算主管之前，是知道他有隐瞒法院不利判决的品行问题的，也清楚他缺乏进行衍生产品交易的适当经验，但仍然对他委以重任，酿成大错。

(2)忽视了不相容职务的分离控制。交易和结算属于不相容职务，由一人兼任容易发生错弊，并增加错弊得以掩盖的机会，巴林银行却偏偏对交易和结算这两个重要岗位没有予以分离，导致重大亏损得以转移到误差账户进行隐藏。

(3)缺少有效的内部审计。有效的内部审计至少可以在事后及时发现问题，但巴林银行的内部审计部门居然在长达几年的时间里始终未能发现尼克·里森越权违规交易和交易的实际亏损状况，使局面终致不可收拾。

(4)授权控制形同虚设。尼克·里森开立的误差账户“88888”未经授权是不能用于交易的，但巴林银行放松了账户的授权控制，使尼克·里森得以利用这枚关键性的棋子将败局延续下去。

(资料来源：刘华：《审计理论与案例》，复旦大学出版社 2005 年版)

讨论与思考题：

1. 结合案例，理解内部控制存在的局限性。
2. 如何使内部控制能有效地发挥作用以实现其目标？

第八章

销售与收款循环审计

从本章起至第十四章，我们将以执行企业会计准则的企业财务报表审计为例，介绍业务循环的审计内容，以及对各业务循环中重要的财务报表项目如何进行审计。

财务报表审计的组织方式大致有两种：一是对财务报表的每个账户余额单独进行审计，此法称为账户法；二是将财务报表分成几个循环进行审计，即把紧密联系的交易种类和账户余额归入同一循环中，按业务循环组织实施审计，此法称为循环法。一般而言，账户法与多数被审计单位账户设置体系及财务报表格式相吻合，具有操作方便的优点，但它将紧密联系的相关账户人为地予以分割，容易造成整个审计工作的脱节和重复，不利于审计效率的提高；而循环法则更符合被审计单位的业务流程和内部控制设计的实际情况，不仅可以加深审计人员对被审计单位经济业务的理解，而且由于将特定业务循环所涉及的财务报表项目分配给一个或数个审计人员，增强了审计人员分工的合理性，有助于提高审计工作的效率和效果。

由于各被审计单位的业务性质和规模不同，其业务循环的划分也有所不同。即使是同一被审计单位，不同注册会计师也可能有不同的循环划分方法。在本教材中，我们将交易和账户余额划分为销售与收款循环、采购与付款循环、固定资产循环、生产与存货循环、人力资源与工薪循环、筹资与投资循环，分章阐述各业务循环的审计。由于货币资金与上述业务循环均密切相关，同时货币资金业务又有着不同于其他业务循环和其他财务报表项目的鲜明特征，因此将货币资金单独安排为一章。

导读案例

注册会计师李豪对光明公司 2016 年度销售商品收入执行分析程序时，发现本年度的销售收入比上年明显减少，对照在前期调查了解到光明公司本年度生产销售情况是历史上最好的实际情况，李豪感到销售收入的真实性值得怀疑，于是抽查了 9 月份、12 月份相关的会计凭证，发现其原始凭证中有销售发票的记账联，而记账凭证中反映的是“应付账款”，金额共计 120 万元。李豪针对这种情况询问了有关的当事人，并向应付账款的对方企业进行函证，结果发现光明公司是将企业正常的销售收入反映在“应付账款”中，作为其他企业的暂存款处理。

思考题：

1. 注册会计师通过实施什么审计程序发现被审计单位光明公司销售收入存在问题？
2. 注册会计师通过实施审计程序获得的审计证据可以验证销售收入的哪些审计目标？

3. 光明公司通过实施哪些内部控制可以防止类似问题的发生？建立健全内部控制是否可以完全杜绝此类问题的发生？

4. 你认为注册会计师李豪就发现的上述问题做出何种审计处理意见比较恰当？

5. 与销售收入相关的账户或项目有哪些？

第一节　销售与收款业务循环的性质

销售与收款循环是指企业将产品或劳务提供给客户并收取价款的过程。该循环包括接受客户订货、发出货物、收取价款等环节，涉及资产负债表中的应收票据、应收账款、预收账款、应交税费、其他应交款等项目，涉及利润表中的营业收入、营业税金及附加、营业费用、营业利润等项目。销售与收款循环主要包括两部分内容：一是本循环中的主要业务活动；二是本循环所涉及的主要凭证和会计记录。

一、销售与收款业务循环的主要业务活动

企业的销售与收款循环主要由企业同客户交换商品或劳务、收回现金等经营活动组成，涉及销售业务、收款业务、销售调整业务(包括销售折扣、折让和退回，坏账准备的提取和冲销)等内容，并且每一业务活动均需要经过若干步骤才能完成。

1. 接受客户订单

客户提出订货要求是销售与收款循环的起点，是客户购买某种货物或接受某种劳务的一项申请。收到客户订单时，由销售部门专人负责登记，并将订单与企业管理当局事先核准的客户名单进行核对。如果客户被列入该名单且确认符合管理当局授权标准时，可接受订单。对未列入客户名单的客户，可由销售部门的主管决定是否接受客户订单。对不能接受的客户订单，应在订单备忘录中详细记录不能接受的原因。

在批准了客户订购单之后，通常应编制一式多联的销售单，作为信用、仓库、运输、开票和收款等有关部门履行职责的依据。销售单是证明管理层有关销售交易的“发生”认定的凭据之一，也是此笔销售交易轨迹的起点之一。

2. 批准赊销信用

赊销批准是由信用管理部门根据管理当局的赊销政策以及客户的已授权信用额度进行的。信用部门收到销售通知单后，应审查该客户的资信记录，以便决定是否批准赊销。对于有良好信用记录的客户，信用部门应根据销售单批准赊销或按常规方法处理。对提出赊销要求的新客户应进行必要的信用调查，确定一个信用额度，并经企业主管人员核准。无论批准赊销与否，都要求信用部门人员在销售单上签署意见，再将签署意见的销售单送回销售单管理部门。批准赊销控制的目的是为了降低坏账风险，因此它与应收账款的“估价和分摊”认定有关。

3. 按销售单供货

企业通常要求仓库只有在收到经过批准的销售单时才能供货。设置该项控制程序的目的是为了防止仓库在未经授权的情况下擅自发货。因此，经批准的销售单的一联应送达仓库，作为仓库供货和发货给装运部门的依据。同时，仓库人员根据核准的销售单编制发货凭证(如提货单、出库单)。

4. 按销售单装运货物

将按销售单供货与按销售单装运货物职责相分离，有助于避免负责装运货物的人员在未经

授权的情况下装运货物。装运部门人员在装运货物之前，还必须对装运的货物进行独立的检查，以确定从仓库提取的商品都附有经批准的销售单以及所提取的商品与销售单的内容一致。

5. 向客户开具账单

开具账单是指向客户编制和寄送连续编号的销售发票。

为了降低开具账单过程中出现遗漏、重复、错误计价或其他差错的风险，应设立以下控制程序：

(1)开具账单部门人员在编制每张销售发票之前，应独立检查是否存在装运凭证和经批准的销售单；

(2)应依据已授权批准的商品价目表编制销售发票；

(3)独立检查销售发票计价和计算的正确性；

(4)将装运凭证上的商品总数与相对应销售发票上的商品总数进行比较。

上述控制程序有助于确保销售发票记录的正确性。因此，它与销售交易的"发生""完整性"以及"准确性"认定有关。

6. 记录销售业务

在手工会计处理系统中，记录销售包括按销售发票编制收款凭证或转账凭证，登记销售明细账、库存现金和银行存款日记账或应收账款明细账。

记录销售的控制程序包括：

(1)只依据附有有效装运凭证和销售单的销售发票记录销售业务；

(2)控制所有事先连续编号的销售发票；

(3)独立检查已处理销售发票上的销售金额与开具记录金额的一致性；

(4)记录销售的职责应与处理销售交易的其他功能分离；

(5)对记录过程中所涉及的有关记录的接触予以限制，以减少未经批准的记录发生；

(6)定期独立检查应收账款明细账和总账的一致性；

(7)定期向客户寄送对账单，并将任何例外情况及时向主管报告。

记录销售业务的内部控制与销售交易的"发生""完整性""准确性"以及"估价和分摊"认定有关。

7. 办理和记录现金、银行存款收入

这项业务涉及货款的回收，现金、银行存款的增加以及应收账款减少的活动。处理这项业务最重要的是要保证全部货款必须如数、及时地记入库存现金、银行存款日记账和应收账款明细账，并如数、及时地将现金存入银行。在这里，汇款通知书是非常重要的凭证。

8. 办理和记录销货退回、销货折扣与折让

客户如果对商品不满意，销售企业一般会同意接受退货，或给予一定的销售折让；客户如果提前支付货款，销售企业则可能给予一定的销售折扣。发生此类事项时，必须经过授权批准，并应确保与办理此事有关的部门和职员各司其职，分别控制实物流和会计记录。应严格控制贷项通知单的使用。同时，会计部门根据销货退回与折让业务凭证及时、准确地记录。

9. 注销坏账和提取坏账准备

对确实无法收回的应收账款，经批准后，可以作为坏账注销。对已冲销的应收账款应在备查簿上登记，以便冲销的应收账款以后又收回时进行会计处理。年末，应根据应收账款的余额、账龄或本期销售收入来分析确定本期应计提坏账准备的数额，坏账准备提取的数额必须能够抵补企业以后无法收回的销货款。坏账准备的计提方法一经确定，应保持前后会计期间的

一致性。

二、销售与收款业务循环的主要凭证与会计记录

在内部控制系统比较健全的企业，处理销售与收款业务通常需要使用很多凭证和会计记录。典型的销售与收款循环所涉及的主要凭证和会计记录有以下几种：

1. 客户订货单

客户订货单是客户提出的书面购货要求，是整个销售与收款循环的起点。企业可以通过营销人员或其他途径，如通过电话、信函、传真机和向现有的及潜在的客户发送订货单等方式接受订货，取得客户订单。

2. 销售单

销售单是由销售部门根据客户订单填写的，记录客户所订商品的名称、规格、数量以及其他与客户订货有关资料的凭证，通常作为销售方内部处理客户订货单的依据。销售单通常一式多联，由仓库、销售部门、信用部门等分别保留。

3. 发运凭证

发运凭证是在发运货物时编制的，用以反映发出货物的名称、规格、数量和其他有关内容的凭证。发运凭证的一联交给客户，其余联次（企业根据实际情况确定联次的多少）由企业保存。发运凭证可以作为向客户开具账单的依据。

4. 销售发票

销售发票是用来表明已销售商品的规格、数量、销售金额、运费和保险费的价格、开票日期、付款条件等内容的凭证。销售发票通常一式四联，第一联、第二联交给客户，第三联、第四联由企业保留，并作为登记销售业务的基本凭证。

5. 商品价目表

商品价目表是列示已经授权批准的、可供销售的各种商品的价格清单。

6. 贷项通知单

贷项通知单是一种用来表示由于销货退回或经批准的折让而引起的应收账款减少的凭证。其格式通常与销售发票的格式相同，只不过它不是用来说明应收账款的增加，而是用来说明应收账款的减少。

7. 汇款通知书

汇款通知书是一种与销售发票一并交给客户，由客户付款时再寄回销货单位的凭证。这种凭证一般应注明客户的姓名、销售发票号码、销货单位开户银行账号以及金额等内容。采用汇款通知书可以使现金立即存入银行，可以改善对资产保管的控制。

8. 坏账审批表

坏账审批表是一种批准将某些应收账款注明为坏账的，仅在企业内部使用的凭证。

9. 客户月末对账单

客户月末对账单是一种定期寄给客户的，用于购销双方定期核对账目的凭证。对账单应注明应收账款的月初余额、本月各项销售业务的金额、本月已收到的货款、各贷项通知单的数额以及月末余额等内容。

10. 记账凭证（收款凭证、转账凭证）

收款凭证是用来记录现金、银行存款收入业务的记账凭证。转账凭证是用来记录转账业务的记账凭证。它是根据有关转账业务（即不涉及现金、银行存款收付业务）的原始凭证编

制的。

11. 应收账款明细账

应收账款明细账是用来记录每个客户各项赊销、还款、销售退回及折让的明细账。各应收账款明细账的余额合计数应与应收账款总账余额相等。

12. 主营业务收入明细账

主营业务收入明细账是用来记录销售交易的明细账。

13. 折扣与折让明细账

折扣与折让明细账是用来核算企业销售商品时，按销售合同规定为了及早收回货款而给予客户的销售折扣和因商品品种、质量等原因而给予客户的销售折让情况的明细账。企业也可以不设置折扣与折让明细账，而将该类业务直接记入主营业务收入明细账等。

14. 库存现金日记账和银行存款日记账

库存现金日记账和银行存款日记账是用来记录应收账款的收回或现销收入以及其他各种现金、银行存款收入和支出的日记账。

第二节　销售与收款循环的内部控制及其测试

一、销售与收款循环的内部控制

为了能正确地处理销售与收款循环业务，保证各种有关记录、凭证的真实可靠，必须建立健全销售与收款循环的内部控制。销售与收款循环的内部控制主要包括以下内容：

1. 职责分离控制

适当的职责分离有助于防止各种错误或舞弊行为的发生，实现内部牵制，确保销售与收款业务处理的有效性和可靠性。例如，主营业务收入账由记录应收账款之外的职员独立登记，并由另一位不负责账簿记录的职员定期调节总账和明细账，就构成了一项自动交互牵制。销售人员通常有一种追求更大销售量的倾向，而不管是否将以巨额坏账损失为代价，赊销的审批可在一定程度上抑制这种倾向。因此，赊销批准职能和销售职能的分离也是一种理想的控制。

为确保办理销售与收款业务的不相容岗位相互分离、制约和监督，应遵照以下基本要求：应当将办理销售、发货、收款三项业务的部门（或岗位）分别设立；在销售合同订立前，应当指定专门人员就销售价格、信用政策、发货及收款方式等具体事项与客户进行谈判，谈判人员至少两人，且与订立合同的人员相分离；编制销售发票通知单的人员与开具销售发票的人员相分离；销售人员应避免接触销货现款；应收票据的取得和贴现必须经由保管票据以外的主管人员书面批准。

2. 授权审批控制

销售与收款循环各项业务的每一道程序都须经企业有关负责部门和人员审批。如销售方式与销售价格、付款条件、结算方式、运费和销售退回、销售折扣与折让等的确定都要经过正当的授权批准；非经审批，不得发货；对确实无法收回的应收账款，按规定程序批准后可作为坏账处理。审批人员在授权范围内进行审批，不得超越审批权限。

3. 凭证和记录控制

销售与收款循环中的各项业务要有健全的凭证和凭证传递制度来保证各项控制目标的实现。比如，企业收到客户订单后，应立即编制一份预先编号的一式多联的销售单，分别用于批准赊销、审批发货、记录发货数量以及向客户开具账单和销售发票等。

凭证要预先进行连续编号，防止销货以后忘记向客户开具账单或登记入账，也要防止重复开具账单或重复记账，同时也便于日后审查和查阅。企业应建立健全销售及应收账款账簿体系，及时而全面地登记销售与应收账款业务。

4. 销货款的催收和定期核对控制

应收账款总账、明细账与主营业务收入的总账、明细账等应定期核对。应收账款要有定期核对催收制度。由不负责现金、销售及应收账款记账的人员按月向客户寄发对账单，核对双方的账面记录，使客户在发现应付账款余额不正确后及时反馈有关信息。对双方账面记录结果的差异指定一位不掌管货币资金也不记录主营业务收入和应收账款账目的人员及时调查处理，按月编制对账情况汇总报告并提交管理层审阅。对于已超过正常信用期限、长时间拖欠货款的客户还要以其他方式催促，使其尽快还款，在必要的情况下调整这类客户的信用限额。

5. 内部核查程序控制

内部核查程序控制是指由内部审计人员或其他独立人员核查销货业务的处理和记录，是实现内部控制目标不可缺少的一项控制措施。表8－1是对各项控制目标的典型内部核查程序。注册会计师可以采用检查内部审计人员的报告，或其他独立人员在他们核查的凭证上签字等方法实施控制测试。

表8—1　　内部核查程序控制

内部控制目标	内部核查程序举例
登记入账的销货业务是真实的	检查销售发票的连续性并检查所附的佐证凭证
销货业务均经适当审批	了解客户的信用状况，确定是否符合企业的赊销政策
所有销货业务均已登记入账	检查发运凭证的连续性，并将其与主营业务收入明细账核对
登记入账的销货业务均经正确估价	将销售发票上的数量与发运凭证上的记录进行比较核对
登记入账的销货业务的分类恰当	将登记入账的销货业务的原始凭证与会计科目表比较核对
销货业务的记录及时	检查开票员所保管的未开票发运凭证，确定是否包括所有应开票的发运凭证在内
销货业务已经正确地记入明细账并经正确汇总	从发运凭证追查至主营业务收入明细账和总账

二、销售与收款循环的风险评估

(一)销售与收款循环的舞弊风险评估

1. 管理层对收入造假的偏好和动因

被审计单位管理层可能为了完成预算，满足业绩考核要求，保证从银行获得额外的资金，吸引潜在投资者，或影响公司股价，而在财务报表中虚增收入。

2. 收入的复杂性

例如，被审计单位可能针对一些特定的产品或者服务提供一些特殊的交易安排(如特殊的退货约定)，但管理层可能对这些不同安排涉及的交易风险的判断缺乏经验，收入确认上就容易发生错误。

3. 管理层凌驾于控制之上的风险

被审计单位在年末编造虚假销售，然后在次年转回，可能导致当年收入以及当年年末应收账款余额、货币资金余额和应交税费余额的高估。

4. 采用不正确的收入截止

将属于下一个会计期间的收入有意或无意计入本期，或者将属于本期的收入有意或无意地计入下一个会计期间，可能导致本期收入以及本期期末应收账款余额、货币资金余额和应交税费余额的高估或低估。

5. 估计应收账款坏账准备的压力

尤其是欠款金额较大的几个主要客户面临财务困难，或者整体经济环境出现恶化时，这种压力更大，可能导致资产负债表中应收账款余额的高估。

6. 舞弊和盗窃的风险

如果被审计单位从事贸易业务，并且销售货款较多地以现金方式结算时，被审计单位员工发生舞弊和盗窃的风险较高；如果被审计单位拥有多个资金端口，比如超市，由于每天通过多个端口采用人工结算大量的货币资金，资金端口的安全问题和人工控制的风险便会增加，可能导致货币资金的损失。

7. 隐瞒盗窃的风险

被审计单位员工利用销售调整和销售退回隐瞒盗窃现金行为时，将发生隐瞒盗窃的风险，可能导致收入、应收账款的高估和货币资金的低估。

(二)销售与收款循环的错误风险评估

(1)没有及时更新商品价目表，商品可能以错误的价格销售。

(2)销售量较大时，如果扫描时没有读取商品条形码，收款员使用错误的手册，售出商品的数量发生错误，或收款员给客户的找零发生错误，错误均会发生。

(3)向没有良好付款能力的客户销售产品，致使款项无法收回，可能导致货币资金或应收账款的高估。

三、销售与收款循环内部控制测试

内部控制测试是为了确定内部控制的设计和执行是否有效而实施的审计程序。审计人员可以通过查阅客户的有关制度、材料和文件，结合实地观察及向有关人员调查和询问，了解被审计单位销售与收款循环的内部控制状况，并用适当方法(调查表法、流程图法、文字描述法等)将其记录下来，纳入审计工作底稿。

销售与收款循环的内部控制测试主要包括以下内容：

1. 抽取一定数量的销售发票，作如下检查：

(1)检查销售发票本上所有的发票存根联是否连续编号，开票人员是否按照顺序开具发票，作废的发票是否加盖“作废”戳记并与存根联一并保存。

(2)检查销售发票上的单价是否按批准的价目表执行，并将销售发票与相关的销售通知单、销售订单、出库单(提货单)所载明的品名、规格、数量、价格进行核对。

(3)检查销售通知单上是否有信用管理部门相关人员核准赊销的签字。

(4)检查销售发票中所列的数量、单价和金额是否正确。

(5)从销售发票追查至有关的记账凭证、应收账款明细账及主营业务收入明细账，确定被审计单位是否及时、正确地登记有关凭证、账簿。

2. 抽取一定数量的出库单或提货单，与相关的销售发票相核对，检查已发出的商品是否均已向客户开出发票。

3. 从主营业务收入明细账中抽取一定数量的会计记录，并与有关的记账凭证、销售发票相核对，以确定是否存在收入高估或低估的情况。

4. 抽取一定数量的销售调整业务的会计凭证，检查销售退回、销售折扣与折让的核准与会计核算。主要包括：

(1)确定销售退回与折让的批准与贷项通知单的签发职责是否分离。

(2)确定现金折扣是否经过适当授权，授权人与收款人的职责是否分离。

(3)检查销售退回和折让是否附有按顺序编号并经主管人员核准的贷项通知单。

(4)检查退回的商品是否具有仓库签发的退货验收报告(或入库单)，并将验收报告的数量、金额与贷项通知单等进行核对。

(5)确定销售退回、销售折扣与折让的会计记录是否正确。

5. 抽取一定数量的记账凭证、应收账款明细账，作如下检查：

(1)从应收账款明细账中抽取一定的记录，并与相应的记账凭证进行核对，比较两者记账的时间、金额是否一致。

(2)从应收账款明细账中抽查一定数量的坏账注销业务，并与相应的记账凭证、原始凭证进行核对，确定坏账的注销是否合乎有关法规的规定、企业主管人员是否核准等。

(3)观察被审计单位是否按月寄发对账单，并检查客户回函档案。将被审计单位一定期间的对账单与相应的应收账款明细账的余额进行核对，如有差异，则应进行追查。

6. 观察员工获得或接触资产、凭证和记录(包括存货、销售通知单、出库单、销售发票、账簿、现金及支票)的途径，并观察员工在执行授权、发货、开票等职责时的表现，确定被审计单位是否存在必要的职务分离、内部控制在执行过程中是否存在弊端。

在对被审计单位销售与收款循环内部控制进行必要的了解与测试的基础上，审计人员应当对该循环内部控制的健全情况、执行情况和控制风险做出评价，以确定其可信赖程度及存在的薄弱环节；以确定实质性程序的性质、时间和范围。对控制薄弱的环节，还应当在工作底稿中做出记录，并以适当的形式告知被审计单位的管理当局。

销售与收款循环内部控制与货币资金内部控制和存货内部控制紧密相连，共同发挥相应的控制职能和作用。在具体审计中，这些内部控制的调查与测试应结合进行。

【例 8—1】 注册会计师张某和李某于 2016 年 12 月 1—7 日对甲公司销售和收款循环的内部控制进行了解和测试，并在相关审计工作底稿中记录了了解和测试的事项，摘录如下：

(1)甲公司产成品发出时，由销售部填制一式四联的销售单。仓库发出产成品后，将第一联留存登记产成品卡片，第二联交销售部留存，第三联、第四联交会计部门由会计人员乙登记产成品总账和明细账。

(2)会计人员戊负责开具销售发票。在开具销售发票前，先取得仓库的发货记录和销售商品价目表，然后填写销售发票的数量、单价和金额。

要求：根据上述摘录，请代注册会计师张某和李某指出甲公司在销售与收款循环内部控制方面的缺陷，并提出改进建议。

【解析】 甲公司在销售与收款循环内部控制方面的缺陷有：

(1)会计人员乙同时登记产成品总账与明细账，属于不相容职务未进行分离。建议甲公司由不同的会计人员登记产成品总账和明细账。

(2)会计人员戊开出销售发票不能只依据发货单和商品价目表，因为实际销售的数量和结算价格可能与发货单数量和价目表上的价格不一致。建议甲公司会计人员戊首先将装运凭证与相应的经批准的销货单进行核对，并根据已授权批准的商品价格填写销售发票的价格，根据装运凭证上的数量填写销售发票的数量，再根据数量和价格计算出金额。

第三节　主营业务收入审计

主营业务收入核算企业在销售商品、提供劳务以及让渡资产使用权等日常活动中所产生的收入。

一、主营业务收入审计的目标

主营业务收入的审计目标一般包括：确定主营业务收入是否已发生，且与被审计单位有关；确定所有应当记录的主营业务收入是否均已记录；确定与主营业务收入有关的金额及其他数据是否已恰当记录，包括对销货退回、销售折扣与折让的处理是否适当；确定主营业务收入是否已记录于正确的会计期间；确定主营业务收入是否已按会计准则的规定在财务报表中做出恰当的列报。

二、主营业务收入的实质性程序

主营业务收入的实质性程序一般包括以下内容：

1. 获取或编制主营业务收入明细表，复核加计其是否正确，并与报表数、总账数和明细账合计数核对相符。

2. 检查主营业务收入的确认原则、方法，确定其是否符合企业会计准则规定的收入确认条件，前后期是否一致。

根据《企业会计准则——收入》的规定，企业销售收入应在同时满足下列条件时予以确认：①企业已将商品所有权上的主要风险和报酬转移给购货方；②企业既没有保留通常与所有权相联系的继续管理权，也没有对已售出的商品实施控制；③收入的金额能够可靠地计量；④与交易相关的经济利益很可能流入企业；⑤相关的已发生或将发生的成本能够可靠地计量。因此，对主营业务收入的实质性程序，应在了解被审计单位确认商品销售收入的会计政策的基础上，重点检查被审计单位是否依据上述五个条件确认商品销售收入。由于销售的方式不同，收入确认的时点也不同：

(1)采用交款提货销售方式，应于货款已经收到或取得收取货款的权力同时已将发票账单和提货单交给购货方时，确认收入的实现。因此，审计人员应着重审查企业是否收到货款或取得收取货款的权力，并将发票账单和提货单交付购货方。特别注意有无扣押结算凭证，将当期收入转入下期入账，或者虚假开具发票、虚列收入，在下期予以冲销的情况。

(2)采用预收账款销售方式，应于商品发出时确认收入的实现。审计人员应重点审查被审计单位本期是否收到货款，商品是否已经发出。应注意是否存在开具虚假出库凭证、提前确认收入的情况，或将商品已发出的交易不入账、转为下期收入。

(3)采用托收承付结算方式，应于商品已经发出、劳务已经提供并已将发票账单提交银行、办妥托收手续时确认收入的实现。注册会计师应重点审查被审计单位是否发货，托收手续是否办妥，发运凭证是否真实，托收承付结算回单是否正确。

(4)以支付手续费委托其他单位代销方式，应在代销商品已经销售并收到代销清单时确认收入实现。审计人员应重点审查有无在发出委托代销商品时即确认收入或编制虚假代销清单、虚增本期收入的情况。

(5)销售合同或协议明确销售价款的收取采用递延方式,可能实质上具有融资性质的,应当按照合同或协议价款的公允价值确定销售商品收入金额,合同或协议价款与其公允价值之间的差额应当在合同或协议期间内采用实际利率法进行摊销,计入当期损益。审计人员应重点审查销售收入确认的时间、金额是否正确,合同或协议期间是否按规定对合同或协议价款与其公允价值之间的差额进行了摊销,摊销的方法、金额是否正确。

(6)长期工程合同收入,如果合同的结果能够可靠计量,应根据完工百分比法确认合同收入。注册会计师应重点检查收入的计算、确认方法是否符合规定,并核对应计收入和实际收入是否一致,查明有无随意确认收入、虚增或虚减本期收入的情况。

(7)销售商品房的,应在商品房已经移交并将发票结算账单提交对方时,确认收入的实现。注册会计师应重点审查已办理的移交手续是否符合规定要求,发票账单是否已交对方。如果被审计单位与买方签订了不可撤销合同,按合同要求开发房地产,则通常应按建造合同的原则处理。

3. 实施分析程序。注册会计师应实施分析程序,检查主营业务收入是否有异常变动和重大波动,从总体上确定主营业务收入的真实性。实施这一程序的基本要点如下:

(1)将本年度内各期主营业务收入实际数与计划数进行比较,了解计划完成情况。

(2)将本年度与上年度的主营业务收入进行比较,分析产品销售的结构和价格的变动是否正常,并分析异常变动的原因。

(3)比较本年度各月主营业务收入的变动情况,分析其变动趋势是否正常,并查明异常现象和重大波动的原因。

(4)计算本年度重要产品的毛利率,并与企业的历史数据和行业平均水平进行比较,注意有无重大差异,注意收入和成本的配比,并查明异常现象和重大波动的原因。

(5)计算重要客户的销售额及其销售毛利率,分析比较本期与上期有无异常变化,并查明异常波动的原因。

(6)根据增值税专用发票申报表或普通发票,估算全年收入,与实际收入金额进行比较,以确定收入的真实性、合理性。

4. 审查售价是否合理。注册会计师应当获取被审计单位商品销售价格目录,抽查售价是否符合价格政策,并注意销售给关联方或关系密切的重要客户的商品价格是否合理,有无以低价或高价结算方法在相互之间转移利润的现象。

5. 抽取本期一定数量的发运凭证,审查存货的出库日期、品名、数量等是否与销售单、销售发票、记账凭证等一致。

6. 抽取本期一定数量的记账凭证,审查入账日期、品名、数量、单价、金额等是否与销售单、销售发票、发运凭证等一致。

7. 结合对应收账款实施的函证程序,对重要客户本期的销售额进行函证。

8. 对于出口销售,应当将销售记录与出口报关单、货运提单、销售发票等出口销售单据进行核对,必要时向海关进行函证。

9. 实施销售的截止测试。截止测试是审计常用的技术方法,广泛运用于货币资金、往来款项、存货、投资、收入、费用等项目的审计,尤其以在主营业务收入审计中的运用最为典型。对主营业务收入实施截止测试,其目的主要在于确定被审计单位主营业务收入的会计记录归属期是否正确，有无应计入本期或下期的收入被递延至下期或提前至本期。

实施截止测试时，可抽查资产负债表日前后若干天的发运凭证，与应收账款和主营业务收入明细账进行核对；同时，从应收账款和主营业务收入明细账中抽查资产负债表日前后若干天的记录，与发运凭证核对，以确定销售是否存在跨期入账的现象。

根据收入确认的基本原则，注册会计师在实施截止测试时应注意把握三个与主营业务收入确认有密切关系的日期：一是发票开具日期或收款日期；二是记账日期；三是发货日期（服务业则是提供劳务的日期）。这里的发票开具日期是指开具增值税专用发票或普通发票的日期；记账日期是指被审计单位确认主营业务收入实现并将该笔经济业务记入主营业务收入账户的日期；发货日期是指仓库开具出库单并发出库存商品的日期。检查三者是否归属于同一适当会计期间是主营业务收入截止测试的关键。

10. 检查销售退回、销售折扣与折让。企业在销售业务中，往往因商品品种不符、质量不符合要求以及结算方面的原因发生销售退回、销售折扣与折让。尽管引起销售退回、折扣与折让的原因不尽相同，但都会影响收入的确认与计量。因此，注册会计师应加强对销售退回、折扣与折让的审计。审查的程序主要有：

(1)对于销售退回，检查其手续是否符合规定，有无贷项通知单，将销售退回的有关记录（如主营业务收入、应收账款等账户的发生额）与贷项通知单进行核对，并结合存货审计，确定销售退回的真实性。

(2)取得被审计单位有关销售折扣与折让规定的文件资料，抽查较大金额的销售折扣与折让业务，检查其授权批准情况，确定其合法性、真实性。检查销售折扣与折让是否及时足额提交对方，有无虚设中介、转移收入、私设“小金库”等情况。

(3)检查销售退回、销售折扣与折让的会计处理是否正确。

11. 检查有无特殊的销售行为。特殊销售行为主要包括附有销售退回条件的商品销售、委托代销、售后回购、以旧换新、售后租回、分期收款销售、商品需要安装和检验的销售、出口销售等。由于这些业务的核算有其特殊性，因此审计人员应确定恰当的审计程序单独进行审核。

12. 检查向关联方销售的情况。为避免利用财务报告提供虚假信息，粉饰财务状况和经营成果，现行会计制度要求企业披露关联方关系及关联交易。应重点检查有关关联方的协议、合同、计划、董事会会议纪要；检查产品价格是否合理、是否符合价格政策；检查关联交易额占营业收入总额的比例。

13. 确定主营业务收入是否在利润表上恰当列报。注册会计师应结合其他业务收入的审计，审查利润表上的营业收入项目，确定其列报数字是否与审定数相符，主营业务收入确认所采用的会计政策是否已在会计报表附注中披露。

【例8—2】 审计X公司2016年度会计报表时，注册会计师李欣发现X公司于2016年12月9日向Y公司赊销含税价款为158万元的A产品一批，销售发票已开具，并按规定确认了主营业务收入，结转了相应的主营业务成本。会计处理如下。

借：应收账款——Y公司	158	
贷：主营业务收入——A产品		135.04
应交税费——应交增值税（销项税额）		22.96
借：主营业务成本	120	
贷：库存商品		120

经查，至2016年12月31日止，该笔业务的货款尚未收回。按X公司的会计政策，无须对

此笔应收账款计提坏账准备。2017 年 1 月 9 日，Y 公司因质量不合格将所购产品全部退回。2017 年 3 月初，李欣在审计中发现 X 公司尚未对此笔销货退回业务进行会计处理。

要求：审查上述业务，提出审计处理建议。

【解析】 由于商品退回事项发生在 2016 年的资产负债表日后时期，故上述销售退回事项应作为 2016 年"需要调整的日后事项"在 X 公司 2016 年度会计报表中反映，即 X 公司应调整 2016 年利润表中的营业收入、营业成本，资产负债表中的应交税金、应收账款、存货等项目（如果 X 公司对此笔应收账款计提了坏账准备，还应对资产减值损失等项目做相应调整）。建议的审计调整分录为：

(1)调整原已确认的应收账款、营业收入和应缴纳的增值税：

借：营业收入 135.04

应交税费——应交增值税(销项税额) 22.96

贷：应收账款——Y 公司 158

(2)调整原已结转的成本：

借：存货 120

贷：营业成本 120

如果涉及坏账准备，还应冲减已计提的坏账准备：

借：应收账款(替代坏账准备)

贷：资产减值损失

第四节 应收账款与坏账准备审计

应收账款是企业因销售商品、提供劳务而形成的债权，即由于企业销售商品、提供劳务等原因，应向客户收取的款项或代垫的运杂费，是企业的债权性资产。

企业的应收账款是在销售交易或提供劳务过程中产生的。因此，应收账款的审计应结合销售交易进行。

坏账是指企业无法收回或收回可能性极小的应收款项(包括应收票据、应收账款、预付账款、其他应收款和长期应收款等)。企业通常应当定期或至少于每年年度终了时，对应收款项进行全面检查，合理预计可能发生的坏账，相应计提坏账准备。由于坏账准备与应收账款联系非常紧密，我们把坏账准备的审计与应收账款的审计合在一起予以阐述。

一、应收账款的审计目标

应收账款的审计目标一般包括：确定资产负债表中反映的应收账款是否存在；确定所反映的应收账款是否归被审计单位所有；确定所有应当记录的应收账款是否均已记录；确定应收账款是否可收回，坏账准备的计提方法和计提比例是否恰当，计提是否充分；确定应收账款和坏账准备的期末余额是否正确；确定应收账款和坏账准备是否已按照会计准则的规定在财务报表中恰当列报。

二、应收账款的实质性程序

(一)获取或编制应收账款明细表

(1)对应收账款明细表进行复核加计正确，并与总账数和明细账合计数核对相符；结合坏账准备科目与报表数核对相符。

(2)分析有贷方余额的项目，查明原因，必要时建议做重分类调整。

(3)结合其他应收款、预收款等往来项目的明细余额，检查有无同一客户多处挂账、异常余额或与销售无关的其他款项；如有，应做出记录，必要时提出调整意见。

(二)分析应收账款账龄

(1)获取或编制应收账款账龄分析表。注册会计师可通过获取或编制应收账款账龄分析表来分析应收账款的账龄，以便了解应收账款的可收回性。应收账款账龄分析表如表8－2所示。

表8－2 **应收账款账龄分析表**

年 月 日

被审计单位： 货币单位：

客户名称	期末余额	账龄			
		1年以内	1～2年	2～3年	3年以上
合 计					

应收账款账龄是指资产负债表中的应收账款从销售实现、产生应收账款之日起，至资产负债表日止所经历的时间。编制应收账款账龄分析表时，可以选择重要的客户及其余额列示，不重要的或余额较小的可以汇总列示。

(2)测试应收账款账龄分析表计算的正确性，并将应收账款账龄分析表中的合计数与应收账款总账余额进行比较，并调查重大调整项目。

(3)检查原始凭证(如销售发票等)，测试账龄划分的正确性。

(三)实施分析程序

对应收账款实施分析程序一般从以下几个方面进行：

(1)将应收账款、坏账准备的本期发生额和期末余额与本企业的历史数据及同行业的平均水平进行比较，以发现应收账款的变化趋势。

(2)应收账款与销售收入的比率。将本期期末应收账款占本期销售收入的比例与管理层考核指标和被审计单位相关赊销政策进行比较，同时与上期期末应收账款占上期销售收入的比例进行比较，如存在异常应查明原因。

(3)计算应收账款周转率、应收账款周转天数等指标，并与被审计单位赊销政策、被审计单位以前年度指标、同行业同期相关指标进行对比分析，检查是否存在重大异常。

(4)计算坏账准备和应收账款的比率。通过将坏账准备和应收账款的比率与被审计单位计提坏账的比率进行比较，判断坏账准备的计提是否充分。

(四)向债务人函证应收账款

应收账款函证，是指直接发函给被审计单位的债务人，要求核实被审计单位应收账款的记录是否正确的一种审计方法。函证的目的是证实应收账款账户余额的真实性、正确性，防止或发现被审计单位及其有关人员在销售业务中发生差错或弄虚作假、营私舞弊等行为。询证函应由注册会计师利用被审计单位提供的应收账款明细账的名称及地址编制，并由注册会计师亲自寄发。通过函证获取的审计证据属于外部证据，具有较强的证明力，因此，函证是应收账款审计的必要程序。除非有充分证据表明对被审计单位财务报表而言是不重要的,或者函证很可能是无效的;否则,注册会计师应当对应收账款进行函证。如果注册会计师不对应收账款实施函证,应当在工作底稿中说明理由。如果认为函证很可能是无效的,注册会计师应当实施替代程序,以获取充分、适当的审计证据。

1. 函证的范围和对象

注册会计师一般不需要对被审计单位所有的应收账款实施函证。函证数量的大小、范围是由诸多因素决定的,主要有:

(1)应收账款在全部资产中的比重。如果应收账款在全部资产中的比重较大,则函证的范围应相应大一些。

(2)被审计单位内部控制的强弱。如果内部控制系统较健全,则可以相应减少函证的数量;反之,则应扩大函证的范围。

(3)前期函证的结果。若前期函证中发现过重大差异或欠款纠纷较多,则函证范围应相应扩大一些。

一般情况下,注册会计师应选择以下项目作为函证的对象:金额较大或账龄较长的项目;与债务人发生纠纷的项目;重大关联方项目;主要客户(包括关系密切的客户)项目;交易频繁但期末余额较小甚至为零的项目;可能产生重大错报或舞弊的非正常项目。

2. 函证的方式

函证方式分为积极式函证和消极式函证两种。函证的方式不同,提供审计证据的可靠性也不同。

(1)积极式函证又称正面函证、肯定式函证,是指向债务人发出询证函,要求被询证者证实所函证的欠款是否正确,无论对错都要求复函。积极的函证方式又分为两种:一种是在询证函中列明拟函证的账户余额或其他信息,要求被询证者确认所函证的款项是否正确。通常认为,对这种询证函的回复能够提供可靠的证据。但其缺点是被询证者有可能对所列信息根本就不加以验证就予以回函确认。另一种是在询证函中不列明账户余额或其他信息,而要求被询证者填写有关信息或提供进一步信息。这种方式是为避免上述风险而采取的,但由于这种询证函要求被询证者做出更多的努力,可能导致回函率降低。

在采用积极的函证方式时,注册会计师只有收到回函,才能为财务报表认定提供审计证据。参考格式8—1和参考格式8—2提供了积极式询证函的格式。

参考格式8—1 积极式询证函的格式(格式一)

企业询证函

编号:

×××(公司):

本公司聘请的××会计师事务所正在对本公司××××年度财务报表进行审计,按照《中国注册会计师执业准则》的要求,应当询证本公司与贵公司的往来账项等事项。下列数据出自本公司账簿记录,如与贵公司记录相符,请在本函下端“信息证明无误”处签章证明;如有不符,请在“信息不符”处列明不符金额。回函请直接寄至××会计师事务所。

回函地址:

邮编: 电话: 传真: 联系人:

1. 本公司与贵公司的往来账项列示如下:

单位:元

截止日期	贵公司欠	欠贵公司	备　注

2. 其他事项:

本函仅为复核账目之用,并非催款结算。若款项在上述日期之后已付清,仍请及时函复为盼。

(公司签章)

年　月　日

结论:1. 信息证明无误

(公司签章)

年　月　日

经办人:

2. 信息不符,请列明不符的详细情况

(公司签章)

年　月　日

经办人:

参考格式 8－2　积极式询证函的格式(格式二)

企业询证函

编号:

×××(公司):

本公司聘请的××会计师事务所正在对本公司××××年度财务报表进行审计,按照中国注册会计师审计准则的要求,应当询证本公司与贵公司的往来账项等事项。请列示截止××××年×月×日贵公司与本公司往来款项余额。回函请直接寄至××会计师事务所。

回函地址:

邮编:　　　　电话:　　　　传真:　　　　联系人:

本函仅为复核账目之用,并非催款结算。若款项在上述日期之后已付清,仍请及时函复为盼。

(公司签章)

年　月　日

1. 贵公司与本公司的往来账项列示如下:

单位:元

截止日期	贵公司欠	欠贵公司	备　注

2. 其他事项:

(公司签章)

年　月　日

经办人：

(2)消极式函证又称反面式函证、否定式函证，是指向债务人发出询证函，但所函证的款项相符时不必复函，只有在所函证的款项不符时才要求债务人向注册会计师复函。采用消极式函证方式，如果收到回函，能够为财务报表认定提供说服力强的审计证据。未收到回函可能是因为被询证者根本就没有收到询证函，而不是因为被询证者已收到询证函且核对无误。因此，积极式函证方式通常比消极式函证方式提供的审计证据可靠。注册会计师在采用消极式函证方式时通常还需辅之以其他审计程序。参考格式 8－3 提供了消极式询证函的格式。

参考格式 8－3　消极式询证函的格式

企业询证函

编号：

××× (公司)：

本公司聘请的××会计师事务所正在对本公司××××年度财务报表进行审计，按照中国注册会计师审计准则的要求，应当询证本公司与贵公司的往来账项等事项。下列数据出自本公司账簿记录，如与贵公司记录相符，则无须回复；如有不符，请直接通知会计师事务所，并请在空白处列明贵公司认为是正确的信息。回函请直接寄至××会计师事务所。

回函地址：

邮编：　　　　电话：　　　　传真：　　　　联系人：

1. 本公司与贵公司的往来账项列示如下：

单位：元

截止日期	贵公司欠	欠贵公司	备　注

2. 其他事项：

本函仅为复核账目之用，并非催款结算。若款项在上述日期之后已付清，仍请及时核对为盼。

(公司签章)

年　月　日

××会计师事务所

上面的信息不正确，差异如下：

(公司签章)

年　月　日

经办人：

在审计实务中，注册会计师具体采用哪种函证方式，可以根据下述情形做出选择：当债务人欠款金额较大或有理由相信欠款存在争议、差错等问题时，采用积极式函证；当被审计单位相关内部控制有效、预计差错率较低、欠款余额较小、有理由相信被函证者能认真对待询证函的，采用消极式函证。

此外，这两种函证方式并不互相排斥，往往可以结合使用。例如，当应收账款的余额是由少量的大额应收账款和大量的小额应收账款构成时，注册会计师可以对所有的大额应收账款采用积极式函证方式，而对一部分小额应收账款采用消极式函证方式。

3. 函证时间的选择

注册会计师通常以资产负债表日为截止日，在资产负债表日后适当时间内对资产负债表日的应收账款余额实施函证。如果在资产负债表日之前对应收账款余额实施函证程序，注册会计师还应对函证项目至资产负债表日止发生的变动实施实质性程序。

4. 函证的控制

注册会计师应当对函证的实施过程进行控制，包括对被函证者的选择、询证函的设计以及发出和收回，即：询证函必须由注册会计师亲自投递，不得由被审计单位人员代办；询证函的回函直接寄往会计师事务所。对于采用积极式函证方式而未回函的，审计人员应当与被审计者联系，要求对方做出回应或再次寄发询证函。如果仍未能得到被询证者的回应，审计人员应当实施替代审计程序，如检查与销售有关的文件，包括销售合同、销售订单、销售发票副本及发运凭证等。

注册会计师通过函证结果汇总表的方式对询证函的收回情况加以控制。函证结果汇总表如表8—3所示。

表8—3　　应收账款函证结果汇总表

被审计单位名称：　　　　制表：　　　　日期：

结账日：　年　月　日　　　　复核：　　　　日期：

询证函编号	债务人名称	债务人地址及联系方式	账面金额	函证方式	函证日期		回函日期	替代程序	确认金额	差异金额及说明
					第一次	第二次				
合计										

5. 函证结果差异的分析

对于回函所确认的差异，审计人员应认真分析，查明原因，做出记录或适当调整，必要时应与债务人直接联系，进一步核实。产生差异的原因主要有：

(1)购销双方存在未达账项；

(2)购销一方或双方存在记账差错或舞弊行为。

(五)确定已收回的应收账款金额

请被审计单位协助，在应收账款账龄分析表中标出至审计时已收回的应收账款金额，对已收回金额较大的款项进行常规检查，如核对收款凭证、银行对账单、销货发票等，并注意凭证发生日期的合理性，分析收款时间是否与合同相关因素一致。

(六)检查未函证的应收账款

对于未函证的应收账款，注册会计师应抽查有关原始凭证，如销售合同、销售订单、销售发票副本及发运凭证等，以验证与其相关的应收账款的真实性。

(七)检查坏账的确认和处理

首先,检查债务人有无破产或者死亡的,以及以破产财产或遗产清偿后仍无法收回的,或者债务人长期未履行偿债义务的款项;其次,检查被审计单位的坏账处理是否经授权批准,坏账准备的计提范围、计提比例是否合理,有关会计处理是否正确。

(八)抽查有无不属于结算业务的债权

不属于结算业务的债权,不应在应收账款中进行核算。因此,注册会计师应抽查应收账款明细账,并追查有关原始凭证,查证被审计单位有无不属于结算业务的债权,如有,应作记录或建议被审计单位作适当调整。

(九)检查应收账款的贴现、质押或出售

检查银行存款和银行借款等询证函的回函、会议纪要、借款协议和其他文件,确定应收账款是否已被贴现、质押或出售,应收账款贴现业务是否满足金融资产转移终止确认条件,其会计处理是否正确。

(十)截止测试

结合主营业务收入的审计,在应收账款明细账余额中挑选一定数量的资产负债表日前后的样本,核对应收账款明细账与主营业务收入明细账、现金、银行存款日记账及相关原始凭证的金额是否相符,并确定有关业务(销售、收款)是否已被计入恰当的会计期间。

(十一)检查外币应收账款的折算

对于用非记账本位币(通常称外币)结算的应收账款,应重点审查被审计单位外币应收账款的增减变动是否按业务发生时的市场汇率将外币金额折算为记账本位币金额,或者采用即期汇率的近似汇率折算;选择采用汇率的方法前后各期是否一致;期末外币应收账款余额是否采用期末即期汇率折合为记账本位币金额;折算差额的会计处理是否正确。

(十二)确定应收账款在资产负债表上的列报是否恰当

如果被审计单位为上市公司,则其财务报表通常应披露期初、期末余额的账龄分析,期末欠款金额较大的单位账款,以及持有5%以上(含5%)股份的股东单位账款等情况。

三、坏账准备的实质性程序

下面以应收账款相关的坏账准备为例,阐述坏账准备审计常用的实质性程序。

1. 取得或编制坏账准备明细表,复核加计是否正确,与坏账准备总账数、明细账合计数核对是否相符。

2. 将应收账款坏账准备本期计提数与资产减值损失相应明细项目的发生额核对是否相符。

3. 检查应收账款坏账准备计提和核销的批准程序,取得书面报告和证明文件,评价计提坏账准备所依据的资料、假设及方法。

企业应根据应收账款实际的可收回情况,合理计提坏账准备,不得多提或少提,否则应视为滥用会计估计,按重大会计查错更正的方法进行会计处理。

对于单项金额重大的应收账款,企业应当单独进行减值测试,如有客观证据表明其已发生减值,应当计提坏账准备。对于单项金额不重大的应收账款,可以单独进行减值测试,或包括在具有类似信用风险特征的应收账款组合中进行减值测试。

在确定坏账准备的计提比例时,企业应当在综合考虑以往的经验、债务单位的实际财务状况和预计未来现金流量等因素以及其他相关信息的基础上做出合理估计。

4. 检查坏账损失。对于被审计单位在被审计期间内实际发生的坏账损失，注册会计师应检查其原因是否清楚，是否符合有关规定，有无授权批准，有无已作坏账损失处理后又重新收回的应收账款，相应的会计处理是否正确。

5. 检查函证结果。对债务人回函中反映的例外事项及存在争议的余额，注册会计师应查明原因并作记录。必要时，应建议被审计单位考虑是否存在坏账可能以及是否需要做相应的调整。

6. 检查长期挂账的应收账款。注册会计师应查找有无资产负债表日后仍未收回的长期挂账的应收账款，如有，应检查其相关的原始凭证，确定其真实性。必要时，提请被审计单位作适当处理。

7. 实施分析程序。通过比较前期坏账准备计提数和实际发生数以及检查期后事项，评价应收账款坏账准备计提的合理性。

8. 确定应收账款坏账准备的披露是否恰当。企业在财务报表附注中应当清晰地说明坏账的确认标准、坏账准备的计提方法和计提比例，并且按账龄披露坏账准备的期末余额。

【例8-3】 华兴公司2016年12月31日应收账款总账余额为20 000万元，其所属明细账中借方余额合计数为21 000万元，贷方余额合计数为1 000万元；其他应收款总账余额为3 000万元。该公司采用余额百分比法计提坏账准备，计提比例为1%，当年计提坏账准备230万元，坏账准备期末余额为贷方220万元。

要求：根据上述资料，指出华兴公司坏账准备计提中存在的问题。

【解析】 华兴公司坏账准备的计提存在两个问题：一是没有将应收账款区分为单项金额重大的应收账款和单项金额不重大的应收账款，并据以分别确定应计提的坏账准备。二是坏账准备的计提金额有误。应按应收账款明细账的借方余额计提坏账准备，其明细账贷方余额应进行重分类，调整至预收账款。

当年应计提的坏账准备金额为：

(应收账款明细账借方余额＋其他应收款总账余额)×1%－坏账准备科目的贷方余额＝(21 000＋3 000)×1%－(－10)＝250(万元)

华兴公司当年少计提坏账准备20万元(250－230)。

建议的审计调整分录为：

借：资产减值损失　　200 000

　　贷：应收账款(替代坏账准备)　　200 000

建议的审计重分类分录为：

借：应收账款　　10 000 000

　　贷：预收账款　　10 000 000

第五节　其他相关账户审计

在销售与收款循环中，除以上介绍的财务报表项目或会计科目外，还涉及应收票据、应交税费、预收账款、其他应交款、营业税金及附加、营业费用等项目。限于本书的篇幅，本节只对应收票据、预收账款、应交税费等项目的实质性程序加以列示。

一、应收票据审计

如果企业在销售实现时没有收到现款，而是收到了商业汇票，便产生了应收票据。应收票据是以书面形式表现的债权资产，其款项具有一定的保证，经持有人背书后还可以提交银行贴现，具有较大的灵活性。由于应收票据是在企业赊销业务中产生的，因此对应收票据的审计应结合赊销业务一起进行。

应收票据的实质性程序主要有：

1. 获取或编制应收票据明细表

复核其加计是否正确，并核对其期末余额合计数与报表数、总账数和明细账合计数是否相符。

应收票据明细表通常包括出票人姓名、出票日期、到期日、金额、利率、交易合同号、承兑人等。在复核加计正确及与上述有关数额核对相符的基础上，抽查部分票据，并追查相关文件资料，以检查其内容是否真实、正确，有无应转应收账款的逾期应收票据，以及虽未逾期但有确凿证据表明不能收回或收回可能性不大的应收票据。

2. 监盘库存应收票据

注册会计师对应收票据进行监盘时，应注意票据的种类、号数、签收日期、到期日、票面金额、票面利率、合同交易号、付款人、承兑人、背书人姓名或单位名称、贴现日期、贴现率、收款日期、收回金额等内容是否填写齐全，签章有无疑问，是否与应收票据备查簿的记录相符，是否存在已作抵押的票据和银行退回的票据，同时将清点结果填入应收票据清点表。

3. 函证应收票据

必要时，抽取部分票据向出票人函证，以证实应收票据的存在性和可收回性，并编制函证结果汇总表。

4. 审查应收票据的发生和收回情况

审计人员应将"应收票据备查簿"与"应收票据"账户核对，检查应收票据业务发生时是否及时入账，相关的账务处理是否正确；了解企业是否在票据到期时及时办理转账结算，到期值的计算是否正确，其账务处理是否恰当，是否注销了备查簿中的相关记录。

5. 审查应收票据的利息收入

主要审查应收票据的利息计算是否正确、合理，账务处理是否及时、恰当，应特别注意"财务费用——利息收入"账户中那些与应收票据账户所列任何票据均不相关的贷方金额，因为这些贷项可能代表据以收取利息的票据未曾入账。

6. 审查已贴现应收票据

对于已贴现的应收票据，审计人员应检查被审计单位贴现额与贴现利息的计算是否正确，确定应收票据贴现是否符合金融资产转移终止确认条件，其会计处理是否恰当。

7. 确定应收票据在会计报表上的披露是否恰当

审计人员应检查被审计单位资产负债表中应收票据项目的数额是否与审定数相符；已贴现票据是否按规定在资产负债表补充资料内加以反映。

二、预收账款的审计

预收账款是企业在销售业务成立前预先收取的部分货款。由于预收账款是随着企业销货业务的发生而发生，注册会计师应结合销售业务对预收账款进行审计。预收账款的实质性程序一般包括：

1. 获取或编制预收账款明细表。复核其加计是否正确，并检查其期末余额与报表数、总账数和明细账余额合计数是否相符。

2. 请被审计单位协助，在预收账款明细表上标出至审计日已转销的预收账款。对已转销金额较大的预收账款进行检查，核对记账凭证、仓库发运凭证、销售发票等，并注意这些凭证发生日期的合理性。

3. 抽查与预收账款有关的销售合同、收款凭证、仓库发运凭证等，确定已实现销售的商品是否及时转销预收账款，确保预收账款期末余额的正确性、合理性。

4. 函证预收账款。选择重大金额的预收账款进行函证，并对函证结果进行汇总。对回函有差异的，或不予回函的，应做出记录，并进一步实施替代程序，以查明原因，确定其是否真实、准确。

5. 检查预收账款是否存在借方余额，如有，建议做重分类调整。

6. 确定预收账款是否在资产负债表上恰当列报。

三、应交税费的审计

企业销售与收款循环业务活动中伴随纳税义务的发生，涉及的税金包括增值税、营业税、消费税、城市维护建设税、教育费附加等。这些税费在权责发生制基础上，形成了应交税费，实际缴纳后再从该账户转出。

应交税费的实质性程序主要包括以下内容：

1. 获取或编制应交税费明细表。复核其加计是否正确，并检查其期末余额与报表数、总账数和明细账余额合计数是否相符。注意企业是否将"印花税""耕地占用税"等不应记入"应交税费"科目的项目记入本科目。

2. 审查被审计单位的纳税范围、计税依据。注册会计师应取得被审计单位的纳税鉴定或纳税通知及征、免、减税的批准文件，了解被审计单位适用的税种、计税基础、税率以及征、免、减税的范围与期限，确认其在本年度内应纳税项的内容。对重要的减、免、抵、退税批文应索取复印件，作为审计工作底稿。

3. 检查应交增值税的计算是否正确：

(1)获取或编制应交增值税明细表，加计复核其正确性，并与明细账核对相符。

(2)将"应交增值税明细表"与"企业增值税纳税申报表"核对，检查进项税额、销项税额的入账与申报期间是否一致，金额是否相符，增值税纳税申报表是否经税务机关认定。

(3)抽查一定期间的进项税抵扣汇总表，并与应交增值税明细表相关数额合计数核对相符。

(4)复核国内采购货物、进口货物、购进的免税农产品、接受投资或捐赠、通过非货币性资产交换取得的存货、接受应税劳务等应计的进项税额是否按规定进行了会计处理。

(5)复核存货销售、非货币性资产交易换出的存货，或将存货用于投资、无偿赠予他人、分配给股东或投资人应计的销项税额，以及将自产、委托加工的产品用于非应税项目应计的销项税额的计算是否正确，其会计处理是否恰当。

(6)复核因存货发生非常损失应计的进项税额转出数的计算是否正确，是否按有关规定进行了会计处理。

(7)检查出口货物退税的计算是否正确，是否进行了合理的会计处理等。

4. 审查应交消费税。结合营业税金及附加等项目的审计，根据审定的应税消费品销售额(或数量)，检查消费税的计税依据是否正确，适用税率是否符合税法规定，是否按规定进行了会计处理，并分项复核本期应交消费税税额；抽查本期已交消费税资料，确定已交数的正确性。

5. 结合所得税项目，确定应纳税所得额及所得税税率，复核应交所得税的计算是否正确，是否按规定进行了会计处理；抽查本期已交所得税资料，确定已交数的正确性。

6. 审查其他应交税项，如应交城市维护建设税、资源税、土地增值税、车船使用税、房产税以及代扣税项的计算是否正确，是否按规定进行了会计处理；抽查上述各税项本期已交资料，确定已交数的正确性。

7. 核对期初未交税金与税务机关的认定数是否一致，如有差额，应查明原因并做出记录，必要时作适当调整。

8. 审查有关账簿记录和缴税凭证，确定本期已缴税款和期末未缴税款。

9. 确定应交税费在会计报表上的披露是否恰当。

本章小结

销售与收款循环是指企业将产品或劳务提供给客户并收取价款的过程。

该循环涉及的业务活动有：接受客户订单，批准赊销，供货，装运货物，向客户开具账单，记录销售业务，办理和记录现金、银行存款收入，办理和记录销货退回、销货折扣与折让，注销坏账和提取坏账准备。使用的凭证和记录有：客户订货单、销售单、发运凭证、销售发票、商品价目表、贷项通知单、汇款通知书、坏账审批表、客户月末对账单、记账凭证(收款凭证、转账凭证)、应收账款明细账、主营业务收入明细账、折扣与折让明细账、库存现金日记账和银行存款日记账。

为了能正确处理销售与收款循环业务，保证各种有关记录、凭证的真实可靠，必须建立健全销售与收款循环的内部控制。销售与收款循环的内部控制主要包括职责分离控制、授权审批控制、凭证和记录控制、销货款的催收和定期核对控制、内部核查程序控制。注册会计师应对内部控制进行测试，并在此基础上确定该循环相关项目实质性程序的性质、时间和范围。控制测试的程序主要包括：检查销售合同、销售单、发运凭证、销售发票、贷项通知单、对账单、坏账审批表、记账凭证、账簿等资料，到工作现场对员工的工作流程和状态进行观察，对相关人员进行询问等，确定授权批准、职责分离、凭证记录、对账、内部核查等控制的执行情况，对被审计单位内部控制的有效性进行评价。

销售与收款循环的审计主要包括主营业务收入、应收账款、坏账准备、应收票据、预收账款、应交税费等项目。

在主营业务收入审计中，检查主营业务收入的确认、分析程序、截止测试等是主要的审计程序。

在应收账款审计中，函证是必要的，而且是一种有效的审计程序。为保证函证程序实施的效果，注册会计师应把握好以下几个方面：函证范围和对象的确定，函证时间的确定，函证方式的选择，函证过程的控制，函证差异的分析、评价及处理等。

思考题

1. 试说明销售与收款循环的主要特征。
2. 简述销售与收款循环内部控制的主要内容。
3. 简述销售与收款循环内部控制的主要测试方法。
4. 主营业务收入审计的目标有哪些?
5. 如何对主营业务收入实施截止测试?
6. 为什么说函证是应收账款审计的必要程序?
7. 注册会计师应如何确定应收账款函证的范围与对象?
8. 函证的方式有哪些?注册会计师应如何恰当地选择函证方式?
9. 注册会计师如何实现对应收账款函证过程的控制?
10. 试述坏账准备的主要审计程序。

案例分析

太岳山公司审计案例

一、公司情况

太岳山食品股份有限公司(以下简称太岳山公司)属于农业生产型企业。太岳山公司为单一公司,下属八个分公司(肉牛养殖、奶牛养殖、肉制品加工、乳制品加工、有机粪肥、种牛繁育、宁城分公司、速食品)均在燕郊当地设立。其中有机粪肥、种牛繁育未进入运营状态,没有财务报表。

公司主营业务分两条主线:一是肉牛养殖、屠宰加工以及肉制品;二是奶牛养殖。肉牛养殖、屠宰加工以及肉制品为公司的主要业务,其他属于衍生副业,乳制品等业务尚处于投产初期。

公司拥有年10万头牛的屠宰加工能力和年产9 000吨肉制品加工生产能力。公司目前拥有18 000头左右的肉牛存栏规模,除了一部分活牛直接对港销售外,其余均由公司屠宰场及肉制品厂进行屠宰加工。公司加工的肉制品主要销售给超市以及北京周边的一些餐馆。

二、注册会计师实施的主要审计程序

公司聘请的昌江会计师事务所从公司IPO开始就为其提供审计服务。项目组成员针对以前年度应收账款函证回函不理想的情况,在审计计划阶段与公司管理层进行口头沟通时向公司管理层提出:2007年度财务报表审计时,公司应收账款的回函率要达到70%以上。若在公司披露年报前回函情况不理想,注册会计师会延长审计时间,等待回函率达到70%,请公司向交易所申请推迟年报披露的时间。

公司为了满足注册会计师提出的要求,不影响公司年报在预定的时间内报出,向业务员下达了以下指令(注册会计师已知晓):注册会计师发出的函证,由具体负责与被询证单位进行业务联系的业务员负责催收;不能完成催收业务的业务员扣发下月全部奖金。

在审计中,注册会计师对该公司应收账款实施了以下审计程序:

1. 对公司本部屠宰场选取应收账款期末余额大于10万元的82家单位(多数为公司常年客户)实施了函证程序,函证的应收账款占应收账款余额的82%。

2. 注册会计师发出的函证方式有:(1)由公司业务员提供邮寄地址,直接由注册会计师邮寄发出;(2)由注册会计师填写后交给公司业务员,由业务员负责发送和取回;(3)注册会计师通知业务员，要求被询证单位有关人员来审计现场确认。对于这些发函方式，注册会计师并未在审计工作底稿中形成明确的审计工作记录。

3. 注册会计师记录了部分被询证者的名称、地址、邮编等信息，未记录获取的途径以及是否核实。

4. 注册会计师保留了部分询证函发出时的有关凭证。

5. 注册会计师根据回函情况编制了应收账款函证结果汇总表，该表显示发出的 82 份询证函共收回 71 份，占已发询证函的 87%。

6. 对于收到的回函，有一部分是以个人名义签字确认的单位往来款项（如太岳山公司的一些超市客户），注册会计师未进一步核实个人签名及效力。

7. 对于在回函中直接载明差异原因的差异事项，注册会计师没有实施进一步的审计程序，直接作为通过替代程序可以确认的差异在应收账款询证函结果汇总表中的回函差异中予以扣减。

8. 对于回函显示存在较大差异的单位，注册会计师检查了期后收款情况。如果期后收款金额大于发函金额与回函金额中的较大者，直接确认为回函差异已核实。

9. 对未回函单位，注册会计师检查了期后收款情况，以期后收款金额作为未回函项目已核实金额。

昌江会计师事务所对太岳山公司 2007 年度财务报表出具了标准无保留意见审计报告。

[资料来源：中国注册会计师协会编：《中国注册会计师继续教育审计案例》（第二辑），中国财政经济出版社 2010 年版]

讨论与思考题：

请评价本案例中昌江会计师事务所对应收账款实施的函证程序是否适当。

第九章

采购与付款循环审计

导读案例

注册会计师王林负责对宏达公司 2016 年度财务报表应付账款进行审计。审计过程中，王林进行了抽样测试，选取审计期间增减变动比较大的项目和资产负债表日前后一段时间发生的采购交易作为样本。经审计发现：

1. 2016 年 12 月 28 日第 1208 号入库单显示入库 A 电子元件 1 000 件，但 2016 年未对该批入库的电子元件进行会计账务处理，原因是购货发票未收到。

2. 2016 年 12 月 29 日第 1209 号入库单显示收到长江电器股份公司发来 C 电子元件 2 500件，每件单价 20 元，金额 50 000 元。经查实，长江电器股份公司已于 2016 年 12 月 27 日开出增值税发票，但该批电子元件的会计处理日期是 2017 年 1 月 5 日。

思考题：

1. 注册会计师王林通过实施什么审计程序发现被审计单位宏达公司采购业务存在上述问题？

2. 注册会计师王林通过实施审计程序获得的审计证据可以验证应付账款的哪些审计目标？为什么要特别关注资产负债表日前后发生的采购交易？

3. 宏达公司通过实施哪些内部控制可以防止上述问题的发生？

4. 采购业务涉及哪些主要的财务报表项目？

第一节　采购与付款业务循环的性质

一、采购与付款业务循环的主要业务活动

采购与付款业务循环是指对外部商品和劳务的购置及付款的活动过程。商品和劳务的购置包括原材料、商品、物料用品、加工劳务、固定资产等项目。这里所说的采购与付款循环主要涉及原材料和物料用品的购进及价款的支付，机器设备等固定资产将在另一业务循环中介绍。

采购与付款循环从处理请购单开始，经过订货、签订合同、验收、确认负债、付款等环节。下面以采购商品为例，分别阐述采购与付款循环所涉及的主要业务活动及其适当的控制程序

和相关的认定。

1. 请购商品和劳务

企业采购货物，应首先提出请购申请，即填写请购单。一般存货的请购单由仓库负责填写需要购买的已列入存货清单的项目，未列入存货清单的货物则由其他部门填写，并直接交给采购部门。大多数企业对正常经营所需物资的购买做一般授权。比如，仓库在现有库存达到订货点时可以直接提出采购申请，其他部门也可为正常的维修工作和类似工作直接申请采购有关物品。请购单可由手工或计算机编制。由于企业内不少部门都可以填制请购单，不便连续编号，为加强控制，每张请购单必须经过对这类支出预算负责的主管人员批准。请购单是证明有关采购交易"发生"认定的凭据之一，也是采购交易轨迹的起点。

2. 采购商品

采购部门在收到请购单后，根据经过批准的请购单发出订购单。采购部门每次订货，应确定最佳的供应来源。对一些大额、重要的采购项目，应采取竞标方式来确定供应商，以保证供货的质量、及时性和成本的低廉。

订购单应正确填写所需的商品品名、数量、价格、厂家名称和地址等，预先予以连续编号并经被授权的采购人员签字。订购单编制完毕后，应分别送给请购部门、验收部、仓储部门和付款部门。随后，应独立检查订购单的处理，以确定是否确实收到商品并正确入账。这些检查与采购交易的"完整性"认定有关。

3. 验收商品

有效的订购单代表了企业已授权验收部门接受供应商发来的商品。验收部门首先应比较所收到商品与订购单上的要求是否相符，如商品品名、摘要、数量、到货时间等，然后再盘点商品并检查商品有无损坏。

验收合格后，验收部门编制一式多联、预先编号的验收单，作为验收和检验商品的依据。验收人员将其中一联送交仓库或其他请购部门作为商品交接凭证，须同时取得经过请购部门签字的收据，或要求其在验收单的副联上签字，以确立他们对所采购的资产的保管责任；另一联送交财会部门的应付凭单管理部门，据以编制付款凭证，作为记录债务和支付款项的依据。

验收单是支持资产或费用以及采购有关的负债的"存在或发生"认定的重要凭证。定期独立检查验收单的顺序以确定每笔采购交易都已编制凭单，则与采购交易的"完整性"认定有关。

4. 储存商品

仓储部门在对收到的货物进行检查后签收，并确保存货的安全完整。将已验收商品的保管与采购的其他职责相分离，可减少未经授权的采购和盗用商品的风险。存放商品的仓储区应相对独立，限制无关人员接近。这些控制与商品的"存在"认定有关。

5. 编制付款凭单

记录采购交易之前，应付凭单部门应核对订货单、验收单与供应商发票等内容是否一致，计算是否正确，并编制预先连续编号的付款凭单，由被授权人员签字后送交会计部门。

6. 确认与记录负债

正确确认已验收货物的债务，要求准确、及时地记录负债。这些记录对财务报表和价款支付有重大影响，要注意按正确的金额记录已发生的采购事项。手工系统下，应将已批准的未付款凭单送达会计部门，据以编制有关记账凭证和登记有关账簿。

7. 处理和记录价款的支付

通常采用预先编号的付款凭单进行控制，由应付凭单部门负责确定未付凭单在到期日付款。在付款前，由应付凭单管理人员根据供应商发票及其所附的订购单、验收单填制预先的付款凭单，交支出授权审批人员审批签字后，再交由被授权的财会部门人员签署支票或其他结算凭证。会计部门根据付款条件，向供货单位支付货款并及时登记银行存款日记账及其他相关的账簿。

二、采购与付款业务循环的主要凭证与记录

采购与付款交易同销售与收款交易一样，在内部控制比较健全的企业，处理采购与付款交易通常也需要使用很多凭证与会计记录。典型的采购与付款循环涉及的主要凭证和会计记录有以下几种：

1. 请购单

请购单是由产品制造、资产使用等部门的有关人员填写，送交采购部门申请购买商品、劳务或其他资产的书面凭证。

2. 订购单

订购单是由采购部门填写，向另一企业购买订购单上所指定商品、劳务或其他资产的书面凭证。

3. 验收单

验收单是收到商品、资产时所编制的凭证，列示从供应商处收到的商品、资产的种类和数量等内容。

4. 购货发票

购货发票是由供应商开具的，交给买方以载明发运的货物或提供的劳务、应付金额和付款条件等事项的凭证。

5. 付款凭单

付款凭单是采购方企业应付凭单部门编制的，载明已收到的商品、资产或接受劳务、应付金额和付款日期的凭证。付款凭单是采购方企业内部记录和支付负债的授权证明文件。

6. 转账凭证

转账凭证是指记录转账交易的记账凭证，它是根据有关转账交易的原始凭证编制的。

7. 付款凭证

付款凭证包括现金付款凭证和银行存款凭证，是指用来记录现金和银行存款支出业务的记账凭证。

8. 应付账款明细账

应付账款明细账是用来记录赊购供应商货款、付款及退货的明细账。各应付账款明细账的余额合计数应与应付账款总账余额一致。

9. 库存现金日记账和银行存款日记账

库存现金日记账和银行存款日记账是用来记录货款的收回和采购的支出以及其他各种现金、银行存款收入和支出的日记账。

10. 供应商对账单

供应商对账单是由供应商按月编制的，标明期初余额、本期购买、本期支付给供应商的款项和期末余额的凭证。供应商对账单是供应商对有关交易的陈述，如果不考虑买卖双方在收

发货物上可能存在的时间差等因素，其期末余额通常应与采购方相应的应付账款期末余额一致。

第二节　采购与付款循环的内部控制及其测试

一、采购与付款循环的内部控制

采购与付款循环的内部控制主要包括以下几方面的内容：

1. 适当的职责分离

适当的职责分离有助于防止各种有意或无意的错误。企业应建立采购与付款交易的岗位责任制，明确相关部门和岗位的职责、权限，确保办理采购与付款交易的不相容岗位相互分离、制约和监督。采购与付款交易不相容岗位至少包括：请购与审批；询价与确定供应商；采购合同的订立与审批；采购与验收；采购、验收与相关会计记录；付款审批与付款执行。这些都是对企业提出的有关采购与付款相关职责适当分离的基本要求，以确保办理采购和付款交易的不相容岗位相互分离、制约和监督。

2. 正确的授权审批

有效的内部控制要求采购与付款业务的各个环节都要经过适当的授权批准。企业通常建立分级采购批准制度。主要的审批程序包括：只有经过授权的人员才能提出采购申请；采购申请经独立于采购与使用部门的被授权人批准，以防止采购部门购入过量或不必要的商品；审批人应当根据授权审批制度的规定，在授权范围内进行审批，不得越权审批；在订购单发出之前，必须由专人检查订单是否得到授权人签字；采购价格和折扣必须经过审批；应付凭单和签发支票要经过被授权人的签字批准，保证货物是以真实金额向特定债权人及时支付。

3. 凭证与记录控制

为了满足业务审批、财产保管、便于记录的要求，要合理设计并使用各种凭证。订购单、验收单、应付凭单均经事先连续编号并一式多联，由经手人按编号归档保存，按联次传递并由独立人员定期检查存档文件的连续性。

4. 付款控制

对于不同企业，由于性质、所处行业、规模以及内部控制健全程度等不同，付款控制内容可能不同，但以下与付款环节相关的内部控制是通常应共同遵循的：

(1)企业应当按照《现金管理暂行条例》《支付结算办法》等有关货币资金内部会计控制的规定办理采购付款交易。

(2)企业财会部门在办理付款交易时，应当对采购发票、结算凭证、验收证明等相关凭证的真实性、完整性、合法性及合规性进行严格审核。

(3)企业应当建立预付账款和定金的授权批准制度，加强预付账款和定金的管理。

(4)企业应当加强应付账款和应付票据的管理，由专人按照约定的付款日期、折扣条件等管理应付款项。已到期的应付款项需经有关授权人员审批后方可办理结算与支付。

(5)企业应当建立退货管理制度，对退货条件、退货手续、货物出库、退货货款回收等做出明确规定，及时收回退货款。

(6)企业应当定期与供应商核对应付账款、应付票据、预付款项等往来款项。如有不符，应查明原因，及时处理。

5. 实物控制

采购与付款业务中实物控制包括两个方面：一方面加强对已验收入库的商品实物控制，限制非授权人员接近存货。实物保管应由独立于验收、采购和会计部门的人员担任，同时加强对退货的实物控制，货物的退回要有经审批的合法凭证；另一方面限制非授权人员接近各种记录和文件，防止伪造和篡改会计资料。

6. 内部核查程序

由内部审计人员或其他独立人员核查采购与付款业务的处理和记录，是实现内部控制目标不可缺少的一项控制措施。内部核查的主要内容包括：采购与付款交易相关岗位及人员的设置情况，检查是否存在不相容职务混岗的现象；采购与付款交易授权批准制度的执行情况，检查授权批准手续是否健全，是否存在越权审批的行为；应付账款和预付账款的管理，审查应付账款和预付账款支付的准确性、时效性和合法性；有关单据、凭证和文件的使用和保管情况，检查凭证的登记、领用、传递、保管、注销手续是否健全，使用和保管制度是否存在漏洞。

二、评估采购与付款循环的重大错报风险

在实施控制测试和实质性测试前，注册会计师应了解被审计单位购货与付款循环和相关账户余额的内部控制设计、执行情况，评估购货与付款循环中的重大错报风险，并对被审计单位可能发生的重大错报风险保持应有的职业谨慎态度。影响购货与付款循环和相关账户余额存在的重大错报风险可能包括：

1. 管理层错报费用支出的偏好和动因。被审计单位可能为了完成预算，满足业务考核要求，保证从银行获得资金，吸引潜在投资者，误导股东，影响股价，往往会在财务报表中错报费用，增加或减少企业当期利润。

2. 费用支出确认的复杂性。不同性质的企业采用的费用确认政策会有不同，同一企业不同经营模式费用确认也不一样，都可能导致费用支出或计提错误。

3. 采用不正确的费用截止。将下一会计期间的费用支出有意或无意计入本期，或将本期的费用支出有意或无意计入下一会计期间，都可能导致本期费用和相关账户余额低估或高估。

4. 计量存货成本不正确。被审计单位管理层对存货的采购成本没有按照适当的计量属性确认，可能导致存货成本和销售成本的核算不正确。

5. 发生舞弊风险。购货与付款环节和货币资金有密切关系，很容易发生舞弊行为。如被审计单位的员工虚构采购交易，或将私人费用进入采购费用，或有意无意重复付款，隐瞒真实情况，侵吞货币资金。

6. 发生各种错误的可能性。在购货与付款循环的过程中，程序复杂，环节多，容易发生各种各样的差错。任何差错的发生都会导致费用支出的错报。

在评估购货与付款循环的重大错报风险时，注册会计师应当充分了解购货与付款循环的控制活动，目的在于实施更有效的审计程序。换句话说，注册会计师只有在对被审计单位业务循环的重大错报评估的基础上，才设计并实施一般审计程序，才能应对购货与付款循环的重大错报风险。

三、采购与付款循环内部控制测试

购货与付款循环的内部控制测式，是在了解与描述的基础上进行的。

1. 了解并描述采购与付款业务的内部控制

审计人员应当采用恰当的方法描述内部控制。通过查阅关于物资采购、仓库保管、付款等方面的制度文件，实地观察采购部门、仓库、验收部门和财会部门等，了解企业采购与付款管理各方面制度是否健全，手续是否完善。观察各部门不相容岗位职责是否分离，主要控制环节是否有效。经过调查了解，结合文字描述、调查表或流程图的方式，将内部控制情况记录在审计工作底稿中。在取得对被审计单位采购交易内部控制的了解后，针对与交易有关的审计目标评价采购交易的控制风险，明确对哪些控制进行控制测试。

2. 抽查部分采购交易

通过购货业务测试，检查本循环控制环节的设置与执行情况。抽查范围根据重要性原则确定。抽查的方法是从采购部门的业务档案中抽取样本，对采购物品较重要或金额较大的采购业务重点审查。索取其采购业务的各种文件和记录，进行相关的检查和验证。抽查内容主要包括：

(1)从应付账款明细账中抽查部分业务凭证或单据以检查购货和付款业务内部控制的有效性；查验请购单、订购单、验收单和卖方发票是否一应俱全，付款凭证是否附有单据；检查核准采购的标记；检查注销凭证的标记。

(2)从原始凭证追查至明细账以检查购货和付款业务记录的完整性、及时性和正确性；检查采购发票、验收单、订购单和请购单等原始凭证是否合理与真实。

(3)抽取部分订购单、验收单和购货发票。检查订购单、验收单和购货发票是否连续编号，验收单填制是否真实准确。

(4)检查账簿的核对情况，是否定期核对明细账和总账。复核采购明细账、总账及应付账款明细账，注意是否有大额或不正常的金额，是否定期与供应商核对有关记录，追查存货的采购至存货永续盘存记录。

常见的采购业务内部控制调查如表 9－1。

表 9－1 **采购循环内部控制调查表**

被审计单位名称： 编制人： 日期： 索引号：

调查项目： 复核人： 日期： 页次：

调查内容	是	否	不适应	依赖与否	控制测试
1. 请购单与订购单是否一致？					
2. 请购单是否经过适当的授权人批准？					
3. 订购单是否连续编号？					
4. 采购合同上确定的价格、付款日期与会计部门核准的支付条件是否一致？					
5. 卖方发票上所列货物的数量、规格、品种与合同是否一致？					
6. 付款凭单是否附有请购单、订购单、验收单？					
7. 验收单是否连续编号？					

续表

调查内容	是	否	不适应	依赖与否	控制测试
8. 采购价格和折扣是否得到批准？					
9. 对卖方发票、验收单、订购单和请购单是否有内部核查程序？					
审计意见：	复核意见：				

3. 付款环节测试

抽查应付款偿付业务，查明其付款的依据是否准确无误，付款及记录、过账是否及时，对应账户是否正确，有关现金折扣的处理是否符合规定。

测试方法和内容主要包括：

(1)询问相关人员并观察员工行动，了解应付账款的记录、付款业务是否分开；应付账款记录人员是否与出纳员的职责分开。

(2)抽取部分支票，检查支票是否连续编号使用，签发支票是否有授权人的签字，检查银行存款余额调节表及其编制。

(3)审核货款结算手续，检查应付账款明细账金额与订购单、验收单、卖方发票是否完全一致。

(4)检查现金折扣的合理性。

(5)检查应付账款内部核查标记，将应付账款明细账与总账进行核对，检查应付账款明细账内容的内部核查，检查应付账款总账中有关比较的标记。

付款环节测试可参见表9—2。

表9—2　　货款支付内部控制调查表

被审计单位名称：　　编制人：　　日期：　　索引号：

调查项目：　　复核人：　　日期：　　页次：

调查内容	是	否	不适应	依赖与否	控制测试
1. 应付账款记录与付款业务是否分开？					
2. 应付账款总账与明细账是否由不同人员记录？					
3. 应付账款记录人员与出纳的职责是否分开？					
4. 应付账款明细账与总账、银行日记账记录是否相符？					
5. 应付账款账面记录与记账依据的原始凭证是否相符？					
6. 签发的支票是否有被授权人的签字？					
7. 支票中各个项目与购货发票是否一致？					
8. 应付票据记录与业务经办是否独立？职责分工是否合理？					
9. 签发票据、记录、付款有无一人负责的情况？					
10. 作废的、退回的票据，查明是否予以注销？是否编号保存？					
11. 应付票据总账与明细账是否定期核对？并且与债权人提供的有关记录一致？					
审计意见：	复核意见：				

4. 评价采购与付款业务内部控制

通过对采购与付款业务(包括行业特点、采购过程、业务特点、相关会计科目的复杂性等)的了解与测试,评价固有风险;通过了解控制环境、控制程序、会计制度,并对内部控制进行测试,确定内部控制是否符合各项要求,有无薄弱环节和失控点,评价控制风险,明确账户余额、发生额的重大错报风险。在了解和测试其内部控制时,应注意被审计单位购销业务是否严格职责分工,将采购、验收、保管、付款、记录等工作安排给不同的部门独立完成;所有的购销业务是否都签订购销合同;开具或取得的发票和产品收发的数量、单价、金额是否与合同相符,支付货款是否经过批准;供销部门所编制的购销月报表是否与仓库、会计部门的有关购销账目相一致等。通过了解和评价被审计单位相应的内部控制制度,有助于审计人员及时发现薄弱环节,进一步确定审计的重点和范围。根据控制测试结果,进一步评估控制风险水平,并根据修正后的控制风险水平确定实质性程序的性质、范围和时间。如果采购与付款业务内部控制存在缺陷,如验收货物时未用验收单,而且直到支付货款时才记录购货业务,在这种情况下,应付账款少计、漏计的可能性就很大,需要大范围进行账户测试。审计人员还应就薄弱环节提出改进意见。

【例 9—1】 A 和 B 注册会计师于 2016 年 12 月 1～7 日对甲公司购货与付款循环的内部控制进行了了解和测试,并在相应的审计工作底稿中记录了了解和测试的事项,摘录如下:

(1)甲公司的材料采购需要经过授权批准后方可进行。采购部根据经批准的请购单发出订购单。货物运达后,验收部根据订购单的要求验收货物,并编制一式多联的未连续编号的验收单。仓库根据验收单验收货物,在验收单上签字后将货物移入仓库加以保管。验收单上有数量、品名、单价等要素。验收单一联交采购部登记采购明细账和编制付款凭单,付款凭单经批准后,月末交会计部;一联交会计部登记材料明细账;一联由仓库保留并登记材料明细账。会计部根据只附验收单的付款凭单登记有关账簿。

(2)会计部审核付款凭单后,支付采购款项。甲公司授权会计部经理签署支票,经理将其授权给会计丁负责,但保留了支票印章。会计丁根据已适当批准的凭单,在确定支票收款人名称与凭单内容一致后签署支票,并在凭单上加盖"已支付"的印章。对付款程序的穿行测试表明,注册会计师 A 和 B 未发现与公司规定有不一致之处。

要求:根据上述摘要,请代 A 和 B 注册会计师指出该公司购货与付款循环内部控制方面的缺陷,并提出改进建议。

【解析】 甲公司采购与付款循环内部控制方面的缺陷有:

(1)验收单未连续编号,不能保证所有的采购都已记录或不被重复记录。建议甲公司对验收单连续进行编号。

(2)付款凭单未附订购单及供应商的发票等,会计部无法核对采购事项是否真实,登记有关账簿时金额或数量可能出现差错。建议甲公司将订购单和发票等与付款凭单一起交会计部。

(3)会计部月末审核付款凭单后才付款,未能及时将材料采购和债务登记入账并按约定时间付款。建议甲公司采购部及时将付款凭单交会计部,按约定时间付款。

第三节 应付账款审计

应付账款是企业在正常经营过程中因购买材料、商品和接受劳务供应等经营活动而应付给供应商的款项。可见,应付账款是随着企业赊购交易的发生而发生的,注册会计师应结合赊购交易进行应付账款的审计。

一、应付账款审计的目标

应付账款的审计目标一般包括：确定资产负债表中记录的应付账款是否存在；确定所有的应当记录的应付账款是否均已记录；确定资产负债表中记录的应付账款是否为被审计单位应当履行的现时义务；确定应付账款是否以恰当的金额包括在财务报表中，与之相关的计价调整是否已恰当记录；确定应付账款是否已按照企业会计准则的规定在财务报表中做出恰当的列报。

二、应付账款的实质性程序

1. 获取或编制应付账款明细表。审计人员获取或编制应付账款明细表（如表9－3所示），复核加计是否正确，并与报表数、总账数和明细账合计数核对是否相符。在连续审计的情况下，还应将应付账款的期初余额与上期审计工作底稿进行核对。

表9－3　　应付账款明细表

索引号：A21－1

被审计单位名称：红星公司　　编制人员：王丽　　日期：2017.2.1

所属日期：2016.12.31　　复核人员：张怡　　日期：2017.2.10

供应商名称	未审数	调整数	重分类	审定数
甲公司	120 000			120 000
乙公司	200 000			200 000
丙公司	300 000			300 000
丁公司	(5 000)		5 000 (A21－1－2)	
合　计	615 000			620 000

对应付账款明细表中的内容需关注以下几方面：

(1)分析出现借方余额的项目，查明原因，必要时建议做重分类调整。

(2)结合预付账款、其他应付款等往来项目的明细余额，调查有无同时挂账的项目、异常余额或与购货无关的其他款项（如关联方账户或雇员账户）。如有，应做出记录，必要时建议做调整。

2. 根据被审计单位实际情况，选择以下方法对应付账款执行实质性分析程序：

(1)将期末应付账款余额与期初余额进行比较，分析波动原因。

(2)分析长期挂账的应付账款，要求被审计单位做出解释，判断被审计单位是否缺乏偿债能力或利用应付账款隐瞒利润，并注意其是否可能无须支付。对确实无须支付的应付账款的会计处理是否正确，依据是否充分；关注账龄超过3年的大额应付账款在资产负债表日后是否偿还，检查偿还记录、单据及披露情况。

(3)计算应付账款与存货的比率，计算应付账款与流动负债的比率，并与以前年度相关比率对比分析，评价应付账款整体的合理性。

(4)分析存货和营业成本等项目的增减变动，判断应付账款增减变动的合理性。

3. 函证应付账款。一般情况下并非必须函证应付账款，这是因为函证不能保证查出未记录的应付账款，况且注册会计师可以通过取得采购发票等外部凭证来证实应付账款的余额。

但如果控制风险较高，某应付账款明细账户金额较大或被审计单位处于财务困难阶段，则应进行应付账款的函证。

函证应付账款的目的在于确定应付账款的存在性和计价的正确性，在一定程度上确定应付账款的完整性。函证对象主要包括两类：本期作为企业重要供货人的债权人，不管其在资产负债表日账户余额的大小（即使其账户余额为零）；金额较大的债权人。函证方式应采用肯定式函证方式，并具体说明应付金额。与应收账款的函证一样，注册会计师必须对函证的过程进行控制，要求债权人直接回函，并根据回函情况编制与分析函证结果汇总表。对未回函的，应考虑是否再次函证。如果存在未回函的重大项目，应采用替代程序。比如，检查决算日后应付账款明细账及库存现金和银行存款日记账，核实其是否已支付，同时检查该笔债务的相关凭证资料，如合同、发票、验收单，核实交易事项的真实性。

4. 查找未入账的应付账款。检查应付账款是否计入正确的会计期间，是否存在未入账的应付账款。查找未入账的应付账款是应付账款审计的重点，其目的是防止低估负债。审查方法如下：

(1)检查债务形成的相关原始凭证，如供应商发票、验收报告或入库单等，查找有无未及时入账的应付账款，确认应付账款期末余额的完整性。

(2)检查资产负债表日后应付账款明细账贷方发生额的相应凭证，关注其购货发票的日期，确认其入账时间是否合理。

(3)获取被审计单位与其供应商之间的对账单（从非财务部门获取），并对对账单和被审计单位财务记录之间的差异进行调节（如在途款项、在途货物、付款折扣、未记录的负债等），查找有无未入账的应付账款，确定应付账款金额的准确性。

(4)针对资产负债表日后付款项目，检查银行对账单及有关付款凭证（如银行划款通知、供应商收据等），询问被审计单位内部或外部的知情人员，查找有无未及时入账的应付账款。通过检查期后的付款凭证，可以发现付款是否对应了本期的债务。如属本期债务，应追查至应付账款明细账，确定是否已经入账。

(5)结合存货监盘程序，检查被审计单位在资产负债表日前后的存货入库资料（验收报告或入库单），检查是否有大额料到单未到的情况，确认有关负债是否计入正确的会计期间。如果注册会计师通过这些程序发现某些未入账的应付账款，应将情况详细记录于审计工作底稿中，并根据其重要性确定是否需建议被审计单位进行相应的调整。

【例 9—2】 注册会计师甲和乙在审计 D 公司年度会计报表时，注意到与购货和付款循环相关的内部控制存在缺陷，没有及时记录发生的应付账款。他们认为 D 公司的管理当局在资产负债表日故意推迟记录发生的应付账款，于是决定实施审计程序进一步查找未入账的应付账款。

要求：请代注册会计师甲和乙做出判断，应如何查找未入账的应付账款。

【解析】 (1)检查 D 公司在资产负债表日未处理的不相符购货发票；

(2)检查 D 公司在资产负债表日后收到的购货发票，确认其入账时间是否正确；

(3)检查 D 公司在资产负债表日后应付账款明细账贷方发生额的相应凭证，关注其购货发票的日期，确认其入账时间是否合理。

(4)结合存货监盘程序，检查 D 公司在资产负债表日前后的存货入库资料，关注有材料入库凭证但未收到购货发票的经济业务。

5. 针对已偿付的应付账款，追查银行对账单、银行付款单据和其他原始凭证，检查其是否在资产负债表日前真实偿付。

6. 针对异常或大额交易及重大调整事项（如大额的购货折扣或退回、会计处理异常的交易、未经授权的交易、缺乏支持性凭证的交易等）。检查相关原始凭证和会计记录，以分析交易的真实性、合理性。

7. 检查带有现金折扣的应付账款是否按发票上记载的全部应付金额入账，在实际获得现金折扣时再冲减财务费用。

8. 检查应付账款是否已按照企业会计准则的规定在财务报表中做出恰当列报。一般来说，应付账款项目应根据“应付账款”和“预付账款”科目所属明细科目的期末贷方余额的合计数填列。对于应付账款明细账中的借方余额，应提请客户进行重分类调整，反映在资产负债表的“预付账款”中。

【例 9—3】 在对红星公司 2016 年财务报表审计中，丁公司“应付账款”明细账借方余额为 5 000 元，注册会计师王丽发现该公司将其列入资产负债表“应付账款”项下，该金额应列示在资产负债表“预付账款”项下，建议做重分类调整。调整分录为：

借：预付账款　　　　5 000

　　贷：应付账款　　　　5 000

调整后，红星公司 2016 年应付账款调增 5 000 元，预付账款调增 5 000 元。

第四节　其他相关账户审计

一、预付账款的审计

预付账款是企业按购货合同规定，预先向供应商支付的款项，通常在“预付账款”或“应付账款”科目反映。预付账款是在采购过程中产生的，因此，预付账款的审计应结合采购与付款循环的审计进行。可在测试和评价采购与付款循环内部控制的基础上进行审查。

(一)预付账款的审计目标

预付账款的审计目标一般包括：确定预付账款是否存在；确定预付账款是否归被审计单位所有；确定预付账款增减变动的记录是否完整；确定预付账款期末余额是否正确；确定预付账款在财务报表上的披露是否恰当。

(二)预付账款审计的实质性程序

1. 获取或编制预付账款明细表，复核加计该明细表的正确性，并与报表数、总账和明细账核对相符；与此同时，要求被审计单位在账款明细表上注明截止审计日已收到的商品或劳务并冲销预付账款的项目，抽查复核其真实性和正确性。

2. 选择以下方法进行实质性分析程序：

(1)将期末预付账款余额与上期数比较，分析其波动的原因。

(2)分析预付账款的账龄和余额构成。了解预付账款惯例以及收回货物的平均天数，分析预付账款的账龄，审查预付账款长期挂账情况，发现有长期挂账情况应查明原因；有确凿证据表明企业的预付账款不符合预付账款的性质，或因供货单位破产、撤销等原因已无望再收回所购货物的，是否将其转入其他应收款项目。

(3)分析预付账款明细账余额。对于预付账款出现的贷方余额项目，应查明原因，对金额较大的，应建议进行重分类调整。

(4)计算预付账款与主营业务成本的比率,与以前各期比较,分析异常变动的原因。

3. 函证预付账款。对预付账款金额较大、余额为零或者发现其他异常事项,向收款方函证,以证实预付账款的真实性。对回函金额不符的,应再次函证或采用替代程序,如将预付账款账簿记录与有关凭证核对,检查预付账款是否符合合同、协议规定,查明已到货情况或工程进度情况;审查决算日后预付账款和存货明细账,将预付账款贷方记录与有关凭证及对应账户核对,查明预付账款是否按时转为资产或费用。审查中注意预付账款业务有无错弊。

4. 结合应付账款明细账,检查有无重复付款或将同一笔已付清的账项在应付账款和预付账款这两个科目同时挂账的情况。

5. 确定预付账款在资产负债表上列示的恰当性。预付账款在资产负债表中列为流动资产。"预付账款"账户所属明细账有贷方余额时,应列为"应付账款"。当"应付账款"所属明细有借方余额时,应包括在预付账款项目内。检查被审计单位预付账款在资产负债表的列示是否符合会计准则的规定。

二、应付票据的审计

应付票据是企业购买材料、商品或劳务等,为延期付款而开出并承兑的商业汇票,包括商业承兑汇票和银行承兑汇票。

(一)应付票据的审计目标

应付票据的审计目标一般包括:确定应付票据是否存在;确定应付票据的发生和偿还的记录是否完整;确定应付票据的期末余额是否正确;确定应付票据在财务报表上的披露是否恰当。

(二)应付票据的实质性审计程序

1. 获取或编制应付票据明细表,复核加计应付票据明细表数,与总账、应付票据备查簿核对,核对是否相符。应付票据明细表应列示票据的种类及编号、出票日、应付票据本金、到期日、收款人名称、利息率、付息条件以及抵押品名称、数量和金额等。在进行核对时应关注被审计单位有无漏报或错报票据,有无漏列作为抵押的资产,有无属于应付账款的票据,有无漏计、多计或少计应付利息的情况。

2. 函证应付票据。应选择重要项目的应付票据,重点对金额较大的、余额为零的、业务往来频繁的项目进行函证,函证其余额是否正确。对未回函的可再次函证,或采用其他替代审计程序以确定应付票据的真实性。

询函证通常包括出票日、到期日、票面金额、未付金额、已付息期间、利息率以及票据的抵押担保品等内容。

3. 检查应付票据备查簿,抽查若干重要原始凭证,确定其是否真实,会计处理是否正确。

(1)检查该笔债务的相关合同、发票、货物验收单等资料,核实交易事项的真实性。

(2)抽查资产负债表日后应付票据明细账及现金、银行存款日记账,核实其是否已付款并转销。

(3)对资产负债表已偿付的应付票据,注意其凭证入账日期的合理性。

4. 检查逾期未兑付票据。检查被审计单位有无到期仍未兑付的应付票据,如有,应查明原因,是否转入应付账款项目。确定是否存在抵押票据的情形,必要时提请被审计单位予以披露。

5. 确定应付票据在财务报表上的披露是否恰当。

应付票据应在资产负债表上单独列示，并对应付票据金额、利率、到期日、抵押担保等情况在财务报表附注中说明。

本章小结

本章主要阐述了采购与付款循环的特点、内部控制、控制测试以及相关账户的实质性程序。

采购与付款循环的特点主要体现在交易类别和账户、主要凭证和会计记录及主要业务活动与其他循环不同。采购与付款循环的主要业务包括：处理请购单、编制订购单、验收商品、储存商品、确认和记录负债、处理和支付价款等。该循环的主要凭证与记录包括：请购单、订购单、订货合同、验收单、购货发票、应付凭单、支票、现金与银行存款日记账、应付账款明细账和总账、卖方对账单等。

采购与付款循环的内部控制包括在适当岗位职责分离的基础上进行的授权批准控制、凭证和记录控制、付款控制、实物控制、内部核查。该循环的内部控制测试包括采购交易内部控制测试和付款业务的内部控制测试。如果注册会计师拟依赖内部控制，则必须对相关内部控制的有效性进行控制测试。

采购与付款循环涉及的财务报表项目主要是资产负债表项目，包括应付账款和应付票据、预付账款等。注册会计师在进行控制测试后，应对采购与付款循环实施实质性程序。本章主要讲述了应付账款、预付账款、应付票据等项目的审计。

应付账款审计包括核对应付账款明细账与资产负债表应付账款项目的列示是否正确；函证应付账款，检查未入账的应付账款，确定应付账款在资产负债表上的列示是否恰当。

预付账款审计包括预付账款明细表核对、分析性程序、函证、检查等。应付票据审计包括验证票据真实性、完整性，带息票据的利息审查，资产负债表的恰当列报等。

应付票据的审计包括复核应付票据明细表、函证应付票据、检查应付票据备查簿、检查逾期未兑付的票据及应付票据在资产负债表上的披露等。

思考题

1. 采购与付款环节涉及的主要凭证、账簿有哪些？
2. 采购与付款循环内部控制的关键环节有哪些？采购业务的关键内部控制程序有哪些？
3. 比较应付账款函证与应收账款函证的异同。
4. 应付账款的审计目标有哪些？审计人员应如何查找未入账的应付账款？

案例分析

美国巨人零售公司审计案

美国巨人零售公司是一家大型零售折扣商店，创建于1959年，总部设在马萨诸塞州的詹姆斯福特。公司在20年的时间内迅速发展，到1971年已经拥有112家零售批发商店。但就在那一年，巨人公司的管理部门面临历史上第一次重大经营损失。为了掩盖这一真相，公司决定篡改公司的会计记录，把 1971 年发生的 250 万美元的经营损失篡改为 150 万美元收益，并且提高与之相关的流动比率和周转率。

罗斯会计师事务所担任巨人零售公司 1972 年年报审计工作，签发了无保留意见的审计报告。

1972 年 4 月 28 日，巨人零售公司把经过审计的财务报表提交给美国证券交易委员会，申请并获准发行 300 万美元的股票，并贷到了 1 200 万美元的流动资金。1973 年初，罗斯会计师事务所撤回了其签发的无保留意见的审计报告。1973 年 8 月，巨人零售公司向波士顿法院提交破产申请，两年后法院宣告公司破产。

根据法庭查证事实，巨人零售公司蓄意调整 1972 年 1 月 29 日结束的会计年度的应付账款余额的情况，如下表所示：

巨人零售公司对应付账款的蓄意调整

相关方	应付账款减少金额	应付账款减少的理由
1 100 家广告商	$300 000	以前未入账的预付广告费用
米尔布鲁克公司	$257 000	(1)商品退回；(2)总购折扣；(3)折扣优惠
罗斯盖尔公司	$130 000	商品退回
健身器材公司	$170 000	以前购买货物索价过高
健美产品制造商	$163 000	商品退回

巨人零售公司舞弊行为与罗斯会计师事务所审计行为列示如下：

1. 巨人零售公司的总裁和财务主管在 1972 年 1 月 29 日结束的会计年度中，命令下属广告部门的经理准备了 14 页的备忘录，虚构了大约 1 100 家的广告商名单，记载巨人零售公司以前曾向他们预付广告费用但并未入账。

罗斯事务所的审计师为验证这些预付广告费是否属实，抽取了 24 个样本，向其中 4 个广告商发函询证，并要求巨人零售公司为另外 20 笔未入账的费用提供证明文件。虽然 4 个广告商的回函指出预付广告费是错误的，但审计师并没有进一步追查，反而根据巨人零售公司提供的证明文件以及发的询证函确认巨人零售公司预付 30 万美元广告费。

2. 巨人零售公司的财务副总裁伪造了 28 个虚假的贷方通知单(红字发票)，以此来抵减外发的应付给米尔布鲁克公司的账款 25.7 万美元。

审计师注意到这些贷项通知单，询问公司的职员，得到先后三个不同的解释。为证实这一事项，审计师要求向米尔布鲁克公司的高级行政人员求证此事。为了满足这个要求，巨人零售公司的财务副总裁当着审计师的面，打电话给一个听起来像是米尔布鲁克公司总裁的人，短暂交谈后，巨人零售公司的财务副总裁把电话递给了审计师，电话另一头的那个人口头上证实了这一事项，并同意递交罗斯会计师事务所一份书面证明。几天后，巨人零售公司的财务副总裁告诉审计师，米尔布鲁克公司总裁改变了签发书面证明的主意，审计师对此很生气。为此，审计师写了一份备忘录，附在工作底稿中，对贷项通知单的真实性提出质疑。负责巨人零售公司审计工作的事务所合伙人却认为已经搜集到充分的证据，可以证实贷项通知单的真实性，就不再深入追查此事。

3. 巨人零售公司通过发出 35 份假造的贷项通知单蓄意减少了 13 万美元的应付给供应

商罗斯盖尔公司的账款。

审计师在审阅这些通知单的复印件时，发现有种特殊标志被隐藏在单据中，当把这些通知单高举在光线下观察时，他发现了单据中被隐藏起来的句子："只有在收到货物时才可以记账。"于是，审计师打电话给罗斯盖尔公司的一位会计人员，询问他有关这些商品退回的问题，回答是并无任何商品曾被巨人零售公司退回。审计师将这件事情报告给了事务所的合伙人。当合伙人与巨人零售公司副总裁交流时，巨人零售公司副总裁解释道，审计师误解了有关贷项通知单的电话询问，并断言的确是由于退回货物才发出通知单，但以巨人零售公司和罗斯盖尔公司即将产生法律诉讼为理由，拒绝合伙人和罗斯盖尔公司联系。最终，合伙人由于收到的信件证实了这些由巨人零售公司收到的然后又退回罗斯盖尔公司的有争议的货物确实"存在"，从而接受了巨人零售公司对此项贷项通知单的解释。

4. 巨人零售公司虚构几百个被供应商索价过高的赊购事项，减少应收账款 17 万美元。

罗斯会计师事务所为调查这些问题，从巨人零售公司提供的名单中随意抽取几个供应商，然后给他们打电话，求证索价过高是否真实。然而，在 15 个电话求证过程中，会计师居然允许巨人公司先同供应商联系并通知此事，接着又打电话，再一次解释事务所要询问的事项，随后才把电话递给会计师。直到那时，罗斯会计师事务所的会计师才能与供应商通话。罗斯会计师事务所据此有限测试接受了巨人零售公司因索价过高而抵减应付账款的理由。

5. 巨人零售公司假造了发给健美产品制造商的贷款通知单，用根本没被确认的 16.3 万美元的商品退回来减少应付账款。

1978 年，巨人零售公司的四位管理者被陪审团以舞弊罪名起诉，经联盟法院审判定为有罪。1979 年 1 月，美国证券交易委员会在经过调查后严厉谴责了罗斯会计师事务所，并在联邦法院处理此事前暂停负责该公司审计的合伙人执业 5 个月。证券交易委员会同时要求：由独立专家中的一位陪审员，对罗斯事务所的审计程序进行一次大规模的检查。

（资料来源：http://wenku.baidu.com/view/bbcc9b2bcfc789eb172dc8c8.html）

讨论与思考题：

1. 罗斯会计师事务所对美国巨人零售公司年报审计中无效的审计程序有哪些？如何处理才能避免审计失败？

2. 结合本案例，讨论如何查找未入账的应付账款。

3. 结合本案例，讨论在审计中如果遇到客户临时增加凭证记录、大量退货、仅提供复印件等特殊事项，应当如何处理。

4. 结合本案例，讨论对应付账款进行函证时应注意的问题。

5. 结合本案例，讨论审计中如何对待客户的进一步解释。

第十章

固定资产循环审计

导读案例

注册会计师张磊对南方公司的“固定资产”项目进行审计。在对其账面记录进行检查后，注册会计师张磊深入公司现场对固定资产的实物进行了抽盘，结果发现账面记录的两辆奥迪A6轿车，实物只有一辆。经询问有关人员，得知另一辆轿车是公司替某银行代购的，轿车现由该银行使用。注册会计师张磊又实施了其他审计程序，查明“其他应付款”账户有应付该银行55万元。

检查后，注册会计师张磊认为，南方公司替某银行代购的汽车，无论出于何种原因，其权属无法确认归被审计单位所有。

（参考资料：李晓慧：《审计实验室——审计实务个案分析》，经济科学出版社2000年版）

思考题：

1. 注册会计师张磊通过实施哪些审计程序发现被审计单位南方公司固定资产存在问题？
2. 注册会计师张磊通过实施审计程序获得的审计证据可以验证固定资产的哪些审计目标？
3. 与固定资产相关的账户或项目有哪些？
4. 你认为注册会计师张磊就发现的上述问题做出何种审计处理意见比较恰当？

固定资产是指同时具有下列两个特征的有形资产：(1)为生产商品、提供劳务、出租或经营管理而持有的。(2)使用寿命超过一个会计年度。对于制造企业来说，固定资产一般在其资产总额中占有很大的比重，大额固定资产的购建会影响企业的现金流量，而固定资产折旧、维修等费用则是影响企业损益的重要因素。因此，固定资产的安全、完整对企业的生产经营影响极大，注册会计师应高度重视对固定资产及其相关项目的审计。

第一节 固定资产业务循环的性质

一、固定资产业务循环的主要业务活动

固定资产循环是指企业生产过程中伴随着固定资产的增减变化和折旧的计提而发生的固

定资产实物和价值的流转过程。固定资产循环的业务活动主要包括固定资产预算、固定资产购建、验收、付款、折旧、维修及退出等。

1. 固定资产预算

固定资产预算是指企业编制的、用于控制固定资产增减的年度预算。企业编制固定资产投资预算，应当符合企业发展战略和生产经营实际需要，综合考虑固定资产投资方向、规模、资金占用成本、预计盈利水平和风险程度等因素，在对固定资产投资项目进行可行性研究和分析论证的基础上，合理安排投资进度和资金投放量。企业的固定资产预算一般应由管理层集体研究后做出审批。

固定资产预算是证明固定资产采购交易“发生”认定的凭据之一，也是固定资产交易轨迹的起点。

2. 固定资产购建

固定资产购建，即由于采购、自行建造等原因引起的固定资产增加。

采购部门根据经批准的固定资产预算，发出订购单。对每张订购单，采购部门应确定最佳的供应来源。由于固定资产属于金额重大的采购项目，应采用竞价方式确定供应商。订购单应写明所订购资产的品名、数量、单价、供应商名称和地址等，事先连续编号并经被授权的采购人员签名。这与采购交易的“发生”“完整性”有关。

3. 固定资产的验收

固定资产购建完成后，应由验收部门根据有效的订购单接受供应商提供的资产，首先应比较收到的资产与订购单是否一致，然后检查资产是否有质量问题。如果是建造完成的房屋建筑物，还应由工程监理一同进行验收。验收完成后，应编写预先连续编号、一式多联的验收单，并将验收单交资产管理部门和相关资产使用部门，要求其在验收单上签字，以确定其对资产应负的保管与使用责任。验收人员还应将其中的一联验收单交付款部门。

验收单是支持资产及相关负债“存在或发生”认定的重要凭证。定期独立检查验收单是否顺序编号，则与固定资产交易的“完整性”有关。

4. 编制付款凭单

应付凭单部门应对供应商发票内容与有关验收单、订购单进行核对，金额进行计算，无误后，编制预先连续编号的付款凭单，并由被授权人在付款凭单上签字。这些控制与“存在或发生”“完整性”“权利与义务”和“计价与分摊”等认定有关。

5. 确认与记录负债并付款

正确地确认已验收资产的债务，要求准确、及时地记录资产和负债。在手工处理系统下，会计部门应根据已批准的未付款凭单，编制记账凭证并登记有关账簿。

款项的支付日期一般由应付凭单部门负责确定，会计部门应采用恰当的结算方式及时支付款项。款项支付后，根据付款凭证，会计人员应正确登记银行存款日记账和其他相关账簿。

6. 固定资产折旧和修理

固定资产折旧，即在固定资产的预计使用年限内将其应计折旧额进行系统的分摊。固定资产折旧的流程包括：对每项固定资产确定折旧率，按月计提折旧并编制折旧计算表、按固定资产的受益对象分配折旧费用，登记相关账簿。对于固定资产折旧率的确定要经企业有关人员的审核、批准。

固定资产修理，即在固定资产使用过程中发生的大修理和中小修理。在对固定资产进行修理之前要经过适当的授权审批。发生的修理支出，会计部门要区分资本性支出与收益性支出进行正确的会计处理，及时登记相关账簿。

7. 固定资产退出

固定资产退出，即由于毁损、报废、对外出售、投资、捐赠等原因引起的固定资产的减少。

固定资产使用部门根据实际情况提出固定资产退出申请书，说明退出的原因及资产的详细情况，经部门负责人签字确认后，报资产管理部门。资产管理部门接到申请书后，查明原因，组织相关人员进行经济和技术鉴定，以确定是否必须退出。如同意退出，填写退出审批单和固定资产调拨单或报废单，并组织固定资产的清理工作，将相关手续及变卖价款及时交会计部门进行会计处理，登记总账、明细账等相关账簿。

二、固定资产业务循环的主要凭证与记录

(1)固定资产购建业务流程中的凭证与记录包括：资产采购申请书；采购计划、采购通知单；采购合同；验收单；发票、记账凭证；在建工程成本核算表、人工成本分配表、借款利息分配表、固定资产总账与明细账；在建工程总账与明细账、工程物资总账与明细账、长期借款总账与明细账等。

(2)固定资产折旧、维修业务流程中的凭证与记录包括：折旧计算分配表、维修费用分配表、制造费用总账与明细账；管理费用总账与明细账；销售费用总账与明细账；累计折旧总账与明细账等。

(3)固定资产退出业务流程中的凭证与记录包括：固定资产退出申请书；固定资产退出审批单；固定资产调拨单或报废单；固定资产清理总账与明细账；营业外收入总账与明细账；营业外支出总账与明细账等。

第二节 固定资产业务循环的内部控制及其测试

一、固定资产业务循环的内部控制

为了加强对单位固定资产的内部控制，防范固定资产管理中的差错和舞弊，确保固定资产的真实、安全、完整和有效利用，企业应针对固定资产的特性，建立有效的内部控制制度。被审计单位管理层对本单位固定资产内部控制的建立、健全和有效实施负责。

(一)固定资产的内部控制

健全有效的固定资产内部控制应该包括以下内容：

1. 固定资产的预算制度

预算制度是固定资产内部控制中最重要的部分。大中企业通常应编制旨在预测与控制固定资产增减和合理运用资金的年度预算；小企业即使没有正规的预算，对固定资产的购建也应事先加以计划。

2. 授权批准制度

完善的授权批准制度包括：企业的固定资产预算只有经过董事会等高层管理机构批准方可生效；所有固定资产的取得和处置均需经企业管理层的书面认可。

3. 账簿记录制度

除固定资产总账外，被审计单位还需设置固定资产明细分类账和固定资产登记卡，按固定资产类别、使用部门和每项固定资产进行明细分类核算。固定资产的增减变化均应有充分的

原始凭证。

4. 职责分工制度

对固定资产的预算编制、取得、记录、保管、使用、维修、处置、审批等,均应明确划分责任,由专门部门和专人负责,确保办理固定资产业务的不相容职务相互分离,达到制约、监督的目的。

5. 资本性支出和收益性支出的区分制度

企业应制定区分资本性支出和收益性支出的书面标准。通常需明确资本性支出的范围和最低金额。凡不属于资本性支出的范围、金额低于下限的任何支出,均应列作费用并抵减当期收益。

6. 固定资产的处置制度

固定资产的处置,包括投资转出、报废、出售等,均要有一定的申请报批程序。

7. 固定资产的定期盘点制度

对固定资产的定期盘点,是验证账面各项固定资产是否真实存在、了解固定资产放置地点和使用状况以及发现是否存在未入账固定资产的必要手段。

8. 固定资产的维护保养制度

固定资产应有严格的维护保养制度,以防止其因各种自然和人为的因素而遭受损失,并应建立日常维护和定期检修制度,以延长其使用寿命。

严格来讲,固定资产的保险不属于企业固定资产的内部控制范围,但它作为一项针对企业重要资产的特别保障,往往对企业非常重要。

(二)在建工程的内部控制

作为与固定资产密切相关的一个项目,在建工程项目有其特殊性。在建工程的内部控制通常包括以下内容:

1. 岗位分工与授权批准

(1)企业应当建立工程项目业务的岗位责任制,明确相关部门和岗位的职责、权限,确保办理工程项目业务的不相容岗位相互分离、制约和监督。工程项目业务不相容岗位一般包括:项目建议,可行性研究与项目决策;概预算编制与审核;项目实施与价款支付;竣工决算与竣工审计。

(2)企业应当对工程项目相关业务建立严格的授权批准制度,明确审批人的授权批准方式、权限、程序、责任及相关控制措施,规定经办人的职责范围和工作要求。审批人应当根据工程项目相关业务授权批准制度的规定,在授权范围内进行审批,不得超越审批权限。经办人应当在职责范围内,按照审批人的批准意见办理工程项目业务。对于审批人超越授权范围审批的工程项目业务,经办人有权拒绝办理,并及时向审批人的上级授权部门报告。

(3)企业应当制定工程项目业务流程,明确项目决策、概预算编制、价款支付、竣工决算等环节的控制要求,并设置相应的记录或凭证,如实记载各环节业务的开展情况,确保工程项目全过程得到有效控制。

2. 项目决策控制

企业应当建立工程项目决策环节的控制制度,对项目建议书和可行性研究报告的编制、项目决策程序等做出明确规定,确保项目决策科学、合理。对于重大的资产投资项目,可组织独立的第三方进行可行性研究与评价,并由企业实行集体决策和审批,防止出现决策失误而造成严重损失。

3. 概预算控制

企业应当建立工程项目概预算环节的控制制度，对概预算的编制、审核等做出明确规定，确保概预算编制科学、合理。

4. 价款支付控制

企业应当建立工程进度价款支付环节的控制制度，对价款支付的条件、方式以及会计核算程序做出明确规定，确保价款支付及时、正确。

5. 竣工决算控制

企业应当建立竣工决算环节的控制制度，对竣工清理、竣工决算、竣工审计、竣工验收等做出明确规定，确保竣工决算真实、完整、及时。

6. 监督检查

企业应当建立对工程项目内部控制的监督检查制度，明确监督检查机构或人员的职责权限，定期或不定期地进行检查。检查内容主要包括：工程项目业务相关岗位及人员的设置情况；工程项目业务授权批准制度的执行情况；工程项目决策责任制的建立及执行情况；概预算控制制度的执行情况；各类款项支付制度的执行情况；竣工决算制度的执行情况。

二、固定资产业务循环内部控制测试

(一)固定资产内部控制测试

1. 了解并描述固定资产的内部控制

结合上述对固定资产内部控制的讨论内容，注册会计师应通过审阅有关文件资料和询问有关人员取得下列与固定资产业务相关的资料：

(1)固定资产支出预算的编制和审批程序；有关资本性支出和收益性支出划分的书面文件，以及财产计价的内容和标准。

(2)固定资产的分类目录。

(3)折旧的会计处理方法；固定资产的维修计划和各种保养制度。

(4)固定资产购置、退出，须经不同级别管理人员审批的金额标准。

注册会计师应采用文字描述法或调查表法、流程图法将其对固定资产的了解情况予以恰当记录。

2. 检查固定资产内部控制

(1)检查固定资产的取得和处置是否均依据预算。预算是否经过可行性论证，是否经适当层次审批；对实际支出与预算之间的差异以及未列入预算的特殊事项，应检查其是否履行特别的审批手续。如果固定资产增减均能处于良好的经审批的预算控制之下，注册会计师即可适当减少针对固定资产增加、减少实施的实质性程序的样本量。

(2)检查被审计单位固定资产授权批准制度。不仅应检查被审计单位固定资产授权批准制度本身是否完善，还应选取固定资产请购单及相关采购合同，检查是否得到适当审批和签署。关注授权批准制度是否得到切实执行。

(3)检查账簿的设置及记录情况。一套设置完善的固定资产明细账和登记卡将为分析固定资产的取得和处置、复核折旧费用和修理支出的列支带来帮助。

(4)检查固定资产的职责分工制度。注册会计师应当认识到，明确的职责分工制度有利于防止舞弊、降低审计风险。

(5)检查资本性支出和收益性支出的区分制度。注册会计师应当检查该制度是否遵循企业会计准则的要求，是否适应被审计单位的行业特点和经营规模，并抽查实际发生与固定资产相关的支出是否按照该制度进行恰当的会计处理。

(6)检查固定资产的处置制度。注册会计师应当关注被审计单位是否建立了有关固定资产处置的分级申请报批手续；抽取固定资产盘点明细表，检查账实之间的差异是否经审批后及时处理；抽取固定资产报废单，检查报废是否经适当批准和处理；抽取固定资产内部调拨单，检查调入、调出是否已进行适当处理；抽取固定资产增减变动情况分析报告，检查是否经复核。

(7)检查固定资产的定期盘点制度。注册会计师应了解和评价企业固定资产盘点制度，并应注意查询盘盈、盘亏固定资产的处理情况。

(8)检查固定资产的保险情况。注册会计师应抽取固定资产保险单盘点表，检查是否已办理商业保险。

3. 评价固定资产业务循环内部控制的有效性及其控制风险

注册会计师在完成上述控制测试程序后，应根据收集的审计证据，对固定资产内部控制的有效性做出评价，确定其可信赖程度以及存在的薄弱环节，并据以修订已制定的审计计划和程序，以确定其实质性程序的性质、时间和范围。对控制的薄弱环节，可作为实质性程序的重点，以降低检查风险，将审计风险控制在可接受的范围之内。

(二)在建工程内部控制测试

如果被审计单位的在建工程项目比较重要，占其资产总额的比重较大，则对在建工程项目的内部控制进行测试。注册会计师应注意把握以下几点：

(1)对工程项目业务相关岗位及人员的设置情况，应重点检查是否存在不相容职务混岗的现象。

(2)对工程项目业务授权批准制度的执行情况，应重点检查重要业务的授权批准手续是否健全，是否存在越权审批行为。

(3)对工程项目决策责任制的建立及执行情况，应重点检查责任制度是否健全，奖惩措施是否落实到位。

(4)对概预算控制制度的执行情况，应重点检查概预算编制的依据是否真实，是否按规定对概预算进行审核。

(5)对各类款项支付制度的执行情况，应重点检查工程款、材料设备款及其他费用的支付是否符合相关法规、制度和合同的要求。

(6)对竣工决算制度的执行情况，应重点检查是否按规定办理竣工决算、实施决算审计。

第三节 固定资产审计

固定资产审计的范围较广。在资产负债表中，固定资产项目是根据固定资产科目余额扣除累计折旧科目余额和固定资产减值准备科目余额后填列，这三项无疑属于固定资产的审计范围。除此之外，由于固定资产的取得途径很多，包括购置、自行建造、投资者投入、融资租入、更新改造、债务重组、非货币性资产交换、接受捐赠、盘盈等，相应涉及银行存款、其他应付款、预付账款、长期应付款、在建工程、实收资本、资本公积等项目。企业的固定资产又因出售、报废、投资转出、毁损等原因而减少，与固定资产清理、营业外收入和营业外支出等项目有关。另外，企业按月计提固定资产折旧，又与制造费用、管理费用、销售费用等项目联系在一起。因此，在进行固定资产审计时，应当关注这些相关项目。

一、固定资产审计的目标

固定资产的审计目标一般包括：确定资产负债表中记录的固定资产是否存在；确定所有应记录的固定资产是否均已记录；确定记录的固定资产是否归被审计单位拥有或控制；确定固定资产以恰当的金额包括在财务报表中，与之相关的计价或分摊已恰当记录；确定固定资产原价、累计折旧和固定资产减值准备是否已按照企业会计准则的规定在财务报表中做出恰当列报。

二、固定资产的实质性程序

(一)检查固定资产和累计折旧分类汇总表

获取或编制固定资产和累计折旧分类汇总表，检查固定资产的分类是否正确并与总账数和明细账合计数核对是否相符，结合累计折旧、减值准备科目与报表数核对是否相符。如果发现差异，应查明原因，予以更正。

固定资产和累计折旧分类汇总表，是分析固定资产账户余额变动情况的重要依据，是固定资产审计的重要工作底稿，其内容包括固定资产和累计折旧两个部分，应按照固定资产类别分别填列。固定资产和累计折旧汇总表的格式见表10－1。

表10－1 **固定资产及累计折旧分类汇总表**

年 月 日

编制人： 日期：

被审计单位： 复核人： 日期： 单位：元

固定资产类别	固定资产				累计折旧					
	期初余额	本期增加	本期减少	期末余额	折旧方法	折旧率	期初余额	本期增加	本期减少	期末余额
合计										

需要注意的是期初余额。注册会计师对其审计可以分三种情况：一是在连续审计情况下，应注意与上期审计工作底稿中的固定资产和累计折旧的期末余额审定数核对相符。二是在变更会计师事务所时，后任注册会计师应查阅前任注册会计师有关工作底稿。三是首次接受委托时，注册会计师应对期初余额进行较全面的审计，核实其真实性。尤其是当被审计单位固定资产数量多、价值大、占资产总额比重高时，最理想的方法是彻底审查被审计单位自设立以来延续至期初的“固定资产”和“累计折旧”账户中所有重要的借贷记录。这样，既可核实期初余额的真实性，又可从中加深对被审计单位固定资产管理和会计核算工作的了解。

(二)对固定资产实施实质性分析程序

(1)计算固定资产原值与全年产量的比率，并与以前期间比较，分析其波动原因，可能发现闲置固定资产或已减少固定资产未在账户上注销的问题。

(2)计算本期计提折旧额与固定资产总成本的比率，并与上期比较，旨在发现本期折旧额计算上可能存在的错误。

(3)计算累计折旧与固定资产总成本的比率,并与上期比较,旨在发现累计折旧核算上可能存在的错误。

(4)比较本期与以前各期的固定资产增加和减少。由于被审计单位的生产经营情况在不断变化,各期之间固定资产增加和减少的数额可能相差很大。注册会计师应当深入分析其差异,并根据被审计单位以往和今后的生产经营趋势,判断差异产生的原因是否合理。

(5)分析固定资产的构成及其增减变动情况,与在建工程、现金流量表、生产能力等相关信息交叉复核,检查固定资产相关金额的合理性和准确性。

(6)比较本期各月之间、本期与以前各期之间的修理及维修费用,旨在发现资本性支出和收益性支出区分上可能存在的错误。

(7)评估实质性分析程序的测试结果。

【例 10—1】

表 10—2　　固定资产原价/累计折旧年末余额　　单位:元

固定资产类别	年初数	本年增加	本年减少	年末数
房屋及建筑物	20 930	2 655	21	23 564
通用设备	8 612	1 158	62	9 708
专用设备	10 008	3 854	121	13 741
运输工具	1 681	460	574	1 567
土地	472			472
其他设备	389	150	11	528
合　计	42 092	8 277	789	49 580

累计折旧类别	年初数	本年增加	本年减少	年末数
房屋及建筑物	3 490	898	31	4 357
通用设备	863	865	34	1 694
专用设备	3 038	1 041	20	4 101
运输工具	992	232	290	934
土地		15		15
其他设备	115	83	3	195
合　计	8 540	3 134	378	11 296

假定表 10—2 中的年初数已审定无误,审计人员运用专业判断和分析程序,发现表 10—2 中可能存在的不合理之处:一是"累计折旧——土地"的本年增加数为 15 万元,这与国家规定土地不提折旧的要求相悖;二是"固定资产原价——房屋及建筑物"的本年减少数为 21 万元,小于"累计折旧——房屋及建筑物"的本年减少数 31 万元。根据会计核算的基本原理,考虑固定资产净残值这一因素,即使这些减少的房屋及建筑物已提足折旧,其累计折旧数也应小于相应的固定资产原价。

解析提示：在审计实务中，审计人员应正确运用分析程序，调查重要项目的比率或趋势的异常变动及其与预期数额和相关信息的差异，以发现重大错报项目。

（三）实施实地检查

实地检查重要固定资产，确认其是否存在，关注是否存在已报废但仍未核销的固定资产。

实施实地检查审计程序时，注册会计师可以固定资产明细分类账为起点，追查至实物资产，以证明会计记录中所列固定资产确实存在，并了解其目前的使用状况；也可以实物资产为起点，追查至固定资产明细分类账，以获取实际存在的固定资产均已入账的证据。

需要说明的是，注册会计师实地观察的重点是本期新增加的重要固定资产。有时，观察的范围也会扩展到以前期间增加的重要固定资产。观察范围的确定需要依据被审计单位内部控制的强弱、固定资产的重要性和审计人员的经验来判断。如为初次审计，则应适当扩大观察的范围。

（四）检查本期固定资产的增加

检查固定资产的增加，是固定资产实质性程序中的重要内容。通常一个会计期间固定资产的增加业务不会太多，应全部审计。被审计单位如果不正确核算固定资产的增加，将会对资产负债表和利润表产生长期的影响。固定资产的增加有多种途径，审计中应注意：

1. 询问管理层当年固定资产的增加情况，并与获取或编制的固定资产明细表进行核对。

2. 检查本年度增加固定资产的计价是否正确、手续是否齐备、会计处理是否正确。

（1）对于外购的固定资产，通过核对采购合同、发票、保险单、发运凭证等资料，测试其计价是否正确，授权批准手续是否齐备，会计处理是否正确。如果是房屋，还应检查契税的会计处理是否正确；检查分期付款购买固定资产的入账价值及会计处理是否正确。

（2）对于在建工程转入的固定资产，应检查在建工程转入固定资产的时点是否符合会计准则规定，入账价值与在建工程的相关记录是否核对相符，是否与竣工决算、验收和移交报告一致；对已经达到预定可使用状态但尚未办理竣工决算手续的固定资产，检查其是否已经暂估入账，并按规定计提折旧。

（3）对于投资者投入的固定资产，应检查其入账价值与投资合同中关于固定资产作价的规定是否一致，并检查确认其价值是否公允，固定资产的产权转移手续和交接手续是否齐全。涉及国有资产的，是否有评估报告并经国有资产管理部门评审备案或核准确认。

（4）对于更新改造增加的固定资产，应查明增加的固定资产原值是否真实，是否符合资本化条件；会计处理是否正确；重新确定的剩余折旧年限是否恰当。

（5）对于企业合并、债务重组和非货币性资产交换增加的固定资产，检查产权过户手续是否齐备，检查固定资产的入账价值及确认的损益和负债是否符合规定。

（6）对于融资租入的固定资产，审计人员应获取相关证明文件检查融资租赁合同的主要内容，并结合长期应付款、未确认融资费用科目检查相关的会计处理是否正确。

（7）对于通过其他方式增加的固定资产，应检查增加固定资产的原始凭证，核对其计价及会计处理是否正确，法律手续是否齐全。

（五）检查固定资产的减少

企业固定资产的减少主要包括出售、向其他单位投资转出、向债权人抵债转出、非货币性资产交换转出、报废、毁损等。审计固定资产减少的主要目的在于查明已减少的固定资产是否已做适当的会计处理。其审计的要点如下：

（1）检查企业固定资产减少的授权批准文件。

(2)检查因不同原因减少的固定资产会计处理是否符合企业会计准则规定；结合"固定资产清理"科目，抽查固定资产账面转销额及会计处理是否正确；检查银行存款、营业外收支等账户，验证处置固定资产净损益的真实性与准确性。

(3)检查是否存在未做会计处理的固定资产减少业务。向被审计单位的固定资产管理部门询问本期有无未做会计处理的固定资产减少业务；复核本期新增加的固定资产是否替换了原有的固定资产；分析营业外收支等账户，查明有无处置固定资产所带来的损益；检查固定资产保险费的减少是否与固定资产的减少有关。

(六)检查固定资产的所有权或控制权

对于各类固定资产，注册会计师应获取、收集不同的证据以确定其是否归被审计单位所有：

(1)对外购的机器设备等固定资产，通常经审核采购发票、购销合同等予以确定。

(2)对于房地产类固定资产，尚需查阅有关的合同、产权证明、财产税单、抵押借款的还款凭据、保险单等书面文件予以确定。

(3)对融资租入的固定资产，应验证有关租赁合同，证实其并非经营租赁。

(4)对汽车等运输设备，应验证有关营运证件等确定其是否归被审计单位所有。

(5)对留置权受限制的固定资产，通常应审核被审计单位的有关负债项目等予以证实。

(七)检查固定资产的后续支出

确定固定资产的后续支出是否满足资产确认的条件；如不满足，该支出是否在该后续支出发生时计入当期损益。

(八)检查固定资产的租赁

企业在生产经营过程中，有时可能有闲置的固定资产供外单位使用；有时由于企业生产经营的需要，又需临时租用其他单位的固定资产。固定资产租赁一般分为经营租赁和融资租赁两种。

在经营租赁中，租入固定资产的企业按合同规定的时间，交付一定的租金，享有固定资产的使用权，而固定资产的所有权仍属于出租单位。因此，租入固定资产企业的固定资产账面价值并未增加，企业对临时租入的固定资产不在"固定资产"账户内核算，只是另设备查簿进行登记。出租固定资产的企业仍继续提取折旧，同时取得租金收入。注册会计师在检查经营租赁时，应查明：

(1)固定资产的租赁是否签订了合同、租约，手续是否完备，合同内容是否符合国家规定，是否经相关管理部门审批。

(2)租入固定资产是否确属企业必需，有无久占不用、浪费毁损的现象；租出的固定资产是否确属企业多余、闲置不用的，有无长期不收租金，是否存在变相馈送、转让等情况。

(3)租入固定资产是否已在备查簿中登记。

(4)租入固定资产改良支出是否符合企业会计准则的规定。

在融资租赁中，租入企业在租赁期间对融资租入的固定资产应按企业的固定资产一样管理，并计提折旧，进行维修。在检查时应当复核租赁协议，确定其是否符合融资租赁条件，并结合长期应付款、未确认融资费用等科目检查相关的会计处理是否正确(资产的入账价值、折旧、相关负债)。在审计融资租赁时，除参照经营租赁固定资产检查要点外，还应补充实施以下审计程序：

(1)复核租赁的折现率是否合理；

(2)检查租赁相关的税费、保险费、维修费等费用的会计处理是否符合企业会计准则的规定；

(3)检查融资租赁固定资产的成新程度以及折旧方法是否合理；

(4)检查租赁付款情况；

(5)检查融资租赁固定资产发生的后续支出，其会计处理是否遵循自有固定资产后续支出的处理原则。

(九)调查未使用或不需用的固定资产

注册会计师应调查被审计单位有无已完工或已购建但尚未交付使用的新增固定资产，因改扩建等原因而暂停使用的固定资产，以及多余或不适用的需要处理的固定资产。如有，应彻底检查，以确定其是否真实。同时，还应调查未使用、不需用固定资产的购建启用及停用时点，检查其是否按规定计提折旧，并做出记录。

(十)检查固定资产的担保、抵押情况

结合对银行借款等的检查，了解固定资产是否存在重大的担保、抵押情况。如存在，应取证、记录，并提请被审计单位在财务报表附注中作必要的披露。

(十一)检查固定资产的保险

注意检查保险的范围是否恰当，保险金额是否足够。

(十二)检查固定资产是否已在资产负债上恰当披露

财务报表附注通常应说明固定资产的确认条件、分类、计量基础和折旧方法，各类固定资产的使用寿命、预计净残值和折旧，各类固定资产的期初、期末原价、累计折旧额及固定资产减值准备累计金额，当期确认的折旧费用，对固定资产所有权的限制及其金额和用于担保的固定资产账面价值，准备处置的固定资产名称、账面价值、公允价值、预计处置费用和预计处置时间等。对融资租入固定资产应说明租入固定资产的期初和期末原价、累计折旧额，资产负债表日后连续三个会计年度每年支付的最低租赁付款额和以后年度将支付的最低租赁付款额总额，未确认融资费用的余额以及分摊未确认融资费用所采用的方法。对重大的经营租赁应说明资产负债表日后连续三个会计年度每年支付的最低租赁付款额和以后年度将支付的最低租赁付款额总额。

第四节 累计折旧审计

固定资产可以长期参加生产经营而保持其原有的实物形态，但其价值将随着固定资产的使用而逐渐转移到其服务的对象中，构成产品成本或期间费用。这部分随着固定资产的磨损而逐渐转移的价值就是固定资产的折旧。

影响固定资产折旧的因素主要有：固定资产的账面原价、预计净残值和使用寿命；在固定资产已计提了减值准备情况下，影响折旧的因素则包括固定资产原值、累计折旧、累计减值准备、预计净残值和尚可使用年限五个方面。在计算折旧时，对固定资产的残余价值和清理费用只能人为估计；对固定资产的使用年限，由于固定资产的有形损耗和无形损耗难以准确计算，因而也只能估计，企业应当根据固定资产的性质和使用方式，合理地确定固定资产的使用年限和预计净残值，并根据科技发展、环境变化及其他影响固定资产价值的因素，选择合理的固定资产折旧方法。

注册会计师在审查固定资产折旧时，应在了解、评价被审计单位固定资产折旧方法的基础上，确定本期折旧范围是否合理、折旧金额是否正确。

一、累计折旧审计的目标

累计折旧审计的目标一般包括：确定折旧方法是否符合企业会计准则的规定，是否一贯遵循；确定累计折旧增减变动的记录是否完整；确定折旧费用的计算、分摊是否正确、合理和一贯；确定累计折旧的期末余额是否正确；确定累计折旧在财务报表上的披露是否恰当。

二、累计折旧的实质性程序

1. 获取或编制累计折旧分类汇总表，复核加计正确，并与报表数、总账数和明细账合计数核对相符。

2. 检查被审计单位制定的折旧政策和方法是否符合企业会计准则的规定，确定其所采用的折旧方法能否在固定资产使用年限内合理分摊其成本，前后期是否一致，预计使用年限和预计净残值是否合理。如被审计单位采用加速折旧法，应取得其批准文件；如没有批准文件，应提请被审计单位改正并建议调整应纳税所得额。

3. 对固定资产累计折旧实施实质性分析程序：

(1)对折旧计提的总体合理性进行分析。在不考虑固定资产减值准备的前提下，计算、分析的方法是用应计提折旧的固定资产乘以本期的折旧率。计算之前，注册会计师应对本期增加和减少固定资产、使用年限长短不一的和折旧方法不同的固定资产做适当调整。如果总的计算结果和被审计单位的折旧总额接近且固定资产及累计折旧内部控制较健全时，就可以适当减少累计折旧和折旧费用的其他实质性程序的工作量。

(2)计算本期计提折旧额占固定资产原值的比率，并与上期比较，分析本期折旧计提额的合理性和准确性。

(3)计算累计折旧占固定资产原值的比率，评估固定资产的老化率，并估计因闲置、报废等原因可能发生的固定资产损失，结合固定资产减值准备，分析其是否合理。

4. 检查本期固定资产折旧费用的计算与分配：

(1)检查本期折旧费用的计提是否正确，折旧费用的分配是否合理，分配的方法与上期是否一致。

(2)检查固定资产增减变动时有关折旧的会计处理是否符合规定，如通过更新改造、融资租赁增加的固定资产的折旧费用计算是否正确。

(3)检查已计提减值准备的固定资产，折旧的计提是否正确。对于已部分计提减值准备的固定资产，计提折旧时应当扣除已计提的固定资产减值准备累计金额；对于已全额计提了减值准备的固定资产，应当停止计提折旧。

(4)检查包含有土地使用权的固定资产，折旧方法是否符合有关规定，计提的折旧是否正确。

(5)结合固定资产审计，检查有无已提足折旧的固定资产继续超提折旧的情况和应计提折旧的固定资产不提或少提折旧的情况。

(6)将“累计折旧”账户贷方本期计提折旧额与相应的成本费用中折旧费用明细账户的借方相比较，以查明所计提的折旧金额是否已全部摊入本期产品成本或费用。一旦发现差异，应及时追查原因，并考虑是否建议做适当调整。

5. 检查累计折旧的披露是否恰当。如果被审计单位是上市公司，应在其财务报表附注中按固定资产类别分项列示累计折旧期初余额、本期计提额、本期减少额和期末余额。

【例10－2】 注册会计师审计A企业2016年基本生产车间设备计提折旧情况，在审阅固定资产明细账和制造费用明细账时，发现如下记录：

1.11月份，该车间设备计提折旧额为12 000元，年折旧率为6%；

2.11月25日，购入一台不需要安装的机器设备并投入使用，原值20 000元；

3.11月10日，融资租入设备一台投入车间使用，入账价值10 000元；

4.11月28日，对一台设备进行修理，该设备原值50 000元；

5.11月2日，对一台设备进行技术改造，20日改造完成并交付使用，该设备更新改造后的入账价值为230 000元；

6.12月份，A企业就该车间设备计提折旧的金额为10 000元。

7.注册会计师经检查后认为，该企业11月份计提折旧金额正确，但对12月份计提的折旧金额表示怀疑。

假定该设备12月份所生产的产品在期末全部尚未完工，该车间机器设备净残值率均为零。

【解析】 根据企业会计准则规定，当月增加的固定资产当月不提折旧，下月开始计提折旧。注册会计师认为该企业12月应计提折旧额为：

12 000＋[20 000＋10 000＋50 000＋230 000]×6%/12＝13 550(元)

A企业少提折旧额：13 550－10 000＝3 550(元)

为此，应做如下审计调整：

借：存货(生产成本)　　　　3 550

　　贷：固定资产(替代累计折旧)　　　　3 550

第五节　其他相关账户审计

一、在建工程的审计

“在建工程”账户核算企业为建造或修理固定资产而进行的各项建筑和安装工程，包括固定资产新建工程、改扩建工程、大修理工程等发生的实际支出。

(一)在建工程的审计目标

在建工程的审计目标一般包括：确定在建工程是否存在；确定在建工程是否归被审计单位所拥有或控制；确定在建工程增减变动的记录是否完整；确定在建工程的计价方法是否正确；确定在建工程减值准备的计提是否充分、恰当，会计处理是否正确；确定在建工程的期末余额是否正确；确定在建工程在财务报表上的披露是否恰当。

(二)在建工程的实质性程序

1. 获取或编制在建工程明细表，复核加计正确，并与总账数和明细账合计数核对，结合减值准备账户与报表数核对是否相符。

2. 检查本期在建工程的增加：

(1)对于重大建设项目，取得有关工程项目的立项批文、预算总额和建设批准文件以及施工承包合同、现场监理施工进度报告等业务资料。

(2)对于支付的工程款，应抽查其是否按照合同、协议、工程进度或监理报告分期支付，付款批准手续是否齐备，会计处理是否正确。

(3)结合长短期借款、应付债券或长期应付款的审计，检查借款费用资本化的起讫日的界定是否合规，计算方法是否正确，资本化金额是否合理，会计处理是否正确。

(4)检查在建工程的其他项目。抽查工程物资的领用是否有审批手续；检查工程管理费用资本化的金额是否合理；检查土地开发费的合法性、真实性；已取得土地使用权的是否在该项土地开发时将其账面价值转入了相关工程成本。

3. 检查本期在建工程的减少。结合固定资产审计，检查已完工项目的竣工决算报告、验收交接单等相关凭证，确定在建工程转销额是否正确，会计处理是否正确。

4. 检查在建工程期末余额的构成内容，并实地观察工程现场，确定在建工程是否存在；了解工程项目的实际完工进度；检查是否存在已经使用但未办理竣工决算手续、未及时进行会计处理的项目。

5. 检查是否有长期挂账的在建工程。如有，调查原因，并关注是否可能发生损失，检查减值准备计提是否正确，相关会计处理是否正确，前后期是否一致。

6. 对在建工程进行实地检查。

7. 确定在建工程在资产负债表上的披露是否恰当。

二、固定资产清理的审计

1. 固定资产清理的审计目标

固定资产清理的审计目标一般包括：确定资产负债表中记录的固定资产清理是否实际存在，确定固定资产清理的记录是否完整；确定固定资产清理是否为被审计单位所拥有或控制；确定固定资产清理的期末余额是否正确；确定固定资产清理在财务报表上的披露是否恰当。

2. 固定资产清理的实质性程序

(1)获取或编制固定资产清理明细表，复核加计正确，并与报表数、总账数和明细账合计数核对是否相符。

(2)检查固定资产清理的发生是否有正当理由，是否经有关技术部门鉴定，固定资产清理的发生和转销是否经过授权，相应的会计处理是否正确。

(3)由对外投资、非货币性资产交换、债务重组等原因转出产生固定资产清理的，检查相关的合同、协议及股东会、董事会的决议，确定合同和协议约定的价值是否公允，检查其会计处理是否正确。

(4)检查固定资产清理是否长期挂账。如有，应做出记录，必要时建议做适当调整。

(5)检查固定资产清理是否已在资产负债表上恰当披露。

三、固定资产减值准备审计

企业会计准则规定，企业应当在资产负债表日判断资产是否存在可能发生减值的迹象，如果由于市价持续下跌，或技术陈旧、损坏、长期闲置等原因导致其可收回金额低于账面价值的，应当将可收回金额低于账面价值的差额作为固定资产减值准备。

1. 固定资产减值准备的审计目标

固定资产减值准备的审计目标一般包括：确定固定资产减值准备的计提方法是否恰当，计提是否充分；确定固定资产减值准备的记录是否完整；确定固定资产减值准备的期末余额是否正确；确定固定资产减值准备的披露是否恰当。

2. 固定资产减值准备的实质性程序

(1)获取或编制固定资产减值准备明细表,复核加计正确,并与报表数、总账数和明细账合计数核对是否相符。

(2)运用分析程序,确定固定资产减值准备的总体合理性。分析本期末固定资产减值准备的数额占期末固定资产原值的比率,并将该比率与上期期末进行比较。如有异常波动,应查明原因,判断波动的合理性。

(3)检查固定资产减值准备的计提和核销是否经过授权批准,并取得相关的书面文件。主要应查明固定资产减值准备的计提方法是否符合企业会计准则的规定,计提的依据是否充分,计提的数额是否恰当,相关会计处理是否正确,前后期是否一致。

(4)获取闲置固定资产的清单,并观察其实际状况,识别是否存在减值迹象。

(5)检查资产组的认定是否恰当,计提固定资产减值准备的依据是否充分,会计处理是否正确。

(6)检查实际发生固定资产损失时相应固定资产减值准备的转销是否符合有关规定,会计处理是否正确。

(7)检查是否存在固定资产减值准备转回的情况。按照会计准则的规定,固定资产减值损失一经确认,在以后会计期间不得转回。

(8)确定固定资产减值准备是否已在财务报表上恰当披露。

如果计提了固定资产减值准备,企业应当在财务报表附注中披露:当期确认的固定资产减值损失金额;企业计提的固定资产减值准备累计金额。如果发生重大固定资产减值损失,还应当说明导致重大减值损失的原因,固定资产可收回金额确定的方法,以及当期确认的减值损失金额。

如果被审计单位是上市公司,在财务报表附注中还应分项列示计提的固定资产减值准备金额、增减变动情况以及计提的原因。

本章小结

固定资产循环是指企业生产过程中伴随着固定资产的增减变化和折旧的计提而发生的固定资产实物和价值的流转过程。固定资产循环的业务活动主要包括固定资产预算、购建、验收、付款、折旧、维修及退出等。

由于固定资产在资产总额中占有很大的比例,大额固定资产的购建会影响企业的现金流量,而固定资产折旧、维修等费用则是影响企业损益的重要因素,因此固定资产项目审计的范围广、涉及面多。本章主要介绍了固定资产的内部控制及其测试、固定资产审计、累计折旧审计、固定资产减值准备审计、在建工程审计、固定资产清理审计等,重点应掌握固定资产的内部控制要点及其测试内容以及固定资产、累计折旧、在建工程等项目的审计目标及实质性程序。

固定资产的实质性程序中,执行分析程序、检查固定资产的增加、检查固定资产的减少、检查固定资产的所有权以及实地观察固定资产是比较重要的审计程序。

累计折旧的实质性程序中,应关注折旧政策、方法的选择和运用是否合法,前后期是否一致,以及固定资产折旧费用的计算与分配情况。

思考题

1. 固定资产的内部控制要点有哪些?
2. 固定资产控制测试的内容有哪些?
3. 固定资产审计目标和实质性程序有哪些?
4. 对新增固定资产如何实施观察程序?
5. 简述在建工程的审计程序。

案例分析

丰乐种业审计案例

2005年1月5日,丰乐种业开盘即告跌停。之后的几天,其股价持续下跌,投资者纷纷排队斩仓,损失极为惨重。这一幕背后的直接原因是1月4日中国证监会公布了丰乐种业造假劣迹:从1997年上市直至2001年,连续6年财务造假,挪用38 300万元资金炒股,虚构20 608万元募资项目。

经证监会调查,丰乐种业主要存在未按有关规定披露重大投资信息、所披露的财务信息有虚假记载、所披露的募集资金使用情况有虚假记载三方面的会计问题。

1997年4月,丰乐种业首发上市,募集资金29 250万元;1999年配股,再次募集资金15 346万元,两次共募集资金44 596万元。拿到了巨额资金,丰乐种业却对首发募资7个项目、配股募资3个项目置若罔闻,反而用资金投资了证券市场。据查,自1997年4月至2001年底,丰乐种业共投入募集资金和自有资金68 800万元进行证券投资,其中38 300万元属于募集资金。对于这些重大投资行为,丰乐种业仅在2001年5月14日补充披露了其中的6 100万元委托理财;其他重大证券投资行为的情况均未及时向深圳证券交易所提交临时报告并予以公告,说明事件的实质。

为了平衡账务、躲避监管部门对募集资金的专项检查,1997~2001年丰乐种业通过虚构在建工程,将其他建设内容替代募集资金项目以及将日常管理费用、营业费用虚构在建工程等方式虚构募集资金使用情况:1997年,加工中心项目虚构在建工程1 681万元,杂交玉米项目虚构在建工程3 500万元,精奎禾灵项目虚构在建工程1 939万元,西瓜种子中心项目虚构在建工程3 199万元,销售网络项目虚构在建工程1 971万元;1998年,杂交玉米项目虚构在建工程1 000万元,精奎禾灵项目虚构在建工程2 295万元,脱水蔬菜项目虚构在建工程2 070万元,种子一条街项目虚构在建工程200万元,销售网络项目虚构在建工程884万元;1999年,杂交水稻项目虚构在建工程830万元;2000年,以其他建设内容替代农科院在建工程347万元;2001年,以其他建设内容替代农科院在建工程692万元。对于以前年度虚构在建工程,丰乐种业于2001年底通过转入固定资产、长期待摊费用、种子成本以及往来款的方式进行了冲账处理,冲账金额总计为6 574万元,丰乐种业在2001年的年度财务报告中对此冲账结果进行了披露。

1997~2001年,丰乐种业各年均存在虚构在建工程的情况,致使其1997年、1998年、1999年、2000年和2001年的年度报告中的募集资金使用情况均有虚假记载。

然而,受聘为丰乐种业的审计机构——华证会计师事务所——为上述年度会计报表均出具了标准无保留意见审计报告。如果一个年度的财务报表存在问题未被注册会计师发现,其审计责任缺失似乎还情有可原，但是，连续6年虚构财务报表未被发现，其审计责任显然是不可以宽恕的。这说明华证会计师事务所的注册会计师在审计过程中没有遵循审计准则，没有实施必要的审计程序。经查，在对丰乐种业2001年在建工程审计中，注册会计师未充分检查已完工项目的竣工决算报告、验收交接单等其他凭证以及其他转出数的原始凭证，在未取得充分、适当的审计证据情况下，确认了丰乐种业对以前年度虚构在建工程的冲账处理结果，从而未能揭示和指出当年相关财务数据存在虚假的事实。

（参考资料：颜晓燕等：《注册会计师审计经典案例教程》，清华大学出版社2010年版）

讨论与思考题：

结合案例，分析如何对在建工程这些有实物形态的资产项目进行审计。

第十一章

生产与存货循环审计

导读案例

一、公司情况

狼山公司为一家大型化工企业，其2010年度未审财务报表列示：年末资产总额89 330.5万元(其中：存货35 200万元，占资产总额的39.4%)，负债总额59 255.4万元，净资产30 075.1万元；2010年度营业收入87 346.5万元，营业成本77 245.5万元(其中：原材料成本占70%)，净利润4 150.6万元。

狼山公司存货核算的会计政策为：

1. 存货按实际成本计价。购入并验收入库原材料、库存商品按实际成本入账，入库产成品(自制半成品)按实际生产成本核算；发出原材料、产成品(自制半成品)、库存商品采用加权平均法计价。

2. 存货的盘存制度为永续盘存制。

3. 资产负债表日，存货按成本与可变现净值孰低计量。

狼山公司对其2010年12月31日的存货进行了盘点。存货未计提跌价准备，理由是：预计各类存货的可变现净值不低于其账面价值。

二、注册会计师主要实施的审计程序

1. 存货监盘。九龙江会计师事务所于2011年1月1日对狼山公司的存货实施了监盘程序。注册会计师李三在监盘前编制了监盘计划，盘点结束后编写了存货监盘总结，审计结论为账实相符。

2. 存货计价测试。注册会计师李三按照加权平均法对部分库存商品的发出进行了计价测试，测试结果为差异(少转销售成本)108万元。差异的原因是公司出于利润的考虑，改变了存货发出计价方法，变为先进先出法。

狼山公司没有足够的变更存货计价政策的理由，同意注册会计师李三的意见，对存货项目重新按加权平均法计价，并调整财务报表。

3. 对存货的购进及发出实施了截止测试。

(参考资料：中国注册会计师协会编：《中国注册会计师继续教育审计案例》第二辑，中国财政经济出版社2011年版)

思考题：

1. 注册会计师李三通过对存货实施上述审计程序，获得的是哪些类型的审计证据？可实现存货的哪些审计目标？

2. 监盘程序是注册会计师李三审计存货项目时必须实施的审计程序吗？为什么？

生产与存货循环与其他业务循环的联系密切。原材料经过采购与付款循环进入生产与存货循环，生产与存货循环又随销售与收款循环中产成品、商品的销售而结束。考虑财务报表项目与业务循环的相关程度，该循环所涉及的资产负债表项目主要是存货，所涉及的利润表项目主要是营业成本等项目。

第一节　生产与存货业务循环的性质

生产与存货循环涉及的内容主要是存货的管理及生产成本的计算等，它由原材料转化为产成品的有关活动组成。生产与存货循环的业务性质主要包括两部分内容：一是本循环涉及的主要业务活动；二是本循环涉及的主要凭证和会计记录。

一、生产与存货循环的主要业务活动

以制造业为例，生产与存货循环所涉及的主要业务活动包括：计划和安排生产，发出原材料，生产产品，核算产品成本，储存产成品，发出产成品等。上述业务活动主要涉及以下部门：生产计划部门、仓库部门、生产部门、人事部门、销售部门、会计部门等。

1. 计划和安排生产

生产计划部门的职责是根据客户订单或者对销售预测和产品需求的分析来决定生产授权。如决定授权生产，即签发预先编号的生产通知单。该部门通常应将发出的所有生产通知单编号并加以记录控制。此外，还需要编制一份材料需求报告，列示所需要的材料和零件。

2. 发出原材料

仓库部门的责任是根据从生产部门收到的领料单发出原材料。领料单上必须列示所需的材料数量、种类以及领料部门的名称。领料单可以一料一单，也可以多料一单，通常需一式三联。仓库发料后，将其中一联连同材料交给领料部门，其余两联经仓库登记材料明细账后，送会计部门进行材料收发核算和成本核算。

3. 生产产品

生产部门在收到生产通知单及领取原材料后，便将生产任务分解到每一个生产工人，并将所领取的原材料交给生产工人，据以执行生产任务。生产工人在完成生产任务后，将完成的产品交生产部门查点，然后转交检验员验收并办理入库手续；或是将所完成的产品移交下一个部门，做进一步加工。

4. 核算产品成本

为了正确核算并有效控制产品成本，必须建立健全成本会计制度，将生产控制和成本核算有机结合在一起。一方面，生产过程中的各种记录、生产通知单、领料单、计工单、入库单等文件资料都要汇集到会计部门，由会计部门对其进行检查和核对，了解和控制生产过程中存货的实物流转；另一方面，会计部门要设置相应的会计账户，会同有关部门对生产过程中的成本进行核算和控制。成本会计制度可以非常简单，只是在期末记录存货余额；也可以是完善的标准成本制度,它持续地记录所有材料处理、在产品和产成品,并形成对成本差异的分析报告。完善的成本会计制度应该提供原材料转为在产品、在产品转为产成品以及按成本中心、分批生产任务通知单或生产周期所消耗的材料、人工和间接费用的分配与归集的详细资料。

5. 储存产成品

产成品入库,须由仓库部门先行点验和检查,然后签收。签收后,将实际入库数量通知会计部门。据此,仓库部门确立了本身应承担的责任,并对验收部门的工作进行验证。除此之外,仓库部门还应根据产成品的品质特征分类存放,并填制标签。

6. 发出产成品

产成品的发出须由独立的发运部门进行。装运产成品时必须持有经有关部门核准的发运通知单,并据此编制出库单。出库单至少一式四联:一联交仓库部门;一联发运部门留存;一联送交客户;一联作为给客户开发票的依据。

二、生产与存货循环的主要凭证和记录

生产与存货循环是从购买原材料到形成完工产品为止的过程。这一循环主要涉及编制生产计划、对存货进行有效管理、控制存货的水平以及计算生产成本等制造过程中相关的业务事项和内容。生产与存货循环所涉及的凭证和记录主要包括:

1. 生产指令

生产指令又称“生产任务通知单”,是企业下达制造产品等生产任务的书面文件,用以通知供应部门组织材料发放、生产车间组织产品制造、会计部门组织成本计算。广义的生产指令也包括用于指导产品加工的工艺规程,如机械加工企业的“路线图”等。

2. 领发料凭证

领发料凭证是企业为控制材料发出所采用的各种凭证,如材料发出汇总表、领料单、限额领料单、领料登记簿、退料单等。

3. 产量和工时记录

产量和工时记录是登记工人或生产班组出勤内完成产品数量、质量和生产这些产品所耗费工时数量的原始记录。产量和工时记录的内容与格式是多种多样的,在不同的生产企业甚至在同一企业的不同生产车间中,由于生产类型不同而采用不同格式的产量和工时记录。常见的产量和工时记录主要有工作通知单、工序进程单、工作班产量报告、产量通知单、产量明细表、废品通知单等。

4. 工薪汇总表及工薪费用分配表

工薪汇总表是为了反映企业全部工薪的结算情况,并据以进行工薪结算总分类核算和汇总整个企业工薪费用而编制的,它是企业进行工薪费用分配的依据。工薪费用分配表反映了各生产车间各产品应负担的生产工人工薪及福利费。

5. 材料费用分配表

材料费用分配表是用来汇总反映各生产车间各产品所耗费的材料费用的原始记录。

6. 制造费用分配汇总表

制造费用分配汇总表是用来汇总反映各生产车间各产品所应负担的制造费用的原始记录。

7. 成本计算单

成本计算单是用来归集某一成本计算对象所应承担的生产费用,计算该成本计算对象的

总成本和单位成本的记录。

8. 存货明细账

存货明细账是用来反映各种存货增减变动情况和期末库存数量及相关成本信息的会计记录。

第二节 生产与存货循环的内部控制及其测试

一、生产与存货循环的内部控制

总体上看，生产与存货循环的内部控制主要包括存货的内部控制和成本会计制度的内部控制两项内容。

(一)存货的内部控制

在生产与存货循环中，产品的品种和数量一般是根据客户订单、销货合同、市场预测以及经济生产批量来确定的。一般情况下，由单独的生产计划部门下达生产通知单。依据实物流转程序控制的要求，各个生产部门必须制定严格的规则，由管理人员负责监督，对从生产领料开始到产品完工入库为止的全过程进行有效的控制，以避免产生窝工和在产品积压，减少残次品的发生。此外，生产部门还应及时编制生产报告，通知会计部门，并采取有效措施保护原材料等物品免遭贪污、浪费或损失。对于生产过程中的废料，由于其还可能有一定的残余价值，故应将废料与在产品存货分开存放和控制。

与存货相关的内部控制涉及被审计单位供、产、销各个环节，包括采购、验收、仓储、领用、加工、装运出库等方面，还包括存货数量的盘存制度。

1. 采购

与采购相关的内部控制的总体目标是所有交易都已获得适当的授权与批准。使用购货订单是一项基本的内部控制措施。购货订单应当预先连续编号，事先确定采购价格并获得批准。此外，还应当定期清点购货订单。

2. 验收

与存货验收相关的内部控制的总体目标是所有收到的货物都已得到记录。使用验收报告单是一项基本的内部控制措施。被审计单位应当设置独立的部门负责验收货物，该部门具有验收存货实物、确定存货数量、编制验收报告、将验收报告传送至会计核算部门以及运送货物至仓库等一系列职能。

3. 仓储

与仓储相关的内部控制的总体目标是确保与存货实物的接触必须得到管理层的指示和批准。被审计单位应当采取实物控制措施，使用适当的存储设施，以使存货免受意外损毁、盗窃或破坏。

4. 领用

与领用相关的内部控制的总体目标是所有存货的领用均应得到批准和记录。使用存货领用单是一项基本的内部控制措施。对存货领用单应当定期进行清点。

5. 加工(生产)

与加工(生产)相关的内部控制的总体目标是对所有的生产过程做出适当的记录。使用生产报告是一项基本的内部控制措施。在生产报告中，应当对产品质量缺陷和零部件使用及报废情况及时做出说明。

6. 装运出库

与装运出库相关的内部控制的总体目标是所有的装运都得到了记录。使用发运凭证是一项基本的内部控制措施。发运凭证应当预先编号，定期进行清点，并作为日后开具收款账单的依据。

7. 存货的盘存制度

存货数量的盘存制度一般分为实地盘存制和永续盘存制。存货盘存制度不同，对存货数量的控制程度的影响也不同。即使采用永续盘存制，也并不意味着无须对存货实物进行盘点。为了核对存货账面记录，加强对存货的管理，被审计单位每年至少应对存货进行一次全面盘点。

被审计单位与存货实地盘点相关的内部控制通常包括：制定合理的存货盘点计划，确定合理的存货盘点程序，配备相应的监督人员，对存货进行独立的内部验证，将盘点结果与永续存货记录进行独立的调节，对盘点表和盘点标签进行充分控制。

(二)成本会计制度的内部控制

成本会计制度的内部控制包括成本费用的管理控制和成本费用的会计控制。

成本费用的管理控制是指对成本费用支出业务进行计划、控制和考核的内部控制。具体内容包括：

(1)确定成本控制目标和成本计划；

(2)确定各项消耗定额，包括直接材料、直接人工和制造费用定额；

(3)编制成本费用预算；

(4)对各项成本费用指标进行分解，建立成本费用归口、分级管理责任制；

(5)定期进行成本费用考核与评价。

成本费用的会计控制是指对成本费用支出业务进行反映和监督的内部控制。它包括以下主要内容：

(1)制定成本费用制度，明确成本开支范围、开支标准，并制定报销手续；

(2)建立各种支出审核制度；

(3)设置相应的会计账户，选择适当的成本计算方法，合理归集与分配各项费用，确定产品生产成本；

(4)对各项费用的归集与分配结果进行复核；

(5)定期进行成本分析，查明企业成本变动的趋势与原因。

尽管由于每个企业的性质、所处行业、规模以及内部控制健全程度等不同，而使得其与成本会计制度相关的内部控制内容有所不同，但以下要求是通常应当共同遵循的：

1. 适当的职责分离

适当的职责分离有助于防止各种有意无意的错误。例如，存货保管人员与记录人员职务相分离。

2. 恰当的授权审批

对于授权审批问题，注册会计师应当关注以下三个关键点应履行恰当手续，经过特别审批或一般审批：(1)生产指令的授权批准；(2)领料单的授权批准；(3)工薪的授权批准。

3. 充分的凭证和记录

成本的核算是以经过审核的生产通知单、领发料凭证、产量和工时记录、工薪费用分配表、材料费用分配表、制造费用分配表为依据的。

4. 凭证的预先编号

生产通知单、领发料凭证、产量和工时记录、工薪费用分配表、材料费用分配表、制造费用分配表均事先编号并登记入账。

5. 适当的成本核算方法

采用适当的成本核算方法并且前后各期一致;采用适当的费用分配方法并且前后各期一致;采用适当的成本核算流程和账务处理流程。

6. 内部核查程序

由内部审计人员或其他独立人员核查生产与存货交易的处理和记录,是实现内部控制目标所不可缺少的一项控制措施。

7. 定期进行存货盘点

仓库分别于每月、每季和年度终了对存货进行盘点,会计部门对盘点结果进行复盘。由仓库管理员编写存货盘点明细表,发现差异及时处理,经仓储经理、财务经理和生产经理复核后调整入账。

二、生产与存货循环内部控制测试

对生产与存货循环的控制测试主要包括存货的控制测试和成本会计制度的控制测试。

(一)存货的控制测试

(1)观察和询问职责分工情况。在了解了内部控制的基本情况之后,注册会计师要观察被审计单位内部的责任分工情况,并且询问各职能执行人的情况。

(2)抽查存货入库业务。注册会计师应从存货明细账中抽取部分存货入库业务,检查每笔业务是否都附有验收报告。

(3)抽查存货的出库业务。注册会计师应从存货明细账中抽取部分出库业务,检查是否每笔业务都附有领料单和提货单,检查领料单和提货单是否经过批准。

(4)核对存货发出凭证与存货明细账。注册会计师应抽取部分领料单和出库单,与存货明细账核对,检查是否所有存货的发出均已入账,领料单、出库单是否经过批准。

(5)定期核对存货收发登记簿与相应的会计记录,检查两者是否一致。

(6)检查存货的管理是否良好。注册会计师应检查存货的巡视记录,确定此项控制是否执行。

(7)检查是否定期盘点存货,对发生的盘盈、盘亏、毁损、报废等情况是否及时按规定处理。

(二)成本会计制度的控制测试

1. 抽查成本计算单

注册会计师应选取部分典型产品的成本计算单并审查以下几个方面:

(1)验证成本计算是否正确。注册会计师可以采用复算的方法验证成本计算的正确性。

(2)审查成本计算单是否附有必要的原始凭证。原始凭证包括生产通知单、领料单、产量和工时记录、材料费用分配表、工薪费用分配表和制造费用分配表等。

(3)审查生产通知单、领料单是否经过审批。

(4)审查成本计算单中的记录与材料费用分配表、工薪费用分配表和制造费用分配表的记录是否一致。

2. 抽查成本计算的原始凭证

(1)审查生产通知单、领料单、产量和工时记录、材料费用分配表、工薪费用分配表和制造费用分配表等原始凭证是否连续编号,是否经过批准。

(2)从原始凭证追查至成本计算单。注册会计师应注意检查以下内容:各种费用归集、分配是否正确,成本计算是否正确,成本核算流程是否正确。

3. 核对成本计算单与生产成本明细账和总账

注册会计师主要应检查成本计算单、生产成本明细账和总账的记录是否一致。

4. 比较本期和前期的成本计算方法

注册会计师应通过对本期和前期成本计算方法的比较,检查成本计算方法的一致性。注册会计师在考虑成本会计制度时,应特别注意当年使用的成本方法所发生的变化及其对生产成本及销售成本的影响;同时,还需要对完工产品的成本汇总方法和分批装运货物的成本记录程序给予密切关注。

第三节　成本费用项目审计

一、成本费用项目的审计目标

成本费用项目的审计目标是审计总目标的进一步具体化,是根据被审计单位管理层的认定并结合该项目的特点确定的。内容主要包括:确定财务报表中记录的成本费用项目是否确实存在或已发生,且与被审计单位有关;确定所有应当记录的成本费用项目均已记录;确定与成本费用项目有关的金额及其他数据已恰当记录,成本与费用的归集与分配是否合理,自制半成品与完工产品的成本计算是否准确;确定成本费用项目已记录于正确的会计期间;确定成本费用项目已记录于恰当的账户;确定成本费用项目是否已按照企业会计准则的规定在财务报表中做出恰当列报。

二、成本费用项目的实质性程序

存货成本审计主要包括直接材料成本的审计、直接人工成本的审计、制造费用的审计、主营业务成本的审计等内容。

1. 直接材料成本的审计

直接材料成本的审计一般应从审阅材料和生产成本明细账入手,抽查有关的费用凭证,验证企业产品直接耗用材料的数量、计价和材料费用分配是否真实、合理。其主要审计程序通常包括:

(1)抽查产品成本计算单,检查直接材料成本的计算是否正确,材料费用的分配标准与计算方法是否合理和适当,是否与材料费用分配汇总表中该产品分摊的直接材料费用相符。

(2)审查直接材料耗用数量的真实性,有无将非生产用材料计入直接材料费用。

(3)分析比较同一产品前后各年度的直接材料成本,如有重大波动应查明原因。

(4)抽查材料发出及领用的原始凭证,检查领料单的签发是否经过授权,材料发出汇总表是否经过适当的人员复核,材料单位成本计价方法是否适当,是否正确及时入账。

(5)对采用定额成本或标准成本的被审计单位,应检查直接材料成本差异的计算、分配与会计处理是否正确,并查明直接材料的定额成本、标准成本在本年度内有无重大变更。

2. 直接人工成本的审计

直接人工成本的主要审计程序通常包括：

(1)抽查产品成本计算单，检查直接人工成本的计算是否正确，人工费用的分配标准与计算方法是否合理和适当，是否与人工费用分配汇总表中该产品分摊的直接人工费用相符。

(2)将本年度直接人工成本与前期进行比较，查明其异常波动的原因。

(3)分析比较本年度各个月份的人工费用发生额。如有异常波动，应查明原因。

(4)结合应付职工薪酬的检查，抽查人工费用会计记录及会计处理是否正确。

(5)对采用标准成本法的被审计单位，应抽查直接人工成本差异的计算、分配与会计处理是否正确，并查明直接人工的标准成本在本年度内有无重大变更。

3. 制造费用的审计

制造费用是企业为生产产品和提供劳务而发生的各项间接费用，即生产单位为组织和管理生产而发生的费用，包括分厂和车间管理人员的工薪等职工薪酬、折旧费、修理费、办公费、水电费、取暖费、租赁费、机物料消耗、低值易耗品摊销、劳动保护费、保险费、设计制图费、实验检验费、季节性和修理期间的停工损失等。

制造费用的主要审计程序通常包括：

(1)获取或编制制造费用汇总表，并与明细账、总账核对相符，抽查制造费用中的重大数额项目及例外项目是否合理。

(2)审阅制造费用明细账，检查其核算内容及范围是否正确，并应注意是否存在异常交易事项。如有，则应追查至记账凭证和原始凭证，重点查明被审计单位有无将不应列入成本费用的支出(如投资支出、被没收的财物、支付的罚款、违约金等)计入制造费用。

(3)必要时对制造费用实施截止测试，即检查资产负债表日前后若干天的制造费用明细账及其凭证，确定有无跨期入账的情况。

(4)检查制造费用的分配是否合理。重点查明制造费用的分配方法是否符合被审计单位自身的生产技术条件，是否体现受益原则；分配方法一经确定，是否在相当时期内保持稳定，有无随意变更的情况；分配率和分配额的计算是否正确，有无以人为估计数代替分配数的情况。对按预定分配率分配费用的企业，还应查明计划与实际差异是否及时调整。

(5)对于采用标准成本法的被审计单位，应抽查标准制造费用的确定是否合理，计入成本计算单的数额是否正确，制造费用的计算、分配与会计处理是否正确，并查明标准制造费用在本年度内有无重大变动。

4. 主营业务成本的审计

主营业务成本是指企业从事对外销售商品、提供劳务等主营业务活动所发生的实际成本。以制造业的产成品销售为例，它是由期初库存产品成本加上本期入库产品成本再减去期末库存产品成本求得的。对主营业务成本的审计，应通过审阅主营业务收入明细账、产成品明细账等记录并核对有关的原始凭证和记账凭证进行。其实质性审计程序包括：

(1)获取或编制主营业务成本明细表，复核加计是否正确，并与总账数和明细账合计数核对是否相符，结合其他业务成本科目与营业成本报表数核对是否相符。

(2)编制生产成本与主营业务成本倒轧表(如表 11－1 所示)，与总账核对相符。

表11—1　　生产成本及主营业务成本倒轧表

项　目	未审数	调整或重分类金额	审定数
原材料期初余额			
加:本期购进			
减:原材料期末余额			
其他发出额			
直接材料成本			
加:直接人工成本			
制造费用			
生产成本			
加:在产品期初余额			
减:在产品期末余额			
产品生产成本			
加:产成品期初余额			
减:产成品期末余额			
主营业务成本			

(3)检查主营业务成本的内容和计算方法是否符合会计准则规定,前后期是否一致。

(4)分析比较本年度与上年度主营业务成本总额以及本年度各月份的主营业务成本金额,如有重大波动和异常情况,应查明原因。

(5)抽取若干月份的主营业务成本结转明细清单,结合生产成本的审计,检查销售成本结转数额的正确性,比较计入主营业务成本的商品品种、规格、数量与计入主营业务收入的口径是否一致,是否符合配比原则。

(6)针对主营业务成本中重大调整事项(如销售退回)、非常规项目,检查相关原始凭证,评价真实性和合理性,检查其会计处理是否正确。

(7)结合期间费用的审计,判断被审计单位是否通过将应计入生产成本的支出计入期间费用,或将应计入期间费用的支出计入生产成本等手段调节生产成本,从而调节主营业务成本。

(8)检查主营业务成本是否已按照企业会计准则的规定在财务报表中做出恰当列报。

第四节　存货审计

《企业会计准则第1号——存货》规定,存货是指企业在日常活动中持有以备出售的产成品或商品、处在生产过程中的在产品、在生产过程或提供劳务过程中耗用的材料和物料等。

在通常情况下,存货对企业经营特点的反应能力强于其他资产项目。存货不仅对于生产制造业、批发业和零售行业十分重要,对于服务行业也十分重要。存货的重大错报对于流动资产、营运资本、总资产、销售成本、毛利以及净利润都会产生直接的影响。存货的重大错报对于其他某些项目(如利润分配和所得税)也具有间接影响。审计中许多复杂和重大的问题都与存货有关。存货、产品生产和销售成本构成了会计、审计乃至企业管理中最为普遍、重要和复杂的问题。

一、存货审计目标

存货审计在整个财务报表审计中占有十分重要的地位。对存货进行审计,需要达到的审计目标是:

(1)确定资产负债表中记录的存货是否存在;

(2)确定所有应当记录的存货是否均已记录;

(3)确定记录的存货是否由被审计单位拥有或控制;

(4)确定存货是否以恰当的金额包括在财务报表中,与之相关的计价调整是否已恰当记录;

(5)确定存货已按照企业会计准则的规定在财务报表中做出恰当列报。

二、存货的实质性程序

(一)存货监盘

1. 存货监盘的定义和作用

存货监盘是指注册会计师现场观察被审计单位存货的盘点,并对已盘点的存货进行适当检查。可见,存货监盘有两层含义:一是注册会计师应亲临现场观察被审计单位存货的盘点;二是注册会计师在此基础上应根据需要抽查已盘点的存货。

20 世纪 30 年代末以前,存货审计工作通常仅限于审查会计记录。当时的准则并不要求对存货进行观察和检查,注册会计师并不承担证实存货实际存在的责任,并声称他们并无资格对被审计单位如此庞杂的存货进行确认。直到美国出现了麦克森—罗宾斯(McKesson-Robbins)公司调查案,这种情况才发生了改变。1939 年美国证券交易委员会(SEC)的听证会揭示,在纽约证券交易所上市的麦克森—罗宾斯公司已审计的财务报表虚增了 1 900 万美元的资产,约占资产总额的 25%,其中虚增存货约为 1 000 万美元。受该案件的影响,注册会计师职业界不得不考虑承担证实存货实际存在的责任,否则将被视为并未尽到保护财务报表使用者的职责。因此,职业界规定,除非出现无法实施存货监盘的特殊情况,注册会计师应当实施必要的替代程序,在绝大多数情况下必须亲自观察存货盘点过程,实施存货监盘程序。

尽管通过实施存货监盘、获取有关期末存货数量和状况的充分、适当的审计证据是注册会计师的责任,但这并不能取代被审计单位管理层定期盘点存货、合理确定存货的数量和状况的责任。

存货监盘针对的主要是存货的存在认定、完整性认定以及权利和义务的认定。注册会计师监盘存货的目的在于获取有关存货数量和状况的审计证据,以确证被审计单位记录的所有存货确实存在,已经反映了被审计单位拥有的全部存货并属于被审计单位的合法财产。存货监盘作为存货审计的一项核心审计程序,通常可同时实现上述多项审计目标。

需要指出的是,注册会计师在测试存货的所有权认定和完整性认定时,可能还需要实施其他审计程序,这些将在本章的其他部分讨论。

2. 存货监盘计划

(1)制定存货监盘计划的基本要求

注册会计师应当根据被审计单位存货的特点、盘存制度和存货内部控制的有效性等情况,在评价被审计单位存货盘点计划的基础上,编制存货监盘计划,对存货监盘做出合理安排。

有效的存货监盘需要制定周密、细致的计划。为了避免误解并有助于有效地实施存货监盘,注册会计师通常需要与被审计单位就存货监盘等问题达成一致意见。因此,注册会计师首先应当充分了解被审计单位存货的特点、盘存制度和存货内部控制的有效性等情况,并考虑获取、审阅和评价被审计单位预定的盘点程序。存货存在与完整性的认定具有较高的重大错报风险,而且注册会计师通常只有一次机会通过存货的实地监盘对有关认定做出评价。根据计划过程所搜集到的信息,有助于注册会计师合理确定参与监盘的地点以及存货监盘的程序。

(2)制定存货监盘计划应实施的工作

在编制存货监盘计划时,注册会计师应当实施下列审计程序:了解存货的内容、性质、各存货项目的重要程度及存放场所;了解与存货相关的内部控制;评估与存货相关的重大错报风险和重要性;查阅以前年度的存货监盘工作底稿;考虑实地察看存货的存放场所特别是金额较大或性质特殊的存货;考虑是否需要利用专家的工作或其他注册会计师的工作;复核或与管理层讨论其存货盘点计划。

①存货项目的重要程度

注册会计师需要考虑:存货与其他资产和净利润的相对比率及内在联系;各类存货(原材料、在产品和产成品)占存货总数的比重;各存放地存货占存货总数的比重。考虑并评价存货项目的重要程度直接关系到注册会计师如何恰当地分配审计资源。

②与存货相关的内部控制

在制定存货监盘计划时,注册会计师应当了解被审计单位与存货相关的内部控制,并根据内部控制的完善程度确定进一步审计程序的性质、时间和范围。

与存货相关的内部控制涉及被审计单位供、产、销各个环节,包括采购、验收、仓储、领用、加工、装运出库等方面,还包括存货数量的盘存制度。需要说明的是,与存货内部控制相关的措施有很多,其有效程度也存在差异。

存货数量的盘存制度一般分为实地盘存制和永续盘存制。存货盘存制度不同,对存货数量的控制程度的影响也不同。但即使采用永续盘存制,也并不意味着无须对存货实物进行盘点。为了核对存货账面记录,加强对存货的管理,被审计单位每年至少应对存货进行一次全面盘点。

被审计单位与存货实地盘点相关的内部控制通常包括:制定合理的存货盘点计划,确定合理的存货盘点程序,配备相应的监督人员,对存货进行独立的内部验证,将盘点结果与永续存货记录进行独立的调节,对盘点表和盘点标签进行充分控制。

③与存货相关的重大错报风险

存货通常具有较高水平的重大错报风险。影响重大错报风险的因素具体包括:存货的数量和种类、成本归集的难易程度、陈旧过时的速度或易损坏程度、遭受失窃的难易程度。由于制造过程和成本归集制度的差异,制造企业的存货与其他企业(如批发企业)的存货相比往往具有更高的重大错报风险,对于注册会计师的审计工作而言则更具复杂性。外部因素也会对重大错报风险产生影响。例如,技术进步可能导致某些产品过时,从而导致存货价值更容易发生高估。以下类别的存货可能增加审计的复杂性与风险:

——具有漫长制造过程的存货。制造过程漫长的企业(如飞机制造和酒类产品酿造企业)的审计重点包括递延成本、预期发生成本以及未来市场波动可能对当期损益的影响等事项。

——与时装相关的服装行业。由于服装产品的消费者对服装风格或颜色的偏好容易发生变化,因此存货是否过时是重要的审计事项。

——鲜活、易腐商品存货。因为物质特性和保质期短暂,此类存货变质的风险很高。

——具有高科技含量的存货。由于技术进步,此类存货易于过时。

——单位价值高昂、容易被盗窃的存货。例如，珠宝存货的错报风险通常高于铁制纽扣之类存货的错报风险。

④查阅以前年度的存货监盘工作底稿

注册会计师可以通过查阅以前年度的存货监盘工作底稿，了解被审计单位的存货情况、存货盘点程序以及其他在以前年度审计中遇到的重大问题。在查阅以前年度的存货监盘工作底稿时，注册会计师应充分关注存货盘点的时间安排、周转缓慢的存货的识别、存货的截止确认、盘点小组人员的确定以及存货多处存放等内容。

⑤考虑实地察看存货的存放场所

注册会计师应当考虑实地察看被审计单位的存货存放场所，特别是金额较大或性质特殊的存货，这有助于注册会计师熟悉在库存货及其组织管理方式，也有助于注册会计师在盘点工作进行前发现潜在问题，如存在难以盘点的存货、周转缓慢的存货、过时存货、残次品以及代销存货。

注册会计师应关注所有的存货存放地点，以防止被审计单位或自己发生任何遗漏。对存放大额存货的每一个地点尤其应当予以特别关注。对多处存放存货的情况，注册会计师应当考虑被审计单位与存货相关内部控制措施和盘点惯例，评价审计风险以及除存货监盘外的其他替代程序的可行性，从而确定实施监盘的范围。例如，由于连锁商店分店的数目可能很多，注册会计师通常不会对零售连锁商店每一家分店实施监盘，而是选择一定数目的分店进行监盘，并使用分析程序等替代程序，或者利用内部审计人员的工作，以便对其他分店存货余额的准确性做出评价。

⑥利用专家的工作或其他注册会计师的工作

注册会计师可能不具备其他专业领域专长与技能。在确定资产数量或资产实物状况（如矿石堆），或在收集特殊类别存货（如艺术品、稀有玉石、房地产、电子器件、工程设计等）的审计证据时，注册会计师可以考虑利用专家的工作。

当在产品存货金额较大时，可能面临如何评估在产品完工程度的问题。注册会计师可了解被审计单位的盘点程序，如果有关在产品的完工程度未明确列出，注册会计师应当考虑采用其他有助于确定完工程度的措施，如获取零部件明细清单、标准成本表以及作业成本表，与工厂的有关人员进行讨论等，并运用职业判断。注册会计师也可以根据存货生产过程的复杂程度考虑利用专家的工作。

很多情况下，被审计单位组成部分的财务信息由其他注册会计师审计并出具审计报告，这当然也包括了由其他注册会计师负责对被审计单位该组成部分的存货实施监盘。如果注册会计师计划利用其他注册会计师的工作，则应遵循《中国注册会计师审计准则第 1401 号——对集团财务报表审计的特殊考虑》的相关要求。

⑦复核或与管理层讨论其存货盘点计划

在复核或与管理层讨论其存货盘点计划时，注册会计师应当考虑下列主要因素，以评价其能否合理地确定存货的数量和状况：盘点的时间安排；存货盘点范围和场所的确定；盘点人员的分工及胜任能力；盘点前的会议及任务布置；存货的整理和排列；对毁损、陈旧、过时、残次及所有权不属于被审计单位的存货的区分；存货的计量工具和计量方法；在产品完工程度的确定方法；存放在外单位的存货的盘点安排；存货收发截止的控制；盘点期间存货移动的控制；盘点表单的设计、使用与控制；盘点结果的汇总以及盘盈或盘亏的分析、调查与处理。

如果认为被审计单位的存货盘点计划存在缺陷，注册会计师应当提请被审计单位调整。

(3)存货监盘计划的主要内容

存货监盘计划应当包括下列主要内容：

①存货监盘的目标、范围及时间安排

存货监盘的目标是获取被审计单位资产负债表日有关存货数量和状况的审计证据，检查存货的数量是否真实完整，是否归属被审计单位，存货有无毁损、陈旧、过时、残次和短缺等状况。

存货监盘范围的大小取决于存货的内容、性质以及与存货相关的内部控制的完善程度和重大错报风险的评估结果。对存放于外单位的存货，应当考虑实施适当的替代程序，以获取充分、适当的审计证据。

存货监盘的时间，包括实地察看盘点现场的时间、观察存货盘点的时间和对已盘点存货实施检查的时间等，应当与被审计单位实施存货盘点的时间相协调。

②存货监盘的要点及关注事项

存货监盘的要点主要包括注册会计师实施存货监盘程序的方法、步骤、各个环节应注意的问题以及所要解决的问题。注册会计师需要重点关注的事项包括盘点期间的存货移动、存货的状况、存货的截止确认、存货的各个存放地点及金额等。

③参加存货监盘人员的分工

注册会计师应当根据被审计单位参加存货盘点人员分工和分组情况、存货监盘工作量的大小和人员素质情况，确定参加存货监盘的人员组成以及各组成人员的职责和具体的分工情况，并加强督导。

④检查存货的范围

注册会计师应当根据对被审计单位存货盘点和对被审计单位内部控制的评价结果确定检查存货的范围。注册会计师在实施观察程序后，如果认为被审计单位内部控制设计良好且得到有效实施、存货盘点组织良好，可以相应缩小实施检查程序的范围。

3. 存货监盘程序

(1)观察程序

在被审计单位盘点存货前，注册会计师应当观察盘点现场，确定应纳入盘点范围的存货是否已经适当整理和排列，并附有盘点标识，防止遗漏或重复盘点。对未纳入盘点范围的存货，注册会计师应当查明未纳入的原因。

对所有权不属于被审计单位的存货，注册会计师应当取得其规格、数量等有关资料，确定是否已分别存放、标明且未被纳入盘点范围。在存货监盘过程中，注册会计师应当根据取得的所有权不属于被审计单位的存货的有关资料，观察这些存货的实际存放情况，确保其未被纳入盘点范围。即使在被审计单位声明不存在受托代存存货的情况下，注册会计师在存货监盘时也应当关注是否存在某些存货不属于被审计单位的迹象，以避免盘点范围不当。

注册会计师在实施存货监盘过程中，应当跟随被审计单位安排的存货盘点人员，注意观察被审计单位事先制定的存货盘点计划是否得到了贯彻执行，盘点人员是否准确无误地记录了被盘点存货的数量和状况。

(2)检查程序

注册会计师应当对已盘点的存货进行适当检查，将检查结果与被审计单位盘点记录相核对，并形成相应记录。检查的目的既可以是为了确证被审计单位的盘点计划得到适当的执行(控制测试)，也可以是为了证实被审计单位的存货实物总额(实质性程序)。如果观察程序能够表明被审计单位的组织管理得当，盘点、监督以及复核程序充分有效，注册会计师可据此减少所需检查的存货项目。

检查的范围通常包括每个盘点小组盘点的存货以及难以盘点或隐蔽性较强的存货。需要说明的是，注册会计师应尽可能避免让被审计单位事先了解将抽取检查的存货项目。

在检查已盘点的存货时，注册会计师应当从存货盘点记录中选取项目追查至存货实物，以测试盘点记录的准确性；注册会计师还应当从存货实物中选取项目追查至存货盘点记录，以测试存货盘点记录的完整性。

注册会计师在实施检查程序时发现差异，很可能表明被审计单位的存货盘点在准确性或完整性方面存在错误。由于检查的内容通常仅仅是已盘点存货中的一部分，所以在检查中发现的错误很可能意味着被审计单位的存货盘点还存在其他错误。一方面，注册会计师应当查明原因，并及时提请被审计单位更正；另一方面，注册会计师应当考虑错误的潜在范围和重大程度，在可能的情况下扩大检查范围以减少错误的发生。注册会计师还可要求被审计单位重新盘点，重新盘点的范围可限于某一特殊领域的存货或特定盘点小组。

(3)需要特别关注的情况

①存货移动情况

注册会计师应当特别关注存货的移动情况，防止遗漏或重复盘点。

尽管盘点存货时最好能保持存货不发生移动，但在某些情况下存货的移动是难以避免的。如果在盘点过程中被审计单位的生产经营仍将持续进行，注册会计师应通过实施必要的检查程序，确定被审计单位是否已经对此设置了相应的控制程序，确保在适当的期间内对存货做出准确记录。

②存货的状况

注册会计师应当特别关注存货的状况，观察被审计单位是否已经恰当区分所有毁损、陈旧、过时及残次的存货。

存货的状况是被审计单位管理层对存货计价认定的一部分，除了对存货的状况予以特别关注外，注册会计师还应当把所有毁损、陈旧、过时及残次存货的详细情况记录下来。这既便于进一步追查这些存货的处置情况，也能为测试被审计单位存货跌价准备计提的准确性提供证据。

③存货的截止

注册会计师应当获取盘点日前后存货收发及移动的凭证，检查库存记录与会计记录期末截止是否正确。

在存货监盘过程中，注册会计师应当获取存货验收入库、装运出库以及内部转移截止等信息，以便将来追查至被审计单位的会计记录。

注册会计师通常可观察存货的验收入库地点和装运出库地点以执行截止测试。在存货入库和装运过程中采用连续编号的凭证时，注册会计师应当关注截止日期前的最后编号。如果被审计单位没有使用连续编号的凭证，注册会计师应当列出截止日期以前的最后几笔装运和入库记录。如果被审计单位使用运货车厢或拖车进行存储、运输或验收入库，注册会计师应当详细列出存货场地上满载和空载的车厢或拖车，并记录各自的存货状况。

(4)对特殊类型存货的监盘

对某些特殊类型的存货而言，被审计单位通常使用的盘点方法和控制程序并不完全适用。这些存货通常或者没有标签，或者其数量难以估计，或者其质量难以确定，或者盘点人员无法对其移动实施控制。在这些情况下，注册会计师需要运用职业判断，根据存货的实际情况，设计恰当的审计程序，对存货的数量和状况获取审计证据。表11－2列举了被审计单位特殊存货的类型、通常采用的盘点方法与存在的潜在问题，以及可供注册会计师实施的监盘程序。注册会计师在审计实务中，应当根据被审计单位所处行业的特点、存货的类别和特点以及内部控制等具体情况，并在通用的存货监盘程序基础上，设计关于特殊类型存货监盘的具体审计程序。

表11－2　　　　特殊类型存货的监盘程序

存货类型	盘点方法与潜在问题	可供实施的审计程序
木材、钢筋盘条、管子	通常无标签，但在盘点时会做上标记或用粉笔标识；难以确定存货的数量或等级	检查标记或标识； 利用专家或被审计单位内部有经验人员的工作
堆积型存货（如糖、煤、钢废料）	通常既无标签也不做标记； 在估计存货数量时存在困难	运用工程估测、几何计算、高空勘测，并依赖详细的存货记录； 如果堆场中的存货堆不高，可进行实地监盘，或通过旋转存货堆加以估计
使用磅秤测量的存货	在估计存货数量时存在困难	在监盘前和监盘过程中均应检验磅秤的精准度，并留意磅秤的位置移动与重新调校程序； 将检查和重新称量程序相结合； 检查称量尺度的换算问题
散装物品（如贮窖存货，使用桶、箱、罐、槽等容器储存的液体、气体、谷类粮食、流体存货等）	在盘点时通常难以加以识别和确定； 在估计存货数量时存在困难； 在确定存货质量时存在困难	使用容器进行监盘或通过预先编号的清单列表加以确定；使用浸蘸、测量棒、工程报告以及依赖永续存货记录；选择样品进行化验与分析，或利用专家的工作
贵金属、石器、艺术品与收藏品	在存货辨认与质量确定方面存在困难	选择样品进行化验与分析，或利用专家的工作
生产纸浆用木材、牲畜	在存货辨认与数量确定方面存在困难； 可能无法对此类存货的移动实施控制	通过高空摄影以确定其存在性，对不同时点的数量进行比较，并依赖永续存货记录

(5)存货监盘结束时的工作

在被审计单位存货盘点结束前，注册会计师应当：再次观察盘点现场，以确定所有应纳入盘点范围的存货是否均已盘点；取得并检查已填用、作废及未使用盘点表单的号码记录，确定其是否连续编号，查明已发放的表单是否均已收回，并与存货盘点的汇总记录进行核对。注册会计师应当根据自己在存货监盘过程中获取的信息对被审计单位最终的存货盘点结果汇总记录进行复核，并评估其是否正确反映了实际盘点结果。

如果存货盘点日不是资产负债表日，注册会计师应当实施适当的审计程序，确定盘点日与资产负债表日之间存货的变动是否已做正确的记录。在很多情况下，存货盘点日并不是资产负债表日，而有可能是在资产负债表日之后或之前甚至是在不同日期进行。在不同情况下，注册会计师应当根据不同情况的特点实施程度不同的审计程序，以便确定被审计单位对于盘点日与资产负债表日之间的存货变动情况是否已做出了正确的记录。

如果被审计单位采用永续盘存制核算存货，注册会计师应当关注永续盘存制下的期末存货记录与存货盘点结果之间是否一致。如果两者之间出现重大差异，注册会计师应当实施追加的审计程序查明原因，并检查永续盘存记录是否已做出了适当调整。如果认为被审计单位的盘点方式及其结果无效,注册会计师应当提请被审计单位重新盘点。

4. 特殊情况的处理

(1)由于存货的性质或位置而无法实施监盘程序

如果由于被审计单位存货的性质或位置等原因导致无法实施存货监盘,注册会计师应当考虑能否实施替代审计程序,获取有关期末存货数量和状况的充分、适当的审计证据。注册会计师实施的替代审计程序主要包括:检查进货交易凭证或生产记录以及其他相关资料;检查资产负债表日后发生的销货交易凭证;向客户或供应商函证。

①存货的特殊性质

被审计单位存货的性质可能导致注册会计师无法实施存货监盘,这样的情况包括:存货涉及保密问题,如产品在生产过程中需要利用特殊配方或制造工艺;存货系危害性物质,如辐射性化学品或气体。

对具有特殊性质的存货实施审计,通常需要依赖内部控制。注册会计师应当复核采购、生产和销售记录,以获取充分、适当的审计证据,在通常情况下还可以向能够接触到相关存货项目的第三方人员询证。此外,注册会计师还可以实施其他替代审计程序。例如,对于危害性物质,如果被审计单位对其生产、使用和处置存有正式报告,注册会计师可通过追查至有关报告确定此类危害性物质是否存在。

②存货的特殊位置

被审计单位存货的位置也可能导致注册会计师无法实施存货监盘,如在途存货。如果此类项目仅占存货的一小部分,通常可以通过审查相关凭证加以查验。对于存放在公共仓库中的存货,可通过函证方式查验。

(2)因不可预见因素导致无法在预定日期实施存货监盘

有时由于不可预见因素而可能导致无法在预定日期实施存货监盘。两种比较典型的情况是:注册会计师无法亲临现场,即由于不可抗力导致其无法到达存货存放地实施存货监盘;气候因素,即由于恶劣的天气导致注册会计师无法实施存货监盘程序,或由于恶劣的天气无法观察存货,如木材被积雪覆盖。

如果由于不可预见的情况无法在存货盘点现场实施监盘,注册会计师应当另择日期实施监盘,并对间隔期内发生的交易实施审计程序。

(3)委托其他单位保管或已作质押的存货

对被审计单位委托其他单位保管的或已作质押的存货,注册会计师应当向保管人或债权人函证。如果此类存货的金额占流动资产或总资产的比例较大,注册会计师还应当考虑实施存货监盘或利用其他注册会计师的工作。

如果被审计单位将存货存放于其他单位,注册会计师通常需要向该单位获取委托代管存货的书面确认函。如果存货已被质押,注册会计师应当向债权人询证与被质押存货有关的内容。对于此类存货,通常还应当检查被审计单位的相关会计记录和可能设置的备查记录。如果此类存货比较重要,注册会计师应当考虑与被审计单位讨论其对委托代管存货或已作质押存货的控制程序,并考虑对此类存货实施监盘程序,或聘请其他注册会计师实施监盘程序。

(二)存货计价测试

监盘程序主要是对存货的结存数量予以确认。为验证财务报表上存货余额的真实性,还必须对存货的计价进行审计,即确定存货实物数量和永续盘存记录中的数量是否经过正确地计价和汇总。存货计价测试主要是针对被审计单位所使用的存货单位成本是否正确所做的测试。

存货计价审计表参见表11－3。

表11－3 存货计价审计表

日期	品名及规格	购入			发出			余额		
		数量	单价	金额	数量	单价	金额	数量	单价	金额
1. 计价方法说明： 2. 情况说明及审计结论：										

1. 样本的选择

计价审计的样本应从存货数量已经盘点、单价和总金额已经计入存货汇总表的结存存货中选择。选择样本时应着重选择结存余额较大且价格变化比较频繁的项目，同时考虑所选样本的代表性，抽样规模应足以推断总体的情况。

2. 计价方法的确认

存货的计价方法多种多样，被审计单位应结合企业会计准则的基本要求选择符合自身特点的方法。注册会计师除应了解掌握被审计单位的存货计价方法外，还应对这种计价方法的合理性与一贯性予以关注。没有足够理由，计价方法不得随意变动。

3. 计价测试

进行计价测试时，注册会计师首先应对存货价格的组成内容予以审核。然后按照所了解的计价方法对所选择的存货样本进行计价测试。测试时，应尽量排除被审计单位已有计算程序和结果的影响，进行独立测试。测试结果出来后，应与被审计单位账面记录对比，编制对比分析表，分析形成差异的原因。如果差异过大，应扩大测试范围，并根据审计结果考虑是否应提出审计调整建议。

在存货计价审计中，由于被审计单位期末存货采用成本与可变现净值孰低的方法计价，所以注册会计师应充分关注其对存货可变现净值的确定及存货跌价准备的计提。

可变现净值是指企业在日常活动中存货的估计售价减去至完工时估计将要发生的成本、估计的销售费用以及相关税费后的金额。企业确定存货的可变现净值，应当以取得的确凿证据为基础，并且考虑持有存货的目的、资产负债表日后事项的影响等因素。具体来讲：

(1)为生产而持有的材料等，用其生产的产成品的可变现净值高于其成本的，该材料仍然应当按成本计量；材料价格的下降表明产成品的可变现净值低于成本的，该材料应当按照可变现净值计量。

(2)为执行销售合同或者劳务合同而持有的存货，其可变现净值通常应当以合同价格为基础计算。

(3)企业持有存货的数量多于销售合同订购数量的,超出部分的存货可变现净值应当以一般销售价格为基础计算。

(4)企业持有存货的数量少于销售合同订购数量的,实际持有与该销售合同相关的存货应以销售合同所规定的价格作为可变现净值的计算基础。

(5)用于出售的材料等,其可变现净值应当以材料的市场价格为基础计算。

企业应当按照单个存货项目计提存货跌价准备;对于数量繁多、单价较低的存货,可以按存货类别计提存货跌价准备;如果某些存货具有相同或类似最终用途或目的,并与在同一地区生产和销售的产品系列相关,且难以与其他项目分开计量,可以合并计提存货跌价准备。当存在下列情况之一时,应当计提存货跌价准备:市价持续下跌,并且在可预见的未来无回升的希望;企业使用该项原材料生产的产品的成本大于产品的销售价格;企业因产品更新换代,原有库存原材料已不适应新产品的需要,而该原材料的市场价格又低于其账面成本;因企业所提供的商品或劳务过时或消费者偏好改变而使市场的需求发生变化,导致市场价格逐渐下跌;其他足以证明该项存货实质上已经发生减值的情形。

当存在以下一项或若干项情况时,应当将存货账面余额全部转入当期损益:已霉烂变质的存货;已过期不可退的存货(主要指食品);生产中已不再需要并且已无转让价值的存货;其他足以证明已无使用价值和转让价值的存货。

(三)存货截止测试

存货截止测试包括购货测试和销售测试两个方面。销售截止测试在销售与收款循环中详细阐述,这里只讨论购货截止测试。

购货截止测试的目的是查明存货有无跨期现象,验证期末存货的存在性和完整性。购货截止测试的关键是审查购货交易的存货实物与相应的会计记录的入账时间是否在同一会计期间。其测试的主要方法为:抽查报告日前后若干日的购货发票与验收报告,确定购货验收与存货和负债记录是否在同一会计期间。如报告日前购进的货物已验收入库,则其相应的购货发票也应同期入账;如报告日后已入账的购货发票,且货款已支付,即便相应的购入存货在报告日后验收入库,也属于本期存货。

注册会计师在对期末存货进行截止测试时,通常应当关注:

(1)所有在截止日以前入库的存货项目是否均已包括在盘点范围内,并已反映在截止日以前的会计记录中;任何在截止日期以后入库的存货项目是否均未包括在盘点范围内,也未反映在截止日以前的会计记录中。

(2)所有在截止日以前装运出库的存货项目是否均未包括在盘点范围内,且未包括在截止日的存货账面余额中;任何在截止日期以后装运出库的存货项目是否均已包括在盘点范围内,并已包括在截止日的存货账面余额中。

(3)所有已确认为销售但尚未装运出库的商品是否均未包括在盘点范围内,且未包括在截止日的存货账面余额中。

(4)所有已记录为购货但尚未入库的存货是否均已包括在盘点范围内,并已反映在会计记录中。

(5)在途存货和被审计单位直接向客户发运的存货是否均已得到了适当的会计处理。

本章小结

生产与存货循环所涉及的主要业务活动包括计划和安排生产、发出原材料、生产产品、核算产品成本、储存产成品、发出产成品等。生产与存货循环所涉及的凭证和记录主要包括生产指令、领发料凭证、产量和工时记录、工薪汇总表及工薪费用分配表、材料费用分配表、制造费用分配表、成本计算单和存货明细账。

生产与存货循环的内部控制主要包括存货内部控制、成本会计制度内部控制两项内容。存货内部控制的内容主要有采购、验收、仓储、领用、加工、装运出库等方面，还包括存货数量的盘存制度。成本会计制度内部控制的主要内容有：成本费用的管理控制和成本费用的会计控制。

生产与存货循环的控制测试包括对存货内部控制、成本会计制度内部控制的测试。存货控制测试的要点主要包括：抽查存货入库、出库业务；核对存货发出凭证与存货明细账等方面。成本会计制度控制测试的要点主要包括抽查成本计算单、抽查成本计算的原始凭证等方面。

存货实质性程序的重点是存货监盘、存货计价测试和存货截止测试。存货监盘是指注册会计师现场观察被审计单位存货的盘点，并对已盘点的存货进行适当检查。存货监盘程序包括观察程序和检查程序。存货监盘需要特别关注存货移动情况、存货的状况及存货的截止。存货计价测试主要是针对被审计单位所使用的存货单位成本是否正确所做的测试。存货成本审计主要包括直接材料成本的审计、直接人工成本的审计、制造费用的审计等内容。存货截止测试的目的是查明存货有无跨期现象，验证期末存货的存在性和完整性。存货截止测试的关键是审查购货交易的存货实物与相应的会计记录的入账时间是否在同一会计期间。

思考题

1. 生产与存货循环的主要业务活动有哪些？主要涉及哪些原始凭证？
2. 生产与存货循环内部控制的关键控制点有哪些？
3. 注册会计师在观察存货实地盘点时应开展哪些工作？
4. 简述存货监盘的程序。
5. 如何审计存货的计价？

案例分析

首席执行官与财务总监因资产造假被判重刑

在美国著名的法尔莫公司虚假报表案中，该公司首席执行官莫纳斯首先在俄亥俄州阳土敦市开设了一家药店，在随后的10年中他又收购了另外290家药店，从而组建了全国连锁的法尔莫公司。遗憾的是，这一切辉煌都是建立在资产造假的基础上。莫纳斯把实际上并不盈利且未经审计的药店报表拿来，用自己的笔为其加上并不存在的存货和利润，然后凭着自己空谈的天分及一套夸大了的报表，在一年之内骗得了足够的投资用以收购了8家药店，奠定了他的小型药品帝国的基础。这个帝国后来发展到了拥有300家连锁店的规模。一时间,莫纳斯成为金融领域的风云人物。该公司财务部门之所以隐瞒存货短缺,是因为注册会计师只对300家药店中的4家进行抽样存货监盘,而且随之将那4家药店堆满实物存货,而把那些虚增的部分分配到其余的296家药店。如果不考虑其会计假设,法尔莫公司实际已濒临破产。在最近一次审计中,其现金已紧缺到供应商因其未能及时支付购货款而威胁取消对其供货的地步。

注册会计师们一直未能发现这起舞弊,他们为此付出了昂贵的代价。这项审计失败使会计师事务所在民事诉讼中损失了3亿美元。法尔莫公司财务总监被判33个月的监禁,莫纳斯则被判入狱5年。

(资料来源:www.zhukuai.com,2006)

讨论与思考题:

1. 如果你是审计负责人,你认为法尔莫公司的重大错报风险在哪里?为什么?

2. 你认为监盘程序对于存货重要吗?监盘能查出所有的问题吗?

3. 对法尔莫公司的存货舞弊案例,你有何感想?注册会计师应在哪些方面不断完善审计技术?

第十二章

人力资源与工薪循环审计

导读案例

注册会计师张君负责对锦泰公司2016年财务报表“应付职工薪酬”项目进行审计。在审计开始时，张君首先对锦泰公司“应付职工薪酬”明细账的合计数与总账、报表数进行了核对，结果是相符的。其次，张君将“应付职工薪酬”项目2016年度贷方累计发生额与分配到生产成本、制造费用、销售费用、管理费用、在建工程项目中的职工薪酬数额进行核对，结果发现不相符。张君于是抽查了5月份、12月份相关的记录与凭证，发现应付职工薪酬应分配计入管理费用的金额与实际分配计入当年管理费用的金额不符，少计了150万元，将少计入管理费用的职工薪酬反映在“其他应收款”项目中。

思考题：

1. 注册会计师张君通过实施什么审计程序发现被审计单位锦泰公司应付职工薪酬存在问题？

2. 注册会计师张君通过实施上述审计程序获得的审计证据可以验证应付职工薪酬的哪些审计目标？

3. 锦泰公司通过实施哪些内部控制可以防止类似上述问题的发生？建立健全内部控制是否可以完全杜绝此类问题的发生？

4. 与应付职工薪酬相关的账户或项目有哪些？

人力资源与工薪循环，包括员工雇用和离职、工作时间记录、工薪计算与记录、工薪费用的分配、工薪支付以及代扣代缴税金等。在制造业中，员工工薪影响两个重要的交易类型，即工薪的发放和直接工薪费用与间接工薪费用的分配。与其他循环相比，人力资源与工薪循环的特点更加明显：一是接受员工提供的劳务与向员工支付报酬都在短期内发生；二是交易比相关的资产负债表账户余额更为重要；三是与工薪相关的内部控制通常是有效的。

第一节　人力资源与工薪业务循环的性质

无论在哪个行业，工薪都具有重要性。例如，在服务行业中，企业属于劳动密集型，工薪支出在所有支出中占有重要比例。在高科技行业中，企业支付的工薪取决于员工的技能，这些企业可能设计出一套复杂的补偿方案雇用和留住最好的员工，以保持良好的持续经营能力。在制造业中，企业支付的工薪支出取决于产品生产过程的劳动密集程度。

在计划审计工作时，注册会计师需要了解工薪费用的重要性：一是人力资源政策的相对重要性以及它们对工薪费用和工薪负债的影响。二是所支付补偿的性质和复杂程度，包括小时工薪、月薪。三是企业在处理和保持员工记录时对计算机程序的依赖程度，以及工薪工作是否外包给了服务商。四是可能使管理层和高级员工产生对财务成果进行错报动机的性质，如与利润目标挂钩的股票期权和奖金。

在分析人力资源风险时，注册会计师应当考虑业绩指标。假如雇用政策或补偿政策不能吸引到具有较高技能的员工，或不能留住这些员工，则企业持续经营的能力将面临风险。管理层应当很好地识别出关键职位以及该职位所必需的人员数量与资格，并要求就这些关键职位的空缺程度提供定期报告。

一、人力资源与工薪循环的主要业务活动

人力资源与工薪循环是不同企业之间最可能具有共同性的领域，涉及的主要业务活动通常包括批准招聘、记录工作时间或产量、计算工薪总额和扣除、支付工薪等。

1. 批准招聘

批准雇用的文件，应当由负责人力资源与工薪相关事宜的人员编制，最好由在正式雇用过程中负责制定批准雇用、支付率和工薪扣除等政策的人力资源部门履行该职责。人力资源部门同时还负责编制支付率变动及员工合同期满的通知。

2. 记录工作时间或产量

员工工作的证据，以工时卡或考勤卡的形式产生，通过监督审核和批准程序予以控制。如果支付工薪的依据是产量而不是时间，数量也同样应经过审核，并且与产量记录或销售数据进行核对。

3. 计算工薪总额和扣除

在计算工薪总额和扣除时，需要将每名员工的交易数据（即工薪期间的工作时间或产量记录）与基准数据进行匹配。在确定相关控制活动已经执行后，应当由一名适当的人员批准工薪的支付，同时由一名适当的人员审核工薪总额和扣除的合理性，并批准该金额。

4. 支付工薪净额

利用银行转账系统，将工薪支付给员工，有时也会使用现金支出方式。批准工薪支票，通常是工薪计算中不可分割的一部分，包括核对支票总额和工薪总额。有关使用支票支付工薪的职能划分，应该与使用现金支出的职责划分相同。

二、人力资源与工薪循环的主要凭证与记录

人力资源与工薪循环开始于对员工的雇用，结束于对员工支付工薪。典型的人力资源与工薪循环涉及的主要凭证与会计记录有以下几种：

1. 人事和雇用记录

（1）人事记录，包括雇用日期、工薪率、业绩评价、雇用关系终止等方面的记录。

（2）扣款核准表，是核准工薪预扣款的表格，包括预先扣除个人所得税。

（3）工薪率核准表，是根据工薪合同、管理层的授权、董事会对管理层的授权，核准工薪率

的一种表格。

2. 工时记录和工薪表

(1)工时卡,是记录员工每天上下班时间和工时数的书面凭证。对大多数员工来说,工时卡是根据时钟或打卡机自动填列的。

(2)工时单,是记录员工在既定时间内完成工作的书面凭证。通常在员工从事不同岗位的工作或没有固定部门时使用。

(3)工薪交易文件,是由计算机生成的文件,包括一定期间(如一个月)内通过会计系统处理的所有工薪交易。该文件含有输入系统的所有信息和每项交易的信息,如员工的姓名、日期、支付总额和支付净额、各种预扣金额、账户类别。

(4)应付职工薪酬明细账或清单,是由工薪交易文件生成的报告,主要包括每项交易的员工的姓名、日期、工薪总额及工薪净额、预扣金额、账户类别等信息。

(5)工薪主文档,是记录每位员工的每一工薪交易和保留已付员工总额的一种计算机文件。记录包括在每个工薪期间的工薪总额、预扣金额、工薪净额、支票号、日期等。

3. 支付工薪记录

它是向员工支付劳务的转账资金的记录。转账资金应等于工薪总额减去税金和其他预扣款。

4. 个人所得税纳税申报表

个人所得税纳税申报表,即向税务部门申报的纳税表。

第二节 人力资源与工薪循环的内部控制及其测试

一、人力资源与工薪循环内部控制

人力资源与工薪循环的内部控制主要包括以下几个方面:

1. 适当的职责分离

为了防止向员工过量支付工薪,或向不存在的员工虚假支付工薪,责任分离非常重要。人力资源部门应独立于工薪职能,负责确定员工的雇用、解雇及其支付率和扣减额的变化。

2. 适当的授权

有效的控制要求工薪循环业务各环节必须经过适当的授权批准。涉及工薪的业务主要包括编制用工计划、人员调配、考勤及工时统计、工薪结算和分配、签发支票提取现金等业务,都必须经过企业授权或经过主管人员审查批准后方可进行下一步处理。

3. 适当的凭证和记录

为了有效控制工薪业务,设置一式多联、预先连续编号的原始凭证分别由不同的部门进行分权管理。如产量与工时记录、职工薪酬清单等一式多联,由不同部门参与控制。会计部门要及时记账,每月月末根据工薪结算汇总表,按照工薪的用途编制工薪费用分配表,据以及时填制记账凭证,登记应付职工薪酬、相关成本、费用账簿,并对人工费用进行分析,及时向管理部门反馈信息。

4. 资产和记录的实物控制

实物控制包括两方面内容:一方面限制非授权人员接触未签字的工薪支票,支票应由有关专职人员签字,工薪应当由独立于工薪和考勤职能之外的人员发放;限制非授权人员接近待领工资，并设置保管措施，防止现金被盗；另一方面限制非授权人员接近工薪业务会计资料，防止这些资料被篡改、伪造和销毁。

5. 工作的独立检查

工薪的计算应当独立验证，包括将审批工薪总额与汇总报告进行比较。管理层成员或其他负责人应当复核工薪金额，以避免明显的错报和异常的金额。

二、人力资源与工薪内部控制测试

1. 检查工薪汇总环节

检查人员调配单，检查是否经人力资源部门主管签发、是否连续编号；抽查考勤单，检查有无工薪发放部门主管签字；抽查工薪单，了解是否连续编号，有无工薪主管审查签字；检查工薪单上工薪计算的正确性；核对调配单与考勤单记录的人员及工薪是否相符；检查加班加点记录与主管签署的加班费汇总表是否相符；抽查若干月份工薪汇总表，复核工薪汇总表是否正确，检查应付工薪总额与工薪费用分配表数字的一致性；实地抽查部分员工，查明其是否确实在本企业工作，如已经离开本企业则需要管理部门证实；观察考勤、调配、工薪结算、工薪发放是否由相互独立部门完成。

2. 检查工薪支付环节

检查付款凭证，了解工薪支付后付款凭证上是否加盖"付讫"章；待领工薪明细表送交前，是否经工薪部门主管审核；检查实际发放工薪总额与银行付款凭证及银行对账单是否相符；待领工薪明细表编制与审核是否相互独立；待领工薪保管与待领工薪明细表的编制是否相互独立。

3. 检查工薪费用分配表

抽查产量与工时记录，检查是否经过编制人和生产部门主管签字、审核；生产统计表送交前，是否经过编制人和统计部门主管签字、审核；工薪费用分配表编制后，是否经会计部门主管审核；产量和工时记录与审核是否相互独立；生产统计报表编制与审核是否独立。

4. 抽查账务处理

抽查工薪分配转账凭证是否连续编号，是否经会计部门主管审核；抽查记账凭证，查明有无编制人、审核人员的签字，观察稽核人员实施稽核业务过程；检查扣款依据是否正确，代扣款项的账务处理是否正确；抽查部分应付工薪明细记录，与记账凭证核对是否相符；抽查应付福利费的提取是否正确。

第三节 应付职工薪酬审计

职工薪酬是指企业为获得职工提供的服务而给予各种形式的报酬以及其他相关支出。职工薪酬是企业使用职工的知识、技能、时间和精力等而给予职工的补偿或报酬，包括职工在职期间和离职后提供给职工的全部货币性薪酬和非货币性薪酬。企业提供给职工配偶、子女的福利等，也属于职工薪酬的范围。

一、应付职工薪酬的审计目标

应付职工薪酬的审计目标一般包括：确定资产负债表中记录的应付职工薪酬是否存在；确定所有应记录的应付职工薪酬是否均已记录；确定记录的应付职工薪酬是否为被审计单位应

当履行的现时义务;确定应付职工薪酬是否以恰当的金额包括在财务报表中,与之相关的计价调整是否已恰当记录;确定应付职工薪酬是否已按照企业会计准则的规定在财务报表中做出恰当列报。

二、应付职工薪酬的实质性程序

应付职工薪酬的实质性程序通常包括:

1. 核对相关数据

获取或编制应付职工薪酬明细表,复核加计是否正确,并与报表数、总账数和明细账合计数核对是否相符。

2. 实施实质性分析程序

运用实质性分析程序检查应付职工薪酬的总体合理性,具体的分析方法如下:

(1)比较被审计单位员工人数的变动情况,检查被审计单位各部门各月工薪费用的发生额是否有异常波动;若有,则查明波动原因是否合理。

(2)比较本期与上期工薪费用总额,要求被审计单位解释其增减变动原因,或取得公司管理层关于员工工薪标准的决议。

(3)结合员工社保缴纳情况,明确被审计单位员工范围,检查是否与关联公司员工工薪混淆列支。

(4)核对下列相互独立部门的相关数据:工薪部门记录的工薪支出与出纳记录的工薪支付数,工薪部门记录的工时与生产部门记录的工时。

(5)比较本期应付职工薪酬余额与上期应付职工薪酬余额是否有异常变动。

3. 检查工薪、奖金、津贴和补贴

(1)计提是否正确,依据是否充分。将执行的工薪标准与有关规定核对,并对工薪总额进行测试。被审计单位如果实行工效挂钩的,应取得有关主管部门确认的效益工薪发放额认定证明,结合有关合同文件和实际完成的指标,检查其计提额是否正确,是否应做纳税调整。

(2)检查分配方法与上年是否一致。除因解除与职工的劳动关系给予的补偿直接计入管理费用外,被审计单位是否根据职工提供服务的受益对象,分别下列情况进行处理:

①应由生产产品、提供劳务负担的职工薪酬,计入产品成本或劳务成本。

②应由在建工程、无形资产负担的职工薪酬,计入建造固定资产或无形资产成本。

③被审计单位为外商投资企业,按规定从净利润中提取的职工奖励及福利基金,是否以董事会决议为依据,是否相应记入"利润分配——提取的职工奖励及福利基金"账户。

④其他职工薪酬是否计入当期损益。

(3)检查发放金额是否正确,代扣的款项及其金额是否正确。

(4)检查是否存在属于拖欠性质的职工薪酬,并了解拖欠的原因。

4. 检查社会保险费等

检查社会保险费(包括医疗、养老、失业、工伤、生育保险费)、住房公积金、工会经费和职工教育经费等计提(分配)和支付(使用)的会计处理是否正确,依据是否充分。

5. 检查辞退福利

(1)对于职工没有选择权的辞退计划,检查按辞退职工数量、辞退补偿标准计提辞退福利负债金额是否正确;

(2)对于自愿接受裁减的建议,检查按接受裁减建议的预计职工数量、辞退补偿标准等计提辞退福利负债金额是否正确；

(3)检查实质性辞退工作在一年内完成但付款时间超过一年的辞退福利，是否按折现后的金额计量，折现率的选择是否合理；

(4)检查计提辞退福利负债的会计处理是否正确，是否将计提金额计入当期管理费用；

(5)检查辞退福利支付凭证是否真实正确。

6. 检查非货币性福利

(1)检查以自产产品发放给职工的非货币性福利，是否根据受益对象，按照该产品的公允价值，计入相关资产成本或当期损益，同时确认应付职工薪酬；对于难以认定受益对象的非货币性福利，是否直接计入当期损益和应付职工薪酬。

(2)检查无偿向职工提供住房的非货币性福利，是否根据受益对象，将该住房每期应计提的折旧计入相关资产成本或当期损益，同时确认应付职工薪酬。对于难以认定受益对象的非货币性福利，是否直接计入当期损益和应付职工薪酬。

(3)检查租赁住房等资产供职工无偿使用的非货币性福利，是否根据受益对象，将每期应付的租金计入相关资产成本或当期损益，并确认应付职工薪酬。对于难以认定受益对象的非货币性福利，是否直接计入当期损益和应付职工薪酬。

7. 检查以现金与职工结算的股份支付

(1)检查授予后立即可行权的以现金结算的股份支付，是否在授予日以承担负债的公允价值计入相关成本或费用。

(2)检查完成等待期内的服务或达到规定业绩条件以后才可行权的以现金结算的股份支付，在等待期内的每个资产负债表日，是否以可行权情况的最佳估计为基础，按照承担负债的公允价值金额，将当期取得的服务计入成本或费用。在资产负债表日，后续信息表明当期承担债务的公允价值与以前估计不同的，是否进行调整，并在可行权日调整至实际可行权水平。

(3)检查可行权日之后以现金结算的股份支付当期公允价值的变动金额，是否借记或贷记“公允价值变动损益”账户。

(4)检查在可行权日实际以现金结算的股份支付金额是否正确，会计处理是否恰当。

8. 检查应付职工薪酬的期后付款情况

检查应付职工薪酬的期后付款情况并关注在资产负债表日至财务报表批准报出日之间，是否有确凿证据表明需要调整资产负债表日原确认的应付职工薪酬事项。

9. 检查应付职工薪酬是否已按照企业会计准则的规定在财务报表中做出恰当的列报

(1)检查是否在附注中披露与职工薪酬有关的下列信息：

①应当支付给职工的工薪、奖金、津贴和补贴及其期末应付未付金额；

②应当为职工缴纳的医疗、养老、失业、工伤和生育等社会保险费及其期末应付未付金额；

③应当为职工缴存的住房公积金及其期末应付未付金额；

④为职工提供的非货币性福利及其计算依据；

⑤应当支付的因解除劳动关系给予的补偿及其期末应付未付金额；

⑥其他职工薪酬。

(2)检查因自愿接受裁减建议的职工数量、补偿标准等不确定而产生的预计负债(应付职工薪酬)，是否按照《企业会计准则第 13 号——或有事项》进行披露。

【例 12－1】 审计人员在审查××公司 2016 年 12 月份的工资分配时，发现如表 12－1 所示的情况。

表 12—1　　工资分配汇总表

2016 年 12 月　　单位:元

部　门	人员分类	生产成本	制造费用	管理费用	销售费用
生产车间	生产人员	560 000			
生产车间	管理人员		98 000		
机修车间	生产人员	45 000			
销售部门	销售人员				165 000
其　他	清理人员			152 400	
其　他	基建人员	48 000			
合　计		653 000	98 000	152 400	165 000

工资分配的账务处理如下:

借:生产成本　653 000

　制造费用　98 000

　管理费用　152 400

　销售费用　165 000

　贷:应付职工薪酬——工资　1 068 400

【解析】 根据审计人员的调查,发现该企业把固定资产清理人员工资计入管理费用,基建人员工资计入生产成本的做法是不当的,工程建造人员工资计入生产成本的做法也是不当的。做如下调整:

借:固定资产清理　152 400

　在建工程　48 000

　贷:存货(生产成本)　48 000

　　管理费用　152 400

第四节　其他相关账户审计

一、管理费用审计

(一)管理费用的审计目标

管理费用的审计目标一般包括:确定利润表中记录的管理费用是否已发生,且与被审计单位有关;确定所有应当记录的管理费用是否均已记录;确定与管理费用有关的金额及其他数据是否已恰当记录;确定管理费用是否已记录于正确的会计期间;确定管理费用是否已记录于恰当的账户;确定管理费用是否已按照企业会计准则的规定在财务报表中做出恰当的列报。

(二)管理费用的实质性程序

1. 取得或编制管理费用明细表,复核加计是否正确,与报表数、总账数及明细账合计数核对是否相符。

2. 检查管理费用的明细项目的设置是否符合规定的核算内容与范围,结合成本费用的审计,检查是否存在费用分类错误。若有,应提请被审计单位调整。

3. 对管理费用进行分析：

(1)计算分析管理费用中各项目发生额及占费用总额的比率，将本期、上期管理费用各主要明细项目作比较分析，判断其变动的合理性。

(2)比较本期各月份管理费用，对有重大波动和异常情况的项目应查明原因，检查费用的开支是否符合有关规定，计算是否正确，原始凭证是否合法，会计处理是否正确，必要时做适当处理。

4. 将管理费用中的职工薪酬、无形资产摊销、长期待摊费用摊销额等项目与各有关账户进行核对，分析其勾稽关系的合理性，并做出相应记录。

5. 选择管理费用中的重要明细项目作重点检查，并注意：

(1)公司经费(包括行政管理部门职工薪酬、物料消耗、低值易耗品摊销、办公费和差旅费)是否系经营管理中发生或应由公司统一负担，检查相关费用报销内部管理办法，是否有合法原始凭证支持。

(2)董事会费(包括董事会成员津贴、会议费和差旅费等)，检查相关董事会及股东会决议，是否在合规范围内开支费用。

(3)业务招待费的支出是否合理，如超过规定限额，应在计算应纳税所得额时调整。

(4)差旅费支出是否符合企业开支标准及报销手续。

(5)中介机构费、咨询费(含顾问费)，检查是否按合同规定支付费用，有无涉及诉讼及赔偿款项支出，并关注是否存在或有损失。

(6)检查诉讼费用并结合或有事项审计，检查涉及的相关重大诉讼事项是否已在附注中进行披露，还需进一步关注诉讼状态，判断有无或有负债，或是否存在损失已发生而未入账的事项。

(7)无形资产的摊销额和筹建期间内发生的开办费核算是否符合规定，筹建期间发生的开办费(包括人员工资、办公费、培训费、差旅费、印刷费、注册登记费以及不计入固定资产成本的借款费用等)是否直接计入管理费用。

(8)复核本期发生的矿产资源补偿费、房产税、土地使用税、印花税等税费是否正确。

(9)针对特殊行业，检查排污费等环保费用是否合理计提。

(10)对管理费用中的支出内容，关注有无不正常开支。

6. 抽取资产负债表日前后若干天的一定数量的凭证，实施截止性测试，对于重大跨期项目应做必要调整。

7. 检查管理费用是否已按照企业会计准则的规定在财务报表中做出恰当的列报。

二、销售费用审计

销售费用是指企业在销售商品和材料、提供劳务的过程中发生的各种费用，包括保险费、包装费、展览费和广告费、商品维修费、预计产品质量保证损失、运输费、装卸费等以及为销售本企业商品而专设的销售机构的职工薪酬、业务费、折旧费等费用。

(一)销售费用的审计目标

销售费用的审计目标一般包括：确定利润表中记录的销售费用是否已发生，且与被审计单位有关；确定所有应当记录的销售费用是否均已记录；确定与销售费用有关的金额及其他数据是否已恰当记录；确定销售费用是否已记录于正确的会计期间；确定销售费用是否已记录于恰当的账户；确定销售费用是否已按照企业会计准则的规定在财务报表中做出恰当的列报。

(二)销售费用的实质性程序

1. 获取或编制销售费用明细表：

(1)复核其加计数是否正确，并与报表数、总账数和明细账合计数核对是否相符。

(2)将销售费用中的工薪、折旧等与相关的资产、负债科目核对，检查其勾稽关系的合理性。

2. 对销售费用进行分析：

(1)计算分析各个月份销售费用总额及主要项目金额占主营业务收入的比率，并与上一年度进行比较，判断变动的合理性。

(2)计算分析各个月份销售费用中主要项目发生额及占销售费用总额的比率，并与上一年度进行比较，判断其变动的合理性。

3. 检查各明细项目是否与被审计单位销售商品和材料、提供劳务以及专设的销售机构发生的各种费用有关，是否合规、合理，计算是否正确。

4. 检查销售佣金支出是否符合规定，审批手续是否健全，是否取得有效的原始凭证；如超过规定，是否按规定进行了纳税调整。

5. 检查广告费、宣传费的支出是否合理，审批手续是否健全，是否取得有效的原始凭证；如超过规定限额，应在计算应纳税所得额时调整。

6. 选择重要或异常的销售费用，检查销售费用各项目开支标准是否符合有关规定，开支内容是否与被审计单位的产品销售或专设销售机构的经费有关，计算是否正确，原始凭证是否合法，会计处理是否正确。

7. 抽取资产负债表日前后一定数量的凭证，实施截止测试，若存在异常迹象，应考虑是否有必要追加审计程序，对于重大跨期项目应做必要调整。

8. 检查销售费用是否已按照企业会计准则在财务报表中做出恰当的列报。

本章小结

人力资源与工薪循环所涉及的主要业务活动包括：批准招聘，记录工作时间或产量，计算工薪总额和扣除，支付工薪净额等。人力资源与工薪循环所涉及的凭证和记录主要包括人事和雇用记录、工时记录和工薪表、支付工薪记录、个人所得税纳税申报表、应付职工薪酬明细账、应付福利费明细账等。

人力资源与工薪循环的内部控制主要包括适当的职责分离、适当的授权、适当的凭证和记录、资产和记录的实物控制、工作的独立检查等。人力资源与工薪循环的控制测试包括检查工薪汇总环节、检查工薪支付环节、检查工薪费用分配表、抽查账务处理等方面的测试。

本章重点讲述了对应付职工薪酬的审计。应付职工薪酬实质性程序的重点是检查工薪、奖金、津贴和补贴，检查社会保险费、住房公积金、工会经费和职工教育经费等计提(分配)和支付(使用)的会计处理等。此外，本章介绍了管理费用、销售费用等其他相关账户的审计。

思考题

1. 人力资源与工薪循环的主要业务活动有哪些？主要涉及哪些原始凭证？
2. 人力资源与工薪循环内部控制的内容有哪些？
3. 注册会计师针对应付职工薪酬实施的实质性分析程序包括哪些内容？
4. 如何对管理费用发生额的真实性进行测试？
5. 试述销售费用的实质性程序内容。

案例分析

“逃避盗车者”队审计案例

1890 年，职业棒球队布鲁克林“逃避盗车者”队正式加入美国“国家联盟”。在以后几十年同纽约市其他球队的竞争中，“逃避盗车者”队遇到了相当大的困难：它的竞争对手们拥有更为雄厚的财力，从而能留住更为优秀的棒球选手。1958 年，在经过 70 多年棒球场上的风风雨雨后，“逃避者”队做出了震惊体育界的决定：将球队迁往洛杉矶。当时“逃避盗车者”队的老将、精明的沃孙时 · 奥晏利发现职业棒球赛在西海岸日渐受欢迎。更为重要的是，职业棒球队到那里会使球队更为有利可图。为了吸引这支球队，洛杉矶市政府特地在查维兹 · 拉维茵（离市中心东南方向两英里处）购买了一块山羊牧场，并将这块地产转送给奥晏利，作为他兴建棒球馆的场址。

自迁入洛杉矶后，“逃避盗车者”队成为棒球界一致的羡慕对象：“从获利到体育馆保养费的一切……在怎样经营一支棒球队上，‘逃避盗车者’是一个成功的典范。”据报道，在整个 20 世纪 80 年代，“逃避盗车者”是较为盈利的球队。它的多年税前利润率达到了 25%。到 1990 年，该球队仍为奥晏利家族所控制，它的身价已高达 2.5 亿美元。德特 · 奥晏利现任球队总裁将球队的成功归功于他聘请的各个职能部门的专家：“我没有必要成为纳税、接收球员或是劳工关系等方面的专家，那些天才都在尽自己的本分。”

作为一名长期为“逃避盗车者”俱乐部工作的会计，爱德华 · 坎波斯正是彼特所提及的一名出色的专家。坎波斯年轻时就接受了这份工作，并在随后 20 年里由一名一般职员逐步升迁。1986 年他正式升任俱乐部工薪表部门的负责人，在俱乐部内部具有相当大的影响。在掌管工薪表部门以后，坎波斯制定并实行了一套新的工薪表制度——一套据说只有他一个人完全了解的制度。事实上，坎波斯完全控制了这种新制度，以致只能由他个人填制全俱乐部 400 名员工的周薪。造成这种情况不仅是由于他众所周知的办事原则，更有他对俱乐部成员的忠诚：“逃避盗车者”是如此信任他，以致在休假期间他还会赶回来编制工薪表。

遗憾的是，这种对坎波斯的充分信任被误导了。在随后一个时期内，他一共从俱乐部盗用了几十万美元的公款。根据法庭记录，坎波斯是通过增加各个部门虚构的雇员，从而编制假工薪表来填补这部分的资金漏洞。此外，坎波斯还通过虚增几名员工的工时来盗用公款，并且在事后同这几名员工五五分成。由于坎波斯一段时期生病，俱乐部的主计长暂时接任他的职位，这一欺诈行为才被发现：一次，主计长在编制工薪表时偶然注意到有几位包括引座员、售票员在内的雇员曾被支付过异乎寻常的数目。另外在某些业务中，一些雇员正常的小时工薪只有 7 美元，而他们收到的周薪支票却高达 2 000 美元。随后进行的犯罪调查及对坎波斯与他同伙的罪行指控，所有卷入此工薪表欺诈事件的当事人都供认不讳。

在经过对盗用公款罪指控和法律辩护后，坎波斯被判服刑 8 年。他本人同意将大约 13.2

万美元款项还给“逃避盗车者”俱乐部。其他一些卷入工薪表欺诈的同谋同样受到了服刑审判,但鉴于他们已将欺诈款项归还在先,被判决缓期执行。

(资料来源:www.chinavalue.net,2010)

讨论与思考题:

1. 对人力资源与工薪循环的审计的关键目的是什么?并对内部控制测试和审计程序的目的发表看法。

2. “逃避盗车者”工薪表制度显见的内部控制薄弱环节有哪些?

3. 什么样的特别审计程序有利于发现坎波斯的欺诈行为?

第十三章

筹资与投资循环审计

导读案例

江苏省南京市审计局对某单位下属的公司进行延伸审计时，发现一起利用单位资金炒股、取得收益不入账的违规案例。而“出卖”该公司的，却是一张小小的银行支票存根。

审计人员在对该公司进行审计时，通过查看其银行日记账，发现有一笔1 200万元的资金转出几天后又转回。经审计，查明此款汇入该单位在某证券营业部的交易账户。从证券交易部获取的交易记录反映，该单位某年度资金流量达6 894万元。其账户银行对账单也有相应的记录，但该单位银行日记账却只记录了1 200万元的转出转入。据该单位会计人员交代，几年来该单位采取这种方式投资股票二级市场，转出转入本金虽然都如数收回，股票的投资情况却没有在单位账上反映，取得的投资收益560多万元一直“游离”于报表和单位法定账册之外，形成账外资金。

南京市审计局对此按规定进行了处理，从而及时制止了一起国有资产的流失。

（资料来源：《南京市审计局发现一起违规利用单位资金炒股案件》，《中国审计报》，2011年5月13日）

思考题：

1. 审计人员应从哪些方面了解被审计单位的筹资与投资交易的真实性？该公司通过实施哪些内部控制可以防止类似上述问题的发生？审计人员通过采取哪些控制测试程序评价被审计单位的内部控制是否建立健全并有效运行？

2. 针对筹资业务涉及的具体项目，审计人员应实施何种审计程序才能发现重大错报，并依据收集的审计证据提出恰当的审计意见？

第一节 筹资与投资业务循环的性质

筹资与投资循环由筹资活动和投资活动的交易事项构成。筹资活动是指企业为满足生存和发展的需要，通过改变企业资本及债务规模和构成而筹集资金的活动。筹资活动主要由借款交易和股东权益交易组成。投资活动是指企业为合理有效地使用资金获取经济效益，购买各种有价证券或将资产让渡给其他单位而获得另一项资产的活动。投资活动主要由权益性投资交易和债权性投资交易组成。投资包括交易性金融资产、持有至到期投资、可供出售金融资产、长期股权投资。

一、筹资与投资业务循环的主要业务活动

与其他循环相比，一般工商企业每年投资与筹资循环涉及的交易数量较少，而每笔交易的金额通常较大。这就决定了在对该循环涉及的财务报表项目进行审计时应更多地运用实质性程序。投资与筹资活动的账务处理不正确，漏记或不恰当地对一笔业务进行会计处理，有可能导致重大错误，从而对财务报表的公允反映产生较大的影响，相对来讲审计风险较高。

1. 筹资所涉及的主要业务活动

在筹资过程中，主要涉及同债权人及所有者的交易。同债权人的交易包括借入款项、发行债券及随举债而发生的利息支出、借款的偿还、债券收回；同所有者的交易包括资本的投入、利润的分配、资本的收回等。其业务活动主要有：

(1)授权审批

筹集资金必须经过特别授权审批。企业通过借款筹集资金需要经过管理当局的审批，企业发行股票必须依据国家有关法规或企业章程的规定，报经企业最高权力机构(如董事会)及国家有关管理部门批准。债券的发行均需董事会授权审批。

(2)签订合同或协议

根据不同的筹资方式，签订不同的筹资协议。向银行或其他金融机构借款筹资的，应与银行等金融机构签订借款合同；以发行债券筹资的，应签订债券契约和债券承销或包销合同。

(3)取得资金

根据筹资协议或合同，企业实际取得银行或金融机构划入的款项或债券、股票的融资资金，财务部门应将取得资金及时入账。

(4)计算利息或股利

财务部经过授权批准，应按有关合同或协议的规定，及时计算利息或股利。

(5)偿还本息或发放股利

银行借款或发行债券应按有关合同或协议的规定偿还本息，融入的股本根据股东大会的决定发放股利。

2. 投资所涉及的主要业务活动

投资活动主要包括权益性投资活动和债券性投资活动。

(1)投资交易发生

根据企业的发展规划，由企业的高层管理机构选择并确定投资项目，根据公司章程授权分别由企业总经理、董事会或股东大会做出相应的决策。投资业务应进行特别授权审批。投资交易的数量越多，越需要严格、正式的授权和审批程序。

(2)签订投资协议

确定投资协议后，应与受资方或合资方签订投资协议，明确各自的权利和义务。

(3)取得证券或其他投资

根据投资协议，企业可以通过购买股票或债券进行投资，也可以通过与其他单位联合形成投资。

(4)取得投资收益

企业进行投资后取得股权投资包括股权投资的股利收入、债券投资的利息收入和其他投资收益。

(5)转让证券或收回其他投资

对于有价证券的投资，企业可以通过转让证券实现投资的收回；其他投资已经投出，除联营合同期满或由于其他特殊原因联营企业解散外，一般不得抽回投资。

二、筹资与投资业务循环的主要凭证与记录

1. 筹资活动的主要凭证和记录

(1)债券

债券是公司依据法定程序发行、约定在一定期限内还本付息的有价证券。

(2)股票

股票是公司签发的证明股东所持股份的凭证。

(3)债券契约

债券契约是一张明确债券持有人与发行企业双方所有的权利和义务的法律性文件。其内容包括：债券发行标准；债券的明确表述；利息或利息率；受托管理人证书；登记和背书；债券发生拖欠情况如何处理，以及对偿还基金、利息支付、本金返还等的处理。

(4)股东名册

股东名册对于记名股票和无记名股票记载内容不同。发行记名股票应记载内容包括：股东的姓名或名称及住所；各股东所持股份数；各股东所持股份数的编号；各股东取得其股份的日期。发行无记名股票的，公司应记载其股票数量、编号及发行日期。

(5)公司债券存根簿

公司债券存根簿是发行公司记名债券时记载债券持有人的凭证，内容一般包括：债券持有人的姓名或名称及住所；债券持有人取得债券的日期及债券的编号；债券总额；债券的票面金额，债券的利率，债券还本付息的期限和方式；债券的发行日期。发行无记名债券应在公司的债券存根簿上记载债券总额、利率、偿还期限和方式、发行日期和债券编号。

(6)承销或包销协议

公司向社会公开发行股票或债券时，应当由依法设立的证券经营机构承销或包销，公司应与其签订承销或包销协议。

(7)借款合同或协议

借款合同或协议是公司向银行或其他金融机构借入款项时与其签订的合同或协议。

(8)有关的记账凭证和明细账、总账(略)

2. 投资活动的主要凭证和记录

(1)债券投资凭证

债券投资凭证是载明债券持有人与发行企业双方所拥有的权利和义务的法律性文件，其内容一般包括：债券发行标准，债券明确表述，利息或利息率；受托管理人证书；登记和背书。

(2)股票投资凭证

股票投资凭证包括买入凭证和卖出凭证两种。买入凭证记载股票投资购买业务，包括股票购买数量、被投资公司、股票买价、交易成本、购买日期、结算日期、结算日应付金额合计。卖出凭证记载股票投资卖出业务，包括卖出股票数量、被投资公司、股票卖价、交易成本、卖出日期、结算日期、结算日金额合计。

(3)股票证书

股票证书是载明股东所有权的证据，记录所有持有被投资公司所有股票的数量。

(4)股利收取凭证

股利收取凭证是向所有股东发放股利的文件，表明股东、股利数额、每股股利、被审计单位在交易最终日期持有的总股利金额。

(5)长期股权协议

长期股权协议是为明确投资各方权利与义务由投资各方签订的书面文件。

(6)投资总分类账

对被投资单位所持有的投资，记录所有的详细信息，包括获取或收取的投资收益。总分类账中投资账户记录初始购买成本和之后的账面价值。

(7)投资明细分类账

由投资单位保存，以记录所有非现金性投资交易，如期末按公允价值对其账面价值的调整，以及记录与处置投资相关的损益。

第二节　筹资与投资业务循环的内部控制及其测试

一、筹资业务循环的内部控制及其测试

1. 筹资业务循环的内部控制

筹资活动主要由借款交易和股东权益交易组成。企业借款交易涉及短期借款、长期借款、应付债券。这些内部控制基本类似，股东权益增减变动的业务较少而且金额较大，在审计中一般直接执行实质性程序。因此，本节以借款交易为例说明筹资业务内部控制的主要内容。

(1)筹资循环的职务分离控制

企业应当建立筹资业务的岗位责任制，明确相关部门和岗位的职责、权限，确保办理筹资业务的不相容岗位相互分离、制约、监督。筹资业务的不相容岗位至少应包括以下内容：筹资方案的订立与审核；筹资合同的订立与审核；与筹资有关的各种款项偿付的审批与执行；筹资业务的执行与相关会计记录；证券保管人员同会计记录人员分离。企业不得由同一部门或个人办理筹资业务的全过程。

(2)筹资的授权审批控制

企业应当对筹资业务建立严格的授权批准制度，明确授权批准的方式、程序和相关控制措施，规定审批人的权限、责任以及经办人的职责范围和工作要求。未经授权的机构和人员不得办理筹资业务。适当的授权及审批会明显提高筹资活动的效率，降低筹资风险，防止由于缺乏授权、审批而出现的舞弊现象。

(3)筹资决策与执行控制

企业应当建立筹资业务决策环节的控制制度。对筹资预算的编制与审核、筹资方案的拟定、筹资决策程序等做出明确规定，确保筹资决策科学合理。对筹资合同的订立与审核、资产的收取以及相关会计记录等做出明确规定。对每项筹资业务应签订借款合同或协议、债券契约、承销或包销股票协议等相关法律文件。

(4)会计记录控制

企业应当建立严格完善的账簿体系和记账与对账制度。负责借款业务的信贷管理人员根

据综合授信协议或借款合同，逐笔登记借款备查簿，并定期与信贷记账员的借款明细账核对，定期与债权人核对账目。企业应及时按正确的金额、合理的方法，在适当的账户和合理的会计期间予以正确记录。

(5)实物保管的控制

债券和股票都应设立相应的登记簿，详细登记已核准发行的债券和股票的有关事项，如签发日期、到期日期、支付方式、支付利率、当时市场利率、金额等。

2. 评估筹资活动的重大错报风险

注册会计师应当在了解被审计单位筹资活动的内部控制基础上考虑重大错报风险，并对被审计单位业务活动中可能出现的特别风险保持警觉。考虑到严格的监管环境和董事会对筹资活动的严格控制，除非注册会计师对被审计单位管理层的诚信产生疑虑，否则，对筹资活动的重大错报风险一般应当评估为低水平。

尽管筹资活动的账户余额发生错报的可能性较低，但仍可能存在借款和权益的权利和义务被忽视或发生错报的可能性。对此，注册会计师应当关注被审计单位的筹资活动是否按照企业会计准则和监管法规的披露要求，正确披露借款和权益的完整性、计价和分摊、列报等认定。

3. 筹资活动的内部控制测试

对筹资活动的内部控制进行控制测试是在了解筹资活动的内部控制活动要点后，对控制较强的部分测试其有效性，从而对筹资活动的内部控制做出评价。这种控制测试的主要工作包括以下几方面：

(1)筹资活动是否经过授权审批。测试授权审批控制，可以向管理当局索取有关筹资业务的授权批准文件，检查审批手续是否齐全，批准权限是否恰当，借款是否签订了借款合同，抵押担保是否获得授权批准。

(2)检查筹资合同或协议等法律文件，包括借款合同或协议、债券契约、承销或包销协议，审核筹资合同或协议的合法性、合理性、完整性。

(3)筹资业务的授权、执行、记录、保管等是否严格分工。审计人员可以通过观察和了解借款业务的职责分离情况及对账制度，可以通过现场观察了解筹资业务处理中的职务分离、岗位分工情况，也可以通过对有关记录的审查了解。

(4)筹资业务是否建立了严密的账簿体系和记录制度，并定期检查。审计人员可以通过核对筹资业务的原始凭证与有关的明细账、总账记录，验证其一致性。检查各类筹资入账、债券溢(折)价的会计处理是否正确，应计利息是否计入恰当的会计期间，利息支出是否按期入账，是否正确划分收益性支出与资本性支出。

4. 评价筹资的内部控制

审计人员在完成上述程序后，根据收集的审计证据，对企业筹资活动的内部控制的健全程度和执行情况做出评价，确定其可信赖程度以及存在的薄弱环节，并据以修订已做的审计计划和程序，以确定实质性测试的性质、时间、范围，并针对薄弱环节提出改进建议。

二、投资业务循环的内部控制及其测试

(一)投资业务循环的内部控制

一般来讲，投资活动的内部控制主要包括下列内容：

1. 合理的职责分工

企业应在投资业务的授权、业务的执行、业务的会计记录以及投资资产的保管方面都有明

确的分工，不得由一人同时负责上述任何两项工作。比如，投资业务在企业高层管理机构核准后，可由高层负责人授权签批，由财务经理办理具体的股票或债券的买卖业务，由会计部门负责进行会计记录和财务处理，并由专人保管股票或债券。这种合理的分工所形成的内部牵制机制有利于避免或减少投资业务中发生的错误或舞弊的可能性。

2. 决策与授权审批制度

企业应当对投资业务建立科学的投资决策程序和严格的授权批准制度，明确授权批准的方式、程序和相关控制措施，规定审批人的权限、责任以及经办人的职责范围和工作要求。加强投资业务各环节的管理，未经授权的机构和人员不得办理投资业务。

3. 实物保管控制制度

企业应当建立健全资产保管制度。企业对投资资产（指股票和债券资产）一般有两种保管方式：一种是由独立的专门机构保管，如在企业拥有较大的投资资产的情况下，委托银行、证券公司、信托投资公司等机构进行保管。这些机构拥有专门的保存和防护措施，可以防止各种证券及单据的失窃或毁损，并且由于它与投资业务的会计记录工作完全分离，可以大大降低舞弊的可能性。另一种是由企业自行保管。在这种方式下，必须建立严格的联合控制制度，即至少由两名以上人员共同控制，一人不得单独接触证券。对于任何证券的存入或取出，都要将债券名称、数量、价值及存取的日期等详细记录于证券登记簿内，并由所有在场的经手人员签名。

4. 详尽的会计核算制度

企业的投资资产无论是自行保管还是由他人保管，都要进行完整的会计记录，并对其增减变动及投资收益进行相关会计核算。

5. 严格的记名登记制度

除无记名证券外，企业在购入股票或债券时应在购入的当日尽快登记于企业名下，切忌登记于经办人员名下，防止冒名转移并借其他名义牟取私利的舞弊行为的发生。

6. 完善的定期盘点制度

对于企业所拥有的投资资产，应由内部审计人员或不参与投资业务的其他人员进行定期盘点，检查是否确为企业所拥有，并将盘点记录与账面记录相互核对以确认账实的一致性。

（二）投资活动的内部控制测试

对投资活动的内部控制进行测试，目的在于检查投资活动的内部控制的设计和执行情况，以判别其对被审计单位错报和舞弊发生的有效抑制程度，进而据以确定实质性程序的性质、时间、范围，以确保审计质量和提高审计效率。投资的控制测试一般包括以下内容：

1. 检查控制执行留下的轨迹

注册会计师应抽取投资业务的会计记录和原始凭证，确定各项控制程序运行情况。

(1)取得投资的批准文件，检查投资审批手续是否齐全，审批是否符合授权，投资金额是否及时入账。

(2)取得投资的合同或协议、被投资单位的投资证明，检查其是否齐全、合理、有效。

(3)检查有价证券的保管制度。

(4)检查长期投资的核算方法是否符合有关会计制度的规定，相关的投资收益会计处理是否正确、手续是否齐全。

2. 审阅内部盘点报告

注册会计师应审阅内部审计人员或其他授权人员对投资资产进行定期盘点的报告，检查是否定期与交易对方或被投资方核对账目，审阅盘点方法是否恰当、盘点结果与会计记录相核对情况以及差异的处理是否合规。

3. 询问和观察职务分离情况

询问被审计单位有关人员对投资业务的职责分工情况，观察投资业务的处理过程，确定是否进行了恰当的职责分离。

4. 分析企业投资业务管理报告

对于企业的长期投资，注册会计师应对照有关投资方面的文件凭据，分析企业的投资业务管理报告。认真分析投资管理报告的具体内容，对照有关文件和凭据资料，如投资业务的可行性报告分析与论证纪要，各类协议、合同、章程，各类证券等，判断企业长期投资业务的管理情况。

(三)评价投资的内部控制

审计人员在完成上述控制测试程序后，根据收集的审计证据，对被审计单位投资活动的内部控制做出评价，确定其可信赖程度以及存在的薄弱环节，并据以修改、补充或调整实质性程序的性质、时间、范围。

【例 13—1】 注册会计师 A 和 B 于 2016 年 12 月 1～7 日对甲公司筹资与投资业务循环的内部控制进行了解和测试，并在相关的审计工作底稿中记录了了解和测试的事项。摘要如下：

甲公司股东大会批准董事会的投资权限为 1 亿元以下。董事会决定由总经理负责实施。总经理决定由证券部负责总额在 1 亿元以下的股票买卖。甲公司规定：公司划入营业部的款项由证券部申请，会计部审核，总经理批准后划入公司在营业部开立的资金账户。经总经理批准，证券部直接从营业部资金账户支取款项。证券买卖、资金存取的会计记录由会计部处理。注册会计师 A 和 B 了解和测试投资业务的内部控制制度后发现：证券部开设的有关协议及补充协议未经会计部或其他部门审核。根据总经理的批准，会计部已将 8 000 万元汇入该账户。证券部自己处理证券买卖的会计记录，月底将证券买卖清单交给会计部，会计部据以汇总登记。

要求：根据上述摘录，请代为注册会计师 A 和 B 指出筹资与投资循环内部控制的缺陷，并提出改进意见。

【解析】 甲公司内部控制缺陷有：

1. 由证券部直接支取款项，使授权与执行职务未得到分离，不能保证款项的安全。建议甲公司从资金账户支取时由会计部门审核和记录，由证券部门办理。

2. 与证券投资有关的活动需要两个部门控制。有关协议未经独立的部门审查，会使有关条款未全部在协议中载明，可能存在协议外的约定。建议甲公司与营业部的协议应经会计部或法律部审查。证券部自己处理证券买卖的会计处理，业务的执行与记录的执行岗位未分离，并未得到适当的授权和审批。月末会计部门汇总登记证券投资记录，未及时按每一种证券分别设立明细账，详细核算。建议甲公司由会计部负责对投资进行核算，及时分品种设立明细账并详细核算。

第三节 负债审计

一、短期借款审计

1. 短期借款的审计目标

短期借款的审计目标一般包括：确定被审计单位资产负债表中列示的短期借款是否存在；确定被审计单位在特定期间内发生的借款业务是否均已记录完毕，有无遗漏；确定列示的短期借款是否为被审计单位应当履行的现时义务；确认被审计单位短期借款是否以恰当的金额列示在财务报表中，与之相关的会计处理是否正确；确定被审计单位各项借款的发生是否符合有关法律的规定，被审计单位是否遵守了有关债务契约的规定；确认被审计单位短期借款是否已按企业会计准则的规定在财务报表中恰当列报。

2. 短期借款审计的实质性程序

(1)获取或编制短期借款明细表，复核其加计数是否正确，并与明细账和总账核对是否相符。

(2)函证短期借款的实有数。应在期末短期借款余额较大或认为必要时向银行或其他债权人函证短期借款。

(3)检查短期借款的增加。对年度内增加的短期借款，应检查借款合同和授权批准，了解借款数额、借款条件、借款日期、还款期限、借款利率，并与相关会计记录相核对。

(4)检查短期借款的减少。对年度内减少的短期借款，应检查相关记录和原始凭证，核实还款。

(5)检查有无到期未偿还的短期借款。检查相关记录和原始凭证，检查年末有无到期未偿还的借款。如有，应查明是否已向银行提出申请并经同意后办理延期手续。

(6)复核短期借款利息。审计人员应根据短期借款的利率和期限，复核短期利息计算是否正确，有无多算或少算利息的情况。如有，应做出记录，必要时进行调整。

(7)检查外币借款的折算。如果被审计单位有外币短期借款，应检查外币短期借款的增减变动是否按业务发生时的市场汇率或期初市场汇率折合为记账本位币金额；期末是否按市场汇率将外币短期借款余额折合为记账本位币金额；折算差额是否按规定进行会计处理；折算方法是否前后期一致。

(8)检查短期借款在资产负债表上的列报是否恰当。企业的短期借款在资产负债表上通常单独列示，因抵押而取得的短期借款应在资产负债表附注中揭示。审计人员应注意短期借款的披露是否充分。

二、长期借款

1. 长期借款的审计目标

长期借款的审计目标一般包括：确定被审计单位资产负债表中列示的长期借款是否存在；确定所有应当列示的长期借款是否均已列示；确定列示的长期借款是否为被审计单位应当履行的现时义务；确认被审计单位长期借款是否以恰当的金额列示在财务报表中，与之相关的计价调整是否已恰当记录；确定被审计单位各项借款的发生是否符合有关法律的规定，被审计单位是否遵守了有关债务契约的规定；确认被审计单位长期借款是否已按企业会计准则的规定在财务报表中恰当列报。

2. 长期借款审计的实质性程序

长期借款和短期借款一样，都是企业向银行或其他金融机构借入的款项，因此长期借款的实质性程序同短期借款的实质性程序较为相似。通常包括：

(1)获取或编制长期借款明细表，复核其加计数是否正确，并与明细账和总账核对是否相符。

(2)了解金融机构对被审计单位的授信情况以及信用等级评估情况，了解被审计单位获得长期借款的抵押和担保情况，评估被审计单位的信誉和融资能力。

(3)对年度内增加的长期借款,应检查借款合同和授权批准,了解借款数额、借款条件、借款日期、还款期限、借款利率,并与相关会计记录相核对。

(4)检查长期借款的使用是否符合借款合同的规定,重点检查长期借款使用的合理性。

(5)向银行或其他债权人函证重大的长期借款。

(6)对年度内减少的长期借款,注册会计师应检查相关记录和原始凭证,核实还款数额。

(7)检查年末有无到期未偿还的借款,逾期借款是否办理了延期手续,分析计算逾期贷款的金额、比率和期限,判断被审计单位的资信程度和偿债能力。

(8)计算长期借款在各个月份的平均余额,选取适用的利率匡算利息支出总额,并与财务费用的相关记录核对,以判断被审计单位是否高估或低估利息支出,必要时进行适当调整。

(9)检查非记账本位币折合记账本位币采用的折算汇率,折算差额是否按规定进行会计处理。

(10)检查借款费用的会计处理是否正确。

(11)检查企业抵押长期借款的抵押资产的所有权是否属于企业,其价值和实现状况是否与抵押契约中的规定相一致。

(12)检查企业重大的资产租赁合同,判断被审计单位是否存在资产负债表外融资的现象。

(13)确定长期借款是否已在资产负债表上充分披露。长期借款在资产负债表中列示于长期负债类下,该项目应根据"长期借款"科目的期末余额扣除一年内到期的长期借款后列示;"一年内到期的长期借款"项目在流动负债类下单独反映。审计人员应确定被审计单位长期借款在资产负债表中列示是否恰当,并注意长期借款的抵押和担保是否已在财务报表附注中作了充分的说明。

【例 13-2】 注册会计师 A 在审查飞达股份有限公司 2016 年会计报表时,发现该公司在年度内向工商银行举借长期借款一笔。长期借款合同规定:(1)长期借款以公司的商品为担保;(2)该公司债务与所有者权益之比应经常保持低于 5∶3;(3)分发股利必须经银行同意;(4)自 2018 年 1 月 1 日起分期归还借款。

要求:如果不考虑相关内部控制,注册会计师 A 审查长期借款项目时应审查哪些内容?

【解析】 注册会计师 A 针对该公司的长期借款,应审查下列内容:

(1)审查该公司长期借款是否经公司董事会批准,有无会议记录。

(2)查明长期借款合同中所有限制性条件。

(3)验证长期借款利息费用和应计利息的计算是否正确,复核相关会计记录是否健全、完整。

(4)计算债务和所有者权益比,核实是否低于 5∶3 的比例。

(5)查明有无一年内到期的长期借款,并检查资产负债表中列示是否恰当。

三、应付债券审计

1. 取得或编制应付债券明细表,核对有关明细分类账和总账余额是否相符。明细表应包括债券名称、承销机构、发行日、到期日、债券总额、实收金额、溢折价及其摊销、应付利息、担保情况、本年度增减变动等内容。常用的格式见表 13-1。

表 13-1 应付债券明细表

被审单位名称							编制人		
会计期间或截止日							复核人		
债券名称	承销机构	发行日	到期日	面值	实收金额	溢(折)价	已摊销	应付利息	抵押担保情况
合计									

2. 检查债券交易的有关原始凭证。审计人员主要检查企业现有的债券副本或存根资料，确定其发行是否合法、各项内容是否同相关的会计资料相一致；检查企业发行债券所收入现金的收据、汇款通知书、送款登记簿及相关银行对账单；检查用以偿还债券的支票存根，并检查利息费用的计算及相关会计处理是否正确。

3. 检查应计利息、债券折(溢)价摊销及其会计处理是否正确。

4. 函证“应付债券”账户期末余额，确定应付债券期末余额的真实性。

审计人员可以向债权人及债券承销人或包销人进行函证。函证内容包括应付债券的名称、发行日、到期日、利率、已付利息期间、年内偿还的债券、资产负债表日尚未偿还的债权及其他审计人员认为应该包括的其他重要事项。

5. 检查到期债券的偿还。审计人员应检查相关会计记录，检查其会计处理是否正确。对可转换公司债券持有人行使转换权利，将其持有的债券转换为股票，则应检查其转股的会计处理是否正确。

6. 检查应付债券是否已在资产负债表上充分披露。应付债券在资产负债表上列示于长期负债类下，根据“应付债券”科目的期末余额扣除将于一年内到期的应付债券后的数额填列，该扣除数应当在流动负债类的“一年内到期的长期负债”项目单独反映。

第四节　投资审计

投资是指企业为了提供分配增加财富，或为谋求其他利益，将资产让渡给其他单位所获取的另一种资产。投资按目的不同分为交易性金融资产、持有至到期投资、可供出售金融资产、长期股权投资。下面以长期股权投资为例说明投资交易的实质性程序。

一、长期股权投资审计

(一)长期股权投资的审计目标

长期股权投资的审计目标一般包括：资产负债表中列示的长期股权投资是否存在；确定所有应当记录的长期股权投资均已记录；确定记录的长期股权投资由被审计单位拥有或控制；确定长期股权投资以恰当的金额包括在财务报表中，与之相关的计价调整已恰当记录；确定长期股权投资已按照企业会计准则的规定在财务报表中做出恰当列报。

(二)长期股权投资的实质性程序

1. 获取或编制长期股权投资明细表，复核加计是否正确，并与总账数和明细账合计数核对是否相符；结合长期股权投资减值准备科目与报表数核对是否相符。

2. 根据有关合同和文件,确认长期股权投资的股权比例和时间,检查长期股权投资核算方法是否正确,包括:

(1)审查长期投资核算方法的选用是否恰当;

(2)审查成本法和权益法的使用是否恰当。

3. 对于重大的投资,向被投资单位函证被审计单位的投资额、持股比例及被投资单位发放股利等情况。

4. 对于应采用权益法核算的长期股权投资,获取被投资单位已经注册会计师审计的年度财务报表。如果未经注册会计师审计,则应考虑对被投资单位的财务报表实施适当的审计或审阅程序。

(1)复核投资损益时,根据重要性原则,应以取得投资时被投资单位各项可辨认资产的公允价值为基础,对被投资单位的净损益进行调整后加以确认;被投资单位采用的会计政策及会计期间与被审计单位不一致的,应当按照被审计单位的会计政策及会计期间对被投资单位的财务报表进行调整,据以确认投资损益,并做出详细记录。

(2)将重新计算的投资损益与被审计单位计算的投资损益相核对。如有重大差异,查明原因,并提出适当的审计调整建议。

(3)关注被审计单位在其被投资单位发生净亏损或以后期间实现盈利时的会计处理是否正确。

(4)检查除净损益以外被投资单位所有者权益的其他变动,决定是否调整计入所有者权益。审查投资的合法性。

5. 对于采用成本法核算的长期股权投资,检查股利分配的原始凭证及分配决议等资料,确定会计处理是否正确;对被审计单位实施控制而采用成本法核算的长期股权投资,比照权益法编制变动明细表,以备合并报表使用。

6. 对于成本法和权益法相互转换的,检查其投资成本的确定是否正确。

7. 确定长期股权投资增减变动的记录是否完整:

(1)检查本期增加的长期股权投资,追查至原始凭证及相关的文件或决议及被投资单位验资报告或财务资料等,确认长期股权投资是否符合投资合同、协议的规定,并已确实投资,会计处理是否正确。

(2)检查本期减少的长期股权投资,追查至原始凭证,确认长期股权投资的处理有合理的理由及授权批准手续,并已确实收回投资,会计处理是否正确。

8. 期末对长期股权投资进行逐项检查,以确定长期股权投资是否已经发生减值。

9. 结合银行借款等的检查,了解长期股权投资是否存在质押、担保情况。如有,则应详细记录,并提请被审计单位进行充分披露。

10. 检查长期股权投资的列报是否恰当:

(1)子公司、合营企业和联营企业清单,包括企业名称、注册地、业务性质、投资企业的持股比例和表决权比例;

(2)合营企业和联营企业当期的主要财务信息,包括资产、负债、收入、费用等的合计金额;

(3)被投资单位向投资企业转移资金的能力受到严格限制的情况;

(4)当期及累计未确认的投资损失金额;

(5)与对子公司、合营企业及联营企业投资相关的或有负债。

与被审计单位人员讨论确定,是否存在被投资单位由于所在国家和地区及其他方面的影响而向被审计单位转移资金的能力受到限制的情况。如存在，应详细记录受限情况，并提请被审计单位充分披露。

二、投资收益审计

1. 投资收益审计目标

投资收益的审计目标一般包括：确定利润表中列示的投资收益是否已真实赚取且与被审计单位有关；确定所有应当记录的投资收益均已记录；确定投资收益有关的金额及其他数据是否已恰当记录；确定投资收益是否反映在正确的会计期间；确定投资收益是否记录于恰当的账户；确定投资收益是否已按照企业会计准则的规定在财务报表中做出恰当列报。

2. 投资收益审计实质性程序

(1)获取或编制投资收益分类明细表，复核加计是否正确，并与总账数和明细账合计数核对是否相符；结合长期股权投资减值准备科目与报表数核对是否相符。

(2)与以前年度投资收益比较，结合本期投资变动情况，分析本期投资收益是否存在异常现象。如有，应查明原因，并做出适当的调整。

(3)与长期股权投资、交易性金融资产、交易性金融负债、可供出售金融资产、持有至到期投资等相关项目的审计结合，验证确定投资收益的记录是否正确，投资收益是否被计入适当的会计期间。

(4)确定投资收益已恰当列报。检查投资协议等文件，确定国外的投资收益汇回是否存在重大限制。如存在重大限制，应说明原因，并做出恰当披露。

第五节　所有者权益审计

所有者权益是指企业资产扣除负债后由所有者享有的剩余权益。所有者权益一般包括实收资本(股本)、资本公积、盈余公积和未分配利润项目。所有者权益的审计目标主要包括：确定投入资本、资本公积的形成、增减及其有关经济业务会计记录的合法性与真实性，为投资者及其他有关方面研究企业的财务结构、进行投资决策提供依据；确定盈余公积和未分配利润的形成和增减变化的合法性和真实性，为投资者及其他方面了解企业的增值、积累情况等提供资料；确定所有者权益在财务报表上的反映是否恰当。下面分别说明所有者权益组成各项审计的实质性程序。

一、实收资本(股本)审计

实收资本(股本)是指被审计单位实际收到投资者投入的资本或股本。其实质性程序的内容包括以下方面：

1. 索取并审阅被审计单位的章程、营业执照及实施细则和股东大会、董事会等有关管理机构的会议记录。

2. 索取或编制实收资本明细表。复核加计总数是否正确，并与明细账、总账核对。实收资本明细表的内容一般包括投资者名称、出资期限、出资方式、出资比例、期初余额、本期增加、本期减少、期末余额。

3. 检查实收资本的出资期限、出资方式及出资比例、出资额。检查股东是否按照公司章程、合同、协议规定的出资方式出资，各种出资方式的比例是否符合规定，查阅验资报告是否予以确认。

4. 检查股票发行、收回等交易活动。检查股票发行、收回等交易有关的原始凭证和会计记录，验证股票发行、收回是否真实。原始凭证主要包括已发行股票的登记簿、向外界收回的股票、募集股票清单、银行对账单等。会计记录主要包括银行存款日记账与总账、股本明细账与总账。

5. 函证发行在外的股票。检查已发行的股票数量是否真实存在。我国股票发行和转让大多由企业委托证券交易所和金融机构进行，在审计时可以采用向证券交易所和金融机构函证及查阅的方法来验证股票发行的数量，并与股本账面数核对，确定账实是否相符。

6. 检查投入资本的真实性。审计人员应通过对有关原始凭证、会计记录的审阅与核对，向投资者函证实缴资本额，对有关财产和实物的价值进行鉴定，确定投入资本的真实存在。

7. 检查实收资本的增减变动。对于实收资本的增减变动，应查明原因，查阅是否与董事会纪要、补充合同、协议及有关法律文件的规定一致。

8. 检查股票发行费用的会计处理。发行股票时，一般会产生股票的印刷费用和委托其他单位发行股票的手续费、佣金等，审计人员应检查相关会计记录和原始凭证，确定发行费用是否按有关规定做出会计处理。

9. 检查实收资本(股本)是否已在财务报表中恰当披露。

企业的实收资本应在资产负债表上单独列示，同时还应在财务报表附注中说明实收资本期初至期末的重大变化，如所有者变更、注册资本的增加和减少、各所有者出资的变动等。注册会计师应在实施上述审计程序的基础上，确定被审计单位资产负债表上的实收资本的反映是否正确，并确定有关投入资本是否在财务报表附注中予以分类揭示。查明被审计单位的实收资本是否在财务报表中做了充分披露。

二、资本公积审计

资本公积是企业收到投资者的超出其在企业注册资本(股本)中所占份额的投资，以及直接计入所有者权益的利得和损失等。资本公积包括资本溢价(或股本溢价)和其他资本公积。资本公积的实质性程序主要包括：

1. 检查资本公积形成的合法性。注册会计师首先应检查资本公积增减变动的内容及其依据，查阅相关会计记录和原始凭证，确认资本公积增减变动的合法性和正确性。

2. 检查资本溢价或股本溢价。新投资者加入时，为保证原投资者的利益，新投资者一般投入比其在实收资本所占份额多的金额，多出部分即为资本溢价。企业溢价发行股票时，发行收入超过股票面值部分的即为股本溢价。股本溢价应扣除相关发行费用后方可计入资本公积。

3. 检查其他资本公积。其他资本公积主要由以下交易和事项引起：采用权益法核算的长期股权投资，在持股比例不变的情况下，被投资单位除净损益外所有者权益的其他变动计入其他资本公积；可供出售金融资产公允价值的变动在持有期间形成的利得和损失，计入其他资本公积；以权益结算的股份支付等。审计人员应结合相应的账户，检查有关资料是否进行了正确的会计处理。

4. 检查资本公积运用的合法性。检查资本公积转增资本是否合法，是否经授权批准。按《公司法》的规定，法定公积金(资本公积和盈余公积)转为资本时，所留存的该项公积金不得少于转增前公司注册资本的25%。用资本公积转增资本时，需经股东大会或类似机构决议通过并办理有关手续。审计时，应查阅股东大会决议及相关资料，是否合法，有无授权批准，是否办理工商变更登记手续，获准批准后，资本公积运用的账务处理是否正确。

5. 检查其是否已在资产负债表和所有者权益变动表上恰当披露。检查资本公积在资产负债表上是否单独列示并在附注中说明资本公积的期末余额及期初至期末间的重大变化，同时还应将资本公积明细账与所有者权益变动表中列示的资本公积期初余额和期末余额对比是否相符。

三、盈余公积审计

盈余公积是企业按照有关规定从净利润中提取的积累资金，是具有特定用途的留存收益，主要用于弥补亏损和转增资本，也可用于分配股利。盈余公积审查的内容主要是:盈余公积提取与使用是否合法，会计处理是否完整、正确，披露是否恰当。

盈余公积的实质性程序一般包括：

1. 获取或编制盈余公积明细表，复核加计是否正确，并与总账数、明细账合计数核对是否相符。在此基础上，对盈余公积各明细项目的发生额，逐项检查其原始凭证。

2. 检查盈余公积的提取。检查盈余公积提取是否符合规定并经过批准，提取手续是否完备，提取依据是否真实、正确，提取项目是否完整，提取比例是否合法，有无多提或少提。提取盈余公积的依据是税后利润按规定做必要的扣除后的余额。

3. 检查盈余公积的使用。检查盈余公积的使用是否符合规定的用途并经过批准。盈余公积的使用必须经过一定的授权批准手续。盈余公积可以用于弥补亏损、转增资本和特别批准后支付股利，但必须符合国家规定的条件。转增资本必须经过股东大会批准，依法办理增资手续，取得合法的增资文件。

4. 检查盈余公积是否已在资产负债表和所有者权益变动表上恰当披露。企业的盈余公积在资产负债表中列示，同时还应在会计报表附注和所有者权益变动表中说明各项盈余公积的期末余额及期初至期末的重大变化。

四、未分配利润审计

未分配利润是指未作分配的净利润，是企业当年税后利润在弥补以前年度亏损、提取盈余公积金和向投资者分配利润后留存在企业的历年结存的利润。对未分配利润的审查，实际上包括了对实现利润和利润分配全部相关业务与数据的审查。其实质性程序一般包括：

1. 检查利润分配比例是否符合合同、协议、章程及董事会纪要的规定，利润分配数额及年末未分配利润数额是否正确。

2. 根据审查结果调整本年度损益数，直接增加或减少未分配利润，检查确定审计调整后的未分配利润额。

3. 审查企业未分配利润的会计处理是否正确。

4. 检查未分配利润在会计报表上是否恰当披露。

第六节　其他相关账户审计

一、财务费用审计

财务费用是指企业为筹集生产经营所需资金而发生的费用，包括利息收支、汇兑损益及相关手续费。财务费用的实质性程序一般包括：

1. 获取或编制财务费用明细表，复核检查其明细项目的设置是否符合规定的核算内容与范围，并与报表数、总账数和明细账合计数核对。

2. 将本期财务费用与上期财务费用各明细项目作比较，并将本期各月份的财务费用进行比较分析。如有重大波动和异常情况，应查明原因，扩大审计范围或增加测试量。

3. 结合短期借款和长期借款的审查，检查利息支出明细账，确认利息收支的真实性及正确性。抽查重要的或异常的利息费用项目，检查其原始凭证是否合法，会计处理是否正确。必要时，对财务费用实施截止测试，检查有无跨期入账的现象，对重大跨期项目应做必要调整。

4. 检查汇兑损失明细账。检查汇兑损益的计算方法，所用汇率是否符合规定，会计处理是否正确。

5. 检查财务费用是否已在财务报表上恰当披露。

二、应付利润(股利)审计

应付股利的审计目标为：确定应付股利的记录是否完整，确定应付股利的期末余额是否正确，确定应付股利的披露是否恰当。应付股利的审计程序包括：

1. 获取或编制应付股利明细表，复核加计是否正确，并与报表数、总账数和明细账合计数核对是否相符。

2. 审阅应付账款的相关文件。审阅公司章程、股东大会和董事会会议纪要中有关股利的规定，了解股利分配标准和发放方式是否符合有关规定并经法定程序批准；重点检查应付股利的发生额，是否根据董事会或股东大会决定的利润分配方案从税后可供分配利润中计算确定，并复核应付股利的计算和会计处理是否正确。

3. 检查股利支付的原始凭证。重点检查原始凭证的内容和金额是否正确；现金股利是否按公告规定的时间、金额予以发放结算；零股利是否采用适当的方法结算；对无结算及委托发放而长期未结的股利是否做出适当的处理；股利宣布、结算、转账的会计处理是否正确、适当。

4. 检查应付股利的披露是否恰当。

三、无形资产审计

无形资产是指企业为生产商品或提供劳务、出租给其他单位或为管理持有的、没有实物形态的非货币资产，包括专利权、非专利技术、商标权、著作权、土地使用权等。无形资产的审计目标为：确定无形资产是否确实存在并为被审计单位所拥有；确定无形资产增减变动及其摊销记录是否完整；确定无形资产的摊销是否符合有关规定，摊销计算是否合理和正确；确定无形资产减值准备的计提是否正确；确定无形资产期末余额是否正确；确定无形资产的披露是否恰当。

无形资产的实质性程序主要包括：

1. 获取或编制无形资产明细表，复核加计是否正确，并与报表数、总账数和明细账合计数是否相符。

2. 获取有关协议和董事会纪要等文件、资料，检查无形资产的性质、构成内容、计价依据以及其所有权是否归被审计单位所有；检查无形资产的摊销政策是否符合有关规定，是否与上期一致，若改变摊销政策，检查其依据是否充分。

3. 检查无形资产的增加。对股东投入的无形资产，检查是否符合有关规定，并经过适当的检查批准，无形资产的价值是否分别与验资报告及资产评估结果确认书或合同协议等证明文件一致，会计处理是否正确；对自行取得或购入的自有资产，检查其原始凭证、确认计价是否正确，法律程序是否完备（如依法登记、注册及变更登记的批准文件和有效期），会计处理是否正确。

4. 检查无形资产转让的会计处理是否正确，注意转让的是所有权还是使用权。
5. 检查本期摊销额是否正确，会计处理是否正确。
6. 检查无形资产减值准备的计提是否正确。
7. 检查无形资产的披露是否恰当。

本章小结

本章主要讲述投资与筹资循环的特点、内部控制、控制测试及相关实质性程序。筹资活动包括借款交易和所有者权益交易，主要有向银行或其他金融机构借款、发行债券、吸收权益性资金。借款交易主要涉及短期借款、长期借款、应付债券、长期应付款等账户。所有者权益主要涉及账户有：实收资本（股本）、资本公积、盈余公积和未分配利润。投资活动主要由权益性投资和债权性投资交易组成。投资活动主要涉及账户有：交易性金融资产、持有至到期投资、可供出售金融资产及长期股权投资。该循环还涉及其他账户，如应付股利、财务费用等。

筹资与投资循环的内部控制包括投资交易的内部控制和筹资交易的内部控制。注册会计师在了解该循环内部控制后，如果拟信赖其内部控制，应进行控制测试。

筹资循环的实质性程序包括短期借款、长期借款、应付债券、所有者权益的实质性程序。对于短期借款、长期借款的实质性程序包括检查借款合同等文件；执行重新计算，主要复算应计利息、分期偿还额；检查借款在资产负债表日是否做出恰当列报等。对所有者权益的实质性程序主要包括审查有关文件资料、检查会计处理及列报是否正确。投资循环的实质性程序包括长期股权投资和投资收益的实质性程序。投资循环的实质性程序内容主要有检查相关文件资料；检查投资核算的会计处理是否正确；投资收益的确认是否正确；报表披露是否恰当等。其他相关账户的实质性程序主要包括应付利润、财务费用、无形资产的实质性程序。

思考题

1. 简述筹资与投资业务循环中主要的业务活动。
2. 短期借款和长期借款审计的实质性程序有哪些？
3. 股本和实收资本审计的实质性程序有哪些？
4. 资本公积、盈余公积、未分配利润审计的实质性程序有哪些？
5. 投资审计的实质性程序有哪些？

案例分析

东岳公司审计案例

东岳公司是一家2000年上市的家电生产企业,聘用运河会计师事务所审计其年度财务报表。上市后,东岳公司开始相继涉足新能源、海洋生物、金融投资、房地产等与其主营业务关联度不高的业务领域。上市五年后,东岳公司多元化的经营效果不佳,各种矛盾开始集中显现。

2006年度,东岳公司出现以下情况:一方面,东岳公司的资金周转陷入危机。截至2006年末,控股股东五岳集团占用东岳公司及其子公司资金近20亿元。另一方面,东岳公司主营业务出现滑坡,2006年度和2007年度主营业务收入分别比上年下降21%和44%。在2006年度,公司上市后首次出现亏损,亏损额为7 300万元。2007年度,公司的主营业务继续巨额亏损。面对大股东占款和经营亏损的双重危机,东岳公司于2007年12月通过两笔股权转让交易确认了2亿元的股权转让收益,使当年净利润达到1 000万元。

第一笔股权转让交易是东岳公司向其控股股东转让全资子公司的股权。东岳公司于2007年12月将其持有的全资子公司岳山公司的股权以13 600万元的评估价向其控股股东五岳集团转让,并将转让价值高于账面价值的2 500万元确认为股权转让收益。

第二笔股权转让交易是东岳公司将其与控股子公司联合成立的另一家子公司的股权转让。东岳公司与其控股子公司泰山公司于2007年11月30日共同出资设立的子公司岳陵公司,注册资金为17 300万元,其中东岳公司以其拥有的一座大厦资产出资,评估作价12 110万元,占岳陵公司注册资本的70%,泰山公司以货币资金5 190万元出资,占岳陵公司注册资本的30%。2007年12月,东岳公司及其子公司泰山公司将其持有的岳陵公司的全部股权以评估价值35 600万元转让给某非关联单位,共确认股权转让收益18 300万元。

[资料来源:中国注册会计师协会编:《中国注册会计师继续教育审计案例》(第一辑),中国财政经济出版社2009年版]

讨论与思考题:

1. 关于股权转让收益的确认,我国的会计准则是如何规范的?选取若干家确认了重大股权转让收益的上市公司,了解其股权转让的交易和会计处理。

2. 对股权交易转让交易,你认为应实施哪些审计程序比较恰当?

第十四章

货币资金审计

导读案例

注册会计师王海于2011年2月3日对长江公司2010年度财务报表进行审计。他对长江公司的货币资金实施的部分审计程序如下：

1. 当天下午5时对长江公司的库存现金进行审计，当天的现金日记账已登记完毕，结出现金余额7 800元。经过盘点现金，取得以下资料：

(1)现金实有数为5 200元。

(2)下列借条已经付款，但尚未入账：职工张敏于1月15日借差旅费1 000元，已经领导批准；职工谢毅于1月20日借款700元，未经批准，也未说明用途。

2. 取得2010年12月31日银行存款余额调节表。

3. 向开户银行寄发银行询证函，并直接收取寄回的询证函回函。

4. 取得开户银行2011年1月31日的银行对账单。

[参考资料：秦荣生、卢春泉：《审计学学习指导书》(第七版)，中国人民大学出版社2011年版]

思考题：

1. 注册会计师王海对长江公司库存现金项目实施监盘程序，可以验证该项目的哪些认定？

2. 注册会计师王海向开户银行询证的作用有哪些？应采取什么方式才能直接收回开户银行的询证函的回函？目的是什么？

3. 注册会计师王海取得银行存款余额调节表后应检查哪些内容？索取开户银行2011年1月31日的银行对账单，能证实2010年12月31日银行存款余额调节表的哪些内容？

4. 长江公司通过实施哪些内部控制可以保证货币资金的安全完整？

任何企业进行生产经营活动都必须拥有一定数额的货币资金，其对于企业的重要性相当于人体的血液，其损失可能危及企业的健康甚至生命。同时，货币资金也是企业资产中流动性最强的一种资产，容易发生丢失、短缺、被盗、挤占、挪用等风险。因此，加强企业货币资金的安全管理，提高货币资金的使用效率已经成为企业资金管理的重要目标。

第一节　货币资金业务的性质

一、货币资金与交易循环的关系

货币资金是指企业以货币形态存在的资金，是企业资产的重要组成部分，是经营活动的起点和终点。根据货币资金存放地点及用途的不同，货币资金分为库存现金、银行存款及其他货币资金。货币资金与各业务循环均直接相关，成为各个循环的枢纽，起到“资金池”的作用。货币资金与各交易循环的关系可参见图 14－1。

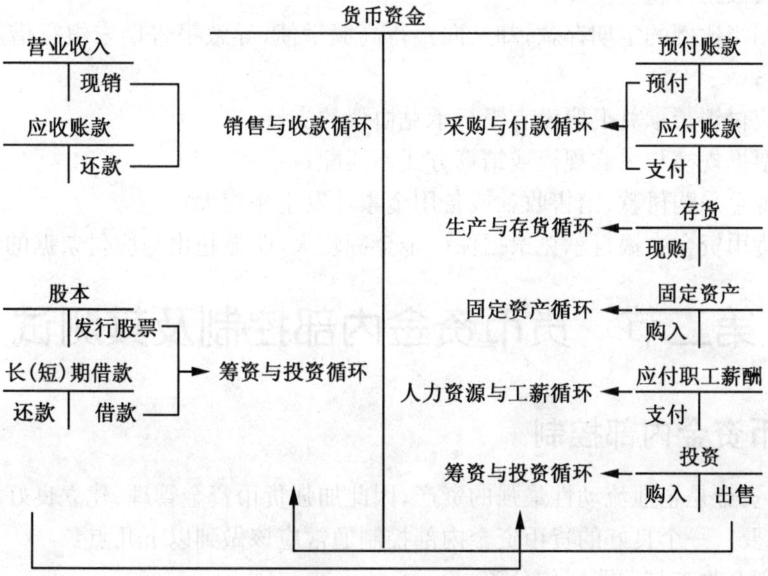

图 14－1　货币资金与各交易循环的关系

二、货币资金业务的主要凭证与会计记录

货币资金业务涉及的主要凭证和会计记录包括：现金盘点表、银行对账单、银行存款余额调节表、有关科目的记账凭证（如现金收款凭证、现金付款凭证、银行收款凭证、银行付款凭证）、有关会计账簿（如现金日记账、银行存款日记账）等。

三、货币资金可能存在重大错报风险的事项或情形

在审计实务工作中，如果被审计单位货币资金账户存在以下情形，可能表明货币资金存在重大错报风险，注册会计师执行相关审计工作时应当保持警觉：

(1)不能获取银行存款余额调节表；

(2)存在多笔银行存款未达账项；

(3)存在长期银行未达账项；

(4)货币资金收支金额与现金流量表不匹配；

(5)存在大量异地银行存款账户；

(6)企业资金存放于管理层或员工个人账户；

(7)只能提供定期存款开户证书复印件或不能提供定期存单；

(8)库存现金规模明显超过业务所需周转资金；

(9)银行账户开立数量与企业实际的业务规模不匹配；

(10)违反货币资金存放和使用规定，比如上市公司未经批准开立账户转移募集资金，或未经许可将募集资金转作其他用途等。

除上述与货币资金项目直接相关的事项或情形外，注册会计师审计其他财务报表项目时还可能关注到的事项有：

(1)没有具体业务支持或与交易不匹配的大额资金往来；

(2)长期大额预付款项挂账；

(3)存在相当比例的定期存款，却又向银行高额举债，导致报告期末银行借款余额与银行存款余额双高；

(4)承兑应付银行承兑汇票没有银行承兑协议的支持；

(5)应付票据规模与采购规模或结算方式不匹配；

(6)大量现金采购付款、销售收款或备用金累计发生额较大；

(7)其他货币资金中银行承兑票据保证金金额较大，明显超出与应付票据的比例关系。

第二节　货币资金内部控制及其测试

一、货币资金内部控制

由于货币资金是企业流动性最强的资产，因此加强货币资金管理、建立良好的内部控制制度显得尤为重要。一个良好的货币资金内部控制通常应该做到以下几点：

(1)货币资金收支与记账岗位分离。

(2)货币资金收支要有合理、合法的凭据。

(3)全部收支及时准确入账，并且支出要有批准手续。

(4)控制现金坐支，当日收入现金应及时送存银行。

(5)按月盘点现金，编制银行存款余额调节表，以做到账实相符。

(6)加强对货币资金收支业务的内部审计。

尽管每个企业的性质、所处行业、规模以及内部控制健全程度等不同，而使得其与货币资金相关的内部控制内容有所不同，但以下要求是通常应当共同遵循的：

(一)岗位分工及授权批准制度

1. 建立货币资金业务的岗位责任制，明确相关部门和岗位的职责权限，确保办理货币资金业务的不相容岗位相互分离、制约和监督。出纳人员不得兼任稽核、会计档案保管和收入、支出、费用、债权债务账目的登记工作。企业不得由一个人办理货币资金业务的全过程。

2. 对货币资金业务建立严格的授权批准制度，明确审批人对货币资金业务的授权批准方式、权限、程序、责任和相关控制措施，规定经办人办理货币资金业务的职责范围和工作要求。审批人应当根据货币资金授权批准制度的规定，在授权范围内进行审批，不得超越审批权限。经办人应当在职责范围内，按照审批人的批准意见办理货币资金业务。对于审批人超越授权范围审批的货币资金业务，经办人员有权拒绝办理，并及时向审批人的上级授权部门报告。

3. 按照规定的程序办理货币资金支付业务，即支付申请、支付审批、支付复核和办理支付。具体包括以下内容：

(1)支付申请：企业有关部门或个人用款时，应当提前向审批人提交货币支付申请，注明使用人、款项的用途、金额、用款日期、交付方式等内容，并附有效相关文件(如经济合同副本、可行性研究报告、董事会决议、会议通知等)。

(2)支付审批：审批人应根据其职责、权限对支付申请进行审批，对不合规定的货币支付申请，审批人应拒绝批准。

(3)支付复核：财务部应当对批准后的货币资金支付申请进行复核，复核货币资金支付申请的批准范围、权限是否正确，手续及相关文件是否齐备，支付方式、支付单位是否妥当等。复核无误后，应由出纳人员办理支付手续。

(4)办理支付：出纳人员应当根据复核无误的支付申请，按规定办理货币资金支付手续，及时登记相关账簿。

4. 对于重要货币资金支付业务，应当实行集体决策和审批，并建立责任追究制度，防范贪污、侵占、挪用货币资金等行为。

5. 严禁未经授权的机构或人员办理货币资金业务或直接接触货币资金。

(二)现金和银行存款的管理制度

(1)加强现金库存限额的管理，超过库存限额的现金应及时存入银行。

(2)根据《现金管理暂行条例》的规定，结合本企业的实际情况，确定本企业现金的开支范围，不属于现金开支范围的业务应当通过银行办理转账结算。

(3)企业的现金收入应及时存入银行，不得用于直接支付企业自身的支出。因特殊情况需坐支现金的，应事先报经开户银行审查批准。借出款项必须执行严格的授权批准程序，严禁擅自挪用、借出货币资金。

(4)企业取得的货币资金收入必须及时入账，不得私设"小金库"，不得账外设账，严禁收款不入账。

(5)企业应当严格按照《支付结算办法》等国家有关规定，加强银行账户的管理，严格按照规定开立账户，办理存款、取款和结算。应当定期检查、清理银行账户的开立及使用情况，发现问题，及时处理。应当加强对银行结算凭证的填制、传递及保管等环节的管理与控制。

(6)企业应当严格遵守银行结算纪律，不准签发没有资金保证的票据或远期支票，套取银行信用；不准签发、取得和转让没有真实交易和债权债务的票据，套取银行和他人资金；不准无理拒绝付款，任意占用他人资金；不准违反规定开立和使用银行账户。

(7)企业应当指定专人定期核对银行账户，每月至少核对一次，编制银行存款余额调节表，使银行存款账面余额与银行对账单调节相符。如调节不符，应查明原因，及时处理。

(8)企业应当定期和不定期地进行现金盘点，确保现金账面余额与实际库存相符。如发现不符，应及时查明原因，做出处理。

(三)票据及有关印章的管理

(1)企业应当加强与货币资金相关票据的管理，明确各种票据的购买、保管、领用、背书转让、注销等环节的职责权限和程序，并由专设的登记簿进行记录，防止空白票据的遗失和被盗用。

(2)企业应当加强银行预留印鉴的管理。财务专用章应由专人保管，个人名章必须由本人或其授权人员保管。严禁一人保管支付款项所需的全部印章。按规定需要有关负责人签字或盖章的经济业务，必须严格履行签字或盖章手续。

(四)监督检查

1. 企业应当建立对货币资金业务的监督检查制度，明确监督检查机构或人员的职责权限，应定期或不定期地进行检查。

2. 货币资金监督检查的内容主要包括：

(1)货币资金业务相关岗位及人员的设置情况。重点检查是否存在货币资金业务不相容职务混岗的现象。

(2)货币资金授权批准制度的执行情况。重点检查货币资金支出的授权批准手续是否齐全，是否存在越权审批行为。

(3)支付款项印章的保管情况。重点检查是否存在办理付款业务所需的全部印章交由一人保管的现象。

(4)票据的保管情况。重点检查票据的购买、领用、保管手续是否齐全，票据保管是否存在漏洞。

3. 对监督检查过程中发现的货币资金内部控制中的薄弱环节，应当及时采取措施，加以纠正和完善。

二、货币资金内部控制测试

通过对货币资金内部控制的测试，可以合理确定货币资金相关项目实质性程序的性质、时间和范围。

1. 调查并了解货币资金内部控制

注册会计师可以通过检查被审计单位有关内部控制的手册，或者询问被审计单位会计、出纳等相关人员，了解货币资金内部控制的设计和实际执行情况，包括货币资金岗位分工、授权批准、支付程序、现金和银行存款管理以及监督检查等情况。一般而言，注册会计师可以采用编制流程图的方法，也可采用编写货币资金内部控制文字说明的方法了解内部控制。货币资金内部控制调查表如表 14－1 所示。

表 14－1　　货币资金内部控制调查表

<table>
<tr><td colspan="2">被审计单位名称：</td><td></td><td>签名</td><td>日期</td><td>索引号</td><td></td><td></td></tr>
<tr><td colspan="2">项目：货币资金</td><td>编制人</td><td></td><td></td><td>页次</td><td></td><td></td></tr>
<tr><td colspan="2">会计期间：</td><td>复核人</td><td></td><td></td><td></td><td></td><td></td></tr>
<tr><td colspan="2" rowspan="2">调查问题</td><td colspan="6">答　案</td></tr>
<tr><td>是</td><td>弱</td><td>否</td><td colspan="3">不适用</td></tr>
<tr><td colspan="2">一、现金管理</td><td></td><td></td><td></td><td colspan="3"></td></tr>
<tr><td>1</td><td>经办人员办理有关现金业务是否得到批准</td><td></td><td></td><td></td><td colspan="3"></td></tr>
<tr><td>2</td><td>经办人员是否在现金收支原始凭证上签字</td><td></td><td></td><td></td><td colspan="3"></td></tr>
<tr><td>3</td><td>业务部门负责人是否审签现金收支原始凭证</td><td></td><td></td><td></td><td colspan="3"></td></tr>
<tr><td>4</td><td>会计主管或指定人员是否审签现金收支原始凭证</td><td></td><td></td><td></td><td colspan="3"></td></tr>
<tr><td>5</td><td>收款记账凭证和付款记账凭证是否连续编号</td><td></td><td></td><td></td><td colspan="3"></td></tr>
<tr><td>6</td><td>作废的收款收据是否加盖“作废”戳记</td><td></td><td></td><td></td><td colspan="3"></td></tr>
</table>

续表

7	付款凭证是否经过会计主管或指定人员复核				
8	出纳员是否根据记账凭证收付现金，并登记日记账				
9	出纳员是否在原始凭证上加盖“收讫”戳记				
10	现金是否存放在保险柜等安全设施中				
11	现金支票、印鉴是否分别有人保管				
12	出纳员是否负责凭证编制及账簿登记工作				
13	收款凭证、付款凭证是否经过稽核人员复核				
14	全公司所有的现金存放点是否在财务部门的直接控制下				
15	分管会计是否根据记账凭证登记相关明细账				
16	总账现金科目是否由总账会计登记				
17	出纳员是否每日清点库存现金并与现金日记账结余额相核对				
18	超过库存限额的现金是否当日送存银行				
19	现金清点余缺是否报告负责人审批处理				
20	月末是否有非记账人员核对现金日记账及有关明细账、总账				
21	账务误差是否报经负责人审批调整处理				
22	清点小组是否按期盘点库存现金并与现金账相核对				
23	现金清点查出余缺是否报经审批后处理				
24	收款、记账、稽核、核对职务是否由不同人员担任				
二、银行存款管理					
1	业务人员办理有关银行存款业务是否得到授权批准				
2	经办人员是否在银行存款收支原始凭证上签字				
3	业务部门负责人是否审签银行存款收支原始凭证				
4	是否采用银行管理方式				
5	是否有完整的资产存入、调剂、有偿使用、总体调度的管理制度				
6	材料采购、固定资产购置等付款事项是否经验收部门同意				
7	会计主管或指定人员是否审签银行存款结算原始凭证				
8	转账支票和结算凭证是否连续编号并按顺序使用				
9	作废的转账支票是否加盖“作废”戳记				
10	收付款项之后是否在原始凭证上加盖“收讫”或“付讫”戳记				
11	财务专用章、签发支票印章和财务负责人印章是否分别保管				
12	财务部门是否安排专门人员复核记账凭证及所附的结算凭证和原始凭证				
13	财务部门是否评价银行存款结算原始凭证				
14	出纳员是否根据经过复核的收付记账凭证逐笔登记银行存款日记账				
15	会计人员是否根据经过复核的收付记账凭证登记相应明细账				
16	银行存款总账科目是否由总账会计登记				

续表

17	银行存款是否与银行对账单逐笔核对				
18	银行存款余额调节表是否由非出纳员编制并核对				
19	是否由非记账人员定期核对银行存款日记账及存款明细账、总账				
20	结算、记账、稽核、核对职务是否由不同人员担任				
测试结论：					

2. 抽查收款凭证

注册会计师通常应从收款凭证中选取适当的样本，对其进行检查与核对：核对收款凭证与存入银行账户的日期和金额是否相符；核对收款凭证与库存现金、银行存款日记账的日期、金额是否相符；核对收款凭证与银行对账单是否相符；核对收款凭证与应收账款等相关明细账的记录是否相符；核对实收金额与销货发票等相关凭据是否一致；等等。

3. 抽查付款凭证

注册会计师通常应从付款凭证中选取适当的样本，对其进行检查与核对：检查付款的授权批准手续是否符合规定；核对库存现金、银行存款日记账的付出金额是否正确；核对付款凭证与银行对账单是否相符；核对付款凭证与应付账款等相关明细账的记录是否一致；核对实付金额与购货发票等相关凭据是否相符；等等。

4. 抽取一定期间的库存现金、银行存款日记账与总账核对

检查库存现金和银行存款日记账是否根据审核无误、合法的收付款凭证逐日逐笔序时登记，并由出纳员以外的会计人员加以核对。检查其有无计算错误，加总是否正确无误。如果检查中发现问题较多，说明被审计单位货币资金的会计记录不够可靠。还应根据日记账提供的线索，核对总账中的库存现金、银行存款、应收账款、应付账款等有关账户的记录。

5. 抽取一定期间的银行存款余额调节表进行检查

检查企业是否定期与银行对账，并由除出纳和登记结算往来账款明细账以外的其他会计人员核对银行存款日记账和银行对账单，调节未达账项。比较企业和银行记录的金额和时间是否相符。如果相差很大，就可能存在收入未及时存入银行的情况。

6. 检查外币资金的折算方法是否符合有关规定，是否与上年度一致

确定企业外币资金的增减变动是否采用交易发生日的即期汇率将外币金额折算为记账本位币金额，采用汇率的方法前后各期是否一致；检查企业外币货币资金的余额是否采用期末即期汇率折合为记账本位币金额；折算差额的会计处理是否正确。

7. 评价货币资金的内部控制

注册会计师在完成上述程序后，根据收集的审计证据，对货币资金内部控制的健全程度和执行情况进行评价，确定其可信赖程度以及存在的薄弱环节，并据以确定实质性程序的性质、时间和范围。对控制薄弱的环节，可作为实质性程序的重点，以降低检查风险。

第三节 库存现金审计

一、库存现金的审计目标

库存现金包括企业的人民币现金和外币现金。库存现金是企业流动性最强的资产，尽管其在企业资产中比重不大，但企业发生的舞弊事件大多与现金有关。因此，注册会计师应重视库存现金的审计。库存现金的审计目标主要包括：

1. 确定被审计单位资产负债表中的库存现金在资产负债表日是否存在，是否为被审计单位所拥有；

2. 确定被审计单位在特定期间发生现金收支业务是否均已记录完毕，有无遗漏；

3. 确定库存现金以恰当的金额包括在财务报表货币资金项目中，与之相关的计价调整已恰当记录；

4. 确定库存现金在财务报表的列报是否恰当。

二、库存现金的实质性程序

库存现金的实质性程序主要包括以下内容：

1. 核对库存现金日记账与总账的金额是否相符，检查非记账本位币库存现金的折算汇率及折算金额是否正确。如不相符，应查明原因，要求被审计单位做出适当调整，并进行记录。

2. 监盘库存现金。监盘库存现金是证实资产负债表中所列示现金是否存在的一项重要程序。企业盘点库存现金通常包括对已收到但未存入银行的现金、零用金、找换金等的盘点。盘点库存现金的时间和人员通常视被审计单位的具体情况而定，但必须有被审计单位的出纳和会计主管人员参加，并由注册会计师监盘。盘点和监盘库存现金的步骤与方法主要有：

(1)制定监盘计划，确定监盘时间。对库存现金的监盘最好实施突击性检查，时间最好选在上午上班前或下午下班时，盘点的范围一般包括被审计单位各部门经管的现金。在进行盘点前，应由出纳员将现金集中起来存入保险柜。必要时可加以封存，然后由出纳员把已经办妥的现金收付手续的收付款凭证等计入库存现金日记账。如被审计单位库存现金存放部门有两处或两处以上，应同时进行盘点。

(2)审阅库存现金日记账并同时与现金收付凭证相核对。一方面检查库存现金日记账的记录与凭证的内容和金额是否相符；另一方面了解凭证日期与库存现金日记账日期是否相符或接近。

(3)由出纳员根据库存现金日记账加计累计数额，并结出现金余额。

(4)盘点保险柜内的现金实存数，同时由注册会计师编制“库存现金监盘表”(格式参见表14—2)，分币种、面值列示盘点余额。

(5)将盘点金额与库存现金日记账余额进行核对。如有差异，应要求被审计单位查明原因，必要时应提请被审计单位做出调整。如无法查明原因，应要求被审计单位按管理权限批准后做出调整。

(6)若有充抵库存现金的借条、未提现支票、未作报销的原始凭证，应在“库存现金监盘表”中注明，必要时应提请被审计单位做出调整。

(7)在非资产负债表日进行盘点和监盘时，应调整至资产负债表日的金额。

【例 14—1】 2017 年 1 月 11 日下午 5 点，审计人员 C 参加对 ABC 公司库存现金的清查盘点工作。该公司会计主管小刘清点的结果如下：

(1)实际清点库存现金结存数：100 元币 120 张，50 元币 80 张，10 元币 220 张，5 元币 84 张，2 元币 175 张，1 元币 220 张，5 角币 50 张，2 角币 20 张，1 角币 50 张，共计 19 224 元。

(2)查明现金日记账截至 2017 年 1 月 10 日的账面余额为 21 679.24 元。

(3)查出已经办理收款手续尚未入账的收款凭证(191～202 号)合计 4 372.31 元。

(4)查出已经办理付款手续尚未入账的付款凭证(203～211 号)合计 4 126.14 元。

(5)发现现金日记账中夹有下列借据共计 2 701.41 元：职工刘某借学费 391.41 元，职工王某借伙食费 110 元，孙某借药费 1 000 元，赵某借住院费 1 200 元。

(6)现金日记账 2016 年 12 月 31 日余额为 17 267 元。

(7)从报表日至盘点日，现金日记账借方总计 10 164.55 元，贷方总计 5 506.14 元。

(8)银行核定库存现金限额 10 000 元。

要求：编制库存现金监盘表，并指出该公司现金保管制度中有何缺陷。

【解析】 库存现金监盘表见表 14—2。

表 14—2 **库存现金监盘表**

被审计单位：ABC 公司　　索引号：

项目：库存现金监盘　　会计期间：2016 年

编制人：　　复核人：

编制日期：　　复核日期：

盘点日期　2017 年 1 月 11 日下午 5 点

检查盘点记录						实有库存现金盘点记录						
项　目		项　次	人民币(元)	美元	某外币	面额(元)	人民币(元)		美元		某外币	
上一日账面库存余额		①	21 679.24				张	金额	张	金额	张	金额
监盘日发生传票收入金额		②	4 372.31			1 000						
监盘日发生传票支出金额		③	4 126.14			500						
监盘日账面应有金额		④=①+②−③	21 925.41			100	120	12 000				
盘点实有库存现金数额		⑤	19 224.00			50	80	4 000				
监盘日应有与实有差异		⑥=④−⑤	2 701.41			10	220	2 200				
差异原因分析	白条抵库(张)					5	84	420				
	刘某借学费		391.41			2	175	350				
	王某借伙食费		110.00			1	220	220				
	孙某借药费		1 000.00			0.5	50	25				
	赵某借住院费		1 200.00			0.2	20	4				
						0.1	50	5				
						合计	1 019	19 224		—		—

续表

追溯调整	报表日至审计日库存现金付出总额	5 506.14										
	报表日至审计日库存现金收入总额	10 164.55										
	报表日库存现金应有余额	17 267.00										
	报表日账面汇率											
	报表日余额折合本位币金额											
本位币合计		17 267.00										

出纳员:Y　　会计主管人员:小刘　　监盘人:C

审计说明:

2017 年 1 月 11 日下午 5 时现金出纳、会计主管和注册会计师参与盘点

存在问题及建议:

(1)白条抵库。出纳员擅自以白条方式借出现金共计 2 701.41 元,至今抵充库存不入账。建议:如有相关人员正式审批,应做其他应收款入账,或限期归还或敦促报销。

(2)账款不符。盘点日止账面应存现金 21 925.41 元,实际盘存现金 19 224 元,短款原因系出纳员白条抵库。建议:应对短缺现金及时查明原因,做出处理。

(3)核定库存现金限额 10 000 元,而实际库存现金超出限额 9 224 元。建议:超出部分及时送存银行。

(4)未及时登记现金日记账。建议:及时登记现金日记账,做到日清日结。

3. 分析被审计单位日常库存现金余额是否合理,是否存在大额未缴存的现金。

4. 抽查大额库存现金收支。检查大额现金收支的原始凭证是否齐全,内容是否完整,有无授权批准,记账凭证与原始凭证是否相符,账务处理是否正确,是否记录于恰当的会计期间等项内容。

5. 抽查资产负债表日前后若干天的、一定金额以上的现金收支凭证实施截止性测试,以确定是否存在跨期事项,是否应考虑提出调整建议。

6. 检查库存现金是否在财务报表中做出恰当列报。注册会计师在实施上述审计程序后,确定“库存现金”账户的期末余额是否恰当,进而确定库存现金在资产负债表中是否恰当披露。

第四节　银行存款审计

一、银行存款的审计目标

银行存款是指企业存入银行和其他非银行金融机构的各项款项。按照国家有关规定,凡是独立核算的企业都必须在当地银行开设账户。企业在银行开设账户后，除按核定的限额保留库存现金外，超过限额的现金必须存入银行；除了在规定的范围内可以用现金直接支付款项外，在经营过程中所发生的一切货币收支业务都必须通过银行存款账户进行结算。与现金相比，企业的银行存款具有金额较大、收支业务较复杂、涉及单位和凭证数量较多的特点，因而审计人员在审计中也需要十分重视。

银行存款的审计目标主要包括：

1. 确定被审计单位资产负债表中的银行存款在资产负债表日是否确实存在，是否为被审计单位所拥有；

2. 确定被审计单位在特定期间内发生的银行存款收支业务是否均已记录完毕，有无遗漏；

3. 确定银行存款以恰当的金额包括在财务报表货币资金项目中，与之相关的计价调整已恰当记录；

4. 确定银行存款在财务报表的列报是否恰当。

二、银行存款的实质性程序

银行存款实质性程序主要包括下列内容：

1. 获取或编制银行存款余额明细表，复核加计是否正确，并与总账数和日记账合计数核对是否相符。检查非记账本位币银行存款的折算汇率及折算金额是否正确。如果不符，审计人员应当进一步查明原因，必要时应建议做出适当调整。

2. 实施实质性分析程序：

(1)计算各种存款占银行存款总额的比例，以了解被审计单位本年较上年发生的各种变动，分析可能存在的问题。

(2)计算银行存款累计余额应收利息收入，分析比较被审计单位银行存款应收利息收入与实际利息收入的差异是否恰当，评估利息收入的合理性，检查企业是否存在高息资金拆借，确认银行存款余额是否存在，利息收入是否完整。

3. 检查银行存单。编制银行存单检查表，检查是否与账面记录金额相一致，是否被质押或限制使用，是否为被审计单位拥有或控制。

4. 获取并检查银行存款余额对账单和银行存款余额调节表。获取并检查银行存款余额对账单和银行存款余额调节表是证实资产负债表中所列银行存款是否存在的重要程序。银行存款余额调节表通常应由被审计单位根据不同的银行账户及货币种类分别编制。具体测试程序通常包括：

(1)将被审计单位资产负债表日银行存款余额对账单与银行询证函回函核对，确认是否一致，核对账面记录的存款金额是否与对账单记录一致。

(2)获取资产负债表日的银行存款余额调节表，检查调节表中加计是否正确，调节后银行存款日记账余额与银行对账单余额是否一致。

(3)检查调节事项的性质和范围是否合理：

①检查是否存在跨期收支和跨行转账的调节事项。编制跨行转账业务明细表，检查跨行转账业务是否同时对应转入转出，未在同一期间完成转账业务是否反映在银行存款余额调节表的调整事项中。

②检查大额在途存款和未付票据。

检查在途存款的日期，查明发生在途存款的具体原因，追查期后银行对账单存款记录日期，确定被审计单位与银行记账时间差异是否合理，确定在资产负债表日是否需要提请被审计单位进行适当调整。

检查被审计单位的未付票据清单，查明被审计单位未及时入账的原因，确定账簿记录时间晚于银行对账单的日期是否合理。

检查被审计单位未付票据明细清单中有记录但截止资产负债表日银行对账单无记录且金额较大的未付票据，获取票据领取人的书面说明，确认资产负债表日是否需要调整。

检查资产负债表日后银行对账单是否完整地记录了调节事项中银行未付票据金额。

(4)检查是否存在未入账的利息收入和利息支出。

(5)检查是否存在其他跨期收支事项，检查相应的原始交易单据或者银行收付款凭证。

(6)当被审计单位存在未经授权或授权不清支付货币资金的现象较多时，应检查银行存款余额调节表中支付异常的领款、签字不全、收款地址不清、金额较大票据的调整事项，确认是否存在舞弊。

5. 函证银行存款余额，编制银行函证结果汇总表，检查银行回函。银行存款函证是指注册会计师在执行审计业务中，以被审计单位名义向相关单位发函询证，以验证被审计单位银行存款是否真实、合法、完整。根据 1999 年财政部、中国人民银行颁布的《关于做好企业的银行存款借款及往来款项函证工作的通知》，注册会计师在执行审计过程中，需要以被审计企业名义向有关单位发函询证，以验证该企业的银行存款、借款及往来款项等是否真实、合法、完整，发现企业可能存在的违反相关法律、法规行为，保证会计信息质量，防范和化解金融风险。具体内容如下：

各商业银行、政策性银行、非银行金融机构要在收到询证函之日起 10 个工作日内，根据函证的具体要求及时回函，并可按国家有关规定收取询证费用；各有关企业要在收到询证函之日起 10 个工作日内，按照本企业与被审计企业之间往来款项等情况，根据函证的具体要求及时回函；其他有关单位要在收到询证函之日起 10 个工作日内，按照本单位与被审计企业之间往来款项等情况，根据函证的具体要求，及时回函(其他有关单位询证函的格式可以参照银行询证函和企业询证函参考格式)；注册会计师应当遵守中国注册会计师独立审计准则，对收到的回函信息严格保密。

函证银行存款余额是证实被审计单位资产负债表所列银行存款是否存在的重要程序。通过向往来银行函证，注册会计师不仅可以了解被审计单位银行存款是否存在，还可以了解被审计单位账面所欠银行债务的情况，并有助于发现被审计单位未入账的银行借款和未披露的或有负债。

在审计中，注册会计师应当向被审计单位在本期存过款的银行发函，包括零余额账户和在本期内注销的账户，应当对银行存款及与金融机构往来的其他重要信息实施函证程序，除非有充分证据表明某一银行存款及与金融机构往来的其他重要信息对财务报表不重要且与之相关的重大错报风险很低。如果不对这些项目实施函证程序，注册会计师应当在审计工作底稿中说明理由。银行询证函格式见参考格式 14—1。

参考格式 14—1　　　　　　　　　银行询证函

编号：

×××银行：

本公司聘请的×××会计师事务所正在对本公司××××年度财务报表进行审计，按照中国注册会计师执业准则的要求，应当询证本公司与贵行的存款、借款往来等事项。下列数据出自本公司账簿记录，如与贵行记录相符，请在本函下端"信息证明无误"处签章证明；如有不符，请在"信息不符"处列明不符金额。有关询证费用可直接从本公司×××存款账户中收取。回函请直接寄至×××事务所。

通信地址：

邮编：　　　　电话：　　　　传真：　　　　联系人：

截至　　年　　月　　日止，本公司银行存款、借款账户余额等列示如下：

1. 银行存款

账户名称	银行账号	币种	利率	余额	起止日期(活期/定期/保证金)	是否被抵押或质押或其他限制	备　注

除以上所述，本公司并无其他在贵行的存款。

2. 银行借款

账户名称	币种	余额	借款日期	还款日期	利率	其他借款条件	抵(质)押品/担保人	备　注

除以上所述，本公司并无其他来自贵行的银行借款。

3. 担保(如采用抵押或质押方式提供担保的，应在备注中说明抵押或质押物情况)

被担保人	担保方式	担保金额	担保期限	担保事由	备　注

除以上所述，本公司并无其他向贵行提供的担保。

4. 尚未支付的银行承兑汇票

银行承兑汇票号码	金额	出票日	到期日

除以上所述，本公司并无其他由贵行承兑而尚未支付的银行承兑汇票。

5. 已贴现而尚未到期的商业汇票

商业汇票号码	付款人名称	承兑人名称	票面金额	票面利率	出票日	到期日	贴现日	贴现率	贴现净额

除以上所述,本公司并无其他向贵行已贴现而尚未到期的商业汇票。

6. 未完成的已开具而不能撤销的信用证

信用证号码	受益人	信用证金额	到期日	未使用金额

除以上所述,本公司并无其他由贵行开具而不能撤销的信用证。

7. 未完成的外汇买卖合约

类　别	合约号码	买卖币种	未履行的合约买卖金额	汇　率	交收日期
贵行卖予本公司					
本公司卖予贵行					

除以上所述,本公司并无其他与贵行未完成的外汇买卖合约。

8. 存放于银行的有价证券

有价证券名称	数　量	金　额

除以上所述,本公司并无其他存放贵行的有价证券。

9. 其他事项(如无除前面所述外的其他事项,则应填写“无”)

(公司盖章)

年　月　日

结论:1. 信息证明无误　　(银行盖章)

经办人:　　年　月　日

2. 信息不符,请列明不符项目及具体内容　　(银行盖章)

经办人:　　年　月　日

6. 检查一年期以上的定期存款或限定用途存款是否存在公款私用、牟取私利等不法行为。

7. 检查银行存款收支的截止是否正确。被审计单位资产负债表中的银行存款数额，应以结账日的实有数额为准。因此，审计人员必须审查被审计单位银行存款收支的截止日期，检查是否存在跨期事项。

8. 检查大额的银行存款收支。审计人员应抽查大额银行存款（含外埠存款、银行汇票存款、银行本票存款、信用证存款）收支的原始凭证，查明原始凭证是否齐全、是否经授权批准、记账凭证与原始凭证是否相符、账务处理是否正确等项内容。检查是否存在非营业目的的大额货币资金转移，并核对相关账户的进账情况；如有与被审计单位生产经营无关的收支事项，应查明原因并作相应的记录。

9. 检查外币银行存款的折算是否正确。检查外币银行存款的收支差额是否按规定折算为记账本位币金额，外币银行存款的期末余额是否按期末市场汇率折合为记账本位币，外币折算差额是否按规定计入相关账户。

10. 检查银行存款是否在财务报表中做出恰当列报。

【例 14－2】 今明会计师事务所的注册会计师李浩审计华兴公司 2016 年度的财务报表，了解到华兴公司开立有基本存款账户 A、一般存款账户 B 和 C。2016 年 12 月 31 日，A 账户银行存款余额为 5 163 716.13 元，B 账户余额为 116 850.12 元，C 账户余额为 0。注册会计师决定对 A 账户采用积极式函证的方式，对 B 账户采用消极式函证的方式，对 C 账户主要采用检查相关记录和原始凭证验证其余额。

对 A 账户函证时，注册会计师将询证函交由华兴公司出纳员填写银行账号、存款余额及联系方式等事项后，由注册会计师审核后交出纳员送交 A 银行。具体函证内容如下：

银行询证函

A 银行：

本事务所接受委托对华兴公司的财务报表进行审计，按照中国注册会计师审计准则的要求，应当函证华兴公司与贵行的相关信息。下列信息出自华兴公司记录，如有不符，请在“信息不符”处列明不符金额。有关询证费用可直接从本账户中收取。回函请寄至华兴公司财务部（通信地址：略）。

截至 2016 年 12 月 31 日，华兴公司与贵行银行存款信息列示如下：

账户名称	银行账号	币种	利率	余额(元)	是否被质押、用于担保或存在其他使用限制	备注
华兴公司	0728393113	人民币		5 163 716.13		

除上述列示的银行存款外，华兴公司并无在贵行的其他存款。

今明会计师事务所（盖章）

2017 年 2 月 28 日

结论：信息不符，请列明不符项目及具体内容

（银行盖章）

年　　月　　日

经办人：

2017 年 3 月 5 日，出纳将 A 银行的回函交给注册会计师，银行确认的 2016 年 12 月 31 日华兴公司存款余额为 4 263 716.13 元。注册会计师检查了华兴公司编制的银行存款余额

调节表，调节表显示A账户银行对账单余额为4 263 716.13元，银行存款日记账余额为5 163 716.13元，注册会计师得出了银行存款日记账余额为5 163 716.13元的记录是准确的结论。

注册会计师审计确认，2016年12月31日库存现金的余额为150 000元。

如果注册会计师认为银行存款余额调节表的所有未达账项均不重要，且B和C账户未发现重大错报，注册会计师最终确定资产负债表中货币资金项目的余额为5 430 566.25元。

【解析】

1. 询证函的不当之处有：

(1)询证函没有编号；

(2)询证函不应以事务所的名义发出，应当以公司名义发出；

(3)积极式询证函应标明记录相符及应回函的要求；

(4)回函应要求寄至会计师事务所而不是华兴公司；

(5)询证函中对账的余额应以对账单显示的余额4 263 716.13元列示；

(6)函证事项应包括借款及担保等其他事项；

(7)询证函应有被审计单位盖章；

(8)结论应有“信息证明无误”的内容。

2. 注册会计师在确定函证对象、询证函的发送、回收以及银行存款余额的审计程序中存在的不当之处有：

(1)函证对象不正确，应当对所有的账户进行函证，包括本年度余额为0以及公司本年度存过款的银行账户；

(2)函证方式不正确，所有银行函证均采用积极式的函证方式；

(3)函证内容不正确，函证不仅包括存款，还应当包括借款、担保等事项；

(4)发送和回收程序不正确，注册会计师应当控制询证函的收发，不能由出纳代劳；

(5)银行存款余额调节表的审计不正确，不应只通过符合调节表中的加计数就确定银行存款日记账的余额，注册会计师还应通过期后相关凭证和对账单验证未达账项的真实性。

第五节 其他货币资金审计

一、其他货币资金的审计目标

其他货币资金包括企业到外地进行临时或零星采购地银行开立采购专户的款项所形成的外埠存款、企业为取得银行汇票按照规定存入银行的款项所形成的银行汇票存款、企业为取得银行本票按照规定存入银行的款项而形成的银行本票存款、信用卡存款和信用证保证金存款等。

其他货币资金的审计目标主要包括：

1. 确定被审计单位资产负债表中的其他货币资金在财务报表日是否确实存在，是否为被审计单位所拥有；

2. 确定被审计单位在特定期间内发生的其他货币资金收支业务是否均已记录完毕，有无遗漏；

3. 确定其他货币资金以恰当的金额包括在财务报表货币资金项目中，与之相关的计价调整已恰当记录；

4. 确定其他货币资金在财务报表上的列报是否恰当。

二、其他货币资金的实质性程序

其他货币资金的实质性程序主要包括：

1. 核对外埠存款、银行汇票存款、银行本票存款、信用卡存款、信用证保证金存款和存出投资款等各明细账期末合计数与总账数是否相符。

2. 获取所有其他货币资金明细的对账单，与账面记录核对。如果存在差异应查明原因，必要时应提出调整建议。

3. 函证其他货币资金期末余额，并记录函证过程。

4. 关注是否有质押、冻结等对变现有限制，或存放境外，或有潜在回收风险的款项。

5. 对于非记账本位币的其他货币资金，检查其采用的折算汇率是否正确。

6. 检查期末余额中有无较长时间未结清的款项。

7. 抽取若干大额的或有疑问的原始凭证进行测试，检查内容是否完整。

本章小结

货币资金是企业资产的重要组成部分，是企业资产中流动性最强的一种资产。根据货币资金存放地点及用途的不同，货币资金分为库存现金、银行存款及其他货币资金。

货币资金审计涉及的凭证和会计记录主要有现金盘点表、银行对账单、银行存款余额调节表、有关科目的记账凭证、有关会计账簿等。

货币资金内部控制内容包括：岗位分工及授权批准制度、现金和银行存款的管理制度、票据及有关印章的管理制度和监督检查制度。

对货币资金的内部控制进行控制测试的主要程序包括：了解货币资金内部控制；抽取并检查收款凭证；抽取并检查付款凭证；抽取一定期间的现金、银行存款日记账与总账核对；抽取一定期间的银行存款余额调节表，查验其是否按月正确编制并核对；评价货币资金内部控制。

货币资金审计主要包括库存现金、银行存款、其他货币资金等项目。

在库存现金审计中，监盘库存现金、检查收付款凭证等是主要的审计程序。

在银行存款审计中，检查银行存款余额对账单和银行存款余额调节表、函证银行存款等是主要的审计程序。

思考题

1. 如何对货币资金的内部控制进行测试？
2. 简述库存现金的审计目标。
3. 简述库存现金盘点和监盘的步骤与方法。
4. 简述银行存款的实质性程序。
5. 如何对银行存款余额实施函证？

案例分析

达美集团货币资金审计案例

审计人:诚信会计师事务所。项目负责人为杨福,项目组成员有李力、张同、刘为。

被审计人:达美股份有限公司(诚信会计师事务所自1998年开始接受达美股份有限公司委托,对其进行年度会计报表审计。)

审计内容:达美股份有限公司2001年度的会计报表。

公司背景:达美股份有限公司是一家上市较早的商业类公司,公司主营为零售业务,同时有一部分房地产开发业务,并与某网站合作,开展网上售货业务。公司对零售业务部分采用售价金额核算法,毛利率的计算结转采用分类毛利率法,定期对库存商品进行盘点,有一套相对严密的内部管理制度。公司自上市后业绩一直较为平稳,股价波动不大。

审计方法及存在的问题:审计人员在对该公司货币资金的内部控制采用"调查表法""检查凭证法"和"实地考察法"进行控制测试的基础上,发现该公司货币资金的内部控制存在一定的漏洞,主要表现在以下几个方面:

(1)财务部稽核人员对收款台的现金盘点坚持不够好,未能经常进行不定期盘点。

(2)通过查看支票登记本发现领用的票据号码不连续,存在领用支票不登记的现象。

(3)公司对现金和银行存款的支付基本能坚持审批制度,但在审批的职责权限划分上不够明确,从抽查的支付凭证来看,经常出现对相同业务的审批不一致,有时是财务经理的签字,有时是业务经理的签字,控制不够严格。

在发现上述问题后,审计人员确认该公司的内部控制属于中等信赖程度,因而适当地扩大了对达美股份有限公司货币资金实质性程序的范围。如采取盘存法对现金进行突击性盘点;采取抽查法查阅现金日记账和银行存款日记账;采取审阅法、调节法和函证法对银行存款的真实性和合法性进行审查。经过审计人员对上述内容进行认真的检查、仔细的核对,针对审计过程中发现的达美股份有限公司"服装柜组发生短款次数频繁""私设小金库""出租出借银行账号""因购货单位支付空头支票而未及时调账""短期贷款未入账""达美劳动服务公司明显存在开阴阳发票"和"短期投资记账错误"等问题与达美股份有限公司进行了沟通,并严肃地提出了限期改正的要求及纠正错误的建议。

本案例需要关注的问题:

1. 为避免舞弊情况的发生,必须健全有效的货币资金内控制度。货币资产是极易被贪污挪用的对象,在内控制度中要充分体现不相容职务的分离,并坚持良好的审核和核对制度。当然再好的内控制度也要人来执行,若有关人员蓄意舞弊,再好的控制制度也只能流于形式,本案例就是一个很好的例证。尽管该公司有相对完善的货币资金的内控制度,但在执行中未能得到很好的坚持,致使收款人员有机可乘,从中贪污现金。

2. 应当运用调节法对现金进行突击式盘点。对现金盘点是证实现金存在的重要审计程序,但盘点日与会计截止日一般不一致,在编制盘点表时必须注意调整,并关注盘点日到会计截止日之间的收支是否真实。在盘点时应确保存放在不同地点的现金同时盘点,不能相互流动。

3. 对货币资金大额收支凭证的抽查应结合其他业务的处理进行分析。在进行凭证抽查时,不能仅停留在账户对应关系、审批手续、金额相符等表面现象上,要深入分析业务内容和其合理性，对发现的疑点要紧追不放，这样才能将问题查清。

4. 对银行存款的审查应当注意未达账项，尤其要对长期未达账项进行分析。为了验证未达账项的真实性，应向银行取得会计截止期后一段时间的对账单，对长期的未达账项提请被审计单位进行调整，必要时应验证有关的支持性凭证，对在途时间较长的货币资金应持怀疑态度，验证其真实性。

5.利用银行存款的函证程序，发现企业可能存在的账外资金和贷款。银行存款函证程序是证实银行存款存在的重要证据，除了对经常提供对账单的开户行进行函证外，企业经常多头开户，有些账户较少发生业务，尤其是一些专用存款账户，函证时不能漏掉。有些户头年末存款余额也许为零，但也应进行必要的函证。在货币资金的审计案例中，将重点研究货币资金的控制测试程序，货币资金的确认方法，会计核算中可能存在舞弊形式，审核方法及其审计调整，货币资金审计工作所形成的主要审计工作底稿等。

（资料来源：百度文库 2011 年）

讨论与思考题：

1. 结合案例，说明货币资金内部控制关键的控制点有哪些？

2. 进行货币资金审计时应注意哪些问题？

第十五章

完成审计工作与审计报告

导读案例

德勤会计师事务所乃全球领先的专业服务事务所之一，其在中国的业务主要是为企业和投资者提供全面的会计、审计、税务和商业咨询服务。2002 年德勤会计师事务所为科龙电器股份有限公司提供了年报审计服务。2002 年之前为科龙电器股份有限公司提供年报审计服务的是安达信会计师事务所。

科龙电器 2000 年、2001 年都是亏损的。根据我国当时的上市规则，如果连续 3 年亏损，要暂停上市。因此，科龙电器 2002 年的盈亏非常关键。

在 2002 年科龙电器的年报中，通过高达 3.5 亿元的资产减值和预计负债转回，实现净利润 2 亿多元。德勤对该份年报出具了保留意见审计报告。理由是：不能确定年初科龙公司及合并的净资产是否真实，未能取得科龙公司联营公司华意压缩机股份有限公司的财务报表，应当调减科龙 1 亿元的净利润(其中包括转回的 2 500 万元存货跌价准备)。虽然科龙公司按照审计意见进行了账务调整，但调减后科龙 2002 年仍然是盈利的，净利润为 1 亿元，免于退市。

德勤在科龙公司年初资产不明的情况下，认同科龙依据巨额冲回实现的利润而发表了保留意见审计报告，众多的专业人士对此表示强烈质疑，认为德勤应出具无法表示意见的审计报告。

(参考资料：颜晓燕等：《注册会计师审计经典案例教程》，清华大学出版社 2010 年版)

思考题：

德勤会计师事务所对 2002 年科龙电器公司出具了保留意见审计报告，原因是什么？为什么其他专业人士认为德勤应出具无法表示意见审计报告？保留意见和无法表示意见有何区别？

第一节　完成审计工作概述

注册会计师在完成对财务报表项目实施的实质性程序后，在审计完成阶段应汇总审计测试结果，进行更具综合性的审计工作，如汇总审计差异，获取被审计单位管理层与律师声明书，复核审计工作底稿，撰写审计总结，形成审计结论，并出具审计报告。

一、编制审计差异调整表和试算平衡表

在审计工作完成阶段，注册会计师应对在审计过程中发现的被审计单位会计处理方法与相关会计准则、会计制度规定不一致的项目（即审计差异），审计项目经理应根据审计重要性原则予以初步确定、汇总，并建议被审计单位进行调整，使经审计的财务报表所载信息能够公允反映被审计单位的财务状况、经营成果和现金流量。对审计差异的“初步确定并汇总”直至形成“经审计的财务报表”的过程，主要是通过编制审计差异调整表和试算平衡表得以完成的。

（一）审计差异调整表

1. 审计差异的分类

审计差异内容按是否需要调整账户记录可分为核算误差和重分类误差。核算误差是因企业对经济业务进行了不正确的会计核算而引起的误差。重分类误差是因企业未按相关会计准则、会计制度的规定编制财务报表而引起的误差，如企业在应付账款项目中反映的预付款项、在应收账款项目中反映的预收款项等。

根据审计重要性原则，又可将上述核算误差划分为建议调整的不符事项和不建议调整的不符事项（即未调整不符事项）。注册会计师在划分建议调整的不符事项和不建议调整的不符事项时，应当考虑核算误差的金额和性质两个因素：

（1）对于单笔核算误差超过所涉及的财务报表项目（或账户）层次重要性水平的，应视为建议调整的不符事项。

（2）对于单笔核算误差低于所涉及的财务报表项目（或账户）层次重要性水平，但性质重要的，如涉及舞弊与违法行为的错报，应视为建议调整的不符事项。

（3）对于单笔核算误差低于所涉及的财务报表项目（或账户）层次重要性水平，并且性质不重要的，一般视为未调整不符事项；但当若干笔同类型未调整不符事项汇总数超过财务报表项目（或账户）层次重要性水平时，应从中选取几笔作为建议调整的不符事项，使未调整不符事项汇总金额降低至重要性水平之下。

2. 审计差异的汇总

无论是建议调整的不符事项、未调整不符事项还是重分类误差，在审计工作底稿中通常是以会计分录的形式反映的。由于审计中发现的错误不止一两项，为便于审计项目各级负责人的综合判断、分析和决定，也为了便于有效编制试算平衡表和代编经审计的财务报表，注册会计师应将审计差异进行汇总，编制审计差异调整表。审计差异的类型不同，审计差异调整表的内容、格式也不同。对建议调整的不符事项，应编制调整分录。调整分录汇总登记在“账项调整分录汇总表”中，调整分录要求调整账户和报表。对不建议调整的不符事项，汇总登记在“未调整不符事项汇总表”中，可不调整账户和报表。对重分类误差，应编制重分类分录。重分类分录汇总登记在“重分类调整分录汇总表”中，重分类调整分录只要求调整会计报表，不需要调整账户，一般只涉及资产负债表的有关项目。账项调整分录汇总表、重分类调整分录汇总表和未调整不符事项汇总表的参考格式分别见表15－1、表15－2、表15－3。

表 15－1　　账项调整分录汇总表

序号	内容及说明	索引号	调整内容				影响利润表＋(－)	影响资产负债表＋(－)
			借方项目	借方金额	贷方项目	贷方金额		

与被审计单位的沟通：

参加人员：

被审计单位：______

审计项目组：______

被审计单位的意见：

______

______

______

结论：

是否同意上述审计调整：______

被审计单位授权代表签字：______　日期：______

表 15－2　　重分类调整分录汇总表

序号	内容及说明	索引号	调整项目和金额			
			借方项目	借方金额	贷方项目	贷方金额

与被审计单位的沟通：

参加人员：

被审计单位：______

审计项目组：______

被审计单位的意见：

______

______

______

结论：

是否同意上述审计调整：________________________

被审计单位授权代表签字：________________________ 日期：____________

表 15－3 **未调整不符事项汇总表**

序号	内容及说明	索引号	未调整内容				备　注
			借方项目	借方金额	贷方项目	贷方金额	

未予调整的影响：

项　目	金　额	百分比	计划百分比
1. 资产总额	______	______	______
2. 净资产	______	______	______
3. 营业收入	______	______	______
4. 费用总额	______	______	______
5. 毛利	______	______	______
6. 净利润	______	______	______

结论：

被审计单位授权代表签字：________________________ 日期：____________

注册会计师确定了建议调整的不符事项和重分类误差后，应以书面方式及时征求被审计单位对需要调整财务报表事项的意见。若被审计单位予以采纳，应取得被审计单位同意调整的书面确认；若被审计单位不予采纳，应分析原因，并根据未调整不符事项的性质和重要程度，确定是否在审计报告中予以反映以及如何反映。

（二）试算平衡表

试算平衡表是注册会计师在被审计单位提供未审财务报表的基础上，考虑调整分录、重分类分录等内容以确定已审数与报表披露数的格式。

1. 试算平衡表格式

注册会计师在调整分录汇总表和重分类分录汇总表编制完成后，再据以编制“资产负债表试算平衡表”和“利润表试算平衡表”。财务报表最终反映的数额应以试算平衡表调整后的金额为准。试算平衡表的参考格式见表 15－4 和表 15－5。

表 15－4 **资产负债表试算平衡表**

被审计单位：________________ 索引号：________________

项目：________________ 财务报表截止日/期间：________________

编制：________________ 复核：________________

日期：________________ 日期：________________

项目	期末未审数	账项调整		重分类调整		期末审定数	项目	期末未审数	账项调整		重分类调整		期末审定数
		借方	贷方	借方	贷方				借方	贷方	借方	贷方	
货币资金							短期借款						
交易性金融资产							交易性金融负债						
应收票据							应付票据						
应收账款							应付账款						
预付款项							预收款项						
应收利息							应付职工薪酬						
应收股利							应交税费						
其他应收款							应付利息						
存货							应付股利						
一年内到期的非流动资产							其他应付款						
其他流动资产							一年内到期的非流动负债						
可供出售金融资产							其他流动负债						
持有至到期投资							长期借款						
长期应收款							应付债券						
长期股权投资							长期应付款						
投资性房地产							专项应付款						
固定资产							预计负债						
在建工程							递延所得税负债						
工程物资							其他非流动负债						
固定资产清理							实收资本（或股本）						
无形资产							资本公积						
开发支出							盈余公积						
商誉							未分配利润						
长期待摊费用													
递延所得税资产													
其他非流动资产													
合计							合计						

表 15—5　　利润表试算平衡表

被审计单位：＿＿＿＿　索引号：＿＿＿＿
项目：＿＿＿＿　财务报表截止日/期间：＿＿＿＿
编制：＿＿＿＿　复核：＿＿＿＿
日期：＿＿＿＿　日期：＿＿＿＿

项　目	审计前金额	调整金额		审定金额
		借方	贷方	
一、营业收入				
减：营业成本				
营业税金及附加				
减：销售费用				
管理费用				
财务费用				
资产减值损失				
加：公允价值变动损益				
投资收益				
二、营业利润				
加：营业外收入				
减：营业外支出				
三、利润总额				
减：所得税费用				
四、净利润				

2. 试算平衡表的编制

(1)试算平衡表中的"期末未审数"和"审计前金额"栏，应根据被审计单位提供的未审计财务报表填列。

(2)试算平衡表中的"账项调整"和"调整金额"栏，应根据经被审计单位同意的"账项调整分录汇总表"填列。试算平衡表中的"重分类调整"栏，应根据经被审计单位同意的"重分类调整分录汇总表"填列。

有些财务报表项目往往会在为调整这些审计差异所做的会计分录中多次出现，因此，在编制试算平衡表前，可先通过按财务报表项目设置的"T"字形账户，区分调整分录与重分类分录分别进行汇总，然后将按财务报表项目汇总后的借、贷方发生额分别过入试算平衡表中的"调整金额"和"重分类调整"栏内。

(3)在编制试算平衡表后，应注意核对相应的勾稽关系。例如，资产负债表试算平衡表左边的"期末未审数"栏合计数、"期末审定数"栏合计数应分别等于其右边相应各列合计数；资产负债表试算平衡表左边的"账项调整"栏中借方合计数与贷方合计数之差应等于右边的"账项调整"栏中贷方合计数与借方合计数之差；资产负债表试算平衡表左边的"重分类调整"栏中借方合计数与贷方合计数之差应等于右边的"重分类调整"栏中贷方合计数与借方合计数之差；等等。

【例 15—1】 ABC 会计师事务所的注册会计师王扬和李治对 XYZ 股份有限公司 2016 年度的财务报表进行审计，确定的财务报表层次的重要性水平为 50 万元。完成审计工作日是 2017 年 3 月 26 日，并于 2017 年 3 月 28 日递交审计报告。XYZ 股份有限公司 2016 年度审计前财务报表反映的资产总额为 80 000 万元，净资产为 24 800 万元，利润总额为 5 600 万元。

注册会计师王扬和李治经审计发现该公司存在以下四个事项：

(1)2016 年 12 月 31 日应收账款总账余额为 20 000 万元，其所属明细账中借方余额合计数为 21 000 万元，贷方余额合计数为 1 000 万元；其他应收款总账余额为 3 000 万元。该公司的坏账核算方法采用备抵法，坏账准备按期末应收账款余额的 1%计提，当年计提坏账准备 230 万元，坏账准备期末余额为贷方 220 万元。

(2)2016 年 1 月 1 日，公司为增加营运资金按面值发行了 2 年期、面值为 6 000 万元、票面利率为年利率 10%的企业债券，当日筹足资金并按规定做了相应的会计处理(债券发行费用可忽略不计)，但当年未计提债券利息。

(3)2016 年 10 月 31 日，公司盘点产成品仓库，发现甲产品短缺 15 万元，做了借记"待处理财产损溢"科目 15 万元、贷记"产成品"科目 15 万元的会计处理。2017 年 1 月份查清短缺原因系内部职工偷盗。由于结账时间在前，公司未在 2016 年度财务报表中包含对这一经济业务相应的会计处理。

(4)2016 年 2 月，公司购买价格为 600 万元的管理用设备一台并入账，当月启用，但当年未计提折旧。公司采用平均年限法核算固定资产折旧，该类固定资产预计使用年限为 10 年，预计净残值率为 5%。

要求：

(1)假定不考虑审计重要性水平，针对审计发现的上述四个事项，注册会计师王扬和李治分别应提出何种处理建议？若需提出调整建议，请列示审计调整分录(包括重分类调整分录)。

(2)如果 XYZ 股份有限公司接受了注册会计师王扬和李治提出的上述审计调整建议，请编制试算平衡工作底稿。

【解析】

表 15-6 账项调整分录汇总表 单位：元

序号	内容及说明	索引号	调整内容				影响利润表+(-)	影响资产负债表+(-)
			借方项目	借方金额	贷方项目	贷方金额		
1	少提坏账准备	A15	资产减值损失	200 000	应收账款	200 000	-200 000	-200 000
2	未提债券利息	B5	财务费用	6 000 000	应付利息	6 000 000	-6 000 000	+6 000 000
3	未结转待处理财产损溢	E2	其他应收款	150 000	待处理财产损溢	150 000		
4	少提固定资产折旧	A11	管理费用	475 000	固定资产	475 000	-475 000	-475 000

与被审计单位的沟通：

参加人员：

被审计单位：王军、张志强

审计项目组：王扬、李治、张红

被审计单位的意见：

同意注册会计师的审计意见。

结论：

是否同意上述审计调整：接受调整意见

被审计单位授权代表签字：王军 日期：2017.3.25

表 15—7　　　　重分类调整分录汇总表　　　　单位：元

序号	内容及说明	索引号	调整项目和金额			
			借方项目	借方金额	贷方项目	贷方金额
1	应收账款贷方余额调入预收账款	A15	应收账款	10 000 000	预收账款	10 000 000

与被审计单位的沟通：

参加人员：

被审计单位：王军、张志强

审计项目组：王扬、李治、张红

被审计单位的意见：

同意注册会计师的审计意见。

结论：

是否同意上述审计调整：接受调整意见

被审计单位授权代表签字：王军　　　日期：2017.3.25

二、复核审计工作底稿

在外勤审计过程中，注册会计师所积累的审计工作底稿是分散的、不系统的。编制审计报告时，注册会计师应根据委托审计的内容、范围和要求，对审计工作底稿进行整理和分析，全面总结审计工作。注册会计师及其助理人员都应整理好自己的工作底稿，回顾是否有遗漏的环节，着重列举审计中发现的问题。审计项目负责人应对全部审计工作底稿进行综合分析，并对注册会计师及其助理人员在审计过程中是否遵循了注册会计师审计准则的要求进行检查，对审计工作底稿做出综合结论，形成书面记录。

在对财务报表进行总体性复核时，注册会计师首先应当全面审阅财务报表及其附注，考虑针对实质性程序中发现的异常差异或未预期差异所获取的证据是否充分、恰当；这些异常差异或未预期差异与计划审计阶段的预计之间的关系。然后再将分析程序运用于财务报表上，以确定是否还可能存在其他的异常或未预期关系。如果识别出以前未识别的重大错报风险，注册会计师应当重新考虑对全部或部分各类交易、账户余额、列报评估的风险，并在此基础上重新评价之前计划的审计程序。

在对财务报表实施整体分析程序时，可以运用比率法以及其他比较技术。但由于这一审计程序的实施有一定难度，需要比较丰富的审计经验，因此，应由全面了解被审计单位及其环境的审计项目经理、部门经理甚至主任会计师来进行，并且这种分析程序的对象应集中在注册会计师认定的重大错报风险审计领域和考虑了所有建议调整的不符事项和重分类误差后的财务报表方面。比较的一方是被审计单位的资料，比较的另一方则是预期的被审计单位的结果，可获得的行业资料或者产量、销量和员工人数等相关的一些非财务资料。

会计师事务所应当建立完善的审计工作底稿分级复核制度。对审计工作底稿的复核可分为两个层次：项目组内部复核和独立的项目质量控制复核。

(一)项目组内部复核

项目组内部复核又分为两个层次：项目负责经理的现场复核和项目合伙人的复核。

1. 项目负责经理的现场复核

由项目负责经理对工作底稿的复核属于第一级复核。该复核通常在审计现场完成，以便及时发现和解决问题，争取审计工作的主动，目的是确定审计工作是否遵循了审计准则的要求，审计工作底稿是否提供了充分、适当的记录，实施的审计程序是否恰当，重大判断是否合理，形成的审计结论是否恰当，对审计中不符事项的处理是否恰当，已审计财务报表的编制是否符合会计准则的规定，拟出具审计报告的措辞是否得当、意见是否恰当。复核的主要内容有：

(1)复核审计计划的完成情况，以及导致对审计计划做出重大修改的事项；

(2)对重要的财务报表项目审计情况进行复核；

(3)对特殊交易或事项的审计情况进行复核，如债务重组、关联方交易、非货币性资产交换等；

(4)对重要的会计政策、会计估计变更的审计情况进行复核；

(5)对重大事项的概要进行复核；

(6)对建议调整事项进行复核；

(7)对管理层声明书、律师询证函复函、与被审计单位的沟通记录及会谈记录等进行复核；

(8)对审计总结进行复核；

(9)对拟出具的审计意见类型进行复核。

2. 项目合伙人的复核

项目合伙人对审计工作底稿实施复核是项目组内部最高级别的复核。该复核既是对项目负责经理复核的再监督，也是对重要审计事项的把关。通过复核，以确定对重大错报风险的评估及采取的应对措施是否恰当，针对存在特别风险的审计领域是否设计并实施了针对性的审计程序，得出的审计结论是否恰当；项目组做出的重大判断是否合理；提出的建议调整事项是否恰当合理，未调整不符事项无论单独还是汇总起来是否对财务报表不具有重大影响；已审计财务报表的编制是否符合会计准则的规定，拟出具的审计报告措辞是否得当、意见是否恰当。复核的主要内容有：

(1)复核审计计划的完成情况，以及导致对审计计划做出重大修改的事项；

(2)对重大事项的概要进行复核；

(3)对存在特别风险的审计领域以及项目组采取的应对措施进行复核；

(4)对项目组做出的重大判断进行复核；

(5)对建议调整事项进行复核；

(6)对管理层声明书、律师询证函复函、与被审计单位的沟通记录及会谈记录等进行复核；

(7)对审计总结进行复核；

(8)对拟出具的审计意见类型进行复核。

(二)独立的项目质量控制复核

项目质量控制复核是在出具报告前对项目组做出的重大判断和准备报告时形成结论做出客观评价的过程。项目质量控制复核也称独立复核，由独立的项目质量控制复核人员进行复核。《质量控制准则第 5101 号——会计师事务所对执行财务报表审计和审阅、其他鉴证和相关服务业务实施的质量控制》要求对上市公司财务报表审计以及会计师事务所确定需要实施项目质量控制复核的其他业务实施项目质量控制复核，并在出具报告前完成。

复核的主要内容有：

(1)在项目质量控制复核之前是否已进行了项目组内部的复核，其结果是否令人满意；

(2)对项目组执行审计业务时所保持的独立性进行复核；

(3)对项目组在审计过程中识别的特别风险以及采取的应对措施是否恰当进行复核；

(4)对项目组做出的重大判断的恰当合理性进行复核,包括关于重要性和特别风险的判断;

(5)对项目组是否就存在的意见分歧、疑难问题或争议事项进行了适当咨询,及咨询得出的结论是否恰当进行复核;

(6)对审计中识别的已更正和未更正错报的重要程度及处理情况进行复核;

(7)对项目组与管理层和治理层的沟通记录、事项进行复核,沟通的结果是否达到要求;

(8)对审计工作底稿记录的充分性、适当性进行复核,审计工作底稿的记录是否支持其形成的审计结论;

(9)对拟出具的审计报告进行复核,确定其是否已按照注册会计师审计准则的规定发表了恰当的审计意见。

三、获取管理层声明书

被审计单位管理层声明书是被审计单位管理层在审计期间向注册会计师提供的关于财务报表的各项书面陈述,用以确定某些事项或支持其他审计证据。它不包括管理层提供的财务报表及其认定,以及支持性账簿和相关记录。管理层声明书是重要的审计证据。注册会计师在出具审计报告前,应向被审计单位管理层获取声明书,而且在很多情况下要求管理层提供书面声明而非口头声明,可以促使管理层更加认真地考虑声明所涉及的事项,从而提高声明的质量,以明确会计责任与审计责任。

被审计单位管理层的声明书应由被审计单位的高层管理人员(一般是总经理和财务总监)签名后送交受托审计的会计师事务所。如果被审计单位管理层拒绝就对财务报表具有重大影响的事项提供必要的书面声明,注册会计师就应当将其视为审计范围受到限制,出具保留意见或无法表示意见的审计报告。注册会计师如果不能获取对财务报表具有或可能具有重大影响的事项的充分、适当的审计证据,而这些证据预期是可以获取的,即使已收到管理层就这些事项做出的声明,注册会计师仍应将其视为审计范围受到严重限制,出具保留意见或无法表示意见的审计报告。

(一)被审计单位管理层声明书的作用

(1)明确被审计单位管理层对其财务报表应负的会计责任。被审计单位管理层应对其财务报表的编制和提供给注册会计师有关资料的真实性、合法性和完整性负责,并在声明书中做出陈述。

(2)有利于保护注册会计师。被审计单位管理层声明书将被审计单位管理人员对各方面审计问题的回答以书面方式记录下来。当被审计单位与注册会计师发生意见分歧和法律诉讼时,可作为书面证据,有利于保护注册会计师。

(3)它是注册会计师通过实施其他审计程序获得审计证据的补充。因为管理层声明书属于非独立来源的书面声明,因此不能将其视为非常可靠的审计证据。虽然它提供了注册会计师要求管理当局回答的某些问题的证据,但其作用主要是心理方面的。

(二)被审计单位管理层声明书的格式

(1)标题:××公司管理层声明书。

(2)收件人:管理层声明书的收件人为接受委托的会计师事务所及签署审计报告的注册会计师。

(3)声明内容:根据注册会计师要求声明的内容,列出各项声明。

(4)签章：通常由管理层中对被审计单位及其财务负主要责任的人员签署，并加盖被审计单位公章。在某些情况下，注册会计师也可以向管理层中其他人员获取声明书。

(5)日期：被审计单位管理层声明书的日期应与审计报告的日期一致，以防日期不一致而产生误解。但在特定情况下，被审计单位管理层可能对某些交易或事项出具单独或者专项的声明书。在这种情况下，声明书的日期可以是注册会计师获取该声明书的日期。

(三)被审计单位管理层声明书的内容

1. 关于财务报表

(1)管理层认可其对财务报表的编制责任；

(2)管理层认可其设计、实施和维护内部控制以防止或发现并纠正错报的责任；

(3)管理层认为注册会计师在审计过程中发现的未更正错报，无论是单独还是汇总起来考虑，对财务报表整体均不具有重大影响。

2. 关于信息的完整性

(1)所有财务信息和其他数据的可获得性；

(2)所有股东会和董事会会议记录的完整性和可获得性；

(3)就违反法规行为这一事项，被审计单位与监管机构沟通的书面文件的可获得性；

(4)与未记录交易相关的资料的可获得性；

(5)涉及下列人员舞弊行为或舞弊嫌疑的信息的可获得性：管理层，对内部控制产生重大影响的雇员，对财务报表的编制具有重大影响的其他人员。

3. 关于确认、计量和列报

(1)对资产或负债的确认或列报具有重大影响的计划或意图；

(2)关联方交易，以及涉及关联方的应收或应付款项；

(3)需要在财务报表中披露的违反法规行为；

(4)需要确认或披露的或有事项，对财务报表具有重大影响的承诺事项和需要偿付的担保等；

(5)对财务报表具有重大影响的合同的遵循情况；

(6)对财务报表具有重大影响的重大不确定事项；

(7)被审计单位对资产的拥有或控制情况，以及抵押、质押或留置资产；

(8)持续经营假设的合理性；

(9)需要调整或披露的期后事项。

上述事项，因其复杂程度和重要程度的不同，注册会计师可以将其全部列入管理层声明书中，也可以就此向管理层获取专项声明。

管理层声明书范例如下：

××公司管理层声明书

××会计师事务所并××注册会计师：

本公司已委托贵事务所对本公司2016年12月31日的资产负债表，2016年度的利润表、股东权益变动表和现金流量表以及财务报表附注进行审计，并出具审计报告。

为配合贵事务所的审计工作，本公司做出如下声明：

关于财务报表：

1. 本公司承诺，按照《企业会计准则》的规定编制财务报表是我们的责任。

2. 本公司已按照《企业会计准则》的规定编制2016年度财务报表，财务报表的编制基础与上年度保持一致，本公司管理层对上述财务报表的真实性、合法性和完整性承担责任。

3. 设计、实施和维护内部控制，保证本公司资产安全和完整，防止或发现并纠正错报，是本公司管理层的责任。

4. 本公司承诺财务报表不存在重大错报。贵事务所在审计过程中发现的未更正错报，无论是单独还是汇总起来，对财务报表整体均不具有重大影响。未更正错报汇总(见附件)附后。

5. 关于信息的完整性：

本公司已向贵事务所提供了：

(1)全部财务信息和其他数据；

(2)全部重要的决议、合同、章程、纳税申报表等相关资料；

(3)全部股东会和董事会的会议记录。

关于确认、计量和列报：

6. 本公司所有经济业务均已按规定入账，不存在账外资产或未计负债。

7. 本公司认为所有与公允价值计量相关的重大假设是合理的，恰当地反映了本公司的意图和采取特定措施的能力；用于确定公允价值的计量方法符合《企业会计准则》的规定，并在使用上保持了一贯性；本公司已在财务报表中对上述事项做出恰当披露。

8. 本公司不存在导致重述比较数据的任何事项。

9. 本公司已提供所有与关联方和关联方交易相关的资料，并已根据《企业会计准则》和《××会计制度》的规定恰当披露了所有重大关联方交易。

10. 本公司已提供全部或有事项的相关资料。除财务报表附注中披露的或有事项外，本公司不存在其他应披露而未披露的诉讼、赔偿、背书、承兑、担保等或有事项。

11. 除财务报表附注披露的承诺事项外，本公司不存在其他应披露而未披露的承诺事项。

12. 本公司不存在未披露的影响财务报表公允性的重大不确定事项。

13. 本公司已采取必要措施防止或发现舞弊及其他违反法规行为，不存在对财务报表产生重大影响的舞弊和其他违反法规行为。

14. 本公司严格遵守了合同规定的条款，不存在因未履行合同而对财务报表产生重大影响的事项。

15. 本公司对所有资产均拥有合法权利，除已披露事项外，无其他被抵押、质押资产。

16. 本公司编制财务报表所依据的持续经营假设是合理的，没有计划终止经营或破产清算。

17. 本公司已提供全部资产负债表日后事项的相关资料，除财务报表附注中披露的资产负债表日后事项外，本公司不存在其他应披露而未披露的重大资产负债表日后事项。

18. 本公司管理层确信：

(1)未收到监管机构有关调整或修改财务报表的通知；

(2)无税务纠纷。

19. 其他事项：

××有限责任公司(盖章)

法定代表人：(签名并盖章)

财务负责人：(签名并盖章)

2017年×月×日

四、取得律师声明书

在审计过程中，为了解被审计单位可能存在的期后事项和或有事项，注册会计师往往要向被审计单位的法律顾问或律师进行函证，以获取对资产负债表日业已存在的以及资产负债表日至律师复函日止这一时期内存在的期后事项和或有事项等的确认证据。被审计单位法律顾问或律师对注册会计师函证问题的答复和说明，就是律师声明书。律师声明书通常可提供有力的证据，帮助注册会计师解释并报告有关的期后事项和或有事项，从而减少注册会计师误解上述事项的可能性，但其本身不足以对注册会计师形成审计意见提供基本理由。

律师询证函通常由注册会计师起草，通过寄发审计询证函的方式实施。律师的责任在于声明被审计单位对有关期后事项和或有事项等的叙述是完整的（或指明其疏漏），并对被审计单位对有关期后事项和或有事项等情况说明的恰当性做出评价。

律师声明书所用的格式和措辞并没有定式。单位不同或情况不同，律师出具的声明书也不同。但是，律师声明书的内容可能直接影响注册会计师发表审计意见的类型。

下面分别列示一种常见的律师询证函和律师询证函复函的范例。

律师询证函

______律师事务所并______律师：

本公司已聘请××会计师事务所对本公司　年　月　日（以下简称资产负债表日）的资产负债表以及截止资产负债表日的该年度利润表、现金流量表、股东权益变动表和财务报表附注进行审计。为配合该项审计，谨请贵律师基于受理本公司委托的工作（诸如常年法律顾问、专项咨询和诉讼代理等），提供下述资料，并函告××会计师事务所：

一、请说明存在于资产负债表日并且自该日起至本函回复日止本公司委托贵律师代理进行的任何未决诉讼。该说明中谨请包含以下内容：

(1)案件的简要事实经过与目前的发展进程；

(2)在可能范围内，贵律师对于本公司管理层就上述案件所持看法及处理计划（如庭外和解设想）的了解，及您对可能发生结果的意见；

(3)在可能范围内，您对可能发生的损失或收益的可能性及金额的估计。

二、请说明存在于资产负债表日并且自该日起至本函回复日止，本公司曾向贵律师咨询的其他诸如未决诉讼、追索债权、被追索债务以及政府有关部门对本公司进行的调查等可能涉及本公司法律责任的事件。

三、请说明截止资产负债表日，本公司与贵律师事务所律师服务费的结算情况（如有可能，请依服务项目区分）。

四、若无上述一及二事项，为节省您宝贵的时间，烦请填写本函背面《律师询证函复函》并签章后，按以下地址，寄往××会计师事务所（地址：××市××路××号；邮编××××××）。

谢谢合作！

××公司（盖章）

公司负责人（签章）

年　月　日

律师询证函复函

××会计师事务所：

本律师于________期间，除向________公司提供一般性法律咨询服务，并未有接受委托、代理进行或咨询如前述一、二所述之事宜。

另截止　　年　月　日，该公司

□ 未积欠本律师事务所任何律师服务费。

□ 尚有本律师事务所的律师服务费计人民币________元，未予付清。

________律师事务所

律师：______（签章）

年　月　日

律师声明书作为一项外部证据，具有较强的证明力。但注册会计师应根据被审计单位律师的职业条件和职业声誉，来确定律师声明书的合理性。注册会计师对律师询证函应从整体上分析，以便确定它对审计询证函的总体反映，确定它与注册会计师所知的情况是否矛盾。倘若律师声明书表明或暗示律师拒绝提供信息，或隐瞒信息，或对被审计单位叙述的情况应予修正而不加修正，注册会计师一般认为审计范围受到限制，应不能出具无保留意见的审计报告。

五、撰写审计总结

在审计完成阶段，在完成了对审计工作的复核基础上，撰写审计总结，概括地说明审计计划的执行情况及审计目标是否实现，同时对每个审计人员的审计结果加以汇总和评价，对财务报表形成适当的审计意见。审计总结一般包括以下内容：

(1)公司简介，阐述被审计单位的背景信息及重大会计政策的变更情况等。

(2)审计概况，主要阐述审计过程、审计计划的执行情况（包括所采用的审计方法、审计计划执行偏差及其原因等）、审计的总体评价（包括不符事项的调整或未调整的理由）、审计前后主要财务指标及应引起部门经理和主任会计师注意的重大事项（包括关联交易、财务承诺、期后事项等）。

(3)审计中发现的主要问题和建议的重要调整事项。

(4)审计结论，说明拟出具的审计报告的意见类型及对被审计单位经营管理的评价与建议。

六、与被审计单位的沟通

与被审计单位沟通主要是指与被审计单位治理层的沟通。《中国注册会计师审计准则第1151号——与治理层的沟通》规定："注册会计师应当就与财务报表审计相关且根据职业判断认为与治理层责任相关的重大事项，以适当的方式及时与治理层沟通。"在与治理层沟通特定事项前，注册会计师通常先与管理层讨论，除非这些事项不适合与管理层讨论。

注册会计师与被审计单位的沟通方式包括口头或书面沟通。对于某些重要事项，注册会计师应采用书面方式。书面沟通文件统称为沟通函。

在审计委托阶段、计划阶段、审计程序实施阶段和审计完成阶段，注册会计师都需要通过与被审计单位进行沟通，以了解被审计单位的有关情况，取得必要的审计证据，从而提高审计效率与效果。

在审计完成阶段，注册会计师应当就以下事项与被审计单位进行沟通：

1. 有关财务报表的分歧，主要是指注册会计师与被审计单位就财务报表编制与披露方面存在的不同意见。

2. 重大审计调整事项，即对财务报表所反映的财务状况、经营成果或现金流量有重大影响的、注册会计师认为需要调整的审计事项。

3. 财务报表附注披露中存在的可能导致修改审计报告的重大问题，即或有事项、期后事项、关联方交易、持续经营等方面的披露及各期会计政策或会计方法变更的披露中存在的对审计报告有影响的问题。

4. 被审计单位面临的可能危及其持续经营能力的重大风险，即在可预见的将来影响被审计单位持续经营能力的重大风险。

5. 审计意见的类型及审计报告的措辞。注册会计师在编制审计报告时，应向被审计单位告知其所确定的审计意见的类型及审计报告的措辞，并使其理解其含义。需要明确的是，注册会计师在发表审计意见时，必须坚持独立、客观、公正的原则。这里的沟通仅仅是向被审计单位告知和解释，绝不意味着对审计意见的类型及审计报告的措辞需要与被审计单位商讨。

6. 注册会计师拟提出的关于内部控制方面的建议。注册会计师应就审计过程中注意到的、对财务报表将产生影响的、被审计单位在内部控制设计和运行方面存在的重大缺陷，向被审计单位提出口头或书面建议。

7. 其他需要沟通的事项。

第二节 审计报告概述

一、审计报告的概念

审计报告是注册会计师根据《中国注册会计师审计准则》的规定，在实施审计工作的基础上对被审计单位财务报表发表审计意见的书面文件。审计报告是审计工作的最终成果，具有法定证明效力。

注册会计师应当按照审计准则的规定执行审计工作，并在实施审计工作的基础上出具审计报告。注册会计师应当实施风险评估程序，并针对评估的风险设计和实施恰当的应对措施，获取充分、适当的审计证据，作为形成审计意见的基础。注册会计师应当以书面的形式出具审计报告，清楚地表达对财务报表发表的审计意见。注册会计师一旦在审计报告上签名并盖章，就表明其对出具的审计报告负责。由于注册会计师是对财务报表发表审计意见，因此，应将已审计的财务报表附于审计报告之后，以便于财务报表使用者正确理解和使用审计报告，并防止被审计单位替换、更改已审计的财务报表。

二、审计报告的作用

注册会计师签发的审计报告主要具有鉴证、保护和证明三方面的作用。

1. 鉴证作用

注册会计师签发的审计报告，是以超然独立的第三者身份，对被审计单位财务报表合法性、公允性发表意见。这种意见具有鉴证作用，得到了政府及其各部门和社会各界的普遍认可。如政府有关部门了解、掌握企业财务状况和经营成果的主要依据是企业提供的财务报表，财务报表是否合法、公允，主要依据注册会计师的审计报告进行判断。

2. 保护作用

注册会计师通过审计，可以对被审计单位出具不同类型审计意见的审计报告，以提高或降低财务报表信息使用者对财务报表的信赖程度，能够在一定程度上对被审计单位的财产、债权人和股东的权益及企业利害关系人的利益起到保护作用。

3. 证明作用

审计报告是对注册会计师审计任务完成情况及其结果所做的总结，它可以表明审计工作的质量并明确注册会计师的审计责任。因此，审计报告可以对审计工作的质量和注册会计师的审计责任起到证明作用。

三、审计报告的种类

审计报告可按不同的标准进行分类。

1. 按照审计报告的性质分类

按照审计报告的性质可分为标准审计报告和非标准审计报告。

标准审计报告是指注册会计师出具的无保留意见的审计报告不附加说明段、强调事项段、其他事项段或任何修饰性用语。标准审计报告以外的其他审计报告统称为非标准审计报告。

2. 按照审计报告使用的目的分类

按照审计报告使用的目的可分为公布目的的审计报告和非公布目的的审计报告。

(1)公布目的的审计报告，一般是用于对企业股东、投资者、债权人等非特定利益关系者公布的附送财务报表的审计报告。

(2)非公布目的的审计报告，一般是用于经营管理、合并或业务转让、融通资金等特定目的而实施审计的审计报告。这类审计报告是分发给特定使用者的。

3. 按照审计报告的详略程度分类

按照审计报告的详略程度可分为简式审计报告和详式审计报告。

(1)简式审计报告又称短式审计报告，是指注册会计师对应公布的财务报表进行审计后所编制的简明扼要的审计报告。简式审计报告反映的内容是非特定多数的利害关系人共同认为的必要审计事项，它具有记载事项为法令或审计准则所规定的特征，具有标准格式。

(2)详式审计报告又称长式审计报告，是指对审计对象所有重要的经济业务和情况都要做详细说明和分析的审计报告。详式审计报告主要用于指出企业经营管理存在的问题和帮助企业改善经营管理，所以其内容较简式审计报告丰富得多、详细得多。

四、审计报告的基本内容

根据《中国注册会计师审计准则第 1501 号——对财务报表形成审计意见和出具审计报告》的规定，审计报告的基本内容应包括以下几个方面：

1. 标题

审计报告应当具有标题，统一规范为“审计报告”。

2. 收件人

审计报告的收件人是指注册会计师按照业务约定书的要求致送审计报告的对象，一般是指审计业务的委托人。审计报告应当载明收件人的全称。

3. 引言段

审计报告的引言段应当说明被审计单位的名称和财务报表已经过审计，并包括下列内容：

(1)指出构成整套财务报表的每张财务报表的名称；

(2)提及财务报表附注(包括重要会计政策概要和其他解释性信息);

(3)指明构成整套财务报表的每一张财务报表的日期或涵盖的期间。

4. 管理层对财务报表的责任段

审计报告应当包含标题为“管理层对财务报表的责任”段落,用以描述被审计单位中负责编制财务报表的人员的责任。管理层对财务报表的责任段应当说明,按照适用的会计准则和相关会计制度的规定编制财务报表是管理层的责任。这种责任包括:

(1)按照适用的编制基础编制财务报表,并使其实现公允反映;

(2)设计、执行和维护与财务报表编制相关的内部控制,以使财务报表不存在由于舞弊或错误而导致的重大错报。

注册会计师按照审计准则的规定执行审计工作的前提是管理层和治理层认可其按照适用的编制基础编制财务报表,并使其实现公允反映的责任;管理层也认可其设计、实施和维护内部控制,以使财务报表不存在由于舞弊或错误而导致的重大错报的责任。审计报告中对管理层责任的说明包括提及这两种责任,这有助于向财务报表使用者解释执行审计工作的前提。

5. 注册会计师的责任段

审计报告应当包含标题为“注册会计师的责任”的段落。注册会计师的责任段应当说明下列内容:

(1)注册会计师的责任是在实施审计工作的基础上对财务报表发表审计意见,以与管理层编制财务报表的责任相区分。

(2)注册会计师按照中国注册会计师审计准则的规定执行了审计工作。中国注册会计师审计准则要求注册会计师遵守职业道德规范,计划和实施审计工作以对财务报表是否不存在重大错报获取合理保证。

(3)审计工作涉及实施审计程序,以获取有关财务报表金额和披露的审计证据。选择的审计程序取决于注册会计师的判断,包括对由于舞弊或错误导致的财务报表重大错报风险的评估。在进行风险评估时,注册会计师考虑与财务报表编制相关的内部控制,以设计恰当的审计程序,但目的并非对内部控制的有效性发表意见。审计工作还包括评价管理层选用会计政策的恰当性和做出会计估计的合理性,以及评价财务报表的总体列报。

(4)注册会计师相信已获取的审计证据是充分、适当的,为其发表审计意见提供了基础。

如果接受委托,结合财务报表审计对内部控制有效性发表意见,注册会计师应当删除本条第3项中“但目的并非对内部控制的有效性发表意见”的术语。

6. 审计意见段

审计意见段应当说明,财务报表是否按照适用的财务报告编制基础编制,是否在所有重大方面公允反映了被审计单位的财务状况、经营成果和现金流量。

在评价财务报表是否按照适用的财务报告编制基础编制时,注册会计师应当考虑下列内容:

(1)选择和运用的会计政策是否符合适用的财务报告编制基础,并适合于被审计单位的具体情况;

(2)管理层做出的会计估计是否合理;

(3)财务报表反映的信息是否具有相关性、可靠性、可比性和可理解性;

(4)财务报表是否做出充分披露,使财务报表使用者能够理解重大交易和事项对被审计单位财务状况、经营成果和现金流量的影响。

在评价财务报表是否做出公允反映时，注册会计师应当考虑下列内容：

(1)经管理层调整后的财务报表是否与注册会计师对被审计单位及其环境的了解一致；

(2)财务报表的列报、结构和内容是否合理；

(3)财务报表是否真实地反映了交易和事项的经济实质。

7. 注册会计师的签名和盖章

审计报告应当由注册会计师签名并盖章。注册会计师在审计报告上签名并盖章，有利于明确法律责任。《财政部关于注册会计师在审计报告上签名盖章有关问题的通知》明确规定："审计报告应当由两名具备相关业务资格的注册会计师签名盖章并经会计师事务所盖章方为有效。合伙会计师事务所出具的审计报告，应当由一名对审计项目负最终复核责任的合伙人和一名负责该项目的注册会计师签名盖章。有限责任会计师事务所出具的审计报告，应当由会计师事务所主任会计师或其授权的副主任会计师和一名负责该项目的注册会计师签名盖章。"

8. 会计师事务所的名称、地址及盖章

审计报告应当载明会计师事务所的名称和地址，并加盖会计师事务所公章。注册会计师在审计报告中载明会计师事务所地址时，标明会计师事务所所在的城市即可。

9. 报告日期

审计报告的日期是指注册会计师完成审计工作的日期。审计报告日期不应早于注册会计师获取充分、适当的审计证据(包括被审计单位管理层认可对财务报表的责任且已批准财务报表的证据)，并在此基础上对财务报表形成审计意见的日期。

注册会计师在确定审计报告日时，应当确信已获取下列两方面的审计证据：

(1)构成整套财务报表的所有财务报表(包括相关附注)已编制完成；

(2)被审计单位的董事会、管理层或类似机构已经认可其对财务报表负责。

第三节 审计报告的基本类型

注册会计师根据审计结果和被审计单位对有关问题的处理情况，形成不同的审计意见，出具标准和非标准的审计报告。

一、标准审计报告

标准审计报告是指注册会计师出具的无保留意见的审计报告不附加说明段、强调事项段、其他事项段或任何修饰性用语。无保留意见审计报告是注册会计师对被审计单位的财务报表，依照《中国注册会计师审计准则》的要求进行审计后确认：被审计单位会计处理方法遵循了财务报告编制基础的规定，符合被审计单位的实际情况，财务报表提供的资料内容完整、表达清楚、无重要遗漏，报表的编制方法符合规定要求，因而对财务报表无保留地表示满意。无保留意见意味着注册会计师认为财务报表是合法的、公允的，能满足非特定多数的利害关系人的共同需要，并对表示的无保留意见负责，表明被审计单位圆满完成了会计责任，进而使审计报告的使用者对被审计单位的财务状况、经营成果及现金流量情况给予较高的信赖。

如果认为财务报表符合下列所有条件，注册会计师应当出具无保留意见的审计报告：

(1)财务报表已经按照适用的财务报告编制基础的规定编制，在所有重大方面公允反映了被审计单位的财务状况、经营成果和现金流量；

(2)注册会计师已经按照《中国注册会计师审计准则》的规定计划和实施审计工作,在审计过程中未受到限制。

当出具无保留意见的审计报告时,注册会计师应当以"我们认为"作为意见段的开头,并使用"在所有重大方面""公允反映"等术语。

【例 15-2】 对按照企业会计准则编制的财务报表出具的标准审计报告的参考格式

审 计 报 告

A 股份有限公司全体股东:

我们审计了后附的 A 股份有限公司(以下简称 A 公司)财务报表,包括 2016 年 12 月 31 日的资产负债表,2016 年度的利润表、股东权益变动表和现金流量表以及财务报表附注。

一、管理层对财务报表的责任

按照企业会计准则的规定编制财务报表是 A 公司管理层的责任。这种责任包括:(1)按照企业会计准则的规定编制财务报表,并使其实现公允反映;(2)设计、执行和维护必要的内部控制,以使财务报表不存在由于舞弊或错误而导致的重大错报。

二、注册会计师的责任

我们的责任是在实施审计工作的基础上对财务报表发表审计意见。我们按照中国注册会计师审计准则的规定执行了审计工作。中国注册会计师审计准则要求我们遵守职业道德规范,计划和实施审计工作以对财务报表是否不存在重大错报获取合理保证。

审计工作涉及实施审计程序,以获取有关财务报表金额和披露的审计证据。选择的审计程序取决于注册会计师的判断,包括对由于舞弊或错误导致的财务报表重大错报风险的评估。在进行风险评估时,我们考虑与财务报表编制相关的内部控制,以设计恰当的审计程序,但目的并非对内部控制的有效性发表意见。审计工作还包括评价管理层选用会计政策的恰当性和做出会计估计的合理性,以及评价财务报表的总体列报。

我们相信,我们获取的审计证据是充分、适当的,为发表审计意见提供了基础。

三、审计意见

我们认为,A 公司财务报表在所有重大方面按照企业会计准则的规定编制,公允反映了 A 公司 2016 年 12 月 31 日的财务状况以及 2016 年度的经营成果和现金流量。

锦泰会计师事务所(盖章)　　　　中国注册会计师:张宏(签名并盖章)

中国注册会计师:李丽(签名并盖章)

中国　北京　　　　2017 年 3 月 26 日

二、非标准审计报告

标准审计报告以外的其他审计报告统称为非标准审计报告,包括带强调事项段和其他事项段的无保留意见审计报告和非无保留意见审计报告。非无保留意见的审计报告包括保留意见的审计报告、否定意见的审计报告和无法表示意见的审计报告。

(一)非无保留意见审计报告

1. 非无保留意见的含义

非无保留意见是指保留意见、否定意见或无法表示意见。

当存在下列情形之一时,注册会计师应当发表非无保留意见:

(1)根据获取的审计证据,得出财务报表整体存在重大错报的结论。财务报表的重大错报可能源于会计政策选择和运用的恰当性、财务报表披露的恰当性或充分性。

(2)无法获取充分、适当的审计证据(也称审计范围受到限制),不能得出财务报表整体不存在重大错报的结论。

2. 确定非无保留意见的类型

注册会计师确定恰当的非无保留意见类型,取决于下列事项:

(1)导致非无保留意见事项的性质是财务报表存在重大错报,还是在无法获取充分、适当审计证据的情况下财务报表可能存在重大错报。

(2)注册会计师就导致非无保留意见的事项对财务报表产生或可能产生影响的广泛性做出判断。广泛性是用以说明错报对财务报表的影响,对财务报表的影响具有广泛性的情形包括不限于对财务报表特定要素、账户或项目产生影响;虽然仅对财务报表特定要素、账户或项目产生影响,但这些要素、账户或项目是或可能是财务报表的主要组成部分;当与披露相关时,对财务报表使用者理解财务报表产生重要影响。

当存在下列情形之一时,注册会计师应当发表保留意见:

(1)在获取充分、适当的审计证据后,注册会计师认为错报单独或汇总起来对财务报表影响重大,但不具有广泛性。

注册会计师在获取充分、适当的审计证据后,只有当认为财务报表整体而言是公允的,但还存在对财务报表产生重大影响的错报时,才能发表保留意见。如果注册会计师认为错报对财务报表产生的影响极为严重且具有广泛性,则应发表否定意见。

(2)注册会计师无法获取充分、适当的审计证据以作为形成审计意见的基础,但认为未发现的错报(如存在)对财务报表可能产生的影响重大,但不具有广泛性。

注册会计师因审计范围受到限制而发表保留意见还是无法表示意见,取决于无法获取的审计证据对形成审计意见的重要性。只有当未发现的错报(如存在)对财务报表可能产生的影响重大但不具有广泛性时,才能发表保留意见。

在获取充分、适当的审计证据后,如果认为错报单独或汇总起来对财务报表影响重大且具有广泛性,注册会计师应当发表否定意见。

如果无法获取充分、适当的审计证据以作为形成审计意见的基础,但认为未发现的错报(如存在)对财务报表可能产生的影响重大且具有广泛性时,注册会计师应当发表无法表示意见。

3. 非无保留意见审计报告的格式

(1)导致非无保留意见的事项段

如果对财务报表发表非无保留意见,除了在审计报告中包含《中国注册会计师审计准则第1501号——对财务报表形成审计意见和出具审计报告》规定的审计报告要素外,注册会计师应当在审计意见段之前增加一个段落,说明导致发表非无保留意见的事项。如果财务报表中存在与具体金额相关的重大错报,注册会计师应当在导致非无保留意见的事项段中说明并量化该错报的财务影响。如果因无法获取充分、适当的审计证据而导致发表非无保留意见,注册会计师应当在非无保留意见的事项段中说明无法获取审计证据的原因。

(2)审计意见段

当发表非无保留意见时,注册会计师应当对审计意见段使用恰当的标题,如"保留意见""否定意见"或"无法表示意见",以使财务报表使用者清楚注册会计师发表了非无保留意见,并能够表明非无保留意见的类型。

当发表保留意见时，如果是由于财务报表存在重大错报导致的，注册会计师应当在意见段中使用“除了导致保留意见的事项段所述事项产生的影响外”等专业术语；如果是由于无法获取充分、适当审计证据而导致的，注册会计师应当在意见段中使用“除……可能产生的影响外”等专业术语。

当发表否定意见时，注册会计师应当在审计意见段中使用“由于上述问题造成的重大影响”“由于受到前段所述事项的重大影响”等专业术语。

当发表无法表示意见时，注册会计师应当在审计意见段中使用“由于导致无法表示意见的事项段所述事项的重要性，我们无法获取充分、适当的审计证据为发表审计意见提供基础”“我们不对上述财务报表发表意见”等专业术语。

(3)非无保留意见对审计报告要素内容的修改

当发表保留意见或否定意见时，注册会计师应当修改对注册会计师责任的描述，以说明：注册会计师相信，注册会计师已获取充分、适当的审计证据，为发表非无保留意见提供了基础。

当发表无法表示意见时，注册会计师应当修改审计报告的引言段，说明注册会计师接受委托审计财务报表，还应当修改对注册会计师责任和审计范围的描述，并仅能做出如下说明：“我们的责任是在按照中国注册会计师审计准则的规定执行审计工作的基础上对财务报表发表审计意见。但由于导致无法表示意见的事项段中所述的事项，我们无法获取充分、适当的审计证据以为发表审计意见提供基础。”

【例 15－3】 因注册会计师无法获取充分、适当审计证据而发表保留意见的审计报告

审 计 报 告

B股份有限公司全体股东：

我们审计了后附的B股份有限公司（以下简称B公司）财务报表，包括2016年12月31日的资产负债表，2016年度的利润表、股东权益变动表和现金流量表以及财务报表附注。

一、管理层对财务报表的责任

按照企业会计准则的规定编制财务报表是B公司管理层的责任。这种责任包括：(1)按照企业会计准则的规定编制财务报表，并使其实现公允反映；(2)设计、执行和维护必要的内部控制，以使财务报表不存在由于舞弊或错误而导致的重大错报。

二、注册会计师的责任

我们的责任是在实施审计工作的基础上对财务报表发表审计意见。我们按照中国注册会计师审计准则的规定执行了审计工作。中国注册会计师审计准则要求我们遵守职业道德规范，计划和实施审计工作以对财务报表是否不存在重大错报获取合理保证。

审计工作涉及实施审计程序，以获取有关财务报表金额和披露的审计证据。选择的审计程序取决于注册会计师的判断，包括对由于舞弊或错误导致的财务报表重大错报风险的评估。在进行风险评估时，我们考虑与财务报表编制相关的内部控制，以设计恰当的审计程序，但目的并非对内部控制的有效性发表意见。审计工作还包括评价管理层选用会计政策的恰当性和做出会计估计的合理性，以及评价财务报表的总体列报。

我们相信，我们获取的审计证据是充分、适当的，为发表保留意见提供了基础。

三、导致保留意见的事项

B公司2016年12月31日的应收账款余额为8 650万元，占资产总额的20%。由于B公司未能提供债务人的地址，我们无法实施函证以及其他替代审计程序，以获取充分、适当的审计证据，也无法确定是否有必要对这些金额进行调整。

四、保留意见

我们认为，除“三、导致保留意见的事项”段所述事项可能产生的影响外，B公司财务报表在所有重大方面按照企业会计准则的规定编制，公允反映了B公司2016年12月31日的财务状况以及2016年度的经营成果和现金流量。

信达会计师事务所(盖章)　　　　中国注册会计师：张英杰(签名并盖章)

中国注册会计师：王丽梅(签名并盖章)

中国　　天津　　　　2017年3月9日

【例15—4】 因财务报表存在重大错报而发表保留意见的审计报告

审 计 报 告

C股份有限公司全体股东：

我们审计了后附的C股份有限公司(以下简称C公司)财务报表，包括2016年12月31日的资产负债表，2016年度的利润表、股东权益变动表和现金流量表以及财务报表附注。

一、管理层对财务报表的责任

按照企业会计准则的规定编制财务报表是C公司管理层的责任。这种责任包括：(1)按照企业会计准则的规定编制财务报表，并使其实现公允反映；(2)设计、执行和维护必要的内部控制，以使财务报表不存在由于舞弊或错误而导致的重大错报。

二、注册会计师的责任

我们的责任是在实施审计工作的基础上对财务报表发表审计意见。我们按照中国注册会计师审计准则的规定执行了审计工作。中国注册会计师审计准则要求我们遵守职业道德规范，计划和实施审计工作以对财务报表是否不存在重大错报获取合理保证。

审计工作涉及实施审计程序，以获取有关财务报表金额和披露的审计证据。选择的审计程序取决于注册会计师的判断，包括对由于舞弊或错误导致的财务报表重大错报风险的评估。在进行风险评估时，我们考虑与财务报表编制相关的内部控制，以设计恰当的审计程序，但目的并非对内部控制的有效性发表意见。审计工作还包括评价管理层选用会计政策的恰当性和做出会计估计的合理性，以及评价财务报表的总体列报。

我们相信，我们获取的审计证据是充分、适当的，为发表保留意见提供了基础。

三、导致保留意见的事项

C公司对2016年10月购入的设备类固定资产没有计提折旧。如果按照C公司固定资产折旧政策，应当计提折旧费用1 800万元。相应地，C公司2016年12月31日的累计折旧应当增加1 800万元，固定资产账面价值减少1 800万元，2016年度净利润减少1 800万元。

四、保留意见

我们认为，除“三、导致保留意见的事项”段所述事项产生的影响外，C公司财务报表在所有重大方面按照企业会计准则的规定编制，公允反映了C公司2016年12月31日的财务状况以及2016年度的经营成果和现金流量。

恒宏会计师事务所(盖章)　　　　中国注册会计师：刘明(签名并盖章)

中国注册会计师：赵庆(签名并盖章)

中国　北京　　　　2017年3月15日

【例 15－5】 因财务报表存在重大错报而发表否定意见的审计报告

审计报告

D 股份有限公司全体股东：

我们审计了后附的 D 股份有限公司(以下简称 D 公司)财务报表,包括 2016 年 12 月 31 日的资产负债表,2016 年度的利润表、股东权益变动表和现金流量表以及财务报表附注。

一、管理层对财务报表的责任

按照企业会计准则的规定编制财务报表是 D 公司管理层的责任。这种责任包括:(1)按照企业会计准则的规定编制财务报表,并使其实现公允反映;(2)设计、执行和维护必要的内部控制,以使财务报表不存在由于舞弊或错误而导致的重大错报。

二、注册会计师的责任

我们的责任是在实施审计工作的基础上对财务报表发表审计意见。我们按照中国注册会计师审计准则的规定执行了审计工作。中国注册会计师审计准则要求我们遵守职业道德规范,计划和实施审计工作以对财务报表是否不存在重大错报获取合理保证。

审计工作涉及实施审计程序,以获取有关财务报表金额和披露的审计证据。选择的审计程序取决于注册会计师的判断,包括对由于舞弊或错误导致的财务报表重大错报风险的评估。在进行风险评估时,我们考虑与财务报表编制相关的内部控制,以设计恰当的审计程序,但目的并非对内部控制的有效性发表意见。审计工作还包括评价管理层选用会计政策的恰当性和做出会计估计的合理性,以及评价财务报表的总体列报。

我们相信,我们获取的审计证据是充分、适当的,为发表否定意见提供了基础。

三、导致否定意见的事项

如财务报表附注十一所述,D 公司对 W 公司的长期股权投资未按企业会计准则的规定采用权益法核算。如果按权益法核算,D 公司的长期投资账面价值将减少 4 800 万元,净利润将减少 4 800 万元,从而导致 D 公司由盈利 4 410 万元变为亏损 390 万元。

四、否定意见

我们认为,由于“三、导致否定意见的事项”段所述事项的重要性,D 公司财务报表没有在所有重大方面按照企业会计准则的规定编制,未能公允反映 D 公司 2016 年 12 月 31 日的财务状况以及 2016 年度的经营成果和现金流量。

永泰会计师事务所(盖章)　　　　中国注册会计师:孙晨(签名并盖章)

中国注册会计师:高芳(签名并盖章)

中国　南京　　　　2017 年 3 月 20 日

【例 15－6】 因无法获取充分、适当审计证据而无法表示意见的审计报告

审计报告

E 股份有限公司全体股东：

我们接受委托,审计后附的 E 股份有限公司(以下简称 E 公司)财务报表,包括 2016 年 12 月 31 日的资产负债表,2016 年度的利润表、股东权益变动表和现金流量表以及财务报表附注。

一、管理层对财务报表的责任

按照企业会计准则的规定编制财务报表是 E 公司管理层的责任。这种责任包括:(1)按照企业会计准则的规定编制财务报表,并使其实现公允反映;(2)设计、执行和维护必要的内部控制,以使财务报表不存在由于舞弊或错误而导致的重大错报。

二、注册会计师的责任

我们的责任是在按照中国注册会计师审计准则的规定执行审计工作的基础上对财务报表发表审计意见。但由于“三、导致无法表示意见的事项”段中所述的事项,我们无法获取充分、适当的审计证据以为发表审计意见提供基础。

三、导致无法表示意见的事项

E公司未对2016年12月31日的存货进行盘点,金额为38 500万元,占期末资产总额的58%。我们无法实施存货监盘,也无法实施替代审计程序,以对期末存货的数量和状况获取充分、适当的审计证据。因此,我们无法确定是否有必要对存货以及财务报表其他项目做出调整,也无法确定应调整的金额。

四、无法表示意见

由于“三、导致无法表示意见的事项”段中所述事项的重要性,我们无法获取充分、适当的审计证据以为发表审计意见提供基础,因此,我们不对E公司财务报表发表审计意见。

方圆会计师事务所(盖章)　　中国注册会计师:陈启明(签名并盖章)

中国注册会计师:梁思燕(签名并盖章)

中国　上海　　2017年3月28日

(二)审计报告的强调事项段

1. 强调事项段的含义

强调事项段,是指审计报告中含有的一个段落,该段落提及已在被审计单位财务报表中恰当列报或披露的事项,根据注册会计师的职业判断,该事项对财务报表使用者理解财务报表至关重要。

2. 增加强调事项段的情形

注册会计师可能认为需要增加强调事项段的情形通常有:

(1)异常诉讼或监管行动的未来结果存在不确定性;

(2)在允许的情况下提前应用对财务报表有广泛影响的新会计准则;

(3)存在已经或持续对被审计单位财务状况产生重大影响的特大灾难等。

3. 在审计报告中增加强调事项段时注册会计师采取的措施

如果在审计报告中增加强调事项段,注册会计师应当采取以下措施:

(1)将强调事项段紧接在审计意见段之后;

(2)使用“强调事项”或其他适当标题;

(3)明确提及被强调事项以及相关的披露位置,以便能在财务报表中找到对该事项的详细描述;

(4)指出审计意见没有因该强调事项而改变。

【例15－7】 带强调事项段的无保留意见审计报告

审计报告

F股份有限公司全体股东:

我们审计了后附的F股份有限公司(以下简称F公司)财务报表,包括2016年12月31日的资产负债表,2016年度的利润表、股东权益变动表和现金流量表以及财务报表附注。

一、管理层对财务报表的责任

按照企业会计准则的规定编制财务报表是F公司管理层的责任。这种责任包括:(1)按照企业会计准则的规定编制财务报表,并使其实现公允反映;(2)设计、执行和维护必要的内部控制,以使财务报表不存在由于舞弊或错误而导致的重大错报。

二、注册会计师的责任

我们的责任是在实施审计工作的基础上对财务报表发表审计意见。我们按照中国注册会计师审计准则的规定执行了审计工作。中国注册会计师审计准则要求我们遵守职业道德规范,计划和实施审计工作以对财务报表是否不存在重大错报获取合理保证。

审计工作涉及实施审计程序,以获取有关财务报表金额和披露的审计证据。选择的审计程序取决于注册会计师的判断,包括对由于舞弊或错误导致的财务报表重大错报风险的评估。在进行风险评估时,我们考虑与财务报表编制相关的内部控制,以设计恰当的审计程序,但目的并非对内部控制的有效性发表意见。审计工作还包括评价管理层选用会计政策的恰当性和做出会计估计的合理性,以及评价财务报表的总体列报。

我们相信,我们获取的审计证据是充分、适当的,为发表审计意见提供了基础。

三、审计意见

我们认为,F公司财务报表在所有重大方面按照企业会计准则的规定编制,公允反映了F公司2016年12月31日的财务状况以及2016年度的经营成果和现金流量。

四、强调事项

我们提醒财务报表使用者关注,如财务报表附注中九所述,F公司2016年发生亏损50 000万元,2016年12月31日流动负债高于资产总额25 000万元。F公司已在财务报表附注九中披露了拟采取的改善措施,但其持续经营能力仍然存在重大不确定性。本段内容不影响已发表的审计意见。

锦泰会计师事务所(盖章)　　　　中国注册会计师:王伟(签名并盖章)

　　　　　　　　　　　　　　　　中国注册会计师:赵端(签名并盖章)

中国　北京　　　　　　　　　　　2017年3月18日

(三)审计报告的其他事项段

其他事项段,是指审计报告中含有的一个段落,该段落提及未在被审计单位财务报表中列报或披露的事项,根据注册会计师的职业判断,该事项对财务报表使用者理解审计工作、注册会计师的责任或审计报告相关。

对于未在财务报表中列报或披露,但根据职业判断认为与财务报表使用者理解审计工作、注册会计师的责任或审计报告相关且未被法律法规禁止的事项,如果认为有必要沟通,注册会计师应当在审计报告中增加其他事项段,并使用“其他事项”或其他适当标题,并将其他事项段紧接在审计意见段和强调事项段(如有)之后。如果其他事项段的内容与其他报告责任部分相关,这一段落也可置于审计报告的其他位置。

本章小结

审计报告是注册会计师根据中国注册会计师审计准则的规定，在实施审计工作的基础上对被审计单位财务报表发表审计意见的书面文件。审计报告是审计工作的最终成果，具有法定证明效力。

审计报告编制前的工作主要包括：编制审计差异调整表和试算平衡表；复核审计工作底稿；获取管理层声明书；获取律师声明书；撰写审计总结，形成审计结论，并出具审计报告。

审计差异包括核算误差和重分类误差。根据审计重要性原则，核算误差划分为建议调整的不符事项和不建议调整的不符事项(即未调整不符事项)。为了便于有效编制试算平衡表和代编经审计的财务报表，注册会计师应将审计差异进行汇总，编制审计差异调整表。对建议调整的不符事项，应编制调整分录，汇总登记在"账项调整分录汇总表"中，调整分录要求调整账户和报表。对不建议调整的不符事项，汇总登记在"未调整不符事项汇总表"中，可不调整账户和报表。对重分类误差，应编制重分类分录，汇总登记在"重分类调整分录汇总表"中，重分类调整分录只要求调整会计报表，不需要调整账户，一般只涉及资产负债表的有关项目。

会计师事务所应当建立完善的审计工作底稿分级复核制度。对审计工作底稿的复核可分为两个层次：项目组内部复核和独立的项目质量控制复核。项目组内部复核又分为两个层次：项目负责经理的现场复核和项目合伙人的复核。由项目负责经理对工作底稿的复核属于第一级复核，该复核通常在审计现场完成。项目合伙人对审计工作底稿实施复核是项目组内部最高级别的复核。该复核既是对项目负责经理复核的再监督，也是对重要审计事项的把关。独立的项目质量控制复核是在出具报告前对项目组做出的重大判断和准备报告时形成结论做出客观评价的过程。项目质量控制复核也称独立复核，由独立的项目质量控制复核人员进行复核。

审计报告按照审计报告的性质可分为标准审计报告和非标准审计报告；按照审计报告使用的目的可分为公布目的的审计报告和非公布目的的审计报告；按照审计报告的详略程度可分为简式审计报告和详式审计报告。

根据《中国注册会计师审计准则第1501号——对财务报表形成审计意见和出具审计报告》的规定，审计报告的基本内容应包括：标题；收件人；引言段；管理层对财务报表的责任段；注册会计师的责任段；意见段；注册会计师的签名和盖章；会计师事务所的名称、地址及盖章；报告日期。

注册会计师根据审计结果和被审计单位对有关问题的处理情况，形成不同的审计意见，出具标准和非标准的审计报告。

标准审计报告是指注册会计师出具的无保留意见的审计报告不附加说明段、强调事项段、其他事项段或任何修饰性用语。注册会计师出具无保留意见审计报告的条件是：(1)财务报表已经按照适用的财务报告编制基础的规定编制，在所有重大方面公允反映了被审计单位的财务状况、经营成果和现金流量；(2)注册会计师已经按照中国注册会计师审计准则的规定计划和实施审计工作，在审计过程中未受到限制。

标准审计报告以外的其他审计报告统称为非标准审计报告，包括带强调事项段或其他事项段的无保留意见审计报告和非无保留意见审计报告。非无保留意见的审计报告包括保留意见的审计报告、否定意见的审计报告和无法表示意见的审计报告。注册会计师发表非无保留意见的情形包括：(1)根据获取的审计证据，得出财务报表整体存在重大错报的结论。(2)无法获取充分、适当的审计证据(也称审计范围受到限制)，不能得出财务报表整体不存在重大错报的结论。注册会计师在确定具体的非无保留意见类型时，取决于注册会计师对财务报表存在重大错报还是可能存在重大错报以及该错报对财务报表产生或可能产生影响广泛性的判断。

思考题

1. 编制审计报告前的工作有哪些？
2. 什么是审计差异？简述审计差异的分类。
3. 为什么要编制试算平衡表？
4. 简述审计工作底稿的复核要求。
5. 审计报告的分类有哪些？
6. 审计报告的基本内容包括哪些？
7. 审计报告的意见类型有哪些？
8. 简述标准审计报告出具的条件。
9. 简述非标准审计报告出具的情形。
10. 存在哪些情形时注册会计师应当发表保留意见？

案例分析

2017年3月6日，中注协发布了上市公司2016年年报审计情况快报(第四期)。现将主要相关内容整理如下：

一、会计师事务所出具上市公司年报审计报告总体情况

2月23日—3月3日，25家有证券从业资格的会计师事务所(以下简称“事务所”)共为103家上市公司出具了财务报表审计报告，其中，沪市主板36家，深市主板15家，中小板28家，创业板24家。从审计报告意见类型看，100家上市公司被出具了标准无保留意见审计报告，3家上市公司(厦华电子、四川金顶、*ST河化)被出具了带强调事项段的无保留意见审计报告。

截至3月3日，31家事务所共为152家上市公司出具了财务报表审计报告，其中，沪市主板55家，深市主板22家，中小企业板39家，创业板36家。从审计报告意见类型看，147家上市公司被出具了标准无保留意见审计报告，5家上市公司被出具了带强调事项段的无保留意见审计报告。

2月23日—3月3日，23家事务所共为47家上市公司出具了内部控制审计报告，其中，沪市主板32家，深市主板15家。从审计报告意见类型看，47家上市公司均被出具了标准无保留意见内控审计报告。

截至3月3日,29家事务所共为73家上市公司出具了内部控制审计报告,其中,沪市主板50家,深市主板22家,中小板1家。从审计报告意见类型看,71家上市公司被出具了标准无保留意见的内控审计报告,1家上市公司被出具了带强调事项段的无保留意见审计报告,1家上市公司被出具了否定意见的内控审计报告。

截至3月3日,4家事务所对5家上市公司出具了非标准财务报表审计报告,2家事务所对2家上市公司出具了非标准内部控制审计报告。

二、出具带强调事项段的无保留意见情况

1. 厦华电子

福建华兴会计师事务所出具报告中强调事项段内容如下:

"我们提醒财务报表使用者关注,如财务报表附注二(二)所述,截至财务报告报出日,厦华电子已经终止经营原主营彩电业务,基本完成原资产、负债、人员清理工作,但公司尚处于形成稳定盈利模式的转型期,这种情况表明厦华电子持续经营能力存在重大不确定性。本段内容不影响已发表的审计意见。"

2. 四川金顶

中汇会计师事务所出具报告中强调事项段内容如下:

"我们提醒财务报表使用者关注,如财务报表附注二所述,四川金顶公司2016年度合并财务报表净利润为−2 887.70万元,截至2016年末合并财务报表累计亏损68 533.09万元,资产负债率为98.90%,流动负债大于流动资产1 669.22万元,这些情况连同附注十(二)所披露的未决诉讼、附注十一(一)所披露的大股东股份转让事项及附注十一(三)所披露的诉讼事项,表明存在可能导致该公司持续经营能力产生重大不利影响的情形。四川金顶公司已在财务报表附注二中充分披露了拟采取的改善措施,但其持续经营能力仍然存在重大不确定性。本段内容不影响已发表的审计意见。"

3. *ST河化

立信会计师事务所出具报告中强调事项段内容如下:

"我们提醒财务报表使用者关注,如财务报表附注二(二)所述,截至2016年12月31日,河池化工当年发生净亏损14 170.43万元,流动负债高于资产总额8 696.59万元。上述情况表明存在可能导致对河池化工持续经营能力产生重大疑虑的重大不确定性。本段内容不影响已发表的审计意见。"

(资料来源:www.cicpa.org.cn,2017−03−08)

讨论及思考题:

请评价案例中注册会计师出具的审计报告意见类型是否恰当。

参考文献

全国人大常委会:《中华人民共和国注册会计师法》,1993 年。

全国人大常委会:《中华人民共和国审计法》,2006 年。

财政部:《中国注册会计师执业准则》,2010 年。

财政部、证监会、审计署、银监会、保监会:《企业内部控制应用指引》《企业内部控制评价指引》《企业内部控制审计指引》,2010 年。

中国注册会计师协会:《中国注册会计师职业道德守则》《中国注册会计师协会非执业会员职业道德守则》,2009 年。

中国注册会计师协会:《中国注册会计师继续教育制度》,2008 年。

中国注册会计师协会:《审计》,经济科学出版社 2016 年版。

秦荣生、卢春泉:《审计学》(第八版),中国人民大学出版社 2014 年版。

吴秋生:《审计学》,中国财政经济出版社 2014 年版。

宋常:《审计学》,中国人民大学出版社 2014 年版。

刘明辉、史德刚:《审计》,东北财经大学出版社 2016 年版。

刘建军:《审计学》,机械工业出版社 2006 年版。

乔春华:《审计学》,东北财经大学出版社 2005 年版。

高娟:《审计学》,天津大学出版社 2010 年版。

罗杰:《审计学》,清华大学出版社 2006 年版。

徐掌元:《审计学》,经济科学出版社 2008 年版。

卞毓宁:《审计学原理与实务》,清华大学出版社 2010 年版。

傅秉潇:《审计学理论与实务》,大连理工大学出版社 2010 年版。

中天恒会计师事务所:《会计报表审计实质性测试案例分析》,中国时代经济出版社 2010 年版。

中国注册会计师协会:《中国注册会计师继续教育审计案例》(第一、二辑),中国财政经济出版社 2009 年版。

颜晓燕、朱清贞、陈福庭:《注册会计师审计经典案例教程》,清华大学出版社 2010 年版。

李晓慧:《审计实验室》,经济科学出版社 2000 年版。

孙坤、徐平:《审计习题与案例》,东北财经大学出版社 2008 年版。

高等院校应用技术型财会类精品教材

审计学习题与实训

（第二版）

陆迎霞　主编

上海财经大学出版社

前　言

为了帮助学生更好地学习审计的基本理论和基本方法，正确理解审计学课程的重点与难点，掌握审计实务操作规范要求和审计工作底稿的编制方法、编制要求，我们在编写《审计学》教材的同时，组织编写了这本《审计学习题与实训》，作为《审计学》一书的配套教材，以利于更好地开展审计学的教学工作，做到理论与实践相结合，以提高学生运用知识的能力。

本书分为两个部分：第一部分为习题，第二部分为实训。

习题部分，按照《审计学》的章节顺序进行编排。各章的主要内容包括：教学基本要求、教学重点和难点、关键概念、练习题。练习题包括单项选择题、多项选择题、判断题、简答题、综合分析题等题型。

实训部分，按照实训项目进行编排。共包括九个实训项目，分别是审计业务约定书、审计计划、主营业务收入审计、应收账款和坏账准备审计、应付账款审计、固定资产和累计折旧审计、应付职工薪酬审计、库存现金和银行存款审计、审计报告。各实训项目的主要内容包括：实训目的、实训要求、实训资料、实训内容。

本书由山西大学商务学院陆迎霞副教授任主编。习题部分的具体分工为：第一、第六、第八和第十五章由陆迎霞副教授编写；第二、第九和第十三章由王卿丽副教授编写；第三、第七、第十章由张彤杉副教授编写；第四、第十一、第十二章由武东萍讲师编写；第五、第十四章由安宁讲师编写。实训部分主要由陆迎霞设计和编写，王卿丽主要负责收集审计工作底稿，安宁收集了实训二审计计划、实训三主营业务收入的相关案例资料。最后由陆迎霞对全书进行总纂。

自《审计学》(第一版)出版以来，我国市场经济体制改革不断深化，审计行业所处的社会环境发生了变化。2013 年 10 月，国务院部署推进公司注册资本登记制度改革，要求“将注册资本实缴登记制改为认缴登记制，并放宽工商登记其他条件”，公司实收资本不再作为工商登记事项。因此，作为注册会计师鉴证业务的验资就没有存在的法律基础，我们在第二版中删除了“验资”的内容。2010～2014 年，财政部修订和颁布了多项新企业会计准则，中国注册会计师协会修订和发布了多项注册会计师执业准则。

我们根据这些新变化，在对教材相关内容进行补充、修订的基础上，对习题部分也进行了修订，同时对一些重要的章节，如销售与收款循环、内部控制等，增加了习题量。

本书第二版分工如下：陆迎霞负责第一、第六、第八、第十五章习题的修订，王卿丽负责第二、第七、第九、第十三章习题的修订，安宁负责第三、第五、第十、第十四章习题的修订，武东萍负责第四、第十一、第十二章习题的修订。

本书在修订过程中，参考了国内外有关审计学方面的教材；在出版过程中，得到了上海财经大学出版社的大力支持，在此向他们表示衷心的感谢。

书中不足之处，敬请各位读者指正。

编　者

2017 年 8 月

目　录

第二部分 实 训

第一部分　习　题

第一章

总　论

教学基本要求

理解审计产生发展的客观基础；理解和掌握审计的含义、本质特征；明确审计的对象、职能、分类；了解审计与会计的区别、审计组织与人员。

教学重点、难点

1.审计的概念及本质特征
2.审计产生发展的客观基础
3.审计的对象
4.审计的职能
5.审计的分类

关键概念

委托代理关系　受托责任　信息的非对称性　利益的非完全一致性　审计　政府审计　注册会计师审计　内部审计

练习题

一、单项选择题

1.审计是基于(　　)目的产生的。

A.查错防弊　　B.评价　　C.公证　　D.提供审计信息

2.没有(　　)关系，就不可能产生审计行为。

A.剥削　　B.统治　　C.受托责任　　D.经济利益

3.受托责任是由于(　　)的建立而产生的。

A.财产转让　B.统治与被统治　C.经济利益　D.委托关系

4.审计的主体是(　　)。

A.被审计单位　B.专职审计机构或人员

C.被审计单位的财政财务收支活动　D.有关的法规和审计标准

5.审计的客体是(　　)。

A.被审计单位　B.专职审计机构和人员

C.被审计单位的经济活动和经济资料　D.有关的法规和审计标准

6.审计的(　　)是审计能够发挥其独特作用的保证。

A.独立性　B.权威性　C.客观性　D.合法性

7.审计的最基本职能是(　　)。

A.评价　B.监督　C.鉴证　D.证明

8.审计按(　　)不同,可将审计划分为政府审计、注册会计师审计和内部审计。

A.主体　B.内容　C.方法　D.时间

9.注册会计师审计,是指由经有关部门批准的会计师事务所接受委托人的委托所进行的审计,属于(　　)。

A.任意审计　B.强制审计　C.专项审计　D.突击审计

10.在秦汉时期,(　　)制度日趋完善。

A.监察　B.御史　C.上计　D.下计

11.宋代审计司(院)的建立,是我国"审计"的正式命名。从此,"审计"这一概念便成为(　　)的专用概念。

A.财政监督　B.经济司法　C.经济执法　D.财会审核

12.在西方,最具代表性的政府审计机关是(　　)的政府审计机关。

A.司法系统　B.行政系统　C.立法系统　D.管理系统

13.下列表述中,正确的是(　　)。

A.会计师事务所均应以其全部资产对其债务承担有限责任

B.有限责任会计师事务所应以其全部资产对其债务承担有限责任

C.有限责任合伙制会计师事务所的合伙人均应以各自的财产承担连带责任

D.合伙会计师事务所均应以其全部资产对其债务承担有限责任

14.1853年,在苏格兰的爱丁堡创立了世界上第一个注册会计师的专业团体,其名称为(　　)。

A.苏格兰特许会计师协会　B.英国公认会计师工会

C.英格兰・威尔士特许会计师协会　D.爱丁堡会计师协会

15.(　　)审计是美国首先实施的,故又称为美式审计。

A.详细　B.损益表　C.资产负债表　D.会计报表

16.以下注册会计师的产生与发展的说法中,正确的是(　　)。

A.中国注册会计师产生于1981年

B.注册会计师职业产生于意大利

C.美国早期审计是对利润表进行详细审计

D.注册会计师审计起源于企业所有权和经营权的分离

17.中国第一家会计师事务所是（　　）。

A.潘序伦会计师事务所　　B.正则会计师事务所

C.立信会计师事务所　　D.安永会计师事务所

二、多项选择题

1.审计的职能包括（　　）。

A.经济监督　　B.经济评价　　C.经济核算　　D.经济鉴证

2.目前，我国形成了（　　）的审计监督体系。

A.内部审计　　B.事前审计　　C.注册会计师审计　　D.政府审计

3.审计关系人是由（　　）组成。

A.审计主体　　B.审计法规　　C.审计客体　　D.审计委托人

4.下列国家中，政府审计机关隶属于立法系统的有（　　）。

A.加拿大　　B.美国　　C.英国　　D.中国

5.按审计取证模式分类，一般可分为（　　）。

A.账表基础审计法　　B.制度基础审计法

C.风险基础审计法　　D.抽样审计法

6.在我国，审计按其主体分类，一般可分为（　　）。

A.政府审计　　B.财务审计　　C.内部审计　　D.注册会计师审计

7.在我国，审计按其内容和目标分类，一般可分为（　　）。

A.政府审计　　B.财政财务审计　　C.经济效益审计　　D.财经法纪审计

8.审计按其执行地点分类，可分为（　　）。

A.内部审计　　B.报送审计　　C.就地审计　　D.注册会计师审计

9.下列各项中，属于注册会计师鉴证业务的有（　　）。

A.代理纳税申报　　B.财务报表审计，出具审计报告

C.代编财务报表　　D.审计简要会计报表，出具审计报告

10.下列有关会计师事务所的表述中，恰当的是（　　）。

A.在我国会计师事务所既可以设立全合伙的，也可以是有限责任公司制，还可以个人独资设立

B.在我国可以设立普通合伙或有限责任公司制的会计师事务所

C.合伙会计师事务所的合伙人对事务所的债务承担无限连带责任

D.有限责任公司制的会计师事务所只对其债务承担有限责任

11.下列关于审计方法的表述中，正确的有（　　）。

A.账项基础审计方法是指以控制测试为基础的抽样审计

B.制度基础审计方法是指以控制测试为基础的抽样审计

C.风险导向审计方法是以审计风险模型为基础进行的审计

D.审计方法从账项基础审计发展到风险导向审计，都是注册会计师为了适应审计环境的变化而做出的调整

三、判断题

1.审计就是查账。（　　）

2.我国现行财政、税务、银行等部门所从事的经济监督活动不属于审计监督。 （ ）

3.国家审计署根据工作需要，可以在重点地区和部门设立审计派出机构。 （ ）

4.在经济监督体系中，审计是最高层次的经济监督。 （ ）

5.审计的独立性是保证审计工作顺利进行的必要条件。 （ ）

6.详细审计最早在美国产生。 （ ）

7.审计是商品经济发展到一定阶段的产物，其产生的直接原因是财产所有权和经营权的分离。 （ ）

8.随着商品经济的发展，注册会计师审计的职责已逐步演变为对整个社会负责。 （ ）

9.依据《注册会计师法》的规定，合伙会计师事务所的债务，由合伙人按照出资比例或者协议的约定，以各自的财产承担责任。合伙人对会计师事务的债务承担连带责任。 （ ）

四、简答题

1.简述审计独立性的内涵。

2.简述审计的职能。

3.简述注册会计师审计的业务范围。

第二章

注册会计师的职业规范与法律责任

教学基本要求

了解注册会计师职业道德的含义、作用；理解注册会计师职业道德的基本原则；掌握注册会计师职业道德概念框架；掌握注册会计师执业准则的框架结构；了解注册会计师继续教育制度；理解和掌握注册会计师法律责任的成因和法律责任的种类。

教学重点、难点

1.注册会计师职业道德基本原则
2.注册会计师职业道德概念框架
3.注册会计师执业准则的框架结构
4.会计责任和审计责任的关系
5.注册会计师法律责任的成因和法律责任的种类

关键概念

注册会计师职业道德　注册会计师执业准则　鉴证业务基本准则　审计准则　审阅准则　其他鉴证业务准则　相关服务准则　会计师事务所质量控制准则　会计责任　审计责任　注册会计师法律责任

练习题

一、单项选择题

1.以下对独立性的要求中说法正确的是(　　)。
A.独立原则不仅制约注册会计师，而且也对非执业会员有严格的要求

B.在执行鉴证业务时，注册会计师必须保持独立性

C.注册会计师在执行鉴证业务时，不必在意形式上的独立，但是必须保持实质上的独立

D.XYZ会计师事务所的X注册会计师为ABC公司独立董事，XYZ会计师事务所拟承接ABC公司2008年度财务报表审计业务

2.（　　）主要是指注册会计师未能遵循审计准则的要求执行审计业务。

A.错误　　B.责任　　C.过失　　D.欺诈

3.注册会计师通过了解认为被审计单位内部控制健全有效，因此注册会计师决定依赖其内部控制，并对被审计单位的内控进行了简单的测试，将重大错报风险评价为低水平，进而实施了相对较为简略的实质性程序，但之后发现由于被审计单位串通舞弊最终导致有一项影响财务报表的重大舞弊行为没有查出，于是注册会计师可能被认为负有（　　）的责任。

A.普通过失　　B.重大过失　　C.推定欺诈　　D.欺诈

4.注册会计师在对A公司会计报表进行审计过程中，检查销货发票时发现极个别发票的单价和数量的乘积不准确，注册会计师对该问题性质的判断通常会确定为（　　）。

A.错误　　B.舞弊　　C.违反法规行为　　D.欺诈

5.对注册会计师而言，如果注册会计师根本没有遵循专业准则或没有按专业准则的基本要求执行审计，应当认定为（　　）。

A.普通过失　　B.重大过失　　C.欺诈　　D.推定欺诈

6.中国注册会计师鉴证业务基本准则是鉴证业务准则的概念性框架，旨在规范注册会计师执行鉴证业务。在该基本准则确定的适用范围中，不包括（　　）。

A.中国注册会计师审阅准则　　B.会计师事务所质量控制准则

C.中国注册会计师审计准则　　D.中国注册会计师其他鉴证业务准则

7.审计人员尽量去实现形式上的独立是为了（　　）。

A.获得社会公众对职业的信赖　　B.实现实质上的独立

C.遵守审计执业准则　　D.保持不偏不倚的精神状态

8.下列关于注册会计师对错误与舞弊的相关责任的表述中，正确的是（　　）。

A.注册会计师只要严格遵守独立审计准则就能发现被审计单位会计报表中存在的重大错误与舞弊

B.如果未能查出的重大错报是由于被审计单位舞弊造成的，则注册会计师对此不承担责任

C.及时防止和发现错误与舞弊是被审单位管理当局的责任

D.注册会计师有责任发现所审计会计报表中的所有错误与舞弊

9.参加注册会计师全国统一考试成绩合格的中国公民，如果申请成为执业注册会计师，必须（　　），并符合其他有关条件要求。

A.加入会计师事务所且有两年以上审计工作经验

B.加入会计师事务所、资产评估事务所且工作两年以上

C.从事会计或审计工作两年以上

D.加入会计师事务所并具有两年以上工作经验

10.下列说法中，正确的是（　　）。

A.有限责任会计师事务所以其全部资产对其债务承担责任，出资人承担的责任以出资额为限

B.申请设立有限责任会计师事务所，应当有 3 名以上的股东

C.如果取得注册会计师考试全科合格，同时具有两年审计工作经验的，即可成为执业的注册会计师

D.注册会计师的相关服务业务中包括对财务信息执行商定程序、代编财务信息、预测性财务信息审核、税务服务、管理咨询以及会计服务等

11.注册会计师接受委托人的委托，从事的下列业务中属于服务业务的是（ ）。

A.中期财务报表审阅　B.对财务报表进行审计

C.预测性财务信息审核　D.对财务信息执行商定程序

12.注册会计师在第三者面前呈现出一种独立于委托单位的身份，在他人看来注册会计师是独立的，这种独立称为（ ）。

A.经济独立　B.思想独立　C.实质性独立　D.形式上独立

13.注册会计师未能遵循审计准则的要求执行审计业务属于（ ）。

A.错误　B.责任　C.欺诈　D.过失

14.注册会计师不发生过失的前提是严格遵守各项审计准则和（ ）。

A.审计约定　B.审计计划　C.职业道德　D.审计程序

二、多项选择题

1.甲公司（上市公司）拟聘请 ABC 会计师事务所审计其 2014 年度财务报表，以下情况会产生自我评价威胁独立性的有（ ）。

A.ABC 会计师事务所派遣 A 注册会计师为甲公司提供编制 2014 年会计记录和财务报表服务，A 为此次审计项目组成员

B.2016 年 5 月中旬，在甲公司与其客户丙公司之间发生诉讼时，注册会计师 B 担任其辩护人，此次审计安排 B 加入审计项目组

C.ABC 会计师事务所的 C 注册会计师现兼任甲公司总经理，C 为此次审计项目组成员

D.甲公司总经理的妻子 D 是 ABC 会计师事务所的员工，D 为此次审计项目组成员

2.注册会计师法律责任的种类有（ ）。

A.民事责任　B.刑事责任　C.过失　D.行政责任

3.鉴证业务准则包括（ ）。

A.审计准则　B.其他鉴证业务准则

C.审阅准则　D.相关服务准则

4.常见的其他鉴证业务有（ ）。

A.审阅业务　B.简要财务报表审计

C.预测性财务信息审核　D.系统鉴证

5.常见的相关服务业务有（ ）。

A.对财务信息执行商定程序　B.税务筹划

C.对财务报表进行审计　D.会计咨询

6.综观注册会计师行业在各国的发展，会计师事务所主要的组织形式有（ ）。

A.普通合伙会计师事务所　B.独资会计师事务所

C.有限责任合伙会计师事务所　D.有限责任公司会计师事务所

7.职业道德基本原则包括（ ）。

A.诚信　　B.客观和公正

C.职业谨慎　　D.良好职业行为

8.在职业道德基本原则中，对执业会员和非执业会员要求相同的是(　　)。

A.诚信　　B.独立性　　C.客观和公正　　D.专业胜任能力

9.以下可能对职业道德基本原则产生不利影响的因素包括(　　)。

A.自身利益　　B.自我评价　　C.过度推介　　D.外在压力

10.以下属于注册会计师法律责任的有(　　)。

A.违约　　B.普通过失　　C.重大过失　　D.欺诈

11.对于注册会计师个人而言，应承担的法律责任的种类包括(　　)。

A.警告　　B.暂停执业　　C.罚款　　D.撤销

三、判断题

1.会计师事务所不得以降低收费的方式招揽业务。(　　)

2.注册会计师在执行业务中取得和了解的资料、情况，应向社会公众公开。(　　)

3.注册会计师只有与委托单位保持形式上的独立，才能以客观公正的心态表示意见。(　　)

4.会计师事务所即使发现委托单位缺乏正直的品格，也不得拒绝接受委托。(　　)

5.会计责任和审计责任可以相互替代。(　　)

6.注册会计师审计可以保证将财务报表中存在的所有错报都揭示出来，注册会计师出具的审计报告是对财务报表的绝对保证。(　　)

7.如果法律法规允许披露，并且取得客户或雇用单位的授权，注册会计师可以披露客户或雇用单位的涉密信息。(　　)

8.注册会计师执行业务，均应遵守执行审计鉴证业务准则。(　　)

9.根据《注册会计师法》的规定，我国允许设立有限责任会计师事务所、合伙会计师事务所和个人独资会计师事务所。(　　)

10.注册会计师不得以个人名义为被审计单位提供编制财务报表等专业服务。(　　)

11.中国注册会计师协会的会员有个人会员、团体会员和名誉会员三种。(　　)

12.对通过注册会计师考试全科成绩合格的申请注册人员，只要其加入了会计师事务所并具有两年以上的审计工作经验，并符合其他规定条件，就可以申请注册。(　　)

四、简答题

1.ABC会计师事务所对甲公司2016年度财务报表进行了审计业务，并出具了审计报告，但事后导致相关的利害关系人遭受了经济损失，因此受到利害关系人的指控。会计师事务所正在积极准备抗辩，请代其列举可能的抗辩事由来证明自己无过失，从而不承担民事赔偿责任。

2.ABC会计师事务所负责审计甲公司2016年度财务报表，并指派注册会计师A和B为该审计项目负责人。在审计过程中，审计项目组遇到下列与职业道德有关的事项：

(1)注册会计师A的哥哥在甲公司财务部从事会计核算工作，但非财务部负责人。注册会计师A认为无须回避。

(2)审计项目组成员D的父亲在甲公司担任董事。

(3)审计项目组负责人B在2016年3月曾担任甲公司财务部门主管。

(4)ABC会计师事务与甲公司签订的审计业务约定书约定：审计费用50万元，当年支付40%，剩余部分在第二年审计完成时一起支付。

(5)在审计过程中，甲公司要求审计小组成员协助调整会计分录。

要求：

针对事项(1)～(5)，分别指出是否对审计项目组的独立性构成不利影响，并简要说明理由。

第三章

审计目标与审计过程

教学基本要求

明确审计目标的含义和审计目标包括的内容，理解被审计单位管理当局对财务报表的认定及其与审计目标的关系；明确审计过程的阶段划分，了解各阶段主要的工作内容。

教学重点、难点

1.总体审计目标和具体审计目标的含义及之间的关系

2.具体审计目标的内容

3.被审计单位管理当局对财务报表的认定

关键概念

审计目标　审计总目标　审计具体目标　认定　审计过程

练习题

一、单项选择题

1.被审计单位将固定资产已作抵押，但未在会计报表附注中披露，则违反的认定是（　　）。

A.存在　　B.完整性　　C.计价和分摊　　D.发生及权利和义务

2.下列类别中，不属于注册会计师针对列报运用的认定是（　　）。

A.分类和可理解性　　B.发生以及权利和义务

C.完整性、准确性和计价　　D.截止和分摊

3.注册会计师在审计过程中，发现被审计单位将被审计年度发生的一项材料采购业务在

下年初入账，则被审计单位管理层违反的认定是（　　）。

A.截止　　B.发生　　C.准确性　　D.完整性

4.被审计单位当年购进一批材料，会计部门在记账时漏记了该批材料的外地运杂费，则被审计单位管理层违反的认定是（　　）。

A.准确性　　B.截止　　C.发生　　D.完整性

5.下列各项中，不属于注册会计师针对账户余额运用的认定是（　　）。

A.分类和可理解性　　B.存在、权利和义务

C.完整性　　D.计价和分摊

6.下列各项中，被审计单位违反“计价和分摊”认定的是（　　）。

A.将未发生的销售业务入账　　B.未将作为抵押的汽车披露

C.未计提坏账准备　　D.将未发生的费用登记入账

7.下列各项中，管理层违反“分类”认定的是（　　）。

A.将已发生的销售业务不登记入账

B.把寄销商品作为自有商品记录在会计账上

C.将现销记录为赊销，将出售固定资产的收益作为营业收入记录

D.将接近资产负债表日的交易记录于下年度

8.被审计单位将应收账款某明细账的贷方余额，在编制资产负债表时从“应收账款”项目中扣减，则管理层违反的认定是（　　）。

A.发生及权利和义务　　B.完整性

C.分类和可理解性　　D.准确性和计价

9.下列各项中，违反“权利和义务”认定的是（　　）。

A.将已发生的销售业务不登记入账　　B.将未发生的销售业务入账

C.未将已质押的存货披露　　D.长期待摊费用的摊销期限不恰当

10.审计人员在对固定资产及其折旧的审计过程中，重新计算了本期客户应计提的折旧费用，该审计程序的执行目的在于审查被审计单位有关（　　）。

A.固定资产存在的认定　　B.固定资产完整的认定

C.折旧估价的认定　　D.固定资产所有权的认定

11.在审计过程中，采用恰当的审计流程是十分重要的，如果审计人员忽略了必要的审计步骤，将直接影响（　　）。

A.审计效率　　B.审计效果

C.审计效率和效果　　D.审计效率或效果

12.在审计过程中，如果审计人员执行了不必要的审计步骤，那么将会影响审计的（　　）。

A.审计效率　　B.审计效果

C.审计效率和效果　　D.审计效率或效果

13.下列说法中，错误的是（　　）。

A.对接受的每一项审计业务都应制定审计计划

B.审计计划的繁简取决于被审计单位的经营规模

C.审计计划的繁简取决于预定审计工作的复杂程度

D.控制测试和实质性程序都是审计必不可少的程序

14.审计业务约定书具有（　　）的性质。

A.契约　　B.计划书　　C.预算　　D.策划

15.注册会计师A负责丁公司2016年度财务报表审计工作，在审计工作前，需要明确注册会计师与审计客户管理层、治理层相关的责任，丁公司管理层对编制财务报表的责任不包括(　　)。

A.选择适用的会计准则和相关会计制度

B.选择和运用恰当的会计政策

C.做出合理的会计估计

D.提高财务报表的可信赖程度

二、多项选择题

1.在下列审计工作中，(　　)的工作应在报告阶段进行。

A.复核审计工作底稿　　B.测试内部控制制度

C.收集整理审计证据　　D.提出审计报告

2.审计计划包括(　　)。

A.总体审计策略　　B.具体审计计划

C.详细审计计划　　D.项目审计计划

3.接受业务委托是整个审计过程的起点，其工作主要包括(　　)。

A.评价客户的诚信　　B.考虑是否存在任何利益冲突

C.评价事务所的独立性　　D.制定审计计划

4.下列各项中，基于被审计单位管理层“计价或分摊”认定推论得出的有关存货的具体审计目标有(　　)。

A.期末所有存货均存在　　B.期末所有存货均已登记入账

C.当期计提的存货跌价准备正确　　D.存货的入账成本正确

5.注册会计师在审计时，更应关注“完整性”认定的项目是(　　)。

A.短期借款　　B.营业费用　　C.营业收入　　D.管理费用

6.下列各项中，属于“完整性”认定的是(　　)。

A.期末已按成本与可变现净值孰低的原则计提了存货跌价准备

B.当期的全部销售交易均已登记入账

C.资产负债表所列示的存货均存在

D.资产负债表所列示的存货包括了所有存货交易的结果

7.关于认定的表达中，正确的有(　　)。

A.如果将他人寄销商品列入了被审计单位的存货，则违反了准确性认定

B.如果发生了销货交易，却没有在销货明细账和总账中记录，则违反了完整性认定

C.在销售日记账中记录了一笔未曾发生的销售业务，违反了发生认定

D.在销售中，开账单时使用了错误的销售价格，则违反了准确性认定

8.一般来说，审计具体目标的确定必须根据(　　)。

A.存在或发生　　B.权利和义务　　C.估价或分摊　　D.表达与披露

9.A公司的资产负债表显示固定资产年末余额为3 000万元，这意味着该公司的管理层做出的认定是(　　)。

A.固定资产的账面价值为3 000万元

B.报表上列报的固定资产归 A 公司所有

C.不存在未入账的、属于该公司的固定资产

D.固定资产是确实存在的

10.注册会计师在审计某企业会计报表中“存货”项目时，能够根据“估价或分摊”认定推出的审计目标是（　　）。

A.存货账面数和实际数量相符，金额的计算正确

B.当存货成本高于可变现净值时，已调整为可变现净值

C.年末采购、销售交易记录的期间是恰当的

D.存货项目余额与各相关总账余额合计数是一致的

11.有关列报与披露的认定，下列表述中不正确的说法是（　　）。

A.“存在或发生”认定与财务报表组成要素的低估有关

B.“完整性”认定主要与财务报表组成要素的高估有关

C.“权利和义务”认定与资产负债表组成要素有关

D.“估价和分摊”认定只与利润表组成要素有关

12.与列报和披露相关的认定包括（　　）。

A.存在　　B.发生以及权利和义务

C.准确性和计价　　D.完整性

三、判断题

1.如果被审计单位未将“一年内到期的长期借款”单独列在“流动负债”下属的项目内，则违反了“准确性和计价”的认定。（　　）

2.注册会计师应合理保证已审计后的财务报表不存在重大错报，如果存在重大错报，注册会计师应承担完全责任。（　　）

3.管理层和治理层对编制财务报表承担责任，注册会计师对财务报表的编制不承担责任。（　　）

4.根据“完整性”认定的要求，注册会计师应当关注被审计单位是否把应包括的项目遗漏或省略。（　　）

5.如果注册会计师发现企业有一笔应付账款未入账，说明被审计单位违反了“估价或分摊”认定的要求。（　　）

6.如果被审计单位在账簿中登记了未发生的经济业务，则违反了“完整性”认定。（　　）

7.A 公司将 2016 年的销售收入列入了 2015 年的利润表，其 2015 年的利润表存在的错误认定是关于完整性的认定。（　　）

8.注册会计师审计的总目标由审计具体目标组成。（　　）

9.注册会计师审计的总目标是对被审计单位财务报表的合法性、公允性及会计处理方法的一贯性发表意见。（　　）

10.被审计单位管理层的认定是指管理层对财务报表各组成要素的确认、计量、列报做出的明确或隐含的表达。（　　）

11.管理层在财务报表上的认定都是明确表达的。（　　）

12.被审计单位管理层认定是确定具体审计目标的基础。（　　）

13.风险评估程序是必要程序，了解被审计单位及其环境为注册会计师在许多关键环节做

出职业判断提供了重要基础。（　　）

14.由于各业务循环的审计是独立的，所以，注册会计师对业务循环的审计可以相对独立地进行。（　　）

四、简答题

1.简述财务报表审计的总体目标。

2.如何理解财务报表审计的局限性？

3.简述被审计单位管理层对各类交易、账户余额和列报层次相关的认定。

第四章

计划审计工作

教学基本要求

理解审计计划的含义;了解审计计划的作用、内容及编制步骤;理解审计业务约定书的含义;掌握审计业务约定书的主要内容;理解重要性的含义;掌握财务报表层次重要性水平的确定方法;掌握重要性在审计工作运用的情形及其要求;理解审计风险的含义;明确审计风险要素及其之间的关系;掌握识别和评估重大错报风险的审计程序;掌握检查风险和拟实施的实质性程序的关系。

教学重点、难点

1.总体审计计划和具体审计计划的关系
2.业务约定书的含义、作用和主要内容
3.重要性的含义及重要性水平的确定
4.审计风险的含义及审计风险模型
5.识别和评估重大错报风险的审计程序
6.检查风险和拟实施的实质性程序的关系

关键概念

审计业务约定书　总体审计策略　具体审计计划　重要性　尚未更正错报汇总数　审计风险　审计风险模型　重大错报风险　固有风险　控制风险　检查风险　审计风险的应对

练习题

一、单项选择题

1.审计计划通常由审计项目负责人在(　　)。

A.签订业务约定书之前起草　　B.外勤审计工作之前起草

C.了解被审计单位之前起草　　D.接受客户委托之前起草

2.下列不属于注册会计师在财务报表审计中的具体审计计划所包括的内容是(　　)。

A.风险评估程序　　B.计划实施的进一步审计程序

C.确定财务报表层次的重要性水平　　D.计划实施的其他审计程序

3.下列有关重要性水平的说法中,错误的是(　　)。

A.重要性包括对数量和性质两个方面的考虑,两者只要一个影响了财务报表使用者依据财务报表做出的经济决策,则该项错报就是重大的

B.对重要性的评估需要运用注册会计师的职业判断,所以对于不同的被审计单位,只要是同一个会计师事务所进行的审计,则重要性是相同的

C.重要性概念是针对财务报表使用者决策的信息需求而言的

D.重要性在计划审计工作和评价错报影响时都要运用

4.在审计风险的组成要素中,审计人员能够控制的是(　　)。

A.重大错报风险　　B.控制风险　　C.检查风险　　D.抽样风险

5.审计人员可接受的审计风险为5%,评估被审计单位的重大错报风险为40%,则检查风险为(　　)。

A.20%　　B.70%　　C.95%　　D.12.5%

6.不论重大错报风险的评估结果如何,审计人员都应对各重要账户或交易类别实施(　　)。

A.详细审计　　B.抽样审计　　C.实质性程序　　D.控制测试

7.注册会计师为明确被审计单位的会计责任获取的下列审计证据中,无效的审计证据是(　　)。

A.审计业务约定书　　B.管理当局声明书

C.律师声明书　　D.管理建议书

8.下列各项中,属于注册会计师总体审计策略审核事项的是(　　)。

A.审计程序能否达到审计目标

B.审计程序能否适合各审计项目的具体情况

C.重点审计程序的确定是否恰当

D.对审计重要性的确定和审计风险的评价是否恰当

9.如果资产负债表的重要性水平是10 000元,利润表的重要性水平是20 000元,则在计划审计工作时,注册会计师应确定(　　)为报表层次的重要性水平。

A.20 000元　　B.15 000元　　C.10 000元　　D.18 000元

10.应收账款年末余额为5 000万元,注册会计师抽查15%的样本发现金额有200万元的高估,高估部分为账面金额的10%。据此,注册会计师推断误差是(　　)。

A.200万元　　B.300万元　　C.400万元　　D.500万元

11.虽然保持客户关系及具体审计业务和评价职业道德的工作贯穿审计业务的全过程,但是这两项活动需要安排在其工作(　　),以确保注册会计师已具备执行业务所需的独立性和

专业胜任能力，且不存在因管理层诚信问题而影响注册会计师保持该项业务意愿等情况。

A.之前　　B.之中　　C.之后　　D.全过程

二、多项选择题

1.对于特定被审计单位而言，审计风险和审计证据的关系可以表述为（　　）。

A.期望的审计风险越低，所需的审计证据数量就越多

B.评估的重大错报风险越低，所需的审计证据数量就越少

C.评估的重大错报风险越高，所需的审计证据数量就越多

D.要求的检查风险越高，所需的审计证据数量就越多

2.在审计过程中，注册会计师应当合理应用重要性原则的情况有（　　）。

A.确定是否接受委托　　B.评价审计结果

C.执行审计程序　　D.确定审计程序的性质、时间和范围

3.如果尚未调整的错报的汇总数超过重要性水平，注册会计师应当考虑（　　）以降低审计风险。

A.扩大实质性程序范围　　B.追加审计程序

C.提请被审计单位调整财务报表　　D.出具否定意见的审计报告

4.注册会计师开展初步业务活动有助于确保在计划审计工作时达到下列要求（　　）。

A.注册会计师已具备执行业务所需要的独立性

B.不存在因管理层诚信问题而影响注册会计师保持该项业务意愿的情况

C.注册会计师已具备执行业务所需要的专业胜任能力

D.与被审计单位不存在对业务约定条款的误解

5.总体审计策略的作用有（　　）。

A.用以确定审计范围、时间和方向　　B.指导制定具体审计计划

C.计划风险评估程序　　D.计划实施的进一步审计程序

6.在既定的审计风险水平下，下列表述正确的有（　　）。

A.可接受的检查风险水平与认定层次重大错报风险的评估结果成正向关系

B.可接受的检查风险水平与认定层次重大错报风险的评估结果成反向关系

C.评估的重大错报风险越高，可接受的检查风险越低

D.评估的重大错报风险越低，可接受的检查风险越高

7.重要性与审计风险之间存在反向关系。通常，4 000 元的重要性水平比 2 000 元的重要性水平高。在理解两者之间的关系时，必须注意，重要性水平是注册会计师从财务报表使用者的角度进行判断的结果。如果重要性水平是 4 000 元，则意味着（　　）。

A.低于 4 000 元的错报不会影响财务报表使用者的决策

B.低于 4 000 元的错报会影响财务报表使用者的决策

C.此时注册会计师需要通过执行有关审计程序合理保证能发现高于 4 000 元的错报

D.此时注册会计师不需要通过执行有关审计程序合理保证能发现高于 4 000 元的错报

8.注册会计师在对被审计单位财务报表进行审计时，发现了一些错报，下列属于尚未更正错报汇总数的有（　　）。

A.已经识别的被审计单位尚未调整的错报

B.已经识别的被审计单位已经调整的错报

C.通过测试样本估计出的总体的错报减去在测试中发现的已经识别的具体错报
D.通过实质性分析程序推断出的估计错报
9.下列说法中，正确的有(　　)。
A.重要性概念中的错报包含漏报
B.对重要性的评估需要运用职业判断
C.重要性概念是针对财务报表使用者决策的信息需求而言的
D.重要性的确定离不开具体环境
10.下列有关财务报表层次重要性水平的说法中，正确的有(　　)。
A.如各个报表的重要性水平有所不同，应选取平均数作为重要性水平
B.财务报表层次的重要性水平常常可以作为确定认定层次重要性水平的参考依据
C.注册会计师需要不断在审计执行过程中修正计划的重要性水平
D.如所依据的财务报表尚未编制完成，可根据上年报表适当估计年末报表

三、判断题

1.项目负责人和项目组其他关键成员应当参与计划审计工作。(　　)
2.计划审计工作是一个持续的、不断修正的过程，贯穿于整个审计业务的始终。(　　)
3.如果财务报表中的某项错报足以改变或影响财务报表使用者的相关决策，则该项错报就是重要的，否则就不重要。(　　)
4.审计业务约定书是指注册会计师与被审计单位共同签署的，以此确认审计业务的委托与受托关系，明确委托目的、审计范围及双方责任等事项的书面合同。(　　)
5.为了保证审计计划的严肃性，审计计划一经制定，在执行过程中就不得做出任何修改。(　　)
6.审计人员应当选择各财务报表中最高的重要性水平作为财务报表层次的重要性水平。(　　)
7.重大错报风险的水平越高，审计人员可接受的检查风险水平越高。(　　)
8.初步评估的重大错报风险水平越低，审计人员就应获取越少的关于内部控制设计合理和运行有效的证据。(　　)
9.一般来说，金额大的错报或漏报比金额小的错报或漏报更重要。(　　)
10.审计人员如果想要使发表的审计意见有98%的把握，那么审计风险便为2%。(　　)

四、计算分析题

A、B注册会计师对XYZ股份有限公司2016年度财务报表进行审计，其未经审计的有关报表项目金额如下：

报表项目名称	金额(万元)	重要性百分比(%)
资产总计	216 000	0.5
股东权益总计	105 600	0.5
营业收入	288 000	0.5
净利润	29 000	5

要求：

(1)请代为注册会计师计算该公司 2016 年度财务报表层次的重要性水平。

(2)简要说明重要性水平与审计风险、审计证据之间的关系。

第五章

审计证据与审计工作底稿

教学基本要求

明确审计证据的含义、种类，理解、掌握审计证据的特性；了解审计证据的整理、鉴定与综合方法；掌握审计工作底稿的性质；了解审计工作底稿的基本内容；掌握审计工作底稿编制的基本要求；明确审计工作底稿的复核、归档和保管要求。

教学重点、难点

1.审计证据的含义、种类
2.审计证据的特性
3.审计工作底稿的性质、内容
4.审计工作底稿的编制、复核

关键概念

审计证据　审计证据的特征　审计证据的充分性　审计证据的适当性　审计风险　审计工作底稿　项目质量控制复核　永久性档案　当期档案

练习题

一、单项选择题

1.审计证据的基本特征是指审计证据的（　　）。

A.真实性和适当性　　B.充分性和完整性
C.充分性和适当性　　D.完整性和适当性

2.一般来说，当审计证据的相关与可靠程度较高时，所需审计证据的数量（　　）。

A.较少　B.不变　C.较多　D.视情况而定

3.形成审计结论，发表审计意见的直接依据是（　　）。

A.审计证据　B.审计计划　C.审计过程　D.审计工作底稿

4.可以用复印件或摘录来构成审计工作底稿的是（　　）。

A.综合类工作底稿　B.业务类工作底稿

C.备查类工作底稿　D.全部工作底稿

5.实物证据对证明（　　）认定具有很强的说服力。

A.存在　B.所有权　C.完整性　D.准确性

6.下列证据中，不属于书面证据的是（　　）。

A.原始发票　B.材料盘点表　C.财务报表　D.管理当局声明书

7.审计工作底稿的所有权属于（　　）。

A.被审计单位　B.会计师事务所

C.注册会计师个人　D.被审计单位的股东

8.注册会计师要考虑审计证据的充分性和适当性。下列关于审计证据的充分性的说法中，不正确的是（　　）。

A.受注册会计师对重大错报风险评估的影响，若评估的重大错报风险越高，需要的审计证据可能越多

B.受注册会计师获取审计证据质量的影响，若审计证据质量越高，需要的审计证据可能越少

C.审计证据的充分性是对审计证据数量的衡量，主要与注册会计师确定的样本量有关

D.审计证据的充分性能代替审计证据的适当性

9.下列有关审计证据的表述中，不正确的是（　　）。

A.被审计单位财务报表的重大错报风险越高，对审计证据的要求也越高

B.注册会计师在获取审计证据时，必须考虑获取审计证据的成本

C.如果注册会计师从不同来源获取的不同审计证据相互矛盾，注册会计师应当追加必要的审计程序

D.注册会计师获取的审计证据质量越高，需要的审计证据的数量可能越少

10.注册会计师需要获取的审计证据的数量受重大错报风险和审计证据质量的影响。重大错报风险越（　　），需要的审计证据可能越（　　）。审计证据质量越（　　），需要的审计证据可能越（　　）。

A.大，多，高，少　B.大，少，高，少

C.小，多，高，多　D.大，少，高，多

11.下列关于审计工作底稿的存在形式与控制的说法中，正确的是（　　）。

A.审计工作底稿存在的形式只能是纸质，不能以电子或其他介质形式存在

B.对于以电子或其他介质形式存在的工作底稿，可以销毁其纸质工作底稿

C.审计工作底稿包括业务约定书、管理建议书、项目组内部或项目组与被审计单位举行的会议记录、与其他人士（如其他注册会计师、律师、专家等）的沟通文件及错报汇总表等

D.审计工作底稿应当包括已被取代的审计工作底稿的草稿或财务报表的草稿、对不全面或初步思考的记录

12.以下对审计档案的理解中不恰当的是（　　）。

A.永久性档案需要永久保存，当期档案至少保存10年

B.永久性档案是指那些记录内容相对稳定、具有长期使用价值并对以后审计工作具有重要影响和直接作用的审计档案

C.当期档案是指那些记录内容经常变化，主要供当期和下期审计使用的审计档案

D.会计师事务所应当将对每项具体审计业务的审计工作底稿归整为审计档案

13.有关审计证据的下列表述中，正确的是(　　)。

A.注册会计师获取的环境证据一般属于基本证据

B.注册会计师自行获取的审计证据通常比被审计单位提供的证据可靠

C.注册会计师运用观察、查询及函证、监盘、计算、检查和分析性复核等方法均可获取书面证据

D.注册会计师运用观察、查询及函证、监盘、计算、检查和分析性复核等方法均可获取与内部控制相关的审计证据

14.甲会计师事务所 2016 年 3 月决定以后不再接受 A 公司的审计委托，那么甲会计师事务所对 A 公司 2015 年度审计形成的永久性审计档案应(　　)。

A.长期保存　　B.至少保存至 2027 年

C.至少保存至 2025 年　　D.至少保存至 2026 年

15.下列有关审计证据可靠性的表述中，注册会计师认同的是(　　)。

A.书面证据与实物证据相比是一种辅助证据，可靠性较弱

B.内部证据在外部流转并获得其他单位承认，则具有较强的可靠性

C.被审计单位管理当局声明书有助于审计结论的形成，具有较强的可靠性

D.环境证据比口头证据重要，属于基本证据，可靠性较强

16.下列审计证据中，更可靠的是(　　)。

A.银行询证函回函　　B.董事会会议记录

C.被审计单位开出的销售发票　　D.管理层声明书

17.通过下列审计程序获得的审计证据中，注册会计师通常还应当获取其他审计证据进行佐证的是(　　)。

A.重新计算　　B.检查　　C.询问　　D.函证

二、多项选择题

1.对于审计证据可靠性，下列说法中正确的有(　　)。

A.领料单比材料成本计算表可靠　　B.工资发放单比工资计算单可靠

C.存货监盘记录比存货盘点表可靠　　D.银行询证函回函比银行对账单可靠

2.下列对审计证据充分性与适当性表述正确的是(　　)。

A.审计证据的质量越高，所需审计证据的数量可能越少

B.审计证据的充分性是对审计证据数量上的要求，而适当性是对其质量上的要求

C.注册会计师获取的审计证据的数量不仅受重大错报风险的影响，还会受到审计证据质量的影响

D.审计证据的质量越低，就需要更多的审计证据

3.审计证据按其外形特征或存在形式，可分为(　　)。

A.实物证据　　B.书面证据　　C.口头证据　　D.环境证据

4.审计工作底稿，是指注册会计师对(　　)做出的记录。

A.制定的审计计划　　B.实施的审计程序
C.获取的审计证据　　D.确定的审计结论
5.审计证据的适当性是指审计证据的（　　）。
A.数量足够　　B.合法性　　C.可靠性　　D.相关性
6.在以下有关内部控制与审计证据特性的说法中，正确的是（　　）。
A.内部控制的健全、有效性影响审计证据的充分性。确切地说，内部控制的健全、有效程度与审计证据的数量成反向变动关系
B.注册会计师通常应当从控制测试与实质性程序两方面考虑审计证据的相关性，内部控制的健全、有效性影响审计证据的相关性
C.内部控制健全、有效性影响审计证据的可靠性，一般而言，来自健全、有效的内部控制的审计证据具有更高的可靠性
D.与信息编制相关的控制越有效，该信息越可靠
7.注册会计师编制的审计工作底稿应当使未曾接触该项审计工作的有经验的专业人士清楚地了解的内容包括（　　）。
A.按照审计准则的规定实施的审计程序的性质、时间和范围
B.实施审计程序的结果和获取的审计证据
C.审计证据是否充分和适当
D.就重大事项得出的结论
8.注册会计师应当及时编制审计工作底稿，其主要目的体现在（　　）。
A.提供充分、适当的记录作为审计报告的基础
B.提高审计工作的质量
C.提供证据证明其按照中国注册会计师审计准则的规定执行了审计工作
D.便于对审计结论进行有效复核和评价
9.下列审计工作底稿中，应该归入永久性档案管理的有（　　）。
A.被审计单位的设立批准证书
B.相关内部控制及其调查和评价记录
C.资产、负债、所有者权益、损益类项目实质性程序记录
D.被审计单位的营业执照副本
10.下列有关审计工作底稿格式、要素和范围的表述中，恰当的有（　　）。
A.由于注册会计师实施的审计程序的性质不同，其工作底稿的格式、要素和范围也可能不同
B.在审计过程中，由于审计使用的工具不同，会导致审计工作底稿在格式、要素和范围上有所不同
C.对于询问程序，注册会计师可能以询问的时间作为识别特征
D.对于观察程序，注册会计师可能以观察的对象作为识别特征
11.审计证据中的其他信息有（　　）。
A.被审计单位会议记录　　B.通过检查存货，获取存货存在性的证据
C.注册会计师编制的计算表　　D.合同记录

三、判断题

1.审计证据的充分性和适当性是审计证据两大相互独立的特性，彼此之间没有联系。（ ）

2.外部证据是由会计师事务所之外的组织机构或人士编制的书面证据，一般具有较强的证明力。（ ）

3.在一般情况下，外部证据比内部证据更具证明力。（ ）

4.一般而言，口头证据不足以证明事实真相，审计人员可以不收集或尽可能少收集这类证据。（ ）

5.注册会计师发表的审计意见必须建立在有足够数量的审计证据基础上，因此审计证据越多越好。（ ）

6.会计师事务所在任何情况下都不得外泄审计工作底稿中的内容。（ ）

7.若被审计单位的内部控制不太健全，注册会计师就不能过分地依赖其内部自制的书面证据。（ ）

8.审计程序与审计证据存在着相互对应关系，通常一种审计程序可以获得一种审计证据。（ ）

9.注册会计师收集审计证据时，可以考虑成本—效益原则，但对于重要审计项目，不应将审计成本的高低或获取审计证据的难易作为减少必要审计程序的理由。（ ）

10.注册会计师将从被审计单位或其他第三者获取的资料形成工作底稿时，除应注明资料来源外，还应实施必要的审计程序，形成相应的审计记录。（ ）

四、简答题

1.不同类型审计证据的可靠性存在一定的差异，比较下列几组证据，说明每一组证据中哪个类型的证据比较可靠，并说明理由。

(1)银行询证函与银行对账单；

(2)注册会计师通过自行计算折旧额所取得的证据与被审计单位的累计折旧明细账的数据；

(3)银行对账单与发货单；

(4)律师询证函回函、注册会计师与律师交谈取得的证据；

(5)内部控制良好的公司的销货发票与内部控制较差的公司的销货发票。

2.注册会计师在对某公司进行审计时，发现该公司的内部控制制度存在严重缺陷，请问注册会计师是否能依赖下列证据？为什么？

(1)销货发票副本；

(2)有价证券盘点表，存货盘点表；

(3)购货发票。

3.甲会计师事务所的 H 注册会计师负责对乙公司 2016 年度财务报表进行审计。

(1)2017 年 3 月 5 日，H 注册会计师完成审计业务，并于 6 月 5 日将审计工作底稿归整为最终审计档案。

(2)2017 年 6 月 20 日，H 注册会计师发现存货监盘工作底稿缺少充分记录，私下修改了部分审计工作底稿，没有记录修改事项。

(3)整理工作底稿时，注册会计师发现已经有乙公司 2006～2015 年度的审计工作底稿，决定销毁 2006～2011 年的年度工作底稿。

要求：

根据审计工作底稿准则和会计师事务所质量控制准则，H 注册会计师在归整审计档案时是否存在问题？并简要说明理由。

第六章

审计方法

教学基本要求

了解审计方法的含义及审计方法体系的内容;理解风险基础审计方法的内涵;掌握审计取证技术方法的种类及各方法的技术要点;理解审计抽样的含义以及审计抽样与审计风险的关系;理解抽样风险和非抽样风险的含义;明确审计抽样的种类及其应用;掌握样本规模的确定和选取样本的方法;了解审计抽样的基本步骤。

教学重点、难点

1.风险基础审计方法
2.审计取证的技术方法
3.审计抽样的含义
4.抽样风险的种类及其控制
5.审计抽样的种类
6.样本规模的确定

关键概念

审计方法　审计取证的基本方法　审计取证的技术方法　审计证据　审计目标　审计抽样　抽样风险　非抽样风险　统计抽样　非统计抽样　属性抽样　变量抽样　可信赖程度　可容忍误差　样本误差

练习题

一、单项选择题

1.有关抽样风险和非抽样风险的下列表述中，正确的是（　　）。

A.信赖不足风险与信赖过度风险会降低审计效率

B.误拒风险与误受风险会影响审计效果

C.信赖过度风险与误受风险会影响审计效果

D.信赖不足风险和误受风险会影响审计效率

2.审计人员决定抽查 3、8、13、18、…号凭证进行审查，这种选样方法称为（　　）。

A.分层选样　　B.随机选样　　C.系统选样　　D.随意选样

3.按照与会计账务处理相反的顺序，依次对会计报表、会计账簿、会计凭证各环节进行逐一检查的审核方法是（　　）。

A.顺查法　　B.逆查法　　C.抽样法　　D.详查法

4.下列有关函证的说法中，不恰当的是（　　）。

A.通过函证后，如果发现不符事项，注册会计师应当首先提请被审计单位查明原因，并作进一步分析和核实

B.函证是比较有效的审计程序，即使有迹象表明收回的询证函不可靠，注册会计师也不用再实施其他适当的审计程序予以证实

C.一般情况下，注册会计师以资产负债表日为截止日，在资产负债表日后适当时间内实施函证

D.如果采用审计抽样的方式确定函证程序的范围，无论采用统计抽样方法还是非统计抽样方法，选取的样本应当足以代表总体

5.以下各项中，必须实施函证的是（　　）。

A.长期投资　　B.应收票据　　C.银行存款　　D.应付账款

6.下列有关函证时间的说法中，错误的是（　　）。

A.注册会计师通常在资产负债表日后适当时间内实施函证

B.如果重大错报风险评估为低水平，注册会计师可选择资产负债表日前适当日期为截止日实施函证

C.如果注册会计师选择资产负债表日前适当日期为截止日实施函证，需要对所函证项目自该截止日起至资产负债表日止发生的变动实施实质性程序

D.如果在资产负债表日前对应收账户余额实施函证程序，注册会计师仅对截止日期与资产负债表日期间实施控制测试即可

7.下列属于误拒风险的是（　　）。

A.根据抽样结果对实际存在重大错误的账户余额得出不存在重大错误的结论

B.根据抽样结果对实际不存在重大错误的账户余额得出存在重大错误的结论

C.根据抽样结果对内控制度的信赖程度低于其实际应信赖的程度

D.根据抽样结果对内控制度的信赖程度高于其实际应信赖的程度

8.下列各项风险中，对审计工作的效率和效果都产生影响的是（　　）。

A.误拒风险　　B.信赖不足风险　　C.非抽样风险　　D.误受风险

9.存货总金额为 500 万元，重要性水平为 10 万元，根据抽样结果推断的差错额为 6.5 万元，而账户的实际差错额为 12 万元。这时，注册会计师承受了（　　）。

A.误拒风险　　B.信赖不足风险
C.误受风险　　D.信赖过度风险

10.在控制测试的统计抽样中，注册会计师对总体做出的结论可以接受的是(　　)。

A.估计的总体偏差率上限低于可容忍偏差率
B.样本偏差率大大低于可容忍偏差率
C.计算的总体错报上限低于可容忍错报
D.调整后的总体错报远远小于可容忍错报

11.在审计抽样中，注册会计师选取的样本包含了存货账面金额的20%，同时在样本中发现了300元的错报，则注册会计师运用比率法得出的总体错报最佳估计值是(　　)元。

A.320　　B.1 500　　C.280　　D.15 000

12.注册会计师获取审计证据时可能使用三种目的的审计程序：风险评估程序、控制测试和实质性程序。下列属于注册会计师拟实施的审计程序中通常可以使用审计抽样的是(　　)。

A.当控制的运行未留下轨迹时的控制测试
B.实质性分析程序
C.风险评估程序
D.当控制的运行留下轨迹时的控制测试

13.如果抽样结果有95%的可信赖程度，则(　　)。

A.抽样结果有5%的可容忍误差　　B.抽样结果有5%的抽样风险
C.抽样结果有5%的可容忍偏差率　　D.抽样结果有5%的预计总体偏差率

二、多项选择题

1.分析程序常用的方法有(　　)。

A.结构百分比法　　B.比较分析法　　C.比率分析法　　D.趋势分析法

2.下列项目中，可以采用函证程序进行验证的有(　　)。

A.应收账款　　B.应付账款　　C.预收账款　　D.银行存款

3.审计人员通过观察程序，可以取得(　　)。

A.实物证据　　B.书面证据　　C.口头证据　　D.环境证据

4.通常情况下，注册会计师需要对(　　)特定项目实施函证。

A.金额较小的项目
B.账龄较长的项目
C.可能存在争议以及产生重大舞弊或错误的交易
D.重大或异常的交易

5.下列有关函证控制的说法中，正确的有(　　)。

A.将询证函中列示的账户余额或其他信息与被审计单位有关资料核对
B.在询证函中指明直接向接受审计业务委托的会计师事务所回函
C.询证函经被审计单位盖章后由其直接发出
D.将发出询证函的情况形成审计工作记录

6.选取样本的基本方法有(　　)。

A.随机选样　　B.固定选样　　C.等距选样　　D.随意选样

7.在细节测试中，下列项目与样本量呈反向变动关系的有(　　)。

A.可接受的误受风险　　　　B.可容忍错报
C.预计总体偏差率　　　　D.总体变异性

8.使用随机数表选取样本时，需要确定选号的(　　)。
A.范围，即所选号码是否落入抽样单位的编号范围之内
B.路线，即按照何种方向作为选取样本的顺序
C.位数，即选用随机数表中每个数的哪几位与抽样单位相对应
D.起点，即以随机数表中的那个数作为所选样本的首个号码

三、判断题

1.注册会计师不论选用统计抽样还是非统计抽样，只要运用得当，都能获取充分、适当的审计证据。(　　)

2.审计抽样按决策依据的不同，可以分为属性抽样和变量抽样。(　　)

3.在统计抽样中会存在抽样风险，而在非统计抽样中会存在非抽样风险。(　　)

4.控制测试与实质性测试在每次年度会计报表审计中都必须运用，以获取充分、适当的审计证据。(　　)

5.审计方法按照审查经济业务资料的规模大小不同，可分为顺查法和逆查法。(　　)

6.样本规模与预期总体误差之间是同向变动关系。(　　)

7.注册会计师通过实施存货监盘程序获得的审计证据只能够证明存货是否存在，而不能证明存货的所有权。(　　)

8.注册会计师愿意接受的抽样风险越低，样本规模就越大。(　　)

9.可容忍误差在控制测试中表现为可容忍偏差率。(　　)

10.注册会计师由于专业判断的失误造成审计结论与客户的客观事实不符，这种可能性属于抽样风险。(　　)

四、简答题

1.ABC会计师事务所的注册会计师甲和乙接受委派，对A公司2016年度财务报表进行审计。确定财务报表可容忍错报为10 000元。在实质性程序中，注册会计师甲和乙运用统计抽样，发现一些样本存在误差。在分析样本误差时履行了以下程序：

(1)对某项目无法或没有执行替代审计程序，视该项目为一项误差。

(2)某些样本误差项目具有共同的特征，作为一个整体，实施相应的审计程序，并根据审计结果，进行单独的评价。

(3)在分析抽样中所发现的误差时，还应考虑误差的质的方面，包括误差的性质、原因及其对其他相关审计工作的影响。

要求：

(1)根据样本误差推断总体错报上限如果小于、大于或等于可容忍错报，注册会计师甲和乙应如何处理?

(2)注册会计师甲和乙在分析样本误差时，履行的程序是否合适?

2.(1)某会计师事务所接受委托，承办ABC公司2016年度财务报表审计业务。注册会计师王×和李×负责确定与交易类别、账户余额、列报与披露相关的实质性程序。下表的空格部分是注册会计师王×和李×尚未完成的工作。

实质性程序实施表

认　定	最常用的实质性程序
外购固定资产所有权认定	
存货存在认定	
原材料转让业务截止认定	

要求：请针对上表列示的各项认定，代注册会计师王×和李×列示出为实现各认定的审计目标应当实施的最常用的实质性程序。

(2)某会计师事务所注册会计师甲、乙在对ABC公司2016年度财务报表进行审计时发现该公司财务报表、期末账户余额及各类交易和事项可能存在下列导致重大错报的情况：

①在销售交易中，发出商品的数量与账单的数量不符；

②期末存货的盘点可能存在较大的差错；

③可能存在未入账的应付账款；

④长期借款中可能有一部分年内将会到期；

⑤在销售交易中，将现销记录为赊销。

请按下列要求将正确答案填入表格中：

①针对上述可能存在的问题，分析能影响管理层的有哪些认定？

②为了证实上述问题，注册会计师应当分别执行的最主要的实质性程序是什么？

③注册会计师执行的实质性程序能实现哪些审计目标？

④注册会计师执行的实质性程序能获取何种审计证据？

序号	管理当局的认定	审计程序	审计目标	审计证据的种类
1				
2				
3				
4				
5				

第七章

内部控制测试与评价

教学基本要求

理解内部控制的含义、局限性及其对现代审计的影响；掌握内部控制的整体框架及其内容；掌握了解内部控制的程序和对内部控制了解情况的记录方法；理解和掌握内部控制测试的概念、内容及测试结果对实质性程序的影响；了解管理建议书的内容和意义。

教学重点、难点

1.内部控制的含义、局限性及其对现代审计的影响

2.内部控制整体框架及其内容

3.内部控制测试方法

4.内部控制测试结果对实质性程序的影响

关键概念

内部控制　控制环境　风险评估过程　信息系统与沟通　控制活动　对控制的监督　被审计单位内部控制　控制测试　控制风险评价

练习题

一、单项选择题

1.注册会计师在审计过程中发现与内部控制制度有关的缺陷时，无论缺陷的性质如何、程度大小，均应当（　　）。

A.向管理层报告　　B.向相关人员提出

C.记录于工作底稿　　D.向事务所汇报

2.在确定控制测试的范围时，注册会计师在风险评估中对控制运行有效性的拟信赖程度越高，需要实施控制测试的范围就（　　）。

A.越大　　B.越小　　C.没关系　　D.都可能

3.注册会计师评价内部控制的主要目的是（　　）。

A.揭示差错和舞弊　　B.提高审计质量

C.确定审计范围和重点　　D.提高企业管理水平

4.注册会计师在了解和评价被审计单位的内部控制后，主要针对（　　）实施控制测试。

A.存在重大缺陷的内部控制　　B.拟信赖的内部控制

C.对财务报表有重大影响的内部控制　　D.未得到遵循的内部控制

5.内部控制的目标不包括（　　）。

A.审计风险处在低水平　　B.经营的效率和效果

C.财务报告的可靠性　　D.在所有经营活动中遵守法律法规的要求

6.现代审计的一个重要特征就是在评审被审计单位内部控制系统基础上实行（　　）。

A.抽样审计　　B.顺查法　　C.详细审计　　D.逆查法

7.被审计单位制定并实施的材料验收和领用制度、固定资产的定期盘点制度属于（　　）。

A.会计信息控制　　B.经营决策控制

C.财产物资控制　　D.补偿性控制

8.内部控制制度的中风险水平，是指审计结论偏离客观事实的可能性（　　）。

A.10%～20%　　B.10%～40%

C.20%～40%　　D.40%～60%

9.下列（　　）职务属于不相容职务。

A.统计员与会计　　B.现金出纳和银行出纳

C.保管员与质量检验员　　D.记录日记账与记录总账

10.下列（　　）方法不适用于内部控制测试。

A.询问　　B.观察　　C.函证　　D.检查

11.审计人员从发货档案中选取一个样本，以确定所有销售均编制了发票，这种测试是为了满足（　　）的审计目标。

A.准确性　　B.完整性　　C.发生　　D.存在

12.作为有效的内部控制制度，记录应收账款明细账的职员，不应同时有权批准（　　）。

A.职工超时津贴　　B.客户信用

C.注销应收账款　　D.现金支付

13.如果审计人员决定将内部审计人员所做的工作作为自己审计程序的一部分，就应考虑内部审计人员的（　　）。

A.胜任能力和客观性　　B.效率和经验

C.独立性和检查技能　　D.训练和督导技能

14.在注册会计师对一家公司财务报表进行审计时，该公司管理当局希望公司内部审计人员参加，以节省审计成本。如果注册会计师同意，最适宜于由内部审计人员完成的工作是（　　）。

A.根据判断选出一部分应收账款进行函证

B.编制否定式函证答复汇总表

C.评价应收账款和销售的内部控制

D.确定提取坏账准备的适当性

15.作为有效的内部控制，收取货款的职责宜由（　　）担任。

A.出纳人员　B.销售部　C.发运部　D.应收账款专管员

16.当舞弊行为发生后，能够立即自动发出信号，并及时采取纠正或补救的方法、措施和程序的，称为（　　）内部控制。

A.内部牵制　B.预防性　C.察觉性　D.控制性

二、多项选择题

1.控制活动是指有助于确保管理层的指令得以执行的政策和程序，包括（　　）。

A.职责分离　B.实物控制

C.授权与业绩评价　D.信息处理控制

2.被审计单位内部控制的局限性，主要表现在（　　）。

A.内部控制一般仅针对常规业务活动而设计

B.因执行人员的粗心大意、判断失误而导致内部控制失效

C.内部控制可能因有关人员相互勾结、内外串通而失效

D.因执行人员滥用职权或屈从于外部压力而失效

3.描述内部控制的方法有（　　）。

A.文字叙述法　B.调查问卷法

C.流程图法　D.逆查法

4.要测试控制的有效性，注册会计师应该获取的审计证据包括（　　）。

A.控制在所审计期间的不同时点是如何运行的

B.控制由谁执行

C.控制是否得到一贯执行

D.控制以何种方式运行

5.下列情形中，属于不相容职务的有（　　）。

A.审批支付货款与出纳　B.仓库保管员与材料明细账的记账员

C.记录总账与记录主营业务收入明细账　D.记录总账与编制银行存款余额调节表

6.在确定控制测试的范围时，注册会计师通常考虑的因素有（　　）。

A.控制的执行频率

B.控制的预期偏差

C.在风险评估时拟信赖控制运行有效性程度

D.总体变异性

7.下列属于内部控制要素的有（　　）。

A.控制环境　B.控制测试

C.控制活动　D.风险评估过程

8.在了解被审计单位及其环境时所使用的风险评估程序的类型有（　　）。

A.观察　B.询问　C.检查　D.分析程序

9.下列各项中，符合资产记录与保管应严格分工的规则的是（　　）。

A.未经批准和授权，不得处理有关的经济业务

B.记录总账和记录明细账的职务应分开

C.贵重物品仓库的钥匙由两个人员分别持有

D.某些不相容职务由两个以上人员分别担任

10.注册会计师在了解被审计单位对会计政策的选择和运用时，应当关注的重要事项有(　　)。

A.重要项目的会计政策和行业惯例

B.重大和异常交易的会计处理方法

C.在新领域和缺乏权威性标准或共识的领域，采用重要会计政策产生的影响

D.会计政策的变更

11.对内部控制制度最终的评审结果，根据可依赖程度的高低，可以分为(　　)。

A.高依赖程度　　B.良好依赖程度

C.中依赖程度　　D.低依赖程度

12.审计人员评价内部控制制度的最终目的，在于确定内部控制制度的(　　)。

A.健全性　　B.有效性　　C.风险水平　　D.科学性

13.注册会计师将控制风险评价过程和结果在工作底稿中加以记录，其基本要求有(　　)。

A.控制风险为高水平时，只记录评价依据

B.控制风险为高水平时，只记录评价结论

C.控制风险为低水平时，只记录评价依据

D.控制风险为低水平时，不仅记录结论，还要记录评价依据

14.下列情形中，可能表明内部控制存在重大缺陷的有(　　)。

A.被审计单位管理层串通舞弊

B.被审计单位内部控制未执行

C.控制环境薄弱

D.被审计单位管理层修订了不适应新的经济环境的原有的控制措施

15.控制活动是指有助于确保管理层的指令得以执行的政策和程序，包括(　　)。

A.授权与业绩评价　　B.信息处理

C.实物控制　　D.职责分离

三、判断题

1.注册会计师无须了解被审计单位所有的内部控制，而只需了解与审计相关的内部控制。(　　)

2.注册会计师对在审计过程中发现的内部控制重大缺陷应记录于审计工作底稿，并及时告知被审计单位主管部门，必要时出具管理建议书。(　　)

3.由于内部控制能有效地防止或发现、纠正错误与舞弊，因此内部控制应当越健全越好。(　　)

4.控制风险的评估结果直接影响实质性程序的性质、时间和范围。(　　)

5.严格健全的内部控制制度，可以防止任何差错和舞弊。(　　)

6.经济业务的执行和记录的保存为不相容职务。(　　)

7.通常，风险水平越高，可依赖的程度就越高；风险水平越低，可依赖程度越低。(　　)

8.在企业管理工作中,内部控制制度是一种单独的制度形式,它与各种规章制度并存。 ( )

9.如果不拟信赖内部控制,注册会计师就无须对内部控制进行了解、测试和评价。( )

10.如果错误和舞弊未能被内部控制防止、发现或纠正,注册会计师应当考虑重新评价相关内部控制的有效性。必要时,应当修改或追加相关实质性程序。 ( )

11.注册会计师对内部控制的了解可以代替对控制运行有效性的测试。 ( )

12.如果通过实施实质性程序未发现某项认定存在错误,这本身并不能说明与该认定有关的控制是有效运行的。 ( )

13.控制环境和其他相关的控制越薄弱,注册会计师越不宜在中期实施实质性程序。 ( )

14.任何内部控制都有其固有的限制。 ( )

15.内部控制制度的严密、完善和有效执行,与审计工作无关。 ( )

四、分析题

1.ABC 有限责任公司财务科有甲、乙、丙三位会计人员,他们要完成如下几项工作:

(1)记录总账;

(2)记录应付账款明细账;

(3)记录应收账款明细账;

(4)签发支票;

(5)记录银行存款日记账;

(6)编制银行存款余额调节表;

(7)收款并将收到的款项和支票缴存银行;

(8)处理与销售退回和销售折让有关的原始凭证;

(9)开具支票。

现已知这三位会计人员能力相当。

要求:请分析如何将上述几项工作合理地分配给甲、乙、丙三位会计人员。

2.审计人员对某公司存货的内部控制系统进行调查,调查的内容主要是存货管理及控制系统的设计、各控制者的职权范围、有关业务处理程序、会计记录的处理原则及有关凭证的传递程序等。

要求:用调查表法的形式,对存货的内部控制系统提出至少十个问题。

3.ABC 会计师事务所注册会计师甲、乙,执行 XYA 股份有限公司 2016 年度财务报表审计,在了解该公司的内部控制时,了解到下表所列内部控制,请指出这些内部控制所影响到的认定:

内部控制	认 定
(1)信用部门的职员在其信用政策范围内,批准赊销	
(2)验收报告单经过连续编号	
(3)按批准的商品价目表所列价格开具账单	
(4)银行存款支出交易同编制银行存款余额调节表相分离	
(5)保持存货的永续记录	

第八章

销售与收款循环审计

教学基本要求

了解销售与收款循环的性质;理解掌握销售与收款循环内部控制的内容及测试程序;理解掌握主营业务收入、应收账款的审计目标及其审计程序;了解其他相关账户的审计目标及其审计程序。

教学重点、难点

1.销售与收款循环的内部控制及其测试
2.主营业务收入的审计目标及其审计程序
3.应收账款的审计目标及其审计程序

关键概念

业务循环　销售与收款循环　内部控制　控制测试　实质性程序　主营业务收入审计　应收账款审计　积极式函证　消极式函证　截止测试

练习题

一、单项选择题

1.应收账款询证函应由(　　)签章。

A.注册会计师　　B.会计师事务所

C.被审计单位　　D.被审计单位的总经理

2.应收账款询证函的回函应当寄给(　　)。

A.被审计单位

B.会计师事务所

C.被审计单位，并由被审计单位转交会计师事务所

D.被审计单位或会计师事务所均可

3.下列凭证中，不属于销售与收款循环的是（　　）。

A.销售发票　　B.发货单

C.销售单　　D.存货盘点表

4.检查发货单、销售发票是否事先编号并按编号的先后顺序使用，是为了检验主营业务收入的（　　）。

A.存在或发生　　B.完整性

C.权利与义务　　D.计价与分摊

5.对于年末有大额欠款的顾客，如果第二次肯定式函证仍未回函，此时最佳的替代审计程序是（　　）。

A.直接到该客户处查询

B.重新研究和评价被审计单位应收账款的内部控制制度

C.复核被审计年度的主营业务收入

D.审查与销售业务有关的合同、订货单、发票副本、发货单等资料

6.为确保所有发出的货物均已开出发票，注册会计师应从被审计年度的（　　）中抽取样本与相关的发票进行核对。

A.主营业务收入明细账　　B.发货单

C.销售单　　D.应收账款明细账

7.为了确保销售业务记录的真实性，审计人员应从（　　）中抽取几笔分录进行测试。

A.发运凭证　　B. 主营业务收入明细账

C.销售发票　　D.客户订单

8.审计人员实施销售收入截止测试的目的是（　　）。

A.确定已入账销售业务的真实性

B.确定主营业务收入的数额是否正确

C.查找未入账的销售业务

D.确定主营业务收入的会计记录归属是否正确

9.为了确保所有的销售业务都入账，审计人员进行销售交易测试时，应从（　　）选取样本。

A.客户订单　　B.主营业务收入明细账

C.发运凭证　　D.销售发票

10.审计人员执行应收账款函证程序的主要目的是为了（　　）。

A.符合审计准则的要求

B.确定应收账款能否收回

C.证明应收账款账户余额的真实性和正确性，发现和揭露错弊行为

D.判定客户入账的坏账损失是否恰当

11.对无法实施函证的应收账款，注册会计师可以实施的最为有效的审计程序是（　　）。

A.执行实质性分析程序　　B.扩大控制测试的范围

C.审查与销售有关的凭证及文件　　D.进行销售业务的截止测试

12.为了证实被审计单位登记入账的销售是否均经正确的计价，下列程序中的（　　）是最

无效的。

A.将销售发票上的数量与发运凭证上的数量相核对

B.将销售发票上的单价与商品价目表上的单价核对

C.将发运凭证上的数量与销售单上的数量相核对

D.将销售单上的金额与顾客订货单上的金额相核对

13.甲公司将2016年度的主营业务收入列入2015年度的财务报表，则其2015年度财务报表存在错误的认定是(　　)。

A.总体合理性　　B.计价或分摊　　C.发生　　D.完整性

14.如果应收账款明细账出现贷方余额，注册会计师应当提请被审计单位编制重分类分录，以便在资产负债表的(　　)项目中反映。

A."预付账款"　　B."预收账款"　　C."应收账款"　　D."应付账款"

15.为了充分发挥函证的作用，应恰当选择函证的实施时间，注册会计师可在(　　)适当时间内实施函证。

A.资产负债表日后　　B.利润表日前　　C.资产负债表日前　　D.现金流量表日后

二、多项选择题

1.审计人员抽样审查销售发票时，应当核对的文件、资料包括(　　)。

A.相关的销售单　　B.相关的客户订货单

C.相关的发运凭证　　D.有关的账户记录

2.肯定式函证主要适用于以下情况：(　　)。

A.个别账户的欠款金额较大

B.有理由相信欠款可能存在争议、差错或问题

C.相关的内部控制是有效的，重大错报风险评估为低水平

D.预计差错率较低

3.审计人员在确定应收账款函证样本数量的大小、范围时，应考虑的因素有(　　)。

A.应收账款在全部资产中所占的比重　　B.被审计单位内部控制的强弱

C.以前年度的函证结果　　D.函证方式的选择

4.以下各项中，属于主营业务收入审计的内容包括(　　)。

A.审查主营业务收入的会计处理是否正确

B.测试主营业务收入的销售截止是否正确

C.查明主营业务收入的确认原则和方法是否正确

D.检查产品销售退回、折让和折扣是否经授权批准，是否真实、合法并及时入账

5.注册会计师对被审计单位已发生的销货业务是否均已登记入账进行审计时，常用的控制测试程序有(　　)。

A.检查赊销业务是否经过适当的授权批准

B.检查销售发票是否事先编号，并按编号的先后顺序使用

C.检查发货单(或提货单)是否事先编号，并按编号的先后顺序使用

D.检查坏账的核销是否经过授权批准

6.在对特定期间的主营业务收入进行审计时，注册会计师应重点关注的与被审计单位主营业务收入确认有密切关系的日期包括(　　)。

A.销售截止测试实施日期　　　　B.开具发票的日期或者收款日期
C.登记主营业务收入明细账的日期　　D.发货日期或提供劳务日期

7.假如在销售总账、明细账中登记并未发生的销售或销售已实现却不计入总账和明细账，其违反了被审计单位管理当局的(　　)认定。

A.存在或发生　　B.完整性　　C.权利与义务　　D.表达与披露

8.由于购销双方登记入账的时间不同，而使注册会计师收回的询证函产生差异，其主要表现包括(　　)。

A.货物仍在途中
B.债务人拒付货款
C.记账错误
D.债务人在函证日前已付款，而被审计单位在函证日前尚未收到款项

9.L注册会计师计划测试M公司2016年度营业收入的完整性。以下各项审计程序中，可实现上述审计目标的有(　　)。

A.抽取2016年开具的销售发票，检查相应的发运单和账簿记录
B.从主营业务收入明细账中抽取业务，检查相应的记账凭证、发运单和销售发票
C.抽取2016年的发运单，检查相应的销售发票和账簿记录
D.从主营业务收入明细账中抽取2017年1月1～10日的明细记录，检查相应的记账凭证、发运单和销售发票

10.下列关于W公司收入确认的表述中，注册会计师认为正确的有(　　)。

A.销售商品涉及商业折扣的，应当按照扣除商业折扣后的金额确定销售商品收入金额
B.合同或协议价款的收取采用递延方式，如分期收款销售商品，实质上具有融资性质的，应当按照应收的合同或协议价款确定销售商品收入金额
C.根据收入和费用配比原则，与同一项销售有关的收入和成本应在同一会计期间予以确认。成本不能可靠计量，相关的收入也不能确认
D.合同或协议价款的收取采用递延方式，如分期收款销售商品，实质上具有融资性质的，应当按照应收的合同或协议价款的公允价值确定销售商品收入金额

三、判断题

1.销售发票应由企业销售部门开具。(　　)

2.企业仓库应根据主管人员签发的销货通知单发货，并填制出库单。(　　)

3.对于委托代销业务，应在收到代销单位送来的货款时确认销售收入实现。(　　)

4.向客户提供商品或劳务是销售与收款循环的起点。(　　)

5.应收账款函证的样本应由注册会计师和被审计单位共同商定，并由被审计单位的职员负责寄出询证函。(　　)

6.为了充分发挥询证函的作用，通常应选择与资产负债表日接近的时间进行函证。(　　)

7.在赊销业务中，如果发货单(或提货单)与销售发票的时间属于不同年度，应以发货单(或提货单)上的时间为准来登记应收账款明细账和主营业务收入明细账。(　　)

8.由原始凭证追查至明细账是用来测试完整性目标。(　　)

9.审计人员必须对被审计单位所有的应收账款进行函证。(　　)

10.无论被审计单位采用何种方式销售产品，审计人员都不应认可其在没有收到货款的情

况下确认主营业务收入。（　）

11.对主营业务收入项目实施截止测试，其目的主要在于确定被审计单位主营业务收入的会计记录归属期是否正确；应计入本期或下期的主营业务收入是否被推迟到下期或提前至本期。（　）

四、综合业务题

1.光华会计师事务所接受委托对华欣公司2016年度财务报表进行审计，在对销售与收款循环实施审计时，发现以下情况：

(1)12月5日销售给某企业甲产品15件，已向银行办妥托收手续，但因款项未到账，尚未做销售的账务处理。

(2)12月18日向某单位销售乙产品400件，款项尚未收到。根据合同规定，由本公司提供安装、调试服务，但尚未完成。公司已确认收入，并结转主营业务成本。

(3)12月28日将乙产品200件拨付某代销单位，借记“应收账款”科目，贷记“主营业务收入”和“应交税费”科目，并结转主营业务成本。

注：甲产品单位售价为4 000元，单位成本为3 000元；乙产品单位售价为500元，单位成本为400元，均为不含税价，增值税率为17%。

要求：根据上述所给资料，请分别指出华欣公司账务处理中存在的问题，并编制审计调整分录。

2.甲公司2016年12月31日应收账款的部分明细资料如下表所示：

客户名称	摘　要	销售发票号	账　龄	金额(元)
A	整机销售	0021322	5个月	1 250 000
B	整机销售	0021418	3个月	180 000
C	部件、加工	0020199	1年	320 000
D	部件销售	0009122	2年零3个月	85 000
E	零件销售	0021176	6个月	580 000
F	整机销售	0010127	2年	100 000
G	整机销售	0021008	9个月	1 480 000

要求：如果注册会计师决定对上述客户进行函证，准备采用肯定式函证和否定式函证两种方法。试说明上述七个账户中哪些使用肯定式函证？哪些使用否定式函证？并简要说明理由。

3.下表列示了应收账款项目的若干审计目标及可能实施的主要审计程序。请针对每一审计目标，选出能够实现该审计目标的一项最佳审计程序，将其英文大写字母编号填列在题后表格内，每一项审计程序最多只能被选择一次。

审计项目名称	审计目标	审计程序
应收账款	(1)在资产负债表日，应收账款记录完整 (2)在资产负债表日，被审计单位对所有应收账款均具有法定收款权 (3)资产负债表日应收账款余额正确 (4)财务报表中，应收账款分类反映恰当	A.分析应收账款同销售收入的关系，并同前期比较 B.实施销售截止测试，确定销售收入和相应的存货及销货成本记录在恰当的会计期间 C.按计提坏账准备的范围、标准测算已提坏账准备是否充分准确 D.检查销售退回和折让是否附有按顺序编号并经主管人员核准的贷项通知单 E.复核所有贷款协议，确定应收账款是否已作抵押 F.抽查被审计单位职员及有关部门的暂借款项的记录，确定已计入正确的账户 G.分析应收账款各月末余额与应付账款各月末余额的非正常比例关系

审计目标	(1)	(2)	(3)	(4)
审计程序				

第九章

采购与付款循环审计

教学基本要求

了解采购与付款循环的性质;理解掌握采购与付款循环内部控制的内容及测试程序;理解掌握应付账款的审计目标及其审计程序;了解其他相关账户的审计目标及审计程序。

教学重点、难点

1.采购与付款循环的内部控制及其测试

2.应付账款的审计目标及其审计程序

关键概念

采购与付款循环　内部控制　控制测试　实质性程序　应付账款审计

练习题

一、单项选择题

1.注册会计师从卖方发票追查至采购明细账,是为了证实购货与付款循环中(　　)。

A.存在或发生目标　B.完整性目标　　C.估价或分摊目标　D.过账和汇总目标

2.对应付账款进行的分析程序不包括(　　)。

A.计算应付账款对存货的比率、应付账款对流动负债的比率,并与以前期间对比分析,评价应付账款整体的合理性

B.获取或编制应付账款明细表,复核加计是否正确,并与报表数、总账数和明细账合计数核对是否相符

C.分析长期挂账的应付账款,要求被审计单位做出解释,判断被审计单位是否缺乏偿债能

力或利用应付账款隐瞒利润

D.利用存货、主营业务收入和主营业务成本的增减变动幅度，判断应付账款增减变动的合理性

3.注册会计师应当进行应付账款函证的情况不包括(　　)。

A.控制风险较高

B.应付账款明细账户金额较大

C.应付账款在全部负债中所占的比重较大

D.被审计单位处于财务困难阶段

4.下列凭证中，不属于购货与付款循环范围的是(　　)。

A.购货发票　　B.支票　　C.订货单　　D.发货单

5.对应付账款进行函证时，注册会计师最好应(　　)。

A.采用否定式函证，并且不具体说明应付金额

B.采用肯定式函证，并且具体说明应付金额

C.采用肯定式函证，并且不具体说明应付金额

D.采用否定式函证，并且具体说明应付金额

6.验收商品是购货业务中的重要环节，验收单作为这一环节中关键凭证，受到审计人员的重视。以下关于验收单的说法中，你不认可的是(　　)。

A.验收部门应对已收到货物的每张订购单编制一式多联的验收单

B.验收人员在将已验收商品送交仓库或其他请购部门时，可要求接收人在验收单副联上签字，以确定验收部门的验收责任

C.验收人员应将验收单的副联之一送交应付凭单部门

D.验收单是支持"存在或发生"的重要凭据，但被审计单位无法通过验收单发现购货交易"完整性"认定的错误

7.经检查，ABC公司2016年12月31日应付账款总账贷方科目余额97 500万元，明细账贷方余额合计142 500万元，明细账借方余额合计45 000万元均正确无误；检查还确认ABC公司2016年12月31日预付账款总账借方科目余额54 000万元，明细账借方余额合计139 500万元，明细账贷方余额合计85 500万元。周某在检查ABC公司应付账款项目在资产负债表中的反映是否适当时，如果发现ABC公司填列的金额不是(　　)万元，应提请ABC公司按照会计制度规定进行调整。

A.183 000　　B.97 500　　C.228 000　　D.142 500

8.一般来说，对凭证进行连续编号是被审计单位购货业务的一项重要的内部控制措施，但注册会计师一般认可被审计单位不对(　　)进行连续编号。

A.请购单　　B.订购单　　C.验收单　　D.付款单

9.采购与付款循环交易进行实质性程序时，注册会计师从验收单追查至采购明细账，从卖方发票追查至采购明细账，目的是为了测试已发生的购货业务的(　　)。

A.存在　　B.完整性　　C.分类　　D.计价和分摊

10.注册会计师为审查资产负债表日未入账负债而实施的下列审计程序中，最有效的是(　　)。

A.审查资产负债表日后货币资金支出情况

B.审查资产负债表日前后几天的发票

C.审查应付账款、应付票据的函证回函

D.审查购货发票与债权人名单

11.注册会计师对被审计单位的采购与付款交易实施截止测试的目的是为了检查（ ）。

A.年底应付账款的真实性　　B.是否存在无法支付的应付账款

C.采购业务入账时间是否正确　　D.应付账款是否全部登记入账

12.注册会计师在对预付账款进行审计时发现，预付 ABC 公司的款项长期挂账。注册会计师经审计后发现，ABC 公司于 2016 年 7 月破产。注册会计师应提出的正确建议是（ ）。

A.直接全额计提坏账准备

B.将预付账款调整为营业外支出

C.将预付账款调整为应收账款并计提坏账准备

D.将预付账款调整为其他应收账款并计提坏账准备

13.注册会计师 A 在审查 W 公司 2016 年度应付账款项目时，发现 W 公司应付账款明细账中存在确实无法支付的巨额应付账款。对此，注册会计师 A 应提请 W 公司管理层做（ ）的会计处理。

A.借记"应付账款"科目，贷记"营业外收入"科目

B.借记"坏账准备"科目，贷记"营业外收入"科目

C.借记"应付账款"科目，贷记"资本公积"科目

D.借记"坏账准备"科目，贷记"资本公积"科目

14.注册会计师在审计上市公司应付账款项目时，首要关注的认定是（ ）。

A.存在　　B.完整性　　C.计价和分摊　　D.权利和义务

15.以下采购付款交易中，职责分离划分不正确的是（ ）。

A.请购与审批　　B.询价与签订采购合同

C.采购与验收　　D.付款与记录银行存款日记账

二、多项选择题

1.购货与付款循环中的主要业务活动有（ ）。

A.编制付款凭单　　B.编制订购单

C.确认与记录负债　　D.记录现金、银行存款支出

2.注册会计师一般不必函证决算日应付账款余额，其原因是（ ）。

A.存在其他可靠的外部凭证以供证实之用

B.与被审计单位法律顾问联系，将揭示购货方因未付款而采取的法律行动

C.函证不能保证查出未入账的应付账款

D.决算日前应付账款余额在审计完成前或许不曾付款

3.在下列情况中，注册会计师需要函证应付账款的有（ ）。

A.可能存在未入账的应付账款　　B.控制风险较高

C.某应付账款明细账户金额较大　　D.被审计单位处于财务困难阶段

4.注册会计师在验证应付账款是否真实存在，通常实施的程序有（ ）。

A.获取应付账款明细表，复核加计是否正确，并与报表数、总账数和明细账合计数核对

B.选择应付账款的重要项目函证其余额和交易条款

C.从应付账款明细账追查至卖方发票等相关原始凭证

D.关注账龄超过 3 年的大额应付账款在资产负债表日后是否偿还，检查偿还记录及单据

5.注册会计师对 ABC 公司购货与付款循环进行审计。该公司应付账款明细账往来账户年末余额及本年度进货总额如下，应选择（　　）两家公司进行函证。

A.49 700 元，668 200 元　　B.0 元，47 015 300 元

C.98 000 元，92 000 元　　D.3 032 000 元，2 897 000 元

6.适当的职责分离有助于防止各种有意的或无意的错误。以下采购与付款业务不相容岗位包括（　　）。

A.询价与确定供应商　　B.采购、验收与相关会计记录

C.付款审批与付款执行　　D.采购合同的订立与审批

7.注册会计师应通过实施控制测试检查采购与付款业务内部控制制度是否健全，各项规定是否得到有效执行。注册会计师应监督检查以下采购与付款业务内部控制的主要内容，即（　　）。

A.检查大宗采购与付款业务的授权批准手续是否健全，是否存在越权审批的行为

B.检查是否存在采购与付款业务不相容职务混岗的现象

C.检查凭证的登记、领用、传递、保管、注销手续是否健全，使用和保管制度是否存在漏洞

D.审查应付账款和预付账款支付的准确性、时效性和合法性

8.为证实 X 公司 2016 年度应付账款的发生和偿还记录是否完整，应实施适当的审计程序，以查找未入账的应付账款。在以下的各项审计程序中，可以实现上述审计目标的有（　　）。

A.从 X 公司 2016 年度接近年末开具的验收单追查到库存现金、银行存款日记账及应付账款明细账

B.确定 X 公司 2016 年度的主要供应商名单，以积极的方式逐一寄发询证函，要求对方提供 X 公司欠款的详细信息

C.检查 X 公司 2017 年初一段时间的库存现金、银行存款日记账的贷方记录，核实付款原因并检查相应的卖方发票

D.检查 X 公司 2017 年初一段时间应付账款贷方发生额的相应凭证，确认入账时间是否正确

9.当出现下列（　　）情形时，注册会计师通常应当考虑对采购与付款交易和相关余额实施细节测试。

A.在会计期末发生的对账户的非正常调整

B.实施分析程序后显示出未预期的趋势

C.需要在财务报表中单独披露的金额

D.需要在纳税申报表中单独披露的事项

10.根据被审计单位实际情况，注册会计师可以选择以下方法对应付账款执行实质性分析程序的有（　　）。

A.将期末应付账款余额与期初余额进行比较，分析波动原因

B.检查与应付账款有关的供应商发票、验收报告或入库单及账簿记录

C.计算应付账款与存货的比率、应付账款与流动负债的比率，并与以前年度相关比率对比分析，评价应付账款整体的合理性

D.分析长期挂账的应付账款，要求被审计单位做出解释，判断被审计单位是否缺乏偿债能

力或利用应付账款隐瞒利润；并注意其是否可能无须支付，对确定无须支付的应付款的会计处理是否正确，依据是否充分

11.针对上市公司，以下属于注册会计师在采购与付款循环的审计中必要的审计程序有（　　）。

A.获取或编制应付账款明细表

B.对应付账款实施实质性分析程序

C.函证应付账款

D.检查应付账款是否计入了正确的会计期间

12.注册会计师针对没有收到询证函回函的应付账款，应检查的原始凭证有（　　）。

A.购货合同　　B.卖方发票　　C.验收单　　D.销售发票

13.以下审计程序中能够证明应付账款计入了正确的会计期间，被审计单位没有未入账的应付账款的审计程序有（　　）。

A.从供应商发票、验收报告或入库单等追查到应付账款明细账，查找有无未及时入账的应付账款，确认应付账款期末余额的完整性

B.检查资产负债表日前应付账款明细账贷方发生额的相应凭证，关注其购货发票的日期，确认其入账时间是否合理

C.检查被审计单位与其供应商之间的对账单

D.实施存货监盘程序

14.企业为了保证所记录的采购都确已收到商品，以下设计的内部控制中合理的有（　　）。

A.付款凭单后附有请购单、订购单、验收单和卖方发票

B.请购单经过相关授权人员的审批

C.验收单经过连续编号

D.对卖方发票、验收单、订购单和请购单做内部核查

15.注册会计师为了证实被审计单位已发生的采购交易均已记录，常用的实质性程序有（　　）。

A.从验收单追查至采购明细账

B.将采购明细账中记录的交易卖方发票、验收单和其他证明文件进行比较

C.从卖方发票追查至采购明细账

D.将验收单和卖方发票上的日期与采购明细账中的日期进行比较

三、判断题

1.一般情况下，应付账款不需要函证，这是因为函证不能保证查出未记录的应付账款，况且注册会计师能够取得购货发票等外部凭证来证实应付账款的余额。（　　）

2.进行应付账款函证时，注册会计师应选择的函证对象是较大金额的债权人，那些在资产负债表日金额为零的债权人不必函证；同样，当选择重要的应付票据项目进行函证时，不应包括余额为零的项目。（　　）

3.应付账款的函证最好采用肯定形式，但无须具体说明应付金额。（　　）

4.注册会计师周某了解到ABC公司的购货业务中有如下规定：验收单一联交采购部登记采购明细账和编制付款凭单，付款凭单经批准后，月末交给会计部；一联交会计部登记材料明

细账；一联由仓库保留并登记材料明细账。会计部根据只附验收单的付款凭单登记有关账簿。据此，周某认为 ABC 公司的内部控制存在缺陷。（　　）

5.因为多数舞弊企业往往低估应付账款，所以函证不能保证查出所有未入账的应付账款。（　　）

6.在内部控制制度比较健全的情况下，请购单是证明有关采购交易的“计价”认定的凭据之一，同时也是采购交易轨迹的起点。（　　）

7.注册会计师之所以要对应付账款进行函证，主要是为了获得债权人的对账单，所以应采用消极式函证。（　　）

8.注册会计师对被审计单位长期挂账的应付账款进行检查，属于是对采购与付款业务实施的控制测试程序。（　　）

9.从购货发票追查至采购明细账有助于证实采购交易记录的完整性认定。（　　）

10.付款业务的内部控制要求企业建立退货管理制度，对退货条件、退货手续、货物出库、退货货款回收等做出明确规定。（　　）

四、综合业务题

1.资料：大通公司 2016 年度会计报表有关数据列示如下：

应付账款　　2 300 000 元

预付账款　　850 000 元

注册会计师 B 在对其进行审计时，首先通过对购货与付款循环相关内部控制的了解，判断大通公司可能存在漏记应付账款的行为，因此决定进一步实施实质性程序查找未入账的应付账款。

要求：

(1)注册会计师 B 应当如何查找未入账的应付账款？

(2)对预付账款进行审计时，发现预付账款存在贷方余额 20 000 元，对此注册会计师 B 应做何审计调整？

(3)经审计后的应付账款、预付账款报表列报数据是多少？

2.华兴公司系股份有限公司，执行《企业会计准则》，每年的年度财务报告均于次年 4 月对外公布。2016 年末，华兴公司全面清理往来款，判断无法支付的应付款项为 130 万元(其中 A 公司 50 万元，B 公司 80 万元)，虽尚未经董事会批准，仍做了借记应付账款 130 万元、贷记营业外收入 130 万元的会计处理。2017 年 3 月，董事会决议同意冲销对 A 公司的应付账款，但认为对应付 B 公司账款的冲销理由不充分，应予以保留。华兴公司据此在 2017 年 3 月的会计分录中做了借记营业外收入 80 万元、贷记应付账款 80 万元的会计处理。

要求：针对上述事项，注册会计师按年度是否应当建议做出审计调整，如应当调整，请列示审计调整分录。

3.大华会计师事务所的注册会计师王华于 2016 年底对昌盛公司进行预审，包括对部分业务的内部控制测试和对部分交易活动进行实质性程序。在预审中，王华发现以下情况，请代为逐一判断被审计单位的相关内部控制是否存在缺陷，相关的经营活动及其会计处理是否符合企业会计准则的规定，并简要说明原因：

(1)为使采购业务的不相容职务彻底分离，规定采购人员不得参与验收。收到供应商发来的货物后，必须由财会部门负责采购业务会计记录的人员进行验收登记，只有当所收货物与订购单一致后，采购部门方能开具付款凭单。

(2)采购部门在办理付款业务时，对请购单、采购发票、结算凭证的签字、盖章、日期、数量、金额等进行严格审核。

(3)按照被审计单位与 W 公司签署的购货合同，自被审计单位收到材料起 10 日内付款的，昌盛公司可获得 10%的现金折扣。昌盛公司在 2016 年 10 月 16 日收到所购材料后，于 18 日按照购货发票所列金额 30 万元的 90%向 W 公司支付了材料款。为保证会计信息的真实性和可靠性，昌盛公司对此笔付款做了借记应付账款 27 万元、贷记银行存款 27 万元的会计处理。

第十章

固定资产循环审计

教学基本要求

了解固定资产业务循环的性质；理解掌握固定资产循环内部控制的内容及测试程序；理解掌握固定资产和累计折旧的审计目标及其审计程序；了解其他相关账户的审计目标及审计程序。

教学重点、难点

1.固定资产循环的内部控制及其测试
2.固定资产的审计目标及其审计程序
3.累计折旧的审计目标及其审计程序

关键概念

固定资产循环　内部控制　控制测试　实质性程序　固定资产审计　累计折旧审计　在建工程审计

练习题

一、单项选择题

1.在审查固定资产增加项目时，对于盘盈的固定资产，审计人员应审查其是否(　　)。

A.已按重置成本入账　　B.已按资产评估价值入账
C.已按实际成本入账　　D.已按现值法计算的价值入账

2.下列各项中，不属于固定资产内部控制制度的是(　　)。

A.预算制度　　B.维护保养制度

C.授权审批制度　　D.调查制度

3.固定资产审计目标一般不包括(　　)。

A.固定资产是否存在　　B.固定资产是否归被审计单位所有

C.固定资产的预算是否合理　　D.固定资产的期末余额是否正确

4.计算固定资产原值与本期产品产量的比率,并与以前期间比较,是对固定资产实施(　　)的审计程序之一。

A.控制测试　　B.检查程序　　C.数字测试　　D.分析程序

5.审计在建工程时,对于借款费用资本化,注册会计师不应结合审计的账户是(　　)。

A.长期借款　　B.应付债券　　C.长期应付款　　D.管理费用

6.固定资产清理的审计目标不包括(　　)。

A.确定固定资产清理的记录是否完整

B.确定反映的内容是否正确

C.确定固定资产清理的期初余额是否正确

D.确定固定资产清理在财务报表上的披露是否恰当

7.审计人员认为被审计单位固定资产折旧计提不足的迹象是(　　)。

A.经常发生大额的固定资产清理损失　　B.累计折旧与固定资产原值的比率较大

C.提取折旧的固定资产账面价值庞大　　D.固定资产保险额大于其账面价值

8.注册会计师为了证实固定资产的完整性,最有效的程序是(　　)。

A.以固定资产明细账为起点,进行实地追查

B.以实物为起点,追查至固定资产明细账

C.先从实物追查至固定资产明细账,再从固定资产明细账追查至实物

D.先从固定资产明细账追查至实物,再从实物追查至固定资产明细账

9.审计人员在进行固定资产的实地盘点时,在被审计单位内部控制制度健全的条件下,盘点的重点是(　　)。

A.本期内报废的固定资产　　B.本期内新增的固定资产

C.本期内出售的固定资产　　D.本期内超龄使用的固定资产

10.审查报废的固定资产时,应注意报废固定资产净损失,按规定应记入下列(　　)科目。

A."投资收益"　　B."营业外支出"

C."制造费用"　　D."管理费用"

11.注册会计师对固定资产实施控制测试时需关注的内容不包括(　　)。

A.固定资产的取得和处置是否均依据预算

B.固定资产的取得和处置是否经企业管理当局的书面认可

C.固定资产的取得、记录、保管、使用、维修、处置等是否明确划分责任

D.固定资产的购置是否存在与资本性支出有关的财务承诺

12.注册会计师在对固定资产实施分析程序时,可以通过计算并与上期进行比较,以发现累计折旧核算上的错误,应计算的指标是(　　)。

A.固定资产原值与本期产品产量的比率

B.本期计提折旧额与固定资产总成本的比率

C.累计折旧与固定资产总成本的比率

D.本期修理及维修费用与固定资产总成本的比率

13.注册会计师向丙公司生产负责人询问的以下事项中，最有可能获取审计证据的是（　　）。

A.固定资产的抵押情况　　B.固定资产的报废或毁损情况

C.固定资产的保险及其变动情况　　D.固定资产折旧的计提情况

14.下列审计程序中，不属于审计固定资产减少的程序是（　　）。

A.审查出售固定资产的净收益　　B.分析“营业外支出”账户

C.追查停产产品的专用设备的处理　　D.审核固定资产的验收报告

15.在对公司累计折旧进行审计时，注册会计师拟结合固定资产项目的审计，测试本年度所计提折旧费用的整体合理性。以下各项审计程序中，难以实现上述审计目标的是（　　）。

A.根据各项固定资产的增减变动及折旧率，重新计算折旧费用

B.根据各月平均固定资产原值以及综合折旧率，重新计算折旧费用

C.计算本年度折旧费用与固定资产原值的比率，并与上年度进行比较

D.复核折旧费用分配汇总表，并与总账和明细账进行核对

二、多项选择题

1.审计人员应获取、收集不同的审计证据以确定固定资产是否确实归被审计单位所有，对于房地产类固定资产，需要查阅（　　）等书面文件。

A.合同、产权证明　　B.财产税单

B.抵押借款的还款凭证　　D.保险单

2.对于被审计单位经营性租入的固定资产，审计人员不应专门审查的有（　　）。

A.固定资产的租赁合同、协议　　B.“固定资产”账户的核算情况

C.租入固定资产提取的折旧额是否正确　　D.租入固定资产有无变相馈赠情况

3.检查被审计单位是否存在高估固定资产数额时，审计人员可以采取（　　）程序验证。

A.被审计单位新增加的固定资产替换原有固定资产，原有固定资产的减少是否未作记录

B.分析营业外收支账户

C.向固定资产管理部门查询本年有无未做会计记录的固定资产减少业务

D.复核固定资产保险

4.对各类固定资产，审计人员应查阅相关原始凭证，以确定所审查的固定资产是否确实为被审计单位的合法财产。具体验证时应注意（　　）。

A.对外购的机器设备等固定资产，通常应审核采购发票、购货合同

B.对于房地产类固定资产，可查阅有关合同、产权证明、财产税单、抵押贷款的还款凭据、保险单

C.对融资租入的固定资产，应验证有关融资租赁合同，证实其并非经营租赁

D.对汽车等运输设备，应验证有关运营执照

5.审计人员针对融资租入固定资产实施审计程序时，除可以参照经营租赁有关程序外，还应审查（　　）。

A.租入固定资产折旧的计提是否正确　　B.租入固定资产计价是否正确

C.租入固定资产是否确属企业必需　　D.租入固定资产是否已登入备查账

6.计算固定资产原值与本期产品产量的比率，并与以前期间相关指标进行比较，审计人员可能发现（　　）。

A.资本性支出与收益性支出区分的错误　B.闲置的固定资产
C.增加的固定资产尚未做出会计处理　D.减少的固定资产尚未做出会计处理
7.检查固定资产折旧的计提和分配时应注意(　　)。
A.计算复核本期折旧费用的计提是否正确
B.检查折旧费用的分配是否合理
C.固定资产增减变动时有关折旧的会计处理是否符合规定
D.是否在资产负债表中披露
8.下列审计程序中,属于固定资产减少审计程序的有(　　)。
A.结合固定资产清理科目,抽查固定资产账面转销额是否正确
B.检查出售、盘亏、转让、报废或毁损的固定资产是否经授权批准,会计处理是否正确
C.检查因修理、更新改造而停止使用的固定资产的会计处理是否正确
D.检查债务重组、非货币性资产交换等转出固定资产的会计处理是否正确
9.注册会计师对固定资产取得和处置实施控制测试的重点包括(　　)。
A.审查固定资产的取得是否与预算相符,有无重大差异
B.审查固定资产的取得和处置是否经过授权批准
C.审查是否正确划分资本性支出和收益性支出
D.审查与固定资产取得和处置相关的项目如应付账款、银行存款、固定资产清理和营业外收支等会计记录的适当性
10.固定资产的审计目标一般包括(　　)。
A.确定固定资产是否归被审计单位所有
B.确定固定资产的计价和折旧政策是否恰当
C.确定固定资产的期末余额是否正确
D.确定固定资产及其累计折旧增减变动的记录是否完整
11.审计人员对固定资产内控制度的测试,应重点检查(　　)。
A.有无固定资产预算制度　B.有无明确的职责分工
C.有无定期盘点制度　D.有无完整的固定资产账簿记录
12.对固定资产实施实质性程序时,注册会计师应把重点放在(　　)上。
A.购入的固定资产　B.捐赠的固定资产
C.自建的固定资产　D.租入的固定资产
13.为判断公司财务报表中固定资产项目的总体合理性,通常可以采用的分析程序有(　　)。
A.比较和分析本期与以前各期因资产增减变动的差异,并根据公司各期生产经营的变化情况,判断差异产生的原因是否合理
B.计算固定资产原值与本期产品产量的比率,并与以前期间比较,以判断是否存在闲置的固定资产或已减少而未注销的固定资产
C.比较本期各月之间、本期与以前各期之间的修理和维护费用,以判断资本性支出和收益性支出的区分是否存在错误
D.分析固定资产的构成及其变动情况,与现金流量表、在建工程等的相关信息进行核对,以判断固定资产相关金额的合理性
14.注册会计师在审查被审计单位固定资产和累计折旧是否在报表上恰当反映时,应检查

（　　）。

A.固定资产折旧方法是否已在报表附注中披露

B.固定资产抵押情况是否已在报表附注中披露

C.固定资产分类情况是否已在报表附注中披露

D.资产负债表中固定资产和累计折旧项目是否与审定数相符

15.在对公司与固定资产相关的内部控制进行了解、测试后，注册会计师根据掌握的情况形成以下专业判断，其中正确的是（　　）。

A.公司建立了比较完善的固定资产处置制度，且本年度发生的处置业务没有对当期损益产生重大影响，注册会计师决定不再对固定资产处置业务进行实质性测试

B.公司的固定资产没有按类别、使用部门、使用状况等进行明细核算，注册会计师决定减少与之相关的内部控制测试，并加大实质性测试的样本量

C.公司建立了比较完善的固定资产定期盘点制度，于年末对固定资产进行全面盘点，并根据盘点结果进行相应的会计处理，注册会计师决定适当减少抽查公司固定资产的样本量

D.公司本年度固定资产的实际增减变化与固定资产年度预算基本一致，注册会计师决定减少对固定资产增减变化进行实质性测试的样本量

三、判断题

1.实施实地观察审计程序时审计人员可以固定资产明细账为起点，进行实地观察，以证明会计记录中所列固定资产确实存在，并了解目前使用状况；也可以实物为起点，追查至固定资产明细分类账，以获取实际存在的固定资产均已入账的证据。（　　）

2.对于因债务人抵债而获取的固定资产，应检查产权过户手续是否齐备，固定资产计价是否符合相关会计准则的规定。（　　）

3.对于融资租入的固定资产应登入备查簿。（　　）

4.固定资产的折旧主要取决于企业的折旧方法，带有一定的主观性。（　　）

5.如果被审计单位固定资产增减均能处于良好的经批准的预算控制之下，注册会计师即可适当减少对固定资产增加、减少审计的实质性程序的样本。（　　）

6.资产负债表中的固定资产项目按照“固定资产”账户期末余额扣除“累计折旧”账户期末余额后的金额填列。（　　）

7.对于增加的固定资产，只要审查其增加的合理性。（　　）

8.审计固定资产减少的主要目的在于查明业已减少的固定资产是否已做适当的会计处理。（　　）

9.审查无形资产的注销，其方法是审查有关的原始文件，查明记载的无形资产注销是否经合法手续批准。（　　）

10.如果注册会计师对折旧的总的计算结果与被审计单位的折旧总额相近，就可以适当减少累计折旧和折旧费用的控制测试工作量。（　　）

四、简答题

U 会计师事务所的注册会计师 A 按照审计小组的分工，专门负责审查 X 公司 2016 年度财务报表中的固定资产及累计折旧项目。

资料一：在审计开始时，注册会计师 A 通过实施实质性分析程序，发现 X 公司的固定资产

原值与上年相比有显著上升。根据在其他企业固定资产项目的经验，注册会计师A确定了以下两个重要的项目审计目标：

(1)X公司对本年新增的固定资产是否拥有所有权，是否存在，计价是否正确；

(2)本年减少的固定资产是否均已进行会计记录。

资料二：X公司在2016年度发生了以下固定资产增加业务：

(1)从T公司购进的一台A-130机床；

(2)由Y建筑公司新建完工、交付使用的办公大楼；

(3)从U投资公司融资租入的生产流水线；

(4)由V公司投资转入的运输设备。

要求：

1. 对于以一笔款项同时购入多项没有单独标价的固定资产，注册会计师A应当检查哪些文件与凭证以证实其所有权与存在性？X公司应如何进行会计处理，注册会计师A方可确认其计价的正确性？

2. 为检查X公司是否存在未做会计记录的固定资产减少业务，A注册会计师应当实施哪些具体的实质性程序？

3. 指出注册会计师为证实X公司对上述每项固定资产拥有所有权，应实施何种具体的实质性程序？

五、分析题

1.审计人员在审查某有限公司年度固定资产折旧时，发现上年度12月份新增已投入生产使用的机床1台，原价为170 000元，预计净残值为20 000元，预计使用年限为5年，使用年数总和法对该固定资产计提折旧，其余各类固定资产均用直线法计提折旧，且该公司对这一事项在会计报表附注中未做揭示。

要求：根据上述情况，审计人员应做出怎样的决定？

2.某企业设备类固定资产年初应计折旧的固定资产总值为16 000 000元，1月25日增加了1 600 000元，4月10日增加了800 000元，1月15日减少了960 000元，9月19日减少了1 280 000元，该类固定资产的年折旧率为8%。

要求：运用分析程序复核固定资产的年折旧额。

第十一章

生产与存货循环审计

教学基本要求

了解生产与存货循环的性质;掌握生产与存货循环内部控制的内容及测试程序;掌握存货成本的审计程序,理解存货监盘的定义,掌握存货监盘计划的制定和监盘程序的实施要求;掌握存货计价审计和截止测试方法;了解其他相关账户的审计目标及审计程序。

教学重点、难点

1.生产与存货循环的内部控制及其测试

2.存货成本的审计程序

3.存货监盘的定义以及存货监盘程序的实施

4.存货计价审计、截止测试

关键概念

生产与存货循环　内部控制　控制测试　实质性程序　成本费用项目审计　存货审计　存货监盘　计价测试　截止测试

练习题

一、单项选择题

1.注册会计师在审查存货时,需要(　　)。

A.亲自盘点存货

B.亲自指挥客户进行盘点工作

C.了解客户是否定期进行存货盘点,但不必参与盘点过程

D.观察客户的盘点过程，并适当抽查

2.存货审计的内容不包括（　　）。

A.制造费用的审计　　B.直接材料成本的审计

C.直接人工成本的审计　　D.销售费用的审计

3.资产负债表中的“存货”项目不包括（　　）账户的期末余额。

A.“原材料”　　B.“库存商品”　　C.“待摊费用”　　D.“存货跌价准备”

4.注册会计师观察存货盘点的主要目的是为了（　　）。

A.查明被审计单位是否漏盘某些重要的存货项目

B.获得存货是否实际存在的证据

C.鉴定存货质量

D.了解盘点过程是否遵循了有关规定

5.在实施存货监盘程序时，注册会计师不应当（　　）。

A.对被审计单位存货的盘点进行现场监督

B.实际参与被审计单位存货的盘点

C.对被审计单位已经盘点的存货进行抽点

D.编制审计工作底稿

6.为了验证财务报表上存货项目余额的真实性，注册会计师除了对企业存货的结存数量予以确认外，还应对存货（　　）。

A.进行存货计价测试　　B.审查存货盘亏处理和损失处理

C.进行购货业务年底测试　　D.实地观察存货盘点

7.注册会计师监盘存货前应当确定存货盘点的范围。以下有关存货盘点范围的确定中不正确的是（　　）。

A.在被审计单位盘点存货前，注册会计师应当观察盘点现场，确定应纳入盘点范围的存货是否已经适当整理和排列，并附有盘点标识，防止遗漏或重复盘点。对未纳入盘点范围的存货，注册会计师应当查明未纳入的原因

B.对于被审计单位委托代销的存货，注册会计师应纳入盘点范围，并向受托代销单位函证

C.对所有权不属于被审计单位的存货，注册会计师应当取得其规格、数量等有关资料，确定是否已分别存放、标明，且未被纳入盘点范围

D.对于被审计单位持有的受托代存存货，应纳入盘点范围

8.注册会计师将被审计单位某一会计年度的毛利率与上年度进行比较，可以发现该年度被审计单位盈利能力是否正常，从而找出夸大或缩减经营业绩的原因。以下不影响毛利率变动的原因是（　　）。

A.销售产品总体结构发生变动　　B.单位产品成本发生变动

C.单位销售价格发生变动　　D.销售费用发生变动

9.注册会计师在对存货实施监盘程序时，下列做法不正确的是（　　）。

A.对于受托代存的存货，应实施向存货所有权人函证等程序

B.如果接受委托时被审计单位的期末存货盘点已经完成，注册会计师应当评估存货相关的内部控制的有效性，并根据评估结果对存货进行适当的检查或提请被审计单位另择日期重新盘点，同时测试重新盘点日和原盘点日之间发生的存货交易

C.如果被审计单位的存货存放于其他单位，注册会计师通常需要向该单位获取委托代管

存货的书面确认函

D.对因性质特殊而无法监盘的存货,注册会计师通常应当复核采购、生产和销售记录,以获取充分、适当的审计证据

10.注册会计师在对被审计单位存货进行审计时,下列费用中不应当包括在存货成本中的是(　　)。

A.制造企业为生产产品而发生的人工费用

B.商品流通企业在商品采购过程中发生的包装费

C.商品流通企业进口商品支付的关税

D.库存商品发生的仓储费用

二、多项选择题

1.如果注册会计师在抽查盘点时发现差异,注册会计师可能采取的程序是(　　)。

A.查明原因　　B.提请被审计单位更正

C.扩大抽查范围　　D.提请被审计单位重新盘点

2.注册会计师对被审计单位购货业务进行年底截止测试的方法有(　　)。

A.实地观察与抽查购货

B.抽查存货盘点日前后的购货发票与所附的入库单

C.查阅验收部门的业务记录

D.了解购货的保险情况和存货保护措施

3.注册会计师测试 XYZ 公司存货计价时,应从存货数量已经盘点、单价和总金额已经记入存货汇总表的结存存货中选择,并考虑着重选择的样本为(　　)。

A.结存余额较大的项目　　B.价格变动较频繁的项目

C.交易活动较频繁的项目　　D.具有代表性的项目

4.注册会计师在编制监盘计划时应实施的工作包括(　　)。

A.了解与存货相关的内部控制

B.查阅以前年度的存货监盘工作底稿

C.复核或与管理层讨论其存货监盘计划

D.考虑是否利用专家或其他注册会计师的工作

5.注册会计师对于被审计单位委托其他单位保管或已作质押的存货,应实施的审计程序有(　　)。

A.向保管人或债权人函证

B.实施监盘

C.利用其他注册会计师的工作

D.向受托代管的单位获取委托代管存货的书面确认函

6.在检查中发现的错误很可能意味着被审计单位的存货盘点还存在其他错误,注册会计师正确的做法是(　　)。

A.应当查明原因,并及时提请被审计单位更正

B.不管差异的大小,直接确定其对审计意见的影响

C.应当考虑错误的潜在范围和重大程度,在可能的情况下扩大检查范围以减少错误的发生

D.要求被审计单位重新盘点

7.如果要确定直接材料数量、计价和材料费用分配是否真实、合理，注册会计师实施的审计程序通常包括(　　)。

A.分析比较同一产品前后年度的直接材料成本，查明是否存在重大波动

B.抽查材料发出及领用的原始凭证，检查领料单的签发是否经过授权

C.检查直接材料耗用量的真实性，有无将非生产用材料计入直接材料费用

D.抽查产品成本计算单，检查直接材料成本的计算是否正确，材料费用的分配标准与计算方法是否合理和适当，是否与材料费用分配汇总表中该产品分摊的直接材料费用相符

8.对于难以盘点的存货，注册会计师可以考虑的测试程序有(　　)。

A.采取查询及函证方法　　B.根据企业存货收发制度确认存货数量

C.聘请专家进行盘点　　D.审阅验收部门的业务记录

9.注册会计师在对存货进行审计时，当物价持续上升，被审计单位采用先进先出法计价，则注册会计师认为在存货发出当期企业将(　　)。

A.低估售出存货的销售成本　　B.低估期末存货资产价值

C.高估期末存货资产价值　　D.高估利润

10.计算存货可变现净值时，可从预计销售收入中扣除的项目有(　　)。

A.出售前进一步加工的加工费用　　B.销售过程中发生的消费税

C.存货的账面价值　　D.销售过程中发生的销售费用

三、判断题

1.注册会计师在抽查被审计单位的存货时，应当从存货实物中选取部分品种清点数量，然后将清点数量与存货盘点记录中的数量进行核对，以测试存货盘点记录的完整性。(　　)

2.盘点存货是注册会计师的责任，因此，注册会计师应当负责制定存货盘点计划。(　　)

3.正确的购货截止应该做到 12 月 31 日前入库的存货，无论是否收到发票，都必须纳入收到存货年度的存货盘点范围。(　　)

4.注册会计师于 2017 年 3 月 10 日对被审计单位的存货进行了监盘，并在监盘过程中抽查了 65%的存货余额，抽查结果显示抽盘日账实相符，注册会计师据以得出资产负债表日存货真实存在的审计结论。(　　)

5.注册会计师的监盘责任应当包括现场监督被审计单位盘点，并进行适当抽查。(　　)

6.对所有权不属于被审计单位的存货，注册会计师应要求被审计单位纳入盘点的范围。(　　)

7.存货计价方法如果发生变更，应在财务报表附注中予以说明。(　　)

8.对于被审计单位存放于由其他单位代为保管的存货，可直接向其他单位进行函证。(　　)

9.在抽查存货盘点结果时，注册会计师可从存货实物中选取项目追查至存货盘点记录，以测试存货盘点记录的真实性。(　　)

10.购货截止测试的关键是审查购货交易的存货实物与相应的会计记录的入账时间是否在同一会计期间。(　　)

四、简答题

1.假定下列表格中的具体审计目标已经被注册会计师甲选定，注册会计师甲应当确定的

与各具体审计目标最相关的财务报表认定和最恰当的审计程序分别是什么？（根据表后给出的财务报表认定及审计程序，分别选择一项。对每项财务报表认定和审计程序，可以选择一次、多次或不选。）

财务报表认定	具体审计目标	审计程序
	已按成本与可变现净值孰低法调整期末存货的价值	
	公司对存货均拥有所有权	
	存货成本计算准确	
	记录的存货数量包括了公司所有的在库存货	

与期末账户余额相关的认定：

A.存在；

B.权利和义务；

C.完整性；

D.计价和分摊。

审计程序：

E.检查现行销售价目表；

F.审阅财务报表；

G.在监盘存货时，选择一定样本，确定其是否包括在盘点表内；

H.选择一定样本量的存货会计记录，检查支持记录的购货合同和发票；

I.在监盘存货时，选择盘点表内一定样本量的存货记录，确定存货是否在库；

J.测试直接人工费用的合理性。

2.达正会计师事务所接受委托对克莱斯股份有限公司 2016 年度的财务报表进行审计。根据审计计划的要求，由审计小组中的张涛注册会计师负责对克莱斯公司的存货进行监盘。在观察克莱斯公司的盘点过程后，张涛注册会计师正在考虑与抽查相关的问题。请指出，张涛注册会计师应就以下问题做出何种专业判断：

（1）对于将要抽查测试的存货项目，张涛是否应当与克莱斯公司进行沟通？如未能观察到克莱斯公司对重要存货的盘点，张涛应实施何种程序？

（2）对于通过实施抽查程序发现的差异，张涛应实施何种审计程序？

第十二章

人力资源与工薪循环审计

教学基本要求

了解人力资源与工薪循环的性质；掌握人力资源与工薪循环内部控制的内容及测试程序；理解掌握应付职工薪酬的审计目标及其审计程序；了解其他相关账户的审计目标及审计程序。

教学重点、难点

1.人力资源与工薪循环的内部控制及其测试

2.应付职工薪酬的审计目标及其审计程序

关键概念

人力资源与工薪循环　内部控制　控制测试　实质性程序　应付职工薪酬审计　管理费用审计　销售费用审计

练习题

一、单项选择题

1.针对所有已发生的工薪支出已记录的内部控制目标，注册会计师通常实施的控制测试是(　　)。

A.检查工时卡的有关核准说明

B.复核人事政策、组织结构图

C.检查工薪分配表、工薪汇总表、工薪结算表，并核对员工工薪手册、员工手册等

D.将工薪分配表、工薪汇总表、工薪结算表与有关费用明细账相核对

2.导致工薪交易和余额的重大错报风险的主要原因不包括(　　)。

A.为员工并未工作的工时支付工薪　　B.由于工薪未支付造成挪用现象
C.支付应付工薪扣款的金额不正确　　D.将工薪支付给正确的员工

3.在人力资源与工薪循环中下列不能有效实现资产和记录的实物控制的有(　　)。
A.将审批工薪总额与汇总报告进行比较
B.工薪应当由独立于工薪和考勤职能之外的人员发放
C.限制接触未签字的工薪支票
D.支票应由有关专职人员签字

4.注册会计师在审计被审计单位应付职工薪酬时,发现了被审计单位的会计将下列项目均计入了应付职工薪酬,其中注册会计师不应当认可的是(　　)。
A.职工工资　　B.辞退福利
C.医疗保险费　　D.职工出差报销的飞机票

5.下列关于人力资源与工薪循环的内部控制中,说法恰当的是(　　)。
A.甲职员负责考勤制度的审核、工资的计算,乙职员负责工资的发放和审核
B.甲职员负责考勤制度的管理、审核和工资的计算,同时对乙职员的工资发放过程进行监督
C.甲职员负责工薪支付的批复,乙职员负责工薪总额的计算审核和扣除额审核,并批准该金额
D.甲职员负责工资支付的全过程

6.为了防止向员工过量支付工薪,或向不存在的员工虚假支付工薪,下列最有效的内部控制措施是(　　)。
A.资产和记录的实物控制　　B.适当的凭证和记录
C.适当的授权　　D.适当的职责分离

7.注册会计师在检查甲公司非货币性福利时,发现甲公司存在无偿向职工提供住房的非货币性福利。甲公司财务人员进行了下列账务处理。对此,注册会计师认为有必要提请甲公司进行调整的是(　　)。
A.将该住房每期应计提的折旧计入相关资产成本
B.将该住房每期应计提的折旧计入当期损益
C.将该住房每期应计提的折旧确认应付职工薪酬
D.将无法认定受益对象的非货币性福利直接计入递延损益

8.下列属于对工薪账项实施的实质性程序的是(　　)。
A.检查工时卡的有关核准　　B.检查工薪记录中有关内部检查标记
C.检查人事档案中的授权　　D.将工时卡与工时记录等进行比较

9.在人力资源与工薪循环审计中,注册会计师为了识别和评估工薪账项的重大错报风险而收集审计证据的程序为(　　)。
A.实质性分析程序　　B.控制测试
C.风险评估程序　　D.细节测试

10.工薪交易和相关余额主要的重大错报风险是(　　)。
A.费用的低估　　B.费用的高估
C.资产的高估　　D.利润的高估

二、多项选择题

1.不同的被审计单位的经营情况可能千差万别，但人力资源与工薪循环涉及的主要业务活动通常包括(　　)等相对固定的环节。

A.记录工作时间或产量　　B.批准招聘

C.计算工薪总额和扣除　　D.支付工薪净额

2.人力资源与工薪循环涉及的主要凭证有(　　)。

A.工薪交易文件　　B.工时单

C.工薪主文档　　D.材料费用分配表

3.对本期工薪费用实施分析程序，检查工薪的计提是否正确、分配方法是否与上期一致，可以实现的审计目标有(　　)。

A.完整性　　B.发生　　C.准确性　　D.计价和分摊

4.下列关于人力资源与工薪循环的内部控制说法正确的有(　　)。

A.工薪可以由负责考勤的人来发放

B.工薪的计算应当独立验证，包括将审批工薪总额与汇总报告进行比较

C.每一个职工的加班时间都应经过主管人员授权

D.人力资源与工薪职能不必分开，可以全部由人力资源负责

5.下列可能导致工薪交易重大错报风险的有(　　)。

A.由一位可以更改员工数据主文档的员工在没有授权的情况下更改总工薪的付费标准

B.在进行工薪处理过程中出错

C.由于工薪长期未支付造成挪用现象

D.支付应付工薪扣款的金额不正确

6.能证明工薪以正确的金额在恰当的会计期间及时记录于适当的账户的控制测试有(　　)。

A.询问和观察各项职责执行情况

B.测试是否按照规定的账务处理流程进行账务处理

C.选取样本测试工薪费用的归集和分配

D.检查工薪的计提是否正确，分配方法是否与上期一致

7.注册会计师在对应付职工薪酬实施分析程序时应当考虑以下(　　)影响工薪金额变化的因素。

A.员工结构的变更　　B.员工数量的变更

C.产量变化　　D.企业扩张

8.下列企业以自产产品作为福利发放给生产工人的会计处理中，注册会计师应当认可的有(　　)。

A.借：管理费用

　　贷：应付职工薪酬

B.借：生产成本

　　贷：应付职工薪酬

C.借：应付职工薪酬

　　贷：主营业务收入

应交税费——应交增值税(销项税额)

D.借:应付职工薪酬

贷:库存商品

应交税费——应交增值税(销项税额)

9.以下关于应付职工薪酬的处理,注册会计师不应当认可的有( )。

A.将生产产品负担的职工薪酬计入产品成本

B.将计提的辞退福利计入产品成本或当期损益

C.将难以认定受益对象的非货币性福利计入资本公积

D.因解除与职工劳动关系给予的补偿计入管理费用

10.检查应付职工薪酬是否已按照企业会计准则的规定在财务报表中做出恰当的列报时,注册会计师应检查被审计单位是否在附注中披露与职工薪酬有关的( )信息。

A.应当支付给职工的工薪、奖金、津贴和补贴,及其期末应付未付金额

B.应为职工缴纳的医疗、养老、失业、工伤和生育等社会保险费,及其期末应付未付金额

C.应当为职工缴存的住房公积金及其期末应付未付金额

D.为职工提供的货币性福利

三、判断题

1.注册会计师对被审计单位的人力资源与工薪循环进行审计时,将工时卡与工时记录等进行比较属于对工薪账项实施实质性程序。 ( )

2.养老保险费不需要根据职工提供服务的受益对象来划分,而应于发生时直接计入管理费用。 ( )

3.企业将拥有的房屋等资产无偿提供给职工使用的,应当根据受益对象,按照该住房的公允价值计入相关资产成本或当期损益,同时确认应付职工薪酬。 ( )

4.难以认定受益对象的非货币性福利,直接计入当期损益和应付职工薪酬。 ( )

5.在对人力资源与工薪循环实施审计时,管理层在实施监控程序时实施的高层次控制是注册会计师拟信赖的特别重要的控制。 ( )

6.应付职工薪酬审计的目标应包括:确定其是否存在;确定计提和支出的记录是否完整;确定计提依据是否合理;确定期末余额是否正确;确定披露是否恰当。 ( )

7.审阅工资结算汇总表和工资费用分配表,检查其恰当性是为验证已发生的工资支出是否均已入账应执行的程序。 ( )

8.解除劳务关系给予职工的补偿,借记"管理费用"科目,贷记"应付职工薪酬"科目。 ( )

9.企业将住房等固定资产无偿提供给职工使用的,按应计提的折旧额,借记"管理费用"科目,贷记"累计折旧"科目。 ( )

10.人力资源与工薪循环是不同企业之间最可能有共同性的领域。 ( )

第十三章

筹资与投资循环审计

教学基本要求

了解筹资与投资循环的性质;掌握筹资与投资循环内部控制的内容及测试程序;掌握负债的审计目标及主要审计程序;掌握所有者权益的审计目标及主要审计程序;掌握投资的审计目标及主要审计程序;了解其他相关账户的审计目标和审计程序。

教学重点、难点

1.筹资与投资循环的内部控制及其测试

2.负债的审计目标及审计程序

3.所有者权益的审计目标及审计程序

4.投资的审计目标及审计程序

关键概念

筹资循环　投资循环　内部控制　控制测试　实质性程序　投资审计　负债审计　使用者权益审计

练习题

一、单项选择题

1.注册会计师审计应付债券时,如果被审计单位的应付债券不多,可直接进行(　　)。

A.了解内部控制　B.控制测试　C.实质性测试　D.穿行测试

2.如果被审计单位投资证券时委托某些专门机构代为保管的,为了证实这些投资证券的真实存在,注册会计师应(　　)。

A.实地盘点投资证券　　B.获取被审计单位管理层声明书

C.向代管机构发函询证　　D.逐笔检查被审计单位的相关会计记录

3.审计人员审查盈余公积时应注意，盈余公积用于转增资本或分配股利后，其余额不得低于(　　)。

A.盈余公积的25%　　B.注册资本的25%

C.注册资本的50%　　D.税后利润的25%

4.在对被审计单位投资活动进行审计时，注册会计师应关注的重要内部控制制度是(　　)。

A.公司发行股票、宣布发放股息等业务的批准手续

B.债券投资业务活动中业务授权、执行、会计记录和投资资产的保管等方面的明确分工

C.投资资产计价方法正确，期末余额正确

D.投资在资产负债表上的披露正确

5.注册会计师李明在执行天星公司年度审计业务时，为确认被审计单位借款和所有者权益的增减变动及其利息和股利已登记入账这一认定目标，应执行的实质性程序是(　　)。

A.检查股东是否已按合同、协议、章程约定时间缴付出资额，其出资额是否经注册会计师审验

B.向银行或其他金融机构、债券包销人函证，并与账面余额核对

C.检查年度内借款和所有者权益增减的原始凭证，核实变动的真实性、合规性，检查授权批准手续是否完备，入账是否及时、准确

D.确定借款和所有者的披露是否恰当，注意一年内到期的借款是否列入流动负债

6.检查被审计单位的长期借款业务时，如发现有逾期未偿还的长期借款，注册会计师首先应当实施的审计程序是(　　)。

A.核实是否办理了延期还款手续　　B.判断被审计单位的偿债能力

C.判断被审计单位的资信程度　　D.计算逾期贷款的金额和比率

7.企业发生的下列事项中，影响“投资收益”的是(　　)。

A.交易性金融资产持有期间收到不属于包含在买价中的现金股利

B.期末交易性金融资产的公允价值大于账面余额

C.期末交易性金融资产的公允价值小于账面余额

D.交易性金融资产持有期间收到包含在买价中的现金股利

8.投资与筹资循环的特征是，影响本循环账户余额的业务数量较少，但每笔业务的金额通常都很大。基于这个特点，在审计时可以采用的审计方法是(　　)。

A.抽样方法　　B.实质性分析程序

C.大量的控制测试　　D.细节测试

9.为了证实大华公司是否存在高估利润的情况，在注册会计师所列的关于财务费用的以下各项审计目标中，(　　)不属于主要审计目标。

A.确定所记录的财务费用是否为被审计期间发生的

B.确定与财务有关的金额及其他数据是否已恰当记录

C.确定财务费用的内容是否正确

D.确定财务费用的披露是否恰当

10.在投资与筹资循环中，注册会计师应索取被审计单位合同、协议，这主要是为了证实投

资与筹资业务的(　　)认定。

A.存在　　B.分类　　C.完整性　　D.准确性

11.授权批准是投资与筹资循环内部控制目标中(　　)的关键内部控制程序。

A.存在　　B.完整性　　C.计价和分摊　　D.权利和义务

12.对于企业应付债券不多的情况,注册会计师应当采用(　　)。

A.实质性方案　　B.控制测试

C.综合性方案　　D.实质性分析程序

13.甲公司以下关于借款费用的会计处理中,注册会计师认为需要调整的是(　　)。

A.甲公司将发行的公司股票佣金计入借款费用

B.甲公司将发行公司债券佣金计入借款费用

C.甲公司将借款手续费计入借款费用

D.甲公司将借款利息计入借款费用

14.为确定"长期借款"账户余额的真实性,注册会计师函证的对象是(　　)。

A.公司的律师　　B.金融监管机关

C.银行或其他有关债权人　　D.公司的主要股东

15.注册会计师审查股票发行的会计处理时,应查实被审计单位在股票溢价时是否按规定将其(　　)。

A.作为当期费用　　B.冲减股本　　C.作为资本公积　　D.冲减留存收益

二、多项选择题

1.下列各项中,属于投资审计目标的有(　　)。

A.确定投资是否存在

B.确定投资是否归被审计单位所有

C.确定投资的计价方法是否正确

D.确定投资的增减变动及其损益的记录是否完整

2.投资所涉及的主要业务活动包括(　　)。

A.投资交易的发生　　B.有价证券的收取和保存

C.投资收益的取得　　D.监控程序

3.注册会计师为了确定应付债券账户期末余额的真实性,应向(　　)对象函证应付债券相关内容。

A.债权人　　B.债券承销人　　C.证券经纪人　　D.债券包销人

4.H注册会计师计划测试C公司2016年末银行长期借款余额的完整性。以下审计程序中,可能实现该审计目标的有(　　)。

A.了解银行对C公司的授信情况

B.检查长期银行借款明细账中本年新增借款的银行进账单

C.向提供长期银行借款的银行寄发银行询证函

D.重新计算并分析2016年度长期借款利息

5.H注册会计师计划测试C公司2016年末长期投资余额的存在性,以下审计程序中,可能实现该审计目标的有(　　)。

A.向受托代管C公司长期证券的托管机构寄发询证函

B.查阅C公司董事会与长期投资业务有关的会议记录

C.检查长期股权投资中股票投资的2016年末市价变动情况

D.向被投资单位寄发询证函

6.注册会计师为了获取审计证据证明乙公司截止资产负债表日是否存在未入账的长期借款，下列审计程序中可选用的实质性程序有（ ）。

A.函证银行存款余额的同时函证长期借款

B.检查长期借款合同副本

C.向乙公司索取包含长期借款的书面声明

D.以长期借款明细账为起点检查其会计处理是否恰当

7.在实施监盘投资资产时，审计人员应实施的审计步骤包括（ ）。

A.监盘库存证券，并填制盘点清单

B.详细调查投资的内部控制

C.将盘点清单同投资明细表及有关总账和明细账进行核对

D.将盘点情况形成记录，并列入审计工作底稿

8.注册会计师甲拟对乙公司与借款活动相关的内部控制进行测试，下列程序中属于控制测试程序的有（ ）。

A.索取借款的授权批准文件，检查批准的权限是否恰当、手续是否齐全

B.观察借款业务的职责分工，并将职责分工的有关情况记录于审计工作底稿中

C.计算短期借款、长期借款在各个月份的平均余额，选取适用的利率匡算利息支出总额，并与财务费用等项目的相关记录核对

D.抽取借款明细账的部分会计记录，按原始凭证到明细账再到总账的顺序核对有关会计处理过程，以判断其是否合规

9.企业投资活动的内部控制主要包括（ ）。

A.职责分工制度　　B.资产保管制度

C.会计核算制度　　D.定期盘点制度

10.在对被审计单位长期借款进行实质性测试时，注册会计师一般应获取的审计证据包括（ ）。

A.长期借款明细表

B.长期借款合同和授权批准文件

C.相关抵押资产的所有权证明文件

D.重大长期借款的函证回函、逾期长期借款的展期协议

11.为实现筹资交易均已记录的控制目标，实施的下列程序中，不属于交易实质性程序的有（ ）。

A.询问借款业务的职责分工情况及内部对账情况

B.检查董事会会议记录、借款合同、银行询证函等，确定有无未入账的交易

C.检查被审计单位是否定期与债权人核对账目

D.索取借款的授权批准文件，检查审批手续是否齐全

12.注册会计师对借款进行实质性测试时，一般应获取的审计证据包括（ ）。

A.借款明细表　　B.借款的合同和授权文件

C.相关抵押资产的所有权证明文件　　D.借款银行的信用情况

三、判断题

1.在资产负债表中，一年内到期的长期借款应当单独列示在流动负债项目下。（　）

2.所有者权益审计一般采用详查的方式，且一般不需要对其内部控制进行控制测试。（　）

3.所有者权益审计时，由于一般不进行控制测试，所以，注册会计师也就不需要了解企业所有者权益的内部控制，并做出评价。（　）

4.审计人员对实收资本进行实质性测试时，应向被审计单位索取或自行编制实收资本明细表作为永久性审计档案。（　）

5.在投资与筹资循环审计中，投资与筹资循环交易必须遵守国家法律、法规和相关契约的规定。（　）

6.审计年度内投资和筹资循环的交易数量较少，所以，对一笔业务漏记或不恰当的会计处理对财务报表的影响不大。（　）

7.应付债券的控制中要求，应付债券的发行要有正式的授权程序，每次均要由股东会授权。（　）

8.注册会计师甲在对乙公司发生的借款费用进行审计时，发现甲公司将为购建固定资产而发生的外币专门借款的汇兑差额在固定资产达到预定可使用状态前计入了固定资产购建成本。（　）

9.注册会计师在确定长期股权投资是否已在资产负债表上恰当披露时，应当结合银行借款等的检查，检查存在质押、担保的长期股权投资是否在附注中披露。（　）

四、分析题

1.以下针对长期股权投资列示了一部分可能实施的主要审计程序。请针对长期股权投资的每一审计目标，选出能够实现该审计目标的一项最佳审计程序，将其英文大写字母编号填列在题后表格内，每一项审计程序最多只能被选择一次。

A.获取和编制投资收益明细表，复核加计是否正确。

B.确定投资收益是否已恰当列报。

C.被投资单位向投资企业转移资金的能力受到限制的情况。

D.检查本期增加的长期股权投资是否已经记录，会计处理是否正确。

E.获取或编制长期股权投资明细表，复核加计是否正确，并与总账、明细账的合计数核对是否相符。

F.结合银行借款的检查，了解长期股权投资是否存在质押、担保情况。

G.检查有关合同和文件，并向被投资单位函证。

审计目标	存在	完整性	权利和义务	计价和分摊	列报和披露
审计程序					

2.萍得股份有限公司是一家上市公司，从事投资、设备制造等方面的业务。中正大华会计师事务所 2017 年 2 月份接受了萍得公司 2016 年度会计报表的审计业务，并指派注册会计师李羚、陈春于 2017 年 2 月份对萍得公司 2016 年度投资业务的相关内部控制进行了解和控制

测试，同时对部分财务资料进行了预审。在预审过程中，李羚了解到以下情况：

(1)萍得公司的股票、债券的买卖业务须由董事会批准，经董事长签字后，由财务经理丁飞具体办理股票、债券的买卖业务。但在具体办理的过程中，遇到股票价格大幅波动等异常情况时，丁飞可自行决定买进或卖出，并在渡过紧急情况后及时向董事长汇报并备案。指定专职财务人员A负责进行会计记录和财务处理，专人B、D负责股票及债券的保管。每月末，由内部审计人员C组织财务经理、财务人员A、专人B和其他人员共同参与股票、债券的定期盘点以及与账面记录的核对，以确定股票、债券的真实性、完整性、所有权、正确性。

(2)由于萍得公司生产W产品的原料需要从国外进口，2016年发生一笔外币短期借款业务：10月20日，萍得公司以1美元兑换7.8元人民币的市场汇率从某工商银行借入100万美元，做出"借记：银行存款780万元，贷记：短期借款780万元"的会计记录（萍得公司没有发生其他短期借款业务）。年末，美元对人民币的市场汇率上升为1∶7.9，萍得公司编制会计报表时，短期借款项目的金额仍为780万元。经查，萍得公司为简化处理、减少差错的发生，财务部门发生外币短期借款业务及期末编制会计报表时均按发生当时的市场汇率折算，折算差额计入财务费用。

(3)萍得公司新建加工车间，使用了2015年1月初从某建设银行借入年利率为6%、期限为2年的一般长期借款1 000万元。该车间自2015年7月1日开工建设，于2016年6月30日交付使用，但至2016年12月31日仍未办理竣工决算。萍得公司以该项建筑工程尚未转入固定资产为由，未对新建车间计提折旧，并将2016年度发生的60万元借款费用计入在建工程。

要求：

(1)针对情况(1)，指出萍得公司股票、债券交易的相关内部控制是否存在缺陷，并说明原因。

(2)针对情况(2)、(3)，指出萍得公司工程的相关会计处理是否符合会计准则和制度的规定，在需要调整的情况下，列出调整分录（不考虑调整对相关税费的影响）。

第十四章

货币资金审计

教学基本要求

了解货币资金与其他业务循环的关系；理解掌握货币资金内部控制的内容及测试程序；理解掌握库存现金的审计目标及审计程序；理解掌握银行存款的审计目标及审计程序；了解其他货币资金的审计目标及审计程序。

教学重点、难点

1.货币资金的内部控制及其测试
2.库存现金的审计目标及其审计程序
3.银行存款的审计目标及其审计程序

关键概念

货币资金内部控制　控制测试　实质性程序　库存现金审计　银行存款审计　监盘库存现金　函证

练习题

一、单项选择题

1.下列项目中，不在资产负债表中的“货币资金”项目反映的是（　　）。

A.现金　　B.银行本票存款
C.银行存款　　D.一年以上的定期存款

2.注册会计师通过监盘现金所取得的审计证据属于（　　）。

A.环境证据　　B.书面证据　　C.实物证据　　D.口头证据

3.函证银行存款不能实现的目标是（　　）。

A.确定被审计单位银行存款使用的合法性

B.了解银行存款的存在

C.了解被审计单位欠银行债务

D.发现被审计单位未登记的银行借款

4.注册会计师在对财务报表进行审计时，观察了被审计单位货币资金业务的岗位分工情况，这一程序所属的测试类型为（　　）。

A.控制测试　　B.实质性程序　　C.细节测试　　D.分析程序

5.注册会计师为证实资产负债表所列现金是否真实存在，下列程序中必须执行的是（　　）。

A.编制现金预算　　B.监盘库存现金

C.函证银行存款余额　　D.取得并审查银行存款余额调节表

6.监盘库存现金是注册会计师证实资产负债表所列现金是否存在的一项重要程序，被审计单位必须参加盘点的人员是（　　）。

A.会计主管人员和内部审计人员　　B.出纳员和会计主管人员

C.现金出纳员和银行出纳员　　D.出纳员和内部审计人员

7.可以实现库存现金账实相符的最有效的内部控制程序是（　　）。

A.定期核对总账和日记账

B.定期盘点库存现金

C.定期和不定期盘点库存现金

D.指定专人定期核对银行账户，并编制银行存款余额调节表

8.下列各项中，不违背货币资金"不相容岗位相互分离"控制原则的是（　　）。

A.由出纳人员兼任会计档案保管工作

B.由出纳人员保管签发支票所需全部印章

C.由出纳人员兼任收入总账和明细账的登记工作

D.由出纳人员兼任固定资产明细账的登记工作

9.货币资金内部控制的以下关键环节中，存在重大缺陷的是（　　）。

A.财务专用章由专人保管，个人名章由本人或其授权人员保管

B.对重要货币资金支付业务实行集体决策

C.现金收入及时存入银行，特殊情况下经主管领导审查批准方可坐支现金

D.指定专人定期核对银行账户，每月核对一次，编制银行存款余额调节表，使银行存款账面余额与银行对账单调节相符

10.下列关于票据及有关印章的管理的说法中，不正确的是（　　）。

A.企业应当加强与货币资金相关票据的管理，明确各种票据的购买、保管、领用、背书转让、注销等环节的职责权限和程序，并专设登记簿进行记录，防止空白票据的遗失和被盗用

B.财务专用章应由财务经理保管，个人名章必须由本人保管

C.严禁一人保管支付款项所需的全部印章

D.按规定需要有关负责人签字或盖章的经济业务，必须严格履行签字或盖章手续

11.如果注册会计师在资产负债表日后对库存现金进行监盘，应当根据盘点数、资产负债

表日至(　　)的现金收支数,倒推计算资产负债表上所包含的库存现金数是否正确。

A.盘点日　　B.审计报告报出日

C.审计报告日　　D.审计工作完成日

12.为了证实X公司在临近12月31日签发的支票未予入账,实施的下列程序中最有效的是(　　)。

A.审查12月31日的银行存款余额调节表

B.函证12月31日的银行存款余额

C.审查12月31日的银行对账单

D.审查12月份的支票存根

13.N公司某银行账户的银行对账单余额为585 000元,在审查N公司编制的该账户银行存款余额调节表时,注册会计师A注意到以下事项:N公司已收、银行尚未入账的某公司销货款100 000元;N公司已付、银行尚未入账的预付某公司材料款50 000元;银行已收、N公司尚未入账的某公司退回的押金35 000元;银行已代扣、N公司尚未入账的水电费25 000元。假定不考虑审计重要性水平,注册会计师A审计后确认该账户的银行存款日记账余额应是(　　)元。

A.625 000　　B.635 000　　C.575 000　　D.595 000

14.在对银行存款实施审计时,实施的函证程序可以证实若干项目标,其中最基本的目标是(　　)。

A.是否有漏记的银行借款

B.银行存款的真实性

C.是否有充作抵押担保的存货

D.是否有企业已经记录但是银行方没有记录的交易事项

15.下列说法中,错误的是(　　)。

A.注册会计师应当向被审计单位在本期存过款的银行发函,包括零余额账户和在本期内注销的账户

B.注册会计师在对银行存款做控制测试时可以抽取适当付款凭证核对实付金额与购货发票中所列示金额是否相符

C.向银行函证企业的银行存款,不仅可以证实企业银行存款的真实性,而且可以核实企业对银行借款记录的完整性

D.被审计单位资产负债表上的银行存款数额,应以编制或取得银行存款余额调节表日银行存款账户数额为准

二、多项选择题

1.在对库存现金进行监盘时,参与的人员必须包括(　　)。

A.注册会计师　　B.被审计单位出纳员

C.被审计单位会计主管人员　　D.被审计单位管理当局

2.注册会计师实施的下列各项审计程序中,能够证明银行存款是否存在的是(　　)。

A.分析定期存款占银行存款的比例　　B.检查银行存款余额调节表

C.函证银行存款余额　　D.检查银行存款的正确截止

3.下列项目中,属于银行询证函内容的有(　　)。

A.银行存款的账号、币种、期限、余额　　B.银行借款的期限、币种、利率、余额
C.是否通过抵押取得借款　　D.是否通过担保取得借款

4.下列项目中，属于现金实质性程序的有（　　）。
A.监盘现金　　B.检查现金收支的正确截止
C.向出纳询问现金的日常管理办法　　D.抽查大额现金收支

5.在审计银行存款项目时，注册会计师通过向被审计单位的开户银行函证，可实现的审计目标有（　　）。
A.银行存款真实存在　　B.是否有漏列的银行借款
C.银行存款分类是否恰当　　D.是否有担保抵押事项

6.下列关于注册会计师监盘库存现金的做法中，你认为不恰当的有（　　）。
A.为顺利监盘库存现金，注册会计师在监盘的前一天通知公司做好监盘准备
B.监盘时间定在下午下班时进行
C.监盘时，出纳员把现金放入保险柜，并将已办妥现金收付手续的交易登入现金日记账，结出账面余额
D.由注册会计师当场盘点现金，并填写“库存现金盘点表”

7.下列资料中，能够证实银行存款是否存在的有（　　）。
A.银行存款总账　　B.银行存款日记账
C.对开户银行询证函的回函　　D.银行存款进账单

8.单位应当按照规定的程序办理货币资金支付业务，这些程序包括（　　）。
A.办理支付　　B.支付申请　　C.支付复核　　D.支付审批

9.在货币资金的核算和管理工作中，应贯彻内部牵制的组织原则，实施钱账分管。出纳人员不得从事的工作有（　　）。
A.登记现金日记账　　B.登记主营业务收入明细账
C.编制银行存款余额调节表　　D.会计档案的保管

10.以下关于银行存款函证的表述中，不正确的有（　　）。
A.注册会计师对银行存款的函证，可以采用积极式和消极式
B.注册会计师审计银行存款时，不需要对余额为零的账户进行函证
C.注册会计师应向被审计单位在本年存过款的所有银行发函，其中包括企业存款账户已结清的银行，因为有可能存款账户已结清，但仍有银行借款或其他负债存在
D.向银行函证企业的银行存款，能够证实企业银行存款的真实性，不能证实企业银行借款的完整性

11.下列各项中，符合现金盘点要求的有（　　）。
A.参与盘点的人中必须有出纳员、被审计单位会计主管和注册会计师
B.盘点之前应将已办理现金收付款手续的收付凭证计入现金日记账
C.不同存放地点的现金应同时进行盘点
D.盘点时间必须安排在当日现金收付业务进行中采取突击盘点

12.监盘库存现金是证实资产负债表中所列库存现金是否存在的一项重要程序，还可以实现的审计目标有（　　）。
A.计价和分摊　　B.完整性
C.在财务报表中恰当披露　　D.权利和义务

13.下列说法中,不恰当的有(　　)。

A.注册会计师在对银行存款审查时,如果取得的银行存款余额调节表中左右两边金额相等,则可以直接确定银行存款余额的正确性

B.出纳不能够同时负责登记银行存款日记账和编制银行存款余额调节表

C.函证银行存款余额是证实资产负债表所列银行存款是否存在的重要程序。通过向往来银行函证,注册会计师不仅可以了解企业资产的存在,还可以了解企业账面反映所欠银行债务的情况,并有助于发现企业未入账的银行借款和未披露的或有负债

D.监盘库存现金是证实资产负债表中所列现金是否存在的一项重要程序,盘点范围包括未存入银行的已收现金、零用金、找换金及各部门人员领用的备用金

14.注册会计师在执行库存现金审计时通常需对现金相关的内部控制进行了解。一般而言,一个良好的现金内部控制体现为(　　)。

A.加强对现金收支业务的内部审计

B.全部现金收入及时准确入账,并且支出要有核准手续

C.现金收支与记账的岗位相分离,按月盘点现金

D.现金收支要有合理、合法的凭据,控制现金坐支

15.为确定财务报表所列库存现金在资产负债表日是否存在,通常应监盘库存现金,则参与该过程的人员除注册会计师外,还应有(　　)。

A.乙公司的现金出纳员　　B.乙公司的会计

C.乙公司管理层　　D.乙公司的会计主管

三、判断题

1.即使银行存款账户余额为零,但只要本期存在发生额,注册会计师就应进行函证。(　　)

2.一年以上的定期银行存款或限定用途的存款,不属于企业的流动资产,应列于其他资产类下。(　　)

3.通过向往来银行的函证,注册会计师不仅可以了解企业银行存款的存在,同时还可以了解企业欠银行的债务。(　　)

4.注册会计师在函证银行存款余额时,不必向企业存款账户已结清的银行发函。(　　)

5.监盘库存现金必须有出纳员和被审计单位会计主管人员参加,并由注册会计师进行盘点。(　　)

6.函证银行存款的目的包括查找未入账的负债。(　　)

7.单位对于大额的货币资金支付业务,应当实行集体决策和审批,以保证决策的正确性。(　　)

8.单位对货币资金业务应当建立严格的授权批准制度,但如有特殊情况,也可以越权审批。(　　)

9.函证银行存款余额是证实资产负债表所列银行存款是否存在的重要程序。通过向往来银行函证,注册会计师不仅可以了解企业资产的存在,还可以了解企业账面反映所欠银行债务的情况,并有助于发现企业未入账的银行借款和未披露的或有负债。(　　)

10.注册会计师寄发的银行询证函属于积极式函证。(　　)

四、简答题

1.注册会计师乙在对 P 公司 2016 年度会计报表进行审计时，对 P 公司银行存款实施的部分审计程序为：

(1)取得 2016 年 12 月 31 日银行存款余额调节表；

(2)向开户银行寄发银行询证函，并直接收取寄回的询证函回函；

(3)取得开户银行 2017 年 1 月 31 日的银行对账单。

要求：

(1)注册会计师乙向开户银行询证的作用有哪些？

(2)注册会计师乙应采取什么方式才能直接收回开户银行询证函回函？目的是什么？

(3)注册会计师乙取得银行存款余额调节表后，应检查哪些内容？

(4)注册会计师乙取得开户银行 2017 年 1 月 31 日的银行对账单，能证实 2016 年 12 月 31 日银行存款余额调节表的哪些内容？

2.简述注册会计师进行库存现金监盘与存货监盘的区别。

五、分析题

注册会计师对 W 公司 2016 年度会计报表实施审计，审计中对 W 公司的货币资金内部控制进行了解，发现以下情况：

(1)W 公司设立现金出纳员和银行出纳员。现金出纳员负责办理现金收支业务和现金日记账登记，并兼任会计稽核职务。银行出纳员负责办理银行存款收支业务，并登记银行存款日记账。月底，银行出纳员取得银行对账单并编制银行存款余额调节表。

(2)W 公司对货币资金支付建立了严格的授权批准制度。审批人应当根据货币资金授权批准制度的规定，在授权范围内进行审批，不得超越审批权限。对于审批人超越授权范围审批的货币资金支付业务，经办人员拒绝办理，并及时向审批人的上级授权部门报告。

(3)W 公司采取分散收款方式。各部门收款员所收现金每隔 3 天向财务部门出纳员汇总解交一次。出纳员在收取销售款时，正值单位员工王鹏出差需要暂借现金，王鹏已办理暂借款审批手续，出纳员直接从所收现金中付给王鹏 2 000 元，其余现金当日送存银行。

要求：指出 W 公司货币资金内部控制中存在的缺陷并简要说明理由，这种缺陷可能导致什么问题发生？

第十五章

完成审计工作与审计报告

教学基本要求

了解编制审计报告前的主要工作内容；掌握审计差异调整表、试算平衡表的内容及其编制方法；了解管理层声明书和律师声明的内容及作用；明确审计报告的种类和审计报告的基本内容，掌握不同意见类型审计报告的适用条件以及表述方法。

教学重点、难点

1.审计差异调整表和试算平衡表

2.审计报告的种类、基本内容

3.审计报告的基本类型

4.不同意见类型审计报告的适用条件以及表述方法

关键概念

审计差异　审计差异调整表　审计试算平衡表　复核工作底稿　管理层声明书　律师声明书　与被审计单位沟通　审计报告　标准审计报告　非标准审计报告

练习题

一、单项选择题

1.注册会计师出具否定意见的审计报告时，需要在(　　)增加说明段解释出具该意见类型的理由。

A.意见段之后　　　　B.财务报表附注中

C.在注册会计师的责任段之前　　　　D.在意见段之前

2.审计报告的引言段内容不包括(　　)。

A.已审财务报表的名称　　B.财务报表的日期和涵盖的期间

C.审计依据　　D.财务报表附注

3.下列(　　)情况下,注册会计师应该出具无法表示意见的审计报告。

A.审计范围受到严重限制,无法取得充分适当的审计证据

B.重要会计政策的选用不符合国家颁布的企业会计准则和相关会计制度的规定

C.重要报表项目的披露不符合国家颁布的企业会计准则和相关会计制度的规定

D.做出的会计估计不符合企业会计准则和相关会计制度的规定

4.在完成审计工作阶段,对审计工作底稿进行复核应由(　　)承担。

A.审计人员　　B.主任会计师　　C.部门经理　　D.项目经理

5.注册会计师在执业过程中发现他无法胜任此项工作,那么,他应当(　　)。

A.出具无法表示意见的审计报告

B.出具保留意见的审计报告

C.请求会计师事务所改派其他注册会计师

D.依赖被审计单位提供的资料

6.注册会计师在对华清公司 2016 年度财务报表进行审计时,下列情况中,注册会计师应出具带强调事项段无保留意见审计报告的是(　　)。

A.资产负债表日的一项未决诉讼,律师认为胜负难料,一旦败诉对企业将产生重大影响,被审计单位拒绝在财务报表附注中进行披露

B.资产负债表日的一项未决诉讼,律师认为胜负难料,一旦败诉对企业将产生重大影响,被审计单位已在财务报表附注中进行了披露

C.2016 年 10 月份转入不需用设备一台,未计提折旧金额为 2 万元(假定重要性水平为 10 万元),华清公司未调整

D.华清公司对于一项以公允价值计量的投资性房地产计提了 500 万元的折旧(假定重要性水平为 10 万元,不考虑其他因素)

7.强调事项段是在(　　)之后增加的对重大事项予以强调的段落。

A.引言段　　B.管理层对财务报表的责任段

C.注册会计师的责任段　　D.审计意见段

8.如果被审计单位财务报表就其整体而言是公允的,但因审计范围受到重要的局部限制,无法按照审计准则的要求取得应有的审计证据时,注册会计师应发表(　　)。

A.带强调事项段的无保留意见　　B.保留意见

C.无法表示意见　　D.否定意见

9.管理层对财务报表的责任段应当说明,按照适用的会计准则和相关会计制度的规定编制财务报表是管理层的责任,下列说法中不属于管理层责任的是(　　)。

A.做出合理的会计估计

B.监督被审计单位建立和维护内部控制

C.设计、实施和维护与财务报表编制相关的内部控制,以使财务报表不存在由于舞弊或错误而导致的重大错报

D.选择和运用恰当的会计政策

10.以下关于审计报告的说法中,正确的是(　　)。

A.审计报告应该由两位注册会计师签名盖章，但其中一名必须是主任会计师

B.注册会计师如果出具非无保留意见的审计报告时，应在意见段之前增加说明段

C.审计报告的日期是指编写完审计报告的日期

D.审计报告的收件人是指被审计单位

11.注册会计师在确定审计报告日期时，以下不属于确认审计报告日条件的是(　　)。

A.应当提请被审计单位调整的事项已经提出，被审计单位已经做出调整或拒绝做出调整

B.管理层已经正式签署财务报表

C.应当提请被审计单位调整的事项已经提出，但被审计单位还未进行调整

D.应当实施的审计程序已经完成

12.注册会计师的审计报告具有(　　)的性质。

A.检查　　B.证明　　C.强制　　D.监督

13.被审计单位对审计范围进行了局部限定，致使某些重要审计程序无法实施，但对财务报表整体不具有影响，注册会计师表述的审计意见应该是(　　)。

A.无保留意见　　B.保留意见　　C.否定意见　　D.无法表示意见

14.2017 年 2 月 14 日注册会计师王成完成了对黄海公司 2016 年度财务报表的审计工作并与被审计单位进行了有效的沟通，2 月 17 日撰写完成审计报告，2 月 20 日将审计报告送达客户手中，2 月 22 日对外公布审计报告。那么，该审计报告的签署日期应该是(　　)。

A.2017 年 2 月 14 日　　B.2017 年 2 月 15 日

C.2017 年 2 月 20 日　　D.2017 年 2 月 22 日

15.如果无法获取充分适当的审计证据作为形成审计意见的基础，但认为未发现的错报(如存在)对财务报表可能产生的影响重大且具有广泛性时，注册会计师应(　　)。

A.拒绝提供审计报告　　B.出具无法表示意见的审计报告

C.拒绝接受委托　　D.出具否定意见的审计报告

二、多项选择题

1.如果注册会计师的审计范围受到严重限制，应出具(　　)的审计报告。

A.保留意见　　B.无法表示意见

C.无保留意见　　D.否定意见

2.如果被审计单位的财务报表中存在注册会计师认为应该调整但被审计单位拒绝调整的重要事项，注册会计师应出具(　　)的审计报告。

A.保留意见　　B.无法表示意见

C.无保留意见　　D.否定意见

3.审计报告的注册会计师的责任段应当说明(　　)。

A.已审财务报表的名称、报表的日期或期间

B.选择和运用恰当的会计政策

C.审计工作的依据

D.已实施的主要审计程序

4.被审计单位管理层声明书是注册会计师获取的一种书面证据，它能够(　　)。

A.明确管理层的会计责任　　B.可作为管理层对其财务报表认可的证据

C.有利于保护注册会计师　　D.避免注册会计师被审计单位产生误解

5.下列情况中,注册会计师应当发表保留意见或无法表示意见的有(　　)。

A.因审计范围受到被审计单位限制,注册会计师无法就可能存在的对财务报表产生重大影响的错误与舞弊,获取充分、适当的审计证据

B.因审计范围受到被审计单位限制,注册会计师无法就对财务报表可能产生重大影响的违反或可能违反法规行为,获取充分适当的审计证据

C.注册会计师无法确定已发现的错误与舞弊对财务报表的影响程度

D.被审计单位管理层拒绝就对财务报表具有重大影响的事项提供必要的书面声明,或拒绝就重要的口头声明予以书面确认

6.下列情况中,注册会计师应在审计报告的意见段之后增加强调事项段的有(　　)。

A.资产负债表日后被审计单位发生火灾,损失重大,已在财务报表中进行了适当的披露

B.可能无法偿还将要到期的重大债务,已有相应的措施,且已在财务报表中进行了适当的披露

C.可能无法偿还将要到期的重大债务,已有相应的措施,但未在财务报表中进行适当的披露

D.涉及其他注册会计师的工作,但无法复核

7.同时符合下列(　　)条件时,注册会计师应当出具无保留意见的审计报告。

A.注册会计师已经按照中国注册会计师审计准则的规定计划和实施审计工作,在审计过程中未受到限制

B.财务报表已经按照适用的会计准则和相关会计制度的规定编制,在所有方面公允反映了被审计单位期末的财务状况、经营成果和现金流量

C.注册会计师已经按照中国注册会计师独立审计准则的要求计划和实施审计工作,在审计过程中未受到限制

D.财务报表已经按照适用的会计准则和相关会计制度的规定编制,在所有重大方面公允反映了被审计单位的财务状况、经营成果和现金流量

8.下列属于标准无保留意见的审计报告应该包括的基本内容有(　　)。

A.财务报表批准报出日　　B.注册会计师的责任段

C.注册会计师的签名和盖章　　D.强调事项段

9.在审计报告中,下列属于管理层对财务报表的责任段的内容有(　　)。

A.在实施审计工作的基础上对财务报表发表审计意见

B.已获取的审计证据是充分适当的,为其发表审计意见提供了基础

C.设计、实施和维护与财务报表编制相关的内部控制,以使财务报表不存在由于舞弊或错误而导致的重大错报

D.做出合理的会计估计

10.审计报告分为标准审计报告和非标准审计报告。非无保留意见审计报告包括(　　)。

A.否定意见的审计报告　　B.带强调事项段的无保留意见审计报告

C.无法表示意见的审计报告　　D.带强调事项段的保留意见审计报告

三、判断题

1.如果审计范围受到严重限制,无法取得充分、适当的审计证据,注册会计师可以考虑出具否定意见的审计报告。(　　)

2.注册会计师在完成审计工作时应与被审计单位沟通并商讨审计报告的措辞。（　　）

3.注册会计师出具无法表示意见的审计报告是因为他不愿意对被审计单位会计报表的公允性和合法性发表意见。（　　）

4.A 公司财务报表整体上没有按照企业会计准则进行编制，注册会计师可能对 A 公司的财务报表出具无法表示意见的审计报告。（　　）

5.当存在可能导致对持续经营能力产生重大疑虑的事项或情况但不影响已发表的审计意见时，注册会计师应出具带强调事项段的审计报告。（　　）

6.当存在可能对财务报表产生重大影响的不确定事项且不影响已发表的意见时，注册会计师应当考虑出具保留意见的审计报告。（　　）

7.如果需要修改已审计财务报表而被审计单位拒绝修改，并且该事项的存在使注册会计师发表无保留意见的条件不再具备，注册会计师应当出具的审计报告类型是保留意见或否定意见。（　　）

8.注册会计师在确定审计报告日期时，应当考虑的事项包括其应实施的审计程序是否已经完成。（　　）

9.审计差异内容按是否需要调整账户记录可分为核算误差和重分类误差。（　　）

10.注册会计师在划分建议调整的不符事项和不建议调整的不符事项时，仅需要考虑核算误差的金额大小。（　　）

四、综合业务题

1.上海达信会计师事务所的注册会计师李大健、何奇于 2017 年 2 月 20 日开始对华夏股份有限公司 2016 年度的财务报表进行审计，并于 3 月 8 日完成了外勤审计工作。华夏公司 2016 年 12 月 31 日的资产总额为 5 000 万元，利润总额为 800 万元，两位注册会计师将财务报表层次的重要性水平定为 50 万元。在审计过程中，两位注册会计师发现华夏公司存在以下情况：

(1)公司于 2016 年 6 月购入价值 10 万元的复印机一台，已经入账，当月由管理部门领用，但当年并未计提折旧。根据公司的有关会计政策，这类固定资产的折旧年限为 8 年，残值率为 10%，按直线法计提折旧。

(2)该公司应收账款的年末余额为 600 万元，应收账款函证回函率仅为 30%，注册会计师利用替代程序确认了应收账款的真实性。

(3)公司于 2016 年 12 月 31 日发出产品一批，其不含增值税售价为 20 万元，成本为 13 万元，由于货款于 2017 年 1 月 5 日收到，因此，企业在 2017 年 1 月 5 日在账面上确认了收入，并结转了成本。

要求：

(1)针对上述三种情况，分别简述注册会计师应提出的处理建议。

(2)如果被审计单位拒不接受注册会计师的建议，注册会计师应出具何种类型的审计意见？

(3)在公司不接受注册会计师提出的调整建议的前提下，代注册会计师撰写一份审计报告。

2.注册会计师 A 作为 ABC 会计师事务所审计项目负责人，在审计以下单位 2016 年度财务报表时分别遇到以下情况：

(1)甲公司拥有一项长期股权投资，账面价值 500 万元，持股比例 30%。2016 年 12 月 31 日，甲公司与 K 公司签署投资转让协议，拟以 350 万元的价格转让该项长期股权投资，已收到价款 300 万元，但尚未办理产权过户手续，甲公司以该项长期股权投资正在转让之中为由，不再计提减值准备。

(2)乙公司于 2015 年 5 月为 L 公司 1 年期银行借款 1 000 万元提供担保，因 L 公司不能及时偿还，银行于 2016 年 11 月向法院提起诉讼，要求乙公司承担连带清偿责任。2016 年 12 月 31 日，乙公司在咨询律师后，根据 L 公司的财务状况，计提了 500 万元的预计负债。对上述预计负债，乙公司已在财务报表附注中进行了适当披露。截至审计工作完成日，法院未对该项诉讼做出判决。

(3)丙公司于 2016 年 11 月 20 日发现，2014 年漏记固定资产折旧费用 200 万元。丙公司在编制 2016 年度财务报表时，对此项会计差错予以更正，追溯重述了相关财务报表项目，并在财务报表附注中进行了适当披露。

(4)丁公司于 2016 年末更换了大股东，并成立了新的董事会，继任法定代表人以刚上任不了解以前年度情况为由，拒绝签署 2016 年度已审财务报表和提供管理层声明书。原法定代表人以不再继续履行职责为由，也拒绝签署 2016 年度已审计财务报表和提供的管理层声明书。

要求：假定上述情况对各被审计单位 2016 年度财务报表的影响都是重要的，且各被审计单位均拒绝接受注册会计师 A 提出的审计处理建议(如有)。在不考虑其他因素影响的前提下，请分别针对上述 4 种情况，判断注册会计师 A 应对 2016 年度财务报表出具何种类型的审计报告，并简要说明理由。

参考答案

第一章 总 论

一、单项选择题

1.A 2.C 3.D 4.B 5.C 6.A 7.B 8.A 9.A 10.C
11.A 12.C 13.B 14.D 15.C 16.D 17.B

二、多项选择题

1.ABD 2.ACD 3.ACD 4.ABC 5.ABC 6.ACD 7.ABD 8.BC
9.BD 10.BCD 11.BCD

三、判断题

1.× 2.√ 3.√ 4.√ 5.√ 6.× 7.√ 8.√ 9.×

四、简答题

(答案略)

第二章 注册会计师的职业规范与法律责任

一、单项选择题

1.B 2.C 3.A 4.A 5.B 6.B 7.B 8.C 9.A 10.A
11.D 12.D 13.D 14.C

二、多项选择题

1.AC 2.ABD 3.ABC 4.CD 5.ABD 6.ABCD 7.ABD 8.ACD
9.ABCD 10.ABCD 11.ABC

三、判断题

1.√ 2.× 3.√ 4.× 5.× 6.× 7.√ 8.× 9.× 10.√
11.× 12.√

四、简答题

1. 会计师事务所能够证明存在以下情形之一的,不承担民事赔偿责任:

(1)已经遵守执业准则、规则确定的工作程序并保持必要的职业谨慎,但仍未能发现被审计的会计资料错误。

(2)审计业务所必须依赖的金融机构等单位提供虚假或者不实的证明文件,会计师事务所在保持必要的职业谨慎下仍未能发现其虚假或者不实。

(3)已对被审计单位的舞弊迹象提出警告并在审计报告中予以指明。可提供相应的审计工作底稿来证明。

2.(1)对独立性构成不利影响。注册会计师A是审计项目负责人之一，与其在财务部从事会计核算工作的哥哥属于其他近亲属，并且其所处职位能够对鉴证对象产生重大影响。

(2)对独立性构成不利影响。审计项目组成员注册会计师D的主要近亲属从事的工作对年报审计对象的财务报表有直接重大影响。

(3)对独立性构成不利影响。审计项目组负责人B在财务报表涵盖期间担任审计客户的高级管理人员，将产生自我评价导致的不利影响。

(4)对独立性构成不利影响。如果审计客户长期未支付应付的审计费用，尤其是大部分费用在出具下一年度审计报告之前仍未支付，可能产生自身利益导致的不利影响。

(5)不对独立性构成不利影响。向客户提供政策选用和会计处理建议的调整，协助客户解决相关账户的调整问题，均属于审计业务应提供的常规工作。

第三章　审计目标与审计过程

一、单项选择题

1.D　2.D　3.A　4.A　5.A　6.C　7.C　8.C　9.C　10.C
11.B　12.A　13.D　14.A　15.D

二、多项选择题

1.AD　2.AB　3.ABC　4.CD　5.ABD　6.BD　7.BCD　8.ABC
9.ABCD　10.ABD　11.ABD　12.BCD

三、判断题

1.×　2.×　3.√　4.√　5.×　6.×　7.×　8.×　9.×　10.√
11.×　12.√　13.√　14.×

四、简答题

(答案略)

第四章　计划审计工作

一、单项选择题

1.B　2.C　3.B　4.C　5.D　6.C　7.D　8.D　9.C　10.B
11.A

二、多项选择题

1.ABC　2.BD　3.AC　4.ABCD　5.AB　6.BCD　7.AC　8.ACD
9.ABCD　10.BCD

三、判断题

1.√　2.√　3.√　4.×　5.×　6.×　7.×　8.×　9.√　10.√

四、计算分析题

(1)2016年度报表层次的重要性水平：
按资产计算：216 000×0.5%＝1 080(万元)
按股东权益计算：105 600×0.5%＝528(万元)

按营业收入计算:288 000×0.5%=1 440(万元)

按净利润计算:29 000×5%=1 450(万元)

应选择金额最小的 528 万元作为报表层次重要性水平。

(2)重要性水平与审计风险之间成反向关系。也就是说,重要性水平越高,审计风险越低;反之,重要性水平越低,审计风险越高。

重要性水平与审计证据之间成反向关系。也就是说,重要性水平越高,所需的审计证据数量越少;反之,重要性水平越低,所需的审计证据数量越多。

第五章 审计证据与审计工作底稿

一、单项选择题

1.C 2.A 3.D 4.D 5.A 6.B 7.B 8.D 9.B 10.A
11.C 12.A 13.B 14.D 15.B 16.A 17.C

二、多项选择题

1.ABCD 2.ABC 3.ABCD 4.ABCD 5.CD 6.ACD 7.ABD 8.AC
9.ABD 10.AB 11.ABCD

三、判断题

1.× 2.× 3.√ 4.× 5.× 6.× 7.√ 8.× 9.√ 10.√

四、简答题

1.(1)银行询证函比较可靠。因为银行询证函往往是在注册会计师的监督下寄给银行,然后银行直接回函给注册会计师所取得的证据;银行对账单则往往由银行寄给被审计单位,由被审计单位保管。

(2)注册会计师通过自行计算折旧额所取得的证据比较可靠。

(3)银行对账单比较可靠。因为银行对账单是由银行提供的,而发货单是企业自行填制的。

(4)律师询证函回函比较可靠,因为该证据属于书面证据。

(5)内部控制良好的公司的销货发票比较可靠。

2.(1)销货发票副本属于内部证据,在企业内部控制制度存在严重缺陷的情况下内部证据的可靠性较低,不可信赖。

(2)有价证券盘点表、存货盘点表属于实物证据,其获取是通过注册会计师亲自参与和监督盘点得到的,可靠程度较高,可以信赖。

(3)购货发票属于外部证据,可以信赖。

3.(1)审计工作底稿归档期限存在问题。

理由:审计工作底稿归档期限应为审计报告日后 60 天内,甲会计师事务所应当在 2017 年 5 月 5 日前归档审计工作底稿。

(2)审计工作底稿归档后的变动存在问题。

理由:在归整审计档案后,如果有必要修改或增加底稿,应记录:

①修改或增加底稿的具体理由;

②修改或增加底稿的时间和人员,以及复核的时间和人员。

(3)甲会计师事务所销毁乙公司审计工作底稿存在问题。

理由：会计师事务所应当自审计报告日起，对审计工作底稿至少保存10年，注册会计师不得在规定的保存期届满前删除或废弃审计工作底稿。如果2006年度的审计工作底稿从出具审计报告日开始到整理工作底稿日已满10年，可以销毁2006年度的审计工作底稿，其他年度的审计工作底稿都不满10年，不得销毁。

第六章 审计方法

一、单项选择题

1.C 2.C 3.B 4.B 5.C 6.D 7.B 8.C 9.C 10.A
11.B 12.D 13.B

二、多项选择题

1.ABCD 2.ABCD 3.AD 4.BCD 5.ABD 6.ACD 7.AB 8.ABCD

三、判断题

1.√ 2.× 3.× 4.× 5.× 6.√ 7.√ 8.√ 9.√ 10.×

四、简答题

1.(1)注册会计师甲、乙在实质性程序中运用审计抽样，推断总体误差后，应将推断的总体错报与可容忍错报进行比较。如果推断的总体错报上限＜可容忍错报，说明总体可以接受，注册会计师对总体做出结论是所测试的交易或账户余额不存在重大错报；如果推断的总体错报上限≥可容忍错报，说明总体不能接受，所测试的交易或账户余额存在重大错报。在评价财务报表整体是否存在重大错报时，注册会计师应将该类交易或账户余额的错报与其他审计证据一起考虑。通常，注册会计师会建议被审计单位对错报进行调查，且在必要时调整账面记录。

(2)注册会计师甲、乙在分析样本误差时，应首先根据预先确定的构成误差的条件，确定某一有问题的项目是否为一项误差，然后再履行上述程序。

2.

(1)

实质性程序实施表

认　定	最常用的实质性程序
外购固定资产所有权认定	检查购货合同、购货发票、保险单、发运凭证、所有权证等
存货存在认定	从存货明细账、存货盘点记录中选取项目追查至存货实物，以测试存货明细账和存货盘点记录的正确性
原材料转让业务截止认定	(1)从资产负债表日前后若干天的账簿记录追查至记账凭证，检查发票存根与发运凭证，证实已入账收入是否在同一期间已开具发票并发货，有无多记收入 (2)从资产负债表日前后若干天的发票存根追查至发运凭证与账簿记录，确定已开具发票的货物是否已发货，并与同一会计期间确认收入(或从资产负债表日前后若干天的发运凭证追查至发票与账簿记录，确定相关业务收入是否已记入恰当的会计期间)

（2） **审计目标和审计过程**

序号	管理当局的认定	审计程序	审计目标	审计证据的种类
1	与交易和事项相关的准确性	重新计算	准确性	书面证据
2	与期末账户余额相关的存在	检查有形资产	确实存在	实物证据
3	与期末账户余额及报表列报相关的完整性	查找未入账的应付账款	完整性	书面证据
4	与报表列报相关的分类和可理解性	检查是否存在1年内到期的长期借款	分类和可理解性	书面证据
5	与交易和事项相关的分类	检查销售合同及销售记录	分类	书面证据

第七章　内部控制测试与评价

一、单项选择题

1.C　2.A　3.C　4.B　5.A　6.A　7.C　8.B　9.D　10.C
11.B　12.C　13.A　14.B　15.A　16.C

二、多项选择题

1.ABCD　2.ABCD　3.ABC　4.ABCD　5.ABC　6.ABC　7.ACD　8.ABCD
9.BC　10.ABCD　11.ACD　12.ABC　13.BD　14.ABC　15.ABCD

三、判断题

1.√　2.×　3.×　4.√　5.×　6.√　7.×　8.×　9.×　10.√
11.×　12.√　13.√　14.√　15.×

四、分析题

1.A：1、4、8；B：2、3、6；C：5、7、9。

2.审计人员对存货内部控制系统提出的调查“问题”如下：

(1)存货入库是否有严格的验收制度？

(2)存货的库存量是否合理？

(3)仓库保管员的责任是否明确？

(4)存货是否实行永续盘存制度？

(5)仓库保管员的明细账卡与业务部门或会计部门的存货账簿有无钩稽制约关系？

(6)存货发出有无审批手续？出库出厂的门卫制度是否严格？

(7)存货中的材料有无实行限额领料制度？领料中是否存在突破限额的现象？有关审批手续是否齐全？

(8)发料与发货的依据是否齐全？退料与进库的处理是否合规？

(9)存货是否进行定期或不定期的盘存？账实差异的处理是否合理？盘存的组织是否产生自动控制作用？

(10)存货的控制部门和有关人员是否认真履行了自己的职责？

(11)有无经常性的检查和监督？

3.

内部控制	认 定
(1)信用部门的职员在其信用政策范围内，批准赊销	存在或发生，估价或分摊
(2)验收报告单经过连续编号	完整性
(3)按批准的商品价目表所列价格开具账单	估价或分摊
(4)银行存款支出交易同编制银行存款余额调节表相分离	存在或发生、完整性、估价或分摊
(5)保持存货的永续记录	存在或发生

第八章 销售与收款循环审计

一、单项选择题

1.C 2.B 3.D 4.B 5.D 6.B 7.B 8.D 9.C 10.C
11.C 12.D 13.C 14.B 15.A

二、多项选择题

1.ABCD 2.AB 3.ABCD 4.ABCD 5.BC 6.BCD 7.AB 8.ABCD
9.ACD 10.ACD

三、判断题

1.× 2.√ 3.× 4.× 5.× 6.√ 7.√ 8.√ 9.× 10.×
11.√

四、综合业务题

1.(1)企业采用托收承付结算方式销售，应在商品已发出并办妥收款手续时确认收入的实现。

借:应收账款 70 200
  贷:营业收入 60 000
    应交税费——应交增值税(销项税) 10 200
借:营业成本 45 000
  贷:存货(库存商品) 45 000

(2)企业必须随同商品的售出提供安装或检验等售后工作的，只有在安装完毕并检验合格后才能确认收入实现。

借:营业收入 200 000
  应交税费——应交增值税(销项税) 34 000
  贷:应收账款 234 000
借:存货(发出商品) 160 000
  贷:营业成本 160 000

(3)企业采用委托其他单位代销方式，应在代销商品已经销售并收到代销清单时确认收入。

借:营业收入 100 000
  应交税费——应交增值税(销项税) 17 000
  贷:应收账款 117 000
借:存货(发出商品) 80 000

贷:营业成本 80 000

2.函证对象的选择如下:A、D、F、G 采用肯定式函证,理由是这些账户余额较大或账龄较长;B、C、E 采用否定式函证,理由是这些账户余额较小或者账龄较短。

3.

审计目标	(1)	(2)	(3)	(4)
审计程序	B	E	C	F

第九章 采购与付款循环审计

一、单项选择题

1.B 2.B 3.C 4.D 5.B 6.D 7.C 8.A 9.B 10.B
11.C 12.A 13.A 14.B 15.D

二、多项选择题

1.ABCD 2.AC 3.BCD 4.BCD 5.BD 6.ABCD 7.ABCD 8.ABCD
9.ABCD 10.ACD 11.ABD 12.ABC 13.ABCD 14.ABCD 15.ACD

三、判断题

1.√ 2.× 3.× 4.√ 5.√ 6.× 7.× 8.× 9.√ 10.√

四、综合业务题

1.(1)注册会计师 B 应实施以下程序:结合存货监盘,检查大通公司在资产负债表日是否有材料入库凭证但未收到购货发票的经济业务;检查资产负债表日后收到的购货发票,关注其购货发票的日期,确认其入账时间是否正确;检查资产负债表日后应付账款明细账贷方发生额的相应凭证,确认其入账时间是否正确。

(2)应将预付账款做重分类调整:

借:预付账款 20 000

贷:应付账款 20 000

(3)大通公司 2016 年度会计报表有关数据应做如下列示:

应付账款 2 320 000

预付账款 870 000

2.(1)针对 2016 年财务报表注册会计师应提请华兴公司做如下调整分录:

借:营业外收入 800 000

贷:应付账款——B 公司 800 000

(2)针对 2017 年度的账务处理,注册会计师应提请华兴公司做如下调整分录:

借:以前年度损益调整 800 000

贷:营业外收入 800 000

3.(1)按照内部会计控制规范的规定,采购、验收、记录三项职务属于不相容职务。昌盛公司将验收业务交由记录人员办理,不符合不相容职务分离的要求。

(2)按照内部会计控制规范的规定,在办理付款业务时,应对采购发票、验收凭证和结算凭证进行严格审核。昌盛公司在相关规定中,没有包括对验收单的审核,大大增加了付款的风险;另外付款业务应该由财会部门办理,而不是采购部门。

(3)按照企业会计准则的规定，对于带有现金折扣的应付账款，应按购货发票的金额入账，待实际取得现金折扣时，再冲减财务费用。据此，昌盛公司应做的会计分录是借记应付账款30万元，贷记银行存款27万元，贷记财务费用3万元。

第十章 固定资产循环审计

一、单项选择题

1.A 2.D 3.C 4.D 5.D 6.C 7.A 8.B 9.B 10.B
11.D 12.C 13.B 14.D 15.D

二、多项选择题

1.ABCD 2.BC 3.ABCD 4.ABCD 5.AB 6.BCD 7.ABC 8.ABCD
9.ABC 10.ABCD 11.ABCD 12.AC 13.ABCD 14.ABCD 15.BCD

三、判断题

1.√ 2.√ 3.× 4.√ 5.√ 6.× 7.× 8.√ 9.√ 10.×

四、简答题

1. 为验证外购固定资产的所有权，注册会计师A应检查X公司此笔业务的授权审批手续是否齐全，在此基础上核对购货合同、购货发票。为验证这些固定资产的存在性，注册会计师应当进行实地观察。对于以一笔款项同时购入多项没有单独标价的固定资产的情况，注册会计师A应当检查X公司是否按照各项固定资产公允价值的比例对总成本进行分配，分别确定各项固定资产的入账价值。

2. 为检查X公司是否存在未做会计记录的固定资产减少业务，注册会计师A应当实施以下实质性程序：

(1)结合固定资产清理科目，抽查固定资产账面转销额是否正确；

(2)检查出售、盘亏、转让、报废或毁损的固定资产是否经授权批准，会计处理是否正确；

(3)检查因修理、更新改造而停止使用的固定资产的会计处理是否正确；

(4)检查投资转出固定资产的会计处理是否正确；

(5)检查债务重组或非货币性资产交换转出固定资产的会计处理是否正确；

(6)检查转出的投资性房地产账面价值及会计处理是否正确；

(7)检查其他减少固定资产的会计处理是否正确。

3. 注册会计师应当实施以下审计程序：

(1)对于A-130机床，应审核X公司与T公司签订的购货合同，并检查T公司开具的买方发票，证实付款方的确是通达公司。

(2)对新交付使用的办公大楼，应审阅X公司与Y公司签署的建造合同，获取产权证明文件和财产税单以及抵押贷款的还款凭证。还应获取办公大楼的保险单等书面文件。

(3)对从U公司融资租入的生产流水线，应验证相关的融资租赁合同。

(4)对于V公司投资转入的运输设备，应审阅有关的产权转移文件、运营证件等。

五、分析题

1.(1)审计人员应首先确定这种现象对被审计单位资产负债表和利润表的影响。

该机床用年数总和法计算的年折旧额=(170 000−20 000)×5÷15=50 000(元)

该机床用直线法计算的年折旧额=(170 000−20 000)÷5=30 000(元)

由于折旧方法的改变,本年度多计提折旧额=50 000−30 000=20 000(元),致使资产负债表中的"累计折旧"项目增加 20 000 元,利润表中的"利润总额"项目减少 20 000 元。

(2)审计人员应针对上述情况提请被审计单位在会计报表附注中做充分揭示。

应要求被审计单位做这样的揭示:"本公司由于对原值为 170 000 元,预计净残值为 20 000元,预计使用年限为 5 年的机床采用年数总和法计提折旧,与采用直线法计提折旧相比,使本年度的折旧额增加 20 000 元,利润总额减少 20 000 元,特此予以揭示。"

2.年折旧额=[16 000 000+(1 600 000×11+800 000×8)÷12−(960 000×11+1 280 000×3)÷12]×8%=1 344 000(元)

第十一章　生产与存货循环审计

一、单项选择题

1.D　2.D　3.C　4.B　5.B　6.A　7.D　8.D　9.B　10.D

二、多项选择题

1.ABCD　2.BC　3.ABD　4.ABCD　5.ABCD　6.ACD　7.ABCD　8.ABCD
9.ACD　10.ABD

三、判断题

1.✓　2.×　3.✓　4.×　5.✓　6.×　7.✓　8.✓　9.×　10.✓

四、简答题

1.

财务报表认定	具体审计目标	审计程序
D	已按成本与可变现净值孰低法调整期末存货的价值	E
B	公司对存货均拥有所有权	H
D	存货成本计算准确	J
C	记录的存货数量包括了公司所有的在库存货	G

2.(1)对于将要检查测试的存货项目,张涛不应与克莱斯公司进行沟通,而应尽可能避免克莱斯公司了解将要抽查测试的存货项目。如未能观察到克莱斯公司对重要存货的盘点,张涛应实施实质性的盘点程序。

(2)对于检查发现的差异,张涛应查明原因,及时提请克莱斯公司更正;考虑错误潜在的范围和重大程度,在可能的情况下增加检查范围,以减少错误的发生;张涛也可要求克莱斯公司就某一特定领域或特定盘点小组的盘点范围进行重新盘点。

第十二章　人力资源与工薪循环审计

一、单项选择题

1.C　2.D　3.A　4.D　5.C　6.D　7.D　8.D　9.C　10.B

二、多项选择题

1.ABCD　2.ABC　3.ABCD　4.BC　5.ABCD　6.BC　7.ABCD　8.BC

9.BC　10.ABC

三、判断题

1.✓　2.×　3.×　4.✓　5.✓　6.✓　7.×　8.✓　9.×　10.✓

第十三章　筹资与投资循环审计

一、单项选择题

1.C　2.C　3.B　4.B　5.B　6.A　7.A　8.D　9.A　10.A
11.A　12.A　13.A　14.C　15.C

二、多项选择题

1.ABCD　2.ABCD　3.ABD　4.ACD　5.ABD　6.ABC　7.ACD　8.ABD
9.ABCD　10.ABCD　11.ACD　12.ABC

三、判断题

1.✓　2.✓　3.×　4.✓　5.✓　6.×　7.×　8.✓　9.✓

四、分析题

1.

审计目标	存在	完整性	权利和义务	计价和分摊	列报和披露
审计程序	G	D	F	E	C

2.(1)股票、债券买卖业务的内部控制中存有两处缺陷:一是在紧急情况下由丁飞自行决定并实施,这实际上使丁飞失去制约,董事会的批准流于形式,无法保证股票、债券的安全完整;二是每月末由内部审计人员C组织财务经理丁飞、财务人员A、专人B参与股票、债券的盘点违反了不相容职务分离的基本要求。股票、债券的盘点工作应由不参与股票、债券业务的独立人员进行,不应有股票、债券的经办人员、记录人员A及保管人员乙参与。

(2)按照会计准则的规定,萍得公司在发生外币短期借款业务时按当时的市场汇率折算是恰当的,但在编制会计报表时应按期末市场汇率1∶7.9折算。企业在期末仍然按发生当时的市场汇率1∶7.8进行折算,违反了财务制度的规定。应建议萍得公司做以下调整:

借:财务费用　　10

　贷:短期借款　　10

(3)萍得公司的会计处理有两处不符合会计制度规定:

一是将2016年发生的借款费用60万元全部计入在建工程的会计处理不符合财务会计准则的规定。应建议萍得公司将7月1日至12月31日之间的借款费用从在建工程冲回,计入财务费用科目,调整分录为:

借:财务费用　　30

　贷:在建工程　　30

二是未将已投入使用的新建车间转入固定资产。按照会计制度规定,在建工程在交付使用时应按暂估价转入固定资产,待竣工决算后按决算价值进行适当调整。为此应建议萍得公司调整。

第十四章　货币资金审计

一、单项选择题

1.D　2.C　3.A　4.A　5.B　6.B　7.C　8.D　9.C　10.B
11.A　12.D　13.B　14.B　15.D

二、多项选择题

1.ABC　2.BC　3.ABCD　4.ABD　5.ABD　6.AD　7.CD　8.ABCD
9.BCD　10.ABD　11.ABC　12.ABD　13.AD　14.ABCD　15.AD

三、判断题

1.√　2.√　3.√　4.×　5.×　6.√　7.√　8.×　9.√　10.√

四、简答题

1.(1)通过函证可以了解银行存款的存在,还可以了解未入账的银行借款和未披露的或有负债。

(2)将贴足邮票和写明会计师事务所地址的信封,连同询证函一起寄给开户银行,以便银行直接将回函寄到会计师事务所,防止被审计单位收到回函后篡改。

(3)取得银行存款余额调节表后检查未达账项的真实性以及资产负债表日后的进账情况。

(4)能证实 2016 年 12 月 31 日企业已入账银行未入账的资金是否真实。

2.(1)监盘的主体不同。注册会计师不直接盘点现金,而对存货监盘一般进行实地观察,还要进行一定量的检查。

(2)监盘的范围不同。注册会计师参与全部现金监盘,而对存货进行抽盘。

(3)监盘的内容不同。注册会计师进行现金监盘的内容是现金,而进行存货监盘的内容是存货。

(4)监盘的程序有所不同。注册会计师进行存货监盘,要进行监盘问卷调查,而进行现金监盘则不需要。

(5)监盘的时间不同。现金监盘一般在外勤审计过程中进行,而存货监盘一般在资产负债表日前后进行。

(6)监盘的要求不同。现金监盘要求实施突击性检查,而存货监盘则要求事前通知、召开监盘预备会议。

五、分析题

(1)出纳员兼任会计档案保管职务不符合内控要求,因其是不相容职务。该缺陷可能导致会计档案资料被篡改、现金流失。

出纳员取得银行对账单并编制银行存款余额调节表不符合内控要求,因其是不相容职务。该缺陷可能导致不真实未达账项,以致货币资金被挪用或贪污。

(2)对于审批人超越授权范围审批的货币资金支付业务,经办人员拒绝办理,并及时向审批人的上级授权部门报告。

(3)各部门收款员所收现金应在每天业务结束时,向财务部门出纳员汇总解交一次。该缺陷可能导致现金不安全及日记账记录不及时。

出纳员直接从所收现金中付给王鹏 2 000 元,属坐支行为。该缺陷会导致企业现金收支记录不完整。

第十五章　完成审计工作与审计报告

一、单项选择题

1.D　2.C　3.A　4.B　5.C　6.B　7.D　8.B　9.B　10.B
11.C　12.B　13.B　14.A　15.B

二、多项选择题

1.AB　2.AD　3.CD　4.ABCD　5.ABCD　6.AB　7.AD　8.BC
9.CD　10.ACD

三、判断题

1.×　2.×　3.×　4.×　5.√　6.×　7.√　8.√　9.√　10.×

四、综合业务题

1.(1)事项一应编制调整分录如下：

借:管理费用　5 625
　贷:固定资产(累计折旧)　5 625

事项二可以不做调整。

事项三应在2016年确认收入、结转成本,调整分录为:

借:应收账款　234 000
　贷:营业收入　200 000
　　应交税费——应交增值税(销项税额)　34 000
借:营业成本　130 000
　贷:存货(库存商品)　130 000

(2)上述三个事项对资产的累计影响为98 375元,对负债的影响为34 000元,对利润总额的影响为64 375元,均低于报表层次的重要性水平50万元。所以,即使华厦公司不接受注册会计师提出的调整建议,注册会计师仍然可以出具无保留意见的审计报告。

(3)(略)

2.(1)保留意见或否定意见的审计报告。由于对该项长期股权投资转让交易尚未完成,甲公司应计提而未计提减值准备,不符合企业会计准则和相关制度的规定。

(2)带强调事项段的无保留意见的审计报告(或标准无保留意见)。如果该或有事项对被审计单位的持续经营能力构成影响,此时应该考虑增加强调事项段,如果没有对被审计单位的持续经营能力构成影响是可以出具标准的审计报告的。

(3)标准无保留意见的审计报告。丙公司对重大会计差错进行了追溯重述,并在财务报表附注中进行了适当披露,符合企业会计准则和相关制度的规定。

(4)无法表示意见的审计报告。由于管理层对已审计财务报表未予认定,且拒绝签署管理层声明书,注册会计师的审计范围受到极大限制。

第二部分　实　训

实训一

审计业务约定书

一、实训目的

1.明确接受与保持审计业务时，会计师事务所就审计业务需要与被审计单位沟通的事项；

2.熟悉审计业务约定书常用的基本格式；

3.掌握审计业务约定书的编制方法和编制要求。

二、实训要求

1.能够正确理解会计师事务所接受与保持审计业务时，需要与被审计单位就审计相关事项进行沟通的目的、审计业务约定书的定义、性质和作用；

2.熟悉审计业务约定书的基本内容。

三、实训资料

审计业务约定书参考格式：

审计业务约定书

甲方：ABC股份有限公司

乙方：××会计师事务所

兹由甲方委托乙方对2016年度财务报表进行审计，经双方协商，达成以下约定：

一、业务范围与审计目标

1.乙方接受甲方委托，对甲方按照企业会计准则编制的2016年12月31日的资产负债表，2016年度的利润表、股东权益变动表和现金流量表以及财务报表附注(以下统称财务报表)进行审计。

2.乙方通过执行审计工作，对财务报表的下列方面发表审计意见：(1)财务报表是否按照企业会计准则的规定编制；(2)财务报表是否在所有重大方面公允反映甲方的财务状况、经营成果和现金流量。

二、甲方的责任与义务

(一)甲方的责任

1.根据《中华人民共和国会计法》及《企业财务会计报告条例》，甲方及甲方负责人有责任保证会计资料的真实性和完整性。因此,甲方管理层有责任妥善保存和提供会计记录(包括但不限于会计凭证、会计账簿及其他会计资料),这些记录必须真实、完整地反映甲方的财务状况、经营成果和现金流量。

2.按照企业会计准则的规定编制财务报表是甲方管理层的责任,这种责任包括:(1)按照企业会计准则的规定编制财务报表,并使其实现公允反映;(2)设计、实施和维护与财务报表编制相关的内部控制,以使财务报表不存在由于舞弊或错误而导致的重大错报。

(二)甲方的义务

1.及时为乙方的审计工作提供其所要求的全部会计资料和其他有关资料(在2017年×月×日之前提供审计所需的全部资料),并保证所提供资料的真实性和完整性。

2.确保乙方不受限制地接触任何与审计有关的记录、文件和所需的其他信息。

3.甲方管理层对其做出的与审计有关的声明予以书面确认。

4.为乙方派出的有关工作人员提供必要的工作条件和协助,主要事项将由乙方于外勤工作开始前提供清单。

5.按本约定书的约定及时足额支付审计费用以及乙方人员在审计期间的交通、食宿和其他相关费用。

三、乙方的责任和义务

(一)乙方的责任

1.乙方的责任是在实施审计工作的基础上对甲方财务报表发表审计意见。乙方按照中国注册会计师审计准则(以下简称审计准则)的规定进行审计。审计准则要求注册会计师遵守职业道德规范,计划和实施审计工作,以对财务报表是否不存在重大错报获取合理保证。

2.审计工作涉及实施审计程序,以获取有关财务报表金额和披露的审计证据。选择的审计程序取决于乙方的判断,包括对由于舞弊或错误导致的财务报表重大错报风险的评估。在进行风险评估时,乙方考虑与财务报表编制相关的内部控制,以设计恰当的审计程序,但目的并非对内部控制的有效性发表意见。审计工作还包括评价管理层选用会计政策的恰当性和做出会计估计的合理性,以及评价财务报表的总体列报。

3.乙方需要合理计划和实施审计工作,以使乙方能够获取充分、适当的审计证据,为甲方财务报表是否不存在重大错报获取合理保证。

4.乙方有责任在审计报告中指明所发现的甲方在重大方面没有遵循企业会计准则编制财务报表且未按乙方的建议进行调整的事项。

5.由于测试的性质和审计的其他固有限制,以及内部控制的固有局限性,不可避免地存在着某些重大错报在审计后可能仍然未被乙方发现的风险。

6.在审计过程中,乙方若发现甲方内部控制存在乙方认为的重要缺陷,应向甲方提交管理建议书。但乙方在管理建议书中提出的各种事项,并不代表已全面说明所有可能存在的缺陷或已提出所有可行的改善建议。甲方在实施乙方提出的改善建议前应全面评估其影响。未经乙方书面许可,甲方不得向任何第三方提供乙方出具的管理建议书。

7.乙方的审计不能减轻甲方及甲方管理层的责任。

(二)乙方的义务

1.按照约定时间完成审计工作,出具审计报告。乙方应于2017年×月×日前出具审计报告。

2.除下列情况外,乙方应当对执行业务过程中知悉的甲方信息予以保密:(1)取得甲方的授权；(2)根据法律法规的规定，为法律诉讼准备文件或提供证据，以及向监管机构报告发现的违反法规行为；(3)接受行业协会和监管机构依法进行的质量检查；(4)监管机构对乙方进行行政处罚(包括监管机构处罚前的调查、听证)以及乙方对此提起行政复议。

四、审计收费

1.本次审计服务的收费是以乙方各级别工作人员在本次工作中所耗费的时间为基础计算的。乙方预计本次审计服务的费用总额为人民币××万元。

2.甲方应于本约定书签署之日起×日内支付×%的审计费用，剩余款项于审计报告草稿完成日结清。

3.如果由于无法预见的原因，致使乙方从事本约定书所涉及的审计服务实际时间较本约定书签订时预计的时间有明显的增加或减少时，甲乙双方应通过协商，相应调整本约定书第四条第1项下所述的审计费用。

4.如果由于无法预见的原因，致使乙方人员抵达甲方的工作现场后，本约定书所涉及的审计服务不再进行，甲方不得要求退还预付的审计费用；如上述情况发生于乙方人员完成现场审计工作，并离开甲方的工作现场之后，甲方应另行向乙方支付人民币××元的补偿费，该补偿费应于甲方收到乙方的收款通知之日起×日内支付。

5.与本次审计有关的其他费用(包括交通费、食宿费等)由甲方承担。

五、审计报告和审计报告的使用

1.乙方按照《中国注册会计师审计准则第1501号——审计报告》和《中国注册会计师审计准则第1502号——非标准审计报告》规定的格式和类型出具审计报告。

2.乙方向甲方致送审计报告一式×份。

3.甲方在提交或对外公布审计报告时，不得修改乙方出具的审计报告及其后附的已审计财务报表。当甲方认为有必要修改会计数据、报表附注和所作的说明时，应当事先通知乙方，乙方将考虑有关的修改对审计报告的影响，必要时，将重新出具审计报告。

六、本约定书的有效期间

本约定书自签署之日起生效，并在双方履行完毕本约定书约定的所有义务后终止。但其中第三(二)2、四、五、八、九、十项并不因本约定书终止而失效。

七、约定事项的变更

如果出现不可预见的情况，影响审计工作如期完成，或需要提前出具审计报告时，甲、乙双方均可要求变更约定事项，但应及时通知对方，并由双方协商解决。

八、终止条款

1.如果根据乙方的职业道德及其他有关专业职责、适用的法律法规或其他任何法定的要求，乙方认为已不适宜继续为甲方提供本约定书约定的审计服务时，乙方可以采取向甲方提出合理通知的方式终止履行本约定书。

2.在终止业务约定的情况下，乙方有权就其于本约定书终止之日前对约定的审计服务项目所做的工作收取合理的审计费用。

九、违约责任

甲、乙双方按照《中华人民共和国合同法》的规定承担违约责任。

十、适用法律和争议解决

本约定书的所有方面均应适用中华人民共和国法律进行解释并受其约束。本约定书履行地为乙方出具审计报告所在地，因本约定书所引起的或与本约定书有关的任何纠纷或争议(包

括关于本约定书条款的存在、效力或终止,或无效之后果),双方选择第　　种解决方式:

(1)向有管辖权的人民法院提起诉讼;

(2)提交××仲裁委员会仲裁。

十一、双方对其他有关事项的约定

本约定书一式两份,甲、乙方各执一份,具有同等法律效力。

甲方:ABC股份有限公司(盖章)	乙方:××会计师事务所(盖章)
授权代表:(签名并签章)	授权代表:(签名并签章)
二〇一七年×月×日	二〇一七年×月×日

案例资料(一)

2017年1月15日,锦泰会计师事务所接受长江股份有限公司的委托,对长江股份有限公司2016年度的财务报表进行审计。锦泰会计师事务所在了解了客户的基本情况并初步评价了审计风险后,决定接受委托,双方签订的审计业务约定书如下:

审计业务约定书

甲方:长江股份有限公司

乙方:锦泰会计师事务所

兹由甲方委托乙方对其2016年度财务报表进行审计,经双方协商,达成以下约定:

一、业务范围与审计目标

1.乙方接受甲方委托,对甲方2016年12月31日的资产负债表,2016年度的利润表、股东权益变动表和现金流量表进行审计。

2.乙方通过执行审计工作,对甲方编制的财务报表发表审计意见。

二、双方的责任与义务

(一)乙方的责任与义务

1.乙方应按照中国注册会计师审计准则(以下简称审计准则)的规定要求,对被审计单位提供的财务报表和有关资料,实施必要的审计程序,出具真实、合法的审计报告。

2.在审计过程中,乙方若发现甲方内部控制存在乙方认为的重要缺陷,应将情况报告委托方,在适当的情况下向甲方提交管理建议书。

3.乙方按照约定的时间完成审计业务,出具审计报告。乙方应于2017年3月28日前出具审计报告。

(二)甲方的责任与业务

1.甲方对乙方开展审计工作应给予充分的合作,提供必要的条件,并按乙方的要求,提供被审计单位完整的会计资料及其他各种与审计业务有关的资料。

2.按照企业会计准则的规定编制财务报表是甲方管理层的责任,这种责任包括:(1)按照企业会计准则的规定编制财务报表,并使其实现公允反映;(2)设计、实施和维护与财务报表编制相关的内部控制,以使财务报表不存在由于舞弊或错误而导致的重大错报。乙方的审计责任不能替代、减轻或免除被审计单位的会计责任。

3.按本约定书的约定及时足额支付审计费用以及乙方人员在审计期间的交通、食宿和其他相关费用。

三、审计收费及支付方式

本次审计服务的收费总额为人民币 10 万元整。审计费用甲方应于本约定书签署之日起 10 日内支付 50%的审计费用，剩余款项于审计报告完成时结清。

四、审计报告

乙方按照《中国注册会计师审计准则第 1501 号——审计报告》和《中国注册会计师审计准则第 1502 号——非标准审计报告》规定的格式和类型出具审计报告。乙方向甲方致送审计报告一式 6 份。

五、本约定书经双方签署后生效，约定事项全部完成后失效。

六、违约责任

双方按照《中华人民共和国合同法》承担责任。

……

甲方：长江股份有限公司（盖章）　　　　乙方：锦泰会计师事务所（盖章）

授权代表：（签名并签章）　　　　授权代表：（签名并签章）

案例资料（二）

诚信会计师事务所首次接受委托，承办黄河股份有限公司 2016 年度财务报表审计业务，并于 2016 年底与黄河股份有限公司签订了审计业务约定书。现存在以下情况：

1.诚信会计师事务所以明显低于前任注册会计师的审计收费承接了该业务，并且向黄河股份有限公司保证，在审计中能够遵循审计准则，审计质量不会因降低收费而受到影响。

2.在签订审计业务约定书后，诚信会计师事务所的张君注册会计师受聘担任黄河股份有限公司的独立董事。按照原定审计计划，张君为该审计项目的负责人。为保持独立性，诚信会计师事务所在执行该审计业务前，将张君调离了该审计项目组。

3.诚信会计师事务所聘用律师协助开展工作，要求该律师书面承诺按照中国注册会计师职业道德规范的要求提供服务。

4.诚信会计师事务所在向黄河股份有限公司出具审计报告的同时，还提供正式纳税鉴证意见。为此，双方另行签订了业务约定书。

5.黄河股份有限公司在国外设有分支机构，该国允许会计师事务所通过广告承揽业务。诚信会计师事务所委托该分支机构在该国媒体进行广告宣传，以招揽该国在中国设立企业的审计业务。相关广告费已由诚信会计师事务所支付。

四、实训内容

1. 根据案例资料（一），分析所提供审计业务约定书的内容是否存在问题？如存在问题，请指出后，并代拟一份审计业务约定书。

2. 根据案例资料（二），对所给出的 5 种情况进行分析，判断诚信会计师事务所是否违反中国注册会计师职业道德规范的要求，并简要说明理由。

实训二

审计计划

一、实训目的

1.明确审计计划的内容；
2.熟悉总体审计策略常用的一般格式，掌握总体审计策略的编制方法和编制要求；
3.熟悉具体审计计划常用的一般格式。

二、实训要求

1.能够正确理解审计计划的目的、作用；
2.能够正确理解总体审计策略、具体审计计划的含义、性质，以及二者之间的关系；
3.熟悉总体审计策略、具体审计计划的内容。

三、实训资料

案例资料：2017 年 1 月 15 日，锦泰会计师事务所接受长江股份有限公司的委托，对长江股份有限公司 2016 年度的财务报表进行审计。锦泰会计师事务所选派注册会计师王明、注册会计师沈浩、注册会计师李清以及审计助理王石和李华组成项目组，由王明担任项目组负责人。

项目负责人王明指派项目组成员沈浩、李清对长江公司财务报表项目进行趋势分析测试。趋势分析测试情况见表 2－1、表 2－2、表 2－3。王明在复核沈浩、李清编制的趋势分析测试工作底稿的基础上，形成了分析程序汇总表，见表 2－4。

表 2−1 **纵向趋势分析表**

被审计单位:长江公司　　编制人:沈浩　　日期:19/1/2017　　索引号:X5−1

会计期间:2016 年　　复核人:王明　　日期:19/1/2017　　页次:

财务报表项目	2015 年	2016 年	2016 年比 2015 年增长		说　明
	已审数	未审数	金额	百分比%	
	①	②	③=②−①	④=③/①	
营业收入	38 019	28 399	−9 620	−25.3	2016 年度未审财务报表项目与 2015 年度已审财务报表项目的比较分析: 1.营业收入、营业成本同比分别减少了 25.3%、27%,营业利润减少了 260.8%,说明本年度长江公司产品销售情况不良,审计时应关注影响销售的因素,以及对本年度利润的影响情况。同时,营业利润的下降幅度远大于营业收入和营业成本,说明除了销售对本年利润的影响外,期间费用、投资收益、资产减值损失对利润也存在较大的影响,应予以关注。 2.利润总额同比减少了 428%,大于营业利润的下降幅度,因此还要关注营业外收入、营业外支出对本年利润的影响。 3.存货同比减少了 16.6%,同营业成本减少基本同步。 4.应收账款同比增加了 16.7%,同营业收入的减少情况相比,不合常理。审计时要关注应收账款是否包括不属于销售交易债权的事项,同时还应关注坏账准备是否提足。 5.速动资产同比增加 18.7%,与应收账款增加基本同步。 6.在建工程同比减少 43.1%。审计时要关注在建工程的减少对利润的影响,以及在建工程转账的会计处理是否正确。
营业成本	29 842	21 762	−8 080	−27	
营业利润	585	−941	−1 526	−260.8	
利润总额	310	−1 017	−1 327	−428	
净利润	277	−1 017	1 294	−467	
存货	23 034	19 206	−3 828	−16.6	
应收账款	21 847	25 488	3 641	16.7	
速动资产	22 661	26 907	4 246	18.7	
流动资产	52 125	55 023	2 898	5.6	
流动负债	50 088	51 979	1 891	3.8	
流动资产净额	82 837	85 367	2 530	6.3	
固定资产	45 354	46 811	1 457	4.5	
在建工程	1 822	1 036	−786	−43.1	
资产总额	82 837	85 367	2 530	8.3	
负债总额	63 351	66 276	2 925	4.7	
实收资本	13 421	13 421	0	0	
净资产额	19 486	19 091	−395	−2	

注:说明栏仅分析增减比例超过 10%的项目。

表 2−2 **资产负债表结构趋势分析表**

被审计单位:长江公司　　编制人:沈浩　　日期:19/1/2017　　索引号:X5−2

截止日:2016 年 12 月 31 日　　复核人:王明　　日期:19/1/2017　　页次:

会计报表项目	2015 年		2016 年		增减数(%)	说　明
	已审数	%	未审数	%		
	①	②	③	④	⑤=④−②	
流动资产	52 125	62.9	55 023	64.4	−1.5	2016 年度未审财务报表项目与 2015 年度已审财务报表项目的比较分析: 资产、负债和所有者权益各项目的结构比例前后各期变动不大,无重大异常变动。
长期股权投资	554	0.7	554	0.7		
固定资产	30 023	36.2	29 679	34.8	1.4	
无形资产	135	0.2	111	0.1	0.1	
资产合计	82 837	100	85 367	100		
流动负债	50 088	79.1	51 979	78.4	−0.7	
长期负债	13 263	20.9	14 297	21.6	0.7	
负债合计	63 351	100	66 276	100		
实收资本	13 421	68.9	13 421	70.3	1.4	
其他所有者权益	6 065	31.1	5 670	29.7	−1.4	
所有者权益合计	19 486	100	19 091	100		

注:说明栏仅分析增减比例超过 10%的项目。

表 2—3 **比率趋势分析表**

被审计单位:长江公司　　编制人:李清　　日期:19/1/2017　　索引号:X5—3

会计期间:2016 年　　复核人:王明　　日期:19/1/2017　　页次:

比率指标	计算公式	2015 年 ①	2016 年 ②	增减数 ③=②-①	说　明
偿债能力比率					2016 年度未审计报表项目与 2015 年度已审会计报表项目的比较分析: 1.同比,应收账款周转率减低了 67%,有两方面的原因:销售收入同比有较大幅度减少,平均应收账款余额有较大增加。审计时要关注销售收入和应收账款变动对企业经营活动的影响。 2.同比,利息保障系数减低了 48%,经分析,主要是利润盈亏逆转所致,要关注影响本年亏损的因素。 3.同比,存货、应收账款和总资产的周转率均有大幅度下降,审计时要关注影响存货、应收账款变动的因素。
1.流动比率	流动资产/流动负债	1.04	1.06	2%	
2.速动比率	速动资产/流动负债	0.52	0.62	10%	
财务杠杆比率					
1.负债比率	负债总额/资产总额	0.76	0.78	2%	
2.资本对负债比率	资本额/负债总额	0.2119	0.2025	−0.94%	
3.利息保障系数	(税前利润+利息支出)/利息支出	1.11	0.62	−48.6%	
经营效率比率					
1.存货周转率	销售成本/平均存货	1.30	1.03	−27%	
2.应收账款周转率	销售成本/平均应收账款	1.87	1.2	−67%	
3.总资产周转率	营业收入/平均资产	0.47	0.34	−13%	
获利能力比率					
1.销售利润率比率	利润总额/营业收入	0.008	−0.036	−4.4%	
2.资产报酬率	净利润/平均净资产	0.014	−0.053	−6.7%	
3.总资产报酬率	净利润/平均总资产	0.003	−0.012	−1.5%	

注:说明栏仅分析增减比例超过 10%的项目。

表 2—4 **分析测试情况汇总表**

被审计单位:长江公司　　编制人:王明　　日期:20/1/2017　　索引号:X5

会计期间:2016 年　　复核人:李清　　日期:20/1/2017　　页次:

测试项目	重要事项说明
纵向趋势分析表	1.营业收入、营业成本同比分别减少了 25.3%、27%,营业利润减少了 260.8%,说明本年度长江公司产品销售情况不良,审计时应关注影响销售的因素,以及对本年度利润的影响情况。同时,营业利润的下降幅度远大于营业收入和营业成本,说明除了销售对本年利润的影响外,期间费用、投资收益、资产减值损失对利润也存在较大的影响,应予以关注。 2.利润总额同比减少了 428%,大于营业利润的下降幅度,因此还要关注营业外收入、营业外支出对本年利润的影响。 3.应收账款同比增加了 16.7%,同营业收入的减少情况相比,不合常理。审计时要关注应收账款是否包括不属于销售交易债权的事项,同时还应关注坏账准备是否提足。 4.在建工程同比减少 43.1%。审计时要关注在建工程的减少对利润的影响,以及在建工程转账的会计处理是否正确。
资产负债表结构趋势分析表	无重大异常变动。
比率趋势分析表	1.应收账款周转率降低了 67%,有两方面的原因:销售收入同比有较大幅度减少,平均应收账款余额有较大增加。审计时要关注销售收入和应收账款变动对企业经营活动的影响。 2.利息保障系数降低了 48%,经分析,主要是利润盈亏逆转所致,要关注影响本年亏损的因素。 3.同比,存货、应收账款和总资产的周转率均有大幅度下降,审计时要关注影响存货、应收账款变动的因素。

续表

测试项目	重要事项说明
项目经理对测试结果的综合分析或初步确定的审计重点	初步确定审计的重点领域有： 1.营业收入、营业成本项目。 2.影响利润的销售费用、管理费用、资产减值损失、投资收益、营业外收入和营业外支出项目。 3.应收账款项目。 4.存货项目。 5.在建工程项目。

四、实训内容

根据实训一审计业务约定书中的案例资料(一)和以上案例资料提供的内容，代注册会计师王明编制总体审计策略。

总体审计策略参考格式如下：

总体审计策略

被审计单位：________ 索引号： BE ________

项目： 总体审计策略 ________ 财务报表截止日/期间：________

编制：________ 复核：________

日期：________ 日期：________

一、审计范围

报告要求	
适用的会计准则和相关会计制度	
适用的审计准则	
制定审计策略需考虑的其他事项	例如：单独出具报告的子公司范围等

二、审计业务时间安排

(一)对外报告时间安排：________

(二)执行审计时间安排

执行审计时间安排	时　间
1.期中审计	
(1)制定总体审计策略	
(2)制定具体审计计划	
2.期末审计	
(1)存货监盘	

（三）沟通的时间安排

所需沟通	时　间
与管理层及治理层的会议	
项目组会议（包括预备会和总结会）	

三、影响审计业务的重要因素

（一）重要性

确定的重要性水平	索引号

（二）可能存在较高重大错报风险的领域

可能存在较高重大错报风险的领域	索引号

（三）重要的组成部分和账户余额

重要的组成部分和账户余额	索引号
1.重要的组成部分	
2.重要的账户余额	

续表

重要的组成部分和账户余额	索引号

四、人员安排

职　位	姓　名	主要职责

实训三

主营业务收入审计

一、实训目的

1.能够根据主营业务收入的审计目标，恰当地设计审计程序；

2.掌握主营业务收入主要审计程序的实施方法、步骤；

3.在对实施审计程序获得的审计证据进行正确分析、评价的基础上，能够得出恰当的审计结论；

4.熟悉主营业务收入相关工作底稿的格式、内容，掌握工作底稿的编制方法和编制要求；

5.掌握工作底稿的复核要求和复核方法。

二、实训要求

1.能够正确理解主营业务收入的审计目标，以及审计目标与管理层认定、审计证据之间的对应关系；

2.能够正确理解主营业务收入主要审计程序的含义及其设计理念；

3.明确主营业务收入主要审计程序所获得审计证据的类型，及其所证明的具体审计目标；

4.掌握主营业务收入主要审计程序的实施要求。

三、实训资料

东方会计师事务所接受昌兴股份有限公司的委托，对其2016年度财务报表进行审计。东方会计师事务所指派注册会计师张强、王玲和助理人员李治、杨红组成项目组，张强任项目组负责人。昌兴股份有限公司属于增值税一般纳税人，增值税税率为17%，主要生产和销售豆浆机、微波炉、电烤箱、电饭煲等生活小家电。产品市场销售无明显的淡季和旺季，各月份之间基本均衡。

昌兴公司执行《企业会计准则》，按收入具体会计准则对商品销售收入确认的条件来确认收入。

1.张强分派王玲对昌兴公司2016年度各月的主营业务收入进行分析，以确定重点审计的月份。2016年度各月主营业务收入和主营业务成本的资料如下表：

2016 年度主营业务收入、主营业务成本明细表　　单位:元

月　份	主营业务收入	主营业务成本
1	23 600 000	18 000 000
2	23 900 800	17 500 000
3	23 087 000	18 600 000
4	23 670 000	17 900 000
5	23 560 000	18 300 000
6	24 000 000	17 500 000
7	23 560 000	16 900 000
8	25 000 000	18 200 000
9	24 690 000	18 200 000
10	23 250 000	18 400 000
11	24 100 000	18 300 000
12	21 572 200	19 820 000
合　计	283 990 000	217 620 000

2015 年已审定的主营业务收入、主营业务成本明细表如下:

2015 年度主营业务收入、主营业务成本明细表　　单位:元

月　份	主营业务收入	主营业务成本
1	24 850 000	18950000
2	25 058 000	18 350 000
3	24 337 000	19 660 000
4	24 870 000	18 800 000
5	24 760 000	19 250 000
6	25 300 000	18 450 000
7	24 790 000	17 800 000
8	26 490 000	19 220 000
9	26 010 000	19 180 000
10	24 470 000	19 360 000
11	25 420 000	19 308 000
12	24 738 500	19 568 000
合　计	301 093 500	227 896 000

2.张强分派注册会计师王玲和助理人员李治,对昌兴公司主营业务收入相关的账簿、凭证记录进行抽查,发现了以下情况:

昌兴公司 2016 年 12 月 1 日向大发公司销售微波炉 3 500 台,单位成本 800 元,不含税销售价 1 500 元。大发公司于当日支付了货款的 50%,其余货款承诺于次年 3 月 1 日支付。昌

兴公司对该笔销售交易的会计处理为：

借：银行存款　　3 071 250

　应收账款　　3 071 250

　贷：应付账款　　5 250 000

　　应交税费——应交增值税(销项税额)　　892 500

借：营业成本　　2 800 000

　贷：库存商品　　2 800 000

3.张强和助理人员杨红对2016年12月份和2017年1月份的主营业务收入明细账和库存商品明细账等进行了检查，发现以下情况：

(1)库存商品明细账上12月28日发出电烤箱1 800台，单位成本800元，对应的12月份主营业务收入明细账上没有记录。进一步检查记账凭证以及所附的原始凭证，发现所附的原始凭证包括出库单、发运单、昌兴公司开出的增值税专用发票记账联，该发运单的编号为363号。该产品不含税单位销售价为1 100元。其编制的会计分录为：

借：应收账款　　1 776 600

　贷：库存商品　　1 440 000

　　应交税费——应交增值税(销项税额)　　336 600

(2)从2016年12月份发运单中抽取了第389号发运单进行检查，发现2016年库存明细账和主营业务收入明细账上均没有该笔业务的记录。通过检查2017年1月份库存商品明细账，结果是：1月5日发出电饭煲1 200个，单位成本450元，与第389号发运单记载的内容一致，对应的1月份主营业务收入明细账上也有相应的记录。进一步检查记账凭证以及所附的原始凭证，发现所附的原始凭证包括出库单、发运单、昌兴公司开出的增值税专用发票记账联以及已办理的托收承付手续，原始凭证上所标明的日期为2016年12月30日。该产品不含税单位销售价为700元。

四、实训内容

按要求完成主营业务收入审计工作底稿的填写与编制。

1.根据对主营业务收入审计目标与管理层认定的理解，完成主营业务收入实质性程序表中的第一部分，即审计目标与认定对应关系表，建立审计目标与相应认定的关系。

2.根据对主营业务收入审计目标与审计程序的理解，在审计目标与审计程序对应关系表中，标出每个审计程序所能实现的具体审计目标。

3.根据上述案例资料，在审计目标与审计程序对应关系表中，标出注册会计师在审计昌兴公司主营业务收入项目时使用到的审计程序。

4.根据上述案例资料的具体内容，完成对主营业务收入审定表、月度毛利率分析表和主营业务收入截止测试表等工作底稿的填写与编制。

主营业务收入审计工作底稿格式如下：

主营业务收入实质性程序

被审计单位：______	索引号：SA
项目：主营业务收入	财务报表截止日/期间：______
编制：______	复核：______
日期：______	日期：______

一、审计目标与认定对应关系表

审计目标	财务报表认定					
	发生	完整性	准确性	截止	分类	列报
A. 利润表中记录的营业收入已发生，且与被审计单位有关。						
B. 所有应当记录的营业收入均已记录。						
C. 与营业收入有关的金额及其他数据已恰当记录。						
D. 营业收入已记录于正确的会计期间。						
E. 营业收入已记录于恰当的账户。						
F. 营业收入已按照企业会计准则的规定在财务报表中做出恰当的列报。						

二、审计目标与审计程序对应关系表

审计目标	可供选择的审计程序	索引号
	1.获取或编制主营业务收入明细表： (1)复核加计是否正确，并与总账数和明细账合计数核对是否相符，结合其他业务收入科目与报表数核对是否相符。 (2)检查以非记账本位币结算的主营业务收入的折算汇率及折算是否正确。	
	2.实质性分析程序(必要时)： (1)针对已识别需要运用分析程序的有关项目，并基于对被审计单位及其环境的了解，通过进行以下比较，同时考虑有关数据间关系的影响，以建立有关数据的期望值： ①将本期的主营业务收入与上期的主营业务收入进行比较，分析产品销售的结构和价格变动是否异常，并分析异常变动的原因。 ②计算本期重要产品的毛利率，与上期比较，检查是否存在异常，各期之间是否存在重大波动，查明原因。 ③比较本期各月各类主营业务收入的波动情况，分析其变动趋势是否正常，是否符合被审计单位季节性、周期性的经营规律，查明异常现象和重大波动的原因。 ④将本期重要产品的毛利率与同行业企业进行对比分析，检查是否存在异常。 ⑤根据增值税发票申报表或普通发票，估算全年收入，与实际收入金额比较。 (2)确定可接受的差异额。 (3)将实际的情况与期望值相比较，识别需要进一步调查的差异。 (4)如果其差额超过可接受的差异额，调查并获取充分的解释和恰当的佐证审计证据(如通过检查相关的凭证等)。 (5)评估分析程序的测试结果。	
	3.检查主营业务收入的确认条件、方法是否符合企业会计准则，前后期是否一致；关注周期性、偶然性的收入是否符合既定的收入确认原则、方法。	
	4.获取产品价格目录，抽查售价是否符合价格政策，并注意销售给关联方或关系密切的重要客户的产品价格是否合理，有无以低价或高价结算的方法，相互之间有无转移利润的现象。	
	5.抽取________张发货单，审查出库日期、品名、数量等是否与发票、销售合同、记账凭证等一致。	
	6.抽取________张记账凭证，审查入账日期、品名、数量、单价、金额等是否与发票、发货单、销售合同等一致。	
	7.结合对应收账款的审计，选择主要客户函证本期销售额。	
	8.对于出口销售，应当将销售记录与出口报关单、货运提单、销售发票等出口销售单据进行核对，必要时向海关函证。	

续表

审计目标	可供选择的审计程序	索引号
	9.销售的截止测试： (1)通过测试资产负债表日前后____天且金额大于____的发货单据，将应收账款和收入明细账进行核对；同时，从应收账款和收入明细账选取在资产负债表日前后____天且金额大于____的凭证，与发货单据核对，以确定销售是否存在跨期现象。 (2)复核资产负债表日前后销售和发货水平，确定业务活动水平是否异常(与正常水平相比)，并考虑是否有必要追加截止程序。 (3)取得资产负债表日后所有的销售退回记录，检查是否存在提前确认收入的情况。 (4)结合对资产负债表日应收账款的函证程序，检查有无未取得对方认可的大额销售。 (5)调整重大跨期销售。	
	10.存在销货退回的，检查手续是否符合规定，结合原始销售凭证检查其会计处理是否正确。结合存货项目审计，关注其真实性。	
	11.销售折扣与折让： (1)获取或编制折扣与折让明细表，复核加计是否正确，并与明细账合计数核对相符。 (2)取得被审计单位有关折扣与折让的具体规定和其他文件资料，并抽查较大的折扣与折让发生额的授权批准情况，与实际执行情况进行核对，检查其是否经授权批准，是否合法、真实。 (3)销售折让与折扣是否及时足额提交对方，有无虚设中介、转移收入、私设账外"小金库"等情况。 (4)检查折扣与折让的会计处理是否正确。	
	12.检查有无特殊的销售行为，如委托代销、分期收款销售、商品需要安装和检验的销售、附有退回条件的销售、售后租回、售后回购、以旧换新、出口销售等，选择恰当的审计程序进行审核。	
	13.调查向关联方销售的情况，记录其交易品种、价格、数量、金额和比例，并记录占总销售收入的比例。对于合并范围内的销售活动，记录应予合并抵销的金额。	
	14.调查集团内部销售的情况，记录其交易价格、数量和金额，并追查在编制合并财务报表时是否已予以抵销。	
	15.根据评估的舞弊风险等因素增加审计程序。	
	16.检查营业收入是否已按照企业会计准则的规定在财务报表中做出恰当列报。	

主营业务收入审定表

被审计单位：________________ 索引号：SA1

项目：主营业务收入审定表 财务报表截止日/期间：________________

编制：________________ 复核：________________

日期：________________ 日期：________________

项目类别	本期未审数	账项调整		本期审定数	上期审定数	索引号
		借方	贷方			
合 计						

审计结论：

月度毛利率分析表

被审计单位：________ 索引号：SA4

项目：月度毛利率分析表 财务报表截止日/期间：________

编制：________ 复核：________

日期：________ 日期：________

月份	本期数				上期数				变动幅度
	主营业务收入	主营业务成本	毛利	毛利率	主营业务收入	主营业务成本	毛利	毛利率	
1									
2									
3									
4									
5									
6									
7									
8									
9									
10									
11									
12									
合计									

审计说明：

主营业务收入截止测试

被审计单位：________________ 索引号：SA5－1

项目：主营业务收入截止测试 财务报表截止日/期间：________________

编制：________________ 复核：________________

日期：________________ 日期：________________

从发货单到明细账

编号	发货单		发票内容					明细账				是否跨期 ✓(×)
	日期	号码	日期	客户名称	货物名称	销售额	税额	日期	凭证号	主营业务收入	应交税金	

截止日前

截止日期：2016 年 12 月 31 日

截止日后

从明细账到发货单

编号	明细账				发票内容					发货单		是否跨期 √(×)
	日期	凭证号	主营业务收入	应交税金	日期	客户名称	货物名称	销售额	税额	日期	号码	

截止日前

截止日期:2016 年 12 月 31 日

截止日后

审计说明:

实训四

应收账款和坏账准备审计

一、实训目的

1.能够根据应收账款和坏账准备的审计目标，恰当地设计审计程序；

2.掌握应收账款和坏账准备主要审计程序的实施方法、步骤和要求；

3.在对实施审计程序获得的审计证据进行正确分析、评价的基础上，能够得出恰当的审计结论；

4.熟悉应收账款和坏账准备相关工作底稿的格式、内容，掌握工作底稿的编制方法和编制要求；

5.掌握工作底稿的复核要求和复核方法。

二、实训要求

1.能够正确理解应收账款和坏账准备的审计目标，以及审计目标与管理层认定、审计证据之间的对应关系；

2.能够正确理解应收账款和坏账准备主要审计程序的含义及其设计理念；

3.明确应收账款和坏账准备主要审计程序所获得审计证据的类型及其所证明的具体审计目标；

4.掌握应收账款和坏账准备主要审计程序的实施要求。

三、实训资料

大华会计师事务所注册会计师沈丹阳和刘文怡负责对通达有限责任公司的应收账款和坏账准备进行审计。

通达公司自 2016 年 1 月 1 日起执行《企业会计准则》，对应收款项计提坏账准备，以前没有对应收款项计提过坏账准备。应收款项坏账准备的确认标准、计提方法为：采用账龄分析法计提坏账准备。具体账龄的划分及计提比例如下：

账　龄	计提比例(%)
1 年以内	5
1～2 年	10
2～3 年	50
3 年以上	100

(一)通达公司 2016 年 12 月 31 日应收账款总账余额为 6 850 000 元。对于明细账余额超过了应收账款总额 10%的重大客户,注册会计师实施了积极式函证程序。重大客户明细账余额列示如下:

东华公司借方余额 1 200 000 元,账龄为 20 个月;

太森公司借方余额 1 200 000 元,账龄为 15 个月;

大发公司贷方余额 960 000 元,账龄为 9 个月;

名山公司借方余额 2 100 000 元,账龄为 10 个月;

东胜公司贷方余额 1 200 000 元,账龄为 18 个月;

康腾公司借方余额 1 500 000 元,账龄为 25 个月;

南欣公司借方余额 1 300 000 元,账龄为 10 个月。

注册会计师对上述应收账款实施函证程序,有 5 家客户回函,东胜公司和大发公司未回函。回函情况如下:

1.东华公司:回函确认了此笔应收账款。

2.太森公司:本公司所欠贵公司 1 200 000 元货款已于 2016 年 12 月 18 日付讫。注册会计师检查后确认:通达公司在 2016 年 12 月 31 日已收到款项,于 2017 年 1 月 5 日记账。

3.名山公司:经查,贵公司 12 月 31 日的第 30566 号发票(金额为 234 000 元)系目的地交货,本公司收货日期为 2017 年 1 月 6 日,故询证函所称 2016 年 12 月 31 日欠贵公司账款之事与事实不符;欠款金额为 1 866 000 元。

4.康腾公司:贵公司对账单中所列货款 1 500 000 元,系本公司于 10 月份向贵公司预付的货款 2 000 000 元中的一部分,故不存在本公司欠贵公司货款一事。注册会计师检查后确认:通达公司"预收账款"账户康腾公司明细账余额为 2 000 000 元。

5.南欣公司:从贵公司所购货物从未收到。注册会计师通过实施检查账簿记录等替代程序,证实此笔应收账款系南海公司所欠,属于会计人员记账串户所致。

6. 针对东胜公司和大发公司未回函的情况,注册会计师实施了检查银行对账单、收款凭证等程序,证实了通达公司确实收到东胜公司和大发公司的货款,确认了该余额。

(二)注册会计师审计坏账准备时,从通达公司取得了 2016 年度坏账准备计提的明细资料,而且本期没有发生核销坏账的事项。具体内容如下:

账龄	应收账款余额(万元)	坏账准备计提比例(%)	坏账准备计提金额(万元)
1 年以内	348	5	17.4
1～2 年	170	10	17
2～3 年	167	20	33.4
3 年以上	0	100	
合　计	685		67.8

四、实训内容

按要求完成应收账款审计工作底稿的填写与编制。

1.根据你对应收账款和坏账准备审计目标与管理层认定的理解,完成应收账款实质性程序表中的第一部分,即审计目标与认定对应关系表,建立审计目标与相应认定的关系。

2.根据你对应收账款和坏账准备审计目标与审计程序的理解,在审计目标与审计程序对应关系表中，标出每个审计程序所能实现的具体审计目标。

3.根据上述案例资料，在审计目标与审计程序对应关系表中，标出注册会计师在审计通达公司应收账款和坏账准备项目时使用到的审计程序。

4.根据上述案例资料的具体内容，完成对应收账款审定表、应收账款明细表、应收账款询证函、应收账款函证结果汇总表、应收账款函证结果调节表和应收账款坏账准备计算表等工作底稿的填写与编制。

应收账款审计工作底稿格式如下：

应收账款实质性程序

被审计单位：________ 索引号： ZD

项目： 应收账款 财务报表截止日/期间：________

编制：________ 复核：________

日期：________ 日期：________

一、审计目标与认定对应关系表

审计目标	财务报表认定				
	存在	完整性	权利和义务	计价和分摊	列报
A. 资产负债表中记录的应收账款是存在的。					
B. 所有应当记录的应收账款均已记录。					
C. 记录的应收账款由被审计单位拥有或控制。					
D. 应收账款以恰当的金额包括在财务报表中，与之相关的计价调整已恰当记录。					
E. 应收账款已按照企业会计准则的规定在财务报表中做出恰当列报。					

二、审计目标与审计程序对应关系表

审计目标	可供选择的审计程序	索引号
	1.获取或编制应收账款明细表： (1)复核加计是否正确，并与总账数和明细账合计数核对是否相符；结合坏账准备科目与报表数核对是否相符。 (2)检查非记账本位币应收账款的折算汇率及折算是否正确。 (3)分析有贷方余额的项目，查明原因，必要时做重分类调整。 (4)结合其他应收款、预收账款等往来项目的明细余额，调查有无同一客户多处挂账、异常余额或与销售无关的其他款项(如代销账户、关联方账户或雇员账户)。如有，应做出记录，必要时做调整。 (5)标识重要的欠款单位，计算其欠款合计数占应收账款余额的比例。	
	2.检查涉及应收账款的相关财务指标： (1)复核应收账款借方累计发生额与主营业务收入是否配比，并将当期应收账款借方发生额占销售收入净额的百分比与管理层考核指标比较，如存在差异应查明原因。 (2)计算应收账款周转率、应收账款周转天数等指标，并与被审计单位以前年度指标、同行业同期相关指标对比分析，检查是否存在重大异常。	
	3.获取或编制应收账款账龄分析表： (1)测试计算的准确性。 (2)将加总数与应收账款总分类账余额相比较，并调查重大调节项目。 (3)检查原始凭证，如销售发票、运输记录等，测试账龄核算的准确性。 (4)请被审计单位协助，在应收账款明细表上标出至审计时已收回的应收账款金额，对已收回金额较大的款项进行常规检查，如核对收款凭证、银行对账单、销货发票等，并注意凭证发生日期的合理性，分析收款时间是否与合同相关要素一致。	

审计目标	可供选择的审计程序	索引号
	4.对应收账款进行函证: (1)选取函证项目。 (2)对函证实施过程进行控制:核对询证函是否由注册会计师直接收发;被询证者以传真、电子邮件等方式回函的,应要求被询证者寄回询证函原件;如果未能收到积极式函证回函,应当考虑与被询证者联系,要求对方做出回应或再次寄发询证函。 (3)编制"应收账款函证结果汇总表",对函证结果进行评价。核对回函内容与被审计单位账面记录是否一致,如不一致,分析不符事项的原因,检查销售合同、发运单等相关原始单据,分析被审计单位对于回函与账面记录之间差异的解释是否合理,编制"应收账款函证结果调节表",并检查支持性凭证;如果不符事项构成错报,应重新考虑所实施审计程序的性质、时间和范围。 (4)针对最终未回函的账户实施替代审计程序(如实施期后收款测试、检查运输记录、销售合同等相关原始资料及询问被审计单位有关部门等)。	
	5.对未函证应收账款实施替代审计程序。抽查有关原始凭据,如销售合同、销售订单、销售发票副本、发运凭证及回款单据等,以验证与其相关的应收账款的真实性。	
	6.抽查有无不属于结算业务的债权:抽查应收账款明细账,并追查至有关原始凭证,查证被审计单位有无不属于结算业务的债权。如有,应建议被审计单位做适当调整。	
	7.通过检查自资产负债表日至____日止被审计单位授予欠款单位的、金额大于____的减免应收账款凭证以测试其准确性。检查资产负债表日前后销售退回和赊销水平,确定是否存在异常迹象(如与正常水平相比),并考虑是否有必要追加审计程序。	
	8.评价坏账准备计提的适当性: (1)取得或编制坏账准备计算表,复核加计是否正确,与坏账准备总账数、明细账合计数核对相符。将应收账款坏账准备本期计提数与资产减值损失相应明细项目的发生额核对是否相符。 (2)检查应收账款坏账准备计提和核销的批准程序,取得书面报告等证明文件。 (3)根据账龄分析表中,选取金额大于____的账户,逾期超过____天账户,以及认为必要的其他账户复核并测试所选取账户期后收款情况。针对所选取的账户,与授信部门经理或其他负责人员讨论其可收回性,并复核往来函件或其他相关信息,以支持被审计单位就此做出的声明。针对坏账准备计提不足情况进行调整。 (4)实际发生坏账损失的,检查转销依据是否符合有关规定,会计处理是否正确。 (5)已经确认并转销的坏账重新收回的,检查其会计处理是否正确。 (6)通过比较前期坏账准备计提数和实际发生数以及检查期后事项,评价应收账款坏账准备计提的合理性。	
	9.复核应收账款和相关总分类账、明细分类账和现金日记账,调查异常项目。对大额或异常及关联方应收账款,即使回函相符,仍应抽查其原始凭证。	
	10.检查应收账款减少有无异常。	
	11.检查应收账款中是否存在债务人破产或者死亡以其破产财产或者遗产清偿后仍无法收回或者债务人长期未履行偿债义务的情况;如果是,应提请被审计单位处理。	
	12.标明应收关联方[包括持股5%以上(含5%)股东]的款项,执行关联方及其交易审计程序,并注明合并报表时应予抵销的金额;对关联企业、有密切关系的主要客户的交易事项做专门核查: (1)了解交易事项的目的、价格和条件,做比较分析。 (2)检查销售合同、销售发票、货运单证等相关文件资料。 (3)检查收款凭证等货款结算单据。 (4)向关联方、有密切关系的主要客户或其他注册会计师函询,以确认交易的真实性、合理性。	
	13.检查银行存款和银行贷款等询证函的回函、会议纪要、借款协议和其他文件,确定应收账款是否已被质押或出售。	
	14.根据评估的舞弊风险等因素增加审计程序。	
	15.检查应收账款是否已按照企业会计准则的规定在财务报表中做出恰当列报。	

应收账款审定表

被审计单位：＿＿＿＿＿＿　索引号：ZD1

项目：应收账款审定表　财务报表截止日/期间：＿＿＿＿＿＿

编制：＿＿＿＿＿＿　复核：＿＿＿＿＿＿

日期：＿＿＿＿＿＿　日期：＿＿＿＿＿＿

项目名称	期末未审数	账项调整		重分类调整		期末审定数	上期末审定数	索引号
		借方	贷方	借方	贷方			
一、账面余额合计								
1年以内								
1～2年								
2～3年								
3年以上								
二、坏账准备合计								
1年以内								
1～2年								
2～3年								
3年以上								
三、账面价值合计								
1年以内								
1～2年								
2～3年								
3年以上								

审计结论：

应收账款明细表

被审计单位：＿＿＿＿＿＿　索引号：ZD2
项目：应收账款明细表　所审计会计/期间：＿＿＿＿＿＿
编制：＿＿＿＿＿＿　复核：＿＿＿＿＿＿
日期：＿＿＿＿＿＿　日期：＿＿＿＿＿＿

项目名称	期末未审数					账项调整		重分类调整		期末审定数				
	合计	1年以内	1～2年	2～3年	3年以上	借方	贷方	借方	贷方	合计	1年以内	1～2年	2～3年	3年以上
一、关联方														
二、非关联方														
合　计														

审计说明：

索引号：ZD3

应收账款询证函

一、积极式询证函

编号：

××公司：

本公司聘请的××会计师事务所正在对本公司2016年度财务报表进行审计，按照中国注册会计师审计准则的要求，应当询证本公司与贵公司的往来账项等事项。下列信息出自本公司账簿记录，如与贵公司记录相符，请在本函下端“信息证明无误”处签章证明；如有不符，请在“信息不符”处列明不符项目。如存在与本公司有关的未列入本函的其他项目，请在“信息不符”处列出这些项目的金额及详细资料。回函请直接寄至××会计师事务所。

回函地址：　邮编：
电话：　传真：　联系人：

1.本公司与贵公司的往来账项列示如下：

单位：元

截止日期	贵公司欠	欠贵公司	备　注

2.其他事项。

本函仅为复核账目之用，并非催款结算。若款项在上述日期之后已经付清，仍请及时函复为盼。

（被审计单位盖章）
2017年×月×日

结论：

1.信息证明无误。 （××公司盖章） 年 月 日 经办人：	2.信息不符，请列明不符项目及具体内容。 （××公司盖章） 年 月 日 经办人：

二、消极式询证函

编号：

××公司：

本公司聘请的××会计师事务所正在对本公司2017年度财务报表进行审计，按照中国注册会计师审计准则的要求，应当询证本公司与贵公司的往来账项等事项。下列信息出自本公司账簿记录，如与贵公司记录相符，则无须回复；如有不符，请直接回函寄至××会计师事务所，并在空白处列明贵公司认为正确的信息。

回函地址： 邮编：

电话： 传真： 联系人：

1.本公司与贵公司的往来账项列示如下：

单位：元

截止日期	贵公司欠	欠贵公司	备 注

2.其他事项。

本函仅为复核账目之用，并非催款结算。若款项在上述日期之后已经付清，仍请及时函复为盼。

（被审计单位盖章）

2017年×月×日

××会计师事务所：

上面的信息不正确，差异如下：

（××公司盖章）

2017年×月×日

经办人：

应收账款函证结果汇总表

被审计单位：______________________　　索引号：ZD4

项目：应收账款函证结果汇总表　　财务报表截止日/期间：______________

编制：______________________　　复核：______________________

日期：______________________　　日期：______________________

一、应收账款函证情况列表

项目 / 单位名称	询证函编号	函证方式	函证日期		回函日期	账面金额	回函金额	经调节后是否存在差异	调节表索引号
			第一次	第二次					

二、对误差的分析

	金　额
1.已识别的误差	
2.推断出的总体误差(扣除已识别的误差)	

审计说明：

应收账款函证结果调节表

被审计单位：________________ 索引号：ZD5

项目：应收账款函证结果调节表 财务报表截止日/期间：________________

编制：________________ 复核：________________

日期：________________ 日期：________________

被询证单位：________________

回函日期：________________

1.被询证单位回函余额________________

2.减：被询证单位已记录项目

序号	日期	摘要（运输途中、存在争议的项目等）	凭证号	金 额
1				
2				
合计				

3.加：被审计单位已记录项目

序号	日期	摘要（运输途中、存在争议的项目等）	凭证号	金 额
1				
2				
合计				

4.调节后金额

5.被审计单位账面金额

6.调节后是否存在差异，差异金额

审计说明：

应收账款坏账准备计算表

被审计单位：________________　　索引号：　SA4

项目：　应收账款坏账准备计算表　　财务报表截止日/期间：________________

编制：________________　　复核：________________

日期：________________　　日期：________________

计算过程					索引号
一、坏账准备本期期末应有金额①=②+③				________①	
1.期末单项金额重大且有客观证据表明发生了减值的应收款项对应坏账准备应有余额					
单位名称		金　额			
单位甲					
单位乙					
……					
合　计				________②	
2.期末单项金额非重大以及经单独测试后未减值的单项金额重大的应收款项对应坏账准备应有余额					
项　目	账　龄	应收款项余额	坏账准备计提比例	坏账准备应有余额	
应收账款	1年以内(含1年)		×__%		
	1～2年(含2年)		×__%		
	2～3年(含3年)		×__%		
	3年以上		×__%		
	合　计			________③	
三、坏账准备上期审定数				________④	
四、坏账准备本期转出(核销)金额					
单位名称		金　额			
单位丙					
单位丁					
……					
合　计				________⑤	
五、计算坏账准备本期全部应计提金额					
⑥=①-④+⑤				________⑥	

审计说明：

实训五

应付账款审计

一、实训目的

1.能够根据应付账款的审计目标，恰当地设计审计程序；

2.掌握应付账款主要审计程序的实施方法、步骤和要求；

3.在对实施审计程序获得的审计证据进行正确分析、评价的基础上，能够得出恰当的审计结论；

4.熟悉应付账款相关工作底稿的格式、内容，掌握工作底稿的编制方法和编制要求。

5.掌握工作底稿的复核要求和复核方法。

二、实训要求

1.能够正确理解应付账款的审计目标，以及审计目标与管理层认定、审计证据之间的对应关系；

2.能够正确理解应付账款主要审计程序的含义及其设计理念；

3.明确应付账款主要审计程序所获得审计证据的类型及其所证明的具体审计目标；

4.掌握应付账款主要审计程序的实施要求。

三、实训资料

信达会计师事务所注册会计师杨兰和助理人员王恒宇负责对蓝天有限责任公司 2016 年 12 月 31 日的应付账款进行审计。蓝天有限责任公司为增值税一般纳税人，增值税税率为 17%，主要生产和销售塑料等化工产品。在审计过程中发现以下情况：

1.蓝天公司应付账款总账余额与资产负债表列报金额均为 360 万元。注册会计师从被审计单位获取了应付账款的明细账资料，具体内容如下：

供应商名称	借方或贷方	余额(元)
长城公司	贷方	1 230 000
泰和公司	借方	190 000
长江公司	贷方	830 000
嘉禾公司	贷方	550 000

续表

供应商名称	借方或贷方	余额(元)
凌兰公司	贷方	230 000
方明公司	贷方	490 000
泰达公司	贷方	460 000

2.泰达公司应付账款年末余额为46万元,账龄为3年以上。注册会计师向泰达公司进行了积极式函证,但没有收到泰达公司的回函。由于该项应付款项金额较大,而且时间较长,注册会计师基于谨慎性考虑,专门到泰达公司进行查证。经查,泰达公司账面无此项应收款项记录。注册会计师实施了其他的替代程序,包括查阅原始凭证和询问有关业务人员,最后蓝天公司会计负责人告知是以前年度未入账的收入。

3.注册会计师将存货监盘记录与存货明细账记录进行核对,发现蓝天公司于2016年12月28日购入的G货物50万元已于2016年12月28日验收入库,并按规定纳入2016年12月31日存货盘点范围,包括在了2016年末的库存商品里,但存货明细账没有此笔交易的记录。进一步检查,发现记录在2017年1月份存货明细账中,记录日期为2017年1月5日,凭证号为转字第8号。究其原因,会计人员解释说购货发票是在2017年1月5日收到的,所以在2016年的账簿中没有对此笔交易进行记录。

蓝天公司2017年对此笔交易的会计处理为:

借:库存商品——G货物	500 000	
应交税费——应交增值税(进项税额)	85 000	
贷:应付账款		585 000

四、实训内容

按要求完成应付账款审计工作底稿的填写与编制。

1.根据你对应付账款审计目标与管理层认定的理解,完成应付账款实质性程序表中的第一部分,即审计目标与认定对应关系表,建立审计目标与相应认定的关系。

2.根据你对应付账款审计目标与审计程序的理解,在审计目标与审计程序对应关系表中,标出每个审计程序所能实现的具体审计目标。

3.根据上述案例资料,在审计目标与审计程序对应关系表中,标出注册会计师在审计蓝天公司应付账款项目时使用到的审计程序。

4.根据上述案例资料的具体内容,完成对应付账款审定表、应付账款明细表、应付账款询证函、应付账款函证结果汇总表、应付账款函证结果调节表、应付账款核对表和未入账应付账款汇总表等工作底稿的填写与编制。

应付账款审计工作底稿格式如下:

应付账款实质性程序

被审计单位：________ 索引号： FD

项目： 应付账款 财务报表截止日/期间：________

编制：________ 复核：________

日期：________ 日期：________

一、审计目标与认定对应关系表

审计目标	财务报表认定				
	存在	完整性	权利和义务	计价和分摊	列报
A. 资产负债表中记录的应付账款是存在的。					
B. 所有应当记录的应付账款均已记录。					
C. 资产负债表中记录的应付账款是被审计单位应当履行的现实义务。					
D. 应付账款以恰当的金额包括在财务报表中，与之相关的计价调整已恰当记录。					
E. 应付账款已按照企业会计准则的规定在财务报表中做出恰当的列报。					

二、审计目标与审计程序对应关系表

审计目标	可供选择的审计程序	索引号
	1.获取或编制应付账款明细表： (1)复核加计是否正确，并与报表数、总账数和明细账合计数核对是否相符； (2)检查非记账本位币应付账款的折算汇率及折算是否正确。 (3)分析出现借方余额的项目，查明原因，必要时做重分类调整。 (4)结合预付账款等往来项目的明细余额，调查有无同挂的项目、异常余额或与购货无关的其他款项；如有，应做出记录，必要时做调整。	
	2.获取被审计单位与其供应商之间的对账单，并将对账单和被审计单位财务记录之间的差异进行调节，查找有无未入账的应付账款，确定应付账款金额的准确性。	
	3.检查债务形成的相关原始凭证，如供应商发票、验收报告或入库单等，查找有无未及时入账的应付账款，确定应付账款金额的准确性。	
	4.检查应付账款长期挂账的原因并做出记录，注意其是否可能无须支付；对确实无须支付的应付款的会计处理是否正确，依据是否充分；关注账龄超过3年的大额应付账款在资产负债表日后是否偿还，检查偿还记录及单据，并披露。	
	5.针对资产负债表日后付款项目，检查银行对账单及有关付款凭证(如银行划款通知、供应商收据等)，询问被审计单位内部或外部的知情人员，查找有无未及时入账的应付账款。	
	6.复核截止审计现场工作日的全部未处理的供应商发票，并询问是否存在其他未处理的供应商发票，确认所有的负债都记录在正确的会计期间内。	
	7.选择应付账款的重要项目(包括零账户)函证其余额和交易条款，对未回函的再次发函或实施替代的检查程序(检查原始凭单，如合同、发票、验收单，核实应付账款的真实性)。	
	8.针对已偿付的应付账款，追查至银行对账单、银行付款单据和其他原始凭证，检查其是否在资产负债表日前真实偿付。	

续表

审计目标	可供选择的审计程序	索引号
	9.检查资产负债表日后应付账款明细账贷方发生额的相应凭证，关注其购货发票的日期，确认其入账时间是否合理。	
	10.结合存货监盘程序，检查被审计单位在资产负债日前后的存货入库资料（验收报告或入库单），检查是否有大额料到单未到的情况，确认相关负债是否计入了正确的会计期间。	
	11.针对异常或大额交易及重大调整事项（如大额的购货折扣或退回，会计处理异常的交易，未经授权的交易，或缺乏支持性凭证的交易等），检查相关原始凭证和会计记录，以分析交易的真实性、合理性。	
	12.检查带有现金折扣的应付账款是否按发票上记载的全部应付金额入账，在实际获得现金折扣时再冲减财务费用。	
	13.被审计单位与债权人进行债务重组的，检查不同债务重组方式下的会计处理是否正确。	
	14.检查应付关联款项的真实性、完整性。	
	15.根据评估的舞弊风险等因素增加的审计程序。	
	16.检查应付账款是否已按照企业会计准则的规定在财务报表中做出恰当列报。	

应付账款审定表

被审计单位：______________ 索引号： FD1

项目： 应付账款审定表 财务报表截止日/期间：______________

编制：______________ 复核：______________

日期：______________ 日期：______________

项目名称	期末未审数	账项调整		重分类调整		期末审定数	上期末审定数	索引号
		借方	贷方	借方	贷方			
合 计								

审计结论：

应付账款明细表

被审计单位：________　索引号：FD2
项目：应付账款明细表　财务报表截止日/期间：________
编制：________　复核：________
日期：________　日期：________

单位名称	借方余额			贷方余额			合计			备注
	原币	汇率	折合本位币	原币	汇率	折合本位币	原币	汇率	折合本位币	
小　计										

审计说明：

索引号：FD3

应付账款询证函

一、积极式询证函

编号：

××公司：

本公司聘请的××会计师事务所正在对本公司2016年度财务报表进行审计，按照中国注册会计师审计准则的要求，应当询证本公司与贵公司的往来账项等事项。下列信息出自本公司账簿记录，如与贵公司记录相符，请在本函下端“信息证明无误”处签章证明；如有不符，请在“信息不符”处列明不符项目。如存在与本公司有关的未列入本函的其他项目，请在“信息不符”处列出这些项目的金额及详细资料。回函请直接寄至××会计师事务所。

回函地址：　邮编：
电话：　传真：　联系人：

1.本公司与贵公司的往来账项列示如下：

单位：元

截止日期	贵公司欠	欠贵公司	备　注

2.其他事项。

本函仅为复核账目之用,并非催款结算。若款项在上述日期之后已经付清,仍请及时函复为盼。

(被审计单位盖章)

2017年×月×日

结论:

1.信息证明无误。 (××公司盖章) 年 月 日 经办人:	2.信息不符,请列明不符项目及具体内容。 (××公司盖章) 年 月 日 经办人:

二、消极式询证函

编号:

××公司:

本公司聘请的××会计师事务所正在对本公司2017年度财务报表进行审计,按照中国注册会计师审计准则的要求,应当询证本公司与贵公司的往来账项等事项。下列信息出自本公司账簿记录,如与贵公司记录相符,则无须回复;如有不符,请直接回函寄至××会计师事务所,并在空白处列明贵公司认为正确的信息。

回函地址: 邮编:

电话: 传真: 联系人:

1.本公司与贵公司的往来账项列示如下:

单位:元

截止日期	贵公司欠	欠贵公司	备 注

2.其他事项。

本函仅为复核账目之用,并非催款结算。若款项在上述日期之后已经付清,仍请及时函复为盼。

(被审计单位盖章)

2017年×月×日

××会计师事务所:

上面的信息不正确,差异如下:

(××公司盖章)

2017年×月×日

经办人:

应付账款函证结果汇总表

被审计单位：________________　　索引号：FD4

项目：应付账款函证结果汇总表　　财务报表截止日/期间：________________

编制：________________　　复核：________________

日期：________________　　日期：________________

一、应付账款函证情况列表

项目 单位名称	询证函编号	函证方式	函证日期		回函日期	账面金额	回函金额	经调节后是否存在差异	调节表索引号
			第一次	第二次					

二、对误差的分析

	金　额
1.已识别的误差	
2.推断出的总体误差(扣除已识别的误差)	

审计说明：

应付账款函证结果调节表

被审计单位:________ 索引号: FD5

项目: 应付账款函证结果调节表 财务报表截止日/期间:________

编制:________ 复核:________

日期:________ 日期:________

被询证单位:________

回函日期:________

1.被询证单位回函余额________

2.减:被询证单位已记录项目

序号	日期	摘要(运输途中、存在争议的项目等)	凭证号	金 额
1				
2				
合计				

3.加:被审计单位已记录项目

序号	日期	摘要(运输途中、存在争议的项目等)	凭证号	金 额
1				
2				
合计				

4.调节后金额

5.被审计单位账面金额

6.调节后是否存在差异,差异金额

审计说明:

应付账款核对表

被审计单位：________ 索引号：FD5

项目：应付账款核对表 财务报表截止日/期间：________

编制：________ 复核：________

日期：________ 日期：________

序号	明细账凭证			摘要	入库单日期			购货发票			入库单与发票的核对情况	明细账与发票核对情况
	编号	日期	金额		编号	日期	金额	日期	供应商名称	金额		

核对要点：
1.入库单中的货物名称、数量、单价及金额与购货发票核对是否一致；
2.记账凭证内容与购货发票核对是否一致。

审计说明：

未入账应付账款汇总表

被审计单位：________________ 索引号：FD7

项目：未入账应付账款汇总表 财务报表截止日/期间：________________

编制：________________ 复核：________________

日期：________________ 日期：________________

应付账款单位	业务内容	应付金额	未付及未入账原因

审计说明：

实训六

固定资产和累计折旧审计

一、实训目的

1.能够根据固定资产和累计折旧的审计目标，恰当地设计审计程序。

2.掌握固定资产和累计折旧主要审计程序的实施方法、步骤和要求。

3.在对实施审计程序获得的审计证据进行正确分析、评价的基础上，能够得出恰当的审计结论。

4.熟悉固定资产和累计折旧相关工作底稿的格式、内容，掌握工作底稿的编制方法和编制要求。

5.掌握工作底稿的复核要求和复核方法。

二、实训要求

1.能够正确理解固定资产和累计折旧的审计目标，以及审计目标与管理层认定、审计证据之间的对应关系；

2.能够正确理解固定资产和累计折旧主要审计程序的含义及其设计理念；

3.明确固定资产和累计折旧主要审计程序所获得审计证据的类型及其所证明的具体审计目标；

4.掌握固定资产和累计折旧主要审计程序的实施要求。

三、实训资料

方圆会计师事务所注册会计师吴瑕和助理人员张浩负责对光明有限责任公司 2016 年度财务报表中的固定资产和累计折旧项目进行审计。光明公司属于增值税一般纳税人，增值税税率为 17%，主要生产和销售玻璃及玻璃制品。

光明公司执行《企业会计准则》。固定资产是指为生产商品、提供劳务、出租或经营管理而持有的，使用年限超过一年，单位价值较高(单价在 5 000 元以上)的有形资产。固定资产按取得时实际成本计量。各类固定资产均采用年限平均法计提折旧，预计净残值率均为 3%，预计使用年限分别是：房屋及建筑物 50 年，生产用机器设备 20 年，运输设备 8 年，办公设备及其他 10 年。固定资产减值准备的确认标准、计提方法是：期末对固定资产进行检查，如存在减值迹象时估计其可回收金额，按固定资产可回收金额低于其账面价值的差额确认并计提固定资产减值准备。

注册会计师吴瑕有关固定资产和累计折旧的审计情况摘录如下：

1.注册会计师吴瑕从被审计单位光明公司取得了2016年度固定资产和累计折旧的相关资料，对固定资产总账余额、累计折旧总账余额、固定资产减值准备余额与资产负债表固定资产项目列报金额进行了核对，结果相符，金额为2 735 800元。具体明细资料见下表：

固定资产、累计折旧及减值准备增减变动明细表

2016年度　　单位：元

项目名称	期初余额		本期发生额		期末余额	
	借方	贷方	借方	贷方	借方	贷方
固定资产原值合计	4 535 400		145 700		4 681 100	
其中：办公设备	100 000		145 700		245 700	
机器设备	240 000				240 000	
运输工具	595 400				595 400	
建筑物	3 600 000				3 600 000	
累计折旧合计		1 749 700		195 600		1 945 300
其中：办公设备		45 000		12 000		57 000
机器设备		92 000		25 000		117 000
运输工具		492 700		38 600		531 300
建筑物		1 120 000		120 000		1 240 000
减值准备合计		0		0	0	0

2.注册会计师吴瑕对本年度新增加的办公设备账面记录进行检查，在核对原始凭证时，发现取得增值税发票上记载的价款为145 700元、增值税额为24 769元，同时，支付运杂费3 050元。光明公司的会计处理为：

借：固定资产——办公设备　　145 700
　　应交税费——应交增值税（进项税额）　　24 769
　　管理费用　　3 050
　贷：银行存款　　173 519

3.根据光明公司提供的各类固定资产的购置日期、折旧方法等资料，注册会计师吴瑕对光明公司2016年度应计折旧额进行了重新计算，结果发现光明公司2016年6月26日新购置办公设备一台，入账成本为145 700元，本年度没有计提折旧。

4.光明公司于2016年末对其固定资产进行了盘点，注册会计师吴瑕从被审计单位取得固定资产的盘点记录，对其进行检查，重点检查了本期新增加的办公设备，并深入公司现场对固定资产的实物进行了抽盘，结果发现账面记录的两辆皮卡车，实物只有一辆。经询问有关人员，得知另一辆汽车已经毁损报废。注册会计师吴瑕又实施了其他审计程序后查明该汽车于2016年7月份确已报废，会计人员以资产部门没有交回变卖价款为由而没有进行会计处理。

该汽车的原值为125 000元，至2016年底累计计提折旧为75 781.25元，处置协议载明的变卖价款为30 000元。

四、实训内容

按要求完成固定资产和累计折旧工作底稿的填写与编制。

1.根据你对固定资产和累计折旧审计目标与管理层认定的理解，完成固定资产和累计折旧实质性程序表中的第一部分，即审计目标与认定对应关系表，建立审计目标与相应认定的关系。

2.根据你对固定资产和累计折旧审计目标与审计程序的理解，在审计目标与审计程序对应关系表中，标出每个审计程序所能实现的具体审计目标。

3.根据上述案例资料，在审计目标与审计程序对应关系表中，标出注册会计师吴瑕在审计光明公司固定资产和累计折旧项目时使用到的审计程序。

4.根据上述案例资料的具体内容，完成对固定资产审定表、固定资产和累计折旧及减值准备明细表、固定资产盘点检查情况表、折旧计算检查表等工作底稿的填写与编制。

固定资产和累计折旧审计工作底稿格式如下：

固定资产实质性程序

被审计单位：__________ 索引号：ZO

项目：固定资产 财务报表截止日/期间：__________

编制：__________ 复核：__________

日期：__________ 日期：__________

一、审计目标与认定对应关系表

审计目标	财务报表认定				
	存在	完整性	权利和义务	计价和分摊	列报
A. 资产负债表中记录的固定资产是存在的。					
B. 所有应记录的固定资产均已记录。					
C. 记录的固定资产由被审计单位拥有或控制。					
D. 固定资产以恰当的金额包括在财务报表中，与之相关的计价或分摊已恰当记录。					
E. 固定资产已按照企业会计准则的规定在财务报表中做出恰当列报。					

二、审计目标与审计程序对应关系表

审计目标	可供选择的审计程序	索引号
	1.获取或编制固定资产明细表，复核加计是否正确，并与总账数和明细账合计数核对是否相符，结合累计折旧和固定资产减值准备与报表数核对是否相符。 2.实质性分析程序： 基于对被审计单位及其环境的了解，通过进行以下比较，并考虑有关数据间关系的影响，建立有关数据的期望值： (1)分类计算本期计提折旧额与固定资产原值的比率，并与上期比较。 (2)计算固定资产修理及维护费用占固定资产原值的比例，并进行本期各月、本期与以前各期的比较。 评估分析程序的测试结果。	

续表

审计目标	可供选择的审计程序	索引号
	3.实地检查重要固定资产,确定其是否存在,关注是否存在已报废但仍未核销的固定资产。	
	4.检查固定资产的所有权或控制权: 对各类固定资产,获取、收集不同的证据以确定其是否归被审计单位所有:对外购的机器设备等固定资产,审核采购发票、采购合同等;对于房地产类固定资产,查阅有关的合同、产权证明、财产税单、抵押借款的还款凭据、保险单等书面文件;对融资租入的固定资产,检查有关融资租赁合同;对汽车等运输设备,检查有关运营证件等;对受留置权限制的固定资产,结合有关负债项目进行检查。	
	5.检查本期固定资产的增加: (1)询问管理层当年固定资产的增加情况,并与获取或编制的固定资产明细表进行核对。 (2)检查本年度增加固定资产的计价是否正确,手续是否齐备,会计处理是否正确: ①对于外购固定资产,通过核对采购合同、发票、保险单、发运凭证等资料,抽查测试其入账价值是否正确,授权批准手续是否齐备,会计处理是否正确;如果购买的是房屋建筑物,还应检查契税的会计处理是否正确;检查分期付款购买固定资产入账价值及会计处理是否正确。 ②对于在建工程转入的固定资产,应检查固定资产确认时点是否符合会计准则的规定,入账价值与在建工程的相关记录是否核对相符,是否与竣工决算、验收和移交报告等一致;对已经达到预定可使用状态但尚未办理竣工决算手续的固定资产,检查其是否已按估计价值入账,并按规定计提折旧。 ③对于投资者投入的固定资产,检查投资者投入的固定资产是否按投资各方确认的价值入账,并检查确认价值是否公允,交接手续是否齐全;涉及国有资产的,是否有评估报告并经国有资产管理部门评审备案或核准确认。 ④对于更新改造增加的固定资产,检查通过更新改造而增加的固定资产,增加的原值是否符合资本化条件,是否真实,会计处理是否正确;重新确定的剩余折旧年限是否恰当。	
	6.检查本期固定资产的减少: (1)结合固定资产清理科目,抽查固定资产账面转销额是否正确; (2)检查出售、盘亏、转让、报废或毁损的固定资产是否经授权批准,会计处理是否正确; (3)检查因修理、更新改造而停止使用的固定资产的会计处理是否正确; (4)检查投资转出固定资产的会计处理是否正确; (5)检查债务重组或非货币性资产交换转出固定资产的会计处理是否正确; (6)检查其他减少固定资产的会计处理是否正确。	
	7.检查固定资产的后续支出: 检查固定资产有关的后续支出是否满足资产确认条件;如不满足,检查该支出是否在该后续支出发生时计入当期损益。	
	8.检查固定资产的抵押、担保情况。结合对银行借款等的检查,了解固定资产是否存在重大的抵押、担保情况。	

续表

审计目标	可供选择的审计程序	索引号
	9.检查累计折旧： (1)获取或编制累计折旧分类汇总表，复核加计是否正确，并与总账数和明细账合计数核对。 (2)检查被审计单位制定的折旧政策和方法是否符合相关会计准则的规定，确定其所采用的折旧方法能否在固定资产预计使用寿命内合理分摊其成本，前后期是否一致，预计使用寿命和预计净残值是否合理。 (3)复核本期折旧费用的计提和分配： ①了解被审计单位的折旧政策是否符合规定，计提折旧范围是否正确，确定的使用寿命、预计净残值和折旧方法是否合理；如采用加速折旧法，是否取得批准文件。 ②检查被审计单位折旧政策前后期是否一致。 ③复核本期折旧费用的计提是否正确，尤其关注已计提减值准备的固定资产的折旧。 ④检查折旧费用的分配方法是否合理，是否与上期一致；检查分配计入各项目的金额占本期全部折旧计提额的比例与上期比较是否有重大差异。 ⑤注意固定资产增减变动时有关折旧的会计处理是否符合规定，查明通过更新改造、接受捐赠或融资租入而增加的固定资产的折旧费用计算是否正确。 (4)将“累计折旧”账户贷方的本期计提折旧额与相应的成本费用中的折旧费用明细账户的借方相比较，检查本期所计提折旧金额是否已全部摊入本期产品成本或费用。若存在差异，应追查原因，并考虑是否应建议做适当调整。 (5)检查累计折旧的减少是否合理、会计处理是否正确。	
	10.根据评估的舞弊风险等因素增加的审计程序。	
	11.检查固定资产是否已按照企业会计准则的规定在财务报表中做出恰当列报： (1)固定资产的确认条件、分类、计量基础和折旧方法； (2)各类固定资产的使用寿命、预计净残值和折旧率； (3)各类固定资产的期初和期末原价、累计折旧额及固定资产减值准备累计金额； (4)当期确认的折旧费用； (5)对固定资产所有权的限制及其金额和用于担保的固定资产账面价值； (6)准备处置的固定资产名称、账面价值、公允价值、预计处置费用和预计处置时间等。	

固定资产审定表

被审计单位：________________ 索引号： ZO1
项目： 固定资产审定表 财务报表截止日/期间：________________
编制：________________ 复核：________________
日期：________________ 日期：________________

项目名称	期末未审数	账项调整		重分类调整		期末审定数	上期末审定数	索引号
		借方	贷方	借方	贷方			
一、固定资产原值合计								
其中：房屋、建筑物								
机器设备								
运输工具								
……								
二、累计折旧合计								
其中：房屋、建筑物								
机器设备								
运输工具								
……								
三、减值准备合计								
其中：房屋、建筑物								
机器设备								
运输工具								
……								
四、账面价值合计								
其中：房屋、建筑物								
机器设备								
运输工具								
……								

审计结论：

固定资产、累计折旧及减值准备明细表

被审计单位：＿＿＿＿＿＿＿＿ 索引号： ZO2

项目：固定资产、累计折旧及减值准备明细表 财务报表截止日/期间：＿＿＿＿＿＿＿＿

编制：＿＿＿＿＿＿＿＿ 复核：＿＿＿＿＿＿＿＿

日期：＿＿＿＿＿＿＿＿ 日期：＿＿＿＿＿＿＿＿

项目名称	期初余额	本期增加	本期减少	期末余额	备 注
一、原价合计					
其中：房屋、建筑物					
机器设备					
运输工具					
……					
二、累计折旧合计					
其中：房屋、建筑物					
机器设备					
运输工具					
……					
三、固定资产减值准备合计					
其中：房屋、建筑物					
机器设备					
运输工具					
……					
四、固定资产账面价值合计					
其中：房屋、建筑物					
机器设备					
运输工具					
……					

审计说明：

固定资产盘点检查情况表

被审计单位：________________ 索引号： ZO3

项目： 固定资产盘点检查情况表 财务报表截止日/期间：________________

编制：________________ 复核：________________

日期：________________ 日期：________________

序号	名称	规格型号	计量单位	单价	账面结存		被审计单位盘点			实际检查			备注
					数量	金额	数量	金额	盈亏(＋、－)	数量	金额	盈亏(＋、－)	

检查时间： 检查地点： 检查人： 盘点检查比例：

审计说明：

折旧计算检查表

被审计单位：________ 索引号： ZO7

项目： 折旧计算检查表 财务报表截止日/期间：________

编制：________ 复核：________

日期：________ 日期：________

固定资产名称	取得时间	使用年限	固定资产原值	残值率	累计折旧期初余额	减值准备期初余额	本期应提折旧	本期已提折旧	差异

审计说明：

实训七

应付职工薪酬审计

一、实训目的

1.能够根据应付职工薪酬的审计目标，恰当地设计审计程序；

2.掌握应付职工薪酬主要审计程序的实施方法、步骤和要求；

3.在对实施审计程序获得的审计证据进行正确分析、评价的基础上，能够得出恰当的审计结论；

4.熟悉应付职工薪酬相关工作底稿的格式、内容，掌握工作底稿的编制方法和编制要求。

5.掌握工作底稿的复核要求和复核方法。

二、实训要求

1.能够正确理解应付职工薪酬的审计目标，以及审计目标与管理层认定、审计证据之间的对应关系；

2.能够正确理解应付职工薪酬主要审计程序的含义及其设计理念；

3.明确应付职工薪酬主要审计程序所获得审计证据的类型及其所证明的具体审计目标；

4.掌握应付职工薪酬主要审计程序的实施要求。

三、实训资料

清扬会计师事务所注册会计师李放和助理人员秦川负责对宏达有限责任公司（以下简称宏达公司）2016 年度财务报表中的应付职工薪酬项目进行审计。宏达公司成立于 2016 年 5 月 8 日，属于生产制造企业，为增值税一般纳税人，增值税税率为 17%，主要生产和销售电视、冰箱、洗衣机等家电产品。

宏达公司执行《企业会计准则》。职工薪酬的范围包括：职工工资、奖金、津贴和补贴；职工福利费；医疗保险、养老保险费；住房公积金；工会经费和职工教育经费；非货币性福利；其他与获得职工提供的服务相关的支出等。其确认和计量的方法为：在职工为公司提供服务的会计期间，将应付的职工薪酬确认为负债，根据职工提供服务的受益对象计入相关资产成本或当期损益。医疗保险、养老保险费、住房公积金、工会经费和职工教育经费按照工资总额的一定比例计提，医疗保险的计提比例为工资总额的 3%，养老保险的计提比例为工资总额的 8.5%，住房公积金的计提比例为工资总额的 5%，工会经费的计提比例为工资总额的 2%，职工教育经费的计提比例为工资总额的 1.5%。

注册会计师李放有关应付职工薪酬的审计情况摘录如下：

1.注册会计师李放取得应付职工薪酬的总账与明细账，并将账簿金额与资产负债表应付职工薪酬项目的列报金额进行比较，结果账表一致，金额为 2 096 850 元。应付职工薪酬明细账的资料如下：

应付职工薪酬增减明细表

2016 年度　　单位：万元

项　目	本期贷方增加额	本期借方减少额	期末贷方余额
基本工资	700	600	100
奖金	138	118.286	19.714
津贴	70	60	10
福利费	108	92.571	15.429
补贴	25	21.429	3.571
公积金	52.05	44.614	7.436
养老保险	88.485	75.845	12.64
医疗保险	31.23	26.77	4.46
工会经费	20.82		20.82
职工教育经费	15.615		15.615
合　计	1 249.2	1 039.515	209.685

2.注册会计师李放检查应付职工薪酬总账和明细账后，根据宏达公司的账簿记录，编制了 2016 年度应付职工薪酬计提明细表和分配明细表，以确定被审计单位是否按照既定的会计政策计提和分配应付职工薪酬。具体资料如下：

(1)应付职工薪酬计提明细表：

应付职工薪酬计提明细表

2016 年度　　单位：万元

项　目	基本工资	奖金	津贴	福利费	补贴	公积金	养老保险	医疗保险	工会经费	教育经费	合计
生产人员	500	80	40	60	10	34.5	58.65	20.7	13.8	10.35	828
车间管理人员	30	10	5	10	2	2.85	4.845	1.71	1.14	0.855	68.4
企业管理人员	110	25	12	15	6	8.4	14.28	5.04	3.36	2.52	201.6
销售人员	20	8	3	8	2	2.05	3.485	1.23	0.82	0.615	49.2
在建工程人员	40	15	10	15	5	4.25	7.225	2.55	1.7	1.275	102
合　计	700	138	70	108	25	52.05	88.485	31.23	20.82	15.615	1 249.2

(2)应付职工薪酬分配明细表：

应付职工薪酬分配明细表

2016 年度　　单位：万元

应借科目	生产人员	车间管理人员	企业管理人员	销售人员	在建工程人员	合　计
生产成本	690					690
制造费用		57				57
管理费用	138	11.4	201.6	8.2	17	376.2

续表

应借科目	生产人员	车间管理人员	企业管理人员	销售人员	在建工程人员	合　计
销售费用				41		41
在建工程					85	85
合　计	828	68.4	201.6	49.2	102	1 249.2

3.注册会计师李放在审计过程中，深入到公司现场进行实地观察、了解，在财务部门发现办公室堆放了许多迷你洗衣机。经询问，得知是公司用自产的产品给职工发放的福利，但在检查应付职工薪酬账簿、凭证记录中未发现相应的记录。经向宏达公司相关负责人了解，证实了此事，并取得了非货币性福利发放的方案：2016 年 12 月 20 日，每人发放迷你洗衣机一台，其中直接生产人员 80 人，车间管理人员 6 人，公司管理人员 16 人，专设销售机构人员 5 人，建造厂房人员 12 人，共发放 119 台。该型号洗衣机的成本为每台 350 元，计税价格(售价)每台为 600 元。

四、实训内容

按要求完成应付职工薪酬工作底稿的填写与编制。

1.根据你对应付职工薪酬审计目标与管理层认定的理解，完成应付职工薪酬实质性程序表中的第一部分，即审计目标与认定对应关系表，建立审计目标与相应认定的关系。

2.根据你对应付职工薪酬审计目标与审计程序的理解，在审计目标与审计程序对应关系表中，标出每个审计程序所能实现的具体审计目标。

3.根据上述案例资料，在审计目标与审计程序对应关系表中，标出注册会计师在审计宏达公司应付职工薪酬项目时使用到的审计程序。

4.根据上述案例资料的具体内容，完成对应付职工薪酬审定表、应付职工薪酬明细表、应付职工薪酬计提情况检查表、应付职工薪酬分配情况检查表等工作底稿的填写与编制。

应付职工薪酬审计工作底稿格式如下：

应付职工薪酬实质性程序

被审计单位：________ 索引号：FF

项目：应付职工薪酬 财务报表截止日/期间：________

编制：________ 复核：________

日期：________ 日期：________

一、审计目标与认定对应关系表

审计目标	财务报表认定				
	存在	完整性	权利和义务	计价和分摊	列报
A. 资产负债表中记录的应付职工薪酬是存在的。					
B. 所有应当记录的应付职工薪酬均已记录。					
C. 记录的应付职工薪酬是被审计单位应当履行的现时义务。					
D. 应付职工薪酬以恰当的金额包括在财务报表中，与之相关的计价调整已恰当记录。					
E. 应付职工薪酬已按照企业会计准则的规定在财务报表中做出恰当列报。					

二、审计目标与审计程序对应关系表

审计目标	可供选择的审计程序	索引号
	1.获取或编制应付职工薪酬明细表,复核加计是否正确,并与报表数、总账数和明细账合计数核对是否相符。	
	2.实质性分析程序: 通过进行以下比较,同时考虑有关数据间关系的影响,以建立有关数据的期望值: (1)比较被审计单位员工人数的变动情况,检查被审计单位各部门各月工资费用的发生额是否有异常波动;若有,则查明波动原因是否合理。 (2)比较本期与上期工资费用总额,要求被审计单位解释其增减变动原因,或取得公司管理当局关于员工工资标准的决议。 (3)结合员工社保缴纳情况,明确被审计单位员工范围,检查是否与关联公司员工工资混淆列支。 (4)核对下列相互独立部门的相关数据:工资部门记录的工资支出与出纳记录的工资支付数;工资部门记录的工时与生产部门记录的工时。 (5)比较本期应付职工薪酬余额与上期应付职工薪酬余额是否有异常变动。 评估分析程序的测试结果。	
	3.检查工资、奖金、津贴和补贴: (1)检查计提是否正确,依据是否充分,将执行的工资标准与有关规定核对,并对工资总额进行测试;被审计单位如果实行工效挂钩的,应取得有关主管部门确认的效益工资发放额认定证明,结合有关合同文件和实际完成的指标,检查其计提额是否正确,是否应做纳税调整。 (2)检查分配方法与上年是否一致,除因解除与职工的劳动关系给予的补偿直接计入管理费用外,被审计单位是否根据职工提供服务的受益对象,分别下列情况进行处理:应由生产产品、提供劳务负担的职工薪酬,计入产品成本或劳务成本;应由在建工程、无形资产负担的职工薪酬,计入建造固定资产或无形资产;其他职工薪酬,计入当期损益。 (3)检查发放金额是否正确,代扣的款项及其金额是否正确。 (4)检查是否存在属于拖欠性质的职工薪酬,并了解拖欠的原因。	
	4.检查社会保险费(包括医疗、养老、失业、工伤、生育保险费)、住房公积金、工会经费和职工教育经费等计提(分配)和支付(或使用)的会计处理是否正确,依据是否充分。	
	5.检查应付职工薪酬的期后付款情况,并关注在资产负债表日至财务报表批准报出日之间,是否有确凿证据表明需要调整资产负债表日原确认的应付职工薪酬事项。	
	6.根据评估的舞弊风险等因素增加的其他审计程序。	
	7.检查应付职工薪酬是否已按照企业会计准则的规定在财务报表中做出恰当的列报: (1)检查是否在附注中披露与职工薪酬有关的下列信息: ①应当支付给职工的工资、奖金、津贴和补贴及其期末应付未付金额; ②应当为职工缴纳的医疗、养老、失业、工伤和生育等社会保险费及其期末应付未付金额; ③应当为职工缴存的住房公积金及其期末应付未付金额; ④其他职工薪酬。 (2)检查因自愿接受裁减建议的职工数量、补偿标准等不确定而产生的预计负债(应付职工薪酬),是否按照《企业会计准则第 13 号——或有事项》进行披露。	

应付职工薪酬审定表

被审计单位：________________　　索引号：FF1

项目：应付职工薪酬审定表　　财务报表截止日/期间：________________

编制：________________　　复核：________________

日期：________________　　日期：________________

项目名称	期末未审数	账项调整		重分类调整		期末审定数	上期末审定数	索引号
		借方	贷方	借方	贷方			
1.工资								
2.奖金								
3.津贴								
4.补贴								
5.职工福利								
6.社会保险费								
(1)医疗保险费								
(2)养老保险费								
(3)失业保险费								
(4)工伤保险费								
(5)生育保险费								
7.住房公积金								
8.工会经费								
9.职工教育经费								
10.非货币性福利								
11.辞退福利								
12.以现金结算的股份支付								
……								
合　计								

审计结论：

应付职工薪酬明细表

被审计单位：______________ 索引号：FF2

项目：应付职工薪酬明细表 财务报表截止日/期间：______________

编制：______________ 复核：______________

日期：______________ 日期：______________

项目名称	期初数	本期增加	本期减少	期末数	备　注
1.工资					
2.奖金					
3.津贴					
4.补贴					
5.职工福利					
6.社会保险费					
(1)医疗保险费					
(2)养老保险费					
(3)失业保险费					
(4)工伤保险费					
(5)生育保险费					
7.住房公积金					
8.工会经费					
9.职工教育经费					
10.非货币性福利					
11.辞退福利					
12.以现金结算的股份支付					
……					
合　计					

审计说明：

应付职工薪酬计提情况检查表

被审计单位：________________ 索引号： FF3________________

项目： 应付职工薪酬计提情况检查表 财务报表截止日/期间：________________

编制：________________ 复核：________________

日期：________________ 日期：________________

项目名称	已计提金额	应计提基数	计提比率	应计提金额	应提与已提的差异	备注
1.工资						
2.奖金						
3.津贴						
4.补贴						
5.职工福利						
6.社会保险费						
(1)医疗保险费						
(2)养老保险费						
(3)失业保险费						
(4)工伤保险费						
(5)生育保险费						
7.住房公积金						
8.工会经费						
9.职工教育经费						
10.非货币性福利						
11.辞退福利						
12.以现金结算的股份支付						
……						
合 计						

审计说明：

应付职工薪酬分配情况检查表

被审计单位：________________ 索引号：FF4

项目：应付职工薪酬分配情况检查表 财务报表截止日/期间：________________

编制：________________ 复核：________________

日期：________________ 日期：________________

项目名称	产品成本	在建工程	销售费用	……	合计	核对是否正确	差异原因
1.工资							
2.奖金							
3.津贴							
4.补贴							
5.职工福利							
6.社会保险费							
(1)医疗保险费							
(2)养老保险费							
(3)失业保险费							
(4)工伤保险费							
(5)生育保险费							
7.住房公积金							
8.工会经费							
9.职工教育经费							
10.非货币性福利							
11.辞退福利							
12.以现金结算的股份支付							
……							
合 计							

审计说明：

实训八

库存现金和银行存款审计

一、实训目的

1.能够根据库存现金和银行存款的审计目标，恰当地设计审计程序；

2.掌握库存现金和银行存款主要审计程序的实施方法、步骤和要求；

3.在对实施审计程序获得的审计证据进行正确分析、评价的基础上，能够得出恰当的审计结论；

4.熟悉库存现金和银行存款相关工作底稿的格式、内容，掌握工作底稿的编制方法和编制要求。

5.掌握工作底稿的复核要求和复核方法。

二、实训要求

1.能够正确理解库存现金和银行存款的审计目标，以及审计目标与管理层认定、审计证据之间的对应关系；

2.能够正确理解库存现金和银行存款主要审计程序的含义及其设计理念；

3.明确库存现金和银行存款主要审计程序所获得审计证据的类型及其所证明的具体审计目标；

4.掌握库存现金和银行存款主要审计程序的实施要求。

三、实训资料

立信达会计师事务所注册会计师牛斌和助理人员赵明亮负责对鸿运有限责任公司（以下简称鸿运公司）2016 年度财务报表中的货币资金项目进行审计。鸿运公司货币资金项目包括库存现金和银行存款。鸿运公司的开户银行为中国工商银行滨河支行，账号为：56789238-9。银行存款账户使用正常，没有受到限制。

1.2017 年 1 月 11 日下午 5 点，注册会计师牛斌参加了对鸿运公司库存现金的监盘，参加人员还包括鸿运公司的会计主管张玲和出纳员柳青。库存现金清点的结果如下：

（1）实际清点库存现金结存数：100 元币 120 张，50 元币 80 张，10 元币 220 张，5 元币 84 张，2 元币 175 张，1 元币 220 张，5 角币 50 张，2 角币 20 张，1 角币 50 张，共计 19 224 元。

（2）查明现金日记账截至 2017 年 1 月 10 日的账面余额为 21 679.24 元。

(3)查出已经办理收款手续尚未入账的收款凭证(191～202 号)合计 4 372.31 元。

(4)查出已经办理付款手续尚未入账的付款凭证(203～211 号)合计 4 126.14 元。

(5)发现现金日记账中夹有下列借据共计 2 701.41 元:职工刘某借学费 391.41 元,职工王某借伙食费 110 元,孙某借药费 1 000 元,赵某借住院费 1 200 元。

(6)现金日记账 2016 年 12 月 31 日余额为 17 267 元。

(7)从报表日至盘点日,现金日记账借方总计 10 164.55 元,贷方总计 5 506.14 元。

(8)银行核定库存现金限额 10 000 元。

2.注册会计师牛斌和助理赵亮检查了 2016 年 12 月 31 日银行存款日记账、总账,余额相符,金额为262 200元。与银行对账单核对,银行对账单显示的余额为 216 900 元,发现不相符。

进一步审查鸿运公司编制的银行存款余额调节表,经调整后的银行存款余额为 312 900 元。其中列示的未达账项有:银行扣除 12 月份借款利息 1 800 元,鸿运公司尚未入账;银行 12 月 29 日收到 A 公司支付给鸿运公司的货款 52 500 元,鸿运公司尚未入账;C 公司 12 月 29 日交给鸿运公司转账支票一张,金额为 96 000 元,鸿运公司已送交银行,但银行尚未入账。

3.2017 年 1 月 12 日注册会计师牛斌指派赵亮对 2016 年 12 月 31 日银行对账单的余额向鸿运公司的开户银行进行了函证,并于 2017 年 1 月 18 日收到回函,函证结果与银行对账单余额相符。

4.注册会计师牛斌检查了 2017 年 1 月份的银行存款日记账和银行对账单,重点检查了 2016 年末存在的未达账项,结果均已入账。银行扣除 12 月份借款利息 1 800 元,鸿运公司在 2017 年 1 月 3 日记账,凭证号为转字 8 号;银行 12 月 29 日收到 A 公司支付给鸿运公司的货款 52 500 元,鸿运公司在 2017 年 1 月 3 日记账,凭证号为转字 10 号。C 公司 12 月 29 日交给鸿运公司转账支票一张,金额为 96 000 元,2017 年 1 月份银行对账单已记录,日期为 1 月 1 日。

四、实训内容

按要求完成库存现金和银行存款工作底稿的填写与编制。

1.根据你对库存现金和银行存款审计目标与管理层认定的理解,完成库存现金和银行存款实质性程序表中的第一部分(即审计目标与认定对应关系表),建立审计目标与相应认定的关系。

2.根据你对库存现金和银行存款审计目标与审计程序的理解,在审计目标与审计程序对应关系表中,标出每个审计程序所能实现的具体审计目标。

3.根据上述案例资料,在审计目标与审计程序对应关系表中,标出注册会计师在审计鸿运公司库存现金和银行存款项目时使用到的审计程序。

4.根据上述案例资料的具体内容,完成对货币资金审定表、库存现金监盘表、银行存款明细表、对银行存款余额调节表的检查,完成银行存款函证结果汇总表、银行存款询证函等工作底稿的填写与编制。

库存现金和银行存款审计工作底稿格式如下:

货币资金实质性程序

被审计单位：______ 索引号： ZA

项目： 货币资金 财务报表截止日/期间：______

编制：______ 复核：______

日期：______ 日期：______

一、审计目标与认定对应关系表

审计目标	财务报表认定				
	存在	完整性	权利和义务	计价和分摊	列报
A. 资产负债表中记录的货币资金是存在的。					
B. 应当记录的货币资金均已记录。					
D. 记录的货币资金由被审计单位拥有或控制。					
C. 货币资金以恰当的金额包括在财务报表中，与之相关的计价调整已恰当记录。					
E. 货币资金已按照企业会计准则的规定在财务报表中做出恰当列报。					

二、审计目标与审计程序对应关系表

审计目标	可供选择的审计程序	索引号
(一)库存现金		
	1.核对库存现金日记账与总账的金额是否相符，检查非记账本位币库存现金的折算汇率及折算金额是否正确。	
	2.监盘库存现金： (1)制定监盘计划，确定监盘时间。 (2)将盘点金额与现金日记账余额进行核对，如有差异，应要求被审计单位查明原因并做适当调整；如无法查明原因，应要求被审计单位按管理权限批准后做出调整。 (3)在非资产负债表日进行盘点时，应调整至资产负债表日的金额。 (4)若有充抵库存现金的借条、未提现支票、未作报销的原始凭证，需在盘点表中注明，如有必要应做调整(特别关注数家公司混用现金保险箱的情况)。	
	3.抽查大额库存现金收支。检查原始凭证是否齐全、记账凭证与原始凭证是否相符、账务处理是否正确、是否记录于恰当的会计期间等项内容。	
	4.根据评估的舞弊风险等因素增加的其他审计程序。	
(二)银行存款		
	5.获取或编制银行存款余额明细表： (1)复核加计是否正确，并与总账数和日记账合计数核对是否相符； (2)检查非记账本位币银行存款的折算汇率及折算金额是否正确。	
	6.计算银行存款累计余额应收利息收入，分析比较被审计单位银行存款应收利息收入与实际利息收入的差异是否恰当，评估利息收入的合理性，检查是否存在高息资金拆借，确认银行存款余额是否存在，利息收入是否已经完整记录。	
	7.检查银行存单： 编制银行存单检查表，检查是否与账面记录金额一致，是否被质押或限制使用，存单是否为被审计单位所拥有。 (1)对已质押的定期存款，应检查定期存单，并与相应的质押合同核对，同时关注定期存单对应的质押借款有无入账； (2)对未质押的定期存款，应检查开户证实书原件； (3)对审计外勤工作结束日前已提取的定期存款，应核对相应的兑付凭证、银行对账单和定期存款复印件。	

续表

审计目标	可供选择的审计程序	索引号
	8.取得并检查银行存款余额调节表： (1)取得被审计单位的银行存款余额对账单，并与银行询证函回函核对，确认是否一致，抽样核对账面记录的已付票据金额及存款金额是否与对账单记录一致。 (2)获取资产负债表日的银行存款余额调节表，检查调节表中加计数是否正确，调节后银行存款日记账余额与银行对账单余额是否一致。 (3)检查调节事项的性质和范围是否合理： ①检查是否存在跨期收支和跨行转账的调节事项。编制跨行转账业务明细表，检查跨行转账业务是否同时对应转入和转出，未在同一期间完成的转账业务是否反映在银行存款余额调节表的调整事项中。 ②检查大额在途存款和未付票据： ·检查在途存款的日期，查明发生在途存款的具体原因，追查期后银行对账单存款记录日期，确定被审计单位与银行记账时间差异是否合理，确定在资产负债表日是否需审计调整。 ·检查被审计单位的未付票据明细清单，查明被审计单位未及时入账的原因，确定账簿记录时间晚于银行对账单的日期是否合理。 ·检查被审计单位未付票据明细清单中有记录但截至资产负债表日银行对账单无记录且金额较大的未付票据，获取票据领取人的书面说明。确认资产负债表日是否需要进行调整。 ·检查资产负债表日后银行对账单是否完整地记录了调节事项中银行未付票据金额。 (4)检查是否存在未入账的利息收入和利息支出。 (5)检查是否存在其他跨期收支事项。 (6)(当未经授权或授权不清支付货币资金的现象比较突出时)检查银行存款余额调节表中支付异常的领款(包括没有载明收款人)、签字不全、收款地址不清、金额较大票据的调整事项，确认是否存在舞弊。	
	9.函证银行存款余额，编制银行函证结果汇总表，检查银行回函： (1)向被审计单位在本期存过款的银行发函，包括零账户和账户已结清的银行； (2)确定被审计单位账面余额与银行函证结果的差异，对不符事项做出适当处理。	
	10.检查银行存款账户存款人是否为被审计单位。若存款人非被审计单位，应获取该账户户主和被审计单位的书面声明，确认资产负债表日是否需要调整。	
	11.关注是否存在质押、冻结等对变现有限制或存在境外的款项。是否已做必要的调整和披露。	
	12.对不符合现金及现金等价物条件的银行存款在审计工作底稿中予以列明，以考虑对现金流量表的影响。	
	13.抽查大额银行存款收支的原始凭证，检查原始凭证是否齐全、记账凭证与原始凭证是否相符、账务处理是否正确、是否记录于恰当的会计期间等项内容。检查是否存在非营业目的的大额货币资金转移，并核对相关账户的进账情况；如有与被审计单位生产经营无关的收支事项，应查明原因并做相应的记录。	
	14.检查银行存款收支的截止是否正确。选取资产负债表日前后________张、________金额以上的凭证实施截止测试，关注业务内容及对应项目，如有跨期收支事项，应考虑是否进行调整。	
	15.根据评估的舞弊风险等因素增加的其他审计程序。	
	16.检查货币资金，是否已按照企业会计准则的规定在财务报表中做出恰当列报。附注是否按库存现金、银行存款、其他货币资金分别列示货币资金情况。因质押或冻结等对使用有限制、存放在境外、有潜在回收风险的款项应单独说明。	

货币资金审定表

被审计单位：________　　索引号：ZA

项目：货币资金审定表　　财务报表截止日/期间：________

编制：________　　复核：________

日期：________　　日期：________

项目名称	期末未审数	账项调整		重分类调整		期末审定数	上期末审定数	索引号
		借方	贷方	借方	贷方			
库存现金								
银行存款								
小　计								
合　计								

审计结论：

库存现金监盘表

被审计单位：________________ 索引号：ZA1－1

项目：库存现金监盘表 财务报表截止日/期间：________________

编制：________________ 复核：________________

日期：________________ 日期：________________

检查盘点记录						实有库存现金盘点记录						
项目		项次	人民币	美元	某外币	面额	人民币		美元		某外币	
上一日账面库存余额		①				1 000元	张	金额	张	金额	张	金额
盘点日未记账传票收入金额		②				500元						
盘点日未记账传票支出金额		③										
盘点日账面应有金额		④＝①＋②－③				100元						
盘点实有库存现金数额		⑤				50元						
盘点日应有与实有差异		⑥＝④－⑤				10元						
差异原因分析	白条抵库（张）					5元						
						2元						
						1元						
						0.5元						
						0.2元						
						0.1元						
						合计						
追溯调整	报表日至审计日库存现金付出总额											
	报表日至审计日库存现金收入总额											
	报表日库存现金应有余额											
	报表日账面汇率											
	报表日余额折合本位币金额											
本位币合计												

出纳员： 会计主管人员： 监盘人： 检查日期：

审计说明：

银行存款明细表

被审计单位：________　　索引号：ZA2－1

项目：银行存款明细表　　财务报表截止日/期间：________

编制：________　　复核：________

日期：________　　日期：________

开户行	账号	是否系质押、冻结等对变现有限制或存在境外的款项	银行日记账原币余额 ①	银行已收，企业未入账金额 ②	银行已付，企业未入账金额 ③	调整后银行日记账余额 ④＝①＋②－③	银行对账单余额（原币） ⑤	企业已收，银行未入账金额 ⑥	企业已付，银行未入账金额 ⑦	调整后银行对账单余额 ⑧＝⑤＋⑥－⑦	调整后是否相符
										—	
										—	
										—	
										—	
										—	
										—	
										—	
										—	
						—				—	
合　计											

编制说明：1.若账面余额(原币数)与银行对账单金额不一致，应另行检查银行存款余额调节表(见 ZA2－3)。

2.银行存款、其他货币资金审计时均可使用该表，其他货币资金使用时应修改索引号。

审计说明：

对银行存款余额调节表的检查

被审计单位：________________ 索引号：ZA2－3

项目：对××账户银行存款余额调节表的检查 财务报表截止日/期间：________________

编制：________________ 复核：________________

日期：________________ 日期：________________

开户银行：__________ 银行账号：__________ 币种：__________

项　目	金　额	调节项目说明	是否需要审计调整
银行对账单余额			
加：企业已收，银行尚未入账合计金额			
其中：1.			
2.			
减：企业已付，银行尚未入账合计金额			
其中：1.			
2.			
调整后银行对账单余额			
企业银行存款日记账余额			
加：银行已收，企业尚未入账合计金额			
其中：1.			
2.			
减：银行已付，企业尚未入账合计金额			
其中：1.			
2.			
调整后企业银行存款日记账余额			

经办会计人员（签字）： 会计主管（签字）：

审计说明：

银行存款函证结果汇总表

被审计单位：________　索引号：ZA2－4

项目：银行存款函证结果汇总表　财务报表截止日/期间：________

编制：________　复核：________

日期：________　日期：________

开户银行	账号	币种	函证情况					冻结、质押等事项说明	备注
			对账单余额	函证日期	回函日期	回函金额	金额差异		

审计说明：

索引号 ZA2—5

银行询证函

编号：

××(银行)：

本公司聘请的××会计师事务所正在对本公司2016年度财务报表进行审计，按照中国注册会计师审计准则的要求，应当询证本公司与贵行相关的信息。下列信息出自本公司记录，如与贵行记录相符，请在本函下端“信息证明无误”处签章证明；如有不符，请在“信息不符”处列明不符项目及具体内容；如存在与本公司有关的未列入本函的其他重要信息，请在“信息不符”处列出其详细资料。回函请直接寄至××会计师事务所。

回函地址：　　　　　　　　　　　　邮编：

电话：　　　　　　传真：　　　　　　联系人：

截至2016年12月31日止，本公司与贵行相关的信息列示如下：

1.银行存款

账户名称	银行账号	币种	利率	余额	起止日期	是否被质押、用于担保或存在其他使用限制	备　注

除上述列示的银行存款外，本公司并无在贵行的其他存款。

注：“起止日期”一栏仅适用于定期存款，如为活期或保证金存款，可只填写“活期”或“保证金”字样。

2.银行借款

借款人名称	币种	本息余额	借款日期	到期日期	利率	借款条件	抵(质)押品/担保人	备　注

除上述列示的银行借款外，本公司并无自贵行的其他借款。

注：此项仅函证截至资产负债表日本公司尚未归还的借款。

3.截至函证日之前12个月内注销的账户

账户名称	银行账号	币　种	注销账户日

除上述列示的账户外，本公司并无截至函证日之前12个月内在贵行注销的其他账户。

4.其他重大事项

(公司盖章)

2017年×月×日

__________以下仅供被询证银行使用__________

结论：

1.信息证明无误。 （银行盖章） 年 月 日 经办人：	2.信息不符，请列明不符项目及具体内容（对于在本函前述第 1 项至第 13 项中漏列的其他重要信息，请列出详细资料）。 （银行盖章） 年 月 日 经办人：

实训九

审计报告

一、实训目的

1.能够对审计过程中获得的审计证据进行正确的综合分析、评价，对财务报表整体形成恰当的审计结论；

2.掌握审计报告的出具步骤、要求；

3.掌握账项调整分录汇总表、重分类调整分录汇总表的编写要求和编写方法；

4.熟悉审计报告的要素、格式和内容，掌握审计报告的编制方法。

二、实训要求

1.能够正确理解审计报告的目的、作用；

2.能够正确理解审计差异、调整分录、重分类分录的含义，明确调整分录汇总表、重分类调整分录汇总表的编制目的、作用；

3.明确审计意见的类型，以及相应审计意见的出具条件；

4.掌握不同审计意见类型的语言表达方式；

5.掌握审计报告的基本内容。

三、实训资料

（一）实训资料为“实训三　主营业务收入审计”的相关资料

审计工作结束后，东方会计师事务所与昌兴股份有限公司的管理层进行了必要的沟通。假定昌兴股份有限公司对东方会计师事务所在主营业务收入审计过程中发现和指出的问题全部表示接受，并按照注册会计师提出的调整项目重新调整了2016年度的财务报表。昌兴公司除了主营业务收入项目存在问题外，其他报表项目均无重大差错。要求代注册会计师确定对昌兴公司2016年度财务报表审计意见的类型，并编写一份审计报告。

（二）实训资料为“实训五　应付账款审计”的相关资料

审计工作结束后，信达会计师事务所与蓝天有限责任公司的管理层进行了必要的沟通。假定蓝天有限责任公司对信达会计师事务所在应付账款审计过程中发现和指出的问题表示不能全部接受。

不予以调整的项目是：2016年12月28日购入的G货物50万元，虽已于2016年12月28

日验收入库，但发票账单在 2016 年 12 月份没有收到，而是在 2017 年 1 月份才收到的，认为此笔交易记录在 2017 年 1 月份是合理的，不接受注册会计师提出的记录于 2016 年 12 月份的建议要求。

假定该错报属于重大错报，蓝天公司除了应付账款项目存在问题外，其他报表项目均无重大差错。要求代注册会计师确定对蓝天公司 2016 年度财务报表审计意见的类型，并编写一份审计报告。

四、实训内容

按要求完成审计报告相关工作底稿的填写与审计报告的编制。

1.根据实训资料提供的内容，完成对账项调整分录汇总表、重分类调整分录汇总表等工作底稿的填写与编制。

2.根据实训资料中的条件与要求，完成审计报告的编制。

审计报告及相关工作底稿格式如下：

账项调整分录汇总表

被审计单位：________________ 索引号：EA________________

项目：________________ 财务报表截止日/期间：________________

编制：________________ 复核：________________

日期：________________ 日期：________________

序号	内容及说明	索引号	调整内容				影响利润表+(－)	影响资产负债表+(－)
			借方项目	借方金额	贷方项目	贷方金额		

与被审计单位的沟通：

参加人员：

被审计单位：________________

审计项目组：________________

被审计单位的意见：

____

____

____

____

结论：

是否同意上述审计调整：________________

被审计单位授权代表签字：________________ 日期：________________

重分类调整分录汇总表

被审计单位：________________　　索引号：EB________________

项目：________________　　财务报表截止日/期间：________________

编制：________________　　复核：________________

日期：________________　　日期：________________

序号	内容及说明	索引号	调整项目和金额			
			借方项目	借方金额	贷方项目	贷方金额

与被审计单位的沟通：

参加人员：

被审计单位：________________

审计项目组：________________

被审计单位的意见：

____

____

____

____

结论：

是否同意上述审计调整：________________

被审计单位授权代表签字：________________　　日期：________________

索引号:EN

审计报告范例

1.标准审计报告的参考格式

审 计 报 告

S公司全体股东:

我们审计了后附的S公司财务报表,包括2016年×月×日的资产负债表,2016年度的利润表、现金流量表和股东权益变动表以及财务报表附注。

一、管理层对财务报表的责任

按照企业会计准则的规定编制财务报表是S公司管理层的责任。这种责任包括:(1)按照企业会计准则的规定编制财务报表,并使其实现公允反映;(2)设计、实施和维护与财务报表编制相关的内部控制,以使财务报表不存在由于舞弊或错误而导致的重大错报。

二、注册会计师的责任

我们的责任是在实施审计工作的基础上对财务报表发表审计意见。我们按照中国注册会计师审计准则的规定执行了审计工作。中国注册会计师审计准则要求我们遵守职业道德规范,计划和实施审计工作以对财务报表是否不存在重大错报获取合理保证。

审计工作涉及实施审计程序,以获取有关财务报表金额和披露的审计证据。选择的审计程序取决于注册会计师的判断,包括对由于舞弊或错误导致的财务报表重大错报风险的评估。在进行风险评估时,我们考虑与财务报表编制相关的内部控制,以设计恰当的审计程序,但目的并非对内部控制的有效性发表意见。审计工作还包括评价管理层选用会计政策的恰当性和做出会计估计的合理性,以及评价财务报表的总体列报。

我们相信,我们获取的审计证据是充分、适当的,为发表审计意见提供了基础。

三、审计意见

我们认为,S公司财务报表已经按照企业会计准则的规定编制,在所有重大方面公允反映了S公司2016年×月×日的财务状况以及2016年度的经营成果和现金流量。

××会计师事务所 (盖章)	中国注册会计师:××× (签名并盖章) 中国注册会计师:××× (签名并盖章)
中国××市	二〇一七年×月×日

2.保留意见的审计报告(审计范围受到限制)

审 计 报 告

S公司全体股东:

我们审计了后附的S公司财务报表,包括2016年×月×日的资产负债表,2016年度的利润表、现金流量表和股东权益变动表以及财务报表附注。

一、管理层对财务报表的责任

按照企业会计准则的规定编制财务报表是S公司管理层的责任。这种责任包括:(1)同标准审计报告修改的内容；(2)设计、实施和维护与财务报表编制相关的内部控制，以使财务报表不存在由于舞弊或错误而导致的重大错报。

二、注册会计师的责任

我们的责任是在实施审计工作的基础上对财务报表发表审计意见。我们按照中国注册会计师审计准则的规定执行了审计工作。中国注册会计师审计准则要求我们遵守职业道德规范，计划和实施审计工作以对财务报表是否不存在重大错报获取合理保证。

审计工作涉及实施审计程序，以获取有关财务报表金额和披露的审计证据。选择的审计程序取决于注册会计师的判断，包括对由于舞弊或错误导致的财务报表重大错报风险的评估。在进行风险评估时，我们考虑与财务报表编制相关的内部控制，以设计恰当的审计程序，但目的并非对内部控制的有效性发表意见。审计工作还包括评价管理层选用会计政策的恰当性和做出会计估计的合理性，以及评价财务报表的总体列报。

我们相信，我们获取的审计证据是充分、适当的，为发表保留意见提供了基础。

三、导致保留意见的事项

S公司2016年×月×日的应收账款余额为×万元，占资产总额的×%。由于S公司未能提供债务人地址，我们无法实施函证以及其他审计程序，以获取充分、适当的审计证据。

四、保留意见

我们认为，除了“三、导致保留意见的事项”段所述事项可能产生的影响外，S公司财务报表已经按照企业会计准则的规定编制，在所有重大方面公允反映了S公司2016年×月×日的财务状况以及2016年度的经营成果和现金流量。

××会计师事务所　　　　中国注册会计师：×××
（盖章）　　　　（签名并盖章）
　　　　中国注册会计师：×××
　　　　（签名并盖章）
中国××市　　　　二〇一七年×月×日

3.否定意见的审计报告

审　计　报　告

S公司全体股东：

我们审计了后附的S公司财务报表，包括2016年×月×日的资产负债表，2016年度的利润表、现金流量表和股东权益变动表以及财务报表附注。

一、管理层对财务报表的责任

按照企业会计准则的规定编制财务报表是S公司管理层的责任。这种责任包括：(1)同标准审计报告修改的内容；(2)设计、实施和维护与财务报表编制相关的内部控制，以使财务报表不存在由于舞弊或错误而导致的重大错报。

二、注册会计师的责任

我们的责任是在实施审计工作的基础上对财务报表发表审计意见。我们按照中国注册会计师审计准则的规定执行了审计工作。中国注册会计师审计准则要求我们遵守职业道德规范，计划和实施审计工作以对财务报表是否不存在重大错报获取合理保证。

审计工作涉及实施审计程序，以获取有关财务报表金额和披露的审计证据。选择的审计程序取决于注册会计师的判断，包括对由于舞弊或错误导致的财务报表重大错报风险的评估。在进行风险评估时，我们考虑与财务报表编制相关的内部控制，以设计恰当的审计程序，但目的并非对内部控制的有效性发表意见。审计工作还包括评价管理层选用会计政策的恰当性和做出会计估计的合理性，以及评价财务报表的总体列报。

我们相信，我们获取的审计证据是充分、适当的，为发表否定意见提供了基础。

三、导致否定意见的事项

如财务报表附注×所述，S公司的长期股权投资未按企业会计准则的规定采用权益法核算。如果按权益法核算，S公司的长期投资账面价值将减少×万元，净利润将减少×万元，从而导致S公司由盈利×万元变为亏损×万元。

四、否定意见

我们认为，由于“三、导致否定意见的事项”段所述事项的重大影响，S公司财务报表没有按照企业会计准则的规定编制，未能在所有重大方面公允反映S公司2016年×月×日的财务状况以及2016年度的经营成果和现金流量。

××会计师事务所　　　　　　　　　　中国注册会计师：×××
（盖章）　　　　　　　　　　　　　　（签名并盖章）
　　　　　　　　　　　　　　　　　　中国注册会计师：×××
　　　　　　　　　　　　　　　　　　（签名并盖章）
中国××市　　　　　　　　　　　　　二〇一七年×月×日

4.无法表示意见的审计报告

审 计 报 告

S公司全体股东：

我们接受委托，审计后附的S公司财务报表，包括2016年×月×日的资产负债表，2016年度的利润表、现金流量表和股东权益变动表以及财务报表附注。

一、管理层对财务报表的责任

按照企业会计准则的规定编制财务报表是S公司管理层的责任。这种责任包括：(1)同标准审计报告修改的内容；(2)设计、实施和维护与财务报表编制相关的内部控制，以使财务报表不存在由于舞弊或错误而导致的重大错报。

二、注册会计师的责任

我们的责任是在按照中国注册会计师审计准则的规定执行审计工作的基础上对财务报表发表审计意见。但由于“三、导致无法表示意见的事项”段中所述的事项，我们无法获取充分、适当的审计证据以为发表审计意见提供基础。

三、导致无法表示意见的事项

S公司未对2016年×月×日的存货进行盘点，金额为×万元，占期末资产总额的40%。我们无法实施存货监盘，也无法实施替代审计程序，以对期末存货的数量和状况获取充分、适当的审计证据。

四、无法表示意见

由于“三、导致无法表示意见的事项”段所述事项的重要性，我们无法获取充分、适当的审计证据以为发表审计意见提供基础，因此，我们不对S公司财务报表发表审计意见。

××会计师事务所　　　　　　　　　　　　中国注册会计师：×××
（盖章）　　　　　　　　　　　　　　　　（签名并盖章）
　　　　　　　　　　　　　　　　　　　　中国注册会计师：×××
　　　　　　　　　　　　　　　　　　　　（签名并盖章）
中国××市　　　　　　　　　　　　　　　二○一七年×月×日